LE NOUVEAU

bettane + desseauve

99/100
JAMESSUCKLING.COM
96+/100
WINE ADVOCATE
18,5/20
N°25
CHAMPAGNE
Grand Siècle
Laurent-Perrier
GRANDE CUVÉE
Au-delà de
RECRÉER L'A
Grand Siècle N°25 en bouteille. En allocation.
www.laurent-perrier.com – #grandsiecle

Millésimes rares
ÉE PARFAITE
N°23
CHAMPAGNE
Grand Siècle
Laurent-Perrier
MAISON FONDÉE
1812
GRANDE CUVÉE
99/100
JAMESSUCKLING.COM
19/20
JancisRobinson.com
96/100
Robert Parker
WINE ADVOCATE
Photographe Iris Velghe - Conception LUMA
Grand Siècle N°23 en magnum. En allocation.
www.laurent-perrier.com - #grandsiecle

Mis en Bouteille au Château
Arômes de Pavie
SAINT-ÉMILION GRAND CRU
2015
C & G PERSE
GRAND CRU CLASSÉ
CHATEAU
MONBOUSQUET
2017
SAINT-EMILION GRAND CRU
1er Grand Cru Classé "A"
Château Pavie
SAINT-ÉMILION GRAND CRU
2016
C & G PERSE - VITICULTEURS

Auteurs
Michel Bettane et Thierry Desseauve

Direction d'ouvrage
Louis-Victor Charvet

Direction artistique
Hicham Abou Raad

Expertise
Hélène Durand, Michel Bettane, Alain Chameyrat, Louis-Victor Charvet, Thierry Desseauve, Denis Hervier, Philippe Jamesse et Guillaume Puzo.

Contributeurs
Claire Camille, Pascale Cassagnes, Mathilde Hulot, Angélique de Lencquesaing, Alexandra Rendall, Marie-Charlotte Wambergue, Pierre-Yves Chupin, Gilles Durand-Daguin et Nicolas de Rouyn.

Ont participé à cet ouvrage
Claire Auray, Clémence de Chateauvieux, Nadia Fakri, Aliénor Petitcolin, Sylvie Vandermalle, Camille Vindolet.

Secrétariat de rédaction
Amélie Couture

Photographes
Leif Carlsson, Mathieu Garçon et Fabrice Leseigneur.

Publicité
Laurence Fabre, Ingrid Knoll, Andrée Virlouvet, Étienne de Moras, Pierre-Alain Robert et Ruben Spitz-Elbaz.

Conception base de données et développement informatique
Sarah Benane, Nisrine Moussaoui et Vincent Guilbert.

Ouvrage réalisé par Bettane+Desseauve SAS
Président : Thierry Desseauve
Directrice des opérations : Andrée Virlouvet
Directeur commercial : Pierre Alain Robert
Directeur administratif et financier : Alain Chameyrat
Directeur de la rédaction : Nicolas de Rouyn
Directeur des systèmes d'information : Vincent Guilbert

Retrouvez-nous sur :
www.mybettanedesseauve.fr

Département Art de vivre
Direction éditoriale : Ronite Tubiana
Édition : Clélia Ozier-Lafontaine
Conception graphique de la couverture: Audrey Sednaoui
Fabrication: Louisa Hanifi-Morard et Marylou Deserson
Photograveur: IGS-CP, L'Isle-d'Espagnac

ISBN : 978-2-0802-7005-4
N° d'édition : 437653
Dépôt légal : août 2022
editions.flammarion.fr

LE NOUVEAU bettane + desseauve 2023

17 **LA VIE, LE VIN, L'HARMONIE**
18 **LA JOIE DU NOUVEAU**
22 **LES GÉNIES DE L'ANNÉE**
36 **LES NOUVEAUX JEUNES DE L'ANNÉE**
44 **NOS TABLES ET CEUX QUI LES DRESSENT**
50 **ÉQUIPE DE FRANCE, LES FIERTÉS D'UN PAYS**
52 **ÉQUIPE DU MONDE, LE GRAND VIN D'AILLEURS**
54 **ENCHÈRES DE VIN, CE QUE DISENT LES GRANDES VENTES**

56 **ALSACE**
PLACE AUX JEUNES, 58
LE SYLVANER LÈVE LE DOIGT, 62
L'OR DU RANGEN, LE TRÉSOR DES HUMBRECHT, 64
LE MEILLEUR DES COTEAUX, 68

74 **BEAUJOLAIS**
CHÂTEAU THIVIN, HAUTE COUTURE À BROUILLY, 76
CHIROUBLES L'ÉVEIL D'UN CRU, 78
DANS LES VILLAGES, LE BEAUJOLAIS, POUR COMMENCER, 80
LES MEILLEURS DOMAINES, 84

88 **BORDEAUX**
100 POINTS DE RÊVE, 90
VINCENT MILLET, L'AUTEUR DE CALON-SÉGUR, 92
MICHEL ROLLAND, BRAVO ET MERCI, 94
LA VIOLETTE, LA FLEUR DE L'ÂGE, 98
BORDEAUX, LE GRAND MAGASIN DES STYLES, 100

132 **BOURGOGNE**
2020, ON LE DÉGUSTE AVEC LES YEUX ?, 134
MOREY-SAINT-DENIS, L'AUTRE NUITS, EN PLEIN JOUR, 140
LES BONNES RAISONS D'Y CROIRE, 144

174 **CHAMPAGNE**
NICOLAS FEUILLATE VU PAR GUILLAUME ROFFIAEN, 178
GRAND-SIÈCLE, DE HAUT EN BAS, 182
LA CAVE DE MES CHAMPAGNES, 184
LE MONDE LES APPLAUDIT, 186

202 **CORSE**
GÉRARD COURRÈGES, DANS LE SILENCE DE VACCELLI, 204
LA CORSE, TERRE DE GRANDS BLANCS, 206
LES CHARMES DE L'ÎLE, 208

212 **JURA**
LE CIEL BRILLE DE NOUVELLES ÉTOILES, 214
LE JURA LÈVE LE VOILE, 218
LES VINS DE L'HISTOIRE, 222

224 **LANGUEDOC**
OLIVIER JULLIEN, LE SUD ILLUMINÉ, 226
AUSSIÈRES EST ENFIN PRÊT, 228
LE NÉGOCE, UNE CHANCE POUR LA FILIÈRE, 230
LA SÉLECTION QU'ON ATTENDAIT, 233
LE RÉVEIL D'UN PAYS, 238

250 **LOIRE**
SAUMUR CHAMPIGNY, CŒUR ROUGE DE LA LOIRE, 252
PHILIPPE ALLIET, LE GRAND VIN PAR LE DÉBUT, 258
ROIS ET REINES DU GRAND FLEUVE, 260

274 **PROVENCE**
LA COSTE, L'ÉDEN, 277
LE BEAU SUD ET SES SOLEILS, 282

288 **RHÔNE**
LES HÉRITIERS DES COTEAUX, 292
VERNAY À CONDRIEU, DE MÈRE EN FILLE, 296
SAINT-JOSEPH, VIGNOBLE OBSTINÉ, 298
RHONÉA, LA FORCE QUI VA, 302
LES ROUTES DE XAVIER VIGNON, 304
LES ARTISTES DE LA VALLÉE MAGNIFIQUE, 306

318 **ROUSSILLON**
« LE ROUSSILLON N'A PAS DE VRAIE HIÉRARCHIE »,
PAR STÉPHANE ZANELLA, 320
LES BONNES FÉES, 322

326 **SAVOIE**
L'ÉNERGIE DÉVALE LES PENTES, 328
LA MONDEUSE TIENT SA REVANCHE, 330
LES PISTES VERS LE SOMMET, 332

334 **SUD-OUEST**
ALAIN BRUMONT, CHRONIQUES DE LA TERRE ET DU RÊVE, 336
BERGERAC APRÈS LA PLUIE, 342
L'ESPOIR RETROUVÉ, 346

353 **INDEX**

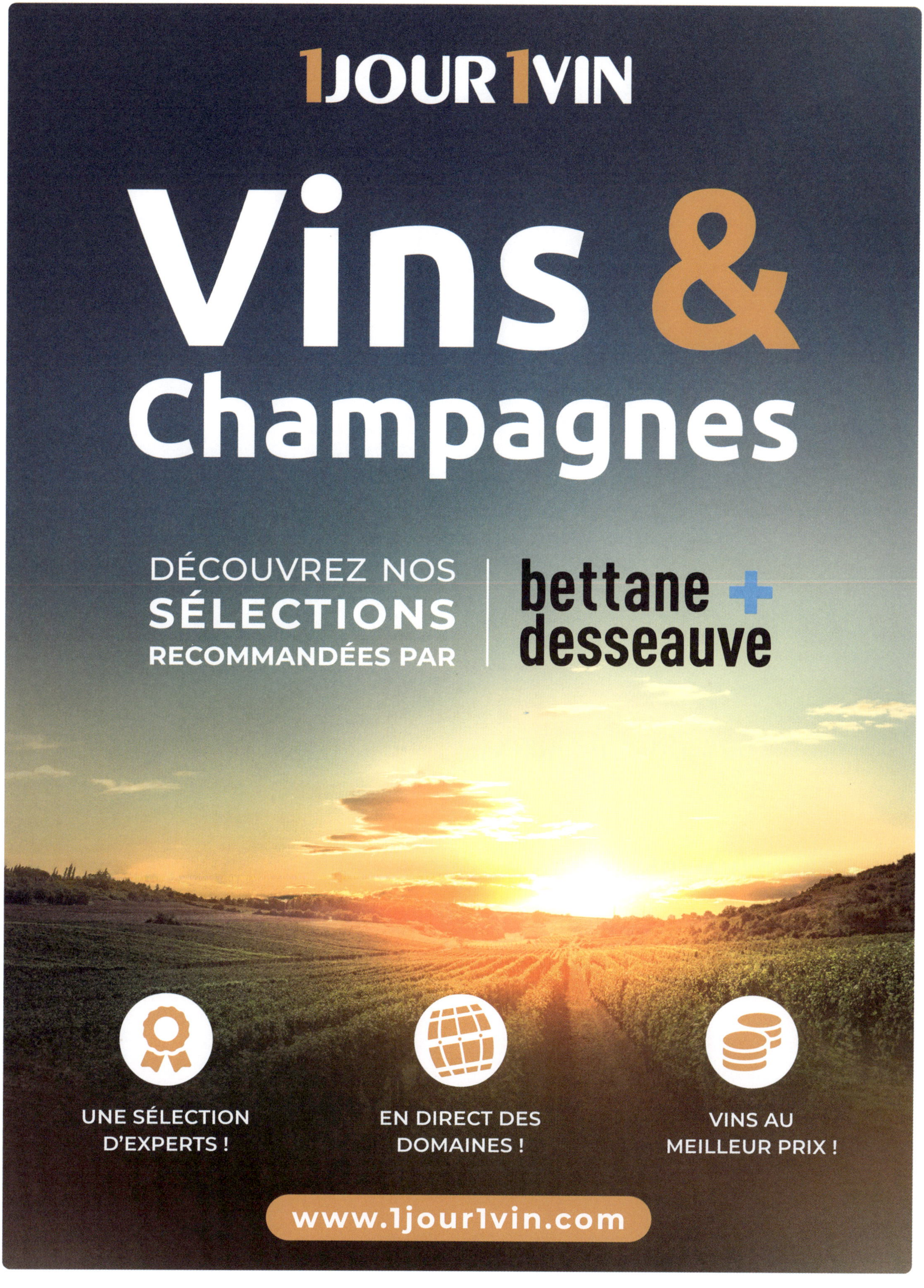
1JOUR1VIN
Vins & Champagnes
DÉCOUVREZ NOS SÉLECTIONS RECOMMANDÉES PAR
bettane + desseauve
UNE SÉLECTION D'EXPERTS !
EN DIRECT DES DOMAINES !
VINS AU MEILLEUR PRIX !
www.1jour1vin.com

LA VIE, LE VIN, L'HARMONIE

NOUS LE DISIONS pour la première édition de notre *Nouveau Bettane+Desseauve*, l'an dernier, le vin a changé d'époque. Les plus anciens d'entre nous – et je crains bien que les deux signataires de cet éditorial se rangent dans la catégorie – ont connu un temps où le vin rouge coulait à flot, personne ne se souciait de savoir s'il était bon ou pas. La France des années soixante-dix, des films de Claude Sautet et du p'tit ballon de côtes sifflé au comptoir était aussi celle d'une routine médiocre dans les vignes et les chais. Dans les deux décennies qui ont précédé le tournant du siècle et celle qui a suivi, la France du vin a vécu une mondialisation heureuse où les vignerons doués, travailleurs ou bien dotés sont devenus des stars planétaires dont on s'arrache à prix d'or la production. Un cran en dessous de cette élite, toute une filière s'est poussée du col, avec la recherche de qualité comme règle du jeu.

Mais la marche du monde, ses soubresauts inattendus et ses bouleversements inéluctables, s'est rappelée au souvenir de la civilisation du vin. Plusieurs facteurs hétérogènes se télescopent pour donner à notre passion des contours tout à fait inédits que cette édition du *Nouveau Bettane+Desseauve* explore. Regardons en quelques-uns dès à présent :

Dans une planète en surchauffe, la qualité des vins ne peut plus être le seul baromètre de la production. Le respect des enjeux écologiques et climatiques prend désormais une place qui transforme non seulement l'agronomie et la viticulture, mais aussi notre appréciation des vins. Il n'y a rien de plus à côté de la plaque pour un œnophile d'aujourd'hui que de boire un gros vin puissant, généreux en alcool et intensément boisé, fût-il issu d'une appellation prestigieuse. Les vins de garage ont été remplacés par des vins de jardin, ça change tout.

Dans un monde où les repères qui pilotent une existence – la réussite professionnelle, l'argent, la famille, etc. – se redéfinissent à toute vitesse, faire du vin est devenu un choix de vie pour toute une nouvelle génération de vignerons. Plus près de la terre, du soleil et de la pluie, du produit que l'on façonne. Cela aussi se retrouve dans les bonnes bouteilles que l'on ouvre. Elles nous racontent les histoires singulières de femmes, d'hommes, de terre et de travail. La sincérité est devenue une valeur cardinale du vin.

Dans une économie au bord de la crise de nerf, le prix de notre passion compte. Certaines étoiles, nous en parlions plus haut, se vendent au goutte à goutte à des tarifs interstellaires. Leur nectar justifie-t-il autrement que par une implacable loi de l'offre et de la demande de telles différences de prix avec un voisin aussi méritant mais moins célèbre ? Évidemment, non. Notre mission est de scruter particulièrement ceux qui savent faire rimer qualité et accessibilité.

Dans un pays qui ne réussit pas à s'aimer, la France du vin offre une profusion de bonheurs, petits et grands, amplifiées encore par ceux qu'apporte la gastronomie, consacrées par la beauté des lieux que font vivre nos vignobles. Ces émotions et ceux qui les incarnent, nos experts et nos amis du guide gastronomique Lebey, une nouvelle fois partenaire de cette édition, les révèlent dans les pages qui suivent.

Certains esprits chagrins voient dans le vin un danger pour la santé publique ; d'autres, une activité économique un rien folklorique et datée. Qu'ils y réfléchissent un instant, il n'y a pas tant de savoir-faire humain qui prône une telle harmonie avec la nature, qui offre à ses nouveaux acteurs un modèle de vie cohérent et sincère, qui puisse satisfaire chacun avec modération, tant sa soif que sa bourse et qui, au final, transmette émotion, plaisir et souvenirs au cœur du pays.

Michel Bettane et Thierry Desseauve

La joie du *Nouveau*

Deux ans après sa création, le *Nouveau Bettane+Desseauve* continue de défricher un chemin loin des routes classiques du monde des guides. Bien sûr, nous n'avons rien inventé. Les fondamentaux de cet ouvrage sont ceux qui font la réputation de toutes nos autres activités, aussi bien dans la presse (revue trimestrielle *En Magnum* et suppléments pour *Paris Match* et *Le Journal du Dimanche*) que dans l'événementiel (Grand Tasting Paris, Pékin, Shanghai et Tokyo). La prescription, cœur de notre métier et principe même de l'existence de ce guide, s'appuie quant à elle sur une solide équipe de dégustateurs experts et de journalistes. Chacun d'entre eux apporte à ce *Nouveau* sa part d'innovation et son regard sur le monde du vin qui nous anime.

Pour le reste, pas de grands changements. Toujours des belles pages, de la photo, des portraits, des entretiens avec des gens qui ont des choses à dire, de grands reportages et des explications de terroirs, toutes nos bonnes adresses. Le principe est toujours le même, on lit tout du début à la fin ou bien on commence par la fin, le milieu, où l'on veut. Pas de changements, mais tout de même quelques nouveautés. On ne se refait pas. Parce que nous pensons que la civilisation du vin est une civilisation vivante, nous tenions dans cette édition à mettre en lumière ses femmes et ses hommes. Nous les appelons nos génies. Ceux de l'année, ceux de demain et ceux du Lebey, notre guide gastronomique. Quarante d'entre eux sont mentionnés en début de cet ouvrage.

Nos dégustations sont rangées par région. L'index (p. 353) facilitera votre lecture et vous permettra de vous y retrouver parmi plus de 1 200 domaines cités. Les prix sont donnés à titre indicatif et, dans la mesure du possible, nous précisons les pratiques culturales à l'origine des vins sélectionnés avec un pictogramme (sigle "trèfle"). On trouvera aussi, pour le bonheur des collectionneurs, la période de consommation idéale de ces vins. Libre à chacun d'en faire bon usage. Pour quelques domaines dans nos pages de bonnes adresses, soit la dégustation annuelle ne nous a pas permis de déguster leurs vins, soit nous les avons sélectionnés dans la partie web de ce guide. Ils sont à découvrir sur le site mybettanedesseauve.com ou sur l'application Grand Tasting. Simple, ergonomique, pratique.

On comprendra vite à la lecture de cet ensemble que le monde du vin est un monde en mouvement, sans cesse en train de se réinventer. J'ai bon espoir qu'on fasse le même constat à propos de notre métier et de notre mission : remarquer l'excellence et la partager. Bonne lecture.

Louis-Victor Charvet

NOTATION DES DOMAINES & MAISONS

Les producteurs cités dans le guide sont notés sur une échelle de 0 à 5 étoiles. La réunion de tous les producteurs cités constitue l'élite du vin français, du moins pour ce que nous pouvons en connaître. Les étoiles ont une valeur universelle, tous vignobles et tous prix de vente confondus.

★☆☆☆☆
Production sérieuse, recommandable, conforme à ce qu'on est en droit d'attendre de son ou de ses appellations.

★★☆☆☆
Production sérieuse et recommandable, régulière et homogène.

★★★☆☆
Production de haute qualité, pouvant servir de référence dans son secteur.

★★★★☆
Production de très haute qualité, les gloires du vignoble français.

★★★★★
Producteurs exceptionnels, le sommet absolu de la qualité en France et dans le monde.

NOTATION DES VINS

Chaque vin recommandé est accompagné de la mention de la meilleure période pour le boire ainsi que d'un prix (NC : non communiqué).

86 à **89**
Bon vin, bien fait, représentatif de son origine.

90 à **92**
Très bon vin, hautement représentatif de la qualité de son origine.

93 à **96**
Vin de référence dans son appellation et dans son millésime.

97 à **99**
Vin de qualité exceptionnelle, digne des grandes occasions, exigeant une conservation en cave et un niveau de service digne de lui.

100
Une idée de la perfection le jour où nous l'avons dégusté. Cette note est rare dans nos pages.

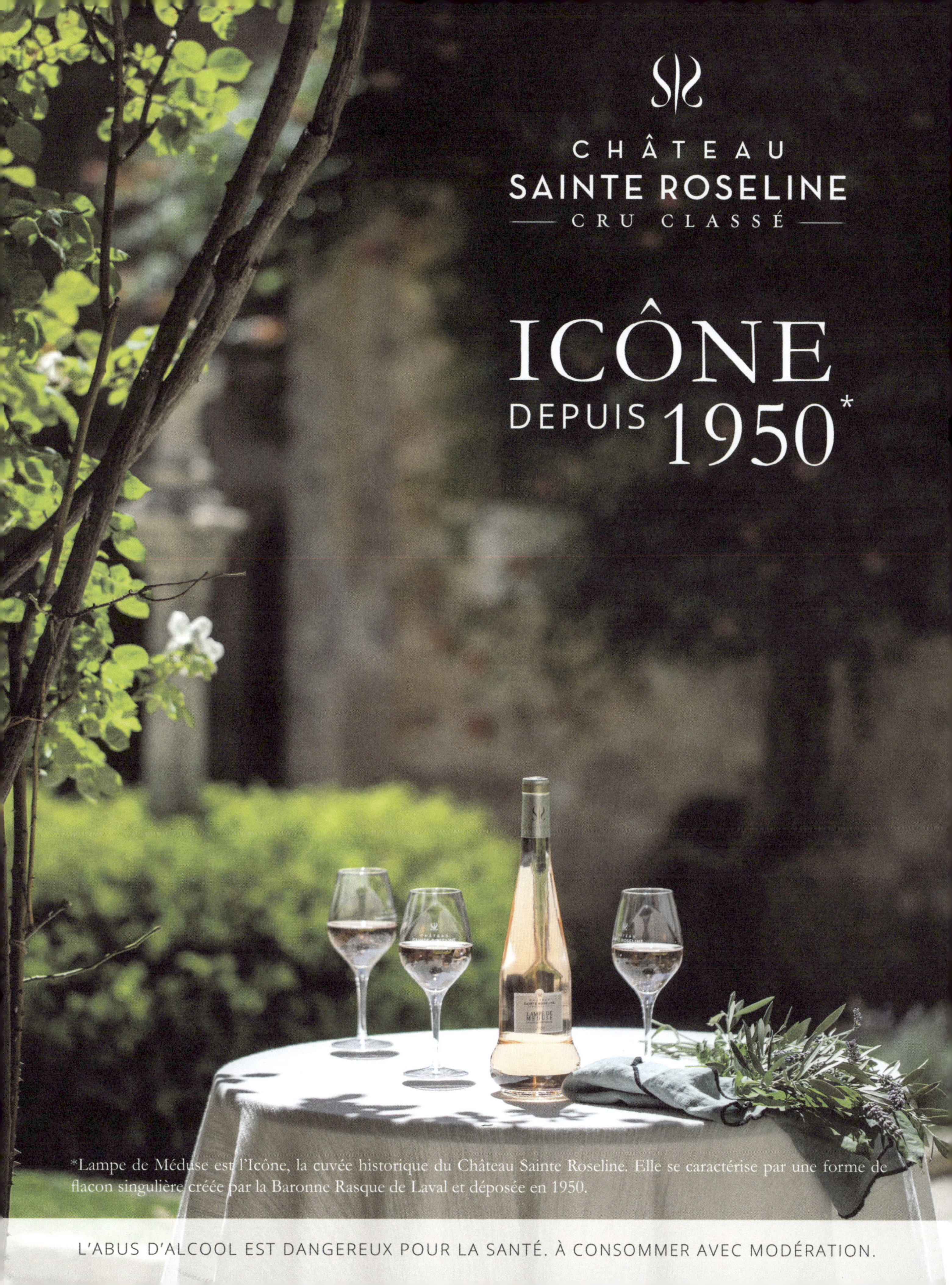
CHÂTEAU
SAINTE ROSELINE
CRU CLASSÉ
ICÔNE
DEPUIS 1950*
*Lampe de Méduse est l'Icône, la cuvée historique du Château Sainte Roseline. Elle se caractérise par une forme de flacon singulière créée par la Baronne Rasque de Laval et déposée en 1950.
L'ABUS D'ALCOOL EST DANGEREUX POUR LA SANTÉ. À CONSOMMER AVEC MODÉRATION.

LES GÉNIES DE L'ANNÉE

CHAQUE JOUR, ILS CONTRIBUENT À FAIRE DE LA CIVILISATION DU VIN UNE CULTURE VIVANTE, RENOUVELÉE, VIBRANTE, ÉMOUVANTE

PAR ***PASCALE CASSAGNES, MICHEL BETTANE, LOUIS-VICTOR CHARVET, THIERRY DESSEAUVE, DENIS HERVIER ET NICOLAS DE ROUYN***

LEIF CARLSSON

GÉNIE DU VIN
CHARLES PHILIPPONNAT

IL INCARNE LE MIEUX CETTE VISION DU VIN QUE NOUS PRÉFÉRONS

CHARLES PHILIPPONNAT, EST LE DESCENDANT DES FONDATEURS D'UNE MAISON QU'IL DIRIGE ET QU'IL NE POSSÈDE PAS

IL Y A DES HOMMES et des femmes qui incarnent par leur action et par leur produit ce que la France peut apporter de plus inimitable au monde du vin de qualité. Nous avons plaisir à ranger Charles Philipponnat dans leur compagnie, d'autant plus qu'il vient de fêter les cinq siècles de présence de sa famille à Aÿ, au cœur de la Champagne. Cinq cents ans d'une succession ininterrompue de viticulteurs, de négociants, de magistrats au cœur d'un des vignobles les plus célèbres de France. La confraternité de travail, et souvent la parenté, avec beaucoup d'autres familles illustres, les Gosset, les Heidsieck, les Moët, les Henriot, les Irroy et bien d'autres, ont sans doute renforcé chez Charles Philipponnat, dans son inconscient et la matrice de son goût, un sens inné de la bonne tradition. Encore fallait-il posséder le don humain de le transmettre à une équipe et de le mettre en forme dans une bouteille. Quand Bruno Paillard, qui venait de racheter la maison de négoce de la famille de Charles, vient le chercher en Argentine pour la rebâtir, il n'avait pas d'expérience particulière de viticulture, mais certainement une façon droite et perfectionniste de concevoir le goût d'un grand champagne, avec l'aide des grands vins qu'il avait dégustés depuis sa naissance. Les vins dits autrefois de rivière, nés sur les expositions les plus favorables et les sols les plus nobles de la vallée de la Marne, autour de Aÿ et de Mareuil-sur-Aÿ. Des vins axés sur le pinot noir, sa force, son intensité de saveur et sa capacité à transmettre dans sa refermentation en bouteille les plus subtiles nuances d'origine. Son oncle Michel Collard (père du grand pianiste Jean-Philippe), qui dirigeait la maison dans les années 1960, était aussi un fin gourmet, ami d'André Vrinat qui venait de créer Le Taillevent, restaurant où j'ai pu déguster mon premier clos-des-goisses, il y a bien longtemps, sans doute pas par hasard. L'impression ne s'est jamais effacée : c'était un vin de grande gastronomie, fait pour la table. Or, Charles possède une sensibilité unique à ma connaissance en matière de raffinement dans la cuisine et dans les accords mets et vins. Il l'a mise en pratique dans la gamme des vins qu'il a peu à peu conduits à leur éclat actuel. Mais comment mettre en œuvre une discipline de travail capable de produire le champagne de vos rêves ? Charles avait dès le départ la chance de pouvoir compter sur les raisins exceptionnels des Goisses, que la maison a fini par avoir en propriété dans son entier, plus l'acquisition de deux hectares et demi au lieu-dit Le Léon, renouant avec la propriété de son ancêtre Apvril en 1522, et peut être celle du pape Léon X (Jean de Médicis) qui possédait une maison à Aÿ. Le très ancien ancrage familial lui a facilité ensuite d'autres approvisionnements locaux auprès de producteurs loyaux et fidèles, qui favorisent l'unité et la continuité du caractère. L'absence d'idées œnologiques préconçues ou d'habitudes routinières lui permet à chaque millésime de trouver un bon moment pour vendanger et surtout pour s'adapter à la nature de chaque raisin. Combien de fois l'avons-nous vu au-dessus du pressoir décider en personne du sort de chaque charge, du choix d'une fermentation malolactique ou du maintien de l'acidité malique, de la nature des vaisseaux vinaires, foudre, barriques, cuves inox, avec comme seule ambition de conserver la vinosité la plus accomplie dans le vin tranquille ? Avec ce don rare et qui fait notre admiration d'imaginer ce que la seconde fermentation apportera à l'ensemble. La confiance de l'actionnaire est absolument nécessaire. Il faut accorder au vin la possibilité de vieillir aussi longtemps que possible sur pointe pour exprimer toute la puissance et l'harmonie du raisin et de la constitution de la cuvée, parfois cinq ans ou plus. Charles l'a obtenue dès son arrivée. Avec cinq ans au moins de stock, il garantit que ses grands et premiers crus de garde arriveront chez les consommateurs prêts à déguster, sans exclure de nombreuses années supplémentaires de vieillissement. Peut-être que l'apport le plus original de Charles au style des vins non millésimés actuels vient de sa conception originale du vin de réserve. Une forme de ce qu'on nomme un peu improprement « solera », qui consiste à renouveler les vins de réserve par tiers chaque année pour préserver leur netteté et leur fraîcheur, ce qui permet de conserver de façon encore efficace une douzaine de millésimes, avec l'apport mesuré d'oxygène d'une magnifique batterie de foudres en chêne. L'état actuel de fraîcheur de cette solera est tel que Charles a décidé d'en faire prendre mousse une fraction et de créer ainsi une nouvelle et superbe cuvée nommée Réserve Perpétuelle, perpétuation continuelle du génie de ses champagnes et hommage suprême au terroir champenois dans son expression la plus riche et la plus complète. Nous vivons avec le réchauffement climatique une renaissance du vin de pinot noir, le fameux morillon comme on l'a longtemps appelé. Il a fait la légende d'Aÿ en étant le vin préféré de nos rois et même de certains papes. Les progrès continuels de viticulture accomplis au clos des Goisses ont donné l'envie de produire en son cœur un vin nommé Les Cintres, peut-être aujourd'hui le plus grand blanc de noirs de Champagne. Ces deux expressions absolues du génie de ce cépage ont une même origine : le talent et la sensibilité de notre génie du vin. **M.B.**

LEIF CARLSSON

GÉNIE DU STYLE
FRÉDÉRIC WEBER
BOUCHARD PÈRE ET FILS

Un style ou une patte ? Vous le savez, nous préférons de loin le style. Définition : construction du savoir humain fondée sur un solide apprentissage et un sens de l'esthétique qui n'oublie jamais l'éthique. En Bourgogne, on a trop souvent fait croire que seul le terroir a du sens. Les grands terroirs aux mains d'incapables ne sont rien et la compétence n'est pas non plus garante du succès. Alors quoi ? Il faut une vision qui structure la compétence. Certes, Frédéric Weber, le remarquable vinificateur des domaines Bouchard Père et Fils a la chance d'être inspiré par la qualité propre des prestigieux crus dont il s'occupe. En donnant à chacun sa chance et son expression la plus exacte aujourd'hui mais aussi, et c'est bien plus difficile, demain. Les vieux millésimes grandioses de la maison lui montrent d'où l'on vient. Pour savoir où l'on va, Frédéric se fie à la meilleure boussole. D'abord, cultiver sain, y compris en renouvelant toutes les plantations mal faites (même récentes). Un bon plant à cinq ans fait un meilleur vin qu'un mauvais à trente ans. Ensuite, récolter ni trop tôt, ni trop tard, avec la logistique nécessaire et en vinifiant selon le goût de chaque raisin. Vaste programme, certes, mais qui lui réussit depuis cinq ans, avec des blancs d'une finesse incomparable et des rouges dont l'art cache l'art. Tant pis pour les amateurs de sensationnel, tant mieux pour les vrais amoureux des grands climats. **M.B.**

GÉNIE DU PLAISIR
STÉPHANE SÉROL
DOMAINE SÉROL, CÔTE ROANNAISE

En retrait dans la hiérarchie des grands terroirs de notre pays, l' AOC côte-roannaise s'affirme aujourd'hui comme un vignoble de premier ordre. Si le pays de Roanne a longtemps eu pour seul ambassadeur l'iconique famille Troisgros, lignée de chefs triplement étoilée, sa quête de reconnaissance compte pourtant depuis toujours sur l'implication sans faille d'une autre famille, les Sérol. Avec un sens inné du vin et une compréhension parfaite de ce que donne le gamay (et désormais le chenin) sur les sols volcaniques, Stéphane Sérol fait rayonner son appellation. Vins de soif (éclat de Granite), vins de lieux (Perdrizière, Oudan, Les Millerands) et expérimentations (Chez Coste) partagent la même ambition : donner du plaisir. Avec son épouse Carole Montoya qui fait savoir ce savoir-faire, Sérol incarne un idéal vigneron en phase avec ses principes – le domaine est en bio et biodynamie – et en phase avec son époque. Les vins sont disponibles et très abordables. Plus que du talent, on y voit du génie. **L.V.C.**

MATHIEU GARÇON, PRESSE

GÉNIE DE L'ŒUVRE ACCOMPLIE
MICHEL FAUCONNET
CHAMPAGNE LAURENT-PERRIER

Il y a presque un demi-siècle Michel Fauconnet entre dans une toute jeune maison de champagne, Laurent-Perrier, dirigée par un patron visionnaire, Bernard de Nonancourt. Il n'est que simple ouvrier, n'étant pas diplômé d'œnologie, et il gravit peu à peu tous les échelons, à commencer par celui de chef de cercle, qui l'initiera à l'élaboration du vin. Mais Nonancourt fait confiance aux hommes et il a rapidement repéré le talent de son collaborateur. En 1983, le Bordelais Alain Terrier, œnologue de grande conviction, est nommé chef de cave et forme avec Michel un duo très efficace qui permet à ce dernier de maîtriser parfaitement l'art de l'assemblage et celui du style, qui est le propre des grandes maisons champenoises. En quarante millésimes, et seul aux commandes après le départ à la retraite de Terrier, Fauconnet perfectionne d'abord le brut non millésimé, désormais appelé La Cuvée, si important pour l'image de marque d'une maison, en même temps qu'il en augmente le volume. Il crée un blanc de blancs, ce qui semble logique dans une maison qui, depuis sa création, fait une part belle au chardonnay, et surtout, par petites touches, il perfectionne tous les assemblages qui atteignent désormais une pureté pratiquement idéale, définition même du champagne comme vin de haute civilisation. La maison peut être fière de lui avoir fait confiance, mais il se doit désormais de savoir transmettre son art et son expérience à d'autres. **M.B.**

GÉNIE DE LA RENAISSANCE
EDOUARD MOUEIX
CHÂTEAU BELAIR-MONANGE, SAINT-ÉMILION

Petit-fils de Jean-Pierre Moueix, l'homme qui bâtit la gloire de Petrus et, plus généralement, celle de Pomerol, et fils de Christian, qui a donné aux propriétés du groupe une aura internationale, Édouard Moueix avait un destin tout tracé. Il a choisi de l'affirmer en se focalisant avec succès sur la propriété où il vit désormais avec sa femme américaine et leurs enfants, Bélair-Monange. Le cru de Saint-émilion, voisin direct de Ausone et extraordinairement bien situé sur le tertre calcaire et plein sud du village, a été acquis par la famille Moueix en 2008. Il a d'abord fallu se transformer en bâtisseur pour renforcer la structure d'un vignoble installé sur un coteau calcaire sillonné depuis des siècles par des galeries souterraines qui menaçaient à tout moment de s'effondrer. Il s'est agi ensuite de redonner personnalité et distinction à un cru irrégulier dont la finesse supposée confinait parfois à la maigreur. Depuis le milieu de la précédente décennie, Bélair-Monange impressionne autant par sa profondeur que par sa délicatesse de texture. Il est redevenu ce qu'il doit être : un cru au sommet de Saint-émilion. **T.D.**

GÉNIE DU LIEU
SAUMUR-CHAMPIGNY

Saumur-Champigny est l'appellation qui compte le plus grand nombre de propriétés qualitatives, et l'ambiance qui y règne entre les vignerons est l'une des plus épanouissante de l'Hexagone. À l'image de Jeanne Germain ou Caroline Meurée et Hervé Malinge, la relève s'affirme dès les premiers millésimes. Ici, l'évolution culturale bio et biodynamique touche plus de 50 % du vignoble et si l'on y ajoute les domaines certifiés HVE, on atteint les 90 %. Le socle calcaire est la constante de tous les terroirs. Si, en surface, les sols peuvent être d'argileux à sableux, le tuffeau joue un vrai rôle d'éponge, distillant à la vigne l'eau et les éléments nécessaires à une maturité régulière du cabernet franc. On apprécie la souplesse de tannin et le coulant joyeux des vins de sable comme l'allonge soyeuse et profonde tout en fraîcheur des cuvées d'argilo-calcaire taillées pour la garde des crus de Varrains et Chacé, sans oublier Dampierre, Souzay et Saumur. Terroirs plus froids, Turquant, Parnay, Montsoreau et Saint-Cyr, arrivent sur le devant grâce au réchauffement climatique et les années chaudes comme les 2018, 2019 ou 2020. ▌**D.H.**

GÉNIE DE LA PLANÈTE
CHÂTEAUNEUF-DU-PAPE

En France, la qualité des vins est reconnue selon un système établi qui vise à « contrôler » leur origine et ses spécificités, via un cahier des charges respecté. Ces appellations ont beaucoup fait pour la réputation de nos vignobles. Mais ce fonctionnement presque centenaire est aujourd'hui remis en question. D'aucuns l'estiment incompatible avec les sujets de notre époque, notamment celui du changement climatique. Quelle réponse à ces critiques ? Adoption d'une charte paysagère, labellisation spécifique des pratiques vertueuses, préservation des paysages et des faunes locales, lutte contre l'érosion, développement de l'écopâturage, plan global contre la flavescence dorée, sauvegarde du patrimoine ampélographique, etc. En pionnière et en modèle, la vieille appellation châteauneuf-du-pape (1936) s'est mise collectivement en ordre de bataille pour les combats du siècle. Rassembler et progresser ensemble, protéger son territoire, sa vie locale, économique et sociale, c'est cela la définition initiale d'une appellation. Châteauneuf-du-pape ne l'a pas oublié. ▌**L.V.C.**

MATHIEU GARÇON, PRESSE

GÉNIE DE LA CONSTANCE

MICHEL TARDIEU

TARDIEU-LAURENT, RHÔNE

Michel Tardieu n'est pas un vigneron, il est un négociant. Il ne possède pas de vignes, il achète du vin, l'élève dans de grands foudres et le commercialise. Il considère que « le négociant a plus de chance que le vigneron ». À qui achète-il du vin ? Il ne le dit pas, c'est son secret. Installé au sud du Lubéron, il couvre la vallée du Rhône, du nord au sud. Longtemps associé avec Dominique Laurent, fameux Bourguignon, il a développé son affaire sous la marque Tardieu-Laurent autour de quelques vérités simples et bien exécutées. Passionné, il cherche toujours une expression plus aboutie dans les vins qu'il met en marché, « la notion de parcellaire dans le parcellaire, une sélection toujours plus fine, pour une qualité la plus régulière possible ». C'est tout l'enjeu du négoce et le résultat est dans le verre. Et dans son succès considérable. Aujourd'hui, le groupe EPI, propriétaire de belles marques en Champagne et en Italie, a pris la majorité de son capital. L'occasion d'aller encore plus loin, avec plus de moyens, pour plus de perfection. ▮ ***N.R.***

GÉNIE DE L'AUTHENTICITÉ

FLORENT ROUVE

RIJCKAERT, BOURGOGNE, JURA

En une décennie de millésimes, nous avons vu ce jeune homme hisser la production de cette maison à une niveau encore jamais atteint. Héritier du maître flamand Jean Rijckaert avec lequel il partage sensibilité et aptitudes en matière de vinification, Florent Rouve n'a pas ménagé ses efforts pour maintenir les fondamentaux du style, aussi bien en Bourgogne, dans le Mâconnais, que dans le Jura, d'où il est natif. Travailleur de tous les instants, il a poussé plus loin les curseurs de la qualité, notamment par la connaissance intime de son vignoble, un soin extrême apporté dès les vendanges et une maîtrise absolue dans l'art d'élever les vins. Ce diplômé d'œnologie, toujours accessible avec ceux qui souhaitent découvrir ses vins – d'ailleurs de plus en plus désirés –, est devenu l'une des références des vins blancs en France. Être soi-même et devenir ce que l'on veut, c'est cela l'authenticité. On la rencontre rarement dans sa forme le plus pure. ▮ ***L.V.C.***

GÉNIE DE LA PAROLE
FRANÇOIS-XAVIER DEMAISON
DOMAINE MIRMANDA, ROUSSILLON

Les artistes qui aiment le vin ne sont pas rares. Les artistes qui le revendiquent avec autant d'enthousiasme que François-Xavier Demaison, bien plus. Pas tant parce qu'il a intitulé son dernier spectacle Dix Vins, se servant de bouteilles mémorables pour tirer le fil de ses souvenirs, que parce qu'il affectionne la compagnie des sommeliers et des vignerons. Jamais le dernier pour aller boire un verre après le spectacle, il doit ce goût à sa soif de vivre, et peut-être aussi à un père avocat qui l'a pas mal emmené au restaurant quand il était plus jeune. Copain avec l'agent de vignerons médiatique Gwilherm de Cerval, toujours à l'affût d'une nouvelle trouvaille vinicole, il a même mis un pied dans le métier. Pas seulement via le bar du théâtre de l'œuvre, où il propose une sélection de vins, mais aussi avec le domaine Mirmanda, son projet avec le sommelier MOF Dominique Laporte. C'est sa compagne Anaïs qui lui a fait découvrir les joies de la région de Perpignan, où il a acquis quelques vignes. Mirmanda, c'est aussi trois cuvées de négoce en vin de France qui ne cessent de monter en puissance. Comme le couple Demaison attend un enfant pour cette fin d'année, les occasions de célébrer ne sont pas près de se tarir pour le comédien épicurien. **G.D.D.**

GÉNIE DU CHANGEMENT
SÉVERINE FRERSON
CHAMPAGNE PERRIER-JOUËT

Le puissant groupe Pernod Ricard, acquéreur des maisons Mumm et Perrier Jouët en 2005, a pris son temps pour rebâtir la saga de deux maisons à l'existence bousculée à la fin du siècle précédent. Perrier Jouët fut au XIXe siècle l'une, sinon la plus fameuse des maisons de champagne, avec en point d'orgue la création par Gallé du motif des anémones qui ornera à partir du millésime 1964 les flacons de l'iconique cuvée Belle époque. La nomination, pour succéder au chef de cave Hervé Deschamps (en poste pendant 37 ans !), de Séverine Frerson a marqué en 2020 une étape importante. Résolue à apporter sa touche à une maison à l'immense potentiel, l'expérimentée Séverine Frerson (elle dirigeait les caves de Piper Heidsieck auparavant) a une magnifique feuille de route devant elle. Elle ouvre sa mission avec un superbe Belle époque blanc de blancs 2012, mais on suivra bientôt ses premiers assemblages du brut non millésimé de la maison, Grand Brut. **T.D.**

MATHIEU GARÇON, PRESSE

GÉNIE DU RETOUR AUX RACINES

JEAN-CLAUDE MAS

DOMAINES PAUL MAS

Le documentaire que nous consacrons[1] à ce vigneron et négociant languedocien éclaire la personnalité et le travail d'un des producteurs les plus étonnants de son époque. Et, dans toutes les vies de Jean-Claude Mas – c'est le titre du film –, celle qui surprend le plus est celle du retour aux racines familiales après une première vie professionnelle très réussie qui l'a mené aux quatre coins de la planète. Fils et petit-fils de viticulteurs languedociens, Mas est revenu chez lui avant ses 40 ans pour bouleverser totalement des schémas familiaux humblement productivistes et installer en moins de dix ans un modèle à la fois novateur et qualitatif. Les domaines Paul Mas représentent aujourd'hui bien plus que les terres d'origine familiale, mais toutes les appellations et les types de vin interprétés par le bouillonnant Jean-Claude bénéficient à coup sûr de cette double expérience, celle de l'enfant du pays et celle de l'entrepreneur. Au-delà d'une extraordinaire aventure humaine, ce parcours peut servir d'exemple. Il fait en tout cas du bien à un monde du vin parfois encalminé dans ses routines. ▮ *T.D.*

1. Diffusé dès ce mois de septembre sur mybettanedesseauve.com et sur la chaîne Youtube bettane+desseauve.

GÉNIE DE L'ENTREPRENEURIAT

MARIE-BÉNÉDICTE LEFÉVÈRE

CHÂTEAUX SANSONNET ET VILLEMAURINE, SAINT-EMILION

En moins de dix ans, Marie Bénédicte Lefévère a fait de Sansonnet, un cru du plateau de Saint-Émilion acquis par sa famille en 2009, une valeur incontournable de l'appellation, avec des vins profonds, harmonieux et toujours d'une grande richesse de saveur. Docteur en pharmacie de formation, elle a apporté à un cru bien situé mais méconnu une précision de travail impressionnante. Elle poursuit maintenant ce travail d'orfèvre avec l'acquisition par sa famille d'une véritable pépite, Villemaurine. Situé sur le flanc est de Saint-Émilion, composé de sept hectares d'un seul tenant installés sur le plateau calcaire, le cru avait spectaculairement progressé sous la houlette de son précédent propriétaire, Justin Onclin. Le millésime 2021 confirme qu'il est ici en de très bonnes mains. Enfin, et très discrètement, la famille Lefévère a complété son implantation saint-émilionaise en devenant actionnaire de référence du château Valandraud, créé et toujours dirigé par Murielle et Jean-Luc Thunevin. Difficile de faire plus avisé. ▮ *T.D.*

GÉNIE DE L'ŒNOTOURISME
STÉPHANE TILLEMENT
WINE PATHS, BORDEAUX

La soif de découverte du vin n'a pas de frontières. Pour le voyageur épicurien, le guide idéal a un nom : Stéphane Tillement. En 2017, ce Bordelais profondément enraciné dans l'industrie de l'œnotourisme, président de Mauriac Voyages et de Wine Tour in France, a mis à profit trente ans d'expérience dans le voyage de luxe et son réseau exceptionnel pour inventer Wine Paths. Traduction littérale : « chemins du vin ». Un concept sur mesure pour l'amateur qui cherche les meilleurs plans dans les vignobles autour du monde. Au choix, le site aide à composer soi-même son escapade, mettant à disposition les outils pour contacter directement les domaines viticoles et les distilleries répertoriés (plus de 350 grands domaines, dans une quinzaine de pays sur tous les continents), mais aussi tables, hôtels, chambres et maisons d'hôtes triés sur le volet. Pour ceux qui préfèrent déléguer l'organisation de leur voyage, le site propose un expert de la région choisie avec accès direct aux adresses les plus convoitées. Comme voyager, c'est avancer, Wine Paths n'a jamais fini d'innover. Initiatives post-confinement comme le "Virtual Tasting", nouveau partenariat avec Amazon Explore qui lui permet de s'imposer comme la première marque à offrir des visites virtuelles à un public d'amateurs (pour le moment 100 % américain). Cinq ans d'existence seulement, quel chemin parcouru. ▮ *P.C.*

GÉNIE DE L'ARCHITECTURE
CHÂTEAU TROTTEVIEILLE
SAINT-EMILION

Bordeaux s'est fait une spécialité de bâtir de spectaculaires chais. Cela a commencé il y a longtemps et n'a cessé de se reproduire depuis dans tous les crus, les plus prestigieux ajoutant à chaque rénovation un surcroît de faste et de moyens. Parfois, des architectes fameux transforment l'allure du château jusqu'à modifier profondément le paysage local. D'autres fois non, et c'est précisément en cela que la rénovation du château Trottevieille est formidable. Propriété depuis 1947 des familles fondatrices de la maison Borie-Manoux, les Borie, puis les Casteja, ce bijou absolu du plateau de Saint-Émilion n'a rien d'une propriété spectaculaire : c'est une bâtisse sobre de pierre blanche, sans étage et ornée de deux ailes. La création d'un chai ultra équipé et parfaitement adapté au potentiel du cru s'est faite sans rien modifier de cette allure extérieure générale. Tout se passe en profondeur et dans un espace évidemment contraint. Finalisée au printemps dernier, cette rénovation tout en sobriété transmet une impression majeure de respect du lieu et de l'environnement. ▮ *T.D.*

GÉNIE DE LA FAMILLE
FAMILLE BRUNEL
CHÂTEAU DE LA GARDINE, RHÔNE

Le mot famille est à la mode dans la haute viticulture. Il rappelle aux lettrés le vieux sens du mot, qui désignait le mode de fonctionnement des fermes de l'Antiquité, centré sur l'humain, non sur le bétail ou le foncier. Aujourd'hui, il s'agit pour les familles de préserver pour de bon leur patrimoine et d'assurer sa transmission. Tâche aussi noble et prioritaire que la préservation de l'environnement. Certaines grandes familles, riches d'autres biens, sont devenues des marques mondiales en France ou en Italie, avec un nom fièrement reporté sur les étiquettes. D'autres se regroupent pour éviter les disputes suicidaires. Il existe aussi une troisième catégorie, la plus naturelle et peut-être, à long terme, celle qui survivra aux autres, celle qui se contente avec modestie de bien faire son travail. Au château la Gardine, magnifique propriété de Châteauneuf-du-Pape, fièrement sise au bord du Rhône, la famille Brunel n'en est qu'à ses troisième et quatrième générations, toutes aussi unies. Elle ne revendique que la qualité de ses vins, leur régularité, l'expression juste du terroir, animée par la volonté de leur donner une qualité universellement appréciable. Et une faculté de bien vieillir comme une dégustation récente l'a brillamment démontré (voir En Magnum n°28). En toute logique, le vignoble continuera de s'agrandir, suivant le succès commercial. Les générations à venir disposeront d'un outil de travail encore perfectionné. On devrait commencer à s'inspirer de cette intelligence dans les vignobles vedettes, où l'ambition personnelle rend le patrimoine foncier intransmissible et les prix de vente follement spéculatifs. **M.B.**

JBNADEAU, PRESSE

GÉNIE DU CONCEPT
LE CONSULTING

On date souvent – même si le mot n'existait pas à l'époque – l'arrivée du métier de consultant dans l'univers des grands vins aux conseils et assemblages prodigués par Emile Peynaud dans de très nombreux (estimés à plus de 800) châteaux. Mais c'est au cours des années 1980 puis 1990 que la fonction va prendre une importance majeure dans le destin des crus, à Bordeaux et ailleurs, en particulier sous la houlette généreuse de Michel Rolland. Aujourd'hui, toute une génération de consultants fameux passe – ou s'apprête à passer – la main, et l'on n'aurait pu croire que le métier s'éteindrait avec ces brillants pionniers. De fait, il n'en est rien, et la fonction trouve chaque jour de nouveaux hérauts, débordant parfois du simple cadre viticole et œnologique : entre les nouveaux arrivants, les repreneurs de cabinets œnologiques réputés ou les équipiers succédant à leur mentor, le paysage du consulting n'a jamais été aussi varié et efficace. **T.D.**

Frank Ramage.

Estelle Touzet.

Xavier Thuizat.

GÉNIES DU GESTE

ESTELLE TOUZET, XAVIER THUIZAT, FRANCK RAMAGE

DE L'IMPORTANCE DU SOMMELIER

Pas un, mais trois génies du geste, impossibles à départager parce que complémentaires et unis dans une même équipe, celle de l'art français de servir le vin et d'en parler. Première femme au monde à occuper la fonction suprême de sa discipline dans un restaurant trois étoiles, Estelle Touzet a transformé son métier de sommelière sans tambour ni trompette, avec la retenue intelligente et l'obstination travailleuse qui la caractérisent. Aujourd'hui consultante, elle a ajouté à son exigence habituelle une parole pédagogique solaire et inspirante. Forgé par l'excellence (Bernard Loiseau, Meurice, Gagnaire, Peninsula), le destin de Xavier Thuizat était naturellement fondé à se marier un jour à celui de l'hôtel du Crillon, redevenu après de longs mois de travaux peut-être le plus beau palace de Paris. Nous n'avons pas la place pour décrire ici toutes les qualités du jeune homme tant sa maîtrise impressionne. Le service qu'il conduit avec ses équipes est proche de la perfection, son verbe et son élégance discrète, à la hauteur de l'endroit. Nous le félicitons pour son humilité, noble qualité et signature des plus grands. Quant à Frank Ramage, allons à l'essentiel, le Grand Tasting Paris, notre salon des vins annuel, n'aurait pas la réputation qui est la sienne sans ce maestro imperturbable et profondément gentil. Collaborateur de notre maison depuis plus de vingt ans, il supervise avec un talent managérial sans égal sa société d'événementiel (Kira Consultants) et la formation impeccable de ses équipes. ▮ ***L.V.C.***

THOMAS DHELLEMMES, VICTOR BELLOT

CLOS DE CAILLE
CLOS DE CAILLE
CÔTES DE PROVENCE
2021
www.CLOS DE CAILLE.com
L'ABUS D'ALCOOL EST DANGEREUX POUR LA SANTÉ. À CONSOMMER AVEC MODÉRATION.

LES NOUVEAUX JEUNES DE L'ANNÉE

UNE NOUVELLE GÉNÉRATION AUX COMMANDES DES VIGNOBLES DE FRANCE ET PEU À PEU, TOUT CHANGE. AVEC DEUX MOTS D'ORDRE : FAIRE PROPRE ET RÉUSSIR. OUI, C'EST NOUVEAU

PAR ***MICHEL BETTANE, ALAIN CHAMEYRAT, LOUIS-VICTOR CHARVET, THIERRY DESSEAUVE ET NICOLAS DE ROUYN***

FABRICE LESEIGNEUR

GÉNIES DE DEMAIN
UNE GÉNÉRATION PLUS LOIN

IL FUT UN TEMPS où l'univers du vin inquiétait par le vieillissement conjoint de ses consommateurs et de ses producteurs, les uns comme les autres enfermés dans une routine censée les éloigner inexorablement de publics plus jeunes. Si le questionnement mérite toujours d'être posé en matière de consommation, il a trouvé une réponse étonnante côté vignoble : jamais le vin n'a attiré autant de nouveaux acteurs. Dans un monde en pleine mutation, le secteur viticole présente pour nombre de jeunes, diplômés ou non, beaucoup d'atouts spécifiques et en particulier celui de faire le choix clair de vivre en harmonie avec la nature. Pour beaucoup de néo-vignerons, cette conviction permet d'agir directement et personnellement pour la planète grâce à une pratique viticole respectueuse des impératifs écologiques. S'ajoute à cela la liberté d'entreprendre, le rythme de vie, le retour à la terre et aux racines, etc. Même si les difficultés nombreuses du métier finissent par décourager certains, le pouvoir d'attraction de la filière n'a jamais été aussi fort. ▮ ***T.D.***

BENJAMIN GRAS

DOMAINE SANTA DUC, RHÔNE

Les grandes histoires de vin sont souvent, pas toujours, une histoire familiale longue. Ici, elle a commencé en 1874. Et à la fin de l'histoire, il y a un père qui a trouvé la clef, le mode d'emploi, et un fils qui sublime le travail du père. Fine équipe. Si Benjamin Gras a un talent certain dans « l'écriture d'un nouveau chapitre de Santa Duc », il est d'abord le fils de son père et il n'a pas encore 30 ans ou à peine. Yves, le père, dit : « Il n'y a pas de recette et il n'y a pas de secret. Il faut juste de la sensibilité – ce qui explique que Benjamin ne fait pas les mêmes vins que moi, on n'a pas la même – et de la réflexion ». Chez le père et le fils, on réfléchit beaucoup. Sur les maturités du raisin, les dates de vendange. La tendance est à la récolte précoce, il vaut mieux couper trop tôt que trop tard, disent-ils. Il faut des degrés alcooliques maîtrisés, des vins fins. Benjamin utilise moins de bois, les vins sont plus clairs, plus nuancés. Un nouveau gigondas est en train de naître. ▮ ***N.R.***

LORRAINE ODDO

ODDO WINES, FRANCE, ITALIE

Grand nom de l'investissement financier, la famille Oddo s'est depuis longtemps passionnée pour l'univers du vin. Après avoir acquis une belle propriété en Provence, le domaine du Vallon des Glauges, et le vignoble Taaibosch à Stellenbosch en Afrique du Sud, elle a choisi pour se développer un positionnement pertinent et original : s'associer dans différentes régions avec des producteurs essentiels du cru pour y développer un projet viticole de haut niveau. Sont nés ainsi Le Piton à Sancerre, avec Pascal Jolivet, et le spectaculaire Serra Ferdinandea en Sicile, avec la famille Planeta. Au final, le groupe familial piloté commercialement par Lorraine Oddo avance vite sur des terrains divers mais toujours très excitants. Fondé sur le partage d'expérience et d'expertise et une vision résolument internationale du monde du vin, la stratégie de la famille Oddo est profondément novatrice. On la suivra avec beaucoup d'intérêt. ▮ ***T.D.***

MATHIEU GARÇON, PRESSE

ANGELA QUIBLIER ET HUGO FOIZEL

LES JEUNES POUSSES, BEAUJOLAIS

S'installer comme viticulteur avec une vraie ambition éthique, qualité du vin et respect de l'environnement oblige, devient de plus en plus difficile. Le principe du wine funding prend alors du sens : aider par des dons de jeunes viticulteurs à se développer donne le coup de pouce nécessaire. Angela et Hugo se sont rencontrés à Dijon lors de leurs études et leurs stages dans de grands domaines ont complété leur formation. Ils ont eu la chance de trouver deux bonnes fées. Thibault Liger-Belair leur a confié cinq hectares de vignes qu'il exploitait en Beaujolais, Ivan Massonnat leur a transmis sa connaissance de ce type d'entreprise. Les premiers vins sont délicieux, particulièrement l'admirable Les Brureaux, en appellation chénas. L'acquisition durable de vignes se concrétise, à émeringes, village remarquable proche de Juliénas et Chénas. Longue vie à ces jeunes pousses. **M.B.**

PAUL FROISSART

CHAMPAGNE LAFALISE-FROISSART

En faisant ses classes pendant dix ans comme commercial chez Rémy Martin, puis chez Champagne Henriot, Paul Froissart a développé un sens aigu du business avant de reprendre les vignes familiales à Verzenay. Toutes en grand cru. Premiers tirages en 2016, premières mises en marché en 2019. Trois cuvées pour commencer, un rosé et deux blancs sous la marque Lafalise-Froissart. Lafalise, c'est le nom de ses grands-parents : « Une forme d'hommage, ce sont eux qui m'ont transmis les vignes et cet amour du terroir, en plus. Je renoue avec un passé que je n'ai pas connu ». En définissant sa jeune entreprise comme "Maison d'initiés", il ne savait sans doute pas que c'était si vrai. Il ne lui aura fallu que deux ou trois ans pour voir ses vins devenir cultes au point qu'aujourd'hui, toute sa production est sous allocation, les vins sont réservés à l'avance par ses importateurs et 95 % de sa production est exportée. Le succès est là, palpable, évident. Il peut maintenant envisager de nouveaux projets, de nouvelles cuvées. C'est parti et bien parti. **N.R.**

VALENTIN DESLOGES

DOMAINE LES QUATRE PILIERS, LOIRE

Dès 2020, date de son installation, nous avons suivi Valentin Desloges pour son premier millésime, aujourd'hui en bouteille. Après avoir fait ses armes dans de grandes propriétés bourguignonnes et à l'étranger, le néo-vigneron est revenu dans sa Touraine natale pour créer Les Quatre Piliers, un domaine en conversion bio de dix hectares entre coteaux et plateau dans la région de Saint-Aignan. Ses sauvignons constituent des modèles du genre avec un fruit plein de vitalité (cuvée domaine), ciselé et cristallin (grande cuvée). Par sa persistance aromatique, le cabernet franc déjoue tous les codes. Une belle découverte dans la vallée de la Loire où fourmille plein de jeunes talentueux. Coup d'essai, coup de maître. **D.H.**

ÉLÉONORE PAIRAULT

CHÂTEAU TEYNAC, BORDEAUX

Dans toutes les organisations, à tous les niveaux de responsabilité, le monde professionnel du vin réclame des têtes bien pleines. Dans la lignée de son père Philippe, ancien architecte et communicant, et de sa mère, journaliste et communicante également, Eléonore Pairault a d'abord commencé par faire des études brillantes en droit spatial et aérien. Et puis, comme ses parents, elle s'est prise de passion pour le vin. De retour dans les propriétés de famille (Teynac et Les Ormes à Saint-Julien, Corconnac en appellation haut-médoc), elle a redonné vie en quelques millésimes au rêve de ses parents, lui donnant un souffle nouveau, animé par des vins désormais remarquables de netteté, d'élégance et de charme immédiat, héritages de cette famille sincère et accueillante qu'elle présente avec conviction en France comme dans le monde. **L.V.C.**

LOUISE ET EDGAR COULON

CHAMPAGNE ROGER COULON

Difficile de choisir un génie de demain en Champagne tant la région compte de sérieux candidats dans ses rangs. Au cœur de la vallée de la Marne, Louise et Edgar, frère et sœur, neuvième génération des Coulon, incarnent à merveille la passion incandescente de cette nouvelle génération de producteurs champenois curieuse de ses terroirs, ses vignes et son vin. Situation géographique oblige, le meunier est au cœur de préoccupations de ce domaine de Vrigny engagé depuis 2019 sur la voie de l'agriculture biologique et dans une démarche poussée d'agroforesterie. Les efforts à la vigne continuent aussi en cave, lieu de naissance de deux collections de cuvées particulièrement réussies, Référence et Empreinte. Dorénavant, à Louise, passée par Bandol (Ott), et Edgar, passé par la Bourgogne (Philippe Pacalet), de continuer le travail de leurs parents, Isabelle et Éric. L'excellence prend du temps, réclame du travail, frustre souvent, mais oblige à se faire confiance. Nous leur donnons la nôtre et nous croyons en eux. ▮ ***L.V.C.***

CÉSAR DÉRIAUX

DOMAINE DE MONTBOURGEAU, JURA

Particulièrement séduisantes lors de notre dégustation annuelle des vins du Jura, les cuvées de ce domaine situé à L'étoile nous ont incité à en savoir plus sur cette progression nette. Bien sûr, il faut rendre à César ce qui appartient à César. Le travail immense entrepris ici par Nicole Deriaux depuis la fin des années 1980 a donné quelques pistes à ses fils, César et Baptiste, venus la rejoindre dans cette mission. Mère et fils signent dans ces derniers millésimes des blancs plus précis que jamais. Les onze hectares de savagnin, chardonnay, trousseau et poulsard sont entre de bonnes mains et le domaine continue de nous impressionner. ▮ ***L.V.C.***

SYLVIE GUIRAUDON

DOMAINE LA CHOUETTE DU CHAI, LANGUEDOC

Après une carrière de commerciale dans un groupe de presse et une reconversion vinicole réussie au domaine Mortiès, Sylvie Guiraudon a créé son propre domaine La Chouette du Chai en 2014, en appellation pic-saint-loup. Drôle de nom, mais la chouette est son animal totem. Elle serait douée de pouvoirs particuliers. Le nom des cuvées est dans cet esprit joyeux, avec "Un beau roman, une chouette histoire", "Rien ne m'effraie", "Ne vous déplaise" ou encore "Enfin heureux, c'est chouette !". Le tout mené selon les préceptes du bio et de la biodynamie, appliqués ici dans le respect des écosystèmes. Le domaine a de l'avenir, il faut le suivre attentivement. ▮ ***A.C.***

MATTEO FINIDORI

CLOS FINIDORI, CORSE

La Corse n'a pas fini de replanter ses meilleurs coteaux, terrifiants à défricher. La main d'œuvre agricole devient trop rare. Il faut avoir le courage des bâtisseurs qui font tout par eux-mêmes. Toute seule, la famille Finidori a construit un véritable paradis terrestre dans sa ferme auberge de Piscia, panorama incomparable sur les vignes de Figari compris. Avec courage et ténacité, le dernier fils Matteo a planté autour de la ferme, exposition et nature de sol de premier ordre, suivant les bons conseils d'un voisin expert, Yves Canarelli. Les premiers vins confortent ses efforts et expriment déjà une bonne partie de la valeur du terroir. Le jeune homme gagnera encore en adresse de vinification et d'élevage, avec l'agrandissement progressif du vignoble, l'apport de cépages complémentaires et le succès commercial inévitable à ce degré de qualité. On se régale aussi avec les charcuteries artisanales du frère aîné provenant de son propre cheptel de cochons demi sauvages. **M.B.**

FRANÇOIS MÉNARD

DOMAINE MÉNARD-GABORIT, LOIRE

On ne le répètera jamais assez. Le Pays nantais est une terre de grands terroirs et de grands vins. Mais voilà, cela ne suffit pas à changer un destin et à faire oublier un passé. François Ménard l'a compris. Porté par une poignée de vignerons, le changement doit s'inscrire dans la durée, profiter à la région, être utile à tous. Alors, comme son père, sa mère et son oncle avant lui, il a remonté ses manches, donné son avis, raconté ses expériences à l'étranger, apporté ses compétences et ses idées en matière de viticulture. Enfin, il a créé une gamme à rebours de l'ancienne, capables par sa qualité et ses étiquettes modernes de passionner des consommateurs sans a priori. Ses cuvées Contre-Courant, sans soufre, et Clos Cormerais, élevée en œuf, sont des pistes à suivre pour sa génération. D'ailleurs, en premier de cordée, il préside la récente association des jeunes vignerons nantais, groupe d'entraide et de partage épaulé par une fédération des vins de Nantes bien inspirée. **L.V.C.**

PRESSE

DEUTZ
BRUT
Champagne
DEUTZ
BRUT CLASSIC
XAVIER LAVICTOIRE - REIMS
L'ABUS D'ALCOOL EST DANGEREUX POUR LA SANTÉ. A CONSOMMER AVEC MODÉRATION.

NOS TABLES ET CEUX QUI LES DRESSENT

UNE TABLE, C'EST LE SAVANT MÉLANGE D'UN LIEU, D'UN HOMME, D'UNE CUISINE ET DES CLIENTS QUI S'EN FÉLICITENT. VOICI NOS PRÉFÉRÉES DE L'ANNÉE

*PAR **PIERRE-YVES CHUPIN** (DIRECTEUR DES GUIDES LEBEY)*

ROMAIN SANDT, PRESSE

LEBEY DE L'ANNÉE
JÉRÔME BANCTEL

Son parcours impressionne. Débuts avec Michel Kerever au *Duc d'Enghien* (Paris Xe), dix ans comme sous-chef de Bernard Pacaud à *L'Ambroisie* (Paris IVe), dix ans de plus comme chef exécutif auprès d'Alain Senderens au *Lucas Carton* (Paris VIIIe). Avant donc de prendre les rênes des cuisines d'un palace à part. Le chef incarne la grande cuisine française, de celle qui fait voyager, qui surprend, qui défend les codes de l'excellence. Soins apportés à la cuisson, à l'assaisonnement, aux sauces, jus ou bouillons pour une assiette à la fois cohérente et pertinente. D'un simple artichaut, il fait un petit chef d'œuvre de complexité et de saveurs. D'un maquereau préféré à un poisson noble, il donne sa lecture personnelle avec une bourride surprenante. D'un cochon, il sublime la chair et la finesse, invitant coquillages ou algues nori. Escale, virée ou périple : menus de déjeuners ou dîners comme une aventure. Chaque création de Jérôme est un moment de pure civilisation. Rare et précieux.
Le Gabriel - La Réserve Hôtel & Spa Paris
42, avenue Gabriel, 75008 Paris
Tél. : 01 58 36 60 50

LEBEY DE LA MEILLEURE CARTE DES VINS
MARION CIRINO

Tout au bout de la nationale 7 réputée pour ses haltes gastronomiques mythiques, un ancien prieuré au charme préservé. Bruno Cirino, formé par Roger Vergé, Alain Ducasse ou Jacques Maximin en est le maître incontesté et prodigue une cuisine de produit, magnifique et sincère. Et quel produit. Le meilleur, celui qu'il va chercher lui-même chaque matin chez des producteurs dont il garde secrètes les adresses. À ses côtés, Marion Cirino, ancienne harpiste de l'Orchestre de Paris, gère une cave comptant pas moins de 40 000 bouteilles. Rédigée avec une précision exemplaire, la carte aligne les verticales et réunit les raretés enviées par les collectionneurs les plus avertis. L'hiver, quand le restaurant ferme, Marion parcourt le vignoble à la rencontre des vignerons reconnaissants de son indéniable fidélité. Grand savoir-faire, grand carnet d'adresses, accueil et service proches de la perfection, adaptés selon les goûts et le budget de chacun. La bouteille sublime l'assiette imaginée par son mari. Elle goûte tout, scrupuleusement, retire les flacons qui ne lui conviennent pas et donne un air de fête à chaque repas. Les coefficients qu'elle pratique sont sciemment raisonnables. Tout proche de la folle Monaco, un havre tranquille de gentillesse et de générosité.
Hostellerie Jérôme
20, rue du Comté de Cessole, 06320 La Turbie
Tél. : 04 92 41 51 51

LEBEY DU MOMENT À PART
SOLÈNE ET NICOLAS CONRAUX

La butte à laquelle se réfère le nom de cet hôtel surplombe sur plusieurs kilomètres un paysage préservé. Au loin, l'océan et l'infini. Au cœur du Léon, dans le Pays pagan, cette institution créée en 1952 a retrouvé de nouvelles couleurs depuis les grands travaux qui ont joué de notes contemporaines et d'un respect total de son histoire et de son environnement. Nicolas Conraux dirige la table gastronomique quand son frère à la charge du Comptoir. Les menus de *La Table* débutent par une complète Kraz, galette croustillante et pourtant si légère. Au choix, ensuite, huîtres de l'archipel de Lilia tiédies et blé noir de Bretagne, tempura de légumes et d'algues ou ormeau élevé en pleine mer. Pour terminer, la crêpe dentelle et caramel beurre salé appartient à ces desserts qu'il faut avoir goûté au moins une fois dans sa vie. Un registre breton interprété avec un brio incontestable. Même bonheur avec le registre plus simple et tout aussi passionnant du *Comptoir*. Coquilles Saint-Jacques dans sa coque et vapeur de gingembre, cotriade, far noir et lipig en accompagnement ou far végétal aux pruneaux. L'établissement compte aussi une boulangerie et accueille avec une gentillesse confondante.

Hôtel Restaurant & Spa La Butte
10, rue de la Mer, 29260 Plouider
Tél. : 02 98 25 40 54

LEBEY DU MEILLEUR BISTROT
PASCAL BARBOT

On l'a connu chez *Astrance* où se sont pressés les gastronomes du monde entier, on le retrouve à la tête des fourneaux d'un bistrot. Durant quelques mois, en attendant la fin des travaux de sa table gastronomique, Pascal Barbot s'est sublimé dans la cuisine de saison. Jusqu'à y prendre goût. Les assiettes envoyées laissent coi. Bonheur de la légine cuite à la perfection, accompagnée d'un beurre blanc parfumé au gingembre et d'un riz inégalable. Bonheur de la salade de champignons et copeaux de foie gras, de la tarte aux poires avec pâte sablée, fruit encore cru et sorbet à parfaite température. Chaque jour, la carte renouvelle ses suggestions, vol-au-vent dans une version traditionnelle ou côtes d'agneau en provenance d'un éleveur jusqu'alors inconnu. Pascal Barbot est un chercheur sans fin de saveurs, de recettes, de produits. Son carnet d'adresses comme son palais valent de l'or. Nous n'avons pas hésité une seule seconde à décerner à son *Cèna* le prix Staub Lebey du meilleur bistrot de l'année. En attendant que le petit prince des fourneaux retrouve son *Astrance*, c'est la table où il faut réserver.

Restaurant Cèna
23, rue Treilhard, 75008 Paris
Tél. : 01 40 74 20 80

LEBEY DE L'INDÉMODABLE
PIERRE ALTOBELLI

Une histoire 100 % familiale. Alda, la maman, accueille et veille avec toute la bienveillance et l'amour nécessaires sur son petit. Pierre Altobelli a travaillé avec le gotha de la gastronomie. Ducasse, Maximin, Troisgros pour ne citer qu'eux. Jusqu'à décider de revenir dans sa ville natale reprendre l'adresse de famille, sans toucher au registre traditionnel de la cuisine, fierté du *Davia*, assise sur des bases bourgeoises et un amour immodéré pour le patrimoine de la ville et de sa région. Beignets de fleurs de courgettes, gamberonis à cru, carpaccio de loup de ligne à la purée d'olives, sardines farcies au vert de blette, gros raviolis de daube. Et, avec un peu de chance le jour de votre passage, rougets entiers non vidés dont les abats permettent de sublimer les grands rouges locaux. Ou encore tourte aux blettes fidèle à ce chef d'œuvre de la pâtisserie locale. Réjouissons-nous que le cadre soit resté dans son jus, il est une seconde maison pour ses nombreux habitués.

Chez Davia
11bis, rue Grimaldi, 06000 Nice
Tél. : 04 93 87 91 39

LEBEY DE LA MEILLEURE CHARCUTERIE
JÉRÉMIE CRAUSER ET FRÉDÉRIC BELLO

À Lyon, une seule artère à connaître, la rue Franklin. Pas besoin d'aller aux halles, vite surfaites, ce charmant quartier d'Ainay réunit en quelques adresses le panier idéal. Notamment en charcuterie. Avec deux artisans incontournables, Frédéric Bello (de la boucherie voisine Bello) et Jérémie Crauser, chef charcutier, disciple d'Escoffier et membre de l'association Les Toques Françaises. Tous les deux se sont associés en 2020 pour créer la maison Crauser Bello. Rien que du bon et du très bon comme le pâté-croûte (exceptionnel), l'oreiller de la Belle Aurore, le boudin blanc ou le simple pâté de foie. Il y a longtemps que nous n'avions dévoré une telle qualité. Sans oublier le jambon cuit à l'ancienne qui a fait notre sandwich et notre déjeuner avec la baguette bien cuite et croustillante de la boulangerie voisine, Au Vieux Pétrin.

Maison Crauser Bello
42, rue Franklin, 69002 Lyon
Tél. : 04 78 37 09 97

LEBEY DU MEILLEUR ŒUF MAYO'
ANDRÉ TERRAIL

Novembre 2021. Finale du concours du meilleur œuf mayonnaise, dans les cuisines du *Ground Control*. Membres du jury, huissier de justice, etc. Résultat, sans contestation aucune. Le cuisinier de *La Rôtisserie d'Argent* est le lauréat de l'édition 2021. Juste récompense pour André Terrail le propriétaire et ce chef qui a le sens du détail et de la perfection quand il s'agit de chercher son producteur d'œuf (la ferme du Pignon Blanc), d'imaginer l'assaisonnement (graines de moutarde) ou la composition de son assiette. Tous les jours, il partage cette même exigence aux fourneaux de son bistrot, aux pieds de la *Tour d'Argent*. La rôtisserie s'avère être plus qu'une promesse, magistrale et approvisionnée durant chaque service en viandes et volailles, canard notamment. La carte défend ses classiques, escargots, céleri, quenelle André Terrail ou, à la broche, pigeonneau, canard chalandais, colvert et autres « petits oiseaux » en période de chasse. L'assiette est généreuse, le plateau de fromages bien fourni, les pâtisseries à la hauteur du lieu. Difficile aussi de ne pas succomber à la cave, en partie approvisionnée par celle de la *Tour d'Argent* et enrichie de cuvées réalisées pour la maison, en net progrès depuis quelques années.

La Rôtisserie d'Argent
19, quai de la Tournelle, 75005 Paris
Tél. : 01 43 54 23 31

LEBEY DE LA MEILLEURE PÂTISSERIE
MAXIME FRÉDÉRIC

Le jeune homme est-il le nouveau porte-drapeau de la jeune génération de pâtissiers que le monde nous envie ? Dans un registre jamais suranné, Maxime Frédéric puise son inspiration en revisitant des classiques, allégeant dès que possible la quantité de sucre, lointain héritier de la grande époque de Gaston Lenôtre avec qui il partage de mêmes origines normandes. Ses réalisations se limitent à deux ou trois produits et des associations de saveurs réglées au plus près. Son douillon de poire arrive sur la table tel un modèle du genre, élégant dans sa parure en pâte feuilletée, parfumé avec une poire fondante, mais pas trop, gourmand avec les grains de sucre apportant le croquant nécessaire, intense avec la crème épaisse et légèrement acide. Même extase avec les profiteroles ou la tarte du jour. Et ses chocolats ? Il a fallu attendre Pâques pour découvrir une production limitée à quelques pièces qui trouvent leur inspiration dans les œufs produits par la ferme familiale. La pièce signature est confectionnée à partir de trois cacaos contenant des noisettes enrobées. La collection d'œufs est garnie de différents pralinés et de caramel, le chocolat origami en kit. Sans oublier le flan au chocolat entre fraîcheur de l'appareil façon bouillie à l'ancienne et notes chaudes de la croûte cacaotée (sablé diamant). On a tout goûté, on a tout aimé.

Plénitude - Hôtel Cheval Blanc
8, quai du Louvre, 75001 Paris
Tél. : 01 79 35 50 11

SYLVIE BECQUET, LA TOUR D'ARGENT

CES VINS SONT LE BONHEUR DE L'AMATEUR, LA JOIE DE L'INITIÉ, LE RÊVE DU COLLECTIONNEUR. POUR NOUS, ILS SONT UNE FIERTÉ. POUR RAYONNER DANS LE MONDE, LE VIN FRANÇAIS A BESOIN D'UNE ÉQUIPE. QUINZE VINS DE LIEU, QUINZE VINS D'AUTEURS, UN MÊME SOUCI DE LA PERFORMANCE, UNE MÊME ÉMOTION

ÉQUIPE DE FRANCE LES FIERTÉS D'UN PAYS

Domaine Valentin Zusslin, Clos Liebenberg (Monopole) 2017, alsace
98
Ce vin complet a tout pour lui : équilibre, tension, pureté, vibration. Parfait et pour longtemps.
35 euros

Château Mouton-Rothschild 2019, pauillac
100
Eblouissement absolu, perfection formelle, sans égal en intensité et en promesses dans le millésime.
492 euros

Château Pavie 2019, saint-émilion grand cru
99
Volume parfait, raffinement de texture, puissance corsetée, il a tout pour lui et durera très, très longtemps.
400 euros

Domaine Christophe Perrot-Minot, chambertin grand cru 2020
100
Intensité superlative, puissance brute et contenue, il dominera tous ses pairs comme toujours.
NC

Bouchard Père et Fils, La Cabotte 2020, chevalier-montrachet grand cru
97
Le vin est génial dans sa pureté de caractère et sa force.
NC

Champagne Philipponnat, Clos des Goisses 2012
98
Délicieux et caressant en bouche, très long, très complexe, équilibre souverain. Une perfection.
NC

Champagne Krug, Clos du Mesnil 2008
100
Pureté de cristal absolue, éclat aromatique magnifique, extraordinaire précision et force de conviction éblouissante.
NC

PRESSE

Domaine Orenga di Gaffory, Impassito 2013, muscat du Cap-Corse
96
Cette merveille rivalise en grandeur aromatique et en longueur avec les grands liquoreux de la planète.
18 euros

Mas Jullien, Lous Rougeos 2020, terrasses-du-larzac
98
Trame calcaire, très belle vinosité, intensité et fraîcheur en bouche, tannins d'une finesse folle. Quelle maîtrise.
38 euros

Gérard Bertrand, Clos du Temple 2021, languedoc-cabrières
96
Grand vin onctueux et velouté, grande énergie en bouche, finale sur la fraîcheur, très grande persistance aromatique. Sommet de la couleur.
190 euros

Domaine Jean-Louis Chave, l'Ermitage blanc, hermitage 2019
100
Signature d'un grand terroir et patiente construction du vin, il entrera dans la légende des blancs de l'Hermitage.
NC

Clos du Mont-Olivet, Cuvée du Papet
99
Grandiose délicatesse, volume profond et délicat, intensité finement épicée, fruit ultra précis. Parfait.
55 euros

Château Montus, La Tyre 2019, madiran
98
Matière incroyablement noble et puissante, large volume, race absolu du grand vin, perfection du vin de Madiran, à l'épreuve d'un demi-siècle.
112 euros

Domaine Philippe Alliet, Coteau de Noiré 2019, chinon
98
Toucher de tannin satiné, soyeux et velouté, texture ample, fraîcheur immense et grande finale très délicate.
27 euros

Domaine du Clos Naudin, Réserve 2018, vouvray
97
Tension minérale très pure, bouche souveraine et finale montante radieuse et énergique. Véritable quintessence du domaine.
49 euros

ILS VIENNENT DES QUATRE COINS DU GLOBE, VIEUX VIGNOBLE OU NOUVEAU MONDE, HÉMISPHÈRE NORD ET SUD. RÉUNIR CES TALENTS, C'EST FAIRE VALOIR L'UNIVERSALITÉ DE LA JOIE DU GRAND VIN. CES QUELQUES VINS NOUS ÉMEUVENT. NOUS EN AVONS FAIT UN XV MONDIAL

ÉQUIPE DU MONDE LE GRAND VIN D'AILLEURS

SÉLECTION ***ALEXANDRA RENDALL***

Opus One 2018, Napa Valley, USA
98
Un vin de grande race, magnifique et puissant.
318 euros
Distribué par CVGB

Promontory 2016, Napa Valley, USA
98
Un grand vin à la puissance maitrisée.
960 euros
Distribué par CVGB

Disznókő, Tokaji Aszú 6 Puttonyos 2016, Tokaj, Hongrie
98
Très puissant et riche, grand potentiel.
70 euros
Distribué par Compagnie Médocaine des Grands Crus

Yjar 2017, Rioja Alavesa, Espagne
97
Magistral, un vin d'une grande richesse.
120 euros
Distribué par Joanne

Petrolo Galatrona 2019, Val d'Arno di Sopra DOC, Italie
96
Tout en finesse et d'une grande élégance.
105 euros
Distribué par Joanne

Ornellaia 2019, Bolgheri DOC Superiore, Italie
96
Ce vin très élégant est envoutant.
220 euros
Distribué par Joanne

Glenelly Lady May 2015, Stellenbosch, Afrique du Sud
96
Grand style impérieux et de garde.
51 euros
Disponible chez TWIL

Almaviva 2019, Puente Alto, Chili
95
Quelle complexité pour ce vin opulent et élégant
150 euros
Distribué par CVGB

Santa Rita Casa Real Reserva Especial 2018, Maipo Alto, Chili
95
Délicieux, texturé et tellement long.
81 euros
Distribué par Joanne

Cloudy Bay Te Wahi Pinot Noir 2018, Central Otago, Nouvelle Zélande
95
Beaucoup de finesse, un équilibre presque parfait.
72 euros
La Grande Epicerie de Paris

Ao Yun 2017, Chine
95
Du charme et une typicité unique en son genre.
290 euros
La Grande Epicerie de Paris

Terra Remota, GG 2019, DO Empordà, Espagne
94
Finesse de texture remarquable, grenache de grand style.
45 euros
bodega. terraremota.com

Tyrrell's Wines Hunter Valley Semillon 2019, Hunter Valley, Australie
94
Étonnamment aromatique, un sec d'une grande profondeur.
19,90 euros
Idealwine

Markus Molitor, Riesling WC Wehlener Klosterberg Kabinett 2018, Moselle, Allemagne
94
Fin, floral et cristallin, un équilibre très original.
20 euros
millesima.fr

Adrianna Vineyard - Mundus Bacillus Terrae 2018, Mendoza, Argentine
94
Fin et précis, texture fondante, c'est la grande élégance.
240 euros
Distribué par CVGB

ENCHÈRES DE VIN CE QUE DISENT LES GRANDES VENTES

LES VENTES AUX ENCHÈRES, C'EST UN GRAND PROJECTEUR BRAQUÉ SUR LE MARCHÉ DU VIN. QUI MONTE ET QUI DESCEND. OÙ EST LA MODE. QUE VEUT L'AMATEUR. C'EST PASSIONNANT. REVUE D'UNE ANNÉE SOUS LE MARTEAU

*PAR **ANGÉLIQUE DE LENCQUESAING**, CO-FONDATRICE D'IDEALWINE*

DEPUIS UN PEU PLUS DE VINGT ANS, Idealwine accompagne les amateurs dans l'achat, la gestion et la revente de leur cave, notamment par le biais des ventes aux enchères, un secteur qui a connu de profondes mutations. À l'orée des années 2000, rares étaient les domaines à disposer d'une cote, passeport nécessaire pour s'échanger sur le marché secondaire des enchères de vin. Bordeaux y régnait en maître, aux côtés de quelques grands crus de Bourgogne, d'une poignée d'étiquettes du Rhône et de Champagne, d'un ou deux Alsaciens, quelques Italiens et puis, c'était à peu près tout. Ce marché bien établi permettait de valoriser le travail de ces illustres propriétés dont les représentants sillonnaient infatigablement le monde pour promouvoir les vins. La voie singulière qu'a emprunté Idealwine dès son origine a consisté non pas à se limiter à ces icônes, mais à identifier les domaines montants au travers du comportement des amateurs, à suivre et analyser les engouements pour des vins encore inconnus du plus grand nombre. Nous avons ainsi vu les hiérarchies se bousculer, les certitudes vaciller, les goûts évoluer. Dans un tel contexte, l'information se transmet à la vitesse de l'éclair. Une bonne note, un classement dans un palmarès ou un écho consécutif à un événement plus ou moins heureux ? La notoriété d'une propriété, d'un producteur peut décoller en quelques jours. Un fait qui s'est encore accéléré ces deux dernières années et qui nous a permis de devenir un observateur privilégié du marché, d'en décrypter les tendances et d'en extraire des faits marquants. Voici ce que nous avons vu.

UN CONTEXTE PERTURBÉ PAR LA CRISE SANITAIRE

Difficile de se retourner sur les deux dernières années sans évoquer la situation sanitaire. Restrictions de déplacements, développement du télétravail, rythme scolaire haché, couvre-feu, fermeture des restaurants et des bars : autant d'évènements inhabituels dans nos habitudes de vie sociale et de consommation, avec l'impact que l'on connaît, dans le secteur des vins. La France n'a pas eu l'exclusivité de ces bouleversements. Le monde entier a dû faire face en 2021 à une situation encore contrainte. Les occasions de déguster du vin ont pour l'essentiel été réduites à la sphère privée, entraînant une hausse des ventes de ces produits dans les circuits de distribution classiques restés ouverts et via internet. D'après le baromètre Sowine-Dynata pour l'année 2020, la part des acheteurs de vin en ligne est passée en un an de 31 % à 46 %.

SUSPENSION DES « TAXES AIRBUS » ET REBOND DES EXPORTATIONS

L'évolution s'est poursuivie en 2021. En dépit des fermetures de restaurants, la consommation est demeurée dynamique. Les ventes de vins et de spiritueux ont enregistré un premier semestre d'autant plus encourageant que les fameuses « taxes Trump », venues ajouter 25 % de frais d'importation ad valorem des vins et spiritueux français sur le sol américain, ont été suspendues pour cinq ans à compter de juin 2021. Une excellente nouvelle pour l'ensemble de la filière qui avait enregistré un manque à gagner estimé à 500 millions d'euros en 2020. L'interprofession de Champagne a tout particulièrement remarqué un fort rebond de l'ensemble de ses ventes dès le premier semestre 2021 (+ 41,6 %) et cette tendance s'est encore accentuée jusqu'à la fin de l'année, avec un chiffre d'affaires qui s'est établi à 5,5 milliards d'euros, dépassant le niveau de ventes atteint en 2019.

UNE RÉCOLTE SÉVÈREMENT AMPUTÉE

La récolte viticole 2021 a été marquée par l'une des pires catastrophes climatiques enregistrées au cours des dernières décennies. La production (33,3 millions d'hectolitres), en baisse de 30 % par rapport à 2020, est à un niveau encore inférieur à ce qui avaient été constatés en 1991 et en 2017, deux années de gel sévère. En cause, le réchauffement climatique qui suscite une floraison précoce de la vigne. Les jeunes bourgeons sont alors beaucoup plus vulnérables aux épisodes de gel qui, l'année dernière, se sont révélés particulièrement sévères au printemps. Les régions les plus touchées sont la Bourgogne, le Rhône et le Jura, trois zones viticoles particulièrement prisées des amateurs. La Champagne et l'Alsace ont aussi été lourdement impactées par les aléas climatiques, notamment durant l'été. Chaud et humide, celui-ci a favorisé l'apparition de maladies et pourritures, détruisant une bonne partie de la récolte. Pour les domaines disposant de stocks d'invendus liés à la fermeture des restaurants, ces petits rendements ouvrent la perspective d'un écoulement de millésimes plus anciens. Mais pour les vignerons déjà amputés de leur production habituelle depuis plusieurs années par une succession d'épisodes de gel et de maladies – certains producteurs bourguignons indiquent ainsi avoir perdu l'équivalent d'une

Lionel Cuenca, Angélique de Lencquesaing et Cyrille Jomand, les trois fondateurs d'iDealwine.

récolte entière au cours des cinq dernières années –, les conséquences économiques d'une année comme 2021 sont lourdes. Dans des régions où la tension sur les prix est déjà importante, ces phénomènes viennent encore creuser le déséquilibre entre l'offre et la demande.

2021, LES PRIX S'ENVOLENT

L'ensemble de l'exercice 2021 a été le théâtre d'une hausse significative des prix qui s'est concentrée sur certaines signatures de Bourgogne principalement, mais aussi de la vallée du Rhône et du Jura. Une tendance qui s'est poursuivie, voire amplifiée pour certains domaines depuis le début de l'année 2022. Pourquoi une telle fièvre ? La reprise des échanges, l'anticipation d'une raréfaction de la production à venir, qui suscite un effet de report sur les vins encore disponibles dans les millésimes antérieurs, sont venus nourrir le déséquilibre entre l'offre et la demande pour certaines signatures phares du vignoble et ce, à une échelle mondiale. Le phénomène n'est pas nouveau. L'accélération de la digitalisation des ventes en 2020, du fait du confinement, a contribué à rendre accessibles au monde entier des ventes jusqu'alors réservées à une clientèle plus locale. Les réflexes d'achat à distance ont été pris et ce phénomène s'est intensifié en 2021. Par ailleurs, certains grands vins français sont aujourd'hui devenus des actifs patrimoniaux à part entière. Certains sont déjà rares dès leur production (grands crus de Bourgogne et du Jura) et cette raréfaction initiale ne fait que s'accroître avec le temps et la destruction (bouteilles consommées). La hausse de prix est donc à peu près systématique tant que le vin n'a pas dépassé son apogée. Mécaniquement, les vins se valorisent, venant intéresser une cible qui s'élargit aux amateurs sensibles au caractère patrimonial de leur cave. Dans un contexte de taux bas, où les liquidités sont importantes et dopées par une épargne que le contexte sanitaire est venu gonfler durant les périodes de confinement (moins de dépenses, moins de voyages), le vin revêt une valeur d'actif particulièrement attractive.

LA PART DU BIO

Premier constat, la tendance est générale. Tous les consommateurs de vins bio, biodynamiques ou nature ne portent pas nécessairement une barbe et une chemise à carreaux. Sur Idealwine, la plupart des pays achètent environ 40 % de vins conventionnels et 60 % de vins en bio, biodynamie, viticulture écologique et vins nature. La France et la Belgique conservent une proportion de 42 % de vins conventionnels. Pour l'Italie et l'Allemagne, cette part monte à 43 %, pour la Corée du Sud et la Suède, elle passe à 41 %. La Suisse et les Pays-Bas, quant à eux, consacrent 38 % de leurs achats à ces vins. Une formation serrée. Quelques pays se détachent de ce peloton et basculent vers une large consommation de vins respectueux de l'environnement. Notons Taïwan, où seuls 18 % des vins achetés sont produits en conventionnel. La biodynamie prédomine ici et représente 64 % des vins. Enfin, le Royaume-Uni et la Chine ont acheté seulement 27 % de vins conventionnels.

LA QUALITÉ OU LE LABEL ?

La cohérence observée entre les régions d'où proviennent les vins achetés et leur proportion de vins conventionnels versus vins en bio, biodynamie ou nature interroge. Le consommateur fait-il le choix conscient de se diriger vers des vins respectueux de l'environnement ? Ou plutôt, ses régions de prédilection déterminent-elles de façon principale le type de vin qu'il achète ? Expliquer l'augmentation de la part des vins produits en biodynamie, bio et nature par la volonté de l'acheteur est un raccourci souvent énoncé. Toutefois, il nie la volonté, le choix du viticulteur dans l'utilisation de ces méthodes. Les raisons d'implanter ces techniques dites respectueuses sont multiples : amélioration de la qualité du vin, sauvegarde de la santé des salariés et voisins du domaine ou impact macro-économique. Pratiquer de telles méthodes suppose une exigence accrue, une attention portée à la nature, au vivant, mais aussi à chaque étape de production. L'erreur peut être irrémédiable. Y arriver demande beaucoup d'énergie et de talent au vigneron. Cette voie nécessite un tel engagement du domaine que le résultat est souvent d'une qualité supérieure. Les amateurs recherchent ces domaines précis, ces signatures pour leur excellence. Obtenir une certification est un travail long, coûteux, qui contraint le domaine à des règles précises. Si le critère principal d'achat est la qualité, la typicité des vins et non leur type de viticulture ou vinification, alors s'astreindre aux règles rigides des labels perd son sens. Respecter la philosophie des méthodes biodynamiques, bio et nature tout en s'affranchissant du label peut redonner la souplesse nécessaire à la création de grands vins.

LA DEMANDE PROGRESSE, LE VIGNOBLE AUSSI

La consommation de vin bio des ménages français a progressé de 13 % en valeur entre 2019 et 2020. Autre chiffre impressionnant : les ventes de vin représentent plus de la moitié des 887 millions d'euros de produits bio exportés en 2022. Le vin fait toujours partie des filières bio les plus dynamiques avec une croissance de 22 % des surfaces cultivées en bio par rapport à 2019 selon l'Agence bio. En 2020, 17 % des vignes françaises étaient cultivées en bio (certifiées ou en cours de conversion), soit 137 442 hectares. Une belle performance pour la viticulture puisque la moyenne des surfaces en bio, toutes productions confondues, s'établit à 9,5 %. Au total, 9 784 exploitations cultivaient des vignes en bio en 2020 (+ 21 % par rapport à 2019), ce qui en fait la plus belle progression de culture bio avec les oléagineux (+ 21 % également). Notons également le fait que ces produits permettent de rajeunir la cible des consommateurs de vins. Alors que les jeunes achètent moins de vin que leurs aînés, ils achètent en revanche davantage de vin bio. Dans le détail, 42 % des 18-24 ans et 37 % des 25-34 ans déclarent acheter du vin bio au moins de temps en temps contre un quart des 35 ans et plus (25 %).

Plus que jamais les amateurs recherchent des vins toujours plus rares et toujours plus « verts », tandis que les noms les plus prestigieux continuent à faire rêver le monde entier. L'envolée des prix amène – et c'est encourageant – les acheteurs à élargir leurs envies vers des signatures et des régions plus variées, permettant l'apparition de nouvelles étoiles dans chaque région.

Paysage alsacien typique depuis le vignoble du domaine Marcel Deiss à Bergheim, le village préféré des Français cette année.

sace

DANS LE MONDE DES GRANDS VINS, L'ALSACE CONTINUE DE TENIR SON RANG. ENTRE ANCIENNE ET NOUVELLE GÉNÉRATION, CE VIGNOBLE COMPTE BIEN DÉFENDRE SON IDENTITÉ PORTÉE PAR UNE VITICULTURE IMPECCABLE

PROMOTION DE L'ANNÉE
DOMAINE VALENTIN ZUSSLIN

MATHIEU GARÇON

PLACE AUX JEUNES

IDÉES REÇUES MISES DE CÔTÉ ET PASSION BRÛLANTE POUR LE PAYS MAGNIFIQUE. LA JEUNE GÉNÉRATION ALSACIENNE VOLE VERS L'AVENIR, PORTÉE PAR SES SUPERBES AÎNÉS. LA TRANSMISSION, C'EST ÇA

PAR **GUILLAUME PUZO**

VICTOR ROTH

Domaine Robert Roth

Tout au sud de l'Alsace, à quelques kilomètres de Guebwiller, le beau village fortifié de Soultz abrite encore un vigneron indépendant, le jeune Victor Roth, sans doute l'un des plus doués de sa génération. Né en 1992, il fréquente le BTS viti-œno de Rouffach, avant de suivre des études d'œnologie à l'école réputée de Changins, en Suisse. Après des stages, entre autres chez Roederer (Champagne) ou en Toscane, c'est son passage au domaine Zind-Humbrecht qui change tout. Là-bas, il vinifie les millésimes 2015 et 2016 et *« passe 40 % de son temps dans les vignes »*. Il se forge une compréhension fine des terroirs, du choix juste de la date de vendange et des différents risques à maîtriser en cave. *« Chez Olivier Humbrecht, on apprend qu'il n'y a pas de recette, pas de secret industriel à voler, les vins respirent l'âme d'un lieu, c'est tout ce qui compte. »* Fort de ses convictions, il revient au domaine familial en 2017 pour un premier millésime complet. Des vins aussi secs que possible, toujours d'un grand rapport qualité-prix. Sa récente acquisition sur le méconnu grand cru Ollwiller devrait enfin nous permettre de découvrir favorablement ce terroir.

PIERRE-ÉMILE HUMBRECHT

Domaine Zind-Humbrecht

« Je suis revenu vraiment au domaine en 2019 ». D'emblée, le jeune colosse (double mètre sous la toise) adapte son discours à sa carrure. Non sans humour : *« J'ai un niveau bac +5, mais j'ai appris des choses qui ne me serviront jamais »*. École de Changins, en Suisse. *« Puis j'ai bossé un peu partout avant de revenir, notamment chez Stéphane Tissot dans le Jura, Marie-Thérèse Chappaz en Suisse ou encore au domaine de la Romanée-Conti. »* Ce qu'il préfère ? *« Être dehors plutôt que dedans, moi je suis en production, mettre les piquets, tailler. La biodynamie, je m'en occupe quasiment tout le temps. »* Pierre-Émile partage les préoccupations de la plupart des vignerons engagés dans cette démarche : *« On essaie de traiter le moins possible, on fait tout pour ne pas tasser les sols. En 2021, le mildiou nous a rappelé que la nature était la plus forte »*. S'il ne cache pas son admiration pour les grands terroirs actuels du domaine, Rangen, Brand, Clos Windsbuhl ou Sommerberg, il parle avec émotion d'une vigne qu'il vient de reprendre sur le grand cru Wineck-Schlossberg, à Katzenthal. En filigrane, on comprend que son jeune tempérament est moins attiré par les vignes en plaine dans le Herrenweg, certes plus faciles à travailler, mais qui ne peuvent pas faire mieux que des vins d'entrée de gamme, fussent-ils d'un bon niveau. *« Baisser la voilure et passer de 45 à 30 hectares ? C'est vrai qu'on a un grand domaine. Mais mon père et mon grand-père n'ont sûrement pas le même avis que moi, ils ont tout bâti de leurs mains. »*

FRÉDÉRIC SCHMITT

Domaine François Schmitt

Le parcours de Frédéric Schmitt témoigne du virage historique pris par la viticulture alsacienne. En 1999, pour son premier *« vrai millésime, à la vigne et en cave »*, la viticulture est largement conventionnelle.

Comprendre chimique, avec emploi généralisé de désherbants et de pesticides de synthèse, des rendements généreux et du sucre résiduel dans des vins confortables. Petit à petit, il comprend que la demande évolue, même si parfois les professionnels (cavistes et sommeliers) ont quelques années d'avance sur les particuliers qui fréquentent le caveau. Dès 2005, il commence à travailler en bio. Certification en 2013. Il franchit le cap de la biodynamie. Certification en 2019. Les vins, de plus en plus secs, gagnent progressivement en tension et en verticalité. Pour les rieslings, le sucre résiduel n'a jamais vraiment été une question, à l'inverse des pinots gris et des gewurztraminers. Son pinot gris sec Le Maréchal, vinifié en barrique, est un grand vin de gastronomie. Et pour le millésime 2020, son gewurzt' sec produit sur le grand cru Zinnkoepflé est une révélation.

SOPHIE ET MAXIME BARMÈS

Domaine Barmès-Buecher

L'histoire ce domaine bascule brutalement en octobre 2011, au décès accidentel de François Barmès. En cave, les vins sont alors en pleine fermentation. Son fils Maxime, alors employé au domaine Saint-Auriol dans les Corbières (Languedoc), doit rentrer en urgence pour superviser le travail en cave. De formation viti-œno (BTS à Beaune), il prend en charge la partie technique, à la vigne comme en cave. Les bases du domaine étaient déjà bien établies, la viticulture vertueuse, avec une conversion à la biodynamie entamée dès 1998. Sa sœur Sophie avait rejoint le domaine un an plus tôt, lors des vendanges 2010. Pour elle, ce sera la gestion administrative et commerciale. Frère et sœur, toujours bien accompagnés de leur mère Geneviève, vont poursuivre sur leur lancée. Au fil des millésimes, les sucres résiduels s'estompent, les rouges gagnent en précision dans le toucher de bouche, les terroirs gagnent en expression de pureté et lisibilité, à l'image de cette nouvelle cuvée de pinot blanc du clos Sand, cru fétiche du domaine, de toute beauté dans le millésime 2020 goûté cette année.

ADRIEN SCHOENHEITZ

Domaine Henri Schoenheitz

Adrien Schoenheitz aime les terroirs de granite des vallées de Munster, Linsenberg, Herrenreben, Holder. Il en détaille d'ailleurs avec passion toutes les subtilités géologiques. Un esprit volubile qu'il tient certainement de son père, Henri, conteur hors pair, passionné par l'histoire de ses coteaux

Sophie Barmès.

Maxime Barmès.

Pierre et Louis Trapet.

et de sa région, toujours aux côtés de son fils avec son épouse Dominique pour l'aider aux vignes. Adrien s'occupe surtout des vinifications. Depuis son retour au domaine en 2014, il a beaucoup travaillé sur les élevages en barrique et s'essaie même à des cuvées en macération. Dans ce fond de vallée de Wihr-au-Val, ce souffle de jeunesse fait du bien.

PIERRE ET LOUIS TRAPET

Domaine Trapet Alsace

Pas toujours facile d'être un "fils de". C'est plus simple avec une tête bien faite et des idées claires. Pierre est l'aîné de Louis (1992 contre 1994). Il est de retour au domaine depuis 2017, après une école de commerce et une licence vigne et vin. *« Ça m'a permis d'avoir des bases scientifiques. Avec Louis, on travaille dans les vignes depuis tout petit. Il y avait du boulot ici, alors je suis revenu. J'aime ce pays. »* La fratrie travaille de concert, mène des réflexions sur la viticulture. Les parents, Andrée et Jean-Louis s'occupent de la partie administrative. Rapidement, les vignes de riesling et de gewurztraminer ont été plantées en échalas pour une taille plus courte et un enracinement profond grâce à une densité de plantation entre 10 000 et 12 000 pieds à l'hectare. La taille en gobelet protège le raisin du soleil et préserve les acidités. Les vignes ne sont plus tressées mais rognées, ce qui permet de monter un peu moins haut en sucre (perte d'un demi-degré environ). Plus de labours, mais des couverts végétaux pour obtenir un paillage qui protège les sols et préserve l'humidité. Sur les terroirs sablonneux du Schlossberg qui ne plaisent pas au phylloxéra, ils ont même fait deux plantations en franc de pied. Pierre a déjà d'autres idées : *« Je ne désespère pas de planter du gamay et de la syrah sur quelques parcelles du Schlossberg »*. Bref, il y a du niveau et beaucoup de talent.

Paul et Julie Fuchs.

PAUL ET JULIE FUCHS

Domaine Henry Fuchs

À Ribeauvillé, rares sont les petits domaines familiaux qui mettent encore en bouteille, il faut dire qu'ici la cave coopérative est influente, sans parler de la grande maison de négoce locale (Trimbach). C'est donc tout l'intérêt de ce petit domaine d'une dizaine d'hectares, qui permet notamment de découvrir les vins du grand cru Kirchberg de Ribeauvillé, argilo-calcaire, mais aussi du Hagel, un terroir granitique baigné par les vents froids qui descendent des collines sous-vosgiennes. Paul représente la troisième génération au domaine. Après avoir étudié à Rouffach, enchaîné avec un BTS de vente des vins et spiritueux à Beaune et une licence des sciences de la vigne à l'Institut Jules Guyot de Dijon, il a préféré assouvir *« sa faim de voyages »* plutôt que de suivre un diplôme d'œnologue. Nouvelle-Zélande, Chili, Allemagne (un stage de vinification chez Egon Müller). Il s'installe officiellement en 2006, un millésime compliqué qui lui a permis de *« se faire les dents »*. Aujourd'hui, Paul travaille avec sa sœur Julie, revenue au domaine après une première carrière en gestion chez Carola, la fameuse marque d'eau de source de Ribeauvillé. Les vins sont certifiés bio depuis 2011, avec des profils secs qui déploient une belle salinité en fin de bouche. Sur ces terroirs, c'est surtout le riesling qui se met en évidence. Et Julie est là pour le faire savoir, comme elle le glisse avec malice : *« Le bio, ce n'est pas l'âge de pierre, donc c'est utile de communiquer »*.

ARNAUD BAUR

Domaine Charles Baur

Installé dans la grand-rue d'Eguisheim, village alsacien qui a su préserver sa typicité et son charme, le domaine Charles Baur exploite 19 hectares de vignes et notamment trois grands crus, Eichberg, Pfersigberg et Brand. Revenu au domaine en 2009, après des études d'ingénieur agronome à Purpan, Arnaud Baur a depuis obtenu la certification bio. Les différentes générations qui se sont succédé n'ont pas vraiment changé de vision. Les vins ont un profil sec et gastronomique. De leur passé de maraîchers-polyculteurs, établis depuis le XVIIIe siècle dans le village, ces vignerons ont gardé le sens juste du travail de la terre. Chapeau.

La famille Baur.

LE SYLVANER LÈVE LE DOIGT

BOUDÉ PAR LES PRODUCTEURS CE DERNIER DEMI-SIÈCLE, CET EMBLÉMATIQUE CÉPAGE FAIT UN COME-BACK ENCORE TIMIDE DANS LEQUEL NOUS CROYONS. PASSÉ, PRÉSENT, FUTUR D'UN AMOUR CONTRARIÉ

PAR ***GUILLAUME PUZO***

D'EMBLÉE, THIERRY FRITSCH, œnologue du comité interprofessionnel des vins d'Alsace (CIVA), recadre notre sujet : *« Le sylvaner a rendu bien des services à l'Alsace viticole. Il a permis à certains négoces de prospérer. En 1945, quand la région obtient enfin l'appellation d'origine alsace, les rendements sont pléthoriques, 100 hectolitres par hectare. Rendement légal autorisé jusqu'à 120 hectolitres par hectare »*. Au lendemain de la guerre, les Français ont faim et soif. La quantité prévaut sur la qualité. L'Alsace se voit accorder *« ce droit à produire »* au titre des dédommagements, dans le but de reconstruire une région lourdement meurtrie par les combats. De tous les cépages alsaciens, le sylvaner est certainement le plus productif. Les bonnes années, il peut atteindre des rendements exceptionnels (200, voire 250 hectolitres par hectare). Idéal pour répondre à la problématique de l'époque. Elle est simple. Produire des vins simples, à Paris ou en Allemagne. René Muré (Domaine Muré, Clos Saint-Landelin) se souvient : *« Oscar, mon père, avait planté des sylvaners dans le bas du clos Saint-Landelin à la fin des années 1960. Le premier vin issu de ces vignes mis en bouteille l'a été en 1971. Avant, il était destiné à la consommation familiale. C'était le vin que les ouvriers buvaient au tonnelet, dans les vignes. Certains consommateurs en buvaient jusqu'à trois litres par jour. Le sylvaner était recherché parce qu'il produisait bien, en faisant un peu de degré »*.

JEUNES CANCRES DEVENUS VIEUX PREMIERS

Aujourd'hui, le sylvaner représente 4,8 % des superficies cultivées (soit 747 hectares plantés en 2021). En 1969, cette proportion s'élevait à un peu plus de 27 %, avec un pic de 2 648 hectares atteint en 1977. Les courbes de plantation des différents cépages témoignent du désamour alsacien pour le cépage. On commence à l'arracher à partir des années 1980, puis de manière franche et ininterrompue depuis les années 1990, au profit du pinot gris. Les quelques vignes qui ont résisté à ce rejet sont aujourd'hui vieilles. Souvent bien situées, en coteaux, sur de bons terroirs, elles donnent des vins appréciés lors des dégustations. Le sylvaner peut donner un vin maigre et acide s'il n'est pas bien conduit – comprendre bridé – et s'il est planté sur des terrains trop riches.

AUCUNE PATRIE, PLUSIEURS CHEZ-SOI

À quelques endroits, dans certains lieux-dits, le sylvaner jouit d'une réputation de qualité qui fait l'unanimité depuis longtemps, à l'image du Zotzenberg, à Mittelbergheim. Le cépage se plaît bien sur ce sol marno-calcaire, au point d'avoir été intégré, en 2005, à la liste des cépages reconnus dans le cahier des charges du cru, cas unique en Alsace. Michel Seltz (Domaine Fernand Seltz) enfonce le clou : *« Le sylvaner est un cépage historique dans notre village, plus précisément sur ce lieu-dit, cœur historique du grand cru. Déjà dans les années 1930, les gens voulaient du zotzenberg. Le cru était associé inconsciemment au sylvaner et il était réputé. Ce sol se prêtait bien à faire de la qualité et il y avait de la demande. Les vignerons n'ont pas été tentés par les autres cépages et n'ont pas arraché. Aujourd'hui, le sylvaner est le principal cépage de ce grand cru »*. Le sylvaner était aussi présent dans d'autres grands crus, comme Zinnkoepflé, situé à cheval entre Westhalten et Soultzmatt. Ce grand cru était *« historiquement et largement planté avec des vignes de gewurztraminer et de sylvaner, deux cépages qui réussissent bien dans ce terroir solaire (Zinnkoepflé signifie* « la tête au soleil » en alsacien, NDLR) », raconte Philippe Kubler (Domaine Paul Kubler). *« En 1992, avant même l'obtention du statut de grand cru, les vignerons avaient présenté un dossier à l'Inao afin que seuls ces deux cépages soient autorisés dans le cahier des charges.* La demande a été retoquée et l'appellation a été accordée aux quatre cépages dits nobles, riesling, gewurztraminer, pinot gris et muscat. De nombreux vignerons ont alors arraché leurs parcelles de sylvaner pour y planter du riesling et du pinot gris, jusque là moins réputés dans ce secteur. Aujourd'hui, moins de 2 % du grand cru est encore planté en sylvaner, trop peu pour représenter un dossier de reconnaissance du cépage. *Plus au nord, dans la commune de Bergbieten, Julien Schmitt (Domaine Roland Schmitt) défend également le cépage avec sa cuvée Grand A du Petit Léon, produite sur le grand cru Altenberg de Bergbieten. « Réduire le sylvaner à un petit vin de comptoir, je ne suis pas d'accord. Certes, il n'a pas le vocabulaire du riesling. Il est plus gouleyant, plus facile, mais il a la vraie identité alsacienne, avec cette belle fraîcheur. Je parle bien sûr des sylvaners mûrs, pas ceux produits à 120 hectolitres par hectare. »*

QUELQUES PISTES D'AVENIR

Thierry Fritsch esquisse une réponse : *« Le sylvaner ne doit pas remplacer un autre cépage. C'est une entrée de gamme. Devant un verre de sylvaner bien fait, sec et droit, le consommateur a envie de se resservir et de finir la bouteille. Ce n'est pas le cas de tous les vins. Parallèlement, sous l'angle des accords mets et vins, le sylvaner a plein de cartes à jouer avec ses amers de fin de bouche et son acidité qui peut jouer le rôle d'un révélateur de saveurs, par exemple avec des fruits de mer »*. D'autres proposent une interprétation originale du cépage. C'est le cas d'Étienne Loew (Domaine Loew). Avec

sa cuvée Marguerite, il propose un vin de macération élaboré à partir d'une variété de sylvaner à peau rouge, au fruité croquant entre griotte et framboise, légèrement tannique et désaltérant grâce à sa belle acidité. Hélas, cette variété de sylvaner ne figure pas dans la liste des cépages autorisés en France. Les vignerons le déclarent comme un sylvaner, sans plus de précisions. Certains ont trouvé la parade. Au domaine Josmeyer, par exemple, on trouve un vin de sylvaner du nom de Peau Rouge. Une marque déposée avant de faire référence au variant du cépage. Pour ce qui est du goût, Isabelle Meyer explique que les deux variétés, complantées dans sa parcelle, mûrissent au même rythme. La variété à peau blanche (dorée) serait peut-être un peu plus végétale, la rouge un peu plus épicée. Bref, hors les cuvées de macération, cette tendance semble plus relever de l'amusement plutôt que d'une véritable diversification. L'avenir du sylvaner passe par un style sec et droit en bouche, bâti autour d'une acidité large et massive fondée sur les caractéristiques variétales du cépage. Sera-t-il un jour aussi fin et élégant que peut l'être le riesling, avec lequel il est parfois confondu en dégustation ? En matière de cépages aussi, on a le droit de déplorer qu'une certaine inégalité des chances existe.

Ces sylvaners à leur meilleur

Domaine Agathe Bursin, Sylvaner Éminence 2009
92
Un nez floral puis les fruits confits, la pâte de fruits. Belle expression saline en bouche et toujours cette richesse qui fait tenir le vin dans le temps.
2022>34
16 euros

Domaine Albert Boxler, Sylvaner 2020
91
Joli nez floral, élégant fruité fin, entame de bouche ronde, acidité moyenne mais vin bien équilibré et franc, belle rondeur, il goûte sec.
2022>30
20 euros

Domaine Dirler-Cadé, Sylvaner Vieilles Vignes 2020
92
Fruits et fleurs, arômes végétaux, bouche portée par la salinité du cru Kessler (pour moitié dans l'assemblage), puissant et corsé, avec une finale relevée (14° d'alcool). Il goûte sec. Minéralité, salinité, bel avenir.
2022>35
16,50 euros

Muré – Clos Saint-Landelin, Sylvaner Oscar Clos Saint-Landelin doux 2018
92
Parfums puissants de fruits jaunes et de pâte de fruits. En bouche, riche liqueur, onctuosité plus issue du passerillage que du botrytis. Finale gourmande et savoureuse.
2022>33
21,50 euros

Domaine Valentin Zusslin, Sylvaner Bollenberg 2014
91
Il goûte aujourd'hui à point, avec ses arômes de fruits exotiques mûrs (ananas), sa bouche énergique et tranchante. Retour salin en finale qui donne de la longueur.
2022>29
21,50 euros

Weinbach – Domaine Faller, Sylvaner 2019
92
Fruité blanc bien mûr, registre floral et agrumes en bouche. Nerveux, droit, avec de la chair et de la gourmandise. Tension bien saline en finale.
2022>34
18 euros

L'OR DU RANGEN, LE TRÉSOR DES HUMBRECHT

LE CRU RANGEN EST UN MONUMENT, UN MYTHE DONT LES VIGNERONS PARLENT AVEC RESPECT. ILS SONT UNE POIGNÉE À EN FAIRE UN VIN. PARMI EUX, LE DOMAINE ZIND-HUMBRECHT. **GEWURZTRAMINER** DE HAUT VOL, VERTICALE DE LÉGENDE

PAR ***GUILLAUME PUZO***

La chapelle du Rangen.

LEIF CARLSSON, PRESSE

LÉONARD HUMBRECHT acquiert ses premières parcelles sur le Rangen en 1977. Trois hectares et demi situés principalement autour de la chapelle Saint-Urbain. Aujourd'hui, les Humbrecht exploitent cinq hectares et demi dans cette vallée étroite exposée au vent, assez élevée en altitude, en surplomb de la rivière (la Thur) au pied d'un coteau où les vignes les plus hautes sont plantés à 450 mètres. Les 49 ares de gewurztraminer sont situés dans la partie basse. Le cépage n'aime pas le froid. Terroir volcanique tardif, à la pente raide, le Rangen se distingue surtout par la difficulté d'y travailler les sols. La viticulture s'y fait au treuil ou à la main, dans des conditions éprouvantes.

37 MILLÉSIMES AU PLUS-QUE-PARFAIT

Si 1978 est le premier millésime produit sur le cru par la famille, il faut attendre 1981 pour goûter un gewurztraminer. La dégustation de 37 millésimes de ce gewurztraminer du Rangen achève de nous convaincre qu'il s'agit là d'un authentique vin de terroir. Même en vin jeune, on est souvent incapable de deviner le cépage tant le lieu domine et écrase tout avec force. En vin sec comme en liquoreux, le vin transporte par son volume, par son épaisseur en bouche. Sa trame souvent huileuse, marquée par une forte salinité, persiste longtemps en fin de bouche. Elle évoque des notes salées, fumées voire tourbées. La palette aromatique est très particulière, sans être forcément large. Les arômes fruités sont souvent ceux de l'orange, de la marmelade, de la mandarine impériale, parfois avec quelques notes de miel. Les épices sont souvent entre le poivre et le clou de girofle. Les vins impressionnent surtout par leur formidable aptitude au vieillissement. Ceux de 40 ans ne montrent aucun signe de fatigue, caractéristique propre au grand terroir, dont attestaient déjà des écrits des XIIe et XIIIe siècles. Ce qui force l'admiration de Léonard Humbrecht qui déclare, le jour de notre dégustation : *« Ils ne vieillissent pas, ces vins ! »*. Les millésimes des années 1980 et 1990 étaient tous fortement sujets à la pourriture noble. Ils ont produit de somptueux liquoreux sans équivalence par leur intensité parmi leurs rivaux en France, Yquem compris, d'après nous. Les millésimes récents montrent toute l'excellence de ce lieu d'exception dans un style plus sec. Si ce terroir est toujours soumis au *botrytis cinerea*, en raison de la présence de la Thur en contrebas, les vendanges se font désormais beaucoup plus tôt dans la saison. L'arrière-saison ne permet plus autant de vendanges tardives que dans les vingt dernières années du XXe siècle. L'impressionnante accumulation de notes parfaites qu'on suivra dans ces pages témoigne de la sensibilité et de la compréhension de la famille pour ce terroir hors norme. Millésime après millésime, elle est capable d'en proposer l'ultime expression. Comment noter autrement ? Chaque année ou presque, ce vin magique est un moment d'émotion.

Les Humbrecht en trois générations. De gauche à droite : Olivier, Léonard et Pierre-Émile.

La verticale

Les vins ont été ouverts au fur et à mesure. Aucun n'a été carafé à l'avance ou sur le moment. Tous les vins étaient en bouteille. Seul le 1985 était servi en magnum. Bouchons d'origine (un seul était bouchonné, le 1987).

2020
98
Équilibre sec, puissance, large matière en bouche qui explique cette texture grasse, presque huileuse, finale épicée longue et persistante. Grande garde prévisible.
2022>40

2019
100
Fruité beaucoup plus mûr que celui du 2020. Miel fin, châtaignes, sous-bois. Une certaine richesse en entame de bouche, avec une puissance saline derrière pour rétablir l'équilibre. Combinaison réussie du sphérique et de la salinité. Parfait aujourd'hui, et pour longtemps.
2022>49

2017
97
Notes exotiques, ananas frais, citron, cire d'abeille. Malgré ses 41 grammes par litre de sucres résiduels, il goûte sec. Une expression de Rangen bien plus saline que le 2018.
2022>37

2016
100
Nez marqué par les fruits exotiques (papaye, mangue). Il a fermenté sec, ce qui lui donne un haut volume d'alcool (15°) bien intégré grâce à la charge saline. Formidable vin de gastronomie, immense persistance saline.
2022>46

2013
97
Senteurs exotiques (ananas, pêche jaune, banane). En bouche, entame salée et fumée, liqueur perceptible (42 g/l) équilibré par une acidité salivante qui apporte de la longueur. Millésime dans la moyenne, ni très sec ni très doux. Sensation saline en finale.
2022>48

2012
97
Robe dorée soutenue, légèrement orangée ambrée. Nez fumé, fruits confits, fleurs séchées. En bouche, l'acidité relativement faible (4,3) faire ressortir le moelleux de l'alcool et une légère sensation de douceur. Finale sapide et concentrée, sur les amers fumés propres au terroir.
2022>47

2010
100
Robe jaune orangée. Toujours ce nez fumé, légèrement tourbé. En bouche, une riche liqueur (36 g/l) mais une acidité de compétition (7,3) qui donne un tonus et un équilibre impressionnants. La finale sur le caramel au beurre salé est d'une grande gourmandise, épicée par une ultime sensation poivrée.
2022>50

2009
96
Aromatique de fleurs dorées au soleil. Puissant et salin en bouche, équilibré malgré une faible acidité (3,6) qui le rend plus compact comparé au 2010. C'est néanmoins une belle expression du Rangen.
2022>39

2008
99
Un nez porté par le botrytis, fruits confits, cire, pâte de fruits (coing), gourmand. En bouche, une liqueur digne d'un vendanges tardives dans sa pureté, sa concentration et surtout sa restitution acide. Finale à la fraîcheur énergique. Comme le 2010, il est encore très jeune et va très bien vieillir.
2022>48

2007
99
Robe orangée. Un nez de tourbe et de malt, puissant, minéral, au fruité absent qui revient légèrement, sur l'écorce d'orange. Vin magique par son toucher beurré, gras, puissamment salin. Son haut degré d'alcool (16,3°) rend sa texture huileuse. Finale généreuse peu marquée par la liqueur (22 g/l).
2022>37

2006 (vendanges tardives, liquoreux)
100
Robe acajou. Malgré sa couleur très évoluée, aucune oxydation. Nez de raisins de Corinthe, de café, de pruneau, de cacao. En bouche, il goûte quasi sec. Équilibre magique, longue persistance sur le café et le poivre. Les amers du terroir sont équilibrants et gastronomiques en toutes circonstances. Hors norme.
2022>46

2005
99
On retrouve une couleur plus normale après le 2006, d'un joli or, liée à l'âge. Nez de toffee, caramel, des parfums que l'on retrouve en bouche, avec de l'abricot sec. Texture huileuse, beaucoup de gras, superbes sensations tactiles, équilibre magnifique pour un vin qui commence seulement à vieillir.
2022>35

2002
99
Robe orangée soutenue. Équilibre sur la puissance en bouche, avec des tannins fins et beaucoup de sel. Il goûte légèrement demi-sec, mais c'est son alcool transformé qui le rend si séduisant. Plus de 16° et un équilibre digeste, savoureux.
2022>42

2001 (vendanges tardives, liquoreux)
99
Robe orangée soutenue, apportée par le botrytis. Nez fumé qui domine les autres parfums. En bouche, une texture huileuse qui fait ressentir les saveurs de caramel, de toffee. Vin doux dans son équilibre avec un fort retour salin qui évite l'ennui en finale, où rejaillit une note épicée (girofle). Il vieillira très longtemps.
2022>41

2000 (vendanges tardives, liquoreux)
100
Robe entre orangé et ambré, plus foncée que celle du 2001. Nez refermé, fruité absent. En bouche, riche liqueur onctueuse, équilibre de grain noble par sa puissance et grâce à sa belle salinité. Il finit vif et enlevé.
2022>40

1999
100
Robe orangée à reflets cuivrés. Nez puissant et salin. En bouche, de puissants amers de café, également la puissance des épices (girofle). Une liqueur tapissante autant due à l'alcool transformé qu'au sucre résiduel, quasiment digéré.
2022>39

1998 (vendanges tardives, liquoreux)
100
Robe acajou à reflets rouges, on croirait un vieux rivesaltes de 50 ans. Nez de fruits confits, raisins de Corinthe, poivre, chocolat blanc, complexité incroyable de grand vin liquoreux. En bouche, une liqueur fastueuse (112 g/l). Toujours cette note salée qui équilibre l'ensemble.
2022>38

1997
98
Un nez plus identitaire du Rangen que celui du 1998, dans un registre floral intense. Bouche compacte, concentrée, ramassée. Riche et haut en alcool transformé (près de 15°), il n'a pas encore atteint son apogée, malgré son quart de siècle.
2027>47

1996
98
Il n'y a pas eu beaucoup de botrytis dans le millésime et il goûte quasi sec, même si la robe est bien ambrée. Les notes fumées et amères du terroir sont bien présentes dans la bouche verticale. Le jus du volcan dans le verre.
2022>46

1995
99
Robe d'orange confite. Un nez d'agrumes confits et de fumée, encore une bouche magique pour ce vin riche qui a fermenté haut (16,1°). Sa liqueur s'intègre à la perfection. Finale fumée et salée de toute beauté.
2022>45

1994 (vendanges tardives, liquoreux)
100
Robe acajou clair. Nez fumé d'écorces d'oranges, de cacao. En bouche, une liqueur impressionnante (135 g/l), bien soutenue par une forte acidité. C'est un grand Rangen liquoreux comme on en produisait tant à l'époque. La finale légèrement iodée apporte un effet équilibrant à la liqueur. Grand potentiel.
2022>44

1993 (vendanges tardives, liquoreux)
100
Robe de café clair. Nez puissant, de fruits confits, de bois noble, d'épices fortes (poivre, girofle). En bouche, une liqueur épicée et salée qui ne lasse pas, c'est un équilibre de grains nobles dans le verre, son acidité (9,1) le fera tenir longtemps. La persistance se fait sur des amers de café et des notes de caramel de toute beauté.
2022>43

1990
100
Robe dorée à reflets cuivrés. Nez puissant de fleurs dorées au soleil et de fumée. Dès l'entame, le vin est salin, porté par des amers nobles. Une fraîcheur et un équilibre magiques, une représentation sphérique du vin en bouche.
2022>39

1989 (vendanges tardives, liquoreux)
100
Robe tuilée. Un nez épicé, poivré, girofle, camphre, intense et puissant, avec l'aération des notes de bergamote et de cédrat. En bouche, une attaque sur la liqueur de café et les amers d'orange, un développement plus salin par la suite. Un équilibre de diva.
2022>49

1988 (vendanges tardives, liquoreux)
98
Robe orangée encore assez jeune. Nez fumé sur les nuances minérales du terroir. En bouche, la liqueur est gourmande, le fruité est bien présent (orange, marmelade), avec une persistance vive et fumée, sur la mandarine impériale.
2022>48

1986 (vendanges tardives, liquoreux)
98
Robe cuivrée orangée soutenue. Un nez profond et étonnant, qui évoque un cidre de glace, une pomme au four. Puis, les notes fumées du Rangen arrivent. En bouche, riche liqueur bien épaulée par une belle acidité, finale torréfiée (notes de crème brûlée) étirée par des amers savoureux.
2022>26

1985 (vendanges tardives, liquoreux)
99
Dégusté en magnum. Robe jaune doré, brillante, encore claire pour un vin de près de 40 ans. Au nez, les puissantes notes fumées du Rangen. En bouche, un équilibre de grand vin sec, à la texture huileuse, signature du cru.
2022>35

1983
97
Un nez tourbé-fumé, terpénique, qui évoque le Rangen et non le cépage. Bouche gourmande, texture grasse, beurrée. Grande persistance fumée.
2022>38 ■

+ *Cette dégustation complète avec encore plus de millésimes est à retrouver sur mybettanedesseauve.fr*

LE MEILLEUR DES COTEAUX

UNE SÉLECTION INTRAITABLE POUR TOUT COMPRENDRE DE CE QUE NOUS DONNE L'ALSACE

Jean-Baptiste Adam

★★☆☆☆

Jean-Baptiste Adam est la référence des vignerons dans le village d'Ammerschwihr, fameux pour son grand cru Kaefferkopf. Avec 21 hectares et près de 100 parcelles, les vignes du domaine sont labellisées en agriculture biologique ou en biodynamie. L'essentiel des volumes vient d'un négoce en achat de raisins.

- Pinot auxerrois Vieilles Vignes, Alsace 2020 | Sec | 2022>2028 | 11 € | 89
- Les Natures, Crémant d'Alsace NM | Brut | 2022>2027 | 9.5 € | 89

Domaine Agapé

★★☆☆☆

Vincent Sipp est le frère de Jacques, du domaine Sipp-Mack d'Hunawihr, et a créé son propre domaine en 2007, en s'installant sur Riquewihr. Les terroirs se situent sur Riquewihr, Hunawihr et Ribeauvillé, et Vincent essaie de les vinifier aussi secs que possible. La gamme se répartit en trois niveaux : expression, pour les vins de cépage, les grands crus, et hélios pour les cuvées en surmaturation. Tous les vins offrent le même profil franc et immédiatement accessible.

- Riesling, Rosacker, Alsace grand cru 2020 | Sec | 2022>2030 | 26 € | 91
- Pinot noir «B», Alsace 2020 | Sec | 2024>2030 | 26 € | 90

Arthur Metz

★☆☆☆☆

Cette maison est la tête de pont alsacienne du groupe Grands Chais de France, l'un des géants du vin en France. Tous les niveaux de qualité sont ici présents, y compris des cuvées de terroir plus qu'honorables.

- Cuvée 110, Crémant d'Alsace | Brut | > | 19.9 € | 90
- Grand Terroir Schiefferberg, Crémant d'Alsace | Brut | > | 25.9 € | 92

Domaine Barmès-Buecher

★★★☆☆

Maxime Barmès et sa sœur Sophie conduisent ce domaine, avec leur mère Geneviève toujours présente. 19 hectares, cultivé selon les préceptes de la biodynamie et avec des pratiques de plus en plus poussées permettent aux vins de gagner en tension et en esprit sec. Les grandes réussites au domaine sont sans hésitation les pinots noirs et les rieslings.

- Pinot noir Vieilles Vignes, Alsace 2020 | Sec | 2026>2035 | 32 € | 93
- Sand, Alsace 2020 | Sec | 2022>2035 | 21 € | 94

Bestheim

★☆☆☆☆

Cette entité gigantesque (700 hectares de vignes) est le fruit du rapprochement des caves coopératives de Bennwihr et de Westhalten. Dans la gamme très large, nombre de cuvées sont destinées à la grande distribution. On peut y dénicher quelques vins fort intéressants et il serait dommage de passer à côté.

- Sélection de grains nobles, Alsace 2017 | Sec | 2022>2027 | 28.9 € | 89
- Qui chasse la lune, récolte le soleil, Crémant d'Alsace 2010 | Brut | 2022>2026 | 52 € | 90

Domaine Émile Beyer

★★☆☆☆

Au début du siècle dernier, la famille Beyer s'est scindée en deux, mais les deux maisons éponymes sont aujourd'hui encore situées à Eguisheim. La branche Émile se concentre principalement sur les vignes du domaine, uniquement situé sur les terroirs d'Eguisheim. Les rieslings sont souvent les cuvées les plus réussies au domaine. Bio certifié.

- Pinot gris, Hohrain, Alsace 2019 | Demi-sec | 2022>2034 | 25 € | 92
- Pinot noir, Sundel, Alsace 2019 | Sec | 2022>2029 | 37 € | 92

Léon Beyer

★★★★☆

Sans doute la moins connue des belles maisons de négoce alsaciennes. Léon Beyer jouit d'une réputation ancienne et dispose d'un parcellaire dans les grands crus Eichberg et Pfersigberg. Autre point fort de la maison : les magnifiques vendanges tardives et sélections de grains nobles.

- Pinot noir Comtes d'Eguisheim, Alsace 2016 | Sec | 2022>2046 | 33 € | 95
- Riesling Comtes d'Eguisheim, Pfersigberg, Alsace grand cru 2013 | Sec | 2022>2038 | 35 € | 96
- Gewurztraminer R de Beyer, Eichberg, Alsace grand cru 2015 | Sec | 2022>2040 | 43 € | 98

Domaine Bott-Geyl

★★★☆☆

Jean-Christophe Bott exploite un vaste parcellaire qui couvre plusieurs types de sols et grands crus. La large gamme, commercialisée avec quelques années de décalage, propose des vins au toucher de bouche singulier et un style souvent à part dans le paysage alsacien.

Domaine Albert Boxler

★★★★★

Sur ces terroirs de Niedermorschwihr et de Turckheim, Jean Boxler encaisse les millésimes comme ils viennent. « En 2021, on s'est battus comme des fous contre la pression du mildiou, je n'avais jamais vu ça. 10 % de perte avec le gel, 20 % de plus avec le mildiou. » Malgré ces aléas climatiques, le domaine est passé de 15 à 20 hectares, en reprenant les vignes du domaine Jean-Bernard Weinzorn, ce qui lui a permis de s'agrandir en grand cru Sommerberg et de proposer du Florimont, une nouveauté. Riesling, sylvaner, muscat, pinot blanc et pinot noir sont de grandes réussites. Bouches denses et vibrantes de salinité, tenue remarquable au vieillissement.

- Pinot Gris, Brand, Alsace grand cru 2020 | Moelleux | 2022>2040 | 50 € | 96
- Riesling «D», Sommerberg, Alsace grand cru 2020 | Sec | 2026>2040 | 55 € | 97
- Riesling «K», Brand, Alsace grand cru 2020 | Sec | 2022>2040 | 55 € | 95

Jean-Michel Deiss (domaine Marcel Deiss).

MATHIEU GARÇON

Domaine Ernest Burn

★★★☆☆

Francis Burn a le privilège d'exploiter le clos Saint-Imer, une superbe exposition solaire sur le grand cru Goldert, qui permet notamment la production de muscats doux exceptionnels. Le maître des lieux est attiré par les vins à la saveur sucrée, qu'il ne faut pas hésiter à garder 10 voire 15 ans. Quelques vieux millésimes ici sont absolument splendides.

- **Clos St Imer gewurztraminer, Goldert, Alsace grand cru 2018** | Doux | 2022>2048 | 20 € — 94

Domaine Agathe Bursin

★★★☆☆

Avec ses 6,10 hectares du domaine familial de Westhalten, Agathe Bursin pratique une viticulture des plus soignées sur ses 38 parcelles, isolant chaque nuance de terroir dans ses vins. Toutes les cuvées affichent la même pureté de fruit et un toucher onctueux en bouche. Peu de cépages sont ici en retrait. Bravo.

- **Gewurztraminer, Zinnkoepflé, Alsace grand cru 2020** | Doux | 2022>2035 | 24 € | ☘ — 94
- **Riesling, Zinnkoepflé, Alsace grand cru 2020** | Sec | 2022>2035 | NC — 93
- **Riesling, Bollenberg, Alsace 2020** | Sec | 2022>2030 | 14 € — 90

Domaine Marcel Deiss

★★★★★

Si Jean-Michel Deiss passe beaucoup de temps dans ses vignes, c'est son fils Mathieu qui est maître des vinifications. Vigneron attachant, on retrouve sa sensibilité dans l'évolution suivie par les vins, notamment les pinots noirs, plus délicats et raffinés dans le toucher à chaque millésime. En blancs, des essais de macération donnent épaisseur et profondeur aux textures en bouche. Vigneron-entrepreneur, Mathieu a élargi le vignoble, passant de 27 à 45 hectares, si on inclut son projet du Vignoble du Rêveur qu'il mène avec sa compagne Emmanuelle Milan. Depuis 2020, deux hectares sont consacrés à la production des plants de vigne et le domaine a fait l'acquisition de sa propre machine à planter, renforçant l'autonomie et la maîtrise de tous les aspects du métier de vigneron.

- **Altenberg de Bergheim, Alsace grand cru 2019** | Moelleux | 2026>2049 | NC — 98
- **Schoenenbourg, Alsace grand cru 2019** | Moelleux | 2029>2049 | NC — 99
- **Burlenberg, Alsace 2018** | Sec | 2022>2038 | NC — 95
- **Mambourg, Alsace grand cru 2019** | Sec | 2022>2039 | NC — 98

Domaine Dirler-Cadé

★★★☆☆

Domaine emblématique de Bergholtz depuis maintenant deux générations. Les 18 hectares en biodynamie sont issus de l'union de Jean Dirler et Ludivine Cadé. Dans la gamme, les beaux terroirs du Saering, du Kitterlé, du Kessler et surtout du Spiegel ont un grand potentiel de garde qui permettra aux légers sucres résiduels de se fondre.

- **Muscat, Særing, Alsace grand cru 2019** | Sec | 2022>2034 | 25.3 € | ☘ — 96
- **Riesling, Kitterlé, Alsace grand cru 2020** | Sec | 2022>2035 | 31.5 € | ☘ — 95

Domaine Henry Fuchs

★★★☆☆

La quatrième génération, Paul et sa sœur Julie, travaille maintenant sur l'exploitation. Aux côtés de leurs parents Cathy et Henry, ils signent des vins qui expriment toute la pureté et l'élégance des terroirs salins de Ribeauvillé, autour desquels se situent les 11 hectares de vignes.

- **Riesling, Kirchberg de Ribeauvillé, Alsace grand cru 2019** | Sec | 2021>2034 | 27 € — 92
- **Riesling, Kirchberg de Ribeauvillé, Alsace grand cru 2018** | Sec | 2021>2028 | NC — 89

Domaine Paul Ginglinger

★★☆☆☆

Une déception cette année avec les cuvées présentées par ce domaine d'Eguisheim. Le vin orange ne nous a pas convaincu et les rieslings 2020 manquaient du punch et de la densité par rapport aux millésimes précédents. Pourquoi proposer trois cuvées sur le grand cru Pfersigberg lorsqu'elles sont si peu différenciées dans le millésime.

- **Gewurztraminer, Pfersigberg, Alsace grand cru 2019** | Doux | 2026>2034 | 24 € | ☘ — 90
- **Pinot noir Les Rocailles, Alsace 2018** | Sec | 2022>2028 | 24 € | ☘ — 90
- **Hertacker riesling, Pfersigberg, Alsace grand cru 2020** | Sec | 2022>2030 | 24 € | ☘ — 91

Domaine Léon Heitzmann

★☆☆☆☆

Ce domaine est une belle découverte et toute la gamme mérite qu'on s'y intéresse de près. Les vignes sont cultivées en biodynamie, ce qui explique les tensions affirmées dans les vins, avec des équilibres toniques.

Famille Hugel

★★★★☆

La famille Hugel veille à la destinée de cette institution de Riquewihr. Plusieurs générations se côtoient à tous les niveaux de fonctions (en cave comme au commercial). La gamme est découpée en plusieurs niveaux de qualité : Classic, Estate, Grossi Laüe. Quelques grands crus sont désormais mentionnés, dont les deux joyaux de la maison (Schoenenbourg et Sporen). Le Schoelhammer, parcellaire du Schoenenbourg isolé depuis le millésime 2007, ne revendique pas pour l'instant le grand cru. On se régale avec les somptueuses vendanges tardives et sélections de grains nobles, à la pureté de liqueur sans égale dans la région.

- **Riesling Schoelhammer , Alsace 2012** | Sec | 2022>2042 | NC — 97
- **Pinot noir Grossi Laüe, Alsace 2015** | Sec | 2026>2035 | NC — 95
- **Riesling SGN, Alsace 2014** | Liquoreux | > | NC — 98
- **Riesling SGN cuvée S, Alsace 2015** | Liquoreux | 2027>2045 | 175 € — 99

Josmeyer

★★★★☆

Céline et Isabelle Meyer dirigent avec courage et discipline le domaine longtemps dirigé par leur père Jean. La biodynamie brille par ses vins aux bouches aériennes et épurées, fraîches et ciselées. Les deux grands crus fétiche du domaine sont le Hengst et le Brand, où le riesling brille particulièrement. Le pinot gris s'inscrit dans une longue tradition de vin sec, hélas pas si fréquente en Alsace.

- **Pinot auxerrois H Vieilles Vignes, Alsace 2019** | Sec | 2022>2029 | 25.9 € — 91
- **Riesling, Brand, Alsace grand cru 2019** | Sec | 2026>2039 | 43.5 € — 95
- **Riesling, Hengst, Alsace grand cru 2019** | Liquoreux | 2027>2039 | NC — 94

Céline et Isabelle Josmeyer (domaine Josmeyer).

Domaine André Kientzler

★★★★☆

Thierry et Éric, les fils d'André, s'occupent de ce domaine de 13 hectares sur les bans de Ribeauvillé, Hunawihr et Bergheim et Riquewihr (12 ares). La viticulture est en cours de certification bio (prévue pour 2023). Sur ces terroirs marno-calcaires, le grand cépage est le riesling (40 % de la production du domaine). Les crus du Geisberg et du Kirchberg de Ribeauvillé se disputent le sommet de la cave. Le grand cru Osterberg donne une belle interprétation du gewurztraminer. Le domaine est l'un des rares à proposer un étonnant muscat sur le grand cru Kirchberg, au vieillissement étonnant.

- **Riesling, Geisberg, Alsace grand cru 2020** | Sec | 2025>2040 | NC — 95
- **Riesling, Schoenenbourg, Alsace grand cru 2020** | Sec | 2022>2035 | 31 € — 94
- **Riesling, Kirchberg de Ribeauvillé, Alsace grand cru 2020** | Sec | 2025>2040 | 16 € — 96

Domaine Kirrenbourg

★★☆☆☆

Marc Rinaldi a décidé sur le tard de se lancer dans la production de crus d'Alsace, afin de mettre en valeur les terroirs de la région, trop mal valorisés à ses yeux. Après avoir racheté le domaine Martin Schaetzel, il a fait bâtir une cuverie flambant neuve pour permettre à ses projets de se concrétiser. En progrès ces derniers millésimes, les choses vont dans le bon sens.

Domaine Kreydenweiss

★★★☆☆

Depuis 2007, Antoine, fils de Marc Kreydenweiss parti en Costières-de-Nîmes, est aux commandes sur ce domaine porté par la diversité des terroirs d'Andlau. Précurseur dans certains de ses choix (un seul cépage ou vin par terroir), le vignoble est certifié en biodynamie depuis un quart de siècle. La gamme est d'une rare homogénéité de style.

Domaine Paul Kubler

★★☆☆☆

Jeune vigneron ayant déjà bien voyagé au cours de sa formation, Philippe Kubler a choisi de restreindre le nombre de cuvées du domaine familial à son retour, un choix un peu à contre-courant dans la région mais payant car sa gamme présente une grande lisibilité : K désigne les entrées de gamme, à côté des vins de terroir, et la cuvée kintet est un assemblage de cépages. Des vins aussi secs que possible, bâtis pour la table. Très bons 2017 présentés cette année.

- **Riesling, Breitenberg, Alsace 2018** | Sec | 2022>2028 | 21 € — 91
- **Pinot noir, Weingarten, Alsace 2020** | Sec | 2022>2035 | 22 € — 93

Domaine Loew

★★★☆☆

Tout au nord de l'Alsace viticole, Étienne Loew se bat pour faire connaître les terroirs méconnus de Westhalten. Vinifications soignées, longs élevages, les vins sont purs et précis. Le domaine s'étend désormais sur 12 hectares, grâce à une acquisition sur le grand cru Engelberg.

- **Clos des Frères riesling, Bruderbach, Alsace 2019** | Sec | 2025>2034 | 16.7 € — 91
- **Pinot gris Le Menhir, Bruderbach , Alsace 2019** | Sec | 2022>2029 | 16.9 € — 91

Gustave Lorentz

★★☆☆☆

Cette maison de Bergheim réalise l'essentiel de son activité en achats de raisins sur le secteur mais possède néanmoins un petit vignoble bien situé, notamment sur l'Altenberg et le Kanzlerberg. Elle est ainsi le principal propriétaire sur l'Altenberg de Bergheim, avec 13 hectares sur un total de 35 pour le grand cru. Le riesling est le grand cépage de la maison.

- **Gewurztraminer, Altenberg de Bergheim, Alsace grand cru 2016** | Doux | 2022>2036 | 27.6 € | ☘ — 94
- **Pinot Gris sélection grains nobles, Kanzlerberg, Alsace grand cru 2011** | Liquoreux | 2022>2036 | 52.85 € — 96

Domaine Albert Mann

★★★★☆

Maurice retraité, son frère Jacky peut compter sur la jeune génération, Pauline et Antoine, pour s'occuper de ce domaine certifié en biodynamie (2013). 25 hectares dont un tiers en grand cru, sur sept grands crus différents, organisés rigoureusement. Le domaine séduit par ses rieslings (grands crus Schlossberg et Furstentum). Il est réputé pour ses pinots noirs, choyés quelle que soit la parcelle : clos-de-la-faille (Wintzenheim, à l'arrière du Hengst), grand-h (Hengst, qui a reçu l'agrément en grand cru),

Jackie Barthelmé (domaine Albert Mann).

grand-p (Pfersigberg), ou les saintes-claires (Sigolsheim). Les Barthelmé prouvent à toute l'Alsace depuis plus de vingt-cinq ans que le cépage peut avoir de brillantes expressions ailleurs qu'en Bourgogne.

- **Riesling L'Épicentre, Schlossberg, Alsace grand cru 2018** | Liquoreux | 2022>2033 | 140 € — 98
- **Pinot noir Les Saintes-Claires, Alsace 2020** | Sec | 2022>2040 | 80 € — 96
- **Pinot gris VT, Hengst, Alsace grand cru 2019** | Liquoreux | 2022>2039 | 44 € — 96

Domaine Meyer-Fonné

★★★☆☆

Depuis le village de Katzenthal, Félix Meyer produit un nombre important de cuvées pour ses 14 hectares de vignes. Son parcellaire très étalé compte pas moins de cinq grands crus. La viticulture est soignée depuis longtemps et la technique bien rodée. Bref, la réussite est large et la gamme très homogène.

- **Dorfbourg pinot gris, Alsace 2019** | Sec | 2022>2034 | 17.5 € | ☘ — 91
- **Gewurztraminer , Furstentum, Alsace grand cru 2019** | Moelleux | 2022>2034 | 21 € | ☘ — 91
- **Pinot noir, Altenbourg, Alsace 2019** | Sec | 2022>2034 | 27 € | ☘ — 95

Muré - Domaine du Clos Saint-Landelin

★★★☆☆

La famille Muré exploite en monopole le clos Saint-Landelin, extrémité principalement sud du grand cru Vorbourg. Sur ce terroir argilo-calcaire très solaire, à peu près tous les cépages réussissent. Au domaine, les rieslings, pinots gris, gewurzts, muscats et les sylvaners sont à la fête.

- **Pinot noir V, Alsace 2020** | Sec | 2022>2030 | 35 € — 92
- **Grand Millésime, Crémant d'Alsace 2016** | Brut | 2022>2032 | 27 € — 90
- **Riesling, Zinnkoepflé, Alsace grand cru 2017** | Sec | 2022>2032 | 43.1 € | ☘ — 95

Domaine Gérard Neumeyer

★☆☆☆☆

L'arrivée du jeune Jérôme Neumeyer a apporté un souffle nouveau à ce domaine parmi les plus connus et les plus anciens de ce secteur nord de l'Alsace, à Molsheim. On trouve depuis ces derniers millésimes un meilleur équilibre dans les vins. Une belle promesse à suivre.

- **Riesling , Bruderthal, Alsace grand cru 2019** | Sec | 2022>2034 | 22 € | ☘ — 92
- **Pinot Gris Berger, Schaefferstein, Alsace 2019** | Sec | 2022>2029 | 13 € | ☘ — 91

Domaine Ostertag

★★★★☆

Vigneron attachant, biodynamiste convaincu, André Ostertag est en perpétuel questionnement quant à ses pratiques viticoles. Il cultive avec un soin extrême ses belles parcelles sur le Fronholz et le grand cru Muenchberg. La gamme régale du début à la fin, le domaine étant l'un des tout meilleurs spécialistes du pinot gris, qu'il réussit comme peu en Alsace.

- **Riesling, Muenchberg, Alsace grand cru 2019** | Sec | 2022>2049 | 50 € — 97
- **Riesling, Heissenberg, Alsace 2020** | Sec | 2022>2040 | 39 € — 94
- **Gewurztraminer vendanges tardives, Fronholz, Alsace 2018** | Doux | 2022>2038 | 50 € — 93

Domaine Pfister

★★★☆☆

Au nord du Bas-Rhin, l'Engelberg fait partie des rares grands crus alsaciens détachés des collines sous-vosgiennes. Sur ces pentes, Mélanie Pfister donne le meilleur de ce domaine. Le riesling de l'Engelberg est une constante réussite au domaine, tout comme les crémants.

- **Breit Blanc de Blancs, Crémant d'Alsace** | Extra-brut | 2022>2037 | 17 € | ☘ — 92
- **Mel, Alsace 2020** | Sec | 2022>2030 | 19 € | ☘ — 92
- **Silb, Alsace 2019** | Sec | 2022>2029 | 25 € | ☘ — 92

Cave de Ribeauvillé

★★☆☆☆

Ribeauvillé demeure année après année la meilleure cave coop de toute l'Alsace. La large gamme propose de nombreux vins fort recommandables. Le savoir-faire de la cave s'exprime tout particulièrement sur les pinots noirs, sans doute les progrès les plus visibles ces dernières années, et bien entendu les différents rieslings

GUILLAUME PUZO, MATHIEU GARÇON

grand cru (Osterberg, Kirchberg, Rosacker, Altenberg et Schoenenbourg).

- Riesling, Osterberg, Alsace grand cru 2019 | Sec | 2022>2034 | 21.5 € 94
- Gewurztraminer, Altenberg de Bergheim, Alsace grand cru 2017 | Demi-sec | 2022>2032 | 22.5 € 93
- Pinot noir, Kugelberg de Rorschwihr, Alsace 2019 | Sec | 2022>2034 | 27.5 € 93

Domaine Schlumberger

★★★☆☆

Domaine majeur du secteur de Guebwiller et plus grosse exploitation privée de la région avec désormais 130 hectares dont la moitié sur les quatre grands crus locaux (Kessler, Kitterlé, Spiegel, Saering), Schlumberger partage sa gamme entre les grands crus et les cuvées princes-abbés. Maison sérieuse qui signe des vins de bonne facture.

- Gewurztraminer, Kitterlé, Alsace grand cru 2015 | Doux | 2022>2030 | 32.95 € 92
- Riesling, Kessler, Alsace grand cru 2019 | Sec | 2022>2034 | 30.75 € 94

Domaine François Schmitt

★★★☆☆

On lui a longtemps promis une promotion, c'est enfin chose faite. Fred Schmitt a le tempérament bosseur. Il a décidé de prendre le virage de la bio et de la biodynamie (certifié Demeter en 2019) et n'a pas fait les choses à moitié. Ses vins ont gagné en verticalité et en pureté d'expression. Les cuvées du Bollenberg et du grand cru Pfingstberg sont des modèles. Nous sommes sous le charme de sa nouvelle cuvée de gewurztraminer (grand cru Zinnkoepflé), merveille parfaitement sec.

- Riesling Effenberg, Effenberg, Alsace 2020 | Sec | 2022>2030 | 16 € 92
- Gewurztraminer, Zinnkoepfle, Alsace grand cru 2020 | Sec | 2022>2035 | 28.5 € 93

Domaine Maurice Schoech et Fils

★☆☆☆☆

Jean-Léon et Sébastien Schoech exploitent plus d'un tiers de grands crus sur leur domaine de 18 hectares, principalement les terroirs autour d'Ammerschwihr. Le domaine est actuellement en conversion bio et propose une gamme sérieuse.

- Harmonie R, Alsace 2019 | Sec | 2022>2029 | 34 € 91
- Pinot noir, Ammerschwihr, Alsace 2019 | Sec | 2022>2029 | 14 € | ☘ 91

Domaine Henri Schoenheitz

★★☆☆☆

Suite à une erreur l'année passée, ce domaine avait injustement été rétrogradé dans notre palmarès. Ici on travaille en famille : Henri, son épouse Dominique et leur fils Adrien, revenu avec les vendanges 2014. Sur la route de Munster, les coteaux granitiques de Wihr-au-Val sont en limite de culture de la vigne, un secteur qu'Henri Schoenheitz connaît dans ses moindres variations de pentes. Passionné d'histoire, il faut l'écouter raconter les grands événements de la région tout en savourant les belles expressions de ses terroirs du Herrenreben, du Holder et du Linsenberg. Le pinot noir est régulièrement l'une des réussites dans ce secteur parmi les plus élevés d'Alsace, à plus de 500 mètres d'altitude.

- Riesling, Linsenberg, Alsace 2020 | Sec | 2022>2030 | 16 € 90
- Pinot Gris, Herrenreben, Alsace 2017 | Doux | 2022>2032 | 17 € 90

Domaine Schoffit

★★★☆☆

L'un des derniers domaines encore installés dans Colmar est bien conduit par Bernard Schoffit et son fils Alexandre qui ont officiellement lancé la conversion bio. Le style de la propriété se reconnaît par sa fraîcheur et le caractère digeste des vins, avec une belle acidité sans mordant.

- Clos Saint-Théobald riesling, Rangen, Alsace grand cru 2020 | Sec | 2025>2035 | 36 € 92
- Clos Saint-Théobald gewurztraminer, Rangen, Alsace grand cru 2020 | Moelleux | 2026>2035 | 36 € 91

Louis Sipp

★★★☆☆

Étienne Sipp dirige ce domaine de 40 hectares situé sur les coteaux entourant Ribeauvillé, avec entre autres les grands crus Kirchberg et Osterberg. Les grandes bouteilles ici sont bien évidemment les rieslings et les vins vieillissent parfaitement bien sur plusieurs décennies.

- Riesling, Kirchberg de Ribeauvillé, Alsace grand cru 2020 | Sec | 2022>2035 | 28 € | ☘ 93
- Grossberg pinot noir, Alsace 2019 | Sec | 2022>2034 | 28 € | ☘ 92
- Muehlforst riesling, Alsace 2019 | Sec | 2022>2034 | 16 € | ☘ 92

Domaine Marc Tempé

★★★★☆

Ce vigneron inclassable conduit ses vignes en biodynamie et élabore des vins parmi les plus denses de la région, qui expriment la personnalité et la salinité des terroirs de Zellenberg. Tous les cépages sont une égale réussite, surtout dans les années solaires. Nous aimons les 2019 brillants dégustés cette année. Une requête de l'administration oblige la gamme Zellenberg a être réétiquetée sous le nom Am Zelle, car le village de Zellenberg n'a pas été reconnu en tant qu'appellation communale. Le charme de la bureaucratie.

- Riesling, Mambourg, Alsace grand cru 2019 | Sec | 2022>2039 | 49 € 97
- Gewurztraminer, Mambourg, Alsace grand cru 2019 | Doux | 2022>2039 | 49 € 97
- Riesling, Schoenenbourg, Alsace grand cru 2019 | Sec | 2022>2039 | 39 € 97

Domaine Trapet Alsace

★★★☆☆

Andrée Trapet a lancé son domaine en 2003, en reprenant des vignes de famille. Le parcellaire s'est étoffé avec les grands crus Schoenenbourg, Schlossberg, Sporen et Sonnenglanz. Comme pour le domaine bourguignon de son époux Jean-Louis, on y pratique une biodynamie des plus soignées, sous la vigilante houlette de leur fils Pierre, aujourd'hui à la barre et en binôme avec son frère Louis. Cette génération partage les convictions des parents : élevages longs (deux ans) pour les crus, le temps de les nourrir des lies de fermentation. Des vins épatants de densité et de salinité, à découvrir d'urgence. Quatrième étoile à l'horizon.

- Riesling, Schlossberg, Alsace grand cru 2017 | Demi-sec | 2022>2037 | 60 € 96

Yves Baltenweck et David Jaegle (cave de Ribeauvillé).

GUILLAUME PUZO

Jean-Paul et Marie Zusslin (domaine Zusslin), un frère et une sœur pour une marque historique.

MATHIEU GARÇON

- **Riquewihr riesling, Alsace 2019** ¦ Sec ¦ 2034> ¦ 15 € 93
- **Gewurztraminer, Sonnenglanz , Alsace grand cru 2017** ¦ Doux ¦ 2022>2027 ¦ NC 94

Domaine Trimbach

★★★★☆

La maison de Ribeauvillé évolue lentement pour s'adapter à l'air du temps. Après avoir pris le virage des grands crus, Trimbach est en conversion bio (certification prévue en 2023). La démarche devra impliquer ses apporteurs de raisin ou de vin. Ici, le riesling est roi (55 % des volumes). Les terroirs s'y prêtent : marno-calcaires (Geisberg, Mandelberg, Clos-saint-Hune au Rosacker) ou granitiques (Schlossberg, Brand). La cuvée frédéric-émile assemble les grands crus Osterberg et Geisberg. Les millésimes 2017 et 2019 feront date.

- **Riesling Frédéric-Émile, Alsace 2019** ¦ Sec ¦ 2027>2049 ¦ 59 € 97
- **Riesling Clos Sainte-Hune, Alsace 2019** ¦ Sec ¦ 2022>2049 ¦ 199 € 99
- **Riesling, Schlossberg, Alsace grand cru 2019** ¦ Sec ¦ 2022>2049 ¦ 47 € 97
- **Riesling, Brand, Alsace grand cru 2019** ¦ Sec ¦ 2022>2049 ¦ 45 € 95

Domaine Wach

★★☆☆☆

Guy Wach et son fils Pierre exploitent les terroirs autour d'Andlau, notamment les grands crus Kastelberg, Moenchberg et Wiebelsberg, où la minéralité des sols permet de retrouver une fine salinité dans le verre. Beaucoup de cuvées affichent régulièrement un résiduel prononcé, les rieslings sont souvent mieux équilibrés. Depuis quelques millésimes il nous semble que le style des vins évolue dans le bon sens, avec moins de sucre.

- **Riesling, Mœnchberg, Alsace grand cru 2017** ¦ Sec ¦ 2022>2032 ¦ 17 € 94
- **Riesling, Wiebelsberg, Alsace grand cru 2017** ¦ Sec ¦ 2022>2037 ¦ 17 € 95
- **Riesling sélection parcellaire centenaire, Kastelberg, Alsace grand cru 2017** ¦ Sec ¦ 2022>2037 ¦ 32.4 € 96

Weinbach - Domaine Faller

★★★★★

Cathy Faller travaille en famille accompagnée de ses fils Eddy et Théo. Le vaste clos produit des vins de fruit d'excellente constitution toute en finesse. Les grands vins sont ceux des coteaux alentours : les grands crus Furstentum et Altenbourg et le Schlossberg, brillant dans son interprétation cristalline du riesling. La reprise en 2019 du domaine Gérard Fuchs (à Sigolsheim) a permis de s'agrandir de six hectares, dont deux sur le grand cru Furstentum. Idéal pour satisfaire la demande mondiale qui ne faiblit pas. Une institution.

- **Riesling Sainte-Catherine, Schlossberg, Alsace grand cru 2020** ¦ Sec ¦ 2027>2040 ¦ 85 € 96
- **Gewurztraminer, Furstentum, Alsace grand cru 2020** ¦ Moelleux ¦ 2022>2040 ¦ 55 € 96
- **Riesling cuvée Colette, Alsace 2020** ¦ Sec ¦ 2022>2035 ¦ 35 € 94
- **Altenbourg pinot gris Vendanges Tardives, Alsace 2019** ¦ Liquoreux ¦ 2022>2039 ¦ 120 € 96

Wolfberger

★☆☆☆☆

La cave coopérative d'Eguisheim exploite aujourd'hui près de 10 % du vignoble alsacien. Dans la gamme forcément vaste, l'amateur peut dénicher des cuvées bien réalisées. Wolfberger est aussi un producteur important de crémants et ceux-ci s'en sortent régulièrement avec les honneurs.

- **Chardonnay, Crémant d'Alsace 2018** ¦ Brut ¦ 2022>2028 ¦ 13.8 € 89
- **Pinot gris, Rangen, Alsace grand cru 2019** ¦ Demi-sec ¦ 2022>2029 ¦ 25.5 € 89

Domaine Zind-Humbrecht

★★★★★

Léonard Humbrecht avait constitué un vaste parcellaire autour de terroirs d'exception, seul moyen à ses yeux d'élaborer de grands vins d'origine : Hengst, Goldert, Rangen, sans oublier le Brand ou le Clos Windsbuhl. Toutes les natures de sol y sont représentées. Dans les années 1990, son fils Olivier a pris le virage de la biodynamie. Il est d'ailleurs très impliqué dans l'association Biodyvin. Pierre-Émile, la troisième génération, est revenu au domaine en 2019 et a eu le droit à un baptême du feu avec le millésime 2021, où le mildiou s'est déchainé. Les 2020 dégustés cette année sont une référence pour la région.

- **Clos Saint-Urbain pinot gris, Rangen, Alsace grand cru 2020** ¦ Sec ¦ 2026>2040 ¦ 100 € 97
- **Rotenberg pinot gris, Alsace 2020** ¦ Sec ¦ 2022>2040 ¦ 46 € 97
- **Clos Saint-Urbain gewurztraminer, Rangen, Alsace grand cru 2020** ¦ Moelleux ¦ 2022>2040 ¦ 100 € 98

Domaine Valentin Zusslin

★★★★★

Sans doute la progression la plus spectaculaire de toute l'Alsace ces deux dernières décennies. Jean-Marie Zusslin, père de Marie et Jean-Paul, avait mis en place des bases saines de viticulture et de travail en cave. Il a eu l'intelligence de leur laisser très tôt une totale liberté de manœuvre. Grâce à leur travail appliqué, la biodynamie est ici une discipline que l'on lit à livre ouvert. Favorisant la biodiversité (plantation de haies et d'arbres fruitiers, installation de nichoirs à oiseaux) dans les parcelles autour du village d'Orschwihr, tout magnifie les terroirs argilo-calcaires (Bollenberg) et marno-gréseux (grand cru Pfingstberg et clos Liebenberg, le monopole familial). En cave, travail minimaliste et élevages longs permettent au vin d'exprimer pureté de fruit et salinité du sol d'origine. À noter aussi un travail cohérent de simplification de la gamme, en insistant sur le terroir pour les crémants et les pinots noirs (Neuberg ou Luft) ou en proposant des innovations (cuvées ophrys, sunna). Le domaine fait jeu égal avec les plus grands de France. Cinquième étoile.

- **Riesling, Pfingstberg, Alsace grand cru 2018** ¦ Sec ¦ 2025>2038 ¦ 63 € 95
- **Clos Liebenberg riesling Monopole, Alsace 2017** ¦ Sec ¦ 2022>2037 ¦ 35 € 98
- **Les Kammerlas, Alsace 2017** ¦ Sec ¦ 2022>2037 ¦ 150 € 97
- **Clos Liebenberg Monopole, Crémant d'Alsace 2013** ¦ Brut ¦ 2022>2028 ¦ 38 € 94

*Pas de mers de vignes.
Le Beaujolais est un pays où la polyculture
est encore largement répandue.*

Beauj

olais

PORTÉ PAR
UNE GÉNÉRATION
ENGAGÉE
DANS LA DÉFENSE
DE SES TERROIRS,
LE BEAUJOLAIS
BALAIE DE SON POTENTIEL
LES DERNIÈRES
RÉTICENCES

CE DOMAINE HISTORIQUE EST L'UN DES PLUS RÉPUTÉS DU BEAUJOLAIS. SUR LES PENTES DU MAGNÉTIQUE MONT BROUILLY, LA DISCRÈTE FAMILLE GEOFFRAY A INVENTÉ UN STYLE ADMIRÉ DE TOUS. COMMENT FONT-ILS ?

CHÂTEAU THIVIN, HAUTE COUTURE À BROUILLY

PAR ***GILLES DURAND DAGUIN***

CHÂTEAU THIVIN ? Tout le monde connaît. Une référence en côte-de-brouilly. Et une référence du Beaujolais, tout simplement. Dans cette belle appellation de coteaux qui encercle le mont Brouilly, beaucoup de pierres bleues (40 %) et de granites (24 %) sur 310 hectares, ce qui explique qu'elle soit moins connue que l'AOC brouilly, quatre fois plus grande et moins homogène. Thivin on connaît, mais est-ce qu'on court après ? Pas forcément. Déjà, parce que ce n'est pas rare. Avec 29 hectares et 140 000 bouteilles par an, il y en a pour tout le monde, pas la peine de jouer des coudes. Mauvaise nouvelle pour les snobs. Bonne nouvelle pour les autres. Peut-être aussi parce que la famille Geoffray ne parle pas haut. Pas ce genre de vigneron à gros égo qui en met plein la vue aux sommeliers et aux clients, persuadés, du coup, d'avoir à faire à un génie. Il faut croire que chez les Geoffray, on est plus apte à travailler qu'à parler. On préfère le savoir-faire au faire-savoir. C'est ce que dit Claude-Édouard Geoffray, sixième génération, 42 ans, qui nous reçoit au domaine. *« On est perçu comme traditionnels alors qu'on a toujours été à la pointe. »* La pointe, c'est par exemple avoir construit un cuvage pour travailler par gravité dans les années 1970. Une innovation. Les cuves inox sont arrivées dans les années 1990 et elles fonctionnent mieux pour les blancs. Pour les rouges, c'est le béton. Mais rien à faire, on retient surtout cette cave du XIVe siècle au sein du château, anciennement connu comme étant le manoir Beauregard, que Zaccharie Geoffray a acquis en 1877. À l'époque, il n'avait que deux hectares de vignes, le clos de Brouilly. On pousse Claude-Édouard à nous en dire plus. Il est presque surpris qu'on le questionne sur le fonctionnement de la famille. *« Mon père est officiellement à la retraite, mais il est toujours au domaine. Sonja et moi sommes arrivés en 2007. Il y a une unité familiale, pas d'organisation stricte. On aime tous le métier de vigneron, qui consiste à tout faire. D'une façon générale, on aime bien être dans nos vignes, ce qui explique qu'on ne fait pas de négoce. »* Sonja, prononcez Sonia, c'est la femme de Claude-Édouard. Ils se sont rencontrés à Changins, l'école suisse de viticulture. Sa famille à elle aussi possède un vignoble, dans le Valais.

INNOVER, C'EST LA CLEF

Si les parents, Claude-Vincent et Evelyne, avaient déjà initié des orientations, Claude-Édouard et Sonja les amplifient. Tous les ans, ils passent un demi-hectare en cordon de Royat, abandonnant peu à peu les vignes taillées en gobelet. Ils y gagnent en confort de travail. Le soin apporté à chaque cep est plus précis. Et comme ils convertissent le domaine en bio, une pratique où il faut passer plus souvent entre les rangs, ces plantations palissées et en lignes facilitent le travail. Les blancs sont bio depuis 2010. Les rouges y arrivent en 2021, au moins les brouillys et la cuvée de côte-de-brouilly Les Griottes de Brulhié. On insiste auprès de Claude-Édouard. Mais si, Thivin, c'est spécial. Pourquoi ? *« On ne cherche pas à faire un style Thivin. On s'adapte au mieux. On a en général une belle fraîcheur dans les vins. »* Il évoque Jean-Louis Dutraive, dont il aime les fleuries. *« J'égrappe une bonne partie de la vendange, 40 % au moins. Mais en année chaude, la rafle apporte de la fraîcheur. »* L'année 2020 a été chaude, ce qui donne des vins plus concentrés, comme le solaire la-chapelle. L'année 2021 a été plus fraîche, plus compliquée aussi. Les vins sont élégants. Le côte-de-brouilly Les Sept Vignes 2021 reste pourtant compact et ferme, avec un bon tannin et une finale épicée. *« On aime bien trouver cette finale poivrée sur les côte-de-brouilly ».* Petit à petit, ce style Thivin qui n'existe pas se dessine. Il faut y ajouter une touche d'hygiène : *« On ne veut surtout pas de bretts ».* Et une politique d'élevage : *« Les rouges sont en foudres. Il n'y a que Zaccharie qui est élevé en pièces. »* Zaccharie, c'est le nom du fondateur. C'est aussi celui de la grande cuvée depuis 1998, un assemblage des meilleurs lots. Là encore, pas de panique : 7 000 bouteilles par an, à prix raisonnable, une petite trentaine d'euros au domaine. Pourquoi pas plus cher ? Haussement d'épaules imperceptible. *« On vend tout très bien. C'est le Beaujolais ici. On aime que les gens puissent acheter et boire nos vins. »* Ils vont continuer à le faire. Ils n'ont sans doute même pas réalisé que l'étiquette, la jaune, celle de tante Yvonne, a été légèrement modifiée en 2017. Du style, il y en a chez Thivin. Le meilleur. Celui qu'on ne voit pas.

« ON NE CHERCHE PAS À FAIRE UN STYLE THIVIN. ON S'ADAPTE AU MIEUX. EN GÉNÉRAL, ON A UNE BELLE FRAÎCHEUR DANS LES VINS »

FUSINA DOMINIK, PRESSE

Le mont Brouilly.

Claude Edouard et Sonja Geoffray (Château Thivin).

TERROIR DE POCHE DANS L'OMBRE DE SES VOISINS CÉLÈBRES, CHIROUBLES A POURTANT DE QUOI SURPRENDRE ET CONVAINCRE. NOTRE DÉGUSTATEUR EN CHEF EST UN LOCAL DE L'ÉTAPE. IL Y CROIT

CHIROUBLES L'ÉVEIL D'UN CRU

PAR **MICHEL BETTANE**

LE CRU CHIROUBLES n'est pas très étendu. Environ 320 hectares entièrement situés sur la commune du même nom. On peut le diviser en trois grands secteurs. D'abord, l'un côté Fleurie, avec les lieux-dits Les Roches, Grille-Midi, Bel Air ou encore Côte Rôtie. Ce dernier se voit d'ailleurs signifier par l'appellation rhodanienne bien connue une interdiction de s'appeler de son propre nom. Une comédie parfaite. Il n'y a pas de lieu-dit Côte Rôtie dans l'appellation du même nom qui s'est transformée en marque commerciale, se protégeant par tous les moyens, même les plus contraires au droit, avec l'aide des juristes de notre vénérable Institut. Ensuite, une partie centrale, montant assez haut, au-dessus de 500 mètres, avec les lieux-dits Javernand, Grosse Pierre, Tempéré. Et enfin, un troisième secteur côté Morgon.

GRAND TERROIR, NOTORIÉTÉ FAIBLE

Le sol est partout homogène, un sable granitique né de l'érosion de la roche mère, peu profonde, avec une exposition est, sud-est dominante, assez bien abritée des vents, ce qui n'empêche malheureusement pas des couloirs de grêle. Les pentes sont fortes, souvent supérieures à 30 %, avec comme conséquence au moindre orage une érosion dramatique des sols. Le granit maigre demande en permanence au vigneron de redonner de la matière organique à la vigne, ce qui réclame un travail coûteux et parfois épuisant, qui n'est pas compensé par un prix de vente le récompensant. On peut craindre dans l'avenir des déplantations massives si l'on cherche à rester fidèle aux fortes densités qui rendent encore plus coûteux le travail mécanique des vignes, obligatoire dans la perspective inévitable de l'interdiction des désherbants chimiques. La replantation à 6 000 pieds par hectare semble une réponse raisonnable. L'idéal serait de rester fidèle aux fortes densités (9 000 pieds ou plus par hectare), mais en vendant la bouteille entre 15 et 20 euros, ce qui semble hélas une mission impossible pour la majorité des producteurs. Nous préférons penser que c'est au consommateur de décider du sort de la viticulture locale, en payant le vrai prix, sans avoir peur d'une spéculation liée au luxe, qui serait vraiment improbable. Un beau chiroubles est un vin remarquable de finesse, de souplesse, avec une chair aromatique qui est d'un appel universel et qui mérite bien un prix décent.

STYLES DIVERS, BONNES AFFAIRES

Si l'on considère qu'il y a environ une soixantaine de déclarations de récolte pour un peu plus de 300 hectares en production, la soixantaine d'échantillons présentés par l'interprofession a montré qu'un nombre non négligeable de metteurs en marché ne cherchent pas particulièrement à défendre l'appellation. Les mêmes se plaignent pourtant qu'elle n'est plus assez connue. À moins qu'ils ne soient pas trop sûrs de la qualité. Cet échantillonnage fut quand même suffisant pour mettre en valeur la diversité de styles et de caractères des bons vins actuels, qu'on ne peut plus résumer comme étant charmants, spirituels, légers ou aériens, en raison de l'altitude du vignoble ou de ses sols de sables granitiques légers. On trouvera chez les meilleurs vinificateurs des vins denses et profonds avec le même potentiel de garde que les bons morgons ou fleuries voisins. On trouvera aussi des vins un rien plus salins et minéraux qui, à notre sens, sont ce qu'il y a de plus original dans le cru, peut-être davantage dans des millésimes du caractère des 2021 que dans les années chaudes 2018 ou 2019. Espérons qu'il y aura aussi un jour la possibilité de produire sous le nom du cru de jolis blancs de granit. Il faudrait pour cela autoriser le viognier. Le chardonnay aime moins ce type de sol même si certains beaujolais blancs de hauteur sont plus que décents. Il n'y a pas d'intérêt à signaler au public les vins qui nous ont semblé moyens ou médiocres. Un accident de bouteille est toujours possible et si la clientèle du producteur est satisfaite, il n'y a pas lieu de le contester. En revanche, nous nous engageons sur la qualité des vins sélectionnés qui offrent tous un rapport qualité-prix excellent, voire remarquable, entre 8 et 15 euros, en vente directe.

Le vignoble de Chiroubles dans le brouillard.

Le chiroubles en quinze preuves

Domaine Bruno et Chantal Adamiak, Les Roches 2020
91
Grande robe, grand corps, intense et sans raideur, un vrai vin de terroir et de caractère, au rapport qualité-prix exceptionnel.
2024>28
NC

Domaine Frédéric Berne, Les Terrasses 2020
94
Exceptionnel d'intensité colorante, de profondeur de corps et de charme aromatique. Le vin montre le niveau magnifique que peut atteindre un cru du beaujolais où tout est mis en œuvre pour exprimer l'origine.
2025>30
16 euros

Domaine Chantreau, chiroubles 2021
88
Joli nez de fleur entre la pivoine et la rose, délicatesse dans la texture et finesse aromatique, tannin fin. Un joli style lié à la vendange entière et à une belle précision de vinification.
2023>26
10,40 euros

Domaine Chantreau, Cuvée du Vieux Chai 2020
90
Joli fruit, texture souple mais sans creux, de l'allonge et de la complexité, vin bien vinifié.
2024>28
12,80 euros

Domaine Anthony Charvet, Cuvée LXIR 2020
87
Vin net, tannin encore marqué par son élevage, saveur franche qui n'exprime pas complètement toute la finesse de son terroir.
2025>29
16 euros

Domaine Cheysson, Nature Le Prieuré 2020
88
De loin, le meilleur vin de ce domaine classique. Robe noire, un peu de réduction au nez mais la personnalité du terroir est exprimée avec force. Le vieillissement devrait affiner l'ensemble.
2025>30
18,20 euros

Domaine de La Combe au Loup, chiroubles 2020
87
Vin net, équilibré, agréable, sans surprise et d'un style classique, à boire sur son fruit actuel.
2022>25
9,80 euros

Les Vins Georges Duboeuf, chiroubles 2020
87
Le seul vin de négoce qui ait convaincu. Pointe de réglisse au nez, corps correct, texture flatteuse, étoffée, savoureux et net, il exprime bien l'originalité du cru.
2024>28
10,30 euros

Château de Javernand, Indigène 2020
92
Remarquable couleur, grand nez sur la violette, corps presque parfait, de la gourmandise et de la classe, un modèle du genre et surtout la preuve que le raisin et sa qualité de maturité sont le fondement même de l'excellence.
2024>28
14,40 euros

Domaine Joncy, Le Pont 2020
86
Si l'élevage est encore marqué par le boisé et n'exprime pas la finesse du terroir, c'est un vin de grande robe à la belle matière. À attendre.
2025>30
13,50 euros

Domaine du Père Lathuilière, chiroubles 2020
86
Texture ronde et souple, jolie netteté aromatique, vin simple, facile et agréable, conforme au classicisme local.
2022>25
8,50 euros

Domaine des Marrans, Aux côtes 2020
88
Chiroubles dense, sphérique, avec une sensation de sucrosité en bouche qui lui donne de la facilité et une buvabilité immédiate.
2024>30
15,50 euros

Domaine Famille Morin, chiroubles 2021
86
Honnête maturité de raisin pour le millésime, corps correct, souplesse et buvabilité.
2023>26
NC

Domaine Thivolle, Amphoras 2020
90
Beau nez de violette, authenticité de saveur née de la droiture de l'élevage réussi en amphore (grès), il va gagner en complexité.
2024>28
19 euros

Domaine Valfantine, Émilessence 2020
87
Expression un peu plus personnelle du cru, avec un tannin encore un peu abrupt mais une véritable personnalité.
2024>27
8,50 euros

C'EN EST FINI DES PETITS BEAUJOLAIS SANS SAVEUR, SANS HISTOIRE. LOIN DES CRUS, L'APPELLATION RÉGIONALE S'EST REFAIT UNE SANTÉ, PORTÉE PAR SES VILLAGES. LES BONS SONT DANS CETTE SÉLECTION

DANS LES VILLAGES, LE BEAUJOLAIS, POUR COMMENCER

PAR ***MICHEL BETTANE***

POUR FAIRE LE POINT sur le niveau qualitatif actuel des AOC *« génériques »* beaujolais et beaujolais-villages, il nous a semblé que c'était le moment de demander une dégustation de vins de ces deux appellations avec mention du lieu-dit ou du village de production. Dès la création de ces appellations, il était possible de revendiquer cette mention. Pourquoi a-t-on tant tardé à le faire, en particulier pour les villages, cela reste un mystère. Tout comme les changements d'encépagement des rouges. Rappelons qu'à l'origine, il était possible de produire un beaujolais rouge à partir de pinot noir, en reconnaissance logique de sols calcaires au sud de Villefranche. Par jalousie ou par incompréhension avec l'appellation régionale bourgogne, l'interprofession beaujolaise a décidé plus tard d'interdire ce cépage en appellation beaujolais. Précisons aussi que le négoce, même s'il a perdu une petite partie du volume de commercialisation des beaujolais-villages, continue d'en commercialiser encore une importante majorité tout en préférant assembler des vins de villages différents, ce qui interdit la mention d'un village particulier. En revanche, l'élite de la nouvelle génération de viticulteurs mettant en bouteille leur production commence à revendiquer son village. On commence donc à trouver sur le marché des beaujolais suivis de la mention Lantigné, Leynes, Vaux ou Le Perréon, ce dont nous nous réjouissons. Malheureusement, notre demande n'a pas produit l'échantillonnage espéré, surtout en appellation beaujolais simple. Quelques producteurs revendiquant la sous-appellation Pierres Dorées, qui couvre le secteur d'Oingt, ont répondu à cet appel, sans que l'on trouve de typicité propre à ce secteur. Nous avons eu plus de chance avec quelques jolies bouteilles de *« villages »* qui bénéficient évidemment de sols granitiques et d'expositions aussi favorables que les crus du nord. ▮

La sélection

Nous préférons comme d'habitude laisser dans l'ombre les vins qui nous ont moins plu et nous engager sur la qualité de ceux que nous avons aimés

LES BLANCS

Domaine Longère, En Verchère 2020, beaujolais-villages
87
Nez floral, vin net, apéritif, équilibré, franc et parfait aussi comme vin d'entrée de repas.
10 euros

Domaine Jean-Pierre Rivière, Chardonnay Saint Trys 2020, beaujolais
88
Le terroir calcaire du château de Saint Tryst parle avec un joli raffinement aromatique et une persistance largement supérieure à la moyenne des vins dégustés. Remarquable rapport qualité-prix.
2023>25
10 euros

Domaine Cédric Vincent, L'Ancestrale des Pierres Dorées 2018, beaujolais
89
Un joli nez floral, entre rose et jasmin, aromatique et nuancé en bouche. Un modèle du genre.
2023>26
13,50 euros

LES ROUGES

Domaine Burnichon, Le Burn 2020, beaujolais-Quincié
89
Joli équilibre, vin frais, glissant, excellent compromis entre le vin de soif et le vin plus étoffé de gastronomie, tout ce qu'on attend d'un vrai vin de granit de ce secteur.
2022>24
8 euros

Domaine Frédéric Berne, Granit rose 2021, beaujolais-Lantigné
91
Etonnante réussite par sa couleur, son intensité aromatique. L'élégance de son tannin et vraiment une force d'expression du sol granitique à citer en exemple. Somptueux rapport qualité prix.
2023>27
12 euros

Domaine Frédéric Berne, Pierre bleue 2020, beaujolais-Lantigné
91
Dans un autre style que granit-rose mais tout aussi réussi, plus sur le cépage et le fruit (cerise griotte). Vin joyeux, fringant, long et exemplaire. La belle viticulture parle.
2023>26
12 euros

Domaine Jean-Marc Burgaud, beaujolais-Lantigné 2021
88
Tout ce qu'on aime dans le gamay, entre fruité expressif et caractère floral. Un vrai vin de soif aux tannins souples et précis. Finale salivante qui appelle un deuxième verre.
2023>26
10 euros

Domaine Chermette, Les Griottes 2021, beaujolais
87
Cuvée friande, notes de cerise, fruit croquant et juteux, facile et souple. On se régale.
2023>26
8,95 euros

Georges Dubœuf, Cœur de presse 2020, beaujolais-villages
90
Nez puissant et expressif, on apprécie son large volume en bouche, sa matière riche et généreuse. Bons tannins enrobés et gourmands.
2022>24
8,10 euros

Georges Dubœuf, Sans sulfites ajoutés 2021, beaujolais-villages
90
Frais, floral, gourmand et tendre, excellente palette aromatique, bien fait et de bons corps. On apprécie son intensité.
2022>24
13 euros

Château Grand'Grange, La Cascade 2020, beaujolais-Le Perréon
92
Per Hakon Schmidt, propriétaire de ce domaine, signe ce vin délicieux, complexe, floral, raffiné dans sa texture, petite perfection de vin de granit à boire frais et sans trop tarder. Révélation et coup de cœur.
2022>26
8 euros

Domaine du Granit doré, beaujolais-Jullié 2020
88
Glissant et facile, avec un joli fruité, réglissé, vin prêt à boire naturel dans son expression et son plaisir.
2022>25
7 euros

Au loin, les collines du Beaujolais.

Domaine Marcel Lapierre
88
Robe dense, nez franc et net, corps convenable et expression de sol bien présente, finale encore un peu austère, il faudra l'attendre.
2023>26
14,75 euros

Château de Lavernette, Cuvée Jadis 2018, beaujolais-Leynes
90
Vin raffiné, ayant bien maîtrisé l'élevage sous bois, délicatesse de texture et excellente longueur. Modèle dans son style et récompense d'une viticulture respectueuse. Ce village au nord du Beaujolais, à la frontière avec le Mâconnais, donne des vins qui ont souvent plus de caractère que les saint-amour voisins.
2024>28
17,50 euros

Domaine Les Capréoles, L'Amourgandise 2021, beaujolais-Lantigné
87
Expression simple et naturelle du fruité d'un gamay vendangé mûr, vin de copain à boire un peu frais.
2023>25
11 euros

Domaine Longère, Le Vin des Roches 2020, beaujolais-villages
89
Joli nez pur de gamay, sur les fruits rouges, net, rond et sans lourdeur, loyal dans son expression aromatique, facile à boire.
2022>25
10 euros

Domaine du Mont Verrier, beaujolais Pierres Dorées 2020
88
Beau nez sur les fruits rouges, du corps et de la vigueur, fait pour la table et des plats savoureux et simples, d'un caractère bien affirmé.
2023>26
9,90 euros

Domaine Piron, Fructus Agapé 2020, beaujolais-Lantignié
90
Superbe vin de plaisir, gamay typique de ce secteur avec une pointe minérale, bouche concentrée portée par des notes de petits fruits rouges et de poivre. A boire un peu frais.
2022>26
13 euros

Château de Pravins, L'Argile ardente 2019, beaujolais-villages
90
Nez original, un peu poivré, presque cousin d'un vin de syrah, excellent support tannique, vin bien constitué et d'usage gastronomique.
2023>27
13 euros

Château de Pravins, beaujolais-Blacé 2021
87
Parfait vin gouleyant, glissant, facile à boire et désaltérant.
2023>26
10,50 euros

Domaine de la Roche, beaujolais-Lantigné 2020
89
Élégance florale, frais, net, raisin mûr avec ses notes de réglisse et badiane, excellent et bien vinifié par Mathieu Collonge, la nouvelle génération de producteurs.
2023>28

Domaine Richard Rottiers, La Sambinerie 2021, beaujolais-villages
89
Peu de couleur pour ce vin de soif, désaltérant et léger, facile à boire, sur le fruit frais et croquant.
2023>27
10 euros

Domaine des Terres dorées, L'Ancien 2021, beaujolais
89
Cuvée de bistrot fruitée et facile à boire, belle finale agréable sur les notes poivrées. On retend son verre.
2022>26
12 euros

Château de Vaux, Les Verseaux 2020, beaujolais-villages
91
Grande expression de terroir, nez épicé et complexe, délicat, séveux en bouche. Bel avenir.
2024>28
7 euros

Château de Vaux, Originem 2020, beaujolais-Vaux
90
Nouvelle cuvée ambitieuse ayant fait le choix délibéré d'un élevage sous bois qui complexifie la saveur en lui enlevant pour le moment un peu d'immédiateté. Attendre encore trois à quatre ans.
2025>29
14 euros

Château des Vergers, Aux Vergers 2020, beaujolais-Lantigné
89
Cosima Bassouls, vigneronne jeune et douée, disciple de Frédéric Berne, produit sur des sols identiques un vin puissant, charnu, large et solide, plein de caractère.
2023>28
NC

Vignerons des Pierres Dorées, La Rose Pourpre 2021, beaujolais
87
Bon corps, nez net floral et épicé, droit et savoureux.
2022>25
8 euros

PRESSE

www.duboeuf.com

L'ABUS D'ALCOOL EST DANGEREUX POUR LA SANTÉ. CONSOMMER AVEC MODÉRATION

LES MEILLEURS DOMAINES

DANS UNE APPELLATION QUI BOUGE BEAUCOUP, LES HIÉRARCHIES SONT SANS CESSE BOUSCULÉES. NOTRE CHOIX POUR 2023

Cyril Chirouze (Château des Jacques).

Domaine Anita

Anita Khunel, après une brillante carrière de cycliste sur route, a décidé de revenir sur la propriété familiale. Elle y apprend le métier de la vigne et du vin avant de créer, en 2015, sa propre structure viticole. Le domaine regroupe six appellations, moulin-à-vent, chénas, morgon, fleurie, beaujolais et beaujolais-villages. Structurés, les vins gagnent chaque année en précision et en équilibre.

- **Cœur de Vigneronne Les Caves, Moulin-à-Vent 2021** | Sec | 2024>2032 | 17 € — 90
- **Au vieux bourg, Moulin-à-Vent 2021** | Sec | 2023>2030 | 12 € — 89

Frédéric Berne

Frédéric Berne cultive trois hectares de beaujolais-villages, 64 ares de morgon et 60 ares de chiroubles. Au-delà du rôle médiatique qui l'occupe pour l'élection au statut de cru du village Lantignié, Frédéric Berne trouve le temps de travailler à l'affinage de ses vins. Les vins sont délicieux, dans un style puissant caractéristique du domaine qui ne manque jamais de précision.

- **Lantignié Harmonie, Beaujolais-Villages 2020** | Sec | 2025>2035 | 26 € | ☘ — 92
- **Pierre Bleue, Lantignié, Beaujolais-Villages 2020** | Sec | 2023>2026 | 12 € | ☘ — 91

Domaine Jean-Marc Burgaud

Après l'obtention de son diplôme en viticulture et œnologie, Jean-Marc Burgaud s'installe en 1989 sur la Côte de Py, à Morgon. Aujourd'hui il possède 17 hectares sur quatre appellations, Beaujolais-Villages rouge et blanc, Régnié et Morgon, ce dernier représentant 11,80 hectares. Jean-Marc Burgaud est un vigneron discret, mais il suffit de prononcer son nom dans le vignoble et l'on comprend vite que sa réputation le précède.

- **James, Côte de Py, Morgon 2020** | Sec | 2025>2032 | 26 € — 92
- **Côte du Py, Morgon 2020** | Sec | 2026>2025 | 20 € — 94

Château de la Chaize

Fort d'un vignoble de 250 hectares, dont 99 de Brouilly, le château de la Chaize est l'une des plus belles propriétés du Beaujolais. De nombreux travaux de rénovation ont été engagés, en particulier dans le chai. Un investissement visionnaire et courageux dans une région qui a tout le potentiel pour rayonner. On attend avec impatience la suite, les vins affichant pour certains gourmandise, générosité, droiture et élégance.

- **La Chaize, Brouilly 2020** | Sec | 2024>2029 | 15 € — 89
- **La Chapelle des Bois, Fleurie 2020** | Sec | 2023>2028 | 32 € — 89

Mee Godard (domaine Mee Godard).

Domaine Chermette

Martine et Pierre-Marie Chermette cèdent progressivement la place à leur fils Jean-Étienne Chermette, qui n'a pas traîné pour insuffler quelques changements d'importance. L'essentiel est toujours là : 31 hectares en beaujolais rouge, 5,5 hectares en beaujolais blanc, 16,50 hectares en crus sur Fleurie, Brouilly et Moulin-à-Vent. Le domaine, réputé pour la gourmandise et la rondeur de ses vins.

- **Les Garants, Fleurie 2021** | Sec | 2023>2028 | 16.9 € — 89
- **Les Micouds, Morgon 2020** | Sec | 2025>2032 | 16.9 € — 90

Domaine Chignard

Cédric Chignard a rejoint son père Michel sur le domaine familial dont il prend la responsabilité en 2006. Le vignoble familial s'étale sur sept hectares, principalement situé sur les Moriers. Les vins ne sont jamais expressifs dans leur jeunesse et ont la réputation de vieillir admirablement. Après quelques années, ils développent des nez parfumés et une texture au velours irrésistible.

- **Les Moriers, Fleurie 2019** | Sec | 2025>2032 | 16 € — 90
- **Le petit impermanant, Beaujolais-Villages 2020** | Sec | 2022>2025 | 12 € — 88

Château de Corcelles

Propriété de la famille Richard qui possède aussi le château des Tours dans la région, ce beau domaine propose une gamme de beaujolais et de crus de plus en plus recommandables. Les vins sont particulièrement bien distribués à Paris. Le niveau de qualité affichée ici est en constante progression.

- **Vieilles Vignes, Brouilly 2020** | Sec | 2022>2026 | 13 € — 88
- **Les Roches, Brouilly 2020** | Sec | 2023>2027 | 22 € — 89

Domaine Jules Desjourneys

Le domaine Jules Desjourneys est la propriété de Fabien Duperray. En 2007, ce dernier achète 9 hectares de vieilles vignes situées sur les finages de Chénas, Moulin-à-Vent et Fleurie. En 2009, le vignoble est certifié en bio. Dix ans plus tard, les vins sont au sommet de l'appellation : nez parfumés, textures soyeuses, finales suaves, tannins ciselés, tout y est et c'est superbe.

Domaine Louis-Claude Desvignes

Le domaine emblématique du Beaujolais, tant par son histoire que par sa réputation, brille sur Morgon et sur le Beaujolais. Le vignoble s'étend sur 13 hectares, dont cinq situés sur la Côte de Py. À la tête du domaine, Claude-Emmanuelle et son frère Louis-Benoît, reconnus pour leur rigueur et leur souci du détail, sont les dignes successeurs d'une tradition d'excellence. Les derniers millésimes, entre finesse et gourmandise, sont toujours élégants.

Georges Dubœuf

Suite au travail ininterrompu de Georges Duboeuf, disparu l'an dernier, depuis plus de 50 ans, c'est son fils Franck qui a pris le relais. Les volumes sont considérables tout comme le nombre de références font preuve d'une régularité de métronome. La nouvelle direction semble avoir pris la bonne direction et l'ensemble de la gamme dégustée cette année est en progression.

- **Domaine de Lafayette, Brouilly 2020** | Sec | > | 14 € — 92
- **Domaine de la Seigneurie, Juliénas 2020** | Sec | > | 13.5 € — 92
- **Domaine Jean et Ernest Descombes, côtes du py, Morgon 2020** | Sec | > | 17 € — 92
- **Domaine des Rosiers, Moulin-à-Vent 2020** | Sec | > | 16.2 € — 91

Domaine Grégoire Hoppenot

Il lui tardait d'avoir ses propres vignes et d'y appliquer la viticulture capable d'exprimer pleinement le terroir. C'est chose faite avec la reprise d'un joli domaine de Fleurie. Immédiatement, des pratiques saines à la vigne, à commencer par des replantations repensées pour une vraie viticulture bio, et une discipline de travail encore plus rare à la cave, Grégoire s'affirme comme une des figures marquantes du « nouveau » beaujolais.

- **Clos de l'Amandier, Fleurie 2020** | Sec | 2024>2028 | 22 € — 88
- **Les Moriers, Fleurie 2020** | Sec | 2025>2030 | 22 € — 90

Château des Jacques

Le domaine, propriété du Beaunois Louis Jadot mais géré de façon autonome, a bien grandi depuis son acquisition en 1996. Le vignoble s'étend sur 90 hectares, essentiellement en moulin-à-vent dont il est l'un des grands spécialistes. Il possède des parcelles dans les meilleurs secteurs comme Rochegrès, la Roche, Carquelins et depuis peu la Rochelle. Cyril Chirouze poursuit l'œuvre d'excellence engagée il y a plus de quinze années.

- **Clos de Rochegrès, Moulin-à-Vent 2019** | Sec | 2025>2040 | 26.5 € — 94
- **Clos du Grand Carquelin, Moulin-à-Vent 2019** | Sec | 2025>2035 | 26.5 € — 95
- **Côte du Py, Morgon 2019** | Sec | 2025>2040 | 26.5 € — 92

Domaine Paul et Éric Janin

Depuis 1937, le domaine Paul Janin et fils produit des moulin-à-vent et des beaujolais-villages rouges et blancs. Eric Janin, l'actuel propriétaire, représente la quatrième génération. Il hérite d'une succession d'investissements qui font aujourd'hui le succès du domaine. Les vins sont de bonne facture et ne déçoivent pas en qualité.

Domaine Marcel Lapierre

Mathieu et Camille Lapierre continuent l'œuvre bâtie par son père Marcel, trop tôt disparu. Dans les années 1980, sous l'impulsion de Jules Chauvet, Marcel avait décidé de vinifier sans soufre ni levures de culture et de cultiver ses vignes en biodynamie. Ancien chef cuisinier, Mathieu Lapierre continue son œuvre, animé par la précision et la rigueur. Le sans-soufre n'est pas une quête absolue et ne doit se faire que lorsque les conditions sont requises. Les vins continuent de rencontrer un franc succès dans la restauration.

- Morgon 2021 | Sec | 2024>2028 | 21.65 € — 90
- Beaujolais 2021 | Sec | 2023>2026 | 14.75 € — 88

Maison Le Nid

★★★☆☆

La très dynamique et sympathique famille Lardet, Delphine, Jocelin, Stéphane et leur père, signe des vins de plus en plus aboutis sur les derniers millésimes. Plus précis, sans perdre pour autant leur puissance, les crus s'affirment avec autorité. Les quantités sont faibles mais hautement qualitatives.

- La Rochelle, Moulin-à-Vent 2020 | Sec | 2025>2035 | 25 € — 90
- Rochegrès, Moulin-à-Vent 2020 | Sec | 2027>2035 | 29 € — 94

Domaine Thibault Liger-Belair

★★★☆☆

Propriétaire des plus beaux crus de la côte d'Or, le passionnant Thibault Liger-Belair s'est engagé depuis 2009 dans la production de moulin-à-vent. Un retour aux sources puisqu'il a fait une partie de ses études en Beaujolais. Dès ses premiers achats de vignes, en 2008, il a opté pour la biodynamie et organisé sa production selon une logique parcellaire. Un style bourguignon dans la démarche et très moulin-à-vent dans la bouteille. Le Beaujolais peut être fier de compter un tel ambassadeur dans ses rangs.

- Les Pérelles, Moulin-à-Vent 2020 | Sec | 2024>2030 | 24 € | ☘ — 94

Maison Jean Loron

★☆☆☆☆

Installée entre la Roche de Solutré en Mâconnais et le Moulin à-Vent en Beaujolais, la maison Jean Loron est l'un des plus anciens et plus grands propriétaires viticoles du sud de la Bourgogne. L'ensemble de la production est solidement construit. La signature est aujourd'hui un gage de qualité pour quiconque découvrirait pour la première fois un vin de la maison. Adresse sérieuse et recommandable.

- Champ de Cour, Moulin-à-Vent 2018 | Sec | 2024>2032 | 20 € — 89
- Bonnege, Brouilly 2020 | Sec | 2022>2025 | 20 € — 88

Domaine Laurent Martray

★★★☆☆

Laurent Martray, vigneron à Odenas, possède neuf hectares sur Brouilly, dont un sur la commune de Saint-Etienne-la-Varenne. C'est sur les coteaux granitiques de Combiaty faisant face à l'est et au sud-est que sont produites deux cuvées emblématiques du domaine : vieilles-vignes et corentin. Depuis 2016, une troisième cuvée complète la gamme de brouilly : la folie, d'un style plus raffiné. Le leader de l'appellation brouilly.

- Les Feuillées, Côte de Brouilly 2020 | Sec | 2026>2036 | 17 € — 92
- La Folie, Brouilly 2020 | Sec | 2024>2035 | 17 € — 92

Domaine Mee Godard

★★★☆☆

Après de solides études d'œnologie et un détour par l'Oregon, Mee Godard, encouragée par ses parents et son époux, cherche à s'installer en Beaujolais et tombe sur un départ à la retraite : 5 hectares en Morgon, sur les plus beaux lieux-dits, Corcelettes, Grand Cras et Côte de Py. Le style Godard, c'est des vins purs, jamais stériles, aériens mais structurés, qui transpirent leur origine. Tout est bon.

- Corcelette, Morgon 2020 | Sec | 2024>2032 | 23 € — 90
- Côte de Py, Morgon 2020 | Sec | 2025>2040 | 30 € — 93

Clos de Mez

★★★★☆

Marie-Élodie progresse année après année sans déroger à ses idéaux. Le style a gagné en précision et les fins de bouche sont plus suaves. Elle a probablement allégé le trait, cherché moins de matière au profit d'un équilibre plus immédiat et plus raffiné. Toujours est-il que la vendange entière démontre avec brio son originalité, et les vins, en particulier sur les derniers millésimes, ont une vraie personnalité. Les vins présentés cette années nous ont impressionné par leur élégance et leur énergie. Nous remontons la note du domaine.

- La Dot, Fleurie 2018 | Sec | 2025>2040 | 22 € — 95
- Château Gaillard, Morgon 2017 | Sec | 2025>2040 | 22 € — 92

Château du Moulin-à-Vent

★★★★☆

Delphine et Stéphane Lardet (Maison Le Nid).

La rénovation ambitieuse et cohérente du vignoble et de la cave décidée par Jean-Jacques Parinet donne aujourd'hui les résultats attendus. Les progrès sont fulgurants et la production continue de dominer l'appellation. Il peut s'appuyer sur une équipe de talent, composée d'Édouard Parinet, de leur maître de chai Brice Lafon et de leur responsable de la communication Morgane Chambriard. Un acteur de poids pour l'appellation et la région, formidable ambassadeur créateur de valeur et d'image en France comme dans le monde.

- Les Vérillats, Moulin-à-Vent 2020 | Sec | 2023>2030 | 22.6 € — 93
- La Rochelle, Moulin-à-Vent 2020 | Sec | 2025>2035 | 27 € — 94
- Clos de Londres, Moulin-à-Vent 2020 | Sec | 2026>2040 | 87 € — 95

Domaine de la Pirolette

★★☆☆☆

Avec 15 hectares parfaitement situés autour de la propriété, Grégory Barbet a très tôt compris la nécessité de composer avec l'hétérogénéité du cru. Si sa cuvée village se positionne dans un style fiable et structuré, ses cuvées parcellaires, Poulette et Carjot, sont en devenir. Dans une appellation où les références faisaient défaut, voici un domaine à suivre.

- Carjot, Saint-Amour 2019 | Sec | 2023>2032 | 20 € — 90
- Saint-Amour 2020 | Sec | 2023>2030 | 16 € — 89

Domaine Piron

★★★☆☆

Figure de proue du Beaujolais en général et de Morgon en particulier, Dominique Piron, rejoint depuis par Julien Révillon son associé, développe une gamme solide de crus du beaujolais. Sur plus de 100 hectares, sept crus sont représentés, avec une majorité logique de morgons. Dans un style épuré, aux nez expressifs, tout en conservant la signature

Edouard Parinet et Brice Laffond (château du Moulin-à-Vent).

stylistique de l'origine, les vins du domaine sont tous réussis.

- **Côte du Py - Domaine de la Chanaise, Morgon 2020** | Sec | 2025>2035 | 20 € — 92
- **Fructus Agapè, Lantignié, Beaujolais 2020** | Sec | 2022>2026 | 13 € — 90

Château de Pizay

★☆☆☆☆

Grande propriété viticole abritant également un hôtel-spa de renom, le château de Pizay est essentiellement installé sur le cru Brouilly. La vaste production manque encore d'homogénéité dans la qualité mais certaines cuvées valent le détour. Prometteur.

- **Château de Saint-Lager, Brouilly 2020** | Sec | 2022>2024 | 10 € — 86
- **La Centenaire Vignes plantées en 1915, Morgon 2020** | Sec | 2022>2025 | 15 € — 87

Clos de la Roilette

★★★☆☆

Domaine bien situé, avec notamment sept hectares sur le fameux secteur de la Roilette, là où Fleurie regarde le moulin-à-vent. Les vins d'Alain Couderc ont toujours beaucoup de finesse et de velouté. Avis aux amateurs de vins fins, les vins de la Roilette ne sont pas des vins de nez, tout est en bouche et dans le toucher. La patience sera récompensée, car la délicatesse de ces vins cache merveilleusement leur grand potentiel de garde.

Domaine Richard Rottiers

★★☆☆☆

Richard Rottiers a été l'une des victimes les plus touchées par les grêles incessantes des derniers millésimes. Proche de la rupture, il a réussi à trouver un second souffle dans des cuvées de négoce de bonne facture. Les vins présentés par le domaine ont tous en commun cette recherche de la pureté et laisse une belle impression d'harmonie. Le domaine est en grands progrès.

- **Dernier Souffle, Moulin-à-Vent 2020** | Sec | 2024>2029 | 18 € | ☘ — 90
- **Thorins, Moulin-à-Vent 2020** | Sec | 2025>2032 | 17 € | ☘ — 92

Domaine des Terres Dorées

★★★☆☆

Depuis Charnay, Jean-Paul Brun est réputé dans tout le vignoble pour ses magnifiques blancs, qui nous feraient presque oublier ses délicieux beaujolais. Exploitant 48 hectares sur six crus différents, Jean-Paul Brun démontre chaque année qu'il est un grand vinificateur et ce depuis presque 30 ans. Dans un style bourguignon, où le gamay pinote, il cisèle les nez et affine les bouches avec délicatesse, parfois en fût, sans jamais rechercher la puissance.

- **L'Ancien, Beaujolais 2021** | Sec | 2022>2026 | 12 € — 89
- **Terres dorées, Moulin-à-Vent 2020** | Sec | 2024>2032 | 17 € — 91

Château Thivin

★★★★☆

Le château Thivin a engagé une rénovation de son vignoble avec une réflexion sur le travail des sols. En conversion bio, le palissage sur les parcelles les plus pentues, à l'instar de la Chapelle, est désormais la règle. La gamme est large : les blancs et les rouges sur le fruit, les côte-de-brouilly (sept-vignes, griottes-de-brulhié). Le trio magnifique godefroy, chapelle, zaccharie nous a particulièrement impressionné et ému cette année. Une priorité pour l'amateur et une adresse de très grands vins.

- **Zaccharie, Côte de Brouilly 2020** | Sec | 2025>2035 | 34 € — 95
- **La Chapelle, Côte de Brouilly 2020** | Sec | 2025>2032 | 22.5 € — 93
- **Godefroy, Côte de Brouilly 2020** | Sec | 2025>2033 | 22.5 € — 94

Château des Tours

★★☆☆☆

Ce domaine de 70 hectares bien situé au cœur de l'appellation brouilly bénéficie d'un terroir qui lui permet, en particulier grâce à ses vieilles vignes, de sortir des cuvées de bonne facture. Les nouvelles ambitions de sa propriétaire et la volonté de revenir à une vision de terroir devraient permettre à cette propriété de s'affirmer de plus en plus comme une valeur sûre de l'appellation.

- **Vieilles Vignes, Brouilly 2020** | Sec | 2022>2026 | 15 € — 89
- **Combiaty, Brouilly 2020** | Sec | 2023>2029 | 22 € — 90

Maison Trénel

★★★☆☆

Cette maison de négoce installée entre Beaujolais et Mâconnais propose une expression juste de ces deux régions. Propriété de la maison rhodanienne Chapoutier, elle affirme millésime après millésime ses ambitions, proposant des vins de plus en plus fins. Gamme sérieuse permise par une politique d'achat précise. Nous récompensons ces progrès constants par une troisième étoile.

- **Le Capitant, Juliénas 2019** | Sec | 2023>2029 | 21.15 € — 90
- **La Madone, Fleurie 2019** | Sec | 2023>2026 | 16.75 € — 88

À Bordeaux aussi, il y a quelques belles côtes.
Ici, celle de Pavie à Saint-Émilion.

Bord

MATHIEU GARÇON

eaux

BORDEAUX BÂCHÉ,
BORDEAUX MALTRAITÉ,
BORDEAUX ABANDONNÉ,
MAIS BORDEAUX
RENOUVELÉ.
GLOIRE À CEUX
QUI SONT CAPABLES,
À CHAQUE DÉCENNIE,
DE RÉINVENTER
LEURS VINS POUR LE PLUS
GRAND BONHEUR
DES AMATEURS

PROMOTIONS DE L'ANNÉE

★★★★★

CHÂTEAU COS D'ESTOURNEL
CHÂTEAU PICHON-BARON
CHÂTEAU PICHON-LONGUEVILLE
COMTESSE DE LALANDE
CHÂTEAU LA VIOLETTE

100 POINTS DE RÊVE

BORDEAUX. UN MONDE. UN MODÈLE POUR LE RESTE DU MONDE. QUELQUES CAILLOUX DANS LA CHAUSSURE. ILS DISPARAÎTRONT VITE, VEUT CROIRE NOTRE CHRONIQUEUR. UN RÊVE OU UN PROJET ?

PAR ***LOUIS-VICTOR CHARVET***

DANS LA LONGUE LISTE DES VIGNOBLES que nous suivons avec une régularité sans faille, millésime après millésime, Bordeaux occupe une place particulière. Nous avons noué avec la région une sorte de relation spéciale, purement journalistique même si certains en doutent, propice à la connaissance intime de cette grande scène humaine où chacun joue son rôle. Plutôt que de nous rendre complaisant, ce spectacle grandiose nous a rendu critique. Pour coordonner l'ensemble des dégustations de ce guide, je crois pouvoir dire sans me tromper que les quelques pages – hélas insuffisantes – que nous consacrons aux vins de Gironde font l'objet d'un compte-rendu peut-être plus sévère que celui des autres régions traitées dans ce même ouvrage. Pourquoi ?

Nous croyons que la majeure partie des innovations capables de rendre plus vertueuse la viticulture française de demain viendra de ce vignoble. D'abord, parce que le mouton noir a des revanches à prendre. Il y a huit ans, dans une émission d'investigation bien connue diffusée sur une chaîne de télévision publique, l'ensemble du Bordelais se retrouvait sur le banc des accusés avec pour seule défense d'expliquer avoir été piégé. À l'ordre du réquisitoire, ses mauvaises pratiques et son utilisation massive de pesticides. Quoi lire entre les lignes ? Personne ne le saura jamais. Toujours est-il que le vignoble devait réagir tout en luttant contre une forme de désamour vis-à-vis de ses vins, phénomène impensable au début de ce siècle et difficile à expliquer, donc à résoudre. Deux combats et deux lignes de fronts pour protéger la mère patrie.

Dans cette guerre à mener, beaucoup ont cru longtemps que la place de Bordeaux – son système de commercialisation – gardait des soldats en réserve dans son intérêt. Si le renouveau du négoce bordelais, encore timide, passera par plus de sélection et de curiosité, quelques-uns sont déjà prêts à porter non plus cinquante mais cent marques, aidant à les rendre culte. D'autres ont pointé du doigt le snobisme de propriétaires privilégiés, l'arrogance de directeurs trop bien payés, la suffisance de commerciaux sans empathie. Les mêmes tirent à boulets rouges sur les prix indécents, les vins soi-disant durs à boire, les gros volumes qui font peur et, surtout, cette soi-disant supériorité naturelle qu'il faut, dans notre société, évidemment détester.

LE BROUHAHA DES LUTTES

Ceux qui souhaitaient travailler se sont repliés sur eux-mêmes. Parfois dans la colère, souvent dans l'incompréhension, pétrifiés face à ces consommateurs (et ces prescripteurs) empreints de vrais *a priori* et de fausses idées reçues. Ont-ils renoncé ? Oui, pour certains. Cette période de désamour brutal envers les vins de Bordeaux a conduit beaucoup de propriétés vers la sortie. Tant de petits domaines du Médoc, des Graves, de l'Entre-deux-Mers, du Blayais et de Bourg n'ont pas trouvé la solution, abandonnés par le marché, résolus à se tourner vers cette grande distribution où les vins se vendent sans se valoriser.

Pour beaucoup d'autres, illustres comme plus modestes, le salut est venu de la vigne. Sans tomber dans la facilité du *green washing*, Bordeaux s'est réinventé un destin en cherchant dans ses racines les fondements de son identité. Est-elle strictement vigneronne ? Certainement pas. Est-elle révolutionnaire ? Jamais. La force de Bordeaux depuis des siècles, au-delà de sa capacité à faire naître du rêve, c'est de rendre ce rêve possible pour tous. Si quelques crus se sont éloignés de cet idéal, il reste en réserve une myriade de jolis vins et autant d'excellents rapports qualité-prix. Pour leur permettre de consolider leurs efforts, d'améliorer leur viticulture, de rendre possible la naissance de visions vigneronnes intuitives et artistiques, nous ne pouvons qu'inciter nos lecteurs à faire preuve de la plus grande ouverture d'esprit.

On le sait, nos bonnes intentions ne feront pas tomber les murs de Babylone et du bordeaux bashing. Les changements profonds des vins de Bordeaux n'ont pas encore l'effet escompté sur les nouveaux consommateurs. Les initiatives pour conquérir ce nouveau public sont de plus en plus nombreuses et, enfin efficaces. La région doit maintenant trouver le moyen de faire savoir son savoir-faire, en se montrant, en sortant et en mettant au cœur de ses préoccupations tout ce qui relie ce vignoble profondément humain au reste de la société. Quant Bordeaux se décide à séduire, par un peu plus de simplicité dans ses manières et un peu plus de raison gardée dans ses affaires, qui peut lui résister ? Le monde entier n'a pas réussi, qui continue de s'arracher ses vins à chaque sortie en primeur. Aux Français, désormais, de se laisser réenchanter. ▮

VINCENT MILLET L'AUTEUR DE CALON-SÉGUR

NOUS AVONS DEMANDÉ AU DIRECTEUR DE CE CRU CLASSÉ DE SAINT-ESTÈPHE CE QUE SIGNIFIAIT LA MODERNITÉ DES VINS DE BORDEAUX. SA RÉPONSE EST UN CADEAU POUR CEUX QUI BOIVENT DU VIN AVEC LEUR CŒUR

PAR **LOUIS-VICTOR CHARVET**

Moderne, c'est un mot qui revient de plus en plus dans les descripteurs utilisés pour qualifier les vins de Bordeaux. A-t-il un sens ? La question n'est pas simple. La réponse peut être limpide. *« La modernité est une prise de conscience. Il fallait s'engager dans une recherche de l'esthétisme. Voilà ce qui s'est passé à Bordeaux ces dernières années. Nous avons amélioré le goût de nos vins, sans le changer, en mettant au centre de notre réflexion une dimension artistique nouvelle. C'est ce qui est nouveau et, en ce sens, ce qui est moderne. »* Vincent Millet est directeur du château Calon-Ségur à Saint-Estèphe et des propriétés de l'assureur Suravenir Crédit Mutuel-Arkea à Bordeaux (Le Prieuré et Siaurac, sur la Rive droite). Comme ses confrères, il sait tout faire, doit tout faire. En commençant surtout par réfléchir au vin qu'il produit à Saint-Estèphe. Classé en 1855, cru chéri de Nicolas-Alexandre de Ségur, le *« prince des vignes »* qui en fut propriétaire et lui donna son nom actuel, Calon est un lieu avant d'être un vin. À l'écart des autres propriétés et des étendues stéphanoises, ce vignoble d'un seul tenant ceint de murs ondule sur quelques pentes étonnamment marquées. Par beau temps, on a l'impression que Calon est une île. Suravenir y a réalisé de grands travaux, rénovant la chartreuse et les infrastructures avec beaucoup de goût et de sens du détail, continuant à nourrir de grands projets, y compris pour le château Capbern, petit frère du classé dans l'esprit, conduit par la même équipe. Si le vin de Calon a toujours été bon, la qualité s'est élevée ces derniers millésimes à un niveau proche des meilleurs et des premiers, sans se vendre au même prix – une chance pour l'amateur.

Passé par le château Margaux où il fait ses classes, Millet rejoint le cru en 2006 et lui donne rapidement à la fois sa patte et un style. Autrement dit, sa vision mêlée à une connaissance intime et rigoureuse de son vignoble. Avec son arrivée, le grand vin de Calon ne perd rien et gagne tout. En précision bien sûr, gagne en émotions, surtout, impressionnant par son élégance aristocratique naturelle de grand vin du Médoc, enthousiasmant par ses qualités de texture et de tannins, plus harmonieux et nobles que jamais. Qu'a-t-il changé ? Lui, rien. Sans être timide, l'homme est humble. Il sait le travail fait par ceux qui étaient là avant. Peut-être parce qu'il travaille déjà pour ceux qui seront là après. *« Depuis quelques années, les vins sont plus accessibles. Intellectuellement et en termes de goût. Les changements ont eu lieu dans la viticulture. Les vignerons ont accordé plus d'importance au raisin, en respectant le caractère aromatique des cépages. »* Au chai, c'est l'inverse, moins d'intervention, moins d'extraction. On recherche les qualités d'un raisin mûr, acceptant parfois un niveau d'alcool qui équilibre, presque de manière irrationnelle, une matière toujours profonde et importante. Un seul mot d'ordre : l'accessibilité. Un idéal, mais aussi, pendant longtemps, un reproche fait à l'ensemble des vins de sa classe. Boire des grands crus dans leur jeunesse ? *« L'idée était peu concevable il y a vingt-cinq ans, lorsque l'on construisait des caveaux pour faire évoluer les vins. Aujourd'hui, être accessible ne veut pas dire dénaturer l'identité de nos vins. Au contraire, cela signifie faire des vins capables de vieillir et susceptibles d'être bus et appréciés rapidement. »*

Pour convaincre, la recherche de cette *« modernité »* implique des choix qui relèvent plus de l'intuition que du savoir-faire et de l'expérience. La quête du grand vin implique d'apprendre et de désapprendre, de faire davantage confiance à son terroir qu'à soi-même. Pour renforcer cette relation de proximité, Vincent Millet a mis en place de nombreux projets d'innovations technologiques, de manière à collecter des ensembles de données et suivre avec fiabilité aussi bien l'impact des conditions météorologiques que le passage de ses tractoristes sur le niveau de biodiversité dans le vignoble. Plus concrètement, le domaine cherche aussi à encadrer sa consommation de produits phytosanitaires. On peut reprocher à notre conception philosophique du grand vin – socle de notre expertise et de notre goût – de faire de la seule notion de terroir un déterminisme presque immuable dans les hiérarchies que nous proposons. Qui, de l'homme ou du lieu, est à l'origine du grand vin ? À Calon-Ségur, les deux sont au service d'une idée et d'un futur.

MATHIEU GARÇON

MICHEL ROLLAND BRAVO ET MERCI

MICHEL ROLLAND A INVENTÉ LE MÉTIER DE CONSULTANT. IL A AIDÉ BORDEAUX À SE RÉINVENTER. IL SE RETIRE DU MÉTIER APRÈS CINQUANTE MILLÉSIMES. IL PREND, COMME ON DIT, DU RECUL. LUI ET DANY, SA COMPLICE HISTORIQUE, TRANSMETTENT LEUR ENTREPRISE À L'UN DE LEURS COLLABORATEURS. CETTE INTERVIEW EST LA DERNIÈRE. EN FORME D'HOMMAGE, DE GRAND MERCI, DE GRAND BRAVO SURTOUT. UNE CARRIÈRE EN OR SUR TOUS LES CONTINENTS, OU PRESQUE.
ET UNE CONVERSATION QUI REMET EN CAUSE QUELQUES IDÉES REÇUES (ET IDIOTES)

PROPOS RECUEILLIS PAR **NICOLAS DE ROUYN**

Michel, Dany, tout a commencé avec Marcel Dassault.

Michel Rolland : Oui, nous avions créé un laboratoire d'analyses œnologiques et le consulting n'existait pas. En 1973, alors que l'on venait juste d'enfiler nos blouses derrière le comptoir, un certain André Vergriette (ancien ingénieur aéronautique nommé par Marcel Dassault à la tête de Château Dassault à Saint-Émilion, *NDLR*) vient nous voir pour nous proposer de travailler ensemble. Il me confie ne rien connaître à la vinification. J'aurais pu être honnête et lui répondre *« moi non plus »*. J'ai préféré ne pas le faire. Pour ce tout premier client, j'ai offert le service en ne sachant pas encore réellement définir ni l'activité de consultant, ni mes capacités en la matière. En principe, nous n'allions pas chez les clients, sauf en cas de catastrophe, exception faite du château Dassault où j'ai commencé à aller régulièrement. Je connais d'ailleurs les trois générations de propriétaires, du grand-père en 1973 au petit-fils qui occupe ce siège aujourd'hui (Marcel, Serge et Laurent Dassault, *NDLR*). Il a donc fallu inventer ce métier. À nos débuts, les propriétaires ne connaissaient pas cette discipline et ne voyaient donc pas l'intérêt de venir nous consulter.

Dany Rolland : Ce métier n'existait ni dans le droit, ni dans la fiscalité, ni ailleurs. Les gens appelaient lorsqu'ils avaient un problème, il n'y avait pas de suivi régulier.

Michel Rolland : Au fil des années, des liens se sont créés avec certains propriétaires, surtout les jeunes qui à cette époque avaient à peu près le même âge que moi. Christine Valette au château Troplong-Mondot, à Saint-émilion, et Jean-Michel Arcaute au château Clinet, à Pomerol. Avec André Vergriette, ils ont été nos trois premiers clients. Le quatrième, que je considérais alors presque comme un enfant, car de dix ans mon cadet, est arrivé peu après. C'était Hubert de Boüard. Il faisait encore ses études. Par chance, par confiance, son père lui a cédé la direction du château Angélus, ce qui nous a permis de travailler ensemble.

Avez-vous eu envie d'arrêter votre activité à certains moments ?

M. R. : Jamais, sauf au début. Nous sommes arrivés jeunes et déterminés. Là, nous goûtions le millésime 1972, des vins très médiocres. Le millésime 1973 était tout aussi mauvais. Cette même année, l'affaire des vins de Bordeaux installe une ambiance pesante dans le Bordelais et 1974 finit de mettre à mal notre motivation. Pendant les vendanges, nous travaillions jour et nuit. Je me rappelle très bien aller de propriété en propriété dans ma Méhari et je n'ai pas quitté mes bottes pendant un mois, il pleuvait sans cesse dans cette voiture d'été. Au mois de novembre, j'ai dit à Dany : *« On essaye encore une année de plus. Si ça continue, on arrête »*. L'ambiance et les millésimes ne nous offraient pas un cadre de travail agréable. 1975 est arrivé et nous a redonné espoir. C'est un millésime que nous avons sûrement raté parce que nous voulions faire vite, mais il y avait de la matière. Ensuite 1976 fut une année très chaude, qui nous a beaucoup marqué, une des premières où l'on commençait à payer les *« impôts sécheresse »* de Valéry Giscard d'Estaing, révélateurs de la situation climatique qui menaçait les vignes de pourrir instantanément à la première pluie. Les vins en sortent plutôt moyens, mais l'année reste satisfaisante au niveau du laboratoire, il y avait beaucoup d'analyses.

D. R. : Cette année nous a beaucoup appris. Selon nous, les vignerons vendangeaient pour la plupart beaucoup trop tôt, leur seul objectif étant d'atteindre un degré équivalent à 12, pour ensuite chaptaliser et arriver aux 13 degrés requis. Le millésime 1976 fut l'année de l'exception qui confirme la règle. Les vins vendangés tôt ont eu ici une survie et un succès plutôt remarquables, surtout dans les zones précoces comme Pomerol.

Quel regard portez-vous sur le marché bordelais actuel ? En termes de style, d'évolution générale du marché, d'export ?

M. R. : Le marché du vin est globalement en bonne forme aujourd'hui. Cela reste compliqué pour les vins non classés, sans cesse soumis à la pression du marché vers une baisse des prix, une spirale sans fin.

Pensez-vous que le recul du *bordeaux bashing* est dû à une remise en cause générale du vignoble bordelais ?

M. R. : Non. Il faut d'abord se demander pourquoi ce phénomène a eu lieu. Lorsque vous êtes

MATHIEU GARÇON

leader sur un marché, ce qui est le cas de Bordeaux dans le monde du vin, vous êtes l'homme à abattre. Que cela soit justifié ou non, si la vendetta est lancée, elle finira par aboutir. Par la faute de certains sommeliers, il reste aujourd'hui peu de bordeaux sur les tables parisiennes.

Est-ce alors la Bourgogne et son affolement dément sur les prix qui ont permis à ce *bashing* de s'essouffler ?

D. R. : Ce qu'on reproche à Bordeaux, c'est avant tout le volume, le côté « industriels du vin ». Au contraire, la Bourgogne ne traite que des petits volumes, d'où l'idée que les prix sont mieux acceptés dans cette région.

M. R. : Cet essoufflement n'est que le déroulé naturel d'une critique sans fondement. Il n'y a plus de personnalité à viser puisque Robert Parker est parti. Sans nouvelle cible, le *bordeaux bashing* n'a donc plus de raison et est destiné à disparaître.

Au fil du temps, vous avez imposé, en collaboration avec votre camarade Robert Parker, un style Rolland qui est devenu mondial. Pour ce style, on est venu vous chercher depuis la Californie, l'Argentine, le Chili.

M. R. : J'ai en effet beaucoup voyagé, ce qui me plaît beaucoup. Les seuls pays que je n'ai pas traités, faute de temps, sont l'Australie et la Nouvelle-Zélande. Mes missions dans l'hémisphère sud m'ont d'abord emmené en Argentine, au Chili, puis en Afrique du Sud. Cependant, je ne suis pas d'accord avec cette idée du « style Rolland ». Cela n'a pas de sens. Il suffit de comparer les vins américains ou français que l'on conseille et vous verrez qu'il n'y a pas de style commun qui s'en dégage. Ma seule mission, depuis le début, est d'améliorer la qualité des vins.

Vous faisiez, à destination du marché américain, des vins puissants, avec des raisins très mûrs.

M. R. : L'explication est beaucoup plus simple. Quand nous sommes arrivés sur le marché, nous goûtions des grands millésimes pour nous faire une idée du *« bon »* vin. Les 1970 étaient très bons, comme les 1961 ou les 1955. Le millésime 1959 est plus partagé à cause des gelées de 1956 qui avaient détruit une bonne partie du vignoble de la rive droite. Certaines vignes étaient alors trop jeunes pour bénéficier du potentiel maximum de ce millésime. C'était également la grande époque de dégustation des années 1940, les 1945, 1947 et 1949. Des vins bien charpentés allant jusqu'à 14,5 degrés avec des tannins solides, présents. Nous avons défini l'archétype du grand vin selon cette base que nous voulions reproduire. Des années chaudes, pleines de soleil, à ramasser précocement. Nous avons commencé à éclaircir les vignes pour avoir moins de densité et chercher la maturité. Ce style ne provient donc pas d'un désir de plaire, il part d'une observation œnologique des vieux millésimes.

D. R. : L'observation est en effet une part importante de ton travail, puisque tu passes beaucoup de temps à regarder et étudier la vigne. C'est d'ailleurs la différence que Michel cultive par rapport à d'autres consultants. Il a grandi dans les vignes grâce à sa famille, sept générations de vignerons. Il côtoie les rangs, le raisin, la pluie, la grêle, les aléas depuis toujours et cette proximité est une force dans son travail de consultant.

M. R. : Oui, je suis plus un homme des vignes qu'un homme de laboratoire.

D. R. : Ta connaissance des raisins a fait ta réputation. Moi, je suis la femme de laboratoire derrière cet homme des vignes, l'éminence grise avec qui il partage des idées et une vision pour notre entreprise. L'histoire, c'est Michel qui l'écrit, son ouverture au monde a construit notre carrière.

Combien de clients au plus fort de cette carrière ?

M. R. : Très bonne question, je n'ai pas de réponse. Je dirais beaucoup trop. Au laboratoire, nous avons presque atteint les 600 clients. Dans la partie conseil, où j'officiais seul, pendant mes grandes années de 1990 à 2005, j'ai dû faire 135 consultings en même temps. Heureusement, nos collaborateurs nous ont rejoints en 1999, un bol d'air bienvenu qui m'a permis de penser à l'après. En 2005, j'avais donc déjà abandonné une vingtaine de dossiers, la fatigue se faisait de plus en plus présente et la retraite de plus en plus attirante. Seulement, j'avais développé avec les propriétés des relations très *intuitu personae*, certaines avaient du mal à me laisser partir et surtout à accepter la transmission à un nouveau collaborateur.

Vous avez décidé de prendre du recul et de laisser la main à une nouvelle génération représentée par Julien Viaud, votre repreneur et collaborateur de longue date. Est-ce possible de transmettre également une vision ?

M. R. : Je préfère ne pas le voir comme ça, nos collaborateurs le savent très bien. Chacun a sa personnalité, je ne leur ai jamais demandé de suivre ma manière d'analyser les vins. Bien sûr, à force de travailler ensemble, une forme de consensus s'installe. Chacun doit garder son autonomie, c'est important de créer quelque chose de différent en accord avec l'époque. Je ne demande pas de penser comme moi ni de faire comme moi, je transmets seulement une connaissance du milieu et des gens.

Comment voyez-vous cette vague de nouveaux consultants portée par la jeune génération ?

M. R. : Je ne les vois pas dans la mesure où j'ai assez de bons vins dans ma cave pour aller jusqu'à la fin de mes jours. Nous en reparlerons dans vingt ans. Il faut bien ces vingt années pour reconnaître les bonnes choses comme les ratés.

Me permettez-vous de ne pas croire une seconde à votre retraite ?

M. R. : Vous l'avez compris, je n'ai aucune intention de m'arrêter définitivement. D'abord, je ne saurais pas quoi faire d'autre que ce que j'aime et que je sais faire, c'est-à-dire l'œnologie et le consulting. Je vais lever le pied et réduire mon portfolio à une quinzaine de propriétés pour m'éloigner de la pression inhérente à ce travail. Heureusement, la pandémie nous a aidés à entamer cette phase en limitant les relations internationales. Je ne suis pas allé en Argentine pendant plus d'un an, c'était la première fois en trente ans. Ma retraite se fait donc dans la continuité de ma carrière, à un rythme qui convient à mes 75 ans.

***On lira avec intérêt la première interview de Julien Viaud dans le numéro de septembre de notre magazine* En Magnum.**

LA VIOLETTE LA FLEUR DE L'ÂGE

DANS LE SILLAGE DE SA CÉLÈBRE MÈRE, CATHERINE PÉRÉ-VERGÉ, **HENRI PARENT** CONDUIT CETTE PROPRIÉTÉ VERS LE HAUT DE L'AFFICHE. CES ONZE MILLÉSIMES DÉGUSTÉS DONNENT LE VERTIGE. CE POMEROL, C'EST DE L'ART VERTICAL

PAR **DENIS HERVIER**

DEPUIS 2013, Henri Parent dirige avec beaucoup d'aplomb et de bon sens cette propriété de poche, située au cœur de Pomerol. Moins de deux hectares, 1,88 pour être précis. *« Elle en comptait presque deux fois plus lors du rachat par ma mère. Dès le premier millésime, en 2006, nous avons éliminé les parcelles situées dans le secteur de Grangeneuve et celles du côté de La Patache, moins qualitatives selon nous. Nous n'avons conservé que le bloc de parcelles de merlot, d'un seul tenant, voisin de Trotanoy et Le Pin. »* Avec son sol argilo-calcaire et sa célèbre crasse de fer en sous-sol, ce domaine mythique du plateau peut compter sur ses vignes d'une cinquantaine d'années en moyenne.

ARTISANAT UNIQUE, VIN SINGULIER

« Les vendanges se déroulent en trois séquences. Le premier acte se joue avec les raisins issus des complants et des pieds de moins de dix ans. Soit 30 ares pour 15 % de la superficie. Seule une petite partie entre dans le grand vin. En second lieu s'effectue le ramassage des baies des vieilles vignes, qui composent 80 % de l'assemblage final. Enfin, dernière étape, la vendange de quelques grappes millerandées. Certaines années, celles-ci sont complètement éliminées. En 2019, par exemple, ce type de raisins représente à peine 5 % de la récolte. » La vendange est refroidie dans des containers (entre 6 et 7 degrés). Cette étape précède une opération absolument unique dans le Bordelais : l'égrainage. Courbées sur les grappes, des femmes séparent grain par grain les raisins de la rafle, qu'elles déposent ensuite, avec le plus grand soin, dans des contenants appropriés. L'exercice nécessite une attention de chaque instant. Il s'agit d'évaluer de la façon la plus intime ce que cette matière donnera. Les grains reposent dans des seaux et sont recontrôlés avant d'être mis en barrique et « *micro-vinifiés* » dans le chai du château Le Gay. Ces vinifications s'effectuent à 100 % dans des barriques de chauffe moyenne (Ecrin de chez Saury) dans un souci permanent de respect du fruit.

La Violette peut compter sur son vignoble de vieux pieds en pleine forme.

La verticale

Cette grande dégustation s'est déroulée fin février 2022 au domaine truffier d'Henri Parent, Le Grand Merlhiot, dans la région de Sorges, en Périgord. L'ordre de présentation va du vin le plus ancien au plus jeune.

2011
94
Tannin au départ un peu sévère, il se détend progressivement et enrobe le palais. Au bout d'une heure dans le verre, on gagne en fraîcheur et en complexité florale. Subtil.
2022>30

2012
96
Premier nez terrien qui disparaît au bout de vingt minutes dans le verre pour laisser place à un bouquet complexe de fleurs et d'épices. Volume en bouche lumineux, texture satinée, persistance aromatique d'une grande classe en finale. Un charme haute couture.
2022>32

2013
92
C'est l'année où Henri Parent reprend la propriété après la disparition de sa mère, Catherine Péré-Vergé. Ce petit millésime pour le Bordelais n'en est pas un ici. Du travail à la vigne comme au chai a permis à ce vin de se montrer sous un profil très nuancé. Aromatique captivante, charme évident dans le tannin.
2022>27

2014
94
« Sur ce millésime, nous avons conservé entre 15 et 20 % de vendange entière. C'est également la première année du nouveau chai. Techniquement, c'était une aide précieuse », précise Henri Parent. Premier nez de notes végétales nobles, accents floraux et poivrés. Bouche flamboyante au tannin sérieux qui se détend au fil de l'ouverture.
2023>32

2015
96
Millésime souvent un peu chaud sur la Rive droite, mais l'équilibre alcool-acidité de ce 2015 est remarquable. Texture soyeuse qui déroule une trame séveuse en bouche. En finale, des arômes floraux apporte de la distinction et de la fraîcheur. Un vin qui gagne au fil de l'ouverture en intensité.
2022>35

2016
99
Aromatique évolutive bouleversante. Notes de pivoine, de rose et naturellement de violette entament un ballet captivant. Bouche satinée dès l'attaque, énergie sereine, crémeux irrésistible, entre volupté et rebond final qui dynamise l'ensemble. Peut-être le vin le plus abouti de cette verticale.
2023>40

2017
96
C'est loin d'être un petit millésime. Vin charmeur et profond au nez comme en bouche, avec une sensation distinguée et sensuelle tant l'alcool et le corps sont équilibrés par la fraîcheur du tannin. Il donne déjà du plaisir et évoluera favorablement. Grand rapport qualité-prix pour le cru.
2022>32

2018
97
Grand parfum de fleurs poivrées en finale, relançant ainsi parfaitement la bouche dense, toujours aussi soyeuse, sans toutefois l'envolée lyrique du 2019. Cela reste l'un des meilleurs vins du millésime à Pomerol.
2022>40

2019
98
Accents aromatiques nobles où violette, aubépine et rose poivrée se mêlent harmonieusement. Texture merveilleuse, satinée et fondante. Notes persistantes de pivoine unique sur l'appellation. Coup de cœur régulier à chaque fois que l'on déguste ce vin depuis sa mise en bouteille.
2022>47

2020
97-98 (note primeurs)
Uniquement dégusté en primeur. Grande nouveauté avec l'introduction d'une vinification 100 % en levures indigènes. Pureté aromatique et expression du terroir dans ce qu'il possède de plus singulier. Grande énergie perceptible.
2024>45

2021
96 (note primeurs)
Uniquement dégusté en primeur. Floral, séveux et profond tout en restant aérien en bouche. Persistance aromatique finale sur la violette exceptionnelle et sensualité unique à Pomerol dans ce millésime.
2025>40

LE GRAND MAGASIN DES STYLES

ENTRE AVANT-GARDE ET TRADITION, BORDEAUX CONTINUE DE SE FRAYER UN CHEMIN. LES DOMAINES CITÉS DANS LES PAGES SUIVANTES L'ONT TROUVÉ

GRAVES SAUTERNAIS

Château d'Arche

★★★☆☆

Ce cru dispose d'un vignoble bien situé, jouxtant les châteaux Lamothe et Filhot, sur la meilleure partie de la commune de Sauternes. Un petit hôtel de charme y a été construit par ses propriétaires, de façon à faire progresser le tourisme viticole en Sauternais. Le vin est sérieusement élaboré, progressant d'une année sur l'autre et rejoint la qualité qu'on attend d'un vrai cru classé.

- **Sauternes 2019** | Liquoreux | 2023>2035 | 28 € — 91
- **A, Bordeaux 2020** | Sec | 2022>2025 | 12 € — 90

Château Bastor-Lamontagne

★★☆☆☆

Bastor-Lamontagne produit un sauternes agréable, moins riche que les plus grands crus de la commune, qui joue sur le registre de l'équilibre du fruit et du rapport qualité-prix. Repris par le groupe Grands Chais de France, la propriété est aujourd'hui menée en agriculture biologique. Bon rapport qualité prix et en progression ces derniers millésimes.

- **Sauternes 2019** | Liquoreux | 2023>2030 | 30 € — 94
- **Confidence, Bordeaux 2021** | Sec | 2022>2025 | 14 € — 92
- **B de Bastor Lamontagne, Bordeaux 2021** | Sec | 2022>2025 | 9.9 € — 91

Château Bouscaut

★★★☆☆

Cette propriété classée de Cadaujac possède un terroir à part, avec des sols plus calcaires mieux adaptés aux cépages blancs. Sophie Cogombles et son sympathique mari réussissent d'ailleurs bien leur vin blanc, séveux, complexe, présentant une belle synergie entre sauvignon et sémillon. Les rouges n'ont cessé de progresser depuis quelques millésimes, ils ont maintenant largement rattrapé le peloton de tête de l'appellation.

- **Pessac-Léognan 2019** | Sec | 2023>2027 | 36 € — 91
- **Pessac-Léognan 2019** | Sec | 2025>2032 | 33 € — 91

Château Brown

★★★☆☆

Cette propriété, qui doit son nom à un négociant écossais, a parfaitement été reprise en main par la famille Mau en 2005, en association avec les Hollandais Dirkzwager. Passionné, Jean-Christophe Mau y consacre beaucoup d'énergie, conseillé par Stéphane Derenoncourt pour les rouges et Philippe Dulong pour les blancs. Les vins sont justes, sur le fruit, harmonieux et équilibrés. Les blancs sont irréprochables, précis et purs. Les rouges, de très bon niveau, possèdent un caractère léognan affirmé. Le cru est dans le peloton de tête de l'appellation.

- **Pessac-Léognan 2019** | Sec | 2025>2032 | 31 € — 91
- **Pessac-Léognan 2019** | Sec | 2022>2026 | 30 € — 90

Château de Chantegrive

★★☆☆☆

Cette grande propriété du sud des Graves appartient à la famille Levêque, par ailleurs courtiers réputés du Bordelais. Elle est désormais suivie par Hubert de Boüard (château Angélus) qui y produit un vin typique en rouge comme en blanc, destiné au plus vif succès. Les vins tant en rouge qu'en blanc sont expressifs, finement aromatiques, raffinés et bien équilibrés. La cuvée caroline, vin phare du domaine, est riche tout en ne manquant pas d'élégance.

- **Caroline, Graves 2019** | Sec | 2023>2027 | 16 € — 89
- **Graves 2019** | Sec | 2024>2030 | 16 € — 89

Domaine de Chevalier

★★★★★

Voici une propriété estimée de tous, dotée d'un superbe vignoble d'un seul tenant autour du château, parmi les mieux cultivés du Bordelais. Olivier Bernard est un infatigable ambassadeur des vins de Bordeaux dans le monde. Il est aussi l'un de ceux qui connaissent le plus intimement la valeur de leur produit, grâce à des dégustations quotidiennes en compagnie des innombrables visiteurs du domaine, pionnier dans l'accueil du public. Les blancs sont les plus racés de la commune, les rouges des modèles de classicisme bordelais dans leurs proportions et leur saveur. Les derniers rouges sont très impressionnants par leur supplément de corps et de complexité. Belles nuances, tension et énergie pour l'esprit-de-chevalier blanc, parfait reflet du grand vin. Les 2016, 2017 et 2018, rouges et blancs, sont au sommet.

- **Pessac-Léognan 2019** | Sec | 2025>2032 | 96 € — 93
- **Pessac-Léognan 2019** | Sec | 2025>2035 | 61.6 € — 94

Château Climens

★★★★★

Le cru n'a pas eu de chance ces derniers millésimes, contraint à des rendements très faibles. Heureusement, les grandes années précédentes sont disponibles à la propriété et offrent toute la magie d'un terroir qui peut parfois surpasser Yquem en finesse et en subtilité aromatique, grâce à son sous-sol calcaire. On aimerait que la propriété étudie l'élaboration d'un grand vin sec parfaitement

Arnaud Thomassin (château de France).

en accord avec elle. Le second vin cyprès est souvent le plus complet de sa catégorie et montre pour un prix raisonnable presque toute l'ampleur et la noblesse du grand vin.

- Asphodèle, Bordeaux 2019 | Sec | 2022>2026 | 29 € | ☘ — 93

Château Couhins

★★☆☆☆

Le cru (différent de Couhins-Lurton) appartient à l'INRA, qui pendant longtemps et malgré son classement ne faisait pas grand-chose pour le faire connaître. Ce n'est désormais plus le cas et une équipe technique très compétente le met progressivement au niveau de ses pairs. Seul le blanc est classé, très minéral et proportionnellement plus racé que le rouge. Ce dernier est en net progression.

- Pessac-Léognan 2019 | Sec | 2024>2030 | 21 € — 89

Château Couhins-Lurton

★★★☆☆

Le cru a été restructuré et le château brillamment rénové par André Lurton, récemment disparu, qui en a fait avec La Louvière sa propriété phare dans les Graves. Couhins produit un vin blanc d'une remarquable finesse, très typé sauvignon mais prenant au vieillissement les notes épicées et minérales typiques du terroir. Avec des vignes plus jeunes, le rouge prend peu à peu de la dimension. Il est flatteur et tout aussi minéral que le blanc.

- Pessac-Léognan 2019 | Sec | 2023>2030 | 17 € — 93
- Pessac-Léognan 2019 | Sec | 2023>2029 | 17 € — 92

Château Coutet

★★★★☆

Coutet (qui se prononce « Coutette ») est l'autre grand terroir de Barsac, un rien (deux ou trois mètres) plus bas que Climens, avec plus de proportion de fer dans le sol calcaire. L'alsacien Philippe Bally l'administre avec une discipline jamais dénuée d'humour et maintient la propriété d'une petite quarantaine d'hectares au plus haut niveau dans la qualité du vin. Depuis 2010, un vin sec confidentiel mais étonnant, opalie, montre la voie de la catégorie pour l'appellation. La somptueuse cuvée madame est une apothéose du barsac.

- Barsac 2019 | Liquoreux | 2025>2040 | 35.5 € — 94
- Opalie, Bordeaux 2020 | Sec | 2022>2028 | NC — 93

Château Doisy-Daëne

★★★★☆

Jean-Jacques et Fabrice Dubourdieu dirigent de façon magistrale leur grand cru familial, dans l'esprit initié par leur père Denis, trop tôt disparu. La science agronomique et œnologique la plus pointue est aux prises avec les caprices de la nature, pour le meilleur. Une toute petite production (3 000 bouteilles) d'un vin très liquoreux est produite sous la marque l'extravagant-de-doisy-daëne lorsque la récolte s'y prête. Ce vin peut atteindre des sommets extraordinaires de qualité.

- Barsac 2019 | Liquoreux | 2025>2045 | 28 € — 98
- Bordeaux 2020 | Sec | 2022>2026 | 28 € — 92

Château Doisy-Védrines

★★★★☆

Cette propriété voisine de Doisy-Daëne, dirigée par Guillaume Lefebvre, partage le même type de sol calcaire, typique du Haut-Barsac, et produit en grand vin un liquoreux classique, bien rôti, généreux, qui plaira à tous. On apprécie le gain en finesse pure, mieux protégée contre l'oxydation, depuis quelques années. Les prix sont sages.

- Barsac 2019 | Liquoreux | 2024>2035 | 17 € — 94

Château de Fieuzal

★★★☆☆

Ce cru fut longtemps célèbre d'abord par son vin blanc, un des plus complets de Léognan, puis également son rouge, à son meilleur l'une des plus brillantes illustrations du caractère des pessac-léognan. La dernière décennie marque le retour au meilleur niveau de fieuzal blanc. Les nouveaux chais, ultra performants, avec de nombreuses petites cuves de contenances diverses, en béton, en inox ou en bois, permettent désormais à Stephen Carrier, le directeur, de faire de la haute-couture.

- Pessac-Léognan 2019 | Sec | 2025>2035 | 47 € — 89
- Pessac-Léognan 2019 | Sec | 2023>2028 | 32 € — 90

Château Filhot

★★☆☆☆

La nouvelle génération de Vaucelles affiche clairement sa volonté de produire des sauternes de style, riches et sans lourdeur, à partir d'une vendange parfaitement conduite. Les 2013 et 2015 illustrent le renouveau de style de la propriété, dû à un élevage moins réducteur. Il faut encore plus d'ambition pour rendre au terroir toute sa force. Le cru est sur la bonne voie.

- Sauternes 2019 | Liquoreux | 2023>2030 | 25 € — 91

Clos Floridène

★★★☆☆

Cette marque, qui associe les prénoms de Florence et Denis Dubourdieu, a bénéficié du savoir-faire et du faire-savoir du célèbre œnologue bordelais disparu en 2016. Les blancs, qui expriment davantage la minéralité étonnante d'un terroir calcaire que les arômes variétaux des cépages locaux, sont incomparables. Une petite quantité de rouge, très soignée et rejoignant maintenant la perfection du blanc, est produite.

- Graves 2019 | Sec | 2022>2027 | 14.7 € — 91
- Graves 2019 | Sec | 2024>2029 | 20 € — 91

Château de France

★★☆☆☆

Avec son vignoble très soigneusement cultivé, le château de France produit des vins équilibrés et sérieusement constitués. Depuis le retour d'Arnaud Thomassin, le style du vin progresse incontestablement de façon régulière. Les rouges sont volumineux, aromatiques et de garde, et les blancs jouent sur la complexité de fruit, la maturité et l'équilibre. Devenu incontournable dans l'appellation, ces pessac-léognan conservent un prix encore accessible.

- Pessac-Léognan 2019 | Sec | 2022>2027 | 16 € — 90
- Pessac-Léognan 2019 | Sec | 2024>2032 | 25.6 € — 92

Château Gilette

★★★★★

Château Gilette est dans la famille Médeville depuis le XVIIIe siècle. René Médeville, le grand-père de Julie Gonet-Médeville, actuelle gérante du château, développe dans les années 1930 un vin unique, liquoreux, vieilli entre 15 et 20 années en cuve béton. Le processus est répété, uniquement les années exceptionnelles. Seul le nectar – crème-de-tête – est conservé pour le grand vin. Au vignoble, quatre hectares et demi alimentent Gilette, dont une parcelle qui a donné le nom au château. Le 1997, dernier millésime sur le marché, compte parmi les grandes réussites. Ce vin d'excellence n'a jamais failli, résistant aux modes. Gilette incarne l'excellence des grands sauternes.

Château Guiraud

★★★★☆

Le château est la propriété de quatre associés : Robert Peugeot, Matthieu Gufflet, Stephan von Neipperg et Olivier Bernard. Certifié en viticulture biologique depuis 2011, disposant d'un conservatoire des cépages blancs d'Aquitaine absolument unique (175 souches de sauvignon et de sémillon), Guiraud montre la voie d'une agriculture respectueuse en Sauternais. On y vendange avec précision des raisins parfaitement botrytisés, pour produire deux types de liquoreux. Le grand vin, tout en finesse et d'évolution assez rapide en bouteille et petit-guiraud, moins riche et apte à briller à l'apéritif. Sandrine Garbay dirige la propriété.

- **Sauternes 2019** | Liquoreux | 2025>2040 | 35.5 € — 93
- **Le G, Bordeaux 2020** | Sec | 2022>2028 | 12 € — 92

Château Haut-Bailly

★★★★☆

C'est l'un des pessac-léognan les plus attachants de cette belle appellation, repris par la famille Wilmers en 1998. Le vignoble de 30 hectares, qui n'a pas bougé en superficie depuis le XIXe siècle, a la chance d'être âgé (certains pieds atteignent 120 ans), impeccablement tenu par une équipe technique très performante, conduite par Gabriel Vialard, et administré avec passion par Véronique Sanders, petite-fille de l'ancien propriétaire du château. Les vins sont infiniment raffinés et équilibrés. Le fruit est précis, le tannin noble, la fraîcheur toujours maîtrisée et l'équilibre irréprochable. Le second vin est d'une régularité sans faille, très élégant.

- **Pessac-Léognan 2019** | Sec | 2027>2040 | 98 € — 93

Véronique Sanders (château Haut-Bailly).

MATHIEU GARÇON

Château Haut-Bergey

★★★☆☆

Haut-Bergey est l'un de ces crus non classés de Léognan à qui l'on a donné les moyens de faire jeu égal avec les classés. Depuis 1991, Sylviane Garcin-Cathiard et son mari Gaston, avec l'aide successive de Michel Rolland, Jean-Luc Thunevin et Alain Raynaud, l'avait peu à peu transformé en propriété pilote. Aujourd'hui, c'est leur fils Paul qui en a pris les rênes. Dynamique et ambitieux, il convertit progressivement le vignoble en biodynamie, crée de nouvelles cuvées dans l'air du temps, sans pour autant perdre l'esprit du premier vin. Désormais, le blanc dépasse d'une courte tête en personnalité le rouge qui lui, a besoin de quelques années pour s'assouplir.

- **Pessac-Léognan 2019** | Sec | 2022>2026 | 20 € — 91
- **Pessac-Léognan 2019** | Sec | 2023>2030 | 25 € | ☘ — 91

Château Haut-Brion

★★★★★

Ce cru magistral, enchâssé dans la ville, brille toujours par sa générosité de texture, liée à une bonne proportion de merlot (40 % ou souvent plus) et à la haute maturité d'un raisin qui mûrit précocement dans ce microclimat urbain. S'y ajoutent des notes fumées originales, nées du terroir et de certains clones de vignes propres au château, plus ou moins marquées d'un millésime sur l'autre. On y travaille impeccablement, sous l'impulsion intelligente de Jean-Philippe Delmas et le regard constant du prince Robert de Luxembourg, profondément attaché à cette propriété que sa famille a acquise en 1935 (Clarence Dillon). Le blanc, très rare, équilibre sauvignon et sémillon dans un assemblage d'une autorité et d'un cachet insurpassés à Bordeaux. Le second vin, clarence, témoigne de la noblesse de son grand terroir.

- **Pessac-Léognan 2019** | Sec | 2025>2050 | 431 € — 99
- **Clarence, Pessac-Léognan 2019** | Sec | 2025>2035 | 156 € — 92
- **Pessac-Léognan 2019** | Sec | 2025>2040 | 800 € — 96

Clos Haut-Peyraguey

★★★★☆

Le terroir exceptionnel de ce cru de 17 hectares explique l'ampleur et la race des millésimes récents, soignés et conformes à ce qu'on attend d'eux. Bernard Magrez (châteaux Pape-Clément, Fombrauge) fait ici œuvre de mécène pour aller jusqu'au bout du potentiel de ce petit bijou acquis en 2012. Progressivement, les boisés sont plus rapidement intégrés et sauf accident le vin se rapproche de plus en plus en éclat et complexité de château-yquem.

- **Sauternes 2019** | Liquoreux | 2025>2035 | 27.78 € — 94

Château La Garde

★★★☆☆

Propriété d'une cinquantaine d'hectares bien située, sur des graves bien drainées de Martillac, et objet de beaucoup d'attentions de la part de son propriétaire, la maison Dourthe qui l'a acquise en 1990, La Garde réussit aussi bien en blanc qu'en rouge. Les vins sont classiques et progressent, avec des rouges harmonieux, un fruit évident, une minéralité marquée dans les deux couleurs et la fraîcheur au rendez-vous. Vous ne commettrez pas de faute de goût en achetant cette bouteille qui ne déçoit jamais.

- **Pessac-Léognan 2019** | Sec | 2025>2032 | 26 € — 91
- **Pessac-Léognan 2019** | Sec | 2023>2028 | 23 € — 92

Château La Louvière

★★★☆☆

Encadré par Carbonnieux et Haut-Bailly, le cru est l'un des plus efficaces ambassadeurs de Pessac-Léognan dans le monde. Les vins, rouges et blancs, puissants et d'une régularité sans faille, vieillissent superbement. Les blancs typés sauvignon, racés et d'une fraîcheur exquise, font partie des incontournables de l'appellation. Le rouge est maintenant à la hauteur du blanc, avec un style puissant et vigoureux, non dénué d'élégance.

- **Pessac-Léognan 2019** | Sec | 2025>2032 | 31 € — 92
- **Pessac-Léognan 2019** | Sec | 2024>2028 | 16 € — 91

Château La Mission Haut-Brion

Mission continue à nous régaler avec son grand vin velouté et complexe à souhait, grande expression du merlot sur graves profondes (souvent plus de 50 % de l'assemblage) et d'un exceptionnel cabernet-sauvignon qu'on rêve un jour de déguster pur. Le blanc à dominante de sémillon n'a toujours pas d'égal à Bordeaux en noblesse aromatique et complexité.

- Pessac-Léognan 2019 | Sec | 2026>2036 | 281 € — 98
- Pessac-Léognan 2019 | Sec | 2025>2035 | 646 € — 96
- La Chapelle, Pessac-Léognan 2019 | Sec | 2024>2032 | 92 € — 89

Château La Tour Blanche

Le château appartient à l'État depuis 1909 et abrite un lycée professionnel agricole et viticole. L'école de viticulture de la république soigne ainsi son bijou le plus précieux et son équipe technique renouvelée a encore affiné les vinifications, avec des vins qui permettent de comprendre pourquoi en 1855 le cru vient en tête de liste des premiers crus classés. Si vous en avez l'occasion, demandez à déguster la confidentielle cuvée de muscadelle, au parfum étrange et magnifique.

- Sauternes 2019 | Liquoreux | 2025>2045 | 23 € — 95
- Duo, Bordeaux 2020 | Sec | 2022>2026 | 13 € — 91

Château Lafaurie-Peyraguey

Silvio Denz permet à la propriété d'affiner encore la qualité de son vin et de remplir dignement son rôle d'ambassadeur des grands sauternes, dans un style que son terroir rend assez proche d'Yquem, associant somptuosité de texture et raffinement aromatique dans le fruité. Mais il a su prolonger ses efforts de façon bénéfique pour l'ensemble de l'appellation par l'ouverture d'un hôtel de luxe et d'un restaurant gastronomique de très haut niveau, dédié à la gloire du sauternes.

- Sauternes 2019 | Liquoreux | 2024>2040 | 60 € — 95
- Grand Vin, Bordeaux 2020 | Sec | 2023>2027 | NC — 92

Château Larrivet Haut-Brion

Au cœur de Léognan, cette belle propriété de 75 hectares a été rachetée en 1987 par Philippe Gervoson, également à la tête de l'entreprise Andros. Bruno Lemoine en tant que directeur général et Charlotte Mignon en maitre de chai permettent au cru d'affirmer sa personnalité. Les rouges sont élégants, dans un style plus immédiat que par le passé. Les blancs sont expressifs du point de vue aromatique dotés d'une certaine personnalité. Le cru devrait retrouver le plus haut niveau rapidement. L'équipe ne ménage pas ses efforts.

- Pessac-Léognan 2019 | Sec | 2022>2026 | 48 € — 90
- Pessac-Léognan 2019 | Sec | 2024>2030 | 22.5 € — 91

Château Latour-Martillac

Ce cru classé est un modèle de propriété familiale, avec un attachement quasi filial de tous les enfants Kressmann à leur patrimoine et une gestion très saine. Le rouge a beaucoup gagné en finesse de tannin et en élégance de texture. Les vins sont classiques, l'accent est mis sur le fruit, la qualité des tannins et la fraîcheur. Sous la houlette de la très douée et rigoureuse Valérie Vialard, les blancs sont irréprochables, précis, aromatiques et d'une vivacité parfaite.

- Pessac-Léognan 2019 | Sec | 2023>2030 | 35 € — 92
- Pessac-Léognan 2019 | Sec | 2025>2035 | 45 € — 94

Château Les Carmes Haut-Brion

Petit cru voisin de Haut-Brion, lui aussi sauvé de l'urbanisation de Pessac, Les Carmes Haut-Brion produit un vin très harmonieux et subtil, où le cabernet franc en particulier apporte son incomparable finesse. La propriété a été achetée en décembre 2010 par Patrice Pichet, à la tête du groupe immobilier Patrimoniale Foncière Pichet. 2016 a été le premier millésime vinifié dans le magnifique et très audacieux chai conçu par Philippe Starck et Luc Arsène-Henry. Patrice Pichet a confié la direction du domaine au talentueux et perfectionniste Guillaume Pouthier, qui porte la propriété au niveau des meilleures.

- Pessac-Léognan 2019 | Sec | 2025>2035 | NC — 95
- Le C des Carmes Haut-Brion, Pessac-Léognan 2019 | Sec | 2023>2028 | 175 € — 90

Château Lespault-Martillac

Cette jolie petite propriété de huit hectares de belles graves sur la commune de Martillac appartient à la famille Bernard, par ailleurs propriétaire de l'excellent domaine de Chevalier. On retrouve la patte d'Olivier Bernard dans ces vins particulièrement élégants. Le rouge affiche toujours une légère supériorité par rapport au blanc.

- Pessac-Léognan 2019 | Sec | 2024>2039 | 19.5 € — 90
- Pessac-Léognan 2019 | Sec | 2022>2026 | 19.5 € — 89

Château Malartic-Lagravière

Propriétaires perfectionnistes, les Bonnie ont rénové les installations techniques de la propriété de manière magistrale, remis en état et agrandi le vignoble et surtout métamorphosé les vins. Le fils Jean-Jacques a pris la suite, avec la même attention et le même devoir d'excellence. Le vignoble compte 53 hectares, dont sept hectares de blancs, certifiés en agriculture raisonnée. Les rouges, sévèrement sélectionnés, possèdent une force et une droiture de constitution étonnantes, qui ne déparent pas leur finesse native. Les blancs récents sont remarquables et ont gagné en volume de bouche et en onctuosité. Ils sont racés, nerveux, équilibrés. La réserve-de-malartic, tant en

Eléonore de Mailly Nesle (château Olivier).

MATHIEU GARÇON

blanc qu'en rouge, est le vrai petit frère du grand vin.

- Pessac-Léognan 2019 | Sec | 2024>2030 | 44.8 € — 95
- Pessac-Léognan 2019 | Sec | 2026>2035 | 40.6 € — 94

Château de Myrat

Élisabeth de Pontac et sa sœur Slanie continuent dignement l'œuvre de leur père sur ce terroir de qualité, cru classé de Sauternes. Les raisins sont rentrés avec soin, très riches et rôtis et le vin a beaucoup gagné depuis cinq ans en puissance et en longueur de bouche. Il vieillit certes un peu plus vite que climens ou coutet mais permet de les attendre dans les meilleures conditions, à des prix très raisonnables.

- Sauternes 2019 | Liquoreux | 2025>2035 | 30 € — 92

Château Olivier

Cette magnifique propriété aux portes de Bordeaux a su conserver, outre son vignoble de 55 hectares, une large part de forêts et de prairies. Au début des années 2000, la famille Bethmann fait d'importants travaux et confie la gestion du domaine à Laurent Lebrun. Sa rigueur et son analyse fine du terroir ont fait faire un grand bond qualitatif aux vins. Le vin blanc, qui contient une bonne proportion de sémillon, est devenu complexe et élégant, avec une personnalité bien affirmée. Les rouges, bien mieux vinifiés et exprimant avec plus de précision excellent terroir, sont expressifs et énergiques.

- Pessac-Léognan 2019 | Sec | 2023>2028 | NC — 91
- Pessac-Léognan 2019 | Sec | 2025>2035 | 30 € — 92

Château Pape Clément

Pape-clément est à son meilleur depuis 1985, époque de la reprise par Bernard Magrez. Avec une constance et une volonté de fer, l'homme a affiné le processus d'élaboration en soignant les détails à toutes les étapes sans perdre de vue l'objectif de tout propriétaire de grand cru classé : le sommet. Le caractère truffé et précis du grain, la texture et le soyeux de la chair, c'est l'essence même d'un grand pessac. Les blancs partagent la même finesse et la même sophistication que les rouges. Le rouge, incroyablement complexe, privilégie expression aromatique, précision du grain et fraîcheur. Le blanc, avec son fumé et sa minéralité inimitables, atteint souvent des sommets.

- Pessac-Léognan 2019 | Sec | 2024>2032 | 140 € — 93
- Pessac-Léognan 2019 | Sec | 2025>2035 | 140 € — 92

Château Rahoul

La famille Thiénot, avant de reprendre Dourthe, avait commencé par quelques propriétés peu connues, où elle applique une politique de qualité, comme Rahoul, à Portets. Les vins sont en constante progression. Leurs caractéristiques : élégance, consistance, complexité aromatique, jolis tannins, équilibre sur la fraîcheur pour les rouges, exubérance, richesse fruitée, pureté et vivacité pour les blancs.

- Graves 2019 | Sec | 2023>2028 | 22 € — 91
- Graves 2019 | Sec | 2023>2030 | 19 € — 90

Château de Rayne Vigneau

Derek Smith, Franco-américain qui a fait fortune dans les activités de vente par correspondance, est un amoureux des grands sauternes et un mécène intelligent qui œuvre à la rénovation de ce premier cru classé, au terroir magnifique, innovant en matière de marketing, de vente et d'œnotourisme. La qualité du vin progresse à chaque nouveau millésime.

- Sauternes 2019 | Liquoreux | 2025>2040 | 44 € — 94
- Le sec de Rayne Vigneau, Bordeaux 2019 | Sec | 2022>2025 | 12.9 € — 92
- Madame de Rayne, Sauternes 2019 | Liquoreux | 2022>2027 | 20 € — 90

Château Rieussec

Rieussec, un des joyaux des domaines Rothschild, exprime la noblesse de son terroir contigu à Yquem en cherchant la perfection de sa production. Le vin impressionne par sa puissance et sa richesse sans manquer de fraîcheur, grâce à une maîtrise technique exemplaire de mise en bouteille. Le second vin carmes ne fait pas dans la démagogie et présente toute la richesse qu'on attend sur ce type de sol, avec un développement plus rapide en bouteille.

- Sauternes 2019 | Liquoreux | 2023>2035 | 48 € — 94

Château de Rouillac

Depuis 2010, Laurent Cisneros porte au plus haut ce magnifique domaine haussmannien. À ses vins de Rouillac, Laurent Cisneros ajoute désormais une gamme de bordeaux dans les trois couleurs, petit-dada-de-rouillac, en achetant la matière première chez un viticulteur soigneusement sélectionné. Son objectif : créer une collection de vins gourmands et fruités, axée sur le plaisir. Il vient de lancer la maison Cisneros, qui réunit plusieurs produits (cognac, vins étrangers, thés) soigneusement sourcés.

- Pessac-Léognan 2019 | Sec | 2023>2027 | 21 € — 92
- Pessac-Léognan 2019 | Sec | 2025>2032 | 29 € — 93

Château Sigalas-Rabaud

Voisin direct de Lafaurie-Peyraguey, Sigalas-Rabaud est un petit vignoble de 14 hectares d'un seul tenant (le plus petit cru classé de Sauternes), idéalement exposé, capable de donner un vin très liquoreux et d'une finesse transcendante. La pourriture du raisin, en raison de sa précocité, s'y développe de façon particulièrement noble, comme l'ont prouvé les grands millésimes des vingt dernières années. Laure Compeyrot de Lambert l'oriente vers une viticulture plus respectueuse et élabore des secs de caractère.

- Sauternes 2019 | Liquoreux | 2024>2035 | 39 € — 93
- Sémillante, Bordeaux 2020 | Sec | 2023>2027 | NC — 91

Château Smith Haut-Lafitte

Propriété phare de Martillac par la qualité de ses installations et son ouverture au tourisme viticole avec le superbe établissement des Sources de Caudalie (hôtel-spa 5 étoiles et restaurant deux macarons Michelin, La Grand'Vigne), Smith Haut-Lafitte est aussi un vignoble pionnier dans sa catégorie pour sa philosophie de viticulture. Respect du terroir, précision des vinifications, tonnellerie intégrée, dynamisme de la communication : en un quart de siècle, les Cathiard sont entrés de plain-pied dans la légende de Bordeaux. Les vins sont racés, exprimant parfaitement leur terroir et débordent d'énergie. Hauts-de-smith et le-petit-haut-de-smith bénéficient des mêmes attentions que le grand vin.

- Pessac-Léognan 2019 | Sec | 2024>2030 | NC — 94
- Pessac-Léognan 2019 | Sec | 2027>2040 | NC — 95

Château Suduiraut

La propriété produit les très grands vins que son terroir autorise, avec une parfaite régularité et une déclinaison complexe mais parfaitement réfléchie de grand et seconds vins et de deux secs remarquables. Difficile de choisir parmi les seconds vins moelleux entre lion, un peu plus moderne et exubérant, et castelnau plus classique, car les deux sont réalisés sans concession, avec un joli rôti du raisin. En sec, S a un peu plus de densité que le simple sec. Il n'y a guère qu'Yquem pour faire encore un tout petit peu mieux, surtout en matière d'élevage.

- Sauternes 2019 | Liquoreux | 2025>2040 | 46.2 € — 94
- Grand vin blanc sec, Barsac 2020 | Sec | 2024>2029 | NC — 92
- Pur Sémillon, Bordeaux 2020 | Sec | 2023>2027 | NC — 91

Château d'Yquem

Yquem jouit d'un statut unique qui le place pratiquement hors de tout jugement critique. La centaine d'hectares exploités se répartissent entre sémillon et sauvignon, sur des croupes graveleuses avec un sous-sol plus argileux. Le groupe LVMH (qui l'a repris en 1999 avec à sa tête Pierre Lurton, arrivé en 2004), comme hier la famille Lur-Saluces (aujourd'hui au château de Fargues), n'imagine même pas la possibilité de céder à la facilité. Yquem mérite plus que jamais son rang de premier des premiers du Sauternais. L'arrivée du sauvignon dans les assemblages, la souplesse d'adaptation de l'élevage à la nature du millésime, et évidemment un savoir-faire agronomique unique font de chaque millésime une fête encore plus précise et équilibrée que dans les décennies précédentes.

- Sauternes 2019 | Liquoreux | 2025>2040 | 360 € — 96
- Y, Bordeaux 2020 | Sec | 2023>2028 | 290 € — 94

MÉDOC

Château d'Agassac

★★★☆☆

Ce vignoble de graves est l'un des plus importants du Sud-Médoc, avec 40 hectares. Racheté par Gérard Jicquel (aussi Fourcas-Dupré), le château produit quatre cuvées de qualité, veillant à conserver du fruit, dans un style moderne, tannique mais sans lourdeur. L'agassant, à base de 90 % de merlot, est une cuvée plus ronde, destinée à être bue jeune. La tête de cuvée du château-pomiès-agassac joue sur le registre de l'hyper raffinement. L'esprit-d'agassac est très flatteur, le grand vin, charmeur et équilibré, est un incontournable.

■ **Haut-Médoc 2019** | Sec | 2025>2032 | 20 € — 90

Château d'Arcins

★☆☆☆☆

Cette propriété classique et très ancienne du Haut-Médoc, située juste avant d'arriver à Margaux, appartient à la famille Castel. Depuis quelques années, le numéro un du vin en France s'attache à redonner ses lettres de noblesse à ce domaine. Le cru est sur la bonne voie.

■ **Haut-Médoc 2019** | Sec | 2024>2032 | 13 € — 89

Château d'Armailhac

★★★☆☆

Acheté en 1933 par Philippe de Rothschild, ce vignoble jouxte celui de Mouton-Rothschild, sur des graves plus légères et moins naturellement drainées. L'encépagement compte plus de merlot et de cabernet franc qu'au château Mouton-Rothschild, ce qui donne aux vins une rondeur et une souplesse particulières. Avec une équipe dédiée, le cru a beaucoup progressé depuis 2005 et offre un des meilleurs rapports qualité prix des crus classés de Pauillac.

■ **Pauillac 2019** | Sec | 2025>2035 | 44 € — 94

Château Arnauld

★★★☆☆

Depuis 2007, ce château situé à Arcins, sur la route des châteaux, fait partie de la même famille que deux célèbres propriétés détenues également par les assureurs Allianz : Larose-Trintaudon, l'un des plus grands vignobles du Médoc, et le château Larose-Perganson, qui fait partie intégrante du domaine viticole et offre une deuxième marque aux côtés de son aîné. Les vins ont gagné en suavité et en finesse.

■ **Château Arnauld, Haut-Médoc 2019** | Sec | 2025>2032 | 30 € — 91

Château d'Arsac

★★☆☆☆

Philippe Raoux a acheté en 1986 ce domaine qui comptait parmi les plus anciens du Médoc. Il reconstruit peu à peu le vignoble qui atteint aujourd'hui 112 hectares d'un seul tenant. Il a créé la Winemaker's Collection, laissant carte blanche chaque année à un winemaker de renom : celui-ci peut ainsi sans contrainte sur le terroir médocain du château d'Arsac inventer son vin idéal. Le résultat est souvent bluffant. Arsac est décidément une propriété hors norme.

■ **Margaux 2019** | Sec | 2025>2035 | 23 € — 92

Château Batailley

★★★★☆

Appartenant à la famille Castéja, le vin a retrouvé la plénitude de son style, associant la puissance dont il a souvent fait preuve entre 1945 et 1961 mais avec infiniment plus de pureté et de finesse aromatique. Les vins ont spectaculairement progressé à partir des années 2000 et constituent l'un des plus sûrs rapports qualité-prix de Pauillac. Depuis 2015, un second vin, lions-de-batailley, permet une sélection encore plus rigoureuse de l'assemblage du grand vin. Le niveau atteint ces derniers millésimes impressionne.

■ **Pauillac 2019** | Sec | 2026>2036 | 50 € — 94

■ **Lions de Batailley, Pauillac 2019** | Sec | 2024>2030 | 40 € — 91

Château Beau-Site

★★☆☆☆

Magnifique chartreuse regardant le fleuve, Beau-Site bénéficie d'un des plus jolis panoramas du nord de l'appellation. Il appartient à Philippe Castéja, également propriétaire des châteaux Batailley et Trottevieille. Le domaine produit un vin élégant, racé, toujours ample sans être dénué ni de finesse ni d'élégance. La propriété a franchi un cap.

■ **Saint-Estèphe 2019** | Sec | 2025>2032 | NC — 92

Lucie Lauilhé (château d'Armailhac).

Château Belgrave

★★★☆☆

Belgrave voisine comme Camensac les arrières de Saint-Julien, juste après Lagrange, sur d'excellents sols alternant graves, argile et calcaire. Viticulture soignée et vinification intelligente en font un vin équilibré et régulier, au rapport qualité-prix remarquable. Le second vin, diane, plus souple, partage ces qualités.

■ **Haut-Médoc 2019** | Sec | 2024>2033 | 35 € — 90

■ **Diane de Belgrave, Haut-Médoc 2019** | Sec | 2023>2027 | 20 € — 88

Château Beychevelle

★★★★☆

Cette magnifique propriété, possédant l'une des architectures les plus élégantes du Médoc, a longtemps été surnommée « le petit Versailles ». Propriété de famille d'Aymar-Achille Fould, ministre du Général de Gaulle, elle fut ensuite acquise à la fin des années 2000 par les groupes Castel et Suntory. Le nouveau chai et les moyens donnés à l'excellent directeur Philippe Blanc ont permis d'aller jusqu'au bout de l'expression d'un des terroirs les plus fins du Médoc. Arômes et texture aristocratiques, jolie souplesse liée aux meilleurs merlots de l'appellation, fraîcheur et le caractère cèdre bien marqué des cabernets du secteur.

■ **Saint-Julien 2019** | Sec | 2025>2040 | 120 € — 96

■ **Amiral, Saint-Julien 2019** | Sec | 2024>2032 | NC — 92

Château Boyd-Cantenac

★★★★☆

Le vignoble est issu d'une division du cru Cantenac, aujourd'hui Cantenac-Brown, d'une seule pièce de dimensions modestes (17 hectares). Les graves argileuses ne font pas souffrir la vigne en été sec et Lucien Guillemet, assisté de son neveu Olivier Salques, aime vendanger ses cabernets bien mûrs. Le vin puissant et strict ne fait pas de concession aux modes, et vieillit parfaitement et avec constance.

■ **Margaux 2019** | Sec | 2026>2035 | 37,8 € — 92

MATHIEU GARÇON

Tristan Le Lous (château Cantenac-Brown).

Château Branaire Ducru

Ce cru, situé juste en face du château Beychevelle, a totalement été repris en main par la famille Maroteaux, qui l'a racheté en 1988. Le vin, issu d'un parcellaire réparti sur l'ensemble de l'appellation, exige de la rigueur dans le travail d'assemblage, et l'obtient d'une équipe très compétente. Sa régularité est à citer en exemple ainsi que celle du second vin, duluc.

- **Saint-Julien 2019** | Sec | 2024>2033 | 39.2 € — 92

Château Branas Grand Poujeaux

Désormais propriété du hollandais Arjen Pen, le cru devrait continuer sur sa dynamique positive, enclenchée ici depuis les années 2000. La réhabilitation du vignoble, la restauration du cuvier et le consulting d'Hubert de Boüard ont permis au cru d'atteindre un haut niveau. Les vins sont colorés, denses, profonds et possèdent une grande suavité de tannins. Le second vin est toujours une bonne affaire.

- **Moulis 2019** | Sec | 2024>2035 | 28 € — 93

Château Brane-Cantenac

Le vin doit sa classe et son caractère au cœur du plateau de Cantenac et ses graves siliceuses et argileuses profondes. Sous la direction d'Henri Lurton, il affirme avec une régularité assez rare une souplesse et une finesse aromatique propres à lui, qui le font rechercher des amateurs de vins conformes à ce qu'on attend d'un beau margaux. Dans les tout derniers millésimes, il semble encore franchir une étape dans la précision de l'expression du terroir. Le second vin, baron-de-brane, partage la même esthétique avec une souplesse dans le tannin qui devrait plaire à de nombreux restaurateurs et amateurs.

- **Margaux 2019** | Sec | 2026>2040 | 60 € — 96
- **Baron de Brane, Margaux 2019** | Sec | 2024>2032 | 22 € — 92

Château Brillette

Ce vaste domaine a été acquis en 1975 par la famille Berthault-Flageul. Sur les cent hectares, une quarantaine est exploitée en vignes, partagées entre merlots et cabernets. Constant et sérieux dans la qualité de ses vins, ce château représente une valeur sûre de l'appellation. Les vins sont savoureux et énergiques.

- **Moulis 2019** | Sec | 2023>2032 | 18.8 € — 91

Château Calon-Ségur

La restauration achevée du château complète celle du cuvier et de la mise à jour du vignoble, rendant à la propriété l'allure attendue du cru seigneurial de la commune, majestueusement enclos dans ses murs. Une équipe formidablement compétente donne toutes ses chances à un terroir exceptionnel avec désormais des vins du niveau d'un premier grand cru classé. Depuis 2012, le cru appartient à la compagnie d'assurances Suravenir. Plus encore que le second vin, marquis-de-calon, le cru Capbern produit sur les vignes extérieures aux murs du clos donne un saint-estèphe à l'exceptionnel rapport qualité prix.

- **Saint-Estèphe 2019** | Sec | 2026>2040 | 105 € — 96
- **Marquis de Calon, Saint-Estèphe 2019** | Sec | 2025>2035 | 26.5 € — 94

Château de Camensac

La famille Merlaut veille à faire progresser les vins de ce vignoble assez vaste, voisin des crus de Saint-Julien, qui cherche la régularité et l'homogénéité dans la qualité du vin livré. L'arrivée d'une nouvelle et talentueuse directrice a apporté plus d'exigence et de précision dans l'élaboration d'un vin bien médocain de caractère, par son côté un peu austère et réservé en primeurs, mais laissant parler le cèdre et les épices.

- **Haut-Médoc 2019** | Sec | 2024>2030 | 24.5 € — 89

Château Cantemerle

Comme ses voisins du secteur Ludon-Macau, Cantemerle a souffert des intempéries des années 2017 et 2018 ce qui interrompt un peu sa magnifique progression qualitative. Raison de plus pour faire confiance aux années précédentes, montrant toute la finesse dont ce vaste terroir de 90 hectares est capable. Les prix restent accessibles et le cru est en forme en 2019. L'arrivée d'une nouvelle directrice, Laure Canu, enclenche un nouveau cycle pour la propriété.

- **Haut-Médoc 2019** | Sec | 2025>2035 | 25.9 € — 93

Château Cantenac-Brown

Beaucoup de changements se profilent dans cette propriété somptueuse, achetée récemment par la famille Le Lous (spécialiste du paramédical et de la cicatrisation). Un nouveau chai entièrement éco-responsable et unique en son genre à Bordeaux devrait sortir de terre dans les deux prochaines années. L'équipe motivée est toujours sous la direction du sympathique et talentueux José Sanfins.

- **Margaux 2019** | Sec | 2025>2035 | 49 € — 93
- **Brio, Margaux 2019** | Sec | 2024>2030 | NC — 90

Château Charmail

Le château Charmail est implanté sur un terroir de graves, tout près de Sociando-Mallet. Ce cru très régulier de Saint-Seurin-de-Cadourne a été repris par Olivier et Valérie Goudet. Cette propriété offre des vins aboutis, sérieux mais toujours pleins d'élégance. Une propriété enthousiasmante qui ne déçoit jamais.

- **Haut-Médoc 2019** | Sec | 2025>2035 | NC — 90

Château Chasse-Spleen

Le vignoble de Chasse-Spleen reste un mythe, perché sur le plateau de Grand-Poujeaux et ses graves garonnaises, là où le cabernet-sauvignon domine, donnant aux vins une tournure médocaine certaine. C'est sans doute l'un des crus les plus réputés de Moulis, que l'on imagine souvent classé étant donnée la qualité de ses vins. Ceux-ci ont un caractère

Laurent Fortin (château Dauzac).

typique, à la fois fruité et épicé mais gardant toujours une fraîcheur réglissée en finale.

- Moulis 2019 | Sec | 2025>2035 | NC — 92

Château Citran

Cette ancienne propriété du Médoc, sur laquelle les marquis de Donissan (alliés plusieurs fois à la famille de France) ont régné pendant 600 ans, et ce jusqu'au milieu du XIXe siècle, a été rachetée en 1996 par la famille Merlaut et est depuis peu sous la responsabilité de Céline Villars (nièce d'Antoine Merlaut). Elle possède un vignoble de 90 hectares, planté à parts égales entre cabernet-sauvignon et merlot.

- Haut-Médoc 2019 | Sec | 2024>2032 | NC — 89

Château Clarke

Acquis par Edmond de Rothschild en 1973, la branche cousine de Mouton-Rothschild et Lafite, Clarke fait figure de tête de pont du vignoble de Listrac. Les 54 hectares de vignes, plantés sur des croupes argilo-calcaires, à dominante de merlot, sont soignés comme dans un cru classé. Le cru a progressé et rejoint les meilleurs listracs, désormais conseillé par Éric Boissenot. Toujours généreux et puissants dans leur jeunesse, les vins se fondent au fil des années et deviennent raffinés. Une propriété incontournable.

- Listrac-Médoc 2019 | Sec | 2025>2035 | 37 € — 92
- Le Merle Blanc, Bordeaux 2020 | Sec | 2022>2027 | 30 € — 91

Château Clément-Pichon

Acheté en 1976 par Clément Fayat, également propriétaire du château La Dominique à Saint-Émilion et du château Fayat à Pomerol, le vignoble est doté d'une superbe bâtisse située à Parempuyre, aux portes de Bordeaux. Depuis plusieurs années, grâce à leur régularité, ces vins sont devenus une valeur sûre de l'appellation. Colorés et denses, ils ne manquent jamais de raffinement et vieillissent bien.

- Haut-Médoc 2019 | Sec | 2024>2032 | 20 € — 90

Château Clerc Milon

Philippe de Rothschild passa une grande partie de sa vie à reconstituer ce beau vignoble à Pauillac, dans un cru qui avait perdu de sa notoriété. Le terroir est plus argileux que dans le secteur de Mouton, ce qui permet au merlot d'y prendre plus de profondeur et de régularité et de la communiquer à l'assemblage. Le nouveau cuvier, exemplaire sur le plan écologique, permet au vin de gagner en précision et en rigueur de sélection avec l'apparition d'un agréable second vin, pastourelle.

- Pauillac 2019 | Sec | 2026>2040 | 71 € — 94
- Pastourelle, Pauillac 2019 | Sec | 2023>2029 | NC — 91

Château de Côme

Certes, la reprise de cette propriété par Maurice Velge date de 1997. Ce n'est pas si récent et les plus connaisseurs d'entre vous ont déjà dû entendre parler de cet excellent saint-estèphe. Le baron Velge nous a quitté, laissant pour héritage ce modèle de super bordeaux, catégorie spécialement inventée pour ces vins de Bordeaux dont le rapport qualité-prix est peut-être l'un des meilleurs au monde. Les derniers millésimes de Côme en font un challenger sérieux pour les crus non classés qui constituent les priorités habituelles des amateurs.

- Saint-Estèphe 2019 | Sec | 2025>2032 | 27 € — 90

Château Cos d'Estournel

Le cuvier, aussi spectaculaire que les pagodes du château, doté d'ascenseurs à cuves permettant de travailler par gravité, non seulement pendant les vinifications mais aussi pendant l'élevage, couronne les efforts considérables de la propriété pour porter ce cru au plus haut niveau possible, avec l'ambition de rivaliser en qualité avec les premiers crus classés. Le sol de graves profondes fait généralement de lui le plus corsé des vins du Médoc, le plus voluptueux dans sa texture, tout en conservant une finesse et une complexité caractéristiques de son voisinage avec Lafite. Les derniers millésimes ont encore gagné en pureté aromatique et sincérité d'expression. Un bordeaux blanc aromatique et intense est produit sur les sols de la Goulée, un peu plus au nord, et en porte le nom.

- Saint-Estèphe 2019 | Sec | 2026>2045 | 207 € — 97
- Pagodes, Saint-Estèphe 2019 | Sec | 2025>2035 | 49 € — 92
- Bordeaux 2019 | Sec | 2023>2030 | NC — 93

Château Cos Labory

Le cru possède une bonne partie de son vignoble sur des sols de graves profondes semblables à celles de Cos d'Estournel, son illustre voisin. Il a produit dans les derniers millésimes de grands vins difficiles à départager des ténors de l'appellation, du moins en vin jeune. Propriété familiale, exploitée avec une grande compétence par son propriétaire, le discret Bernard Audoy, ce cru constitue sans doute le meilleur rapport qualité-prix du classement 1855.

- Saint-Estèphe 2019 | Sec | 2025>2035 | 33 € — 92

Château Croizet-Bages

Ce cru classé se situe sur de belles terrasses de graves entre Grand Puy Lacoste et Lynch-Bages. Jean Philippe Quié et sa sœur Anne-Françoise veulent lui donnent toutes ses chances et il y a vraiment des progrès depuis 2015, même si pour le 2016 on ne retrouve pas toutes les promesses de la dégustation sur fûts, avant la mise en bouteille. Un nouveau cuvier devrait aider à concrétiser définitivement les progrès.

- Pauillac 2019 | Sec | 2024>2030 | 34 € — 90

Château Dauzac

Voisin immédiat de Giscours et de Siran par l'emplacement de ses vignes, ce cinquième cru classé en 1855 appartenait depuis 1988 à la MAIF qui l'a vendu début 2019 au groupe breton Samsic, dirigé par Christian Roulleau. La remarquable équipe technique reste en place autour de Philippe Roux et Laurent Fortin, montrant l'exemple sur de nombreux points ; ils ont ainsi consenti d'importants efforts de rénovation des lieux, dans un grand respect de l'environnement, et de modernisation des bâtiments techniques, complétés par un niveau de viticulture et de vinification qu'on aimerait rencontrer plus souvent. Les derniers millésimes ont donné des vins complets, salués par la critique, un grand vin puissant et harmonieux et deux seconds vins, aurore, proche du style du premier, et la-bastide, plus souple.

- Margaux 2019 | Sec | 2026>2035 | 25 € — 94
- La Bastide de Dauzac, Margaux 2019 | Sec | 2024>2032 | NC — 91
- Aurore de Dauzac, Margaux 2019 | Sec | 2024>2030 | 24.9 € — 92

Château Ducru-Beaucaillou

Depuis 2003, Bruno Borie, avec l'aide irremplaçable d'Éric Boissenot comme conseiller œnologique, a permis à ce cru réputé de retrouver son plus haut niveau, très proche et parfois supérieur à certains premiers crus. Le second vin, la croix-de-beaucaillou, qui comprend les vignes

MATHIEU GARÇON

PESSAC-LÉOGNAN

Berceau des Grands Vins de Bordeaux

Partez en escapade au cœur d'une Appellation prestigieuse aux portes de Bordeaux.

Découvrez l'Appellation Pessac-Léognan, l'une des richesses de l'œnotourisme à Bordeaux, à travers l'histoire de ses Châteaux, son patrimoine, son terroir et ses Grands Vins Rouges et Blancs. Partez à la rencontre de ces hommes et ces femmes engagés et partagez leur passion.

Les Châteaux de l'Appellation Pessac-Léognan sont engagés dans une agriculture plus respectueuse de son environnement, avec l'obtention de certifications éco-responsables.

Château de Rouillac

Canéjan

Tél. +33 (0)5 57 12 84 63
info@chateauderouillac.com
www.chateauderouillac.com
Lundi à samedi sur RDV pour les visites (boutique sans RDV).

Château Léognan

Léognan

Tél. +33 (0)5 56 64 14 96
contact@chateauleognan.fr
www.chateauleognan.fr
Mardi à samedi (Lundi à dimanche de mai à fin août)

Château Bouscaut

Cru Classé de Graves

Cadaujac

Tél. +33 (0)5 57 83 12 20
cb@chateau-bouscaut.com
www.chateau-bouscaut.com
Mardi à samedi sur RDV

Château Olivier

Cru Classé de Graves

Léognan

Tél. +33 (0)5 56 64 73 31
mail@chateau-olivier.com
www.chateau-olivier.com
Lundi à vendredi sur RDV

Pour information :

Les Portes Ouvertes d'Été
"Les Estivales de Pessac-Léognan" les 17 et 18 juin 2023

Week-end Portes Ouvertes
les 3 et 4 décembre 2022

L'ABUS D'ALCOOL EST DANGEREUX POUR LA SANTÉ. À CONSOMMER AVEC MODÉRATION.

Tel. +33 (0)5 56 00 21 90
contact@pessac-leognan.com
www.pessac-leognan.com

PESSAC-LÉOGNAN

Conception Alter Ego - Bordeaux

remarquables de l'ancien Terrey Gros Cailloux, a rejoint les meilleurs de la catégorie. Le cru est une référence de l'appellation.

- Saint-Julien 2019 | Sec | 2026>2040 | 168 € — 96
- La Croix de Beaucaillou, Saint-Julien 2019 | Sec | 2025>2035 | 42 € — 93

Château Duhart-Milon

★★★☆☆

Le plateau de Duhart est situé au cœur des beaux terroirs de Pauillac, proche en qualité de celui de Lafite. L'assemblage fait davantage appel au merlot, ce qui enrobe mieux ce que le tannin très strict du terroir apporte aux cabernets. Les vins ont un caractère pauillac affirmé. Le remarquable 2018 et la belle réussite du cru en 2019 illustrent le retour de la propriété au premier plan et confirment ses progrès.

- Pauillac 2019 | Sec | 2026>2035 | 70 € — 93

Château Durfort-Vivens

★★★★☆

Gonzague et Claire Lurton restent attachés à la progression de la qualité et de la réputation de ce cru, installé sur 55 hectares de graves pauvres et profondes. Les récents millésimes ont montré d'immenses progrès. Les raisins issus d'une viticulture biodynamique et une vinification intelligente ont produit des vins incomparablement complexes et expressifs de leur terroir, avec des sensations tactiles rares et beaucoup de raffinement. Les prix sont encore accessibles. Nous félicitons la propriété pour son travail. Le plus haut niveau de l'appellation se rapproche.

- Margaux 2019 | Sec | 2026>2040 | 43.4 € | ☘ — 99
- Plateau, Margaux 2019 | Sec | 2024>2032 | 45 € | ☘ — 94
- Hameau, Margaux 2019 | Sec | 2025>2035 | 45 € | ☘ — 95

Château Ferrière

★★★☆☆

Un nouveau cuvier et la reprise en main par la compétente Claire Villars-Lurton, qui engage ici une viticulture respectueuse et attentive, permet à ce cru classé de Margaux de retrouver le rang qui doit être le sien. Les millésimes 2018, 2019 et 2020 illustrent les progrès de la propriété. Les vins continuent de gagner en finesse.

- Margaux 2019 | Sec | 2025>2035 | 29 € — 93

Jean Triaud (domaine Henri Martin).

MATHIEU GARÇON, PRESSE

Château Fonbadet

★★☆☆☆

Pascale Peyronie perpétue la tradition familiale et protège le château Fonbadet des convoitises de ses riches voisins. Les 20 hectares de la propriété sont dominés à 60 % par le cabernet-sauvignon. Toujours aptes au vieillissement, ces vins aux notes de cèdre et de tabac havane ont gagné en raffinement et en suavité au cours des derniers millésimes.

- Pauillac 2019 | Sec | 2025>2035 | 45 € — 92
- Château Pauillac, Pauillac 2019 | Sec | 2024>2032 | 79 € — 90

Château Fonréaud

★★☆☆☆

Le vignoble, installé face au château sur des croupes graveleuses, est géré depuis 30 ans par Jean et Marie-Hélène Chanfreau, rejoints maintenant par leurs enfants. Le bordeaux blanc, le cygne-de-fonréaud, est une grande réussite, toujours impeccable de précision et de fraîcheur à chaque millésime. Les rouges ont réellement progressé depuis quelques millésimes.

- Listrac-Médoc 2019 | Sec | 2024>2032 | 17 € — 89

Château Fourcas-Dupré

★★☆☆☆

Gérard Jicquel, propriétaire de ce cru incontournable de Listrac, en a confié la direction générale à Lucas Leclercq. Il conduit avec discernement ce vignoble d'une quarantaine d'hectares d'un seul tenant, sur un sol de graves légèrement argileuses. Les vins gagnent en élégance au fil des années.

- Listrac-Médoc 2019 | Sec | 2024>2032 | 20 € — 91

Château Fourcas-Hosten

★★★☆☆

Depuis le rachat en 2006 par la famille Mommeja (Hermès), les deux frères Laurent et Renaud ont entrepris d'importants travaux de rénovation : tout d'abord l'outil technique, cuvier et chai, avec parallèlement la restructuration du vignoble. La qualité des vins a progressé à pas de géant depuis quelques millésimes. Ils sont devenus plus précis, plus denses, tout en préservant un joli fruit et une superbe délicatesse aromatique. Ici le raffinement est omniprésent. L'arrivée du talentueux Eloi Jacob devrait permettre au cru de franchir un palier supplémentaire. La dégustation primeurs du 2020 nous a emballé.

- Listrac-Médoc 2019 | Sec | 2025>2035 | 18.48 € — 92
- Bordeaux 2020 | Sec | 2022>2027 | 28 € — 93

Château Giscours

★★★★☆

Cet immense domaine de 300 hectares (dont 80 hectares exploités), situé à Labarde, a connu une histoire mouvementée, en raison de successions familiales délicates. En raison de son terroir, ce cru donne un margaux coloré et corsé, de très longue garde, avec un caractère différent des crus de la partie nord de l'appellation. Quand il est réussi, il peut rivaliser avec château-palmer et les prix restent raisonnables. 2019 est une immense réussite, propulsant la propriété dans les dix meilleurs du Médoc.

- Margaux 2019 | Sec | 2026>2040 | 81 € — 94
- Sirène de Giscours, Margaux 2019 | Sec | 2024>2035 | 31 € — 90

Château Gloria

★★★☆☆

Superbement situé sur la commune de Saint-Julien-Beychevelle et entouré de nobles pairs, château Gloria appartient aujourd'hui à Jean-Louis Triaud et à son épouse, la fille d'Henri Martin, son « créateur » (tout comme le château Saint-Pierre). Cette propriété a maintenant complètement retrouvé la plénitude de ses qualités. Les vins de Gloria ont un fruit pur et une trame souple, avec une grande finesse de tannins. Ce sont des grands classiques de l'appellation.

- Saint-Julien 2019 | Sec | 2025>2035 | 84 € — 93

Château Grand-Puy-Ducasse

★★★☆☆

Ce cru est issu de plusieurs parcelles réparties sur l'ensemble de l'appellation. L'une, au lieu-dit Grand Puy, lui a donné son nom et produit la partie la plus racée de l'assemblage, qui a bien progressé sous la direction de la très compétente Anne Le Naour. Il reste encore quelques pistes d'amélioration, qui seront rendues possibles par la construction imminente d'un nouveau cuvier, permettant des sélections parcellaires précises et un élevage encore plus soigné.

- Pauillac 2019 | Sec | 2025>2035 | 40 € — 92

Château Grand-Puy-Lacoste

★★★★☆

Le cru possède l'un des terroirs les mieux situés et les plus homogènes de Pauillac, avec un appréciable potentiel de vieilles vignes de cabernet-sauvignon qui donnent au cru sa remarquable vinosité et ses arômes épicés très nobles. François-Xavier Borie l'administre avec sagesse, compétence et une fidélité évidente au classicisme médocain. Un domaine de référence.

- Pauillac 2019 | Sec | 2026>2040 | 73 € — 94

Château Gruaud-Larose

★★★★☆

Le vaste vignoble du château est situé sur l'un des plus somptueux et homogènes plateaux de graves profondes de tout le Médoc. Depuis 1997, il appartient à la famille Merlaut. Peu de crus médocains, peuvent se vanter d'avoir un terroir aussi homogène, malgré sa surface, que Gruaud-Larose. On pourrait imaginer que 80 % des vignes produisent le grand vin mais on est ici encore plus sévère dans la sélection, ce qui se ressent surtout sur le grand vin, idéalement plein et harmonieux, et encore plus précis ces dernières années grâce à une nouvelle génération féminine de chefs de culture et maître de chai rigoureuse et inspirée.

- **Saint-Julien 2019** | Sec | 2025>2040 | 53 € — 96
- **Sarget, Saint-Julien 2019** | Sec | 2024>2032 | 18.5 € — 91

Château Haut-Bages Libéral

★★★☆☆

Les deux dernières années ont vu de grands changements au château, avec l'adoption d'une viticulture biodynamique et un renouvellement technique bienvenu. Le potentiel des meilleures vignes, voisines de château Latour, peut désormais s'exprimer avec force et donner un pauillac vigoureux et racé doté d'un excellent rapport qualité-prix.

- **Pauillac 2019** | Sec | 2025>2035 | 26.76 € — 94

Château Haut-Bages Monpelou

★★☆☆☆

C'est la propriété de Philippe Castéja, également propriétaire du château Batailley à Pauillac et de Trottevieille à Saint-Émilion. Bien situé sur le plateau au nord de la ville, le cru a toujours produit un vin consistant, qui a gagné en élégance dans les dernières années.

- **Pauillac 2019** | Sec | 2025>2032 | 26 € — 90

Château Haut-Batailley

★★★☆☆

La famille Cazes est désormais propriétaire de ce cru issu d'une division du château Batailley. On repère les vignes grâce à la pittoresque tour dite de l'Aspic, qui s'érige en leur milieu et à la couleur rouge vin du chai. Le vin produisait un pauillac élégant et relativement souple qui semble, ces dernières années, avoir gagné en corps et en intensité sans perdre de sa finesse.

- **Pauillac 2019** | Sec | 2025>2035 | 33.6 € — 92

Château Haut-Condissas et Château Rollan de By

★★★☆☆

En achetant deux hectares sur les graves argileuses de Bégadan en 1989, dans le prolongement des terroirs de graves de Pauillac et Saint-Estèphe, Jean Guyon réalise son rêve et donne vie à Rollan de By. Ce vignoble est devenu une valeur sûre, offrant un vin consistant à prix régulier. En créant en 1995 haut-condissas, il se plaçait dans l'optique qui avait été celle des vins de garage de la rive droite, à savoir déployer un maximum d'efforts sur un petit vignoble pour atteindre la qualité des meilleurs grands crus. Haut-condissas est l'archétype du super bordeaux.

- **Haut-Condissas, Médoc 2019** | Sec | 2025>2035 | 52 € — 91
- **Château La Clare, Médoc 2019** | Sec | 2024>2030 | 14.5 € — 88
- **Château Greysac, Médoc 2019** | Sec | 2025>2035 | 16.5 € — 87

Château Haut-Marbuzet

★★★★☆

Ce cru mondialement connu se trouve à Marbuzet, coteau faisant face à la Gironde. Son vignoble est situé à mi-chemin entre Cos d'Estournel et Montrose. Henri Dubosq, figure incontournable du Médoc, vinifie les vins de la propriété depuis 1982 avec la plus grande réussite. Les vins de Haut-Marbuzet sont de toujours de grande constitution, alliant rondeur et volupté, avec une grande aptitude au vieillissement. Propriété incontournable de l'appellation.

- **Saint-Estèphe 2019** | Sec | 2026>2040 | 39 € — 96

Emmanuel Cruse (château d'Issan).

Château d'Issan

★★★★☆

Le cru appartient pour moitié à la famille Cruse et pour l'autre moitié à Jacky Lorenzetti. Ceint de murs, le vignoble d'une cinquantaine d'hectares se situe sur un terroir de première classe qui explique la remarquable finesse aromatique du vin, et sa constance malgré les caprices climatiques fréquents dans les derniers millésimes. En progrès constants.

- **Margaux 2019** | Sec | 2025>2035 | 64 € — 93
- **Blason, Margaux 2019** | Sec | 2024>2032 | 27 € — 90

Château Kirwan

★★★☆☆

Dans la famille Schÿler depuis 1904, important acteur du négoce bordelais, cette propriété de 37 hectares est située sur le plateau de Cantenac, au sud de l'appellation margaux, avec une partie du vignoble située plus à l'ouest, sur des terres plus argileuses. Le magnifique nouveau cuvier vaut la visite et l'engagement de la propriété dans l'œnotourisme la rend particulièrement attractive. Les vins ont gagné en pureté immédiate d'expression et en intégration du boisé et devraient bien vieillir, dans un esprit typiquement margalais.

- **Margaux 2019** | Sec | 2025>2035 | 47 € — 91

Château La Lagune

★★★☆☆

La Lagune n'a pas été récompensée par la météo ces derniers millésimes pour sa courageuse viticulture bio. Sous le contrôle de son administratrice, Caroline Frey, le vin a bien progressé ces dernières années, avec des assemblages à plus grand pourcentage de cabernet-sauvignon et des extractions de tannin plus élégantes. C'est de mieux en mieux.

- **Haut-Médoc 2019** | Sec | 2025>2035 | 57 € — 92

Château La Tour Carnet

★★★☆☆

La Tour Carnet est la propriété phare de Bernard Magrez en Médoc. Le vignoble initial se situe sur une butte calcaire unique qui donne un cachet « rive droite » à ses merlots. Il s'est agrandi bien plus au nord d'excellents terroirs plus classiques, sur Saint-Seurin de Cadourne, comme son appellation le permet. Le volume de vin a donc augmenté en prenant encore plus d'assurance et de régularité dans la qualité.

■ **Haut-Médoc 2019** | Sec | 2023>2030 | 13.55 € 90

Château La Tour de By

★☆☆☆☆

Ce cru de Bégadan se divise en deux parties : l'une autour du château, en bord de rivière, sur des graves magnifiques, l'autre vers Saint-Christoly. Depuis quelques millésimes, grâce à une sélection sévère et une vinification précise, coïncidant avec l'arrivée de Frédéric Le Clerc et de son cousin Benjamin Richer de Forges, le cru réalise d'immenses progrès, allant vers un style énergique, savoureux et particulièrement digeste.

■ **Médoc 2019** | Sec | 2024>2032 | 20.3 € 91

■ **Héritage Marc Pagès, Médoc 2019** | Sec | 2025>2035 | 41 € 92

■ **Roque de By, Médoc 2019** | Sec | 2023>2028 | 13.9 € 89

Château La Tour de Mons

★☆☆☆☆

Repris par la famille Perrodo, la Tour de Mons est un vaste et ancien vignoble de 100 hectares sur l'aire d'appellation margaux. Les investissements consentis dans le chai autant que dans le vignoble ont contribué à redorer le blason de ce beau terroir et ses vins, assez droits dans leur conception.

■ **Margaux 2019** | Sec | 2023>2030 | NC 88

Château Labégorce-Margaux

★★☆☆☆

Suite à la réorganisation des propriétés margalaises de la famille Perrodo, Labégorce-Zédé a rejoint le château Labégorce pour ne plus faire qu'un. Marjolaine de Coninck est à la direction générale des propriétés depuis 2010. Les vins produits ont toujours leur identité forte, mais avec aujourd'hui plus de modernité, de finesse et d'élégance.

■ **Margaux 2019** | Sec | 2024>2032 | NC 90

Château Lafite-Rothschild

★★★★★

Cru suprême de Pauillac, Lafite doit son inégalable finesse à ses graves du nord de l'appellation, sur socle calcaire, avec des sélections extrêmement rigoureuses qui écartent plus de la moitié de la récolte. Fortement marqué par le cabernet-sauvignon, souvent supérieur à 90 % de l'assemblage, Lafite brille par ses notes de cèdre et de graphite qui demandent plus de quinze ans pour s'épanouir. La nouvelle équipe en charge du domaine (le duo Saskia de Rothschild et Éric Kohler) s'attache à donner plus de dimension aux vins, grand vin et second.

■ **Pauillac 2019** | Sec | 2026>2045 | 560 € 96

■ **Les Carruades de Lafite, Pauillac 2019** | Sec | 2025>2035 | 169 € 90

Château Lafon-Rochet

★★★★☆

Une des dernières propriétés familiales en exploitation directe, ce cru classé 1855 est l'objet de toutes les attentions des équipes de Jacky Lorenzetti. Bien conseillé par Jean-Claude Berrouet, il donne le meilleur de ses cabernet-sauvignon et de ses merlots pour produire un vin savoureux, régulier, constituant un rapport qualité prix exemplaire dans l'appellation saint-estèphe. Progrès impressionnants en 2020.

■ **Saint-Estèphe 2019** | Sec | 2025>2035 | 60 € 93

Château Lagrange

★★★★☆

Ce vaste domaine viticole, d'une grande homogénéité comme son voisin Gruaud-Larose, a vu ses vignes vieillir et donner une intensité inconnue au grand vin, tout en affinant depuis trois ans son style, grâce aux efforts de l'équipe technique actuelle. Son vin est une expression droite, classique, presque minérale des meilleures terres de Saint-Julien, avouant une communauté de saveur et de style indéniable avec léoville-las-cases, ce qui n'est pas un mince compliment. Excellent rapport qualité-prix.

■ **Saint-Julien 2019** | Sec | 2026>2040 | 50 € 95

■ **Fiefs de Lagrange, Saint-Julien 2019** | Sec | 2024>2032 | 25 € 92

Château Lamothe-Bergeron

★☆☆☆☆

Fameuse propriété, très en vogue au XIXe siècle, cette belle endormie s'est réveillée en pleine forme. Charles Lemoine en assure la direction. Situé entre Margaux et Saint-Julien, sur des terroirs de graves, le vignoble compte près de 70 hectares de vignes plantées à parité entre cabernet et merlot. D'importants travaux ont été entrepris afin de redonner au château son lustre d'antan. Moderne et avant-gardiste, conseillé par Hubert de Boüard (château Angélus), le vin conserve toujours finesse et élégance.

■ **Haut-Médoc 2019** | Sec | 2024>2032 | NC 91

Château Langoa-Barton

★★★☆☆

Langoa est le nom de la délicieuse chartreuse où habite la famille Barton, et le lieu où léoville-barton est également vinifié. Nous sommes au cœur du vignoble de Saint-Julien, juste au sud de Léoville, et il est parfois difficile en primeurs de distinguer les deux crus. Le vin de Langoa est d'une facture très classique, dense, tannique, très épicé, complète expression de saint-julien, plus pur et plus exact dans ses derniers millésimes.

■ **Saint-Julien 2019** | Sec | 2025>2035 | 51.6 € 93

Château Larose-Trintaudon

★☆☆☆☆

Larose-Trintaudon est l'un des plus grands vignobles du Médoc, avec 180 hectares. Propriété des assureurs Allianz depuis 1986, le château bénéficie de solides engagements financiers et d'une équipe de 55 personnes. Le château Larose-Perganson fait partie intégrante du domaine viticole, c'est une deuxième marque aux côtés de son aîné. En 2007, le groupe acquiert également le château Arnauld. Les vins progressent depuis quelques années : plus modernes, ils ont gagné en suavité et en finesse.

■ **Haut-Médoc 2019** | Sec | 2023>2030 | 15 € 89

Château Lascombes

★★★★☆

Le groupe d'assurance mutualiste MACSF, propriétaire depuis 2011 de cette très importante propriété, met tout en œuvre pour en assurer le prestige et la qualité, sous la direction efficace de Dominique Befve. Le vin, toujours issu de vendanges très mûres, se reconnait au sein de ses pairs du classement par sa forte couleur, sa suavité et son fondu de tannin. Les mêmes qualités se retrouvent dans le second vin, chevalier-de-lascombes.

■ **Margaux 2019** | Sec | 2025>2038 | 75.6 € 95

■ **Chevalier de Lascombes, Margaux 2019** | Sec | 2024>2032 | 30.24 € 90

Château Latour

★★★★★

Acquis par François Pinault en 1993, le cru ne s'est pas reposé sur ses lauriers. Sous l'impulsion de son rigoureux directeur Frédéric Engerer, il a encore élevé son niveau d'exigence en convertissant le vignoble à l'agriculture biodynamique. Le second vin, forts-de-latour, produit en grande partie sur les extérieurs du grand enclos, réservé au grand vin, est sans doute le cru le plus complet de sa catégorie. Quant au pauillac du château (le troisième vin), issu de jeunes vignes ou de parcelles récemment achetées, il donne déjà une haute idée de son appellation.

■ **Grand Vin, Pauillac 2019** | Sec | 2028>2045 | 510 € 95

■ **Forts de Latour, Pauillac 2019** | Sec | 2025>2040 | 131 € 93

■ **Pauillac 2019** | Sec | 2024>2032 | 80 € 91

Château Le Boscq

★★☆☆☆

Propriété des vignobles Dourthe depuis 1995, ces derniers se passionnent pour la mise en valeur des 18 hectares, situés le plus au nord de l'appellation saint-estèphe. L'équipe Dourthe imprime sa signature en y réalisant des vins typés et élégants, sur des sols très argileux, plantés de merlot à 65 %, avec 25 % de cabernet-sauvignon et 10 % de petit verdot. Les derniers millésimes sont réussis, charmeurs, généreux et équilibrés. Un incontournable.

■ **Saint-Estèphe 2019** | Sec | 2025>2035 | 24 € 91

Château Le Crock

★★☆☆☆

Les 32 hectares du château Le Crock se situent entre Cos d'Estournel et Montrose, et sont limitrophes également de Marbuzet et Haut-Marbuzet. Acquis en 1903 par la famille Cuvelier, avant Léoville-Poyferré, ce superbe château, dont le vignoble est constitué à 46 % de merlot, 40 % de cabernet-sauvignon, le reste se répartissant entre petit verdot et cabernet franc, est conseillé par Michel Rolland. Le vignoble est réparti sur trois zones d'implantation distinctes, bénéficiant ainsi d'une diversité aromatique exceptionnelle et exprimant parfaitement l'originalité du terroir de Saint-Estèphe. Les vins produits

21h34, coucher de soleil sur Franc Mayne.

sont séduisants, expressifs, énergiques et de bonne garde.

- Saint-Estèphe 2019 | Sec | 2024>2035 | 37 € — 92

Château Léoville-Barton

★★★★☆

Progressivement, la nouvelle génération Barton-Sartorius prend les commandes de cette propriété exemplaire par la constance de ses vins et de leur style et par une politique de prix intelligente et non spéculative. La partie sud de Léoville donne un vin plus vite formé que la partie nord, puissant, charnu, racé, hautement satisfaisant pour les amateurs de grands médocs.

- Saint-Julien 2019 | Sec | 2025>2040 | 87.55 € — 95
- Réserve de Léoville-Barton, Saint-Julien 2019 | Sec | 2025>2032 | NC — 93

Château Léoville-Las Cases

★★★★★

Certainement le second cru classé le plus proche, et depuis de nombreux millésimes, quand le bouchon ne trahit pas, du niveau des meilleurs premiers crus. Il doit sa classe et sa régularité à la sélection parcellaire qui le fait produire sur le grand enclos qui jouxte celui de château Latour, et à un perfectionnisme exemplaire initié par Michel Delon dans les années 1980 et pleinement poursuivi par son fils Jean-Hubert. La finesse et la subtilité de sa saveur n'ont que peu d'égaux dans le monde mais le vin nous fait l'amitié de s'ouvrir plus rapidement que dans le passé. Les jeunes vignes donnent le petit-lion, en plus léger mais pas en moins élégant, et le reste de la propriété le remarquable clos-du-marquis, dont le rapport qualité-prix reste toujours aussi étonnant.

- Saint-Julien 2019 | Sec | 2025>2045 | 250 € — 98
- Clos du Marquis, Saint-Julien 2019 | Sec | 2025>2035 | 55 € — 95
- Le Petit Lion, Saint-Julien 2019 | Sec | 2025>2035 | 60 € — 95

Château Léoville Poyferré

★★★★★

Le cru se situe dans sa partie privilégiée en face des meilleures parcelles de Léoville-Las Cases et dans le prolongement de celles de Pichon-Longueville Baron. Le vin reflète parfaitement cette position, régulièrement un des plus puissants mais aussi des plus complexes et des plus harmonieux de tout le Médoc. Un pourcentage de merlot un peu supérieur à celui des deux autres Léoville influe sur sa texture un peu plus ronde. Sara Lecompte-Cuvelier veille à la continuité de l'excellence mise en place. Pavillon-de-poyferré, désormais le vrai second vin du château, progresse tout comme moulin-riche, issu d'un quartier qui lui est propre.

- Saint-Julien 2019 | Sec | 2026>2040 | 75.6 € — 96
- Moulin Riche, Saint-Julien 2019 | Sec | 2024>2032 | 26 € — 91
- Pavillon de Léoville-Poyferré, Saint-Julien 2019 | Sec | 2025>2035 | 25 € — 92

Château Lestage

★☆☆☆☆

Caroline Chanfreau-Philippon est, comme son frère Jean Chanfreau (Fonréaud), à la tête d'un magnifique patrimoine de vignes. La cinquantaine d'hectares (en grande majorité à Listrac mais aussi à Moulis), d'un seul tenant sur le plateau du Puy de Menjon, entoure le château construit sous Napoléon III. Depuis quelques millésimes les vins, essentiellement issus de merlot, gagnent en profondeur, sans pour autant perdre en expression fruitée ni en fraîcheur.

- Listrac-Médoc 2019 | Sec | 2024>2032 | 12.5 € — 90

Château Lestage-Simon

★☆☆☆☆

Située sur la commune de Saint-Seurin-de-Cadourne, cette propriété exploitée par les Grands Chais de France dispose de 49 hectares, sur un terroir complexe de graves, le long du fleuve, et d'un plateau calcaire plus à l'intérieur. Michel Rolland en est le conseil depuis le millésime 2010. Les vins sont juteux, avec de belles saveurs et de l'énergie.

- Haut-Médoc 2020 | Sec | 2024>2032 | NC — 90

Château Lilian-Ladouys

★★☆☆☆

Après avoir passé Cos d'Estournel, et faisant face à Lafon-Rochet, les deux tours de Lilian-Ladouys émergent d'un océan de vignes. Cette propriété de 47 hectares a été rachetée par Jacky Lorenzetti en septembre 2008. Le suivi technique, tout comme à Pédesclaux, est assuré par Vincent Bache-Gabrielsen. Denses et colorés, les vins offrent une séduction immédiate. L'archétype du super-bordeaux.

Sara Lecompte-Cuvelier (château Léoville-Poyferré).

Château Loudenne

★★☆☆☆

Cette grande propriété de 130 hectares, au nord du Médoc est désormais la propriété de Christophe Gouache. Elle s'est entourée, avec succès, des bons conseils de Michel Rolland pour redresser la qualité des vins. Loudenne produit des vins pleins de personnalité et très élégants, qui comptent parmi les valeurs sûres de l'appellation. Les derniers millésimes sont plus que convaincants.

- Médoc 2019 | Sec | 2024>2030 | NC — 90
- Les Jardins, Bordeaux 2020 | Sec | 2022>2025 | NC | ☘ — 91

Château Lynch-Bages

★★★★☆

Mondialement célèbre en raison de son opulence et de sa régularité, ce cinquième cru classé de Pauillac appartient à la famille Cazes depuis les années 1930, et a acquis une grande notoriété depuis que Jean-Michel Cazes en a pris la direction en 1973. Après le passage de témoin réussi de Jean-Michel à son fils Jean-Charles, le cru a maintenu toute sa fougue et sa santé dans les derniers millésimes, en conservant sa profondeur et en gagnant en précision tannique. Le château produit un bordeaux blanc sec de plus en plus stylé. L'arrivée du nouveau chai impressionnant devrait permettre à la propriété d'atteindre le sommet.

- Pauillac 2019 | Sec | 2026>2040 | 200 € — 94
- Écho, Pauillac 2019 | Sec | 2024>2032 | NC — 90

Château Lynch-Moussas

★★★☆☆

Philippe Castéja a beaucoup travaillé pour restaurer une superbe propriété familiale située dans l'arrière-pays de Pauillac. Le vieillissement des vignes et la construction d'un outil de travail performant permettent de produire un vin souple et charnu, en progrès constants. Son terroir lui donne la possibilité de s'ouvrir avant la plupart des vins de son appellation, ce qui devrait le rendre plus présent sur les cartes de restaurants, avec un bon rapport qualité-prix.

- Pauillac 2019 | Sec | 2025>2035 | 50 € — 92
- Les Hauts de Lynch-Moussas, Haut-Médoc 2019 | Sec | 2024>2030 | NC — 88

Ludovic David (château Marquis de Terme).

Château Malescasse

★★☆☆☆

Sur des graves bien drainantes, Malescasse est en de bonnes mains. Beaucoup de travaux ont été entrepris, au vignoble tout d'abord avec l'arrachage des vignes fatiguées, et la plantation de parcelles en haute densité. Les bâtiments ont également été rénovés. Les vins qui étaient très classiques jusqu'à présent ont déjà gagné en précision et en complexité grâce aux interventions de Stéphane Derenoncourt.

■ Haut-Médoc 2019 | Sec | 2024>2032 | NC — 91

Château Malescot Saint-Exupéry

★★★★☆

Au cœur du terroir margalais, Jean-Luc Zuger, héritier d'une famille passionnément liée à sa commune, tranche avec la plupart des propriétaires locaux. Gourmet, excellent dégustateur mais peu suspect d'aimer les mondanités, il fait un vin à son image, solide, très franc, issu de vendanges bien mûres, fait pour la table. Le terroir ajoute sa classe et son potentiel de longévité.

■ Margaux 2019 | Sec | 2025>2035 | 49 € — 92

Château de Malleret

★☆☆☆☆

Cette propriété compte un peu plus de 54 hectares de vignes en appellation Haut-Médoc, situés sur les communes du Pian-Médoc et de Ludon-Médoc, à mi-chemin entre les châteaux Sénéjac et d'Agassac. Les vins produits sont denses, concentrés et puissants. Depuis 2009, de réels efforts ont été apportés dans l'élaboration des vins, offrant aujourd'hui plus de saveur et d'équilibre au haut-médoc, sans oublier la cuvée M, 100 % merlot en appellation Margaux, toujours très expressive.

■ Haut-Médoc 2019 | Sec | 2024>2032 | 26,5 € — 89

Clos Manou

★★☆☆☆

Les vignes de Françoise et de Stéphane Dief sont sur la commune de Saint-Christoly, et grâce à une vinification et un élevage sous bois des plus subtils, ils en extraient le clos-manou, avec l'intention de produire un vin de garde, très pur et d'une grande perfection de style. Pour le petit-manou, une partie de la récolte est maintenant élevée en œuf béton de sept hectolitres. Ce sont des rouges profondément ancrés dans le terroir médocain, avec la charpente nécessaire au vieillissement. L'ambitieuse cuvée clos-manou fait preuve d'un grand savoir-faire mais le deuxième vin petit-manou mérite également le détour.

■ Médoc 2019 | Sec | 2025>2035 | 20 € — 91

Château Margaux

★★★★★

Château Margaux joue pleinement son rôle de premier grand cru classé de son appellation. Les assemblages du grand vin à très forte proportion de cabernet-sauvignon expliquent à la fois son étonnante pureté aromatique et son unique distinction, au prix parfois d'une certaine austérité exigeant une longue aération pour libérer les arômes. Dans les derniers millésimes, pavillon-rouge bénéficie des somptueux merlots non retenus pour le grand vin et a beaucoup gagné en chair et en profondeur. Sélectionné avec un soin maniaque, pavillon-blanc nous étonne chaque année par son énergie aromatique, sa tension, son corps et sa complexité.

■ Margaux 2019 | Sec | 2028>2045 | 492 € — 97
■ Pavillon Blanc, Bordeaux 2019 | Sec | 2023>2030 | 130 € — 92
■ Pavillon Rouge, Margaux 2019 | Sec | 2025>2035 | 185 € — 93

Château Marquis d'Alesme

★★★★☆

Le château au cœur du village devient une de ses attractions majeures, grâce à la beauté de ses installations renouvelées, dans un style inspiré par l'Asie où vit Nathalie Perrodo, son administratrice et propriétaire actuelle. Des activités œnotouristiques particulièrement inventives et bien conçues permettront de faire mieux connaissance avec un vin métamorphosé, élégant et racé, fidèle expression de son terroir.

■ Margaux 2019 | Sec | 2025>2035 | 37 € — 92

Château Marquis de Terme

★★★★☆

Sous l'efficace direction de Ludovic David, avec le plein soutien de la famille Sénéclauze, propriétaire des 40 hectares de vignes depuis 1935, ce cru a progressivement affiné sa qualité de tannin et l'intégration de son boisé. Ludovic David a procédé à une véritable révolution dans la vinification et l'élevage de ce cru doté d'un remarquable terroir, le dotant des outils les plus modernes, ce qui lui a permis de retrouver sa typicité margalaise et de rivaliser depuis 2010 avec les meilleurs vins du secteur.

■ Margaux 2019 | Sec | 2025>2040 | 48 € — 93

Château Mayne-Lalande

★★☆☆☆

Alice-Jeanne Lartigue reprend la suite de son père décédé, grande figure du Médoc dont nous saluons encore une fois la mémoire. Elle pourra compter sur le soutien d'Hubert de Boüard qui conseille le cru depuis 2010. Sur 25 hectares de vignes entre Listrac et Moulis, le cru propose des vins qui ont gagné en densité et en finesse, au boisé harmonieux, preuve d'un élevage maîtrisé, et à la fraîcheur évidente.

■ Listrac-Médoc 2019 | Sec | 2024>2032 | NC — 91

Château Meyney

★★★☆☆

Racheté par CA Grands Crus en 2004, Meyney est un petit bijou d'architecture médocaine, prisé tant par sa situation que par la qualité de ses vins. La cinquantaine d'hectares qui entourent le château, situés sur une croupe de graves siliceuses et d'argiles bleues profondes, en bord de Gironde, donne l'avantage au cabernet-sauvignon. Les vins ont retrouvé le lustre des grandes heures. Ils possèdent un potentiel de longue garde. Un incontournable.

■ Saint-Estèphe 2019 | Sec | 2025>2035 | 25 € — 93

Château Montrose

★★★★★

Racheté en 2005 par Martin et Olivier Bouygues, le cru a poursuivi dans sa voie d'excellence. Les nouveaux propriétaires et leurs équipes ont veillé à ne pas modifier le style, mais à perfectionner viticulture et vinification pour les adapter aux exigences écologiques et culturelles de notre temps. Le second vin dame-de-montrose, produit en volume appréciable, a progressé en régularité et en expression du terroir. Les derniers millésimes, au sommet du Médoc, égalent les premiers crus classés.

- Saint-Estèphe 2019 | Sec | 2027>2040 | 135 € 97
- Dame de Montrose, Saint-Estèphe 2019 | Sec | 2025>2035 | 37 € 92

Château Mouton-Rothschild

Philippine de Rothschild a laissé à ses enfants une propriété en pleine forme, aux mains d'une équipe technique irréprochable. Initialement appelée Brane-Mouton, la propriété devient Mouton-Rothschild en 1853, lorsque le baron Nathaniel de Rothschild en fait l'acquisition. Son arrière-petit-fils Philippe prend la suite en 1922 et débute la commercialisation en bouteilles. Le terroir privilégié de Mouton et ses très vieilles vignes magnifiés dans les derniers millésimes grâce aux faveurs du climat et à l'aide d'un chai magnifique instauré en 2013, produisent peut-être le vin le plus formellement parfait du Médoc. Ce qui ne l'empêchera pas de se refermer en grand millésime avant d'atteindre une apogée qu'on prédit glorieuse. Le second vin petit-mouton ressemble au grand comme un petit frère et le blanc, aile-d'argent, devient progressivement l'un des plus complets du Médoc.

- Pauillac 2019 | Sec | 2028>2045 | 492 € 100
- Petit Mouton, Pauillac 2019 | Sec | 2025>2040 | 120 € 93
- Ailes d'Argent, Bordeaux 2020 | Sec | 2023>2028 | NC 91

Château Ormes de Pez

Les Ormes ont disparu mais le hameau de Pez abrite toujours cette jolie propriété, acquise par Jean-Michel Cazes. Les vinifications sont d'ailleurs menées sous l'œil bienveillant des équipes du château Lynch-Bages, ajoutant au vin un petit supplément d'âme et surtout beaucoup d'élégance. Avec des vinifications plus soignées et précises que par le passé, ils ont gagné en raffinement.

- Saint-Estèphe 2019 | Sec | 2024>2035 | NC 91

Château Palmer

Les 55 hectares comptent autant de merlot que de cabernet-sauvignon, avec un peu de petit-verdot, et confèrent à ce cru célèbre par sa régularité et le caractère voluptueux et confortable de ses arômes et de sa texture, une personnalité singulière pour le Médoc. La rareté des bouteilles de Palmer, grand vin ou alter-ego, s'est renforcée par les petites récoltes récentes, liées à la viticulture bio et aux caprices de la météo. Ce qui n'a rien changé à la qualité des vins, parmi les plus originaux et les plus complets du Médoc. Voluptueux, charmeur, à la fois très mûr et frais, Palmer est un vin qu'on n'oublie pas.

- Margaux 2019 | Sec | 2026>2040 | 270 € 95
- Alter Ego, Margaux 2019 | Sec | 2025>2035 | 70 € 92

Château Patache d'Aux

Fin 2016, Antoine Moueix Propriétés, filiale d'Advini, a acquis cette belle propriété d'une soixantaine d'hectares qui avait longtemps été hissée à un très bon niveau qualitatif par la famille Lapalu, produisant un vin médocain, avec les saveurs et le tannin épicé. Des moyens importants ont été mis en œuvre, notamment la construction d'un nouveau cuvier pour travailler toujours plus en précision. Aujourd'hui, c'est sous les conseils avisés de Stéphane Derenoncourt, qui participe à la conduite du vignoble et à l'élaboration des vins.

- Médoc 2019 | Sec | 2024>2032 | NC 91

Château Pédesclaux

Un nouveau cuvier ultra-moderne, luxueux et efficace, montre les ambitions du nouveau propriétaire Jacky Lorenzetti. Il souhaite produire un des meilleurs vins de son appellation et a acquis des terroirs de très haute qualité, proches de Mouton-Rothschild, qui devraient l'aider dans son ambition. Les vins brillants techniquement sont en progrès à chaque nouveau millésime.

- Pauillac 2019 | Sec | > | 85 € 89

Château Petit-Bocq

Ce discret château de 14 hectares, situé à proximité immédiate de Haut-Marbuzet, sur le même plateau, offre une belle représentativité des terroirs de Saint-Estèphe. La forte proportion de merlot dans les assemblages oriente toutefois le vin dans un style délibérément charmeur et flatteur.

Château Peyrat-Fourthon

Propriété depuis 2004 de la famille Narboni, Peyrat-Fourton est situé sur les terroirs de graves de Saint-Laurent-du-Médoc, proches de Saint-Julien. C'est une propriété phare de l'appellation haut-médoc, d'une régularité sans faille. Toujours colorés, amples, élégants, modernistes mais sans excès, les vins se distinguent par leur harmonie, leur complexité, leur côté énergique et la justesse dans leur équilibre. Ils sont difficilement égalés dans cette appellation.

- Haut-Médoc 2019 | Sec | 2025>2035 | NC 90

Château Phélan-Ségur

Phélan a été vendu en 2018 à un grand passionné de vins de Bordeaux, Philippe Van de Vyvere. Ce cru qui est en quelque sorte le cousin germain de Calon-Ségur est l'un des plus réputés du secteur. Merveilleusement situé en bord de Garonne, il offre un caractère bien spécifique, marqué par des notes de cèdre et une bonne souplesse de milieu de bouche. Ces derniers millésimes, c'est l'une des réussites majeures de l'appellation.

- Saint-Estèphe 2019 | Sec | 2025>2040 | 55 € 95

Château Pibran

Propriété d'Axa, ce vignoble est idéalement situé sur une croupe de graves, avec des voisins aussi prestigieux que Pontet-Canet et d'Armailhac. Avec l'acquisition en 2001 du château Tour Pibran, le choix du parcellaire a permis à Jean-René Matignon et aux équipes de Pichon-Baron de sélectionner le meilleur pour Pibran et de créer un deuxième vin. Grâce au travail accompli depuis plusieurs années, les vins sont de plus en plus aboutis, alliant finesse et élégance sans toutefois perdre leur caractère pauillacais.

- Pauillac 2019 | Sec | 2024>2032 | NC 91

Château Pichon Baron

Le grand vin du domaine est produit juste en face de château Latour, sur des graves parfaitement drainées et bénéficiant du microclimat des bords de Gironde. Pichon possède la vigueur et la puissance des plus grands médocs, dans un style très pur. Jean-René Matignon laisse la place à Pierre Montégut (Suduiraut). Deux types de second vin sont produits : tourelles recherche la souplesse et le fruit mais avec une belle plénitude, griffons porte davantage la marque du terroir. Promotion au plus haut niveau.

- Pauillac 2019 | Sec | 2027>2045 | 180 € 97
- Les Tourelles de Longueville, Pauillac 2019 | Sec | 2024>2030 | 29.4 € 90
- Les Griffons de Pichon Baron, Pauillac 2019 | Sec | 2025>2035 | 58 € 90

Château Pichon-Longueville Comtesse de Lalande

La maison de champagne Louis Roederer a acquis ce cru très célèbre avec la ferme volonté d'en faire à nouveau, après quelques millésimes décevants, un grand cru modèle. Beaucoup d'efforts ont été accomplis en viticulture, de plus en plus inspirée par le bio, un cuvier à la pointe du progrès a été construit, et les assemblages ont accentué la proportion de cabernet-sauvignon mais en conservant les apports des trois autres cépages, qui font l'originalité du cru. Le vin a gagné en vigueur sans perdre son charme et sa finesse. Cinquième étoile méritée.

- Pauillac 2019 | Sec | 2027>2045 | 235 € 98
- Réserve de la Comtesse, Pauillac 2019 | Sec | 2025>2035 | 45 € 91

Château Pontet-Canet

Ce cru est devenu l'un des plus recherchés en Médoc. Propriétaire concerné et passionné, Alfred Tesseron, aidé aujourd'hui par sa fille Justine, est toujours prêt à tous les risques. Leur complicité a permis la conversion du vignoble à la viticulture bio, inspirante pour tous les voisins, et le perfectionnement d'un outil de travail adapté à leur recherche de vérité dans l'expression du terroir et du millésime. Il n'y a plus de second vin, toute la récolte fait le grand vin. Sur le plan du style, dans les derniers millésimes une proportion d'élevage en cuves béton équilibre le boisé à la perfection et libère toute la pureté aromatique d'un jus exceptionnel.

- **Pauillac 2019** | Sec | 2025>2040 | 115.2 € 96

Château Potensac

Cru sans doute le plus estimé de l'appellation Médoc, Potensac doit son succès à la qualité des équipes de vinification réunies par la famille Delon, propriétaire du château, et qui travaillent selon les mêmes critères exigeants qu'à Léoville-Las Cases. L'âge très élevé du vignoble, dont certaines parcelles de cabernet ont plus de 80 ans, ne l'empêche pas d'être parfaitement productif. Le vin possède au plus haut degré le style classique, avec des notes de cèdre au nez et d'épices dans le tannin, et beaucoup de fermeté. Il évolue actuellement vers plus de finesse immédiate et plus de souplesse. Les derniers millésimes sont majestueux et de grande classe.

- **Médoc 2019** | Sec | 2024>2032 | NC 90

Château Prieuré-Lichine

Doté d'un parcellaire complexe implanté sur différents secteurs de l'appellation, ce cru pour les observateurs attentifs devient peu à peu une référence. Le nouveau cuvier permet des vinifications parcellaires, donnant à chacune d'elles sa chance et les choix de viticulture inspirés par le conseiller de la propriété, Stéphane Derenoncourt, expliquent la qualité des dernières vendanges. Le vin a toute la finesse et la grâce attendues, dans une forme immédiatement perceptible et les prix restent raisonnables.

- **Margaux 2019** | Sec | 2025>2035 | NC 94
- **Confidence, Margaux 2019** | Sec | 2024>2032 | NC 90

Château Ramage La Bâtisse

La MACIF est propriétaire depuis 1986 de ce domaine de 65 hectares de vignes, situé à Saint-Sauveur, non loin de Pauillac mais plus à l'intérieur des terres. Constitué de sols graveleux, argileux et sablonneux, Ramage La Bâtisse est un cru bourgeois sagement mené. Ses équipements performants permettent de produire des vins d'une régularité exemplaire. L'engagement environnemental est total et a permis d'obtenir le label HVE3. Les vins sont toujours élégants, équilibrés, savoureux dans leur jeunesse et vieillissent remarquablement bien.

Château Rauzan-Gassies

Ce cru a la chance de posséder quelques-unes des meilleures parcelles de l'appellation, de même valeur et origine que son voisin Ségla. Une nouvelle génération de la famille Quié met tout en œuvre pour produire des vins dignes de leur lieu de naissance, avec de bonnes pratiques au vignoble et la construction d'un cuvier plus moderne et performant. Dans les derniers millésimes, les progrès sont flagrants. Et le prix reste sage.

- **Margaux 2019** | Sec | 2026>2040 | 56 € 93
- **Gassies, Margaux 2019** | Sec | 2024>2032 | NC 91
- **Château Belorme Tronquoy-de-Lalande, Haut-Médoc 2019** | Sec | 2023>2030 | NC 89

Château Rauzan-Ségla

En plein cœur de l'appellation margaux, ce cru de premier ordre a été racheté en 1994 par les frères Wertheimer, propriétaires de la maison Chanel et du château Canon à Saint-Émilion. Le vignoble de 66 hectares bénéficie des soins les plus attentifs de la part de Nicolas Audebert, qui propulse les vins à leur place légitime grâce à un nouveau chai et surtout au travail méticuleux accompli dans les vignes. En pleine forme, le cru exprime avec constance depuis dix ans l'élégance des meilleurs vins de Margaux. L'élargissement du vignoble a surtout bénéficié au second vin, ségla, produit en plus grande quantité, dans un style volontairement direct, souple et fruité.

- **Margaux 2019** | Sec | 2026>2040 | 74 € 93
- **Ségla, Margaux 2019** | Sec | 2024>2032 | 50 € 91

Château Saint-Pierre

Ce cru, propriété de la famille Triaud, rejoint les meilleurs de Saint-Julien dans les derniers millésimes, les dépassant même parfois en qualité, grâce à ses très vieilles vignes d'une moyenne de 50 ans, idéalement situées au cœur du village. Le vin qui a toujours été dense, serré et puissant, continue à chaque millésime à gagner en élégance immédiate, avec un boisé mieux intégré, et toujours une texture de vieilles vignes qui l'égale sur ce plan aux grands seconds classés, voire aux premiers. C'est une des expressions les plus parfaites de l'originalité de l'appellation, à des prix encore accessibles.

- **Saint-Julien 2019** | Sec | 2027>2040 | 84 € 95
- **Esprit de Saint-Pierre, Saint-Julien 2019** | Sec | 2024>2032 | NC 90

Château Siran

Ce cru de Margaux, situé sur les très belles graves de Labarde, est dirigé depuis 2007 par Édouard Miailhe. Les vins de Siran sont toujours charmeurs dans leur jeunesse et se complexifient au vieillissement, avec notamment des notes de rose ancienne et d'épices leur donnant finesse et élégance. On pourrait cataloguer les vins de Siran comme des classiques de Margaux, même si nous constatons ces derniers millésimes un infléchissement de style, qui va vers le registre de l'extrême puissance.

- **Margaux 2019** | Sec | 2025>2035 | 29 € 92

Château Sociando-Mallet

Figure incontournable du Médoc, Jean Gautreau était l'un des artisans du renouveau de ses crus. Respecté par ses pairs, il a hissé Sociando-Mallet au niveau d'un cru classé, agrandissant largement le vignoble depuis son

Anne-Françoise et Jean-Philippe Quié (château Rauzan-Gassies).

Hubert de Boüard (château Angélus).

achat en 1969. Aujourd'hui, sur les 85 hectares de la propriété, une cinquantaine a le niveau d'un troisième voire d'un second cru classé. Ce sont des vins de référence, avec un toucher et une identité inimitables. Médocains dans l'âme, ils ont toujours beaucoup de finesse.

- **Haut-Médoc 2019** | Sec | 2025>2035 | 28 € — 93

Château Talbot

★★★★☆

Cette propriété, parmi les plus justement populaires du Médoc, appartient toujours à la famille Cordier. Elle donne naissance à une abondante production, qui a gagné en vigueur de définition depuis 2014. Talbot incarne pour beaucoup l'idéal du saint-julien, généreusement bouqueté, très stable et sûr au vieillissement. Un joli vin blanc sec, aromatique et nerveux, continue à être produit sous la marque caillou-blanc. Le travail intelligent, conduit avec l'aide de Stéphane Derenoncourt dans un cuvier et un chai adroitement modernisés, porte ses fruits.

- **Saint-Julien 2019** | Sec | 2026>2040 | 58.8 € — 93
- **Caillou Blanc, Bordeaux 2020** | Sec | 2022>2026 | NC — 91
- **Connétable de Talbot, Saint-Julien 2019** | Sec | 2025>2035 | NC — 91

Château du Tertre

★★★☆☆

Située d'un seul tenant sur deux splendides croupes de graves siliceuses, ce cru classé est géré par la famille Helfrich (Grands Chais de France). Son caractère aromatique, très frais et élégant doit beaucoup à la proportion importante de cabernets francs dans l'encépagement. Le rapport qualité-prix est indéniable.

- **Margaux 2019** | Sec | 2026>2035 | 55 € — 93
- **Tertre Blanc, Vin de France 2019** | Sec | 2022>2025 | 25 € — 93

Château Teynac

★★★☆☆

Acheté par Philippe et Fabienne Pairault il y a une trentaine d'années, ce joli cru d'une douzaine d'hectares est situé au cœur du village de Beychevelle. C'est l'un des rares châteaux de taille moyenne, cerné par une nuée de crus classés ! Le cabernet-sauvignon domine largement, l'élevage est soigné, le résultat est à la hauteur. L'arrivée d'Eléonore, la brillante fille des propriétaires, fait beaucoup de bien à cette propriété qui ne cesse de nous impréssionner. C'est l'adresse à suivre.

- **Saint-Julien 2019** | Sec | 2024>2032 | NC — 92
- **Château Les Ormes, Saint-Julien 2019** | Sec | 2024>2030 | NC — 90

Château Tronquoy-Lalande

★★☆☆☆

Après de nombreuses années passées au château Mouton-Rothschild, Hervé Berland est en charge de la direction des deux propriétés acquises par Martin et Olivier Bouygues. Moins connu que Montrose, le château Tronquoy-Lalande, discrète propriété de 18 hectares à Saint-Estèphe, est l'un des plus anciens vignobles de l'appellation. Les vins qui y sont produits sont splendides.

- **Saint-Estèphe 2019** | Sec | 2025>2035 | 27 € — 93

RIVE DROITE

Château Angélus

★★★★★

En plein cœur de la côte de Saint-Émilion, sur le secteur le plus prestigieux de l'appellation, exposé plein sud, Angélus dispose d'un des plus beaux terroirs, sur 25 hectares d'un seul tenant. Ce cru porté au sommet par Hubert de Boüard, vinificateur hors pair et âme des lieux, est co-dirigé par sa fille Stéphanie et son cousin Thierry Grenié. Fort pourcentage de cabernet franc (40 à 50 %), engagement humain et financier important (le nouveau chai de 2014 permet de réaliser des vins d'une précision impressionnante). Tout ceci forme un arsenal de haute exigence. Le passage en culture biologique achève la montée en puissance du cru. Le changement de style opéré depuis quelques millésimes donne encore plus de complexité. 2018 et 2019 entrent pleinement dans ce profil et 2020 est porteur également de très grands espoirs.

- **Saint-Émilion grand cru 2019** | Sec | 2027>2040 | 387 € — 98
- **Le Carillon, Saint-Émilion grand cru 2019** | Sec | 2022>2030 | 110 € — 91
- **N°3, Saint-Émilion grand cru 2019** | Sec | 2024>2032 | 42 € — 89

Château des Annereaux

★★☆☆☆

Ce vignoble historique de 25 hectares de Lalande de Pomerol est situé sur le plateau graveleux et sablo-graveleux. Le gérant de la propriété, Benjamin Hessel, n'a pas hésité à faire découvrir son vin à l'Elysée, qui l'a retenu pour valoriser l'image de la France dans le monde. Depuis le millésime 2010, le cru est passé en agriculture biologique. Les vins produits sont souples et distingués au niveau aromatique. De bons rapports qualité-prix.

- **Lalande de Pomerol 2019** | Sec | 2022>2032 | 13.8 € — 92

Château Ausone

★★★★★

Depuis plus de vingt-cinq ans, par son harmonie de constitution et le raffinement de sa texture, Ausone figure parmi les meilleurs vins de Bordeaux. Sa longévité en bouteille est extraordinaire. Tout ceci s'explique grâce aux vignes situées sur un tertre calcaire comprenant pour une petite partie un plateau à la couche de sol peu épaisse, et pour la majorité de leur surface la pente adjacente, exposée plein sud avec un sol beaucoup plus profond. Cette dualité est un atout essentiel qu'a su magnifier le propriétaire actuel, Alain Vauthier, et aujourd'hui sa fille Pauline.

- **Saint-Émilion grand cru 2019** | Sec | 2030>2090 | 414 € — 98
- **Chapelle d'Ausone, Saint-Émilion grand cru 2019** | Sec | 2024>2044 | 170 € — 94

Château Beauregard

★★★☆☆

La famille Moulin (Galeries Lafayette) et Cathiard (Smith Haut-Lafitte) possèdent cette propriété où le château constitue une merveille d'architecture du XVIIIe siècle. Si les premiers sont les actionnaires majoritaires (95 %), les seconds entendent apporter leur expertise sur ce domaine de 16 hectares d'un seul tenant, situé sur le versant sud du plateau, cultivé désormais selon les principes de l'agriculture biologique. Les derniers millésimes montrent que le vin a gagné en assise et en raffinement.

- **Pomerol 2020** | Sec | 2024>2032 | 24 € — 93
- **Benjamin de Beauregard, Pomerol 2019** | Sec | 2022>2030 | 26 € — 88

Château Beauséjour-Bécot

★★★★☆

2017 marque une évolution de style avec l'arrivée comme consultant de Thomas Duclot et de Jean de Cournuaud formé à l'école Berrouet (celle de Petrus), arrivé à la direction technique pour le millésime 2018. Ceci marque le désir de Juliette Bécot d'infléchir le profil du vin, en incorporant un pourcentage variable de vendange entière (raisins non égrappés). Elle vinifie ainsi plus en infusion. 2018 splendide, 2019 au-dessus et 2020 grandiose. Bon rapport qualité-prix parmi les premiers crus classés de Saint-Émilion

- **Saint-Émilion grand cru 2019** | Sec | 2025>2050 | 95 € — 96

Château Beauséjour Duffau-Lagarrosse

★★★★☆

Racheté par la famille Courtin du groupe Clarins, le domaine est maintenant dirigé par Joséphine Duffau-Lagarosse. Avec ses 6,5 hectares d'un seul tenant,

MATHIEU GARÇON

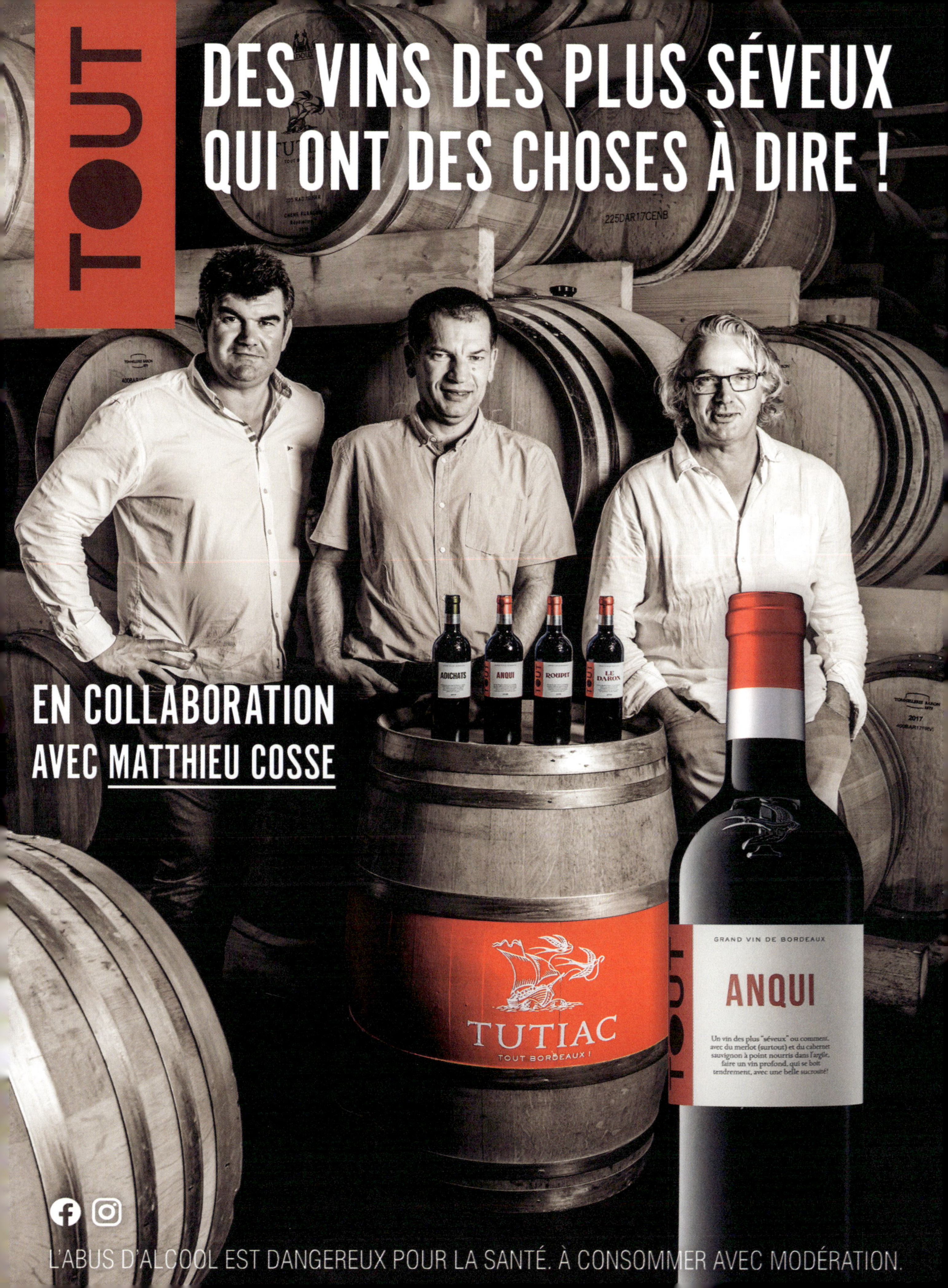
TOUT
DES VINS DES PLUS SÉVEUX
QUI ONT DES CHOSES À DIRE !
EN COLLABORATION
AVEC MATTHIEU COSSE
ADICHATS
ANQUI
ROUPIT
LE DARON
TUTIAC
TOUT BORDEAUX !
TOUT
GRAND VIN DE BORDEAUX
ANQUI
Un vin des plus "séveux" ou comment, avec du merlot (surtout) et du cabernet sauvignon à point nourris dans l'argile, faire un vin profond, qui se boit tendrement, avec une belle sucrosité!
L'ABUS D'ALCOOL EST DANGEREUX POUR LA SANTÉ. À CONSOMMER AVEC MODÉRATION.

idéalement situés sur le flanc ouest de la côte de Saint-Émilion, Beauséjour est le plus petit en superficie des premiers crus de Saint-Émilion. On a abandonné pour le grand vin le cabernet-sauvignon, et le cabernet franc a été replanté sur la dalle calcaire. Un vin unique au fruité très pur, au soyeux raffiné, avec une finale saline savoureuse.

■ Saint-Émilion grand cru 2019 | Sec | 2024>2035 | 135 € 98

Château Belair-Monange

★★★★☆

Edouard Moueix habite ce château où des travaux importants permettent désormais de magnifier grandement ce magnifique terroir calcaire à l'entrée sud de Saint-Émilion, avec Ausone comme plus proche voisin. La complémentarité des terroirs et une reprise en main énergique de la viticulture portent leurs fruits. Belair-Monange a retrouvé sa classe naturelle avec une plus grande intensité de constitution et sans le moindre déséquilibre.

■ Saint-Émilion grand cru 2019 | Sec | 2025>2035 | 230 € 98

■ Annonce de Bélair-Monange, Saint-Émilion grand cru 2019 | Sec | 2022>2030 | 180 € 90

Château Bellefont-Belcier

★★★☆☆

La propriété, située dans le prolongement de Pavie et de Larcis-Ducasse, a été rachetée par Peter Kwok. Cet homme d'affaires a senti le potentiel de ce cru classé de 13,5 hectares. La direction a été confiée à Jean-Christophe Meyrou. Les ambitions sont évidentes et cela se traduit par plus de sélection parcellaire et un pourcentage de cabernet franc porté à 30 %. La densité et la fermeté des vins de côte et de pied-de-côte sont atténuées par une vinification douce pour faire ressortir un accent crayeux et plus de complexité au tannin généreux de ce cru classé.

■ Saint-Émilion grand cru 2019 | Sec | 2023>2045 | 46.8 € 93

Château Bellevue

★★★☆☆

Hubert de Boüard gère ce beau terroir qui se situe au-dessus des bâtiments de château Angélus, sur une côte magnifiquement exposée où seul le merlot donne de bonnes vibrations au vin malgré les essais de cabernet franc. Le style se révèle plein et savoureux avec beaucoup de séduction. Les derniers millésimes ont du souffle. On les attendra plusieurs années.

■ Saint-Émilion grand cru 2019 | Sec | 2022>2050 | 38 € 95

Château Berliquet

★★★☆☆

Racheté par Chanel qui possède le prestigieux voisin, le château Canon, Berliquet est une propriété qui s'appuie majoritairement sur des vignes de merlot qui peuvent s'épanouir sur un terroir argilo-calcaire en coteaux. Très classique, généreusement construit mais sans lourdeur, ce vin est l'un des grands classiques de l'appellation. 2019 s'annonce prometteur. Le 2018 à moins de 40 euros est encore une très bonne affaire.

■ Saint-Émilion grand cru 2019 | Sec | 2026>2042 | 37 € 93

Château Canon

★★★★☆

Depuis le rachat des 22 hectares de Canon par la famille Wertheimer, ce cru bénéficie du travail long et patient de restauration effectué et ce premier de la classe tient avec constance son rang. Le vignoble a été bien remis en état, avec une augmentation sensible de cabernet franc. Les trois derniers millésimes en bouteille montrent une constance de style fort appréciable, des vins élégants, complexes, sans aucune surcharge. Les 2018, 2019, 2020 ont gagné en chair et sont somptueux.

■ Saint-Émilion grand cru 2019 | Sec | 2027>2060 | 118 € 98

■ Croix-Canon, Saint-Émilion grand cru 2019 | Sec | 2024>2034 | 29 € 92

Nicolas Audebert (château Canon et château Rauzan-Ségla).

Château Canon-la-Gaffelière

★★★★☆

Stephan von Neipperg, issu de la grande aristocratie de Bade-Wurtemberg a redonné sa pleine expression au vin qui mérite parfaitement son rang de premier grand cru classé. Cet homme distingué, œnologue et agronome diplômé de Montpellier, est devenu l'un des vignerons les plus dynamiques et innovants du Libournais. Les derniers millésimes se montrent savoureux.

■ Saint-Émilion grand cru 2019 | Sec | 2023>2040 | 74.4 € 94

Château Canon-Pécresse

★★★☆☆

Les 4,5 hectares de ce canon-fronsac bien ancrés sur une terrasse dominant la Dordogne ont été repris avec enthousiasme par Jean-Francis Pécresse, directeur de Radio Classique. La propriété conseillée par l'incontournable Stéphane Derenoncourt a gagné en fruit et raffinement, équilibre, finesse tannique et profondeur. C'est un bon rapport qualité-prix.

■ Canon-Fronsac 2019 | Sec | 2025>2045 | 22.5 € 93

Château Cantin

★★☆☆☆

Cette propriété de Saint-Émilion retrouve de l'ambition avec sa prise en mains par le groupe Grands Chais de France. S'appuyant sur un encépagement complémentaire où merlot (63 %), cabernet franc et cabernet-sauvignon se complètent harmonieusement, Cantin possède un terroir argilo-calcaire très classique de l'appellation.

■ Saint-Émilion grand cru 2019 | Sec | 2023>2040 | 29 € 92

■ Saint-Émilion grand cru 2020 | Sec | 2025>2040 | 29 € 92

Château Capet-Guillier

★★★☆☆

Seuls quelques quatre hectares bien exposés sur le coteau argilo-calcaire contribuent à faire du château-capet-guillier. Ce grand cru situé à Saint-Hippolyte est suivi depuis 2009 par l'équipe technique de Stéphane Derenoncourt. Les progrès sont constants. Le vin se révèle à la fois suave et bien structuré.

■ Saint-Émilion grand cru 2019 | Sec | 2026>2047 | 42 € 93

Pierre-Olivier Clouet (château Cheval Blanc).

Château Chauvin

★★☆☆☆

Sylvie Cazes (issue d'une des grandes familles du vignoble médocain) et ses enfants s'occupent avec attention de ce cru de 15 hectares, d'un seul tenant se situe sur le plateau ouest de Saint-Émilion. Son terroir argilo-sableux nuancé d'un peu de crasse de fer, explique le profil pomerolais du cru sur beaucoup de millésimes. Le tannin velouté charme tout de suite et les vins méritent de figurer dans la cave de l'amateur.

- **Saint-Émilion grand cru 2019** | Sec | 2022>2040 | 44 € — 91

Château Cheval Blanc

★★★★★

Avec ses pommiers entre les pieds de vigne, des poules, des brebis et quelques porcs, Cheval Blanc possède une vision durable de l'agriculture. Autant d'atouts pour les 39 hectares de cette propriété mythique qui occupe une place primordiale sur le plateau sablo-graveleux de l'appellation, un peu plus argileux sur son flanc nord, du côté de Pomerol. Cheval Blanc se distingue de ses voisins par sa longévité légendaire due au fort pourcentage de cabernet franc. Pierre Lurton, son directeur depuis 1991 (il préside également le château d'Yquem) et ses équipes talentueuses font preuve de rigueur et d'esprit pour perpétuer son style inimitable. 2018, 2019 et 2020 sont superbes.

- **Saint-Émilion grand cru 2019** | Sec | 2026>2040 | 605 € — 99
- **Petit Cheval, Saint-Émilion grand cru 2019** | Sec | 2022>2032 | 130 € — 92
- **Le Petit Cheval, Bordeaux 2019** | Sec | 2022>2040 | 250 € — 92

Château Clarisse

★☆☆☆☆

Figure du secteur de l'hôtellerie de luxe, Didier Le Calvez et son épouse Olivia ont permis de donner un coup de projecteur sur le plateau de Puisseguin. Leur domaine de 5,10 hectares possède un terroir argilo-calcaire et argilo-siliceux qui mérite toutes les attentions. La progression est indiscutable. La cuvée vieilles-vignes constitue l'une des réussites majeures sur le secteur.

- **Vieilles Vignes, Puisseguin-Saint-Émilion 2019** | Sec | 2026>2037 | 44 € — 88
- **Castillon Côtes de Bordeaux 2019** | Sec | 2022>2032 | 28 € — 88

Château Clinet

★★★☆☆

Ronan Laborde, patron de l'Union des grands crus, est propriétaire de ce vignoble situé sur de vieilles graves profondes, mêlées d'argiles et de crasse de fer. Au sommet du plateau de Pomerol, les 11,27 hectares de Clinet sont au cœur des meilleurs terroirs de l'appellation. Le vin, charnu et consensuel, évolue parfaitement bien dans le temps, avec un gain de fraîcheur de constitution dans les derniers millésimes. Beaucoup de plénitude et de distinction.

- **Pomerol 2019** | Sec | 2025>2035 | 99 € — 95

Château Corbin

★★★☆☆

Anabelle Cruse-Bardinet, issue d'une des grandes familles bordelaises du vin, tient désormais bien en main son terroir de Corbin où elle produit sur 13 hectares des vins typiques de ce secteur, plus proches par leur texture du pomerol que des saint-émilion de côte. S'y ajoute une finesse particulière née d'une meilleure maîtrise de l'élevage due dès le millésime 2016, à la nouvelle cuverie. Remarquable rapport qualité-prix. Avec beaucoup de maîtrise et de sensibilité, la propriété se rapproche d'une quatrième étoile.

- **Saint-Émilion grand cru 2019** | Sec | 2022>2040 | 50 € — 96

Château Croix de Labrie

★★★☆☆

Pierre Courdurié, négociant en vin et son épouse Axelle ont acquis ces 3,5 hectares en 2013. Croix de Labrie provient des parcelles de Badon, à côté de Pavie et de terres situées dans le haut de Saint-Christophe-des-Bardes. Ce cru produit aujourd'hui l'un des meilleurs vins du secteur jusqu'à devenir un challenger ultra compétitif pour quelques premiers.

- **Saint-Émilion grand cru 2019** | Sec | 2026>2046 | 150 € — 92

Château Dalem

★★★☆☆

Les derniers millésimes de Dalem figurent parmi les meilleurs de son appellation, ce qui justifie une juste promotion. Leur style vigoureux s'est assoupli avec bonheur et les vins, sans perdre de leur profondeur, ont beaucoup gagné en raffinement. Aux commandes depuis 2002, Brigitte Rullier-Loussert a succédé à son père, Michel Rullier qui acheta cette propriété en 1955 avec un très beau château dominant la vallée de l'Isle. Elle a bien pris la mesure de ce vignoble qui compte aujourd'hui plus d'une vingtaine d'hectares. Très bon rapport qualité-prix.

- **Fronsac 2019** | Sec | 2022>2042 | 19.8 € — 94

Château Dassault

★★★☆☆

Les 28 hectares de l'ancien château Couperie ont été acquis et rebaptisés en 1955 par Marcel Dassault. Ce cru régulier s'est imposé comme une valeur sûre de l'appellation, produisant des vins de plus en plus riches, sans rupture d'harmonie. L'achat récent des vignes voisines du château Trimoulet (17 hectares) doivent permettre la production d'un vin encore plus complet. Les derniers millésimes sont de franches réussites.

- **Saint-Émilion grand cru 2019** | Sec | 2023>2040 | 35 € — 93

Château de la Dauphine

★★★☆☆

Propriété de Jean-Claude Labrune, le vignoble se distingue par sa forme d'amphithéâtre. Il compte désormais 53 hectares, exposés au sud cultivés en bio, posés sur 14 types de sols. Stéphanie Barousse, la directrice, tire la quintessence de tous ces terroirs, avec des vins de belle étoffe plus en finesse qu'en extraction. Les derniers millésimes sont profonds, racés et séveux et jouent la carte de la finesse et de l'équilibre. Grand rapport qualité prix.

- **Fronsac 2019** | Sec | 2022>2045 | 14.95 € — 94

Château du Domaine de l'Église

★★★★☆

En confiant la direction technique à Christophe Dussotour, Philippe Casteja a été un propriétaire inspiré. Le travail à la vigne comme au chai respecte au mieux ce terroir idéalement situé au centre du plateau. La grande finesse et la grande fraîcheur dans la production actuelle offrent un vin qui vieillit avec harmonie. Ce cru est encore méconnu, il ne faut pas s'en priver.

- Pomerol 2019 | Sec | 2024>2032 | 50 € 94

Clos Dubreuil

★☆☆☆☆

Ce Saint-Émilion grand cru est l'une des 14 propriétés de la famille Trocard, sur le plateau calcaire de Saint-Émilion, à Saint-Christophe-des-Bardes, soit 4,5 hectares où 90 % de merlot cohabitent avec 10 % de cabernet franc. Les derniers millésimes ont de l'allant. On apprécie le volume et la générosité du vin, avec ce qu'il faut d'élégance. Le bordeaux-clairet est une pure gourmandise !

- Saint-Émilion grand cru 2019 | Sec | 2023>2040 | 66 € 92

Château Faugères

★★★☆☆

Dans sa bouteille spéciale Lalique, cristallerie qu'il a rachetée en 2008, Sylvio Denz, homme d'affaires suisse, affiche ici son ambition de cuvée de prestige. D'ailleurs Péby Faugères est devenu un cru à part entière, fondé sur une assiette foncière qui lui est propre. Dense et puissant, le vin se révèle flamboyant avec des touches chocolatées et épicées. En grande progression ces derniers millésimes.

- Saint-Émilion grand cru 2019 | Sec | 2024>2042 | 55 € 91
- Cap de Faugères, Castillon Côtes de Bordeaux 2019 | Sec | 2022>2027 | 18 € 90

Château Fayat

★★☆☆☆

Cru de Pomerol créé en 2009 par Clément Fayat (industriel du BTP propriétaire du château La Dominique à Saint-Emilion), dont les 15 hectares de vignoble épousent toutes les sensibilités de l'appellation, avec 31 parcelles d'expositions et de natures de sols différentes. Le vin produit aujourd'hui, conseillé par Michel Rolland, offre une séduction immédiate avec un tannin bien enrobé, dans un style flamboyant, profitant de plantations à haute densité et d'un fort pourcentage de merlot (90 %).

- Pomerol 2019 | Sec | 2022>2030 | 33.6 € 91

Philippe Chandon-Moët (château de Ferrand).

Château de Ferrand

★★★☆☆

Ce vaste vignoble d'un seul tenant de 32 hectares, situé sur le plateau de Saint-Hippolyte, point le plus haut de l'appellation, a multiplié les améliorations et commence à faire parler avec éloquence le terroir, fort de son rang de grand cru classé acquis en 2012. Sous l'impulsion de Pauline Bich Chandon-Moët et de son mari, la propriété revient ainsi sur le devant de la scène et s'est dotée, outre d'un nouvel outil de production plus moderne, d'un complexe œnotouristique original, où l'on se voit accueilli « comme à la maison ». L'un des lieux les plus agréables de l'appellation. Progression spectaculaire, permise par une équipe technique de grand talent.

- Saint-Émilion grand cru 2019 | Sec | 2024>2032 | 26.9 € 93
- Le Différent, Saint-Émilion grand cru 2019 | Sec | 2022>2028 | 25 € 89

Château Figeac

★★★★★

Avec 35 % de cabernet franc et 35 % de cabernet-sauvignon, on dit souvent que Figeac, installé sur le plateau graveleux qui borde Pomerol, est le plus médocain des saint-émilion. L'originalité du cru repose sur son terroir central qui est composé de graves günziennes, les mêmes que l'on trouve chez les grands crus classés de la Rive gauche. De ce fait, ce premier cru classé évolue parfaitement dans le temps. Thierry Manoncourt, âme du cru pendant plus de soixante ans, lui donna une impulsion salutaire. Depuis 2013, Marie-France Manoncourt, veuve de Thierry, a formé avec ses filles un nouveau directoire : celui-ci a engagé Jean-Valmy Nicolas, leur voisin du château La Conseillante, comme gérant, et Michel Rolland comme œnologue-conseil. Avec le compétent directeur Frédéric Faye, la propriété a atteint le sommet de la Rive droite.

- Saint-Émilion grand cru 2019 | Sec | 2026>2045 | 203 € 99
- Petit Figeac, Saint-Émilion grand cru 2019 | Sec | 2024>2032 | 65 € 91

Château Fleur Cardinale

★★★☆☆

Florence et Dominique Decoster, leur fils Ludovic et son épouse Caroline se sont pris de passion pour ce domaine de côte de 23 hectares, proche de la commune de Castillon. Les vins ont une générosité rare, même en millésime moyen et ont gagné en finesse de grain de tannin. C'est l'une des valeurs sûres de Saint-Émilion et le nouveau chai permet déjà un gain de précision et de pureté. Que de progrès réalisés et d'efforts consentis. Ce cru est en route vers le sommet.

- Saint-Émilion grand cru 2019 | Sec | 2022>2042 | 39.9 € 94
- Château Croix Cardinale, Saint-Émilion grand cru 2019 | Sec | 2022>2027 | 30 € 89

Château Fombrauge

★★★☆☆

Acquis par Bernard Magrez en 1999, ce grand cru classé du nord-est de Saint-Émilion. Il livre aujourd'hui un vin ample, intensément coloré, toujours d'une grande richesse et d'un style résolument hédoniste, avec une chair imposante et fraîche. Seconde étiquette, Magrez-Fombrauge est une sélection qui bénéficie d'un soin encore plus extrême. Plus riche, avec également une finesse de tannin superbe, il gagne sans cesse en équilibre et en élégance.

- Saint-Émilion grand cru 2019 | Sec | > | 27 € 89

Château Fonplégade

★★★★☆

Fonplégade est un cru de 18 hectares superbement situé sur la côte de Saint-Émilion, dans le prolongement direct d'Ausone. Repris par un couple d'Américains passionnés en 2004, Denise et Stephen Adams, le cru affirme des choix clairs, viticulture biologique et vinification sans concession, dans un cuvier moderne et chaleureux. Le vin a gagné en élégance dans la définition du tannin, avec un 2016 qui constitue une priorité pour l'amateur comme les 2018 et 2019. Le cru est dans une forme éblouissante et peut compter sur des équipes de haut vol.

- Saint-Émilion grand cru 2019 | Sec | 2023>2050 | 68 € 94

Château Fonroque

★★★☆☆

La famille Guillard, issue du monde de l'assurance, est propriétaire des 17 hectares de ce grand cru classé de Saint-Émilion depuis l'été 2017. Elle a pris comme consultant Alain Moueix qui a mis en place la biodynamie. Le vignoble se répartit sur un plateau et un coteau exposé ouest. La qualité progresse, on apprécie la trame fine et svelte et des équilibres fondés sur la fraîcheur. Quatrième étoile toute proche.

- Saint-Émilion grand cru 2019 | Sec | 2023>2045 | 27.65 € 95

Château Fontenil

Fontenil (9 hectares) est située sur des coteaux de terre argileuse de Saillans. Au fil des millésimes, Dany et Michel Rolland ont affiné le style des vins de leur propriété familiale, avec leur professionnalisme et leur rigueur habituels. Les vins sont structurés, concentrés, charnus et expriment une expression suave et accomplie. Les vins évoluent avec grâce et les derniers millésimes sont une priorité pour l'amateur, à moins de 25 euros.

- **Fronsac 2019** | Sec | 2022>2036 | 20.15 € — 93
- **Le Défi de Fontenil, Fronsac 2019** | Sec | 2026>2041 | 49 € — 94

Clos Fourtet

Fulgurances du millésime 2020. La complexité du vin étonne par la pureté de son fruit et la rémanence des flaveurs crayeuses qui étoffent une bouche magistrale ! C'est un vin de grande émotion pour cette propriété, superbement située sur le plateau du village, à côté des fameuses grandes murailles, appartenant désormais à la famille Cuvelier qui a engagé Stéphane Derenoncourt comme conseiller. Les 20 hectares sont bien ancrés sur le célèbre plateau calcaire à astéries qui donnent des vins parmi les plus aboutis de l'appellation. Le nouveau cuvier permet depuis le millésime 2014 d'être encore plus précis dans la définition du tannin et du fruit. Sous l'effet de la biodynamie, le vin a gagné en complexité et en pureté d'expression. Les vins naissent denses et veloutés mais gagnent en nuances et en énergie, avec tout le soyeux et le grand style truffé des meilleurs merlots sur sol calcaire.

- **Saint-Émilion grand cru 2019** | Sec | 2025>2050 | 133 € — 96

Château Franc-Mayne

Jean-Pierre Savare, homme d'affaires parisien et propriétaire viticole, a racheté début 2018 ce vignoble de sept hectares, associé à la famille Cazeneuve (château Paloumey, cru bourgeois en Haut-Médoc). Ce vin au corps soyeux et à l'allonge franche gagne en distinction et profondeur depuis le millésime 2018. Tout est progrès depuis les derniers millésimes.

- **Saint-Émilion grand cru 2019** | Sec | 2022>2040 | 45 € — 91

Château Grand Barrail Lamarzelle Figeac

Les équipes de la maison Dourthe, l'un des négoces les plus qualitatifs du Bordelais prennent progressivement la mesure de ce cru qui sort de mieux en mieux dans nos dégustations. Crémeux et énergique, avec une allonge fine, ce vin termine sur une finale enlevée. Le rapport qualité-prix est évident.

- **Saint-Émilion 2019** | Sec | 2022>2032 | 25 € — 89

Château Grand Corbin-Despagne

Grand Corbin-Despagne est certainement le meilleur rapport qualité prix de Saint-Émilion, avec ses 29 hectares situés sur un terroir où les sables dominent. François Despagne a travaillé sans relâche pour obtenir ce résultat, avec un engagement bio qui contribue à ce succès. Son vin concilie vigueur, soyeux, distinction aromatique et superbe évolution dans le temps. Avec l'âge, il peut ressembler à un grand pomerol.

- **Saint-Émilion grand cru 2019** | Sec | 2022>2050 | 40 € — 95

Château Grand-Mayne

S'étendant sur 17 hectares, ce grand cru classé situé sur la côte ouest du plateau de Saint-Emilion est géré par la famille Nony. Sous l'impulsion de Jean-Antoine Nony, de nombreux progrès ont été réalisés par la propriété, qui semble avoir trouvé son rythme de croisière pour produire de grands vins sur ce terroir de premier ordre.

- **Saint-Émilion grand cru 2019** | Sec | 2023>2050 | 60 € — 93

Château Grand Renouil

Depuis 2019, Hélène Ponty est la cinquième génération de la famille à la tête des vignobles de Canon-Fronsac, succédant à son père Michel, propriétaire discret et talentueux. Le parcellaire d'une dizaine d'hectares est magnifiquement exposé. Le microclimat permet de profiter de l'ensoleillement des arrière-saisons et sait garder cette fraîcheur qui manque souvent aux vins démonstratifs du secteur. Les vins doivent mûrir quelques années en cave avant d'être bus.

- **Grand Renouil, Canon-Fronsac 2019** | Sec | 2022>2040 | 15.6 € — 93

Château Haut-Carles

Ce domaine de référence du Fronsadais est sous la houlette de Constance et de Stéphane Droulers, ancien associé-gérant de la célèbre banque d'affaires internationale Lazard Frères. Leurs deux filles, Eléonore et Oriane viennent de rejoindre la gérance de l'exploitation. Le vignoble de 20 hectares d'un seul tenant surplombe la vallée de l'Isle. Il a été entièrement restructuré et les deux vins ont atteint le haut niveau. Château-de-carles est un vin de plaisir et haut-carles est la cuvée haute couture du château.

- **Haut-Carles, Fronsac 2019** | Sec | 2025>2035 | 32 € — 93
- **Château de Carles, Fronsac 2019** | Sec | 2022>2027 | 17 € — 90

Clos des Jacobins

Ce cru de 8,5 hectares de la côte ouest de Saint-Emilion appartient aujourd'hui à la famille de Bernard Decoster. Thibaut et Magali Decoster sont accompagnés au niveau technique par Hubert de Boüard. Le vin n'a cessé de progresser tout au long de la décennie pour atteindre un niveau jamais connu auparavant. Ce cru de côte gagne en séduction immédiate et possède un fruité généreux expressif.

- **Saint-Émilion grand cru 2019** | Sec | 2024>2032 | 37 € — 91

Château Jean-Faure

À deux pas de Cheval Blanc, les 18 hectares du château Jean Faure, grand cru classé, bénéficient des soins méticuleux et des investissements judicieux d'Olivier Decelle (Mas Amiel dans le Roussillon, Decelle-Villa en Bourgogne, De Boisseyt dans le Rhône nord). La discipline de travail dans les vignes est impressionnante. Pré-

Jean-Antoine Nony (château Grand-Mayne).

parations organiques et biodynamiques (le domaine est certifié en bio depuis le millésime 2017, il le sera bientôt en biodynamie), espèces végétales multiples, travail manuel : tout s'organise autour de l'espace naturel, en symbiose avec le rythme des saisons. Le vin présente une texture fine bien fournie, grâce à une majorité de cabernet franc comme à Figeac et Cheval Blanc, un fruit quasi bourguignon et une tension subtile.

- Saint-Émilion grand cru 2019 | Sec | 2024>2055 | 54 € 95

Château L'Église-Clinet

Les 5,5 hectares du vignoble de l'Église-Clinet se trouvent idéalement implantés sur des terroirs d'argiles et de graves argileuses. Les accents floraux de violette et de pivoine constituent l'ADN aromatique de ce cru au tannin de satin qui marque son territoire par sa fraîcheur de constitution et sa longueur infinie d'un grand raffinement. Aujourd'hui, la nouvelle génération relève le défi. À moins de 40 euros, le second vin est devenu un cru à part entière.

- Pomerol 2019 | Sec | 2025>2050 | 259 € 97

Château L'Évangile

Juliette Couderc, la directrice technique, continue d'être à l'aise avec ce terroir. Le propriétaire, le baron Éric de Rothschild a doté son cru pomerolais d'installations techniques à la hauteur du potentiel et de la réputation de ce château. Des petites cuves permettent notamment de mieux suivre la vendange et d'affiner les assemblages. Le plan de restauration du vignoble mis en place avec arrachage de vignes et replantations se poursuit. L'évangile séduit par sa grande sève, son bouquet généreux de truffe, sa texture veloutée d'un grand raffinement, avec une dimension élégante sans surpuissance.

- Pomerol 2019 | Sec | 2025>2045 | 220 € 96
- Blason de l'Évangile, Pomerol 2019 | Sec | 2022>2030 | 45 € 89

Château La Conseillante

Ce cru modèle de Pomerol (12 hectares d'un seul tenant) tutoie L'Évangile, Cheval Blanc, Vieux- Certan et Figeac. Les sélections parcellaires sont mises en valeur par un cuvier adapté avec des petits contenants. Depuis 2015, c'est Marielle Cazaux qui met en musique toute la partition technique. On apprécie le satiné de tannin du grand vin avec une densité distinguée mettant bien en valeur la pureté du fruit et ses délicieuses notes de violette, caractéristiques de la propriété. Le second vin, duo-de-conseillante, gagne en densité et précision.

- Pomerol 2019 | Sec | 2026>2050 | 140 € 97
- Duo de Conseillante, Pomerol 2019 | Sec | 2024>2032 | 45 € 90

Château La Couspaude

Située sur un excellent secteur du plateau calcaire, proche de Trottevieille, ce vignoble de sept hectares appartient à la famille Aubert. La génération montante donne plus de finesse à ce cru qui offre une belle régularité depuis une vingtaine d'années. C'est un vin généreux, rond, gourmand, bien élevé, sensuel et ayant gagné en finesse dans les derniers millésimes.

- Saint-Émilion grand cru 2019 | Sec | 2024>2032 | 40 € 92

Château La Croix du Casse

Ce domaine de Philippe Casteja est l'un des grands classiques de Pomerol. Il bénéficie des mêmes soins techniques que son grand frère, le château du Domaine de l'Église. Les vins vieillissent avec élégance et classicisme. Les derniers millésimes sont de bon niveau. Nous recommandons pour son sérieux et son excellent rapport qualité-prix.

- Pomerol 2019 | Sec | 2024>2032 | 28 € 92

Château La Dominique

Cette propriété de 23 hectares appartient à la famille Fayat (Fayat à Pomerol et Clément-Pichon en Médoc). En constante progression, le cru a produit sur les derniers millésimes des vins dignes du plateau mythique pomerolais. Depuis 2011, le pourcentage du grand vin est passé de 80 à 55 %, gagnant en complexité. Le pourcentage de cabernet franc augmente et le cru change de dimension avec une finesse de grain et une intensité tannique toute en subtilité et un fruité plus nuancé.

- Saint-Émilion grand cru 2019 | Sec | 2022>2050 | 46.6 € 95
- Le Relais de la Dominique, Saint-Émilion grand cru 2019 | Sec | 2022>2028 | 20 € 88

Château La Fleur de Boüard

Ce domaine de 30 hectares en lalande-de-pomerol est l'un des symboles de la réussite d'Hubert de Boüard et de sa famille propriétaire du château Angelus. La propriété produit un vin ample, profond, d'une remarquable finesse de tannin et d'une dimension sans équivalent dans l'appellation. Chaque année, à partir du terroir graveleux, on réalise le-plus, vin très ambitieux, élevé 33 mois en fût neuf. Il faut l'attendre une bonne dizaine d'années pour ne pas passer à côté.

- Lalande de Pomerol 2019 | Sec | 2024>2032 | 20 € 92
- Le Plus de la Fleur de Boüard , Lalande de Pomerol 2019 | Sec | 2025>2035 | 40 € 93

Château La Fleur-Petrus

Voici un cru de 18 hectares dont le parcellaire a considérablement évolué. Très qualitatifs, les vins gagnent en complexité. Depuis 2011, les raisins issus du terroir de l'ex-château Guillot donnent au cru encore plus d'assise en milieu de bouche. Son tannin plein de grâce possède un satiné rafraîchissant unique dans le secteur. La fleur-petrus est un grand vin de gastronomie. Les derniers millésimes sont des modèles de style.

- Pomerol 2019 | Sec | 2024>2040 | 81 € 97

Château La Gaffelière

Idéalement situé sur la côte qui prolonge Ausone et conduit à Belair-Monange, La Gaffelière a connu durant la dernière décennie une révolution tout en douceur : sur la moitié des 22 hectares s'est mise en place, sous la houlette d'Alexandre Malet-Roquefort (dont la famille est à Saint-Émilion depuis le XVe siècle), un meilleur positionnement de l'encépagement. On arrache les merlots et on replante du cabernet franc qui passe des sables au coteau. Son pourcentage augmente et atteint jusqu'à 40 % de l'assemblage final. Le résultat se révèle probant avec des vins plus complexes, floraux, respectant le fruit et la fraîcheur.

- Saint-Émilion grand cru 2019 | Sec | 2025>2050 | 73.5 € 97
- Clos La Gaffelière, Saint-Émilion grand cru 2019 | Sec | 2023>2029 | 30 € 91

Château La Grâce Dieu des Prieurs

Acquise en 2013 par l'homme d'affaires russe Andrei Filatov, cette propriété bien située du plateau de Saint-Émilion compte neuf hectares plantés à 90 % en merlot sur un sol essentiellement sablo-argileux. Disposant désormais d'un chai en gravité spectaculaire signé Jean Nouvel, la propriété s'appuie sur l'expertise de Louis Mitjaville pour réaliser un vin ambitieux, élevé chaque année entièrement en barriques neuves. Les vins sont présentés dans un format de bouteille très original et illustré dans chaque millésime par douze œuvres d'artistes russes.

- Saint-Émilion grand cru 2019 | Sec | 2027>2047 | 188 € 93

Château La Marzelle

Conduite en biodynamie, cette propriété de 17 hectares, reprise en mains par la famille Sioen, produit maintenant des vins dignes de son secteur, proche de Figeac. Grâce à une meilleure sélection parcellaire, un tri de vendange perfectionné, le domaine produit un vin au toucher de bouche velouté, avec un fruité rayonnant et un corps de belle élégance. Les millésimes récents sont superbes et 2021 en primeur est une priorité pour l'amateur.

- Saint-Émilion grand cru 2019 | Sec | 2022>2040 | 74 € 93

La Mondotte

C'est un petit vignoble au terroir très argileux de vieilles vignes de merlot, posé sur le plateau calcaire de Saint-Emilion, à la proximité immédiate de Troplong-Mondot et des trois Pavie. 4,5 hectares seulement acquis en 1996 et qui offrent au bout de 15 ans l'une des expressions de truffe noire parmi les plus abouties de Saint-Emilion. Il faut y ajouter l'admirable soyeux de texture, toujours soutenu par une trame fraîche très équilibrée et l'on obtient l'un

Marie-Laure Latorre (château Jean Faure).

Mathieu Garçon

des vins les plus généreux et les plus distingués de son secteur.

■ **Saint-Émilion 2019** | Sec | 2027>2040 | 229 € — 95

Château La Patache

★★☆☆☆

Premier asiatique à avoir investi dans un grand cru bordelais à Saint-Émilion, Peter Kwok est également présent à Pomerol sur ces trois hectares. La Patache se situe sur des graves fines avec de la crasse de fer et un sous-sol argileux, donnant au vin velouté et profondeur de fruit. Une cuvée spéciale 100 % merlot regroupe les quatre meilleures parcelles pour élaborer l'enclos-de-tourmaline. Ce cru charnu et dense joue volontiers dans la cour des grands.

■ **L'Enclos de Tourmaline, Pomerol 2019** | Sec | 2024>2032 | 150 € — 94
■ **La Patache, Pomerol 2019** | Sec | 2022>2040 | 35.5 € — 92

Château La Pointe

★★★☆☆

Generali France, propriétaire du cru, peut être satisfait des investissements consentis sur les 22 hectares de la Pointe, situés sur sables et graves. Toujours inspiré, le talentueux directeur de la propriété, Éric Monneret, a su imposer son vin. Il sait parfaitement gérer son équipe technique et il écoute les conseils avisés du consultant Hubert de Boüard. L'une des références du secteur, gagnant au fil des ans en pureté aromatique et en soyeux.

■ **Pomerol 2019** | Sec | 2025>2045 | 36 € — 94

Château La Serre

★★★☆☆

Les sept hectares du château La Serre sont situés idéalement sur le plateau calcaire de Saint-Émilion. L'exposition plein sud complète cet avantage naturel. L'édification du nouveau chai bénéficie grandement au 2018, premier millésime vinifié en ces lieux, qui comptent parmi les vins les plus frais de l'appellation. 2019 comme 2020 poursuivent sur cette dynamique. Une verticale au château nous a permis de juger de l'évolution favorable dans le temps des vins de cette propriété familiale où les générations cohabitent avec bonheur. Troisième étoile.

■ **Saint-Émilion grand cru 2019** | Sec | 2024>2055 | 55 € — 94

Château La Violette

★★★★★

Henri Parent continue avec brio le travail de sa mère Catherine Péré-Vergé (ex-directrice de cristal d'Arc) qui avait réveillé ce joyau d'1,80 hectare situé au cœur du célèbre plateau de Pomerol. La partie œnologique est assurée par Michel Rolland. Exubérant dans sa suavité, ce cru rayonne en bouche par sa sensualité incomparable. La fulgurance aromatique est exceptionnelle : fruits rouges et fleurs se mêlent de la façon la plus harmonieuse avec une touche d'épices. Un style irrésistible récompensé d'un cinquième étoile.

■ **Pomerol 2019** | Sec | 2024>2036 | 175 € — 98

Château Lafleur

★★★★★

Tenu avec une extrême méticulosité, ce vignoble fait face à Petrus sur une légère croupe très graveleuse en son sommet, parsemée de lentilles argileuses et de terrains plus profonds. Les Guinaudeau sont des propriétaires-vignerons qui connaissent tous leurs ceps. Chaque rang des quatre hectares est cultivé à part pour composer avec la nature de son sol. Sur les graves, le cabernet franc mûrit à la perfection, apportant ainsi une complexité unique sur la Rive droite pour l'équilibre de l'assemblage. Quant au merlot, sur argiles profondes, il se montre de la même veine. La proportion égale de ces deux cépages s'harmonise parfaitement. Lafleur concourt chaque année pour le titre de meilleur vin du Bordelais. C'est devenu un mythe, que l'on ne trouve que chez les meilleurs cavistes.

■ **Pomerol 2019** | Sec | 2030>2050 | 512 € — 98
■ **Les Pensées de Lafleur, Pomerol 2019** | Sec | 2023>2040 | 80 € — 93

Château Larcis-Ducasse

★★★★☆

2020, 2019, 2018 de Larcis-Ducasse constituent un trio de millésimes majeur de ce domaine de 11 hectares d'un seul tenant situés face à la vallée de la Dordogne. Il s'agit d'un superbe terroir sur l'un des coteaux les mieux exposés de l'appellation. Le vin se caractérise par un magnifique velouté de texture, soutenue par un tannin épicé et truffé de grande classe. Son rang de premier cru est justifié et les derniers millésimes sont incontournables. Un premier cru classé en pleine forme.

■ **Saint-Émilion grand cru 2019** | Sec | 2025>2050 | 56 € — 96

Château Larmande

★★☆☆☆

Situé au nord de l'appellation, ce vignoble d'une vingtaine d'hectares repose sur des terroirs assez variés, partagés entre argilo-calcaires et sables. Le propriétaire, le groupe La Mondiale, soigne autant Larmande que Soutard dont il est également propriétaire. Les choses changent progressivement et le vin se montre charmeur, avec un fruit délicat et croquant. En progrès constants ces derniers millésimes. L'équipe comprend de mieux en mieux ce terroir particulier.

■ **Saint-Émilion grand cru 2019** | Sec | 2022>2040 | 20 € — 92

Château Laroque

★★☆☆☆

Cru classé de Saint-Émilion, Laroque (61 hectares) produit un vin solide, plus construit en charpente qu'en finesse. L'arrivée de David Suire qui officie avec Nicolas Thienpont sur les premiers crus classés de Saint-Émilion redonne de l'élan à ce domaine. Cela est perceptible sur des millésimes comme 2016 et 2017 où il y a plus de raffinement. 2018 marque une progression qualitative importante. L'un des meilleurs rapports qualité-prix du secteur.

■ **Saint-Émilion grand cru 2019** | Sec | > | 36 € — 92

Château des Laurets

★★☆☆☆

Benjamin de Rothschild rachète cette propriété en 2003, persuadé du potentiel du site et de ses 95 hectares. Le baron est égale-

Diana Berrouet Garcia (Le Pin).

ment séduit par le patrimoine du domaine. Le cuvier est rénové dès 2004. Les cuves bois et inox, aux volumes réduits, permettent de vinifier parcelle par parcelle pour une approche qualitative qui transfigure les vins de la propriété. Les rendements sont également réduits pour améliorer la qualité des raisins récoltés. La ligne décidée par Benjamin de Rothschild est claire : il n'est désormais plus question de vendre en vrac, mais bien de donner au vignoble tous les moyens pour produire de grands vins, mis en bouteille à la propriété et portant l'étiquette du château.

- Puisseguin-Saint-Émilion 2019 · Sec · 2022>2035 · NC — 88
- Sélection parcellaire, Puisseguin-Saint-Émilion 2019 · Sec · 2025>2040 · NC — 89

Château Le Chemin

★★☆☆☆

François Despagne, l'homme de Grand Corbin Despagne, a jeté son dévolu sur ce vignoble familial de 93 ares. On aime ce vin au tannin serrés, velouté et énergique, issu d'un terroir de pied-de-côte graveleuse. Souple et fruitée en attaque, la bouche monte en puissance, offrant un beau volume, un boisé fondu et une longue finale poivrée.

- Pomerol 2019 · Sec · 2022>2045 · 40 € — 92

Château Le Gay

★★★★☆

Ce château bien restauré est un lieu de réception à la hauteur de son terroir, considéré sur le nord du plateau comme l'un des meilleurs de l'appellation. Henri Parent en assure la direction. Michel Rolland, dirige la manœuvre en cuverie où les vinifications sont réalisées intégralement en barrique, ce qui induit des vins amples et charnus. Leur moelleux de texture sculptural et l'intensité de sève sont bien marquées. Le Gay est l'un des crus les plus recherchés par les amateurs.

- Pomerol 2019 · Sec · 2024>2040 · 100.5 € — 96
- Manoir de Gay, Pomerol 2019 · Sec · 2022>2027 · NC — 88

Le Pin

★★★★☆

Jacques Thienpont créa Le Pin au début des années 1980. Ce cru a bousculé la hiérarchie de la Rive droite et ses prix se sont alors envolés. Aux abords du village de Catusseau, le vignoble s'appuie largement sur le merlot. Le vin possède une remarquable suavité, exubérante et exotique au bouquet, avec un équilibre et une fraîcheur plus affirmée que par le passé. Sa rareté et son aura mystérieuse en font l'archétype du cru spéculatif mais la qualité du vin est à la hauteur du mythe.

- Pomerol 2019 · Sec · 2022>2045 · 850 € — 96

Château Le Prieuré

★★★☆☆

Ce vignoble de 6,2 hectares se situe à l'est de Saint-Émilion, sur le flanc de la colline argilo-calcaire et calcaire, entre Trottevieille, Pavie-Macquin et Troplong-Mondot. François Pinault (Château Latour, Château Grillet) est entré dans la société civile qui possède et exploite ce cru. Les vins privilégient l'équilibre et la finesse.

- Saint-Émilion grand cru 2019 · Sec · 2024>2032 · 43.7 € — 92

Château Mangot

★★★☆☆

Yann et Karl Todeschini ont pris la mesure de ce domaine familial de Saint-Étienne-de-Lisse : il comprend 34 hectares de vignoble d'un seul tenant sur quatre types de terroirs où dominent les secteurs argilo-calcaires. Les vins y sont denses, puissants et ont gagné en raffinement sur les derniers millésimes, avec plus de fraîcheur : le consultant Thomas Duclot joue un rôle certain dans ce changement.

- Saint-Émilion grand cru 2019 · Sec · 2023>2043 · 25 € — 90
- Distique, Saint-Émilion grand cru 2019 · Sec · 2025>2045 · NC — 92

Château Mazeyres

★★★☆☆

Comme à Fonroque (Saint-Émilion), le directeur Alain Moueix, ingénieur viticole et œnologue talentueux, issu d'une grande famille de viticulteurs et négociants libournais apporte son engagement, son expertise et son savoir-faire. L'apport essentiel de la biodynamie place la progression de ce cru dans un mouvement de qualité ascendant, ce qui lui vaut une promotion méritée. Les vins qui en résultent, vivants et élégants. Les derniers millésimes se révèlent charmeurs.

- Pomerol 2019 · Sec · 2022>2035 · 19.85 € — 92
- Le Seuil de Mazeyres, Pomerol 2019 · Sec · 2022>2028 · 21 € — 89

Château Monbousquet

★★★★☆

Très audacieux par leur puissance dans leur prime jeunesse, les vins de ce cru situé en pied-de-côte et transfiguré par le travail de Gérard Perse (également propriétaire de Pavie) vieillissent avec une grande harmonie, rendant justice au remarquable travail effectué dans le vignoble. Un vin blanc de haute volée devrait inciter d'autres châteaux à en produire eux aussi.

- Saint-Émilion grand cru 2019 · Sec · 2022>2037 · 55 € — 92

Château Montlabert

★★☆☆☆

À quelques portées de Cheval Blanc, Figeac et Jean Faure, sur 3,5 hectares, Montlabert regarde en direction du plateau magique de Pomerol et sur neuf hectares, vise en direction de Saint-Émilion. Acquis par la famille Castel, ce domaine trouve ses marques grâce aux investissements culturaux. Ludovic Hérault dirige la manœuvre à la vigne et en cuverie, travaillant en étroite collaboration avec Hubert de Boüard (château Angélus).

- Saint-Émilion grand cru 2019 · Sec · 2023>2040 · 40 € — 91

Château Montviel

★★★☆☆

Les vins de Montviel sortent parfaitement sur les derniers millésimes grâce aux parcelles situées sur le secteur de Clinet. Ce fut le premier maillon de Pomerol acheté par Catherine Péré-Vergé, l'une des grandes dames de l'appellation. Son fils Henri Parent reprend avec succès le flambeau. Il bénéficie des mêmes soins que Le Gay et La Violette. À moins de 35 euros, c'est un bon rapport qualité-prix pour ce niveau de qualité et pour l'appellation.

- Pomerol 2019 · Sec · 2022>2040 · 50 € — 92

Château Nénin

★★★★☆

Ce cru peut compter sur l'un des meilleurs terroirs de Pomerol et dispose de 32 hectares. Il appartient depuis 1997 à la famille Delon (château Léoville-Las-Cases à Saint-Julien) qui y a engagé d'importants travaux. Les millésimes récents sont parmi les meilleurs de l'appellation. Moins démonstratif que la majorité de ses pairs, il est taillé pour la garde. En constante progression pour sa précision structurelle et aromatique, il est désormais dans la cour des plus grands.

- Pomerol 2019 · Sec · 2025>2045 · 68 € — 96
- Fugue de Nénin, Pomerol 2019 · Sec · 2023>2029 · NC — 90

Château Pavie

★★★★★

Gérard Perse a connu un destin hors du commun. Parti de rien, il a construit dans sa troisième vie, une œuvre de grand vigneron faite d'exigence, d'invention et de sens du détail pour toutes ses propriétés de la Rive droite. En particulier pour le château Pavie dont les chais pharaoniques sont à la hauteur de son statut de premier grand cru classé A,

PRESSE, MATHIEU GARÇON

obtenu en 2012. Le vignoble, comme les chais, a été entièrement restructuré. Le style du vin réunit dans un équilibre jusqu'ici unique sur la Rive droite la plus extrême ampleur à une noblesse de texture justement calibrée. Les grands terroirs parlent avec une majesté flamboyante, à condition de savoir attendre au moins une dizaine d'années. Sans cela, on risquerait de passer à côté de la réelle complexité du cru. Les 2016, 2017, 2018 ont encore gagné en nuances. Les plus pressés peuvent déjà investir dans esprit-de-pavie : un bordeaux séveux et très savoureux à moins de 20 euros.

- Saint-Émilion grand cru 2019 | Sec | 2032>2070 | 400 € 99
- Esprit de Pavie, Bordeaux Supérieur 2019 | Sec | 2023>2028 | 19 € 91
- Arômes de Pavie, Saint-Émilion grand cru 2019 | Sec | 2022>2030 | 105 € 91

Château Pavie-Decesse

★★★★☆

En rachetant Pavie-Decesse à la même époque que Pavie, en 1997, Gérard Perse a choisi de conserver l'identité des deux propriétés, pourtant voisines sur la côte de Saint-Émilion. Seul changement : l'intégration des vignes de plein coteau dans Pavie pour centrer Pavie-Decesse sur les sols du plateau directement au-dessus. Le cru impressionne à chaque millésime par sa puissance, son ampleur et sa formidable densité tannique. Sa fin de bouche minérale souligne le terroir.

- Saint-Émilion grand cru 2019 | Sec | 2027>2050 | 125 € 94

Château Pavie-Macquin

★★★★☆

Les derniers millésimes de Pavie-Macquin sont de très haute volée. Les 2014, 2015, 2016, 2017 sont d'excellente facture et les 2016 et 2018 s'annoncent somptueux. En effet, avec ses 18 hectares, sur le rebord de la côte Pavie, Pavie-Macquin est devenu fort justement premier grand cru classé. Son terroir d'argiles fortes reposant sur un socle calcaire à astéries, permet un drainage naturel et une alimentation hydrique très régulière. Le vin présente toujours un profil d'une grande générosité, avec une bouche corsée et charnue, avec un fruit vivifiant. Il gagne en finesse et en harmonie à chaque nouveau millésime, avec l'inimitable saveur de truffe et la tension minérale.

- Saint-Émilion grand cru 2019 | Sec | 2026>2060 | 95 € 98

Château Péby Faugères

★★★☆☆

Dans sa bouteille spéciale Lalique, cristallerie qu'il a rachetée en 2008, Sylvio Denz, homme d'affaires suisse, affiche ici son ambition de cuvée de prestige. D'ailleurs Péby Faugères est devenu un cru à part entière, fondé sur une assiette foncière qui lui est propre. Dense et puissant, le vin se révèle flamboyant avec des touches chocolatées et épicées. Une dégustation récente de plusieurs millésimes illustre les progrès réalisés par la propriété en matière de pureté et d'équilibre.

- Saint-Émilion grand cru 2019 | Sec | 2026>2047 | 153 € 93

Château Petit-Village

★★★☆☆

Après l'achat de Château Beauregard en 2014, la famille Moulin rachète six ans plus tard, le voisin Petit-Village, le but étant de monter en puissance et de convertir la propriété en bio. 2020 marque la première année de conversion bio et l'engagement du gérant, Augustin Belloy, à faire du cru l'un des meilleurs de Pomerol. À partir de ce millésime, on a réduit de moitié le parcellaire du grand vin en ne retenant, que les 4 à 5 hectares les plus argileux du secteur oriental qui touchent Vieux Château Certan. C'est le deuxième point le plus haut de l'appellation après Petrus. 2019 et 2018 de très bonne facture.

- Pomerol 2019 | Sec | 2023>2035 | 60.2 € 93

Henrique da Costa (château Pavie).

Petrus

★★★★★

Sur les 11,5 hectares, le domaine ne produit que 30 000 bouteilles par an d'un seul vin rouge que les amateurs du monde entier s'arrachent. Il faut dire que Petrus est exceptionnellement situé sur une boutonnière d'argiles noires gonflantes reposant sur un lit de crasse de fer, au centre du plateau. Dans un sol favorable uniquement au merlot, le vin tire sa force et sa puissance. Il faut au moins une vingtaine d'années pour l'apprécier à sa juste saveur. Tension raffinée et densité profonde, texture de taffetas et retours floraux, Petrus rayonne et s'impose progressivement à vous. Les derniers millésimes sont irrésistibles et ils traduisent au mieux l'année qui les a vu naître.

- Pomerol 2019 | Sec | 2027>2050 | 3200 € 98

Château Pierre Premier

★★☆☆☆

Ce petit cru, situé sur le plateau calcaire, a été acquis à la fin du siècle dernier par l'attachante famille Dutruilh, dont le père s'est illustré dans le vin et le fils dans le ski. Originellement baptisé la Croix-Figeac, le cru ne fait plus d'ombre à son vénérable voisin en rendant désormais hommage à Pierre Dutruilh, premier du nom. Les vins sont consistants et bien construits, d'une grande régularité millésime après millésime.

- Saint-Émilion grand cru 2019 | Sec | 2023>2040 | 19 € 91

Château de Pressac

★★★☆☆

Si la guerre de 100 ans connut son épilogue à Pressac, l'autre date importante pour la propriété fut son rachat en 1997 par Jean-François Quenin, ancien directeur général de Darty. La propriété qui compte une quarantaine d'hectares, est très bien située, sur une veine argilo-calcaire à sols rouges qui s'étend de Saint-Émilion à Saint-Étienne-de-Lisse en une bande étroite. Une grande partie du vignoble a été replantée. Les plants qui comptent une vingtaine d'années commencent vraiment à écrire l'histoire avec des 2018, 2019 et 2020 de belle facture. Le cru est aujourd'hui de plus en plus courtisé.

- Tour de Pressac, Saint-Émilion grand cru 2019 | Sec | 2022>2035 | 20 € 90
- Saint-Émilion grand cru 2019 | Sec | 2023>2050 | 26.5 € 96

Château Quintus

★★★☆☆

La société familiale Clarence Dillon (château Haut-Brion) a regroupé en un même cru l'ex-château Tertre-Daugay et son voisin le château L'Arrosée, soit 28 hectares, avec des terroirs parmi les meilleurs de Saint-Émilion par leur diversité en matière de sols, déclinant le calcaire et l'argilo-calcaire. Depuis 2014, le cru peut vraiment se frotter aux crus classés et la qualité va crescendo. Le vin déploie un tannin tendu et suave, mieux défini depuis que l'assemblage monte jusqu'à 30 % de cabernet franc.

- Saint-Émilion grand cru 2019 | Sec | 2027>2047 | 131 € 94

Château Rouget

★★★☆☆

Édouard Labruyère (Domaine Jacques Prieur en Bourgogne, JM Labruyère en Champagne et Beaujolais) a redonné son rang à ce beau cru du nord du plateau de Pomerol. Le guide Féret en 1868 considérait Rouget comme l'une des cinq meilleures propriétés du secteur. Les derniers millésimes marquent des progrès constants, alliant puissance et élégance, et devenant plus précis dans l'architecture de ses tannins, avec un moelleux de texture qui assoit bien la bouche.

- Pomerol 2019 | Sec | 2025>2040 | 35 € 93

Château Saint-Pierre

★★★☆☆

Un grand terroir pour cette vieille propriété qui a enfin sélectionné ses meilleures parcelles et appelé Stéphane Derenoncourt comme consultant. Il y a dès ce premier essai une véritable révolution. Seul handicap, la très petite production. Association magique de suavité (tannin onctueux) et d'énergie en finale, avec ce qu'il faut de profondeur, Saint-Pierre gravit à chaque millésime une marche vers les sommets de Pomerol.

■ **Pomerol 2019** | Sec | 2025>2045 | 9.5 € — 94

Château Sansonnet

★★★☆☆

Fille de vigneron, Marie-Bénédicte Lefévère administre avec beaucoup d'idéalisme et de discipline ce petit bijou de cru de sept hectares. Le vignoble jouxte le premier grand cru classé Trottevieille, au nord-est de Saint-Emilion, sur le point le plus élevé du plateau argilo-calcaire. Les derniers millésimes s'enchaînent avec succès, et le travail réalisé a été justement récompensé par le nouveau classement. Si le merlot est largement majoritaire (85 %), il est ramassé quand il le faut et vinifié en douceur. Cela donne au vin la suavité et le moelleux habituels mais avec une finesse remarquable qui devrait le faire rechercher des amateurs les plus exigeants. Très beaux 2018 et 2019.

■ **Saint-Émilion grand cru 2019** | Sec | 2022>2042 | 34 € — 95

Château Sergant

★☆☆☆☆

Propriété des Grands Chais de France, Sergant est un bon classique de Lalande-de-Pomerol, exprimant les qualités et souvent la complexité que le merlot peut atteindre sur ces terroirs. Les derniers millésimes sont savoureux et sérieusement construits. Il faut les apprécier dans les cinq ans qui suivent leur mise en bouteille.

■ **Lalande de Pomerol 2020** | Sec | 2023>2029 | 16 € — 89

Véronique Corporandy (château Soutard).

MATHIEU GARÇON

Château Siaurac

★☆☆☆☆

Situé à Néac dans le prolongement du plateau de Pomerol, le château Siaurac est le plus grand domaine de Lalande-de-Pomerol, avec 70 hectares dont plus d'une quarantaine plantés. Comme Le Prieuré et Vray-Croix-de-Gay, il est devenu en 2020 la propriété de l'assureur Suravenir, aussi propriétaire du château Calon-Ségur dans le Médoc. C'est un bon vin d'initiation pour découvrir l'appellation. On aime sa suavité bien enrobée qui s'étire de la plus belle des façons.

■ **Lalande de Pomerol 2019** | Sec | 2023>2029 | NC — 88

Château Soutard

★★★☆☆

Véronique Corporandy, directrice technique talentueuse, incarne le projet qualitatif porté par le groupe d'assurances La Mondiale auquel le cru appartient. Depuis 2012, la propriété intègre le vignoble de château Cadet-Piola et possède désormais une trentaine d'hectares au cœur du plateau de Saint-Émilion, lui permettant d'augmenter le volume de vin sans changer le style. L'accueil œnotouristique est un modèle du genre.

■ **Saint-Émilion grand cru 2019** | Sec | 2026>2050 | 34 € — 92

■ **Cadet de Soutard, Saint-Émilion grand cru 2019** | Sec | 2024>2042 | 37 € — 93

Château Tertre-Roteboeuf

★★★★★

François Mitjavile est un propriétaire artiste. Sur son petit vignoble promontoire de 5,68 hectares, il recule à chaque millésime les limites du possible et même de l'imaginable pour cueillir le raisin au sommet absolu de la maturité, cherchant une richesse inouïe de saveur pour ses vins, monuments de sensualité élégante. Dans la hiérarchie de Saint-Émilion, Tertre Roteboeuf est simplement hors-classe et du niveau des meilleurs premiers crus classés. Chaque millésime délivre une interprétation spécifique de l'exceptionnel terroir argileux du cru.

■ **Saint-Émilion grand cru 2019** | Sec | 2022>2045 | 144 € — 97

Château Tour Saint-Christophe

★★☆☆☆

Peter Kwok, banquier hongkongais et taïwanais se trouve sur la Rive droite depuis 1997, année où il acheta Haut-Brisson, avant de jeter son dévolu Tour-Saint-Christophe puis Bellefont-Belcier. Son vignoble domine les terrasses de Saint-Christophe-des-Bardes. S'étant offert en 2014 les 12,6 hectares du château Tourans, l'homme d'affaires possède plus d'une vingtaine d'hectares pour développer ce grand cru de Saint-Émilion. Le vin gagne rapidement en raffinement. Bon rapport qualité-prix.

■ **Château Tour Saint-Christophe, Saint-Émilion grand cru 2019** | Sec | 2022>2040 | 35.5 € — 91

Château Troplong-Mondot

★★★★☆

Le point culminant de Saint-Émilion. Son vignoble possède une situation privilégiée et ses sols et le microclimat sont de même nature que ceux du secteur de Pavie. Depuis son rachat en 2017, par le réassureur Scor, la direction de ce premier cru a été confiée à Aymeric de Gironde. Les modifications mises en place dès 2017 sont avant tout des ajustements de date de récolte et de vinification pour apporter plus de fraîcheur de constitution au cru. Après trois ans de travaux le nouveau chai gravitaire aux lignes épurées construit en hauteur permet de gagner en précision dans tous les gestes techniques.

■ **Saint-Émilion grand cru 2019** | Sec | 2026>2040 | 86.8 € — 96

■ **Mondot, Saint-Émilion grand cru 2019** | Sec | 2022>2031 | 110 € — 91

Château Trotanoy

★★★★☆

Voisin de Petrus, Trotanoy est l'une des propriétés phare des établissements Jean-Pierre Moueix. Comptant 7,2 hectares, elle se compose pour moitié d'argiles noires et l'autre moitié de graves argileuses. Cette mixité donne au vin à la fois de la puissance, de l'élégance et de la profondeur mais aussi une intensité aromatique rare par juxtaposition de notes chaudes, d'amande grillée, de truffe, de cèdre et de réglisse. Les derniers millésimes sont de haute volée et donneront leur pleine mesure dans quelques années.

■ **Pomerol 2019** | Sec | 2030>2050 | 96.25 € — 96

Château Trotte Vieille

Le nouveau chai va encore permettre à ce premier cru de progresser : ici d'énormes efforts ont été accomplis depuis la fin des années 1990 date de l'arrivée aux commandes de Philippe Castéja, appuyé le talentueux régisseur Christophe Dussutour. Cette propriété magnifiquement située sur le plateau calcaire, à la sortie nord-est du village de Saint-Émilion, séduit par une intensité très affirmée mais aussi par son équilibre, sa finesse et sa fraîcheur, proposant la personnalité d'un saint-émilion racé, long et svelte, avec tout le chic de grands cabernets francs de très vieilles vignes, souvent majoritaires. Vins grandioses.

- **Saint-Émilion grand cru 2019** | Sec | 2027>2060 | 80 € — 97
- **La Dame de Trottevieille, Saint-Émilion grand cru 2019** | Sec | 2022>2032 | 90 € — 93

Château Valandraud

Le nouveau chai est l'une des plus belles réalisations en la matière de Saint-Émilion. Il se révèle tout à fait à la hauteur de ce premier cru classé, créé ex-nihilo dans le vallon de Fongaban, par Murielle Andraud et Jean-Luc Thunevin. En deux décennies et demie, Valandraud atteint un niveau exceptionnel tant au niveau de la texture que de la structure. Ce domaine s'impose grâce à des vins d'une rare ampleur de constitution, hédonistes mais toujours harmonieux, complexes et surprenants de fraîcheur, conservant un fruit abondant. Ils possèdent certainement l'une des plus belles textures satinées de la Rive droite, grâce à un élevage haute couture. Le second vin, virginie-de-valandraud, dont le prix tourne à une quarantaine d'euros, se montre plus immédiat et constitue un bon rapport qualité-prix.

- **Saint-Émilion grand cru 2019** | Sec | 2022>2045 | 140 € — 97
- **Virginie de Valandraud, Saint-Émilion grand cru 2019** | Sec | 2022>2032 | 39.6 € — 92
- **Bad Boy, Bordeaux 2019** | Sec | 2022>2027 | 18 € — 89

Vieux Château Certan

La propriété, qui appartient depuis près d'un siècle à la famille Thienpont d'origine flamande, est l'une des superstars de Pomerol. Le merlot représente 65 % de l'encépagement et excelle sur les sols argileux proches de Petrus. Les 35 et 40 % de cabernets franc et sauvignon sont issus de sols de graves. « VCC » gagne en densité veloutée au bout d'une dizaine d'années. Alexandre Thienpont, épaulé par son fils Guillaume, joue sur plusieurs registres, celui du tannin ultra raffiné, de la suavité de texture et de son aptitude à bien évoluer dans le temps. La régularité du cru est impressionnante.

- **Pomerol 2019** | Sec | 2027>2050 | 235.5 € — 98
- **La Gravette de Certan, Pomerol 2019** | Sec | 2022>2030 | 70 € — 90

Château Villemaurine

Fille de vigneron, Marie-Bénédicte Lefévère qui possède notamment le château Sansonnet a racheté l'un de ses voisins, le château Villemaurine. Cette propriété de sept hectares est superbement située à la sortie nord du village de Saint-Émilion, à côté de Trottevieille, sur le plateau calcaire. Le cru donne des vins puissants et équilibrés, classiques de ce secteur, qui ont trouvé le sens de la finesse exigée avec une expression florale nuancée. Pour environ une quarantaine d'euros, voilà un saint-émilion qui joue dans la cour des grands.

- **Saint-Émilion grand cru 2019** | Sec | 2022>2042 | 51 € — 93

BORDEAUX ET CÔTES DE BORDEAUX

Domaine de l'A

Il y a toujours beaucoup de poésie lorsque l'on se rend à Sainte-Colombe chez les Derenoncourt qui sont devenus des consultants très respectés du Bordelais, ayant gardé cette simplicité vigneronne qui sait où va le goût des choses. Leur domaine de l'A est devenu une référence sur le secteur en y produisant l'un des vins les plus séduisants de la rive droite avec un fruit palpitant de cœur de bouche à la fois frais et pulpeux. Excellent dans sa jeunesse, le vin évolue parfaitement comme le prouve notre dégustation remontant jusqu'au millésime 2002. On retrouve alors le grand style truffier des meilleurs vins de la région.

- **Castillon Côtes de Bordeaux 2019** | Sec | 2024>2044 | 24 € — 95

Château d'Aiguilhe

Magicien des vinifications, le comte vigneron, Stephan von Neipperg (Canon La Gaffelière, La Mondotte), possède sur Aiguilhe un vignoble historique d'une cinquantaine d'hectares situé sur le plateau. Il bénéficie d'un drainage naturel et d'un excellent ensoleillement grâce à une exposition globale au sud. Rappelons que ce terroir de calcaires à astéries présente les mêmes sols que les grands crus classés de Saint-Émilion. Les derniers millésimes sont des valeurs sûres, faisant preuve d'une grande régularité. Le blanc produit en quantité confidentielle a également fière allure.

- **Castillon Côtes de Bordeaux 2019** | Sec | 2023>2029 | 20.2 € — 92
- **Le Blanc d'Aiguilhe, Bordeaux 2019** | Sec | 2022>2026 | NC — 93

Château Alcée

Alcée est devenu une des priorités absolues pour l'amateur. Le cru appartient à Nicolas Thienpont, l'un des plus grands consultants de la rive droite (Pavie-Macquin, Larcis-Ducasse). Celui-ci achète, en 2011, trois hectares à Castillon, situés en sommet du plateau calcaire où le rocher affleure sous les argiles rouges. En 2014, le parcellaire est porté à 6,5 hectares avec de nouvelles parcelles placées à une encablure de Saint-Philippe d'Aiguille, sur un plateau calcaire alternant argiles compactes et abords très superficiels. La courbe du vin s'arrondit, la texture se densifie et joue désormais dans la cour des grands de l'appellation, avec un bon rapport qualité-prix entre 14 et 17 euros.

- **Castillon Côtes de Bordeaux 2019** | Sec | 2022>2037 | 18 € — 94

Château Ampélia

François Despagne, propriétaire du grand cru classé Grand Corbin Despagne à Saint-Émilion et diplômé d'ampélologie, a toujours été convaincu du fort potentiel qualitatif du terroir de Castillon. Il y fait l'acquisition du château Ampélia en 1999. Plantée à 95 % de merlot sur une mince couche argilo-calcaire reposant sur un socle calcaire, cette propriété de moins de cinq hectares propose des vins d'une grande franchise de constitution.

- **Castillon Côtes de Bordeaux 2019** | Sec | 2022>2039 | 9 € — 91

Château de Belcier

Construit à la fin du XVIIIe siècle, le château de Belcier coiffe un vignoble de 52 hectares sur des sols argilo-calcaires et argilo-limoneux. Il possède comme ingénieur-conseil le célèbre Georges Pauli, homme d'expérience qui s'illustra à Saint-Julien. Les vins sont bien constitués, avec une cuvée domaine franche et dynamique et une cuvée le-pin-de-belcier plus complexe.

Château Bonnange

Repris par Michael Huang, un entrepreneur chinois imaginatif et impliqué, Château Bonnange est une propriété de référence en Blayais. Elle propose aujourd'hui à côté de ses cuvées classiques des vins de cépages de sauvignon, merlot, cabernet et malbec. C'est véritablement l'une des propriétés les plus intéressantes de ce secteur. La troisième étoile est méritée.

- Blaye Côtes de Bordeaux 2019 | Sec | 2024>2032 | NC — 90
- Pourpre, Bordeaux 2019 | Sec | 2025>2040 | NC — 92
- Silice, Vin de France 2020 | Sec | 2022>2026 | NC — 91
- Noir, Vin de France 2019 | Sec | 2026>2045 | NC — 94

Borie Manoux

Maison bordelaise historique, Borie Manoux appartient à la famille Castéja, propriétaire de nombreux crus classés (Trottevieille, Lynch-Moussas, Batailley, etc.). Autour du classique Beau-Rivage, elle a composé une gamme de vins de marques axés sur la souplesse et le fruit. Un style accessible et souple, avec quelques jolies réussites.

- Beau Rivage Premium, Bordeaux Supérieur 2019 | Sec | 2023>2027 | 8 € — 89
- Beau-Rivage, Bordeaux 2019 | Sec | 2022>2026 | 7 € — 88
- Beau-Rivage, Bordeaux 2019 | Sec | 2022>2025 | 7 € — 88

Vignobles Despagne

La famille Despagne dispose de cinq propriétés et de 300 hectares de vignes, plantées des cépages traditionnels bordelais. Le sérieux, l'inventivité et la compétence des Despagne font que tous leurs vins, et notamment ceux de leurs propriétés phare, Tour de Mirambeau et Rauzan Despagne, pourraient servir de modèle à bien des bordeaux : toujours flatteurs mais jamais loin du classicisme bordelais. Les vins sont toujours très harmonieux.

Dourthe

À travers ses cuvées phare qui portent haut les couleurs du Bordelais ou les châteaux qu'elle amène au sommet de leur appellation, Dourthe est une maison à la signature sûre. Sa cuvée phare, déclinée dans les trois couleurs, est le dourthe-n°1, véritable archétype du bon bordeaux. Elle possède plusieurs propriétés importantes, comme Pey La Tour en entre-deux-mers, La Garde en pessac-léognan, et le cru classé Belgrave en haut-médoc. Reprise par le Champenois Alain Thiénot, elle n'a en rien modifié de sa philosophie d'action. Le vignoble bordelais a besoin de signature aussi recommandable que celle-ci.

- Dourthe N°1, Bordeaux 2019 | Sec | 2023>2030 | 9.5 € — 91
- Dourthe N°1, Bordeaux 2019 | Sec | 2022>2026 | 7.9 € — 91
- Château Pey La Tour, Bordeaux 2019 | Sec | 2024>2030 | 13.5 € — 90
- Promesse de Dourthe, Blaye 2019 | Sec | 2022>2027 | 10 € | ☘ — 90

Nicolas Thienpont (château Alcée).

GUNTHER VICENTE, PRESSE

Château Hostens-Picant

Nadine et Yves Picant, rejoint par leurs filles, Valentine et Charlotte, font des merveilles sur ce vignoble de 40 hectares dans l'appellation sainte-foy-bordeaux, bien conseillés par Stéphane Derenoncourt. À côté de la cuvée rouge classique, souple et expressive, lucullus se montre charnu et épicé. Le blanc les-demoiselles, assemblage sémillon, sauvignon et muscadelle, est l'une des cuvées les plus réussies du Bordelais, vin onctueux et dynamique, de garde et taillé pour la gastronomie. La référence du secteur.

- Sainte-Foy-Bordeaux 2019 | Sec | 2022>2030 | 16.7 € — 90
- Lucullus, Sainte-Foy-Bordeaux 2019 | Sec | 2025>2037 | 25 € — 91

Clos Lunelles

Gérard Perse qui a acquis cette propriété en 2001 en a fait une des places fortes des excellents rapports qualité-prix de la rive droite. En effet, l'homme de Pavie traite son castillon comme le château Pavie à la vigne et en cuverie. On a dans ce cru, la densité de l'argile exprimée dans toute sa profondeur avec un fruit frais parfaitement ciselé grâce à la touche saline finale apportée par le calcaire. La stature d'un grand vin de la rive droite entre 24 et 27 euros.

- Castillon Côtes de Bordeaux 2019 | Sec | 2023>2030 | 22 € — 92

Château Marsau

Château Marsau est devenu l'un des crus vedette des petites appellations de la rive droite bordelaise. Il doit ce succès à un style extrêmement séducteur, mis au point par son propriétaire. Les derniers millésimes sont de franches réussites et constituent de bons rapports qualité-prix, 2018 est une évidence.

- Francs Côtes de Bordeaux 2019 | Sec | 2022>2035 | 12.5 € — 93

Château Montlandrie

Les filles de Denis Durantou reprennent aujourd'hui ici, le flambeau de leur père disparu. L'homme de l'Église Clinet sur Pomerol, avait acheté ce domaine de 12 hectares sur argilo-calcaire en 2009. Arrachant pour replanter entre 18 et 20 % du vignoble qui domine la Dordogne, ce vigneron visionnaire se signalait dès les premiers millésimes en produisant un vin charnu, structurant et équilibré, qui sort à moins de 30 euros. C'est l'un des meilleurs rapports qualité-prix du Bordelais ! Le 2018 est superbe.

- Castillon Côtes de Bordeaux 2019 | Sec | 2024>2045 | 15 € — 94

Mouton Cadet

Astucieusement créé en 1930 par le Baron Philippe de Rothschild, mouton-cadet a vu au fil des ans sa renommée augmenter, pour devenir une référence de l'appellation Bordeaux au niveau mondial. Elargie à plusieurs appellations du Bordelais, la gamme fait aujourd'hui l'objet d'une refonte significative de son processus d'élaboration en s'appuyant notamment sur des approvisionnements issus de parcelles sélectionnées chez des vignerons partenaires. Un travail important vers des pratiques plus respectueuses de l'environnement commence à porter ses fruits. Nous saluons la hausse globale du niveau de qualité des vins, dans toutes les appellations.

- Bordeaux 2019 | Sec | 2022>2027 | NC — 89
- Bordeaux 2021 | Sec | 2022>2025 | NC — 90
- Bordeaux 2021 | Sec | 2022>2025 | NC — 91
- Héritage, Bordeaux 2019 | Sec | 2024>2032 | NC — 92

Château Penin

Patrick Carteyron est l'un des leaders de l'appellation Bordeaux et Penin une référence dans différentes appellations, couleurs et cuvées. La production des rouges, particulièrement des belles cuvées, les-cailloux et grande-sélection, s'effectue sur un terroir caillouteux du Quaternaire, le plus noble de l'exploitation. Les terroirs sableux et argileux sont réservés à l'élaboration des délicieux rosés et clairets. Son clairet est « la » référence de la catégorie. On recommande cette large gamme de vins à tous les prix, axée sur le fruit, la qualité des tannins et la fraîcheur.

■ **Les Cailloux, Bordeaux Supérieur 2019** | Sec | 2023>2025 | NC — 88

Clos Puy Arnaud

★★★★☆

Thierry Valette a toujours eu le goût du vin. En 2000, il a repris cette propriété de 13 hectares à Belvès-de-Castillon (20 kilomètres à l'est de Libourne), choisissant l'exigence de la biodynamie. Les calcaires à astéries sont prédominants à Puy Arnaud. Ces sols apportent beaucoup de finesse, de fraîcheur et de minéralité aux raisins, permettant au bouquet de rivaliser avec celui des « grands terroirs » (floral, épices, truffe) en se mettant en place progressivement. Velouté dans sa texture, majoritairement merlot, le grand vin se montre très raffiné dans son allonge tannique, avec un fruité bien exprimé et une finale stylée de grande fraîcheur. On tient là certainement l'une des cuvées les plus abouties de la rive droite. C'est l'un des vins les plus originaux du Bordelais.

■ **Castillon Côtes de Bordeaux 2019** | Sec | 2023>2030 | 24 € — 92

■ **Grand Vin, Castillon Côtes de Bordeaux 2019** | Sec | 2024>2032 | 36 € | ☘ — 94

Château Puyguéraud

★★★☆☆

Sous la houlette du talentueux Nicolas Thienpont, Puyguéraud est devenu l'un des crus emblématiques des francs-côtes-de-bordeaux, avec des blancs de caractère qui jouent sur l'aromatique et l'onctuosité. Les rouges possèdent une fraîcheur digne d'éloges, grâce à la part inhabituelle de cabernet franc et de malbec qui assurent une réelle complexité au cru et une évolution dans le temps parfaite. Pour une quinzaine d'euros, voici un excellent rapport qualité-prix.

■ **Francs Côtes de Bordeaux 2019** | Sec | 2023>2032 | 12 € — 91

Château Reynon

★★☆☆☆

Le château Reynon, sur le coteau de Beguey, à côté du village de Cadillac, appartient à la famille de Denis Dubourdieu (le pape de l'œnologie décédé en 2016). Grâce aux efforts culturaux et techniques, c'est aujourd'hui l'un des crus les plus renommés des Côtes de Bordeaux, avec des rouges et des blancs dans un style racé et élancé, séduisants par leur droiture et leur fraîcheur. On suivra le blanc et le rouge, toujours bons et à des prix abordables.

■ **Blaye Côtes de Bordeaux 2019** | Sec | 2022>2030 | 12 € — 89

Stéphane Derenoncourt (domaine de l'A).

Roc de Cambes

★★★★☆

Ce côtes-de-bourg signé par François Mitjavile est situé sur un tertre argilo-calcaire exposé plein sud. Le brillant propriétaire de Tertre-Roteboeuf (à Saint-Émilion) l'a développé avec la même exigence méticuleuse pour en faire un grand vin. Avec un terroir voisin mais bien différent, plus alluvionnaire, cambes n'est pas un second vin mais une autre expression, plus souple et veloutée, du talent de François Mitjavile et de sa fille Nina. Les deux vins ont leur propre personnalité et impressionnent toujours.

■ **Côtes de Bourg 2019** | Sec | 2024>2045 | 67 € — 94

Château Roques Mauriac

★★☆☆☆

Ce vaste vignoble fait partie des propriétés d'Hélène Levieux, fille du créateur des magasins Leclerc, récemment disparue. Suivis aujourd'hui par son fils Vincent et son épouse Sylvie, les vins ont beaucoup gagné en rondeur et en qualité de fruit ces derniers millésimes. La cuvée hélène est toujours agréable, classique, bien constituée et équilibrée, la cuvée damnation, un cran au-dessus, puissante, est faite pour la garde.

■ **Damnation, Bordeaux 2019** | Sec | 2024>2032 | NC — 90

■ **Château Labatut Prestige, Bordeaux Supérieur 2018** | Sec | 2023>2026 | 5.3 € — 89

■ **Château Labatut Prestige, Bordeaux 2021** | Sec | 2022>2025 | NC — 88

Château Sainte-Marie

★★☆☆☆

Près de l'abbaye de la Sauve-Majeure, l'une des plus anciennes de France, la propriété appartient depuis les années 1950 à la famille Dupuch. Elle s'attache à défendre et à mettre en valeur la typicité du terroir de l'Entre-Deux-Mers. La cuvée vieilles-vignes, issue de vignes dépassant les 100 ans, est une valeur sûre. Les vieilles vignes permettent d'obtenir des vins charmeurs, aux arômes complexes et aux tannins fondus. L'entre-deux-mers, raffiné et plein de personnalité, est toujours doté d'une vivacité exquise. Une propriété modèle.

■ **Vieilles Vignes, Entre-Deux-Mers 2019** | Sec | 2022>2024 | 7 € — 88

■ **Vieilles Vignes, Bordeaux Supérieur 2019** | Sec | 2023>2028 | 7.6 € — 89

Vignerons de Tutiac

★★☆☆☆

La cave des Hauts de Gironde, au cœur de l'appellation Blaye, fut regroupée avec ses consœurs de la région sous l'entité Tutiac. Elle produit une large palette de vins bien représentatifs de l'appellation, en réelle progression, de qualité fort agréable et constante, tant en rouge qu'en blanc, conjuguant prix doux et grande facilité d'approche. Nous sommes très heureux, au vu de ses récents efforts sur la qualité des vins et pour son travail très intelligent sur la refonte de la gamme, de lui attribuer une deuxième étoile.

■ **L'Ironda, Bordeaux 2021** | Sec | 2022>2026 | 7.9 € — 91

■ **L'Ironda, Bordeaux 2021** | Sec | 2022>2024 | 7.9 € — 89

■ **L'Ironda, Blaye 2020** | Sec | 2024>2028 | 8.9 € — 91

La roche de Solutré est l'un des lieux les plus visités de la région.

Bourg

ogne

UNE GÉOLOGIE SINGULIÈRE,
DES VINS AFFOLANTS,
DES VIGNERONS ATTENTIFS,
DES GRANDES MAISONS
EXEMPLAIRES,
LES MARCHÉS SUBJUGUÉS.
LA BOURGOGNE,
C'EST ÇA

PROMOTION DE L'ANNÉE
★★★★★
DOMAINE JEAN TRAPET PÈRE ET FILS

2020, ON L'E DÉGUSTE AVEC LES YEUX ?

ON SE SOUVIENT DE 2020. COVID, CONFINEMENTS, PAGAILLE. DANS LE SILENCE DU MONDE EN PAUSE, LA VIGNE A DONNÉ DES VINS FORMIDABLES. MAUVAISE NOUVELLE, LES PRIX S'ENVOLENT, HORS DE PORTÉE DE L'AMATEUR QUI LES ADORE. D'AUTRES VOIES SONT POSSIBLES

PAR **ALAIN CHAMEYRAT**

C'est peu de dire que le millésime 2020 a été atypique. Les organisations humaines ont été fortement perturbées par une crise sanitaire d'ampleur mondiale dont la vigne n'a eu cure. Après un printemps très doux, elle a profité d'une longue période de beau temps de mi-mars à mi-septembre pendant que beaucoup étaient confinés, prenant une avance historique qu'elle a gardée jusqu'aux vendanges, démarrées pour certains dès le 12 août. Les températures élevées de l'été et le manque d'eau ont provoqué un stress hydrique important et inégal selon les secteurs, même si quelques orages en août ont limité l'impact du manque d'eau sur la maturation du raisin. Par endroits, il y a eu des phénomènes de grillures et de grêle circonscrits et hétérogènes, concernant certaines parcelles, en épargnant d'autres situées tout près. Sans pluies marquées, l'état sanitaire des raisins a été remarquable, le botrytis (pourriture grise) inexistant et la pression de l'oïdium peu intense. Les tables de tri ont pour une fois servi à éliminer les raisins grillés plutôt que les raisins pourris. L'acidité des chardonnays est très satisfaisante, enrobée par des teneurs en sucres un peu supérieures à la moyenne des vingt dernières années. L'indice de maturité du pinot noir dépasse celui de 2019, pourtant record pour sa teneur en sucres, et égale presque celui de 2015, autre record avec près de 225 grammes de sucre par litre. Les teneurs en composés phénoliques, tannins et anthocyanes pulvérisent tous les records connus, probablement en raison du stress hydrique rarement ressenti lors de la dégustation. L'année 2020 a donc été la plus chaude depuis le début de ce siècle. Les vins du millésime sont charmeurs dès leur naissance et auront chez les meilleurs une capacité de garde importante. Les blancs sont très aromatiques, bien plus que ne l'étaient les 2019 pendant leur première année de vie, tout en étant complexes et frais. Paradoxe du millésime, les rouges sont concentrés, franchement puissants et en même temps déjà affables. C'est à notre avis l'un des meilleurs millésimes des vingt dernières années en rouge et un très bon millésime de blanc.

LE BASHING EST PROCHE

La récolte 2020 a été légèrement supérieure à la moyenne, ce qui n'aurait pas dû générer d'augmentation des prix de vente. Il faut rechercher la cause de la hausse systématique des prix depuis des années dans la frénésie de la demande internationale pour les vins de ce petit vignoble par la taille. La vente annuelle, en novembre, des vins du domaine des hospices de Beaune est considérée comme le baromètre des prix de la région. Le graphique ci-contre en valeur actualisée, corrigée de l'inflation, indique clairement la tendance. La pièce de 228 litres de vin du millésime 2020 s'est vendue trois fois plus cher que le millésime 2011, qui se situait dans la moyenne des prix corrigés de l'inflation des trente années précédentes. Pauvre en volume, le millésime 2021 s'est vendu cinq fois plus cher que le même 2011. Sa qualité justifiait-elle cet emballement ? Si ces augmentations ne sont pas répercutées immédiatement par tous les producteurs, la tendance est donnée. Entre 2010 et 2022, l'inflation générale a été de 14 %. Le prix de vente des bourgognes chez les bons producteurs a souvent augmenté de 50 %, parfois doublé, voire triplé pour les noms et les crus les plus demandés. Difficile dans ces conditions de trouver un grand cru à moins de 100 euros. Chez les meilleurs et chez les vignerons ultra-recherchés, il faut d'ailleurs être prêts à débourser le double ou le triple, et même parfois à ajouter un zéro à la fin de cette coquette somme. Nombre de nos lecteurs nous indiquent avoir renoncé à acquérir des grands vins de Bourgogne. Beaucoup nous disent même en avoir même oublié le goût. Nous craignons à terme l'émergence d'un phénomène de *« bourgogne bashing »* préjudiciable à tous.

QUE FAIRE, QUE CHOISIR ?

La bonne stratégie pour l'amateur sera de rechercher des vins du millésime 2020 chez les vignerons moins connus des appellations recherchées ou bien de s'approvisionner dans les appellations les moins demandées des côtes de Nuits et de Beaune comme marsannay, fixin, savigny-lès-beaune, beaune, monthélie, saint-aubin ou encore santenay. Sans hésiter également à aller vers le Chablisien, la côte chalonnaise ou le Mâconnais où l'on continue de trouver des vins excellents à des tarifs accessibles. Aux chardonnays inabordables, on pourra préférer les aligotés des bons faiseurs qui nous épatent régulièrement. Le cépage est porté par nombre de jeunes vignerons dynamiques et motivés. Mais là aussi, autre problème, les meilleurs ont peu de vins à vendre. Le millésime 2021 frappé par le gel ne sera disponible qu'en petit volume et n'atteindra pas la qualité du 2020. ■

La sélection

Voici une centaine de cuvées de Bourgogne qui ont particulièrement séduit nos dégustateurs. Des sommets du millésime issus de nos dégustations de cette année et d'autres vins moins prestigieux avec un rapport qualité-prix attractif. Avec la demande acharnée qui s'abat sur cette petite région, la difficulté pour l'amateur sera de pouvoir s'approvisionner. Certains domaines fonctionnent à guichets fermés, incapables de satisfaire les demandes que le monde entier exprime chaque jour. D'autres ont un peu de vin à vendre à condition de s'inscrire sur les listes des producteurs au bon moment. Posez-leur la question. La qualité des 2020 mérite de ne pas passer à côté, même en achetant chez des cavistes en seconde main. Le volume à peu près normal de ce millésime vous permettra, nous l'espérons, de mettre quelques bouteilles en cave. Vous ne le regretterez pas si vous piochez dans cette sélection, dans les cuvées que nous référençons dans la partie bonnes adresses de cet ouvrage ou sur notre site web et notre application Grandtasting qui référencent bien d'autres cuvées. Bonne chance, la tâche sera plus ardue encore avec le millésime 2021 drastiquement réduit en volume par le gel de printemps. Si sa qualité ne devrait pas atteindre celle de 2020, la tendance n'est hélas pas à un relâchement des prix.

Les rouges

Côte de Nuits

Domaine Amiot-Servelle, bourgogne 2020
90
Cette entrée de gamme montre la qualité du domaine. Bouche charnue, fruitée précise et gracieuse.
2022>27
NC

Domaine de l'Arlot, Clos des Forêts Saint-Georges 2020, nuits-saint-georges 1er cru
95
Comme souvent, on le découvre en version un peu plus tendre que celle du clos de l'Arlot du domaine. Le tannin est racé, fin, délicat sur des notes de fumée, de poivre gris, de fruits noirs élégants.
2024>30
NC

Domaine Bart, bonnes-mares GC 2020
97
Bonnes-Mares bien inscrit dans l'archétype terrien de ce climat. La bouche est veloutée, dense, profonde, le tannin est de grande finesse avec une délicatesse sensuelle dans sa texture.
2025>35
165 euros

Domaine Bertagna, Clos de la Perrière 2020, vougeot 1er cru
93
Nous apprécions sa concentration et ses tannins ronds, très maîtrisés. Ensemble racé, de grand style dans l'appellation.
2022>30
84 euros

Domaines Albert Bichot, Domaine du Clos Frantin, Aux Malconsorts 2020, vosne-romanée 1er cru
95
Une autre dimension de corps et de texture, évidemment plus proche de celle d'un grand cru, grands arômes réglissés, grand velouté donnant de nobles sensations tactiles, à notre sens l'expression la plus réussie de cette belle parcelle du clos Frantin depuis plus de vingt ans. Vivement recommandé si on en a les moyens ! Apogée après 2030. A conserver peut-être un quart de siècle pour des grandes sensations.
2035>45
228 euros

Domaine René Bouvier, Champs Salomon 2020, marsannay
93
C'est régulièrement l'un des vins les plus fins du secteur sud de Marsannay et 2020 en fournit une nouvelle preuve. La bouche est très élégante, délicate, ouatée avec de jolies notes d'écorce d'orange.
2022>30
39 euros

Butterfield Wine, Aux Murgers 2020, nuits-saint-georges 1er cru
93
C'est un intermédiaire entre Vosne-Romanée dont il est proche et Nuits-Saint-georges. Raffiné et subtil comme le premier, Plus profond et noir dans ses arômes fruités et terriens comme le second. Belle réussite dans un style élégant.
2024>28
NC

Domaine Philippe Charlopin-Parizot, charmes-chambertin GC 2020
96
Charmes particulièrement précis dans sa texture, bouche onctueuse mais pas confiturée. Il est déjà tentateur, d'une délicatesse rare, une belle synthèse réussie des deux climats qui le composent, les Mazoyères et les Charmes.
2024>35
200 euros

Domaine Georges Chicotot, Les Saints-Georges 2020, nuits-saint-georges 1er cru
97
Les Saint-Georges surpassent les Vaucrains en intensité pure, ces derniers résistent par leur finesse et une ouverture qui sera plus rapide. Nous referons volontiers le match dans 10 ans.
2025>35
NC

Domaine Chopin et fils, clos-de-vougeot GC 2019
98
De très grand style, racé, long et subtil, c'est une grande réussite, une parfaite introduction au clos-vougeot pour ceux qui auront la chance d'en trouver une bouteille.
2025>35
180 euros

Domaine Bruno Clair, Clos Saint-Jacques 2020, gevrey-chambertin 1er cru
95
Le grain de tannin est très fin, il est épicé, délicat et finit plus aérien que le standard de ce 1er cru d'exception, sans sa force de bouche habituelle mais avec toute son élégance.
2025>35
NC

Domaine Confuron-Cotetidot, Les Suchots 2019, vosne-romanée 1er cru
95
Admirable arôme floral qui évolue désormais vers les fleurs séchées, grande texture, longueur qui finit cacaotée, réglissée, sur les fruits secs. Grand style pour un vin d'hiver d'une longueur interminable.
2022>35
NC

Domaine David Duband et François Feuillet, clos-de-la-roche GC 2020
97
On retrouve comme souvent une sensation de force apaisée dans cette bouteille. 2020 l'a renforcée avec une sensation de maturité sans excès.
2025>35
248 euros

Domaine Faiveley, mazis-chambertin GC 2020
95
La sensation terrienne, minérale, froide du Mazis est bien présente, encadrée par un tannin tout en rondeur et en finesse.
2024>35
NC

Domaine Gallois, charmes-chambertin GC 2020
96
Le volume de bouche en impose. Un charmes de grande envergure sur des notes d'orange sanguine, de réglisse forte. Fort bien construit, il est à réserver en cave pour un grand évènement, bien plus tard.
2026>40
NC

Domaine Pierre Gelin, Clos Napoléon 2019, fixin 1er cru
93
Nez intense, bouche fleurie et fruitée, intense. Ce cru tout proche des Hervelets du domaine prend un régime très différent, il est installé sur des argiles denses.
2024>30
50 euros

Camille Giroud, clos-de-vougeot GC 2020
96
Noble arôme entre la rose, les épices douces, et une pointe fraîche de menthe, grand corps, magnifique soutien tannique, et évidemment grand avenir. Cette cuvée vaudra son prix élevé. Apogée après 2035.
2030>45
NC

Domaine Henri Gouges, Les Vaucrains 2020, nuits-saint-georges 1er cru
96
Les Vaucrains dominent la gamme avec les Saint-Georges. Le jus est particulièrement racé, les tannins sont très fins, la bouche est complète, avec une élégance qu'a su capter le domaine sur un terroir qui peut être sans concessions.
2025>35
NC

Domaine Jean Grivot, clos-de-vougeot GC 2020
98
La robe est sombre, la bouche est très pleine, cacaotée, racée. Le floral ne s'imagine qu'en extrême finale. C'est une grande bouteille pour les grands moments de la vie. Mais pour plus tard, il ne montre que des promesses pour l'instant.
2025>40
NC

Domaine Robert Groffier Père et Fils, bourgogne 2020
90
La proximité du clos de vougeot n'est pas étrangère à la sensation fleurie de cette simple appellation régionale. Délicat, chantant.
2022>27
NC

Domaine Harmand-Geoffroy, La Bossière 2020, gevrey-chambertin 1er cru
94
Très réussi, comme toute la gamme du domaine, il montre un tannin satiné et une finale racée avec une explosion de fruits rouges en finale.
2022>32
78 euros

Domaine Huguenot, Montagne 2020, marsannay
91
Le grain de tannin est gourmand, fin, le jus est assez dense, généreux et gourmand. S'il démarre opulent, il finit frais, menthé.
2024>30
30 euros

Domaine Humbert Frères, Petite Chapelle 2020, gevrey-chambertin 1er cru
96
Dans le prolongement du grand cru chapelle-chambertin. Bien plus structuré que les estournelles du domaine mais avec la même finesse. Choisir entre les deux sera affaire de goût.
2024>32
90 euros

Domaine Thibault Liger-Belair, Les Saints-Georges 2020, nuits-saint-georges 1er cru
95
Particulièrement élégant pour un saint-georges, on le voit aérien, tout en finesse.
2024>32
NC

Domaine Philippe Livéra, bourgogne 2019
91
Joli bourgogne au-delà du standard de l'appellation. De bonne concentration, on lui laissera même une année de cave pour qu'il soit à son optimum.
2023>28
NC

Bertrand et Axelle Machard de Gramont, Les Hauts Pruliers 2020, nuits-saint-georges
94
Parcelle située au dessus du 1er cru Les Pruliers au sud du village. On est au niveau d'un 1er cru qu'il n'est pas par la profondeur de bouche, la force du fruité et la distinction fraîche de la finale.
2024>30
42 euros

Frédéric Magnien, Les Borniques 2020, chambolle-musigny 1er cru
93
Au-dessus des Amoureuses, ce cru joue l'élégance plutôt que la puissance de son prestigieux voisin. A ce titre, il est très chambolle. A garder quelques années.
2024>30
100 euros

Château de Marsannay, Clos du Roy 2020, marsannay
92
Terroir qui mérite indéniablement un classement en 1er cru tant il peut fournir comme ici un vin racé, suave, délicieux jeune mais avec une réelle capacité de garde.
2024>30
45 euros

Domaine Méo-Camuzet, clos-de-vougeot GC 2020
97
Sa finesse de texture impressionnait dans la dégustation comparative des clos de vougeot 2020.
2025>35
210 euros

Domaine Denis Mortet, chambertin GC 2020
100
Il serait un intermédiaire entre la puissance dominante du chambertin que l'on perçoit en extrême finale et un clos de Bèze par sa légèreté aérienne de constitution. Il est signé Mortet par ces tannins sans coutures et ce sens de l'enveloppé dans la texture.
2027>40
NC

Domaine des Perdrix, Aux Perdrix 2020, nuits-saint-georges 1er cru
96
Les Perdrix sont un 1er cru de Prémeaux au sud de l'appellation. 2020 a permis un rouge équilibré avec des tannins enrobés que l'on pourrait croire que le vin provient de la partie nord de l'appellation proche de Vosne-Romanée. La finale saline est délicieuse.
2024>35
90,50 euros

Domaine Christophe Perrot-Minot, chambertin-clos de bèze GC 2020
100
Il démarre gracile, délicat, puis vient la puissance. Il finit sur l'élégance aérienne du clos de Bèze avec une longueur époustouflante au milieu d'une profusion de fruits rouges. Très grande bouteille pour les plus belles occasions, à attendre.
2025>40
NC

Domaine Henri Rebourseau, clos-de-vougeot GC 2020
98
C'est le cru le plus abouti du domaine dans le millésime. Les vignes situées au centre du clos ont restitué ce parfum de violette et de fleurs mauves qui est l'apanage des grands clos de Vougeot. Finale subtile, racée de grande élégance.
2025>40
NC

Domaine de la Romanée-Conti, romanée-conti GC 2019
100
Elle surclasse les autres grands crus du domaine de sa finesse d'expression. Avec cette sensation d'avoir emprunté le meilleur et d'en représenter l'assemblage ultime. D'une immense élégance de texture, la dimension de bouche impressionne d'intensité.
2025>40
NC

Domaine Armand Rousseau, gevrey-chambertin 2020
93
A la fois délicat et assez dense dans un millésime qui l'a permis, c'est un village aux tannins raffinés, charmeurs. Son fond lui permettra d'envisager une garde assez longue.
2023>32
NC

Domaine Marc Roy, Alexandrine 2020, gevrey-chambertin
94
L'intensité du jus impressionne, le tannin est des plus fins dans cette bouche de grand volume. Très belle bouteille au potentiel certain.
2024>32
100 euros

Domaine Anne et Hervé Sigaut, Les Sentiers 2020, chambolle-musigny 1er cru
96
Un jus éclatant, très inspiré des bonnes-mares proches avec un rien de densité supplémentaire par rapport aux superbes Fuées du domaine qui jouxtent également le grand cru au sud. C'est assurément l'un des meilleurs premiers crus de Chambolle quand il est bien traité comme ici.
2024>32
NC

Domaine Jean Trapet Père et Fils, chambertin GC 2020
99
Immense dans ses dimensions, plus construit encore que le chapelle ou le latricières, son intensité, sa force tranquille amèneront à la stocker longtemps. Moins expressif en prime jeunesse, mais comme toujours, c'est lui qui finira par dépasser tous les autres. Oubliez-le pour l'instant.
2025>40
NC

Domaine Fabrice Vigot, Vieilles Vignes 2020, nuits-saint-georges
92
Bien constitué, avec une matière sur les fruits noirs et des tannins arrondis, c'est un très bon représentant de l'appellation.
2024>30
36 euros

Henri de Villamont, grands-échezeaux GC 2020
95
Noble, racé au nez et en bouche avec l'intensité d'un grand cru. La bouche sur la ronce sauvage est délicieuse mais il mérite d'être un peu attendu.
2025>35
NC

Domaine de la Vougeraie, Bel Air 2020, gevrey-chambertin 1er cru
95
Récolté au-dessus de l'élégantissime clos de bèze, il diffère du style de ce dernier avec un jus plus en densité, noir, profond, affirmé.
2025>35
70 euros

Côte de Beaune

Domaine Françoise André, corton-renardes GC 2020
94
Dense et arrondi dans son tannin, les vignes de 35 ans donnent au vin sa profondeur avec en finale la patte racée des Renardes. Il finit salivant, digeste, l'attendre au moins une paire d'années.
2025>35
91 euros

Domaine du Comte Armand, Clos des Épeneaux 2019, pommard 1er cru
96
Plus chaud, plus rond et plus plein que le 2018 qui de son côté affichait un classicisme bourguignon plus habituel. Un beau match en perspective pour ceux qui auront la chance de comparer les millésimes.
2024>35
177 euros

Jean-Claude Boisset, Les Grèves 2020, beaune 1er cru
94
Remarquable en tout point, couleur, corps, texture, longueur de bouche, parfaite vinification et fidélité au caractère de ce terroir encore sous-estimé, mais digne de se comparer en noblesse aromatique avec les plus grands côte de Nuits. Recommandé !! Apogée vers 2032.
2030>35
53 euros

Bouchard Père et Fils, Clos de la Mousse 2020, beaune 1er cru
93
Culture bio depuis de nombreuses années, cela se sent par un supplément de maturité du raisin : caractère plus épicé, sur le sarment, que Teurons, beaucoup de rondeur, petite sensation de sucrosité. Bâti pour la garde.
2028>35
NC

Domaine Chandon de Briailles, corton-bressandes GC 2020
96
Sur la puissance de ce climat calcaire, avec son intensité habituelle, il a assurément besoin de temps pour arrondir sa dimension un peu carrée pour le moment. C'est un vin de grande garde.
2025>35
225 euros

Chanson Père et Fils, Clos des Fèves 2019, beaune 1er cru
96
Grand nez, grande texture digne d'un Musigny réussi, longueur, classe et sensations tactiles rares. Si le bouchon ne trahit pas l'on aura ici un des sommets de ce millésime.
2030>45
91 euros

Domaine de Courcel, Les Rugiens 2019, pommard 1er cru
96
On retrouve le nez d'encre, de cendre, de fumée, de cacao qu'apprécie le domaine. La maturité de ce 2019 a rendu ce rugiens plus onctueux et enrobé qu'à l'ordinaire. Il reste néanmoins un grand vin de garde, la finale immense nous le rappelle.
2024>32
NC

Domaine des Croix , Les Grèves 2020, beaune 1er cru
94
Le plus dense des beaunes du domaine mais avec l'élégance que le domaine sait communiquer à ses rouges. Il finit ainsi à la fois terrien, c'est un Grèves et aérien, c'est un domaine des Croix.
2024>32
NC

Rodolphe Demougeot, Les Charmots - Le Coeur des Dames 2020, pommard 1er cru
94
Noir dans ses saveurs de fruits, racé et salin, c'est dans le millésime un charmots un peu plus soutenu qu'à l'habitude. C'est la force d'un millésime complet.
2024>30
NC

Domaine Dubuet-Boillot, En l'Argillière 2020, pommard 1er cru
95
La finale est étonnante pour un pommard, aérienne, elle finit sur l'orange amère avec une délicatesse inhabituelle pour le finage. Très réussi.
2024>30
NC

Domaine G.Y. Dufouleur, corton-renardes GC 2020
95
Corton avec la densité ferme du grand cru mais qui est en 2020 bien enrobée par une matière onctueuse, profonde, sur les épices douces, le tabac brun avec des notes de fumée. Ce sera une belle bouteille mais la patience s'impose.
2025>35
98 euros

Domaine Follin-Arbelet, corton GC 2020
95
Un corton dans l'archétype du cru, dense, profond, un rien sévère en jeunesse mais avec un fond superbe permis par le millésime. C'est un vin de grande garde, pour des patients qui seront largement récompensés.
2025>35
80 euros

Domaine Michel Gay et Fils, chorey-lès-beaune 2019
91
Bouche délicate et élégante, sur la mûre, les airelles pour un chorey aux antipodes du style classique.
2022>27
NC

Domaine Antonin Guyon, corton-clos du roi GC 2020
96
Avec cette sensation aérienne qui n'appartient qu'à lui, cette bouche des plus délicates qui l'écartent du style corton habituel. La finale saline est délicieuse.
2025>35
115 euros

Domaine Lejeune, Les Grandes Carelles 2020, bourgogne
90
Appellation régionale fort bien réalisée qui permettra une introduction aux grands pommards du domaine. De style puissant, il résistera aux viandes en sauce.
2022>28
19 euros

Domaine du Château de Meursault, Les Grèves Les Trois Journaux 2020, beaune 1er cru
95
C'est une très belle expression des Grèves avec une texture de taffetas, une bouche dense et raffinée, la finale est de grande distinction. Ce climat a une capacité de garde importante.
2024>35
79 euros

Domaine Albert Morot, Les Marconnets 2020, beaune 1er cru
93
Sur le même type de terroir calcaire que les Teurons avec un rien de soleil en moins, ce beaune assez puissant est encore une belle réussite.
2022>30
39 euros

Manuel Olivier, Les Arvelets 2020, pommard 1er cru
92
C'est un pommard sur la finesse avec une bouche large et onctueuse. Sans aspérités, il sera "bon jeune et bon vieux", selon l'expression bourguignonne classique.
2024>30
60 euros

Domaine Philippe Pacalet, corton-bressandes GC 2020
95
Bien inscrit dans le style Bressandes avec cette force de caractère et ici une envolée de finale vers les fruits à l'eau de vie. Le vin a besoin de fondre son élevage, il faut l'attendre, ce qui n'est pas inhabituel sur ce climat réputé.
2025>35
254,50 euros

Chalonnais

Château de Chamirey, Le Clos du Roy 2020, mercurey 1er cru
93
Minéral et assez puissant, il a de l'allonge dans un volume de bouche qui ne manque pas non plus de largeur. Le rendement de 33 hectolitres par hectare a permis cette profondeur. A mettre en cave, il agacera à terme quelques crus plus réputés de la côte d'or.
2024>32
37,40 euros

Domaine Vincent Dureuil-Janthial, rully 2020
91
Rully harmonieux, soigné, digeste et d'une grand harmonie de ses constituants : rien ne dépasse, il est déjà très gourmand.
2022>28
NC

Domaine Michel Juillot, Le Clos du Roy 2020, mercurey 1er cru
94
Le roi ne s'était guère trompé dans son choix de parcelles. Celle-ci donne un vin racé, profond, plus intense que les autres premiers crus du domaine pourtant délicieux. La finale est dense, sanguine, bien construite, sur la ronce sauvage et les fruits bien noirs.
2024>32
32 euros

Domaine Jean-Baptiste Ponsot, La Fosse 2020, rully 1er cru
93
Fin, racé et salin, sa bouche est élancée et gagnera à attendre une paire d'années en cave.
2024>30
25 euros

Domaine François Raquillet, Les Naugues 2020, mercurey 1er cru
93
A la fois sur la ronce et la mûre sauvages ainsi que sur les fruits à noyaux et la fumée, c'est un rouge de forte personnalité, plus en force tranquille qu'en force brute. Il termine svelte, élancé, délicieux.
2024>32
34 euros

Les blancs

Côte de Nuits

Domaine Jean Fournier, Champforey 2020, bourgogne aligoté
91
Délicatement fruité et délicieux, cet aligoté fera plier les détracteurs du cépage, porté par la poire williams juteuse, la mangue, l'ananas rôti. On se régale.
2022>28
NC

Côte de Beaune

Domaine Henri et Gilles Buisson, Sous la Velle 2020, saint-romain
91
Blanc d'ambition qui exprime ce que le terroir peut donner. Onctueux, large, très enrobé.
2022>28
49,40 euros

Domaine du Cellier aux Moines, Les Pucelles 2020, puligny-montrachet 1er cru
92
L'élevage en train de s'intégrer. La typicité Pucelles est présente, bouche longue et racée. On l'attendra un peu.
2024>32
120 euros

Champy, En Caradeux 2020, pernand-vergelesses 1er cru
95
Noble arôme entre fleur de vigne et noisette fraîche, matière complète pour le millésime (extrait sec formidable), long, complexe, presque digne d'un charlemagne. La maison excelle dans ce village.
2026>32
42 euros

Domaine Changarnier, Le Clos 2020, monthélie
92
Belle réussite sur des sols de limons profonds. Bouche assez grasse, minérale, finale fleurie, longue dans un ensemble agréable, facile à boire avec du caractère.
2022>28
NC

Domaine Jean Chartron, chevalier-montrachet GC 2020
96
Finement citronné, d'une grande ampleur en dessous de celle du bâtard-montrachet mais avec un supplément d'élégance et de délicatesse. 2020 voit ces deux crus réussis rester dans leurs archétypes habituels.
2022>35
320 euros

Domaine Chevalier Père et Fils, ladoix 2020
91
La maturité du fruit l'enveloppe, il finit précis et digeste. C'est une belle réussite en appellation communale.
2022>28
25 euros

Domaine Françoise et Denis Clair, Les Murgers des Dents de Chien 2020, saint-aubin 1er cru
94
Proche du grand montrachet, son style délicat élancé et intense s'apparente par sa finesse élancée au chevalier-montrachet. Finale longue, racée, équilibrée et digeste.
2022>30
NC

Domaine Bruno Colin, La Truffière 2020, puligny-montrachet 1er cru
95
Expression mûre du puligny-montrachet, sur la pêche blanche, les agrumes confits, bouche de grande longueur avec la dynamique particulière permise par la partie plus calcaire de l'appellation.
2022>32
120 euros

Domaine Marc Colin et Fils, En Cailleret 2020, chassagne-montrachet 1er cru
95
D'un style affirmé, plus minéral que la plupart des chassagne-montrachet. Sensation de caillou issue d'un sol argilo-calcaire proche de la roche mère. Il finit solaire, épicé, sur les agrumes mûrs.
2022>32
100 euros

Édouard Delaunay, Les Referts 2020, puligny-montrachet 1er cru
93
Sur la fleur de vigne, avec un côté plus aérien que le chassagne du domaine. Boisé fondu.
2024>30
120 euros

Domaine Vincent Girardin, Perrières 2020, meursault 1er cru
96
Expression minérale et noble de ce premier cru souvent apparenté à un grand cru.
2025>32
170 euros

Maison Louis Jadot, Duc de Magenta - Morgeot 2020, chassagne-montrachet 1er cru
95
Hélas le dernier millésime produit par cette cuvée. Chef d'œuvre dans ce millésime, notes de fleur de vigne des grands bâtards voisins, élevage parfait. Concentration et maturité des raisins hors norme.
2026>32
77,40 euros

Domaine des Comtes Lafon, Perrières 2019, meursault 1er cru
97
Cette parcelle de 0,75 hectare a encore produit un meursault de référence : les compétiteurs se font rares à ce niveau. Pur et cristalline, sa délicate minéralité porte le vin jusqu'à une finale d'effluves marines, d'agrumes mûrs et de salinité discrète et racée.
2022>32
NC

Louis Latour, corton-charlemagne GC 2020
98
Du génie, pour ce vin qui domine la cave. Grand nez complexe de fleur de vigne avec la richesse de sève des charlemagnes d'exposition sud, finale majestueuse, grand avenir, grand vin, digne de son statut.
2026>35
206 euros

David Moret, Abbaye de Morgeot 2020, chassagne-montrachet 1er cru
94
Un vin sans lourdeur quand ce terroir aurait une tendance naturelle à l'embonpoint. Il n'est pas mince pour autant, emmené par une fraîcheur délicate.
2022>30
65 euros

Domaine Antoine Olivier, L'Air de Rien 2020, santenay
91
Porté par le calcaire, ce terroir propose un 2020 équilibré entre une délicate acidité et un bouquet de fruits jaunes bien mûrs. Sa fraîcheur le rend aussi dessoiffant que sapide.
2022>30
28 euros

Domaine Jacques Prieur, Les Combettes 2020, puligny-montrachet 1er cru
94
Densité onctueuse au nez comme en bouche, avec une aromatique de fruits jaunes, de miel et d'orange confite. La finale saline retend l'ensemble et s'étire autour de beaux amers sensuels.
2024>30
110 euros

Domaine Rapet Père et Fils, corton-charlemagne GC 2020
96
Au début d'une belle carrière comme le sont les charlemagnes du domaine. Un peu retenu dans ses arômes, sur le gingembre frais, la noisette et l'amande également fraîches, la craie.
2025>35
98 euros

Domaine de la Romanée-Conti, montrachet GC 2019
100
Son miellé si particulier est éblouissant. Un peu plus massif, moins dynamique, avec légèrement moins de nuances que l'exceptionnel corton charlemagne du domaine. Sa stature unique l'impose, il finit par dominer ses compétiteurs, aussi doués soient-ils.
2025>40
NC

Seguin Manuel, Clos des Mouches 2020, beaune 1er cru
92
Goût spécifique du clos des mouches, note légèrement grillée et sensation de taffetas, de cailloux en bouche autour d'amers légers.
2024>30
86 euros

Domaine Anne-Marie et Jean-Marc Vincent, Les Gravières 2020, santenay 1er cru
92
Agréables notes de beurre frais, bouche élancée avec le gras qu'il faut. La vinification sans soufre sauf à la mise a préservé la pureté du fruit.
2022>28
65 euros

Chalonnais

Domaine Ninot, Chaponnière 2020, rully
91
La vinification cherche une approche la plus naturelle possible et cela se voit dans ce vin digeste, légèrement beurré, rond sans que cela confère à une quelconque lourdeur.
2022>28
30 euros

Mâconnais

Château de Beauregard, Les Ménétrières 2020, pouilly-fuissé
95
Vin toujours puissant avec une fine empreinte calcaire. Il lui faut un peu de temps pour développer la palette aromatique que l'on devine en fin de bouche.
2024>32
NC

Domaine André Bonhomme, Les Prêtres de Quintaine 2019, viré-clessé
93
Issu d'un sol marneux, d'argiles rouges orienté au sud, on apprécie son ampleur, son grand volume de bouche, sa longueur racée.
2022>30
22 euros

Domaine Dominique Cornin, Clos du roy 2020, pouilly-fuissé
92
Le vin est large, puissant en saveurs, porté par une fine trame acide. Ce blanc en tension a de la personnalité.
2024>32
NC

Domaine J.A. Ferret, Hors Classe - Les Ménétrières 2020, pouilly-fuissé
96
Le sommet de notre dégustation du domaine, tout en tension, de grande pureté, floral et fin, interminable en bouche.
2022>30
53,80 euros

Domaine Éric Forest, Les Crays 2020, pouilly-fuissé
96
De grand style, ce vin de classe affiche une dimension superlative et une immense longueur de bouche.
2022>30
34 euros

Domaine Guffens-Heynen, Premiers jus des premiers crus 2020, pouilly-fuissé
97
Au sommet de la gamme Guffens, son talent sublime les meilleurs terroirs de Pouilly pour un blanc d'une immense délicatesse de texture. Aérien, il s'envole en finale.
2022>32
NC

Domaine Leflaive, Le Monté 2020, mâcon-verzé
92
Avec la même pureté que les autres macon-verzé du domaine et ce supplément de grâce de fond et de rondeur qui lui donnent une prééminence.
2022>30
36 euros

Domaine Nicolas Maillet, bourgogne aligoté 2020
92
Coup de chapeau pour cet aligoté de vignes de 40 ans. Sur le citron, le gingembre confit, les herbes aromatiques, il développe une longueur de bouche étonnante. Gras, la finale est fraîche, complexe.
2022>26
18 euros

Domaine Normand, Vieilles Vignes 2020, mâcon-la roche-vineuse
92
Plus de corps que le simple macon-la-roche-vineuse et finale plus éclatante, la différence est sensible et ceci tout en gardant le style roche-vineuse avec son floral identitaire.
2022>28
15 euros

Domaine Rijckaert, La Roche 2019, pouilly-fuissé
92
Expression minérale de ce terroir sur calcaires durs à chailles, la bouche est distinguée, élancée, nette, fine, avec une finale sur la sensation de craie, de coco de fruits jaunes bien mûrs.
2022>30
29,90 euros

Domaine des Deux Roches, Les Crays 2020, pouilly-fuissé
93
La vigne plantée sur des éboulis calcaires donne un jus racé et fin, déjà ouvert avec une foultitude de nuances de fruits jaunes et blancs.
2022>28
32 euros

Château des Rontets, Clos Varambon 2020, pouilly-fuissé
94
C'est une entrée de gamme comme on en voit peu. Sur les épices, la fleur d'acacia, le gingembre, le citron confit avec une sensation minérale intense. A garder un peu.
2024>30
NC

Saumaize-Michelin, Vers Cras 2020, pouilly-fuissé
93
Devenu premier cru en 2020, minéral, solaire, il a un supplément de profondeur par rapport aux autres cuvées du domaine.
2023>30
28,50 euros

Domaine La Soufrandière - Bret Brothers, Les Crays 2020, mâcon-chardonnay
92
On est ici sur le village de Chardonnay sur un sol calcaire orienté à l'ouest. Le vin est floral, assez dense mais digeste, d'une grande gourmandise.
2022>27
NC

Domaine Thibert Père et Fils, Héritage 2018, pouilly-fuissé
93
Minéral et fruite, on le carafera avant le service pour éliminer un peu de gaz dissous. De grande longueur, il est racé et tendu.
2022>27
33 euros

Verget, Terroir de Pouilly Les Combes Vieilles Vignes 2020, pouilly-fuissé
93
Des fruits bien mûrs, du citron confit, une bouche ronde et ciselée, délicatement épicée, c'est un pouilly réussi, de belle finesse, à attendre un peu.
2024>30
40,20 euros

MOREY-SAINT-DENIS L'AUTRE NUITS, EN PLEIN JOUR

ENTRE GEVREY-CHAMBERTIN ET CHAMBOLLE-MUSIGNY, MOREY-SAINT-DENIS ACCUSAIT UN LÉGER DÉFICIT DE « FASHION ». TOUT S'ARRANGE

PAR **ALAIN CHAMEYRAT**

VIGNOBLE DE LA CÔTE DE NUITS situé entre les villages réputés de Gevrey-Chambertin et de Chambolle-Musigny, on pourrait imaginer que le village de Morey-Saint-Denis assemble les qualités de ces deux prestigieuses appellations. Il n'en est rien. Le style spécifique de ses vins est assez différent de ceux des crus voisins. Les gevrey-chambertin proposent souvent des expressions aromatiques intenses autour des fruits plutôt rouges. Les morey-saint-denis, davantage orientés vers les fruits noirs, sont un peu plus terriens et puissants que les chambolle-musigny. Bien sûr, cette généralité comporte mille exceptions en fonction des expositions, des pratiques culturales et de vinification. Difficile donc de définir en quelques mots ces vins d'appellations aussi complexes et passionnantes.

DANS L'OMBRE DES VOISINS

L'appellation morey-saint-denis n'a pas la même notoriété que gevrey ou chambolle. Cette réputation moindre ne s'explique pas seulement par la taille du vignoble : 147 hectares contre 520 à Gevrey, mais Chambolle n'en compte que 170. Certes, Gevrey compte neuf grands crus, Morey peut s'appuyer sur cinq et Chambolle n'en compte que deux (dont les bonnes mares, partagées avec Morey). Réputés depuis des siècles, les noms de chambertin et musigny sont simplement ancrés avec davantage de force dans l'imaginaire collectif des amateurs que ne le sont les grands crus de Morey. L'histoire explique en partie cette relative méconnaissance. Avant la reconnaissance des appellations d'origine, la commercialisation des vins de Bourgogne se faisait essentiellement par le négoce. Celui-ci repliait assez systématiquement les vins de Morey sous l'une ou l'autre des appellations voisines, ce qui n'a pas œuvré à la notoriété du cru auprès du public. Et puis la célébrité ne se décrète pas en un jour. Malgré la reconnaissance officielle en tant qu'AOC en 1936, un morey se vendait encore à un prix inférieur de moitié à celui d'un gevrey il y a une cinquantaine d'années. Ce différentiel s'est aujourd'hui considérablement réduit.

MOREY DEVIENT MOREY-SAINT-DENIS

Sous Louis-Philippe, au début du XIXe siècle, le maire de Gevrey rebaptise sa commune, accolant le nom du célèbre grand cru de Chambertin à celui du village. D'autres adoptent l'idée. Aloxe avec le cru corton, Vosne avec romanée, Chambolle avec musigny, Puligny et Chassagne avec montrachet. Ce n'est qu'en 1927, après de longues délibérations du conseil de la commune, que Morey devient Morey-Saint-Denis. Le projet "Morey-Chambertin" avait essuyé le refus des voisins de Gevrey et les propositions "Morey-Tart" et "Morey-Lambrays" n'avaient pas convaincu les vignerons. Ces deux clos, en monopole ou quasi-monopole, ne les représentaient pas. Le grand cru bonnes mares, essentiellement situé à Chambolle, ne convenait pas non plus. Restait La Roche ou Saint-Denis. Ce dernier s'imposa finalement malgré l'opposition des anticléricaux.

QUEL TERROIR, QUEL VIGNOBLE

Face au soleil levant, l'implantation du vignoble est très favorable à la culture de la vigne. L'exposition plein est le protège des vents d'ouest et permet un réchauffement rapide dès le petit matin. Le village de Morey-Saint-Denis se situe à l'entrée de deux vallées sèches qui génèrent des entrées d'air frais, la combe Grisard et la combe de Morey. Le climat est de type océanique tempéré avec des influences continentales et méridionales via le canal Rhône-Saône. Les températures sont plutôt fraîches avec une moyenne annuelle de 10,5 degrés. L'organisation des climats et des parcelles, aussi bien en appellation communale que pour les premiers et grands crus, peut être considérée comme un modèle du genre, faites de bandes assez uniformes nord-sud. En pied de coteau, on trouve les vignobles en appellation régionale bourgogne, entre 225 et 240 mètres d'altitude, plantés sur de faibles pentes. Dès que le coteau suit une pente de 3 à 5 %, entre 240 et 260 mètres d'altitude, l'appellation communale s'impose sur une large bande de vignes. Viennent ensuite les premiers crus, situés entre 260 et 275 mètres. Les grands crus sont implantés entre 270 et 320 mètres d'altitude, là où la pente augmente entre 5 et 25 %. Une nouvelle bande de premiers crus et d'appellation communale les surplombe entre 300 et 375 mètres, avec des pentes qui approchent parfois 20 %. Ce découpage en bandes assez homogènes pourrait impliquer une uniformité de goût dans les vins en fonction de l'implantation des vignes sur le coteau. La réalité est plus complexe. Les deux combes perpendiculaires au vignoble font varier l'exposition des vignes du nord-est au sud-est et génèrent des entrées d'air frais qui modifient le caractère de chaque parcelle et de leurs raisins.

Les murs sont nombreux dans le village de Morey Saint-Denis.

DROIT DU SOL

Le sol dominant de l'appellation communale morey-saint-denis est calcaire et argilo-calcaire, issus du Jurassique moyen. On retrouve au nord, en bas du coteau, des sols de marnes assez profonds. Plus au centre de cette zone, sur un cône de déjection, les sols très caillouteux permettent un drainage naturel bien adapté à la vigne. La partie la plus au sud est constituée de débris caillouteux et de marnes plus jeunes d'un point de vue géologique que celles de la partie nord. Les vignes en appellation communale, au-dessus des grands et premiers crus, sont plantées sur des sols peu profonds, calcaires et très pierreux. Les premiers crus de la partie nord de l'appellation (Charmes, Cheseaux ou Clos des Ormes) reposent sur des sols peu épais, argileux et caillouteux. Au centre (La Riotte, Les Blanchards), on retrouve les mêmes débris caillouteux qu'en appellation communale. Au sud (Les Ruchots, La Bussière), on trouve des calcaires mêlés avec des oolithes ferrugineux. La bande de terre nord-sud qui porte les grands crus repose sur des marnes et des calcaires qui donnent aux vins de la complexité, de la puissance et de l'intensité. Au-dessus des grands crus, la pente est marquée et le coteau monte plus haut qu'à Gevrey-Chambertin, jusqu'à 350 mètres. Le sol est constitué de calcaires et d'éboulis qui proviennent de l'érosion pendant l'ère quaternaire. Les premiers crus y sont moins puissants qu'en partie basse du coteau mais peuvent afficher une réelle élégance.

LES MEILLEURS PREMIERS CRUS

On peut les caractériser selon leur situation dans le village. Au nord, en haut de coteau, Les Chaffots, Les Genavrières et Monts Luisants culminent à 330 mètres. La proximité de la combe de Morey apporte de la fraîcheur et donne aux vins des capacités de garde très importantes. Par dérogation, les blancs des Monts Luisants du domaine Ponsot sont issus de vignes d'aligoté. En pied de coteau, Chenevery, La Riotte, Les Blanchards, Clos Sorbé et Les Sorbès sont autant de climats donnant des vins gourmands, fruités et colorés et, probablement, l'expression la plus singulière de Morey. Au sud du village, Les Ruchots et La Bussière sont posés sur des terres plus profondes, sableuses, et s'apparentent aux chambolles qu'ils jouxtent. Les premiers crus perçus comme les plus qualitatifs lors de nos dégustations sont Les Charrières, La Bussière, Monts Luisants, Les Sorbès, La Riotte, Aux Cheseaux et Les Chaffots. Les Faconnières, Clos des Ormes, Les Millandes, Les Ruchots, Les Blanchards et Les Chenevery sont également de très bon niveau. À noter que le climat Très Girard, proche de l'hôtel du même nom, n'est classé qu'en appellation communale, mais Cécile Tremblay en propose une cuvée qui n'a rien à envier aux premiers crus installés.

LES GRANDS CRUS

Avec le clos de la Roche, le clos Saint-Denis, le clos des Lambrays et le clos de Tart, le village compte le plus grand nombre de clos classés en grand cru parmi toutes les communes viticoles de Bourgogne.

Clos de la Roche (16,90 hectares)

Il est exploité par une vingtaine de producteurs. C'est aujourd'hui le plus important en surface des grands crus du village. Il ne couvrait que 4,67 hectares au XIXe siècle avant des ajouts successifs qui ont permis son agrandissement, non classés en première cuvée par le docteur Lavalle dans son fameux Classement des vins de Bourgogne de 1855, ouvrage toujours brillant et pertinent. Le clos-de-la-roche se remarque par ses caractéristiques minérales affirmées, sa sensation très terrienne et une ampleur supérieure à celle du clos-saint-denis voisin, avec cependant moins de longueur absolue.

Meilleurs producteurs :
Arlaud ; Armand Rousseau ; Castagnier ; Chantal Rémy ; David Duband ; Domaine de la Pousse d'Or ; Domaines Albert Bichot ; Dominique Laurent ; Hubert et Laurent Lignier ; Jean-Claude Boisset ; Leroy ; Louis Jadot ; Michel Magnien ; Philippe et Vincent Lecheneaut ; Ponsot ; Virgile Lignier-Michelot.

Clos Saint-Denis (6,62 hectares)

Il a commencé à être planté au XIe siècle par les moines du chapitre de Vergy. Le plus petit des grands crus de Morey-Saint-Denis ne comptait que 2,12 hectares au milieu du XIXe siècle avant d'être agrandi avec des lieux-dits périphériques. Il donne un vin plus tonique que le clos-de-la-roche, plus en longueur qu'en épaisseur, toujours très raffiné et de grande garde.

Meilleurs producteurs :
Amiot-Servelle ; Arlaud ; Bertagna ; Castagnier ; Dujac ; Heresztyn-Mazzini ; Laurent Ponsot ; Louis Jadot ; Marchand-Tawse ; Philippe Charlopin-Parizot ; Ponsot, Stéphane Magnien.

Clos des Lambrays
(8,84 hectares)

Si son origine remonte à 1365, il n'a été classé grand cru qu'en 1981 en raison du désintérêt de sa propriétaire de l'époque lors des décisions de classement de l'Inao au milieu du XXe siècle. Il appartient aujourd'hui au groupe LVMH à l'exception d'une micro-parcelle. Elle est la propriété du domaine Taupenot-Merme qui en tire un peu plus d'une pièce chaque année. Le clos-des-lambrays est un vin d'une grande noblesse et d'une complexité rare au vieillissement. L'arrivée en 2019 du régisseur Jacques Devauges (ex-Clos de Tart) devrait encore faire progresser ce cru magique.

Clos de Tart
(7,53 hectares)

Les moniales de Notre-Dame de Tart ont acquis une petite vigne au XIIe siècle. Passé de 6,17 hectares à sa surface actuelle, ce clos a la particularité d'avoir été planté dans un axe nord-sud selon les courbes de niveau et non en descendant la pente, ce qui le rend compliqué à travailler à cause des dévers, mais ce qui permet une maturation optimale des raisins. À son meilleur, il peut cumuler finesse superlative et puissance et c'est un vin de grande garde. Il a été racheté par la famille Pinault en 2017. Depuis cette reprise, ce domaine ne souhaite pas participer à nos dégustations comparatives. Nous ne pouvons donc pas faire un point précis sur son évolution récente.

Les Bonnes Mares
(15,06 hectares)

Ce grand cru est à cheval sur Morey-Saint-Denis (1,52 hectares) et Chambolle-Musigny pour sa plus grande partie. Son nom pourrait venir des bonnes mères, les religieuses de Notre-Dame de Tart. Il est exploité par plus d'une vingtaine de producteurs. Le style terrien des vins diverge beaucoup d'un vigneron à l'autre. Celui de Bruno Clair, qui exploite toute la partie de Morey-Saint-Denis, peut atteindre une très grande complexité avec l'accent aérien du chambolle qu'il n'est pas.

Meilleurs producteurs (y compris ceux de la partie Chambolle-Musigny) :
Bouchard Père et Fils ; Arlaud ; Bart ; Bruno Clair ; Castagnier ; Comte Georges de Vogüé ; Domaine d'Auvenay ; La Pousse d'Or ; La Vougeraie ; Denis Mortet ; Drouhin-Laroze, Georges Roumier ; Jacques-Frédéric Mugnier ; Philippe Charlopin-Parizot ; Robert Groffier Père et Fils ; Frédéric Magnien ; Jean-Luc & Paul Aegerter ; Joseph Drouhin ; Dominique Laurent ; Louis Jadot.

La sélection

Domaine Pierre Amiot et Fils, clos de la roche GC 2020
92
Une petite pointe acide le met au niveau des premiers crus du domaine pour l'instant. Il faudra le revoir.
2024>30
NC

Domaine Amiot et Fils, Les Ruchots, morey-saint-denis 1er cru 2020
92
De bonne constitution, il finit velouté.
2022>30
NC

Domaine Amiot-Servelle, clos saint-denis GC 2020
94
Coloré, racé, avec la note de ronce sauvage, épicé, très long en bouche, il finit salivant et sapide.
2025>35
NC

Domaine Arlaud, clos de la roche GC 2020
97
Ce clos est à la fois délicat et minéral, en prise avec la roche mère, le sol est peu profond ici. La sensation terrienne de l'attaque finit aérienne en fin de bouche. Remarquable expression du cru.
2025>35
NC

Domaine Arlaud, clos saint-denis GC 2020
96
La vigne vient du cœur original du clos. La finesse pure l'emporte sur la densité dans le millésime, la bouche légèrement saline termine aérienne.
2024>32
NC

Domaine Arlaud, Les Millandes, morey-saint-denis 1er cru 2020
94
Nez raffiné, bouche à l'unisson, dans le grand style de Morey avec cette profondeur terrienne sur les fruits noirs. Bouche racée.
2024>30
68 euros

Domaine Bertagna, clos saint-denis GC 2020
96
Racé, large, il est subtil, de grand style. Belle réussite. Avec un rien d'emphase en plus, il aurait dominé l'appellation dans le millésime.
2024>35
142 euros

Domaines Albert Bichot, Les Sorbès, morey-saint-denis 1er cru 2020
89
Beau nez de prune et réglisse, définissant une maturité encore plus poussée du raisin, très agréable en bouche.
2024>30
74 euros

Jean-Claude Boisset, clos de la roche GC 2020
91
Plus sévère dans son tannin que le Charmes Chambertin et un peu plus marqué par son boisé, encore trop jeune pour se dévoiler pleinement, attendre encore huit à dix ans.
2030>35
256 euros

Domaine René Bouvier, En la rue de Vergy, morey-saint-denis 2020
92
La vigne, plantée sur un sol peu épais, nous donne un 2020 bien parfumée, fumé avec un charme tactile impressionnant. Tannin en douceur.
2022>30
86 euros

Domaine Castagnier, clos de la roche GC 2020
96
Minéral, puissant, salin, épicé, on ne peut qu'admirer sa race indéniable.
2024>35
114 euros

Domaine Castagnier, clos saint-denis GC 2020
97
A ce stade plus long que large, à l'inverse du clos de la roche, salin, très racé, il finit explosif en fin de bouche. Une grande bouteille en perspective.
2024>35
114 euros

Domaine Philippe Charlopin-Parizot, clos saint-denis GC 2020
97
Superbe nez distingué autour des épices les plus nobles, du cassis, du fumé, bouche d'une immense délicatesse. Il finit sur les fleurs mauves à la manière d'un clos vougeot.
2025>35
NC

Domaine Bruno Clair, bonnes-mares GC 2020
97
Le fruit est profond mais le tannin est très élégant. Il joue le type chambolle qu'il n'est pas puisqu'il est récolté sur Morey. Il finit terrien et aérien, ce qui n'est pas un mince paradoxe.
2025>35
NC

Édouard Delaunay, Les Millandes, morey-saint-denis 1er cru 2020
92
Très joli arôme floral, avec une touche moka fumé bien présente sur certains secteurs du village, superbes sensations tactiles, un vin remarquablement séducteur, sans maquillage.
2024>30
95 euros

Domaine David Duband et François Feuillet, morey-saint-denis 2020
90
Légèrement orangé dans sa teinte, frais, une pointe végétale va s'affiner avec une petite garde.
2024>28
50 euros

Domaine David Duband et François Feuillet, Les Sorbès, morey-saint-denis 1er cru 2020
93
Racé, long, dynamique, on apprécie sa grande finesse de texture.
2022>30
74 euros

Camille Giroud, clos de la roche GC 2020
94
Très beau nez floral et minéral, corps plein, grande texture, grand soutien tannique, définition précise de ce grand terroir, une réussite mais il faudra savoir attendre. Apogée vers 2035.
2030>40
230 euros

Camille Giroud, Clos des Godelles, morey-saint-denis 1er cru 2020
93
On est ici au-dessus des Blanchards, la particularité de cette bouteille est de porter l'ancien nom du cru Le Village. Bouche ronde, suave, équilibrée, très morey dans son approche terrienne et raffinée.
2024>30
80 euros

Domaine Heresztyn - Mazzini, Les Millandes, morey-saint-denis 1er cru 2020
93
Situé sous le clos saint-denis, les millandes donnent en 2020 un vin tendu, sans concession, racé aux tannins puissants mais onctueux. Une belle garde est prévisible.
2025>32
72 euros

Maison Louis Jadot, clos saint-denis GC 2020
93
Le vin de dentelle, complètement individuel, subtil, salin, pas trop corpulent mais très long. Hélas la production est infime.
2025>35
NC

Domaine des Lambrays, clos des lambrays GC 2020
99
C'est un vin lent à se mettre en place. Dégusté lors des grands jours de Bourgogne 2020, il montrait une fougue juvénile qui s'est assagi en quelques mois. Il dévoile aujourd'hui son intensité et on perçoit de splendides notes florales, les épices les plus délicates. C'est une très grande bouteille en construction.
2024>35
600 euros

Domaine des Lambrays, Les Loups, morey-saint-denis 1er cru 2020
94
Dans le même esprit que le morey en appellaton communale avec la même gracilité de texture avec un peu plus de fond et de densité.
2024>32
110 euros

Domaine François Legros, Clos Sorbe, morey-saint-denis 1er cru 2020
94
Noir, profond, long et vineux, il est tout en nuances.
2024>30
39 euros

Domaine Michel Magnien, clos de la roche GC 2020
96
Remarquable bouteille aux tannins bien enrobés, aux accents terriens avec un fond superbe, somptueux comme peuvent l'être les meilleurs clos de la roche en grand millésime.
2025>35
230 euros

Domaine Michel Magnien, clos saint-denis GC 2020
97
Il y a match cette année au domaine entre le clos de la Roche et le clos Saint-Denis, chacun dans les archétypes de son climat en année faste. Ce clos Saint-Denis est un peu plus long que le clos de la Roche, plus large. Nous avouons une petite préférence pour le raffinement ultime du clos Saint-Denis 2020, mais de si peu.
2025>35
250 euros

Frédéric Magnien, Les Ruchots, morey-saint-denis 1er cru 2020
92
Bien que très proche de Chambolle-Musigny, ces Ruchots ont un caractère morey marqué, profond, terrien avec du fond. Les tannins bien enrobés sont de belle facture.
2025>32
75 euros

Nuiton-Beaunoy - Cave des Hautes-Côtes, Les Sionnières, morey-saint-denis 2018
89
En demi-corps dans le millésime, il sera vite prêt à boire. Il exprime déjà le style morey avec sa profondeur terrienne.
2022>27
NC

Domaine Odoul-Cocquard, Aux Cheseaux, morey-saint-denis 2020
91
Derrière sa profondeur et son expression intense des fruits noirs, nous avons apprécié le fond dont il dispose.
2022>30
NC

Manuel Olivier, morey-saint-denis 2020
91
Sur le graphite et la réglisse, ce morey est bien enrobé dans le style profond en texture et en arômes qu'affectionne le domaine. A garder un peu.
2024>30
NC

Domaine Christophe Perrot-Minot, En la Rue de Vergy, morey-saint-denis 2020
93
Superbe cuvée de Morey avec la profondeur attendue et un tannin enveloppé, caressant, sur les fruits rouges macérés avec cette sensation terrienne que l'on retrouve souvent dans les vins de l'appellation.
2022>32
NC

Domaine Chantal Rémy, clos de la roche GC 2019
96
Racé et plein, nous avons apprécié sa grande longueur minérale, sa finesse et sa représentativité du cru.
2024>35
132 euros

Domaine Chantal Rémy, Clos des Rosiers, morey-saint-denis 2019
94
Très plein, onctueux, racé, de grande finesse, la fin de l'élevage lui a été bénéfique.
2022>30
55 euros

Domaine Anne et Hervé Sigaut, Les Millandes, morey-saint-denis 1er cru 2020
94
Climat au centre de l'appellation qui en possède le type classique mais avec une élégance de texture particulière. Très raffiné.
2024>30
NC

LES BONNES RAISONS D'Y CROIRE

CHABLISIEN, CÔTE DE NUITS, CÔTE DE BEAUNE, CHÂLONNAIS ET MÂCONNAIS, LES DOMAINES QUI NOUS ÉMEUVENT SONT TOUS LÀ

CHABLISIEN

Caves Bailly Lapierre

★☆☆☆☆

Les caves Bailly Lapierre regroupent 430 vignerons apporteurs de raisins destinés à la production de crémant-de-bourgogne. La production annuelle moyenne s'élève à 25 000 hectolitres, soit plus de trois millions de bouteilles. Les caves situées à 50 mètres sous terre au cœur de la pierre de Tonnerre s'étalent sur quatre hectares. C'est une production sérieuse et qualitative de crémants dont ils se sont fait la spécialité, mais ils réussissent aussi leurs vins de l'Yonne, notamment les saint-bris et les irancys.

Samuel Billaud

★★★★☆

Samuel Billaud a créé sa petite activité de négoce en 2009. Au départ il s'agissait exclusivement d'achats. La reprise en 2014 par Faiveley du domaine de famille, Billaud-Simon, a changé la donne. Samuel a récupéré dans la transaction une partie du prestigieux vignoble, notamment de superbes premiers crus. Sa nouvelle cuverie, au cœur du village de Chablis, lui a permis de franchir un palier.

Domaine Billaud-Simon

★★★☆☆

Suite au rachat du domaine en 2014, Erwan Faiveley a d'entrée entrepris de gros travaux de rénovation des bâtiments de réception et de la cuverie, sans oublier les vignes puisque la parcelle de Clos a été arrachée (puis replantée). Le patrimoine de crus est toujours exceptionnel, mais malheureusement les quelques cuvées de 2020 dégustées cette année ne nous ont pas apporté tout le ravissement habituel.

- Tête d'Or, Chablis 2020 | Sec | 2022>2030 | NC — 90
- Vaillons, Chablis premier cru 2020 | Sec | 2022>2035 | NC — 92

Jean-Marc Brocard

★★★☆☆

L'un des plus vastes domaines de la région, plus de 200 hectares de vignes en exploitation dont une partie est menée en bio et biodynamie. Les millésimes récents n'ont pas épargné le secteur de Préhy, sur les hauteurs de Chablis, entre le gel, la grêle ou le mildiou, mais Julien Brocard ne perd rien de ses convictions et continue de proposer des cuvées identitaires de son terroir chablisien.

- Montée de Tonnerre, Chablis premier cru 201 | Sec | 2022>2034 | 32.5 € — 90
- Valet, Vaulorent, Chablis premier cru 2018 | Sec | 2022>2033 | 36.5 € — 91

Maison de la Chapelle

★★★☆☆

Cette petite affaire de négoce a été créée avec le millésime 2015 par Grégory Viennois et Delphine Carré, et millésime après millésime les choses prennent une très belle tournure. Au départ, la maison ne proposait que des irancys, notamment deux cuvées parcellaires issues des Bâtardes et des Beaux Monts, mais depuis cette année un fantastique aligoté issu du terroir de Chitry, qui va repousser la connaissance du cépage chez de nombreux amateurs.

- Les Bâtardes, Irancy 2020 | Sec | 2022>2035 | 32 € — 94
- Les Beaux Monts, Irancy 2020 | Sec | 2022>2035 | 29 € — 94
- Bourgogne aligoté, Bourgogne aligoté 2020 | Sec | 2022>2027 | 17 € — 92

Domaine Vincent Dauvissat

★★★★★

Vincent Dauvissat pratiquait une viticulture des plus soignées et exigeantes avant que le bio devienne une préoccupation généralisée, aujourd'hui ses enfants Étiennette et Ghislain poursuivent son œuvre. Ici les chablis mettent régulièrement vingt années en bouteille pour restituer toute la splendeur de leur tension et la verticalité de la craie kimméridgienne dans le verre, mais les patients sont toujours récompensés.

Domaine Drouhin-Vaudon

★★☆☆☆

Le Moulin de Vaudon est l'antenne chablisienne de la famille Drouhin de Beaune. Ce domaine important, 40 hectares bien situés, souffre peut-être d'une gestion trop distante car on ne retrouve pas toujours dans le verre ce que les pratiques biodynamiques et la classe des terroirs devraient restituer. À l'image des 2020 dégustés cette année : corrects sans aucun doute, techniquement irréprochables, mais parfois manquant de l'âme saline qui fait un vin de Chablis.

- Mont de Milieu, Chablis premier cru 2020 | Sec | 2022>2030 | 29.1 € — 90
- Vaudésir, Chablis grand cru 2020 | Sec | 2022>2040 | 63.7 € — 93

Domaine Jean Durup et Fils

★☆☆☆☆

Jean Durup a beaucoup contribué à l'extension de l'appellation, et par là même à sa renommée mondiale, dans les années 1970 et 1980. Son fils Jean-Paul l'aide aujourd'hui, à la tête du plus important vignoble privé de Chablis, plus de 200 hectares en production. Le style des vins est défini depuis longtemps : jamais de bois. Après un petit passage à vide suite à la crise commerciale du chablis à la fin des années 2000, la gamme retrouve sa régularité de style depuis quelques millésimes.

Domaine Nathalie et Gilles Fèvre

★★★☆☆

Gilles et Nathalie ont sorti leurs dernières vignes de la cave coopérative en 2016, et depuis leur fille Julie les a rejoints, pour exploiter leur cinquantaine d'hectares sur les secteurs de Fontenay et alentours. Œnologues, leur précision en cave n'a d'égale que la rigueur et la régularité affichées par toutes leurs cuvées, tant le splendide chablis vieilles vignes que les premiers crus fourchaume ou vaulorent, et bien entendu le grand cru Preuses. Des valeurs sûres.

- **Vieilles Vignes, Chablis 2020** | Sec | 2022>2030 | NC — 91
- **Vaulorent, Chablis premier cru 2020** | Sec | 2022>2040 | NC — 96
- **Les Preuses, Chablis grand cru 2020** | Sec | 2022>2040 | NC — 96

Domaine du Château de Fleys

★★★☆☆

La famille Philippon exploite l'un des rares châteaux viticoles du Chablisien, dont ils obtiennent d'ailleurs une cuvée fort intéressante. Mais leur grand terroir reste incontestablement le Mont de Milieu, un premier cru dont leur cuvée de vieilles vignes magnifie toute la splendeur et la minéralité. Proposée à un tarif encore très raisonnable, elle vieillit à la perfection et devrait attirer tout amateur authentique de chablis.

- **Mont de Milieu, Chablis premier cru 2020** | Sec | 2022>2035 | 20 € — 93
- **Le Clos du Château, Chablis 2020** | Sec | 2022>2035 | 18 € — 93

Garnier et Fils

★★☆☆☆

Xavier et Jérôme Garnier proposent désormais une jolie gamme de crus en complément de leurs vignes de famille (uniquement en Chablis et Petit Chablis). Les identités des terroirs sont bien respectées, et grâce à des sourcings intelligents auprès de bons vignerons, leurs vins sont hautement recommandables. La cuvée Grains Dorés est élevée longuement en fût et proposée avec un millésime de décalage.

- **Grains Dorés, Chablis 2019** | Sec | 2022>2034 | 23.4 € — 91
- **Mont de Milieu, Chablis premier cru 2020** | Sec | 2022>2035 | 33 € — 92

Domaine Guilhem et Jean-Hugues Goisot

★★★☆☆

Les Goisot travaillent en famille leurs terroirs de Saint-Bris et alentours. Ici la biodynamie est mise en œuvre avec une application rare dans la région, ce qui permet de récolter des raisins sains même lorsque la drosophile Suzukii tente de jouer les perturbatrices à la vendange 2014. Tout part du sol et d'un patient travail de préparation, puisque les Goisot attendent 15 ans avant de replanter une parcelle, ce qui permet ensuite d'avoir des sols exempts de toute virose, permettant aux vignes de s'épanouir sur 80 ans et plus. Ici, aligotés, chardonnays, sauvignons et pinots noirs atteignent la même splendeur, pour des prix extrêmement raisonnables. Le millésime 2016 a particulièrement affecté le domaine, avec en chardonnay sur les côtes-d'auxerre un rendement qui a frôlé un ridicule 0,5 hl/ha ! Les 2017 retrouvent un profil plus classique pour le domaine.

La Chablisienne

★★★☆☆

Le principal producteur de Chablis restitue toujours une interprétation fidèle de l'appellation, grâce au travail précis et soigné de l'œnologue Vincent Bartement. Le travail de la cave, que nous saluons régulièrement depuis des années, continue de porter ses fruits. Bien distribué, cette adresse incontournable en constante progression réussi avec beaucoup de maîtrise les derniers millésimes. Un dialogue intelligent entre les équipes vignes et cave ainsi qu'une sélection de plus en plus précise permet à la cave de continuer sa marche en avant, avec encore plus d'ambition. La dégustation annuelle confirme tout le bien que nous pensons de cette cave qui demeure certainement la meilleure cave coopérative de France, pour ce niveau de volume. Tout est recommandable et premiers crus comme grands crus affichent un niveau de qualité inédit.

- **Montmains, Chablis premier cru 2019** | Sec | 2024>2030 | NC — 92
- **Vaulorent, Chablis premier cru 2019** | Sec | 2026>2032 | NC — 92
- **Vaudésir, Chablis grand cru 2019** | Sec | 2026>2035 | NC — 93
- **Les Vénérables, Chablis 2019** | Sec | 2023>2027 | NC — 90

Vincent Bartement (La Chablisienne).

Domaine Laroche

★★★★☆

Sous la direction avisée de Thierry Bellicaud, la maison chablisienne propriété du groupe AdVini, a bien prospéré, complétant intelligemment par des apports en raisins un patrimoine de vignes intelligemment constitué du temps de Michel Laroche. Les vins ont beaucoup gagné en gourmandise de fruit et en densité saline, des qualités qu'elles magnifient au vieillissement. Si le grand cru Blanchot est ici le chouchou de l'équipe technique, la cuvée de village Vieille Voye est tout simplement sublime par sa pureté d'expression.

- **Vieille Voye, Chablis 2020** | Sec | 2022>2030 | 22.5 € — 91
- **Les Vaudevey, Chablis premier cru 2020** | Sec | 2022>2035 | 32 € — 92
- **Les Bouguerots, Chablis grand cru 2020** | Sec | 2022>2040 | 65 € — 96

Domaine Long-Depaquit

★★☆☆☆

Propriété de la famille Bichot depuis 1970, ce domaine possède l'un des plus beaux portefeuilles de grands crus de toute l'appellation, puisqu'il exploite 5 des 7 grands crus (sans compter le fameux monopole de la Moutonne). Malheureusement, les dernières années ont vu les responsables locaux se succéder sans que les vins n'y gagnent en style et en identité. Malgré les 65 hectares de vigne, les cuvées n'ont pas ici suivi l'évolution positive enregistrée dans de nombreuses autres propriétés du secteur, elles sont aujourd'hui décrochées par rapport aux meilleures.

- **Blanchot, Chablis grand cru 2020** | Sec | 2022>2030 | 77 € — 90

Domaine Louis Michel et Fils

★★★☆☆

Vieille famille chablisienne, les Michel exploitent les meilleurs secteurs, en premiers crus comme en grands crus. Le domaine est d'ailleurs l'un des très rares à proposer le grand cru Grenouilles, dont le principal producteur reste la Chablisienne. Depuis 1969, les vinifications se font en cuve inox, si bien que les vins ici démarrent souvent discrètement en bouteille, mais leur minéralité se révèle sans souci après une garde de quelques années.

- **Grenouilles, Chablis grand cru 2019** | Sec | 2026>2044 | 65 € — 94
- **La Forêt, Chablis premier cru 2020** | Sec | 2022>2035 | 35 € — 91
- **Butteaux, Chablis premier cru 2020** | Sec | 2022>2040 | 35 € — 92

LOUIS-VICTOR CHARVET

Thierry Bellicaud (domaine Laroche).

MATHIEU GARÇON

Domaine Christian Moreau Père et Fils

★★★★☆

Les Moreau possèdent l'un des plus beaux patrimoines de vignes de tout Chablis, notamment en grands crus et plus particulièrement les Clos. Christian a créé le domaine en 2002, lorsqu'il a quitté la société J. Moreau & Fils rachetée au préalable par le groupe Boisset, mais c'est son fils Fabien qui a progressivement mis en place une viticulture bio, aujourd'hui labellisée, parmi les plus abouties du secteur. Cela se retrouve dans la précision de chacune des cuvées, des références pour l'appellation. Les deux millésimes 2016 et 2017 sont catastrophiques au vu des volumes produits, mais le domaine ne baisse pas les bras et poursuit selon ses principes. Ainsi en blanchots, seulement 140 magnums de 2016 ont été produits ! Des deux millésimes, 2016 sera le moins charnu et pourtant quelle belle réussite d'ensemble ! Chapeau ! Le plus difficile reste de s'en procurer.

Domaine Moreau-Naudet

★★☆☆☆

Suite au décès brutal de Stéphane Moreau à l'été 2016, alors qu'il venait d'emménager dans sa nouvelle cuverie dans le bas des Vaillons, son épouse Virginie a courageusement repris la suite, bien aidée par l'équipe en vigne et en cave. Les élevages sont longs, le style n'a pas changé, les vins constituent toujours d'excellentes références du terroir chablisien.

Domaine Olivier Morin

★★★☆☆

Depuis plus de deux décennies l'un des vignerons les plus réguliers de l'appellation Chitry, qui comme Chablis est assise sur un socle de craie kimméridgienne, mais avec un climat plus influencé par la vallée de l'Yonne et non par le Serein. Égale réussite en blanc et en rouge, le terroir crayeux convenant au pinot noir comme au chardonnay, sans oublier l'aligoté, régulièrement excellent.

- **cuvée Olympe, Bourgogne Chitry 2019** | Sec | 2026>2034 | 35 € — 93
- **cuvée Olympe, Bourgogne Chitry 2018** | Sec | 2022>2033 | 17 € — 92

Domaine Charly Nicolle

★★★☆☆

Nous suivons ce domaine depuis un certain temps déjà et nous réjouissons du sérieux et de la progression régulière de Charly Nicolle. Exploitant les terroirs de Fleys, dont les deux premiers crus Les Fourneaux et la partie la plus à l'est du Mont de Milieu, il en extrait une courte gamme d'une grande densité en bouche, faisant bien ressortir la minéralité propre à chaque cru. Voilà une valeur sûre pour le secteur.

- **Mont de Milieu, Chablis premier cru 2019** | Sec | 2022>2039 | 92 € — 93
- **Ante MCMLXXX, Chablis 2019** | Sec | 2022>2029 | 15.5 € — 92
- **Ante MCMLXXX, Les Fourneaux, Chablis premier cru 2019** | Sec | 2022>2039 | 18.5 € — 92

Domaine Pinson

★★★☆☆

L'un des vieux domaines de Chablis, où l'on continue de recevoir les clients de passage pour leur faire déguster les vins, même le week-end, ce qui devient rare. De nombreux premiers crus cultivés avec soin par Laurent, son frère Christophe et sa fille Charlène, dont le fameux Mont de Milieu, régulièrement excellent. Un seul grand cru, mais il s'agit des Clos, décliné en deux cuvées, une normale vinifiée en cuve inox et l'autre élevée en pièces et mise en bouteille au bout d'une année supplémentaire.

- **Mont de Milieu, Chablis premier cru 2020** | Sec | 2022>2040 | 28 € — 93
- **La Forêt, Chablis premier cru 2020** | Sec | 2022>2035 | 28 € — 91
- **Les Clos, Chablis grand cru 2020** | Sec | 2027>2040 | 45 € — 95

Domaine Isabelle et Denis Pommier

★★★☆☆

Ce domaine continue de nous régaler avec des cuvées d'une concentration et d'une densité sans peu d'équivalents dans le secteur. Issu d'un terroir très particulier, le Hauterivien, le petit-chablis est sans doute le meilleur de l'appellation. Mais les trois premiers crus tout comme le rouge de pinot noir expriment toute la gourmandise de raisins cultivés en bio, parfois avec beaucoup d'abnégation dans les millésimes compliqués comme Chablis en a connu récemment.

- **Fourchaume, Chablis premier cru 2020** | Sec | 2022>2030 | 28 € | ☘ — 92
- **Hautérivien, Petit Chablis 2020** | Sec | 2022>2030 | 12 € | ☘ — 93
- **Tröesmes, Chablis premier cru 2020** | Sec | 2022>2035 | 24 € | ☘ — 94

Domaine Raveneau

★★★★★

Ce domaine qui avant tous les autres a fait découvrir les grands vins de Chablis dans le monde entier et notamment sur les tables des beaux restaurants a désormais passé la main à une nouvelle génération, Isabelle et Maxime. Les deux cousins auront à cœur de poursuivre l'œuvre de leurs aînés, en produisant des butteaux, des montée-de-tonnerre ou des clos de lente évolution en bouteille, comptez 15 ans pour les premiers crus et 20 ans pour les grands crus. Minimum.

Domaine Servin

★★☆☆☆

Encore un domaine doté d'un joli portefeuille de vignes dans le Chablisien, tant en premiers qu'en grands crus, avec notamment plus de 2,70 hectares en Montée de Tonnerre. Souvent les élevages en pièces donnent des vins larges en bouche plus que ciselés, car c'est ainsi que les apprécient François Servin.

- **Vaillons, Chablis premier cru 2020** | Sec | 2022>2028 | 19.5 € — 90
- **Les Clos, Chablis grand cru 2019** | Sec | 2025>2035 | 45 € — 93

Simonnet-Febvre

★★☆☆☆

L'antenne chablisienne de la maison Louis Latour, de Beaune, est aujourd'hui dirigée par Paul Espitalié, qui au vu des 2019 dégustés, semble afficher un changement de cap vers une plus grande affirmation de style et une agréable restitution de la minéralité des beaux terroirs chablisiens. Nous suivrons cette évolution avec intérêt.

- **Fourchaume, Chablis premier cru 2019** | Sec | 2022>2029 | 27.85 € — 91
- **Mont de Milieu, Chablis premier cru 2019** | Sec | 2022>2029 | 27.85 € — 92
- **Les Preuses, Chablis grand cru 2019** | Sec | 2022>2039 | 64.15 € — 93

Domaine Laurent Tribut

★★★☆☆

Laurent Tribut officiellement en retraite depuis 2018 (mais toujours actif), ce sont désormais ses enfants Adeline, Solange et Gabriel qui gèrent le domaine. Difficile pour l'heure d'y voir le moindre changement de style, d'autant que les 2017 dégustés cette année étaient déjà vinifiés. Une partie des vignes (Montmains notamment) vient de René Dauvissat, le beau-père de Laurent, le reste est issu de ses acquisitions progressives, notamment en Beauroy et Côte de Lechet. Les vins vieillissent à la perfection, dans la meilleure tradition chablisienne.

Domaine William Fèvre

★★★★★

En poste depuis le rachat du domaine par la maison Bouchard Père et Fils de Beaune voilà près d'un quart de siècle, Didier Séguier a bien fait évoluer la qualité des vins depuis. Certes le patrimoine de vignes est certainement le plus beau de tout le Chablisien, en premiers comme en grands crus, mais le travail appliqué et rigoureux à la vigne comme en cave permet d'extraire toute la quintessence de la minéralité propre aux calcaires kimméridgiens de Chablis. Des vins qui ont régulièrement l'avantage d'être appréciables jeunes mais qui résistent impeccablement au vieillissement.

- **Les Lys, Chablis premier cru 2019** | Sec | 2022>2034 | 40 € — 93
- **Vaulorent, Chablis premier cru 2019** | Sec | 2027>2039 | 57 € — 96
- **Bougros Côte Bouguerots, Chablis grand cru 2018** | Sec | 2027>2038 | 65 € — 93

Didier Séguier (domaine William Fèvre).

CÔTE-DE-NUITS

Closerie des Alisiers

★★☆☆☆

Issu d'une famille célèbre de Chablis, Stéphane Brocard s'est installé un peu plus au sud, en côte d'Or, où il a créé sa propre maison, la Closerie des Alisiers. La gamme porte sur les appellations régionales de Bourgogne ainsi que quelques crus bien choisis de la côte de Nuits. Nous avons été séduits par le fruité et la plénitude des crus proposés en 2020 qui ont capté le potentiel élevé du millésime.

- **Chambolle-Musigny 2020** | Sec | 2024>2032 | NC — 93
- **Marsannay 2019** | Sec | 2022>2028 | NC — 91
- **Les Corbeaux, Gevrey-Chambertin premier cru 2020** | Sec | 2024>2032 | NC — 94

Domaine Amiot et Fils

★★☆☆☆

Dans la famille Amiot, des générations de vignerons ont travaillé la vigne et le vin. Le grand-père Pierre a su révéler l'identité du domaine en créant la première étiquette en 1976. Le père, Jean-Louis a été l'artisan de la reconnaissance du domaine dès les années 1980. Son épouse, Chantal, est venue l'épauler à partir de 2012 pour assurer l'accueil au Domaine. Aujourd'hui, leur fils Léon souhaite perpétuer la tradition familiale : les trois roses qui apparaissent sur l'étiquette rappellent la devise des Comtes de Vergy, celle de continuer « sans varier » à exprimer l'excellence de nos terroirs. Le Domaine Amiot et Fils, installé à Morey-Saint-Denis, s'étend sur cinq hectares depuis Gevrey-Chambertin jusqu'à Chambolle-Musigny.

- **Clos de la Roche grand cru 2020** | Sec | 2024>2030 | NC — 92
- **Les Ruchots, Morey-Saint-Denis premier cru 2020** | Sec | 2022>2030 | NC — 92

Domaine Amiot-Servelle

★★★★☆

Prune Amiot a repris le domaine et ses huit hectares rejointe par son frère Antoine au commercial. Elle maintient un style de vin précis, assez ferme et retenu dans sa prime jeunesse mais vieillissant parfaitement. L'accueil de Christian Amiot, le père, est toujours aussi sympathique ! On est ici dans un domaine de grande qualité qui ne néglige pas ses entrées de gamme, avec une cuvée d'amoureuses toujours au sommet qui bataille avec le clos-saint-denis.

- **Les Charmes, Chambolle-Musigny premier cru 2020** | Sec | 2024>2030 | NC | ☘ — 94
- **Les Bas Doix, Chambolle-Musigny 2020** | Sec | 2024>2030 | NC | ☘ — 92

Domaine Arlaud

★★★★☆

Cyprien Arlaud a rejoint le domaine en 1997 et vinifie depuis 2004, aidé aux vignes par sa sœur qui a créé une société de labour à cheval. Quinze hectares principalement sur Morey, dont quatre premiers crus, quatre grands crus et cinq hectares de bourgogne Roncevie qui furent autrefois classés en gevrey village. L'activité domaine est complétée par 3,5 hectares de négoce sous l'étiquette &Arlaud. La vendange entière a été développée depuis 2008 mais le pourcentage de raisins non égrappés varie selon les millésimes pour garder une cohérence aux vins et ne dépasse pas 30 %. Cyprien recherche des vins de grande délicatesse avec des tannins soyeux, très fins, y compris dans les vins qui seraient d'un naturel puissant apporté par leur terroir comme le clos saint-denis.

- **Morey-Saint-Denis 2020** | Sec | 2024>2030 | 50 € — 92
- **Clos Saint-Denis grand cru 2020** | Sec | 2024>2032 | 230 € — 96
- **Clos de la Roche grand cru 2020** | Sec | > | 190 € — 97

Domaine de l'Arlot

★★★★☆

Ce domaine célèbre, appartenant à Axa Millésimes, a été bâti sur trois monopoles, le clos du Chapeau, le clos des Forêts Saint-Georges et bien sûr le clos de l'Arlot. Ces cuvées monopole de volume important ont donc la chance d'avoir une commercialisation plus conforme à la tradition, avec un vin de trois ans en vente et non de deux ans comme partout ailleurs. Le style des derniers millésimes, absolument remarquables, profite d'une culture en biodynamie et d'une vinification très aboutie de raisins entiers, ce qui donne au vin une noblesse de parfum incomparable. L'excellente Géraldine Godot (ex-Alex Gambal) est aux manettes. 2018

Géraldine Godot (domaine de l'Arlot).

et 2019 voient une évolution vers des vins encore plus délicats, 2020 conjugue cette élégance à la force du millésime.

- **Monopole, Clos Arlot, Nuits-Saint-Georges premier cru 2020** ¦ Sec ¦ 2024>2030 ¦ NC — 94
- **Romanée-Saint-Vivant grand cru 2020** ¦ Sec ¦ 2024>2035 ¦ NC — 96

Domaine Bart

★★★☆☆

Cousin de Bruno Clair, Martin Bart partage avec lui non seulement quelques crus fameux mais aussi une même vision sérieuse, classique et intemporelle du vin de Bourgogne, privilégiant l'expression exacte du terroir, sans ignorer toutefois l'hédonisme pur des textures. Le domaine évolue vers des textures très élégantes et des fruités gourmands. La collection de Marsannay est de haut niveau et son bonnes-mares est régulièrement l'un des meilleurs représentants de ce cru.

- **Hervelets, Fixin premier cru 2020** ¦ Sec ¦ 2023>2030 ¦ 40 € — 93
- **Les Champs Salomon, Marsannay 2020** ¦ Sec ¦ 2022>2030 ¦ 27 € — 92
- **Les Finottes, Marsannay 2020** ¦ Sec ¦ 2022>2027 ¦ 16 € — 89

Domaine Bertagna

★★★☆☆

Ce domaine appartient à la famille Reh, riches vignerons de la Moselle allemande, et possède des terroirs prestigieux en côte de Nuits, sur Gevrey, Morey, Vougeot et Flagey, ainsi qu'un superbe corton-charlemagne. Après des périodes plus ou moins fastes, la qualité ne se dément pas depuis quelques années du début au sommet de la gamme avec des vins généreux et soignés dans leur élevage. Nous saluons l'avancée de ce domaine vers l'élite de la Bourgogne avec des rouges au toucher tactile des plus délicats. Le vougeot premier cru les Cras blanc est également de haut niveau, très réussi en 2020.

- **Clos Saint-Denis grand cru 2020** ¦ Sec ¦ 2024>2035 ¦ 142 € — 96
- **Les Cras, Vougeot premier cru 2020** ¦ Sec ¦ 2024>2030 ¦ 80 € — 94
- **Les Petits Vougeots, Vougeot premier cru 2020** ¦ Sec ¦ 2024>2030 ¦ 68 € — 94

Domaine Berthaut-Gerbet

★★★☆☆

Amélie Berthaud, la septième génération, a en charge depuis 2013, après la Napa Valley et la Nouvelle-Zélande, les domaines Berthaut de Fixin et Gerbet de Vosne-Romanée, 18 hectares et 23 appellations réunis sous une seule bannière. Elle utilise la vendange entière dans des proportions très variables, de 20 à 80 % selon les terroirs et les millésimes. Quand certains vignerons sont pétris de certitude, Amélie ne cesse de se remettre en question et multiplie les essais avec un souhait évident d'encore faire progresser la qualité des vins. C'est assurément la démarche d'un grand de demain. Les fixins qui nous étonnent depuis quelques millésimes par leur finesse en opposition de style avec le style dit classique de l'appellation sont désormais rejoints par les vins de Vosne et du clos de vougeot.

- **Les Petits Monts, Vosne-Romanée premier cru 2020** ¦ Sec ¦ 2024>2032 ¦ 80 € — 95
- **Les Crais, Fixin 2020** ¦ Sec ¦ 2022>2030 ¦ 25 € — 92
- **Clos de Vougeot grand cru 2020** ¦ Sec ¦ 2025>2035 ¦ 140 € — 97

Jean-Claude Boisset

★★★☆☆

Cette maison a complètement révolutionné sa position dans l'univers bourguignon et métamorphosé le style de ses vins. La famille Boisset, sans doute agacée des commentaires habituels et fière du renouveau de son domaine de la Vougeraie, a eu l'heureuse idée d'engager le talentueux Grégory Patriat, jeune, brillant et surtout anticonformiste, formé à l'école de Lalou Bize-Leroy, pour produire des vins dignes des meilleurs producteurs. C'est aujourd'hui chose faite, au prix d'une considérable diminution des volumes. 2016 voit ici un millésime très équilibré avec des fruités gracieux et des bouches délicates.

- **Les Charmes, Chambolle-Musigny premier cru 2020** ¦ Sec ¦ > ¦ 115 € — 94
- **Clos de la Roche grand cru 2020** ¦ Sec ¦ > ¦ 256 € — 91
- **Corton - Renardes grand cru 2020** ¦ Sec ¦ > ¦ 158 € — 92
- **Corton - Charlemagne grand cru 2020** ¦ Sec ¦ > ¦ 165 € — 91

Domaine René Bouvier

★★★★☆

Bernard Bouvier fait partie des tout meilleurs vignerons de Marsannay qui mettent en valeur le riche patrimoine de cette commune. Partisan résolu de l'infusion qui rompt avec les extractions poussées que la Bourgogne a connues par le passé, il aime les vins qui ont de la chair, bons jeunes et bons vieux, les vendanges à maturité et intervient le moins possible. Signalons la gentillesse de l'accueil au domaine, une démarche bio, une gamme de gevreys, de marsannays et de fixins de référence, de grande homogénéité. Une adresse qui ne déçoit pas, les vins sont le plus proches possible de leur terroir d'origine avec le tact dans les vinifications qui caractérise la production du domaine. Superbes 2020 de très grande finesse après une série ininterrompue de belles réussites.

- **Les Jeunes Rois, Gevrey-Chambertin 2020** ¦ Sec ¦ 2022>2030 ¦ 72 € — 93
- **Clos du Roi, Marsannay 2020** ¦ Sec ¦ 2022>2030 ¦ 44 € — 94

Domaine Castagnier

★★★★☆

Ce domaine est repris par la cinquième génération de vignerons. Son patrimoine de vignes est un des plus remarquables du village, quatre hectares, ce qui est peu mais dont deux de grands crus, ce qui est rare. Jérôme Castagnier, trompettiste et ancien membre de l'orchestre de la garde républicaine, est revenu au domaine où il mène son vignoble en approche biodynamique et complète sa gamme par des raisins achetés notamment dans les chambertins, les échezeaux et dans les amoureuses. Jérôme affine ses élevages selon chaque cru et les vins sont en progression continue depuis des années. Goûtez son simple chambolle pour vous faire une idée de ce que peut faire le domaine avec ses crus plus célèbres. Et le vigneron a le sens de l'accueil au domaine, dans la grande tradition de l'hospitalité bourguignonne, ce qui devient rare, hélas.

- **Clos de Vougeot grand cru 2020** | Sec | 2025>2035 | 120 € — 96
- **Charmes-Chambertin grand cru 2020** | Sec | 2025>2035 | 114 € — 95
- **Chambolle-Musigny 2020** | Sec | 2022>2028 | 40 € — 91

Domaine Philippe Charlopin-Parizot

★★★★☆

Vingt hectares en côte d'Or, cinq à Chablis avec un patrimoine de vignes impressionnant en très belles appellations. Les Charlopin, Philippe le père et Yann le fils, n'ont cessé de progresser vers plus de précision. Le fils est très attentif dès le travail de la vigne et le père, fin dégustateur, donne le cap. L'humour de Philippe n'a d'égal que son exigence qualitative aidée par un chai très fonctionnel, à l'hygiène impeccable. Les rouges de la côte de Nuits ne peuvent qu'impressionner par leur précision. Le rendu des terroirs d'origine est d'une remarquable lisibilité. Nous notons depuis 2018 une bien meilleure intégration des boisés qui obligeait à laisser patienter les vins. Ce qui n'enlève rien à leur capacité de garde, bien au contraire. 2020 semble une nouvelle évolution vers une finesse des textures superlative.

- **Vieilles Vignes, Gevrey-Chambertin 2020** | Sec | 2022>2028 | 70 € — 94
- **Clos de Vougeot grand cru 2020** | Sec | 2025>2035 | 200 € — 96
- **Montchenevoy, Marsannay 2020** | Sec | 2023>2028 | 50 € — 91

Domaine Georges Chicotot

★★★★☆

Ce petit domaine artisanal de 9,5 hectares s'affirme d'une année sur l'autre comme une des sources les plus remarquables. Les parcelles sont petites mais toutes très bien situées et les vins, méticuleusement vinifiés depuis 23 ans par Pascale, l'épouse de Georges Chicotot rejointe par leur fils Clément peuvent servir de modèle de style. Après 2018, 2019 et 2020 confirment le tournant vers des rouges encore plus fins tout en étant de garde, sans la pointe de réduction qui demandait un carafage avant le service en vin jeune. Par son sens inné de l'accueil, une descente de cave avec le truculent Georges est un grand moment dans la grande tradition de l'hospitalité vigneronne bourguignonne.

- **Les Vaucrains, Nuits-Saint-Georges premier cru 2020** | Sec | 2024>2035 | NC | ☘ — 96
- **Aux Thorey, Nuits-Saint-Georges premier cru 2020** | Sec | 2024>2030 | NC | ☘ — 95

Domaine Chopin et fils

★★★☆☆

Arnaud Chopin et son frère Alban, après avoir travaillé au domaine, en ont repris la destinée et ont diminué la superficie de 14 à 9 hectares pour tendre vers une viticulture de jardin. Une parcelle de 0,4 hectares de vougeot premier cru vient d'être reprise pour proposer cette appellation. Tout est vinifié en grappe entière pour des vins au charnu exceptionnel : le raisin est particulièrement bien traité ici et cela se ressent dans le résultat final. Les élevages s'allongent progressivement et sont désormais de 18 mois. Après une promotion accordée au classement du domaine, il est résolument en route vers l'échelon supérieur.

- **Vieilles Vignes, Nuits-Saint-Georges 2020** | Sec | 2022>2028 | 38 € — 93
- **Les Petits Vougeots, Vougeot premier cru 2020** | Sec | 2022>2030 | 70 € — 94
- **Bourgogne 2020** | Sec | 2022>2026 | 25 € — 91

Domaine Bruno Clair

★★★★☆

Le patrimoine de vignes est un des plus nobles qui soit, avec les grands joyaux de Gevrey comme le clos Saint-Jacques, les Cazetiers et le clos de Bèze. À signaler la reprise d'un hectare de Bonnes-Mares depuis 2016. Elle permet au domaine de posséder toute la partie sur Morey de cette appellation également présente en Chambolle. La régularité dans la réussite et la préservation d'un même style mérite un grand coup de chapeau, en particulier à Philippe Brun, associé à Bruno Clair dès le début de l'aventure, et qui met toute son expertise de vinification au service de ces grands terroirs. Arthur et Edouard Clair ont rejoint le domaine pour les vinifications. On est ici au sommet du nord de la côte de Nuits avec des bouches peut-être moins intenses que chez certains mais infiniment sensuelles. Parmi les très grands, le style Bruno Clair mérite impérativement d'être connu.

- **Chambertin-Clos de Bèze grand cru 2019** | Sec | 2024>2035 | NC — 97
- **Grasses Têtes, Marsannay 2020** | Sec | 2024>2030 | NC — 92
- **Gevrey-Chambertin 2019** | Sec | 2022>2030 | NC — 94

David Duband (domaine Duband et François Feuillet).

Domaine Collotte

★☆☆☆☆

Domaine artisanal de Marsannay, en progrès depuis l'arrivée d'Isabelle en 2013. Il produit des marsannays et fixins de style classique, qu'il faut savoir attendre mais au rapport qualité-prix intéressant. Remarqué cette année, un superbe fixin les crais de chêne 2019.

- **Les Crais de Chêne, Fixin 2019** | Sec | 2024>2028 | 25.5 € — 88

Domaine Confuron-Cotetidot

★★★★☆

Domaine artisanal exemplaire, avec un patrimoine de vignes idéalement réparties sur les communes principales de la côte de Nuits, et un pied à Pommard où Yves Confuron est le brillant régisseur du domaine de Courcel. Dans sa propriété familiale, il travaille en duo avec son frère Jean-Pierre et ce tandem conserve le style noble mais robuste mis au point par leur père, en dehors des modes. Les matières sont toujours magnifiques, tout comme les couleurs mais il faut savoir leur donner du temps au risque de les trouver austères en vin jeune ! Des 2019 très réussis, toujours inscrit dans le style classique que défend la maison et qui la rend reconnaissable entre toutes.

- **Gevrey-Chambertin 2019** | Sec | 2025>2032 | 45 € — 92
- **Petite Chapelle, Petite Chapelle, Gevrey-Chambertin premier cru 2019** | Sec | 2025>2035 | 80 € — 94

Édouard Delaunay

★★★☆☆

Plus qu'une nouveauté, une renaissance. Le retour de cette vieille maison fait du bien. L'homme qui l'a réveillé s'appelle Laurent Delaunay. Il est l'arrière petit-fils du fondateur et s'est imposé comme une référence en matière de vin de plaisir du Languedoc dans la grande distribution. C'est en Bourgogne, sur ses terres, qu'il affiche une nouvelle fois toute l'étendue de son talent et de sa vision. Nous recommandons particulièrement les cuvées de nuits-saint-georges, vinifiées avec un soin extrême et un souci d'extraction du tannin qui permet d'obtenir des vins voluptueux et tendres, toujours droits. L'ensemble de la gamme est irréprochable.

- **Corton - Charlemagne grand cru 2020** | Sec | > | 185 € — 94
- **Nuits-Saint-Georges 2020** | Sec | > | 49 € — 92
- **Les Crots, Nuits-Saint-Georges premier cru 2020** | Sec | > | 77 € — 94

MATHIEU GARÇON/PRESSE

Laurent Delaunay (Edouard Delaunay).

MATHIEU GARÇON

Domaine David Duband et François Feuillet

★★★★☆

David Duband et François Feuillet forment un duo vigneron et propriétaire devenu référent en Bourgogne. Et la gamme de vins vinifiés impressionne avec cinq grands crus et six premiers crus. 17 hectares dont cinq en Hautes-Côtes et des achats de raisins. David Duband affine d'une année sur l'autre une vinification respectueuse du raisin, revenant à la tradition de la vendange entière, de 60 à 90 % selon les cuvées, ce qui confère à ses vins fraîcheur, finesse et complexité, grâce à un travail à l'ancienne, avec le moins d'interventions possible et pigeage au pied pour ne pas casser la rafle. La vendange entière peut serrer les vins jeunes mais ils retrouvent après quelques années la finesse de texture que l'on aime de ce domaine.

- **Nuits-Saint-Georges 2020** | Sec | 2024>2030 | 50 € | ☘ 93
- **Latricières-Chambertin grand cru 2020** | Sec | 2025>2035 | 313 € | ☘ 95
- **Gevrey-Chambertin 2020** | Sec | 2023>2030 | 54 € | ☘ 94

Domaine Régis Dubois

★☆☆☆☆

Béatrice et Raphaël Dubois, le frère et la sœur, exploitent 21 hectares de vignes réparties sur 21 appellations en côte de Nuits ainsi qu'en côte de Beaune. Bien réussi clos des argillières 2020 en nuits-saint-georges premier cru.

- **Clos des Argillières, Nuits-Saint-Georges premier cru 2020** | Sec | 2022>2030 | 50 € 91

Domaine G.Y. Dufouleur

★★★☆☆

Ce domaine est géré par le descendant de l'une des familles nuitonnes les plus connues, également président de l'appellation Nuits-Saint-Georges. Il s'étend de Fixin à Santenay. Yvan a renoncé au négoce familial pour se consacrer à son vignoble. La qualité de la gamme ne souffre d'aucun reproche, dès les appellations régionales, ce qui n'est pas pour nous étonner quand on connaît l'exigence d'Yvan. Elle progresse même depuis des années. Achat en toute confiance.

- **Aux Saints-Juliens, Nuits-Saint-Georges 2020** | Sec | 2024>2030 | 41 € 92
- **Les Crots, Nuits-Saint-Georges premier cru 2020** | Sec | 2024>2030 | 58 € 93

Domaine Faiveley

★★★★☆

Disposant de 120 hectares dont 70 en côte chalonnaise, de l'un des plus beaux chais de la Bourgogne à Nuits-Saint-Georges, avec ses récents agrandissements comme le fermage du domaine Zibetti et la reprise des domaines Dupont-Tisserandot et Billaud-Simon, Faiveley devient plus que jamais un ambassadeur incontournable des grands vins de Bourgogne dans le monde. Et l'on se réjouit que cela ne soit pas au détriment de l'exigence en matière de qualité et de style à tous les niveaux d'appellation et de prix. La réflexion sur le travail à la vigne porte ses fruits, les vins de la maison jouent sur la droiture et la précision de l'expression de chaque cuvée, en blanc comme en rouge. Après des 2018 éblouissants, 2019 et 2020 poursuivent sur cette voie avec un charme tactile qui est désormais la signature maison.

- **Les Damodes, Nuits-Saint-Georges premier cru 2020** | Sec | 2022>2028 | 90 € 94
- **Les Cazetiers, Gevrey-Chambertin premier cru 2020** | Sec | 2024>2032 | 130 € 93
- **Échezeaux grand cru 2020** | Sec | 2025>2035 | 260 € 96

Domaine Jean Fournier

★★★☆☆

Laurent Fournier, avec son humour, son intelligence et sa délicatesse est un des talents les plus brillants de la nouvelle génération bourguignonne. Il nous fait plaisir en cherchant et réussissant à retrouver les secrets des très grands vins d'autrefois, vinifiés à partir de raisins entiers en démarche bio. Les terroirs se montrent ainsi avec une grande précision. Ses côtes-de-nuit-villages et plusieurs marsannays bousculeraient bien des gevrey-chambertin. Avec cette année en rouge un longeroies 2020 particulièrement brillant et les Trois Terres au sommet. A côté des rouges qui font l'essentiel de ses volumes, il nous montre en 2020 un talent de vinificateur de blancs que nous ne lui connaissions pas. Tout est réussi depuis des millésimes, c'est l'une des adresses idéales pour les amoureux de la belle Bourgogne à des prix encore accessibles.

- **Longeroies, Marsannay 2020** | Sec | 2024>2030 | 35 € 94
- **Clos du Roy, Marsannay 2020** | Sec | 2022>2028 | 35 € 92

Domaine Gallois

★★★★☆

Dominique Gallois cultive les 4 hectares de vignes du domaine familial, installé depuis 1901 à Gevrey-Chambertin. Il produit désormais des vins corsés, de couleur sombre, de grande garde avec le fond attendu. Leur puissance charnue en 2019 est relayée par une pointe d'acidité qui les rafraîchit, les 2020 sont impeccables. Le niveau des vins progresse depuis des années, l'attribution d'une quatrième étoile est pleinement justifiée.

- **Combe aux Moines, Gevrey-Chambertin premier cru 2020** | Sec | 2025>2035 | 86 € 95
- **Gevrey-Chambertin 2020** | Sec | 2024>2030 | 49 € 93

Domaine Pierre Gelin

★★☆☆☆

Avec 12,5 hectares en production ce domaine réputé de Fixin a comme spécialité le monopole du clos Napoléon, deux hectares à Fixin et une jolie parcelle de Chambertin Clos de Bèze. Pierre-Emmanuel Gelin utilise régulièrement un tiers de grappes entières et affectionne les élevages longs dans son chai irréprochable. Les vins sont ensuite élevés en cave pendant 18 mois, ce qui est rare en Bourgogne et permet au domaine de mettre en marché des vins plus proches de la maturité. C'est un domaine à découvrir.

- **Hervelets, Fixin premier cru 2019** | Sec | 2023>2030 | 43 € — 92
- **Fixin 2019** | Sec | 2022>2028 | 28 € — 91

Domaine Henri Gouges

★★★★☆

Ce domaine célèbre parmi les célèbres de Nuits-Saint-Georges, entièrement implanté sur ce finage avec pas moins de sept premiers crus, est désormais passé des mains de Christian Gouges à celles de Grégory aux vinifications et d'Antoine, licence de commerce des vins en poche. Ils ont désormais en charge les 14,5 hectares de vignes. Des installations techniques complètement renouvelées, conformes à ce que l'on doit attendre d'une telle source, permettent de travailler par gravité et d'adoucir des tannins qui, dans certains millésimes, avaient une tendance à l'austérité. Si la philosophie maison reste de produire des vins sérieux et de longue garde, on constate un changement de cap vers des tannins plus aériens sans que le vin ne perde en énergie, bien au contraire et sans surjouer les millésimes plus délicats. Chaque rouge réalisé domine régulièrement ses pairs du même climat, et ce depuis des années. Une curiosité, le perrières en blanc, est réalisé à base de pinot blanc.

- **Les Pruliers, Nuits-Saint-Georges premier cru 2020** | Sec | 2025>2035 | 84 € — 95
- **Les Dames Huguettes, Hautes Côtes de Nuits 2020** | Sec | 2023>2028 | 29 € — 91

Domaine Jean Grivot

★★★★☆

La jeune génération, Mathilde et Hubert, est revenue sur les 15 hectares d'un domaine qui pourrait être une incarnation d'un certain classicisme bourguignon. Ce domaine très réputé de Vosne-Romanée a révolutionné son style à la fin des années 1980. Étienne Grivot aime la profondeur dans ses cuvées faites pour vieillir. Aujourd'hui, si le style reste affirmé, il recherche également plus de gourmandise dans ses vins qu'il souhaite plus «courtois» dans leur jeunesse. Bref, une adresse infiniment respectable, à la fois gardienne du temple et résolument moderne, un classicisme intelligent qui a su tirer le meilleur de 2019 où l'évolution du style vers des tannins bien plus enrobés n'a rien changé de la signature du domaine, reconnaissable entre 100. Les 2020 suivent avec un pas de plus vers la finesse des textures.

- **Échezeaux grand cru 2020** | Sec | 2025>2035 | NC — 97
- **Lavières, Aux Lavières, Nuits-Saint-Georges 2020** | Sec | 2024>2031 | NC — 93
- **Roncière, Nuits-Saint-Georges premier cru 2020** | Sec | 2023>2030 | NC — 94

Domaine Robert Groffier Père et Fils

★★★★☆

Nicolas Groffier, rejoint par sa sœur Julie, confirme qu'il est un vinificateur de premier ordre et qu'il a réussi à infléchir le style du domaine familial vers une finesse de texture qui compte peu d'équivalents. Quelle délicatesse sensuelle dans un tannin sans coutures ! Il utilise la vendange entière en fonction de la nature des millésimes. En entrée de gamme, les bourgognes sont récoltés juste en dessous du clos de Vougeot et sont des références dans leur appellation. Au sommet, les-amoureuses sont classiques de ce cru et n'ont rien de tendre en vin jeune, contrairement à ce que leur nom permettrait de penser. Puis viennent les bonnes-mares qui captent la délicatesse de ce terroir pourtant puissant et le clos-de-bèze, aérien comme il se doit, tout en finesse et en longueur. On est dans l'un des sommets de la grande Bourgogne actuelle.

- **Bonnes-Mares grand cru 2020** | Sec | 2025>2035 | NC — 97
- **Les Seuvrées, Gevrey-Chambertin 2020** | Sec | 2024>2030 | NC — 93

Erwan Faiveley (domaine Faiveley).

Domaine Harmand-Geoffroy

Ce domaine possède une palette complète de vins de Gevrey-Chambertin, exprimant toutes les spécificités de la plupart des secteurs du village. Nous avons beaucoup apprécié la générosité, l'évidence et la tenue des vins depuis 2015. Ce sont des vins assez structurés, de facture classique avec des tannins profonds et bien dessinés. Excellent gevrey vieilles-vignes et à l'autre extrémité de la gamme, splendide mazis, assemblage de la partie haute et de la partie basse pour avoir une approche globale de ce grand cru. Très réussis également dans le secteur Saint-Jacques, le champeaux et bien sûr le lavaut-saint-jacques. Le domaine incarne le mélange du classicisme bourguignon et du savoir-faire moderne qui sait affiner les textures pour rendre les vins bons jeunes et grands vieux.

- **Mazis-Chambertin grand cru 2020** | Sec | 2024>2035 | 180 € 97
- **Lavaut Saint-Jacques, Gevrey-Chambertin premier cru 2020** | Sec | 2024>2033 | 86 € 95
- **Gevrey-Chambertin 2020** | Sec | 2022>2030 | 36 € 91

Domaine Heresztyn - Mazzini

Une sympathique nouvelle génération de la famille, Florence et Simon, est à l'œuvre sur un peu plus de cinq hectares en conversion bio. Le style des vins associe la probité d'un vrai travail artisanal à la vigne à une recherche louable d'équilibre dans le vin. Le domaine travaille beaucoup sur ses élevages, avec une recherche du meilleur mariage entre chaque cru et le bois qui lui convient le mieux. L'utilisation de plus en plus importante de vendange entière gomme la discrétion que pouvaient avoir les vins. Ce sont des rouges délicats, précis, séduisants au premier abord mais que l'on peut également choisir de garder.

- **Vieilles Vignes, Gevrey-Chambertin 2020** | Sec | 2024>2030 | 45 € | 92
- **La Perrière, Gevrey-Chambertin premier cru 2020** | Sec | 2025>2032 | 72 € | 94

Domaine Huguenot

Philippe Huguenot est un pragmatique. Certifié en bio depuis 2013, il a initié cette démarche pour permettre à ses vignes de retrouver la bonne rusticité qu'il ne trouvait plus. La vendange mécanique a également été abandonnée. Ce domaine va de l'avant et ses vins sont de plus en plus élégants avec un fruité agréable qui séduit dès leur prime jeunesse, l'accélération de la qualité a été spectaculaire depuis quelques millésimes. Personnage d'une rare gentillesse avec des vins à son image, il aime recevoir ses clients à la cave quand beaucoup ont fermé leurs portes devant le succès commercial. La qualité ici est particulièrement homogène et constante.

- **Champs Perdrix, Marsannay 2020** | Sec | 2024>2030 | 30 € | 91
- **Terre brune, Fixin 2020** | Sec | 2024>2032 | 28 € | 94

Domaine Humbert Frères

Emmanuel Humbert, rejoint par son neveu Pierre-Yves, est un très fin dégustateur, il applique à sa production toute l'exigence que l'on peut et doit avoir quand on exploite d'aussi beaux terroirs que ceux de Gevrey. Tous les millésimes récents sont réussis, dans un style associant parfaitement puissance, complexité, finesse et générosité. 2015 interprétait magnifiquement la densité possible dans le millésime sans la moindre rudesse mais avec une profondeur que peu de domaines vont chercher, 2016 joue sur une matière moins volumineuse mais fort bien traitée, on le boira un peu plus tôt. 2017 joue la partition en version plus élégante, un rien moins concentrée, millésime oblige. 2018 a capté tout le potentiel de ce grand millésime. 2019 voit une inflexion de style vers de l'infusion plutôt que la puissance ultime et donnera des rouges plus accessibles en vins jeunes. 2020 poursuit dans cette voie avec la plénitude d'un très grand millésime. Ici on aime le travail bien fait.

- **Estournelles-Saint-Jacques, Gevrey-Chambertin premier cru 2020** | Sec | 2022>2032 | 90 € 95
- **Charmes-Chambertin grand cru 2020** | Sec | 2024>2035 | 150 € 97
- **Bourgogne 2020** | Sec | 2022>2027 | 19 € 89

Domaine Joliet

Le domaine ne possède qu'un seul cru, mais en monopole, le clos de la Perrière, à Fixin, considéré depuis toujours comme le meilleur climat de son village, avec un potentiel de grand cru. Une petite partie est plantée en blanc mais c'est le rouge qui exprime le mieux la noblesse du terroir. Connue des moines de Cîteaux déjà au XIIe siècle, cette parcelle de cinq hectares est gérée par Bénigne Joliet, la sixième génération aux commandes avec le savoir-faire de son conseiller Philippe Charlopin. Elle applique une culture au plus proche de la charte bio, sans être certifiée. Les doses de soufre sont minimales avec une vinification et un élevage séparés des quatre terroirs de ce clos selon l'exposition, les calcaires actifs et la proportion des argiles. Le rouge 2020 mérite d'être recherché.

- **Clos de la Perrière, Fixin premier cru 2020** | Sec | 2022>2032 | NC 93
- **Clos de la Perrière, Fixin premier cru 2020** | Sec | 2024>2030 | NC 91

Domaine des Lambrays

Domaine phare de Morey Saint-Denis, avec son clos de 8,7 hectares, quasi-monopole, coincé entre le clos Saint-Denis et le clos de Tart : on a vu un voisinage moins prestigieux. La propriété plus deux belles cuvées de Puligny-Montrachet, la cave historique et le parc ont été acquis par LVMH en 2014, évitant ainsi le risque d'un dépeçage du grand cru. Le clos possède de grandes variantes de terroir et d'expositions qui en font son originalité. Jacques Devauges a franchi le mur qui sépare le clos des Lambrays du clos de Tart et a immédiatement engagé la conversion en bio du domaine. Les vins sont tous de très haut niveau tant en rouge qu'en blanc.

- Clos des Lambrays grand cru 2020 | Sec | 2024>2035 | 600 € | ☘ 99
- Le Cailleret, Puligny-Montrachet premier cru 2020 | Sec | 2025>2035 | 165 € | ☘ 97
- Morey-Saint-Denis 2020 | Sec | 2024>2030 | 75 € | ☘ 93
- Les Folatières, Puligny-Montrachet premier cru 2020 | Sec | 2022>2032 | 135 € | ☘ 96

Maison Dominique Laurent

Promu au plus haut niveau de notre hiérarchie grâce à une cohérence remarquable de la gamme, Dominique Laurent a inauguré il y a plus de 25 ans le concept de négoce haute couture, qu'on peut définir ainsi : choix très exigeant de vins issus de vieilles vignes de pinot noir et de chardonnay fins, et élevage méticuleux dans des fûts qu'il produit dans sa tonnellerie, adaptés à chaque cuvée, avec une utilisation minimale du SO2, et mise en bouteille la plus douce et la moins traumatisante possible. Sa gamme se décline en plusieurs niveaux : les vins les plus aboutis sont les villages numéro-1 de très vieilles vignes, et naturellement les premiers et grands crus de côte de Nuits et de côte de Beaune. Le rapport qualité-prix du début de gamme et en particulier des villages est sans rival. 10 à 30 % de premiers crus leur sont systématiquement incorporés pour les transformer en villages de référence, selon une ancienne tradition bourguignonne qui s'est beaucoup perdue. Dominique est aujourd'hui secondé par sa fille Marie aidée par son autre fille, Sophie. La nouvelle cave est à la hauteur des ambitions de la maison et participe à son rayonnement.

- Chambertin-Clos de Bèze grand cru 2020 | Sec | > | 260 € 97
- Les Charmes, Chambolle-Musigny premier cru 2020 | Sec | > | 85 € 95
- Pommard 2020 | Sec | > | 26 € 94
- Échezeaux grand cru 2020 | Sec | > | 200 € 95

Domaine François Legros

François Legros a repris les vignes familiales en 1988. Il cultive ses vignes sur les deux côtes, Nuits et Beaune. La nouvelle génération, Laure, dégustatrice avisée, l'a rejoint après un passage chez Pascal Marchand quand sa sœur Charlotte est aux vignes. La viticulture menée ici est très soignée, classique, à la recherche de l'expression du terroir. Les vins de 2020 nous ont étonnés par la qualité de leurs tannins et par leur volume dans le millésime.

- Les Perrières, Nuits-Saint-Georges premier cru 2020 | Sec | 2024>2030 | 43 € 93
- Nuits-Saint-Georges 2020 | Sec | 2024>2030 | 28 € 93

Domaine Leroy

Chaque bouteille de ce domaine légendaire, comme celui de son jumeau d'Auvenay, est un événement gustatif, donnant la pleine mesure des plus beaux terroirs de la Bourgogne, du génie de ses cépages et du caractère individuel de chaque millésime. La viticulture biodynamique pratiquée ici est la plus instinctive mais aussi la plus aboutie que nous connaissions, produisant des raisins d'un équilibre formidable en saveur et en acidité naturelle qui, vinifiés avec une simplicité biblique, donnent des émotions inoubliables. Bien sûr cette qualité, unique au monde, a son prix, justifié par les tout petits volumes, par le nombre d'heures passées sur chaque pied de vigne et par une demande mondiale très au-delà des capacités de production du domaine. Les fins d'apogée que nous indiquons pour chacun des vins sont certainement très prudentes. Une récente dégustation des vins du domaine de 1990 à 1937 a montré que ces vins bien nés sont capables de défier le temps.

- Aux Renardes, Corton - Renardes grand cru 2017 | Sec | 2023>2035 | NC 97
- Musigny grand cru 2017 | Sec | 2023>2035 | NC 100
- Les Fremières, Chambolle-Musigny 2017 | Sec | 2022>2030 | NC 95

Domaine Thibault Liger-Belair

Ce domaine de 9 hectares, dont l'histoire viticole remonte au début du XVIIIe siècle, a été repris en main par Thibault Liger-Belair, un des viticulteurs les plus passionnés de sa génération et les mieux pourvus en grands terroirs. Sa modestie naturelle et son goût du grand vin le rendent à l'écoute du raisin et de l'exemple donné par les meilleurs vinificateurs. Un travail pointu sur l'origine et la chauffe spécifique de chaque barrique, adaptée aux différentes cuvées, a donné aux millésimes récents une précision supérieure et une définition encore plus exacte de l'origine. On est ici dans une expression très pure du pinot noir, ceux qui en recherchent la finesse superlative seront au pinacle ici. Le domaine éponyme en Beaujolais s'inspire des mêmes préceptes.

- Clos de Vougeot grand cru 2020 | Sec | 2024>2035 | 155 € | ☘ 96
- Les Saint Georges, Nuits-Saint-Georges premier cru 2020 | Sec | 2024>2030 | 106 € | ☘ 95
- En créot, Gevrey-Chambertin 2020 | Sec | 2024>2030 | 55 € | ☘ 93

Domaine Philippe Livéra

Ce domaine de 8,5 hectares était également connu sous le nom des Tilleuls. Jeune viticulteur talentueux, Damien Livéra, inspiré par le style des vins de son ami Arnaud Mortet, et sa sœur Hélène, impliquée dans l'administratif mais également à la vigne, ont métamorphosé les vins du domaine : leur couleur, leur parfum et leur personnalité tranchée les font remarquer depuis 2007 dans nos dégustations à l'aveugle. Il n'y a pas de premiers crus au domaine mais une parcelle de chapelle-chambertin et une série de villages vinifiés sous le nom de leur climat d'origine. Des vins de haut niveau qui savent se montrer aimables jeunes sans se départir d'un certain classicisme pour préserver leur capacité de vieillissement. Au vu des réussites depuis de nombreux millésimes et de celle des 2020, nous ne regrettons pas la quatrième étoile attribuée l'an passé.

- Chapelle-Chambertin grand cru 2020 | Sec | 2025>2040 | NC 97
- En Champs, Gevrey-Chambertin 2020 | Sec | 2025>2032 | NC 92

Bertrand et Axelle Machard de Gramont

Petit domaine de 6 hectares dont quatre à Nuits qui compte les magnifiques terrasses des Vallerots créées alors que l'impossible mécanisation ait fait abandonner ces sols trop pentus. Une partie des vignes provient de la famille Dufouleur, avec une viticulture très respectueuse de l'environne-

Lalou Bize-Leroy (domaine Leroy).

MATHIEU GARÇON

ment. Axelle prend la relève de son père Bertrand et se laisse guider par son talent de dégustatrice. À l'image de la vigneronne, les vins s'expriment sur la tendresse et le charme en privilégiant les remontages plutôt que les pigeages, sans extractions fortes. Le domaine ne cesse d'évoluer vers des rouges de plus en plus fins et délicats. Quel dommage qu'Axelle ne possède pas de premiers ou grands crus tant ses appellations communales sont resplendissantes.

- **Aux Allots, Nuits-Saint-Georges 2020** | Sec | 2022>2028 | 39 € | ☘ 93
- **Les Grands Chaillots, Bourgogne 2020** | Sec | 2022>2026 | 18 € | ☘ 91
- **Vosne-Romanée 2020** | Sec | 2022>2028 | 45 € | ☘ 93

Frédéric Magnien

Il faut faire la distinction entre les vins de négoce, même s'ils sont vinifiés en raisin par le talentueux et énergique Frédéric Magnien, et ceux de la propriété, signés Michel Magnien, où un meilleur contrôle des vignes explique parfois un supplément de finesse et de précision. Viticulteur passionné, Frédéric aime, comme ses clients, un style de vin riche en couleur et en tannin mais nous constatons une évolution bienvenue des rouges vers plus d'intensité que de puissance pure.

- **Charmes-Chambertin grand cru 2020** | Sec | 2025>2035 | 200 € | ☘ 94
- **Petite Chapelle, Gevrey-Chambertin premier cru 2020** | Sec | 2024>2029 | 100 € | ☘ 92

Domaine Michel Magnien

Frédéric Magnien vinifie les vins du domaine familial, Michel Magnien, dans le même esprit que ceux de sa maison de négoce. Les vins produits ont toujours une couleur soutenue et souvent beaucoup de puissance avec une orientation depuis quelques millésimes vers une vinification plus à l'écoute de la finesse possible. La gamme est large, bien réussie. Le domaine élève ses vins avec une forte proportion de jarres en terre et d'amphores qui dominent par rapport au bois utilisé classiquement. Cela apporte une signature particulière aux vins qui les rend très originaux. Les 2020 sont particulièrement bien réussis dans ce millésime, proches d'une quatrième étoile.

- **Les Goulots, Gevrey-Chambertin premier cru 2020** | Sec | 2024>2030 | 150 € | ☘ 94
- **Les Sentiers, Chambolle-Musigny premier cru 2020** | Sec | 2024>2032 | 100 € | ☘ 94

Pascal Marchand Tawse

Le vibrionnant Pascal Marchand s'est installé depuis 2006 à son compte comme négociant et vinifie des vins de la côte de Nuits et de la côte de Beaune. Il a acheté avec son actionnaire canadien Tawse huit hectares dont le magnifique Mazis de la famille Maume. L'activité de négoce porte sur des volumes du même ordre que la production du domaine. Toutes les vignes sont aujourd'hui cultivées en biodynamie, certaines sont labourées à cheval. La gamme est homogène, de grande délicatesse que l'on pourra boire sans trop tarder, à l'exception des grands crus plus spécifiquement construits pour la garde.

- **Clos de Vougeot grand cru 2020** | Sec | 2024>2030 | 205 € 93
- **Les Corvées-Paget, Nuits-Saint-Georges premier cru 2020** | Sec | 2024>2030 | 67 € 92

Château de Marsannay

Olivier Halley, descendant de la famille propriétaire de Promodès, actionnaire de Carrefour, a acheté en 2012 ce domaine de 40 hectares dont 28 de Marsannay, en même temps que le château de Meursault, et en a confié la direction à Stéphane Follin-Arbelet. Les investissements culturaux, techniques et humains qui ont dû être engagés car le domaine avait connu une période difficile payent désormais. Sylvain Pabion, après avoir travaillé au clos Delorme de Bertrand Minchin, a rejoint le château pour l'exploitation et pour le réceptif. Une grande salle de réception peut accueillir ici jusqu'à 350 personnes assises, ce qui est rare en Bourgogne viticole. La gamme met en avant le fruit avec beaucoup de délicatesse en préservant l'équilibre entre buvabilité immédiate et intensité de bouche pour demain.

- **Marsannay 2020** | Sec | 2022>2027 | 29 € 89
- **Longeroies, Marsannay 2020** | Sec | 2022>2030 | 37 € 92
- **Au Champ Salomon, Marsannay 2020** | Sec | 2022>2028 | 37 € 91

Stéphane Follin-Arbelet (château de Meursault).

Domaine Denis Mortet

Arnaud Mortet continue l'œuvre de son père, symbole d'une modernité bourguignonne qui aimait la maturité du raisin soutenue par un boisé très étudié. Arnaud affine les extractions et l'élevage, avec des vins toujours gourmands, très frais, avec des tannins aériens. Il ne revendique pas de démarche bio ni des rendements minuscules. La surface du domaine n'est que d'une douzaine d'hectares dont la production est ardemment convoitée par tous les marchés mondiaux. Encore cette année, le chambertin écrasait de sa magnificence nos dégustations mais il n'était pas le seul de la gamme. Les vins du domaine se positionnent au meilleur niveau de leur climat respectif avec des enveloppés de textures sans couture qui n'ont guère d'équivalents dans la grande Bourgogne.

- **Lavaut Saint-Jacques, Gevrey-Chambertin premier cru 2020** | Sec | 2024>2035 | NC 96
- **Clos de Vougeot grand cru 2020** | Sec | 2025>2035 | NC 97
- **Chambertin grand cru 2020** | Sec | 2027>2040 | NC 100
- **Mes Cinq Terroirs, Gevrey-Chambertin 2020** | Sec | 2024>2030 | NC 93

Arnaud Mortet

Arnaud Mortet et sa soeur Clémence ont repris un domaine de 4 hectares en complément du domaine Denis Mortet. Ceci leur permettra de compléter et d'augmenter leur offre vers une clientèle qui ne parvient pas aisément à rentrer au domaine. Tous les vins sont accessibles, de charme et indiscutablement de haut niveau.

- **La Perrière, Gevrey-Chambertin premier cru 2020** | Sec | 2025>2032 | NC 95
- **Lavaux Saint-Jacques, Gevrey-Chambertin premier cru 2020** | Sec | > | NC 96
- **Charmes-Chambertin grand cru 2020** | Sec | 2025>2035 | NC 95

Manuel Olivier

Issu d'une famille d'agriculteurs et de producteurs de crèmes de cassis, Manuel Olivier, viticulteur des Hautes-Côtes, a suivi un chemin atypique. Il a démarré son domaine en 1990 et exploite maintenant dix hectares de vignoble répartis sur les Hautes-Côtes de Nuits, la côte de Nuits et la côte de Beaune. Une activité de négoce lui permet d'offrir une gamme plus

BOURGOGNE
& OREGON
2
TERROIRS,
une même famille.
Joseph Drouhin
L'ÉLÉGANCE NATURELLE
DES GRANDS BOURGOGNES
Domaine Drouhin
OREGON
www.drouhin.com
MAISON JOSEPH DROUHIN
7, rue d'Enfer, 21200 Beaune
L'abus d'alcool est dangereux pour la santé. À consommer avec modération.

complète. Il affiche une viticulture « paysanne » et n'hésite pas à se remettre en question pour affirmer son style. Le sommet de la gamme est incontestablement le clos-de-vougeot, exceptionnel, à côté d'une gamme de vins frais et aromatiques, dont l'appellation est parfaitement lisible, ce qui n'est pas si fréquent.

- **Vosne-Romanée 2020** | Sec | 2024>2030 | 69 € — 92
- **Clos de Vougeot grand cru 2020** | Sec | 2025>2035 | 259 € — 94
- **Les Cailles, Nuits-Saint-Georges premier cru 2020** | Sec | 2024>2030 | 69 € — 94

Domaine des Perdrix

★★★★☆

Exploité par la famille Devillard, qui possède notamment le château de Chamirey à Mercurey, le vignoble se situe sur des terroirs remarquables du sud de la côte de Nuits, et sa production est vinifiée dans l'esprit des vins modernes, en recherchant une haute maturité du raisin et des textures profondes et voluptueuses. Le résultat est probant dès les appellations communales, avec des matières aux jus très fins et délicats. La réussite des 2020 succède brillament à celle des 2019.

- **Vosne-Romanée 2020** | Sec | 2024>2030 | 88.8 € — 94
- **Les 8 Ouvrées, Aux Perdrix, Nuits-Saint-Georges premier cru 2020** | Sec | 2024>2032 | 125.6 € — 96
- **Echezeaux du dessus, Échezeaux grand cru 2020** | Sec | 2025>2040 | 290.4 € — 97

Domaine Christophe Perrot-Minot

★★★★★

Christophe Perrot-Minot propose une large gamme de vins issus du domaine ou élaborés à partir de vendanges achetées mais soigneusement surveillées. Les vins deviennent aujourd'hui des références incontournables pour toutes les appellations concernées. La recherche d'équilibre, d'un tannin parfaitement harmonieux et sans accroche sont pour Christophe la garantie de vins capables d'être bons jeunes et bons vieux. Il en résulte des crus très séduisants dès leur jeunesse, incarnant le charme que sait emprunter le grand bourgogne. Des vins de sensualité sans qu'ils ne soient jamais phtisiques, bien au contraire. Avec une rare intelligence dans la compréhension de la vigne et du vin, on est ici au meilleur niveau de la côte de Nuits avec des 2019 qui continuent à

Aurore et Armaury Devillard (domaine des Perdrix).

entretenir le mythe. Et les 2020 ne leur sont en rien inférieurs.

- **Vieilles Vignes, Chambertin grand cru 2020** | Sec | 2028>2045 | NC — 100
- **Charmes-Chambertin grand cru 2020** | Sec | 2025>2035 | NC — 97
- **Orveaux des bussières, Chambolle-Musigny 2020** | Sec | 2022>2032 | NC — 94

Domaine Henri Rebourseau

★★★☆☆

Les changements se mettent en place. Le domaine Rebourseau fut de référence et le rachat partiel par la famille Bouygues n'est que la face visible du mouvement. Des changements s'opèrent en profondeur et sont menés par la famille de Surrel restée aux commandes malgré la perte du contrôle du domaine pour faire face aux droits de succession. La conversion en bio puis en biodynamie a été entamée en 2009, les méthodes de taille ont été revues, la gravité remplace les pompages et le travail du sol porte clairement ses fruits. L'intensité des matières nous étonne, très supérieure à la moyenne du millésime. Mais c'est pour une fois au chai où les changements sont les plus spectaculaires. Les élevages ont été modifiés et s'affinent progressivement. En 2020, le clos de Vougeot domine une gamme sensuelle aux tannins très fins.

- **Clos de Vougeot grand cru 2019** | Sec | 2025>2035 | 200 € — 96
- **Mazis-Chambertin grand cru 2020** | Sec | 2025>2035 | 326 € — 95
- **Chambertin-Clos de Bèze grand cru 2020** | Sec | 2025>2035 | 467 € — 96

Domaine Chantal Rémy

★★★☆☆

Le domaine Chantal Rémy est la continuité de lancien domaine Louis Rémy, petite exploitation dont l'origine remontait à 1821 ! Chantal Rémy vinifie et vend désormais sous son nom l'ensemble des appellations précédentes. Avec l'aide de son fils Florian, elle reste fidèle au style classique et indémodable qui a fait son succès. On ne pourra que tomber sous le charme du simple bourgogne rouge, l'un des mieux réussis de la côte. Bonne nouvelle, la production limitée en volume va connaître une extension sur la zone de Fixin.

- **Latricières-Chambertin grand cru 2019** | Sec | 2025>2035 | 168 € — 94
- **Les Seuvrées, Gevrey-Chambertin 2019** | Sec | 2024>2030 | 35 € — 92

Domaine Patrice Rion

★☆☆☆☆

Ce membre de la grande famille Rion dispose de six hectares sur Chambolle et Nuits pour l'essentiel, avec une belle collection de premiers crus dans chacun de ces vignobles. Le domaine est en progrès, la plupart des vins présentés dans les différentes dégustations syndicales avaient un intérêt réel. Ils sont assez puissants, bien construits. Les nuits clos-des-argillières et clos-saint-marc dominaient la gamme de leur raffinement.

- **Clos des Argillières, Nuits-Saint-Georges premier cru 2019** | Sec | 2022>2030 | NC — 93
- **Chambolle-Musigny 2019** | Sec | 2022>2030 | NC — 92

Domaine de la Romanée-Conti

★★★★★

Le domaine est cogéré par la famille Leroy et par Aubert de Villaine, secondé depuis quelques années par Bertrand de Villaine. Bien qu'il pilote le domaine le plus recherché de la planète, Aubert de Villaine a su montrer au monde que rigueur et passion peuvent parfaitement cohabiter avec une modestie exemplaire. Le domaine dispose d'une incroyable collection de grands crus. Au sommet, la romanée-conti développe son exceptionnel bouquet et sa plénitude de constitution sans égale. La tâche, moins avancée en vin jeune, démarre plus rentrée dans ses arômes mais se révèle au vieillissement. Depuis 2015, le richebourg est moins frontal qu'il

MATHIEU GARÇON, PRESSE

en a la réputation. La romanée-saint-vivant joue l'élégance même si elle connaît parfois une phase d'austérité juvénile. Les échezeaux et grands-échezeaux sont au sommet de ces appellations et le corton assemble les trois climats les plus recherchées de ce cru. En blanc, le montrachet est au sommet de ce qui se produit sur ce cru mythique avec depuis peu un corton-charlemagne racheté à Bonneau du Martray qui le challenge de près. La responsabilité technique de la cave est portée par Alexandre Bernier, au domaine depuis 2010 après un passage chez Chanson. Le domaine a utilisé en 2020 100 % de vendange entière avec une cueillette réalisée plus tôt pendant ce millésime chaud pour garder de la fraîcheur. Nous notons une évolution du domaine vers des vins de plus en plus caressants sans qu'ils ne perdent rien de leur intensité.

- **La Tâche grand cru 2019** | Sec | 2025>2040 | NC | ☘ 99
- **Grands-Échezeaux grand cru 2020** | Sec | 2025>2035 | NC | ☘ 98
- **Romanée-Conti grand cru 2019** | Sec | 2025>2040 | NC | ☘ 100
- **Romanée-Saint-Vivant grand cru 2019** | Sec | 2025>2035 | NC | ☘ 99
- **Romanée-Saint-Vivant grand cru 2020** | Sec | 2025>2035 | NC | ☘ 98
- **Corton - Charlemagne grand cru 2019** | Sec | 2022>2035 | NC | ☘ 99

Domaine Rossignol-Trapet

★★★★☆

Louis Rossignol, le père, était venu de Volnay épouser une Trapet. Le domaine compte onze hectares sur Gevrey et deux sur Beaune, essentiellement en Teurons. David et Nicolas Rossignol (ne pas confondre avec l'homonyme de Volnay) forment un couple de frères vignerons attachés à la préservation de leurs splendides terroirs, fiers, légitimement, de leur viticulture biodynamique depuis 2003, un cas rare à Gevrey. Les deux frères Rossignol aiment des vins élégants et francs, le fruité frais est bien mis en avant depuis 2016. C'est une adresse sérieuse tenue par des passionnés.

- **Latricières-Chambertin grand cru 2020** | Sec | 2024>2032 | 185 € | ☘ 95
- **Ételois, Gevrey-Chambertin 2020** | Sec | 2024>2030 | 62 € | ☘ 91

Domaine Armand Rousseau

★★★★★

Éric Rousseau dispose d'un patrimoine de vignes insurpassable en noblesse d'origine et le niveau de vinification a toujours été élevé. Une série unique de grandes réussites depuis 2000 le montre capable d'obtenir le meilleur de cycles végétatifs différents, ce qui n'est pas si fréquent. Sa fille Cyrielle l'a rejoint depuis 2012 et reprend progressivement la main quand Éric se consacre aux vinifications et à l'élevage. Les vendanges sont assez précoces ici pour capter la palette de fruits rouges dont Gevrey et le domaine ont le secret, les vinifications sont très classiques, la grappe entière n'est utilisée qu'avec parcimonie. Le domaine est une référence incontournable d'une commune qui compte pourtant bien des talents.

- **Chambertin-Clos de Bèze grand cru 2020** | Sec | 2025>2035 | NC 98
- **Charmes-Chambertin grand cru 2020** | Sec | 2024>2035 | NC 96

Domaine Marc Roy

★★★☆☆

Sous l'influence d'Alexandrine, fille de Marc, ce modeste domaine familial s'ouvre à la clientèle nationale et internationale, avec des vins de mieux en mieux faits. La petite gamme de vins de la propriété culmine avec des villages remarquablement réalisés. Alexandrine joue l'intensité raffinée, le clos Prieur la distinction et le vieille vignes la puissance pour la garde. Remarquables 2020 très réussis au domaine.

- **La Justice, Gevrey-Chambertin 2020** | Sec | 2022>2032 | 85 € 92
- **Champ de Perdrix, Marsannay 2020** | Sec | 2022>2030 | 45 € 91

Domaine Anne et Hervé Sigaut

★★★★☆

Ce domaine artisanal possède de jolies vignes sur Chambolle et Morey vinifiés par Anne Sigaut. Sans s'éloigner d'un style de bourgognes classiques, équilibrés, aptes à bien évoluer dans le temps, elle a su leur communiquer et leur faire exprimer le charme dont sont capables les chambolles réussis. Au sommet, un chambolle premier cru les-sentiers, très inspiré par les bonnes-mares voisines. Le domaine ne recule pas devant la nécessité de faire tomber les raisins excédentaires. La réussite en bouteille est à la hauteur de ce sacrifice cornélien. Le domaine a progressivement rejoint l'élite de la grande Bourgogne, une quatrième étoile est méritée.

- **Les Noirots, Chambolle-Musigny premier cru 2020** | Sec | 2023>2032 | 69 € 94
- **Les Fuées, Chambolle-Musigny premier cru 2020** | Sec | 2024>2030 | 69 € 95

Domaine Jean Trapet Père et Fils

★★★★★

Jean-Louis Trapet, vigneron idéaliste d'une rare gentillesse, magnifiquement aidé par son épouse Andrée, vigneronne alsacienne aussi engagée que lui, porte son célèbre domaine familial aux sommets de la Bourgogne actuelle. La viticulture obéit aux principes les plus sains de la biodynamie, et les sols à nouveau vivants expriment dans les vins finis les plus subtiles nuances du terroir. Il recherche et trouve des tannins d'une rare élégance. Peu de domaines de ce niveau, malgré la série de petites récoltes connues ces dernières années, ont maintenu une tradition d'accueil au domaine. Nous sommes sensibles à l'idée de ne pas rompre le lien entre les très grands bourgognes et les grands amateurs, locaux ou plus éloignés, qui font la démarche de venir comprendre sur place. L'usage de la vendange entière varie selon les crus et les millésimes, sauf capita qui ne connait qu'elle. Après des 2018 magnifiques qui succédaient à moultes réussites, les 2019 nous ont impressionnés par le charnu de leurs textures racées. Les 2020 semblent partis

Cyrielle Rousseau (domaine Armand Rousseau).

Andrée et Jean-Louis Trapet (domaine Trapet Père et Fils).

pour les dépasser. Cela mérite une promotion vers la cinquième étoile.

- Latricières-Chambertin grand cru 2020 | Sec | 2024>2040 | NC — 98
- Gevrey-Chambertin 2020 | Sec | 2022>2030 | NC — 92
- 1859, Gevrey-Chambertin 2020 | Sec | 2024>2032 | NC — 94

Domaine Cécile Tremblay

☆☆☆☆☆ (5/5)

Quatre hectares, onze appellations. À la lecture de ces deux chiffres, on comprend que les cuvées seront limitées en quantité, hélas. Mais bonne nouvelle, il va pouvoir dans quelques années s'agrandir par la reprise en exploitation de quelques hectares en fin de bail. Cécile Tremblay, en bio depuis ses débuts en 2003, s'oriente vers la biodynamie et s'affirme chaque année davantage comme une vinificatrice hors pair, intuitive mais ayant beaucoup réfléchi, lu et appris, et surtout comme une dégustatrice redoutable, précise et exigeante. Le soin le plus extrême est apporté de la vigne jusqu'à la vendange où les raisins sont récoltés en mini caissettes de 5 kg. Les vins ne sont disponibles que chez les meilleurs cavistes ou à la carte de restaurants choisis par elle avec beaucoup de discernement. Avec une précision irréprochable dans les fins de bouche et des finesses de parfum uniques, tous les vins, d'origine grande ou modeste, atteignent depuis des millésimes ce que la côte de Nuits fait de plus fin, aérien, sensuel. Une progression du classement en cinq étoiles est donc logique. Et pour ceux qui auraient des difficultés à se procurer les crus, sachez que le simple bourgogne donne le « la » de ce festival.

- Les Beaux Monts, Vosne-Romanée premier cru 2020 | Sec | 2024>2032 | NC — 97

Domaine Fabrice Vigot

☆☆ (2/5)

Ce petit domaine artisanal implanté sur six hectares, dont la moitié sur Vosne, vient de se recentrer sur 2,5 hectares. Il ne disposera plus d'échezeaux notamment, les métayages ont été arrêtés. Il produit des vins probes, équilibrés avec une démarche éco-responsable orientée vers la biodynamie sans rechercher de certification. Nous aimons beaucoup la digestibilité de ce qui est produit ici, une qualité qui n'est pas si fréquente même en Bourgogne. On se sent bien ici, accueil au domaine des plus amicaux et généreux, dans une grande tradition bourguignonne qui se perd parfois à Vosne-Romanée, hélas. Les 2020 sont très réussis et interprètent une version dense et complète du millésime.

- Vosne-Romanée 2020 | Sec | 2024>2030 | 48 € — 90
- Les Damaudes, Vosne-Romanée 2020 | Sec | 2024>2030 | 75 € — 92

Domaine de la Vougeraie

☆☆☆☆☆ (5/5)

Sylvie Poillot continue l'œuvre inspirée de Pierre Vincent qui a rejoint le domaine Leflaive. Le vignoble certifié en bio et cultivé en biodynamie donne certains des vins les plus accomplis de la Bourgogne actuelle, dans les plus grands terroirs des deux côtes. Il faut remercier la famille Boisset d'accepter les sacrifices de rendement liés aux exigences de ce mode de culture. Les vins vinifiés de plus en plus souvent en raisins entiers ont une élégance de texture et de saveur superlative. Avec moins de fond que les 2018, les rouges 2019 ont privilégié l'élégance à la densité quand les 2020 disposent d'une intensité souveraine.

- Clos de Vougeot grand cru 2020 | Sec | > | 184 € | ☘ — 97
- Le Clos Blanc, Vougeot premier cru 2020 | Sec | > | 105 € | ☘ — 94

CÔTE DE BEAUNE

Domaine Dubuet-Boillot

Après la mécanique en sport automobile, Maxime Dubuet-Boillot est revenu à Volnay. Il propose une série de 2020 en pommard et en volnay qui nous a épatés. Ses premiers crus sont d'anthologie. A découvrir en urgence.

- **Les deux terroirs, Pommard 2020** | Sec | 2024>2030 | NC — 92
- **Carelle sous la chapelle, Volnay premier cru 2020** | Sec | 2024>2030 | NC — 95

Jacques Bavard

Ce vinificateur doué installé à Puligny-Montrachet achète des raisins à des partenaires de confiance et commercialise environ 15.000 bouteilles par an. La qualité de ses blancs nous incite à vous le faire découvrir. Il propose également des formules d'oenotourisme au domaine, une table autour de ses vins et une suite pour pouvoir y loger.

- **Sous La Roche, Santenay 2020** | Sec | 2022>2027 | 24.5 € — 91
- **Combes au Sud, Saint-Aubin premier cru 2020** | Sec | 2022>2027 | 39 € — 91

Domaine Françoise André

Le domaine des Terregelesses, créé en 1983, est devenu domaine Françoise André pour signifier le retour à une exploitation familiale. Fait rare, c'est une belle-fille de la famille, Lauriane, qui en a repris les rênes en 2009 en abandonnant son métier de DRH, épaulée par Jérôme Desprès, régisseur du domaine à partir de l'année suivante. Avec modestie et enthousiasme, ce duo ne manque pas d'ambition. Il travaille aujourd'hui un vignoble de 11 hectares situé majoritairement au nord de la côte de Beaune et cultivé selon les préceptes biodynamiques. Cette taille de domaine approche de l'optimum pour Lauriane qui privilégie la qualité du vin. Les rouges ne subissent pas d'extraction importante. S'ils sont accessibles assez vite, ils offrent comme les blancs une représentation fidèle de leur terroir d'origine.

- **Les Vergelesses , Savigny-lès-Beaune premier cru 2020** | Sec | 2022>2030 | 36.7 € | ☘ — 91
- **Corton - Charlemagne grand cru 2020** | Sec | 2022>2032 | 126 € | ☘ — 95
- **Les Pins, Pernand-Vergelesses 2020** | Sec | 2022>2028 | 27 € | ☘ — 91

Albéric Bichot (domaines Albert Bichot).

Domaines Albert Bichot

Cette maison historique fondée en 1831 est aujourd'hui menée tambour battant par Albéric Bichot, sixième génération de cette famille dont la présence en Bourgogne remonte au XIIIe siècle. Épaulé par Alain Serveau (directeur technique) et Christophe Chavel (directeur viticole), ces trois mousquetaires ont su bâtir un modèle original de maison bourguignonne, avec des vins signés Bichot dans toutes les appellations de la grande Bourgogne mais aussi quatre domaines richement dotés en beaux crus : Long-Depaquit pour le Chablisien, Clos-Frantin pour la côte de Nuits, domaine du Pavillon pour la côte de Beaune, et domaine Adélie pour la côte chalonnaise.

- **Corton - Charlemagne grand cru 2020** | Sec | > | 217 € — 95
- **Clos des Maréchaudes Domaine du Pavillon, Corton grand cru 2020** | Sec | > | 124 € — 92
- **Château Gris, Nuits-Saint-Georges premier cru 2020** | Sec | > | 82 € — 92
- **Domaine du Clos Frantin, Clos de Vougeot grand cru 2020** | Sec | > | 265 € — 92

Domaine Bonneau du Martray

Jean-Charles Le Bault de la Morinière a été contraint de céder début 2017 le contrôle de ce domaine familial depuis 1835, suite à des problèmes de succession qu'il n'a pu surmonter. Stanley Kroenke, le nouvel acquéreur impliqué dans le sport, à Arsenal notamment et en Napa Valley au domaine Screaming Eagle, a trouvé onze hectares d'un seul tenant sur la colline de Corton où aucun détail de la vigne au chai n'a été épargné par son prédécesseur. Le blanc est cristallin, d'un raffinement et d'une luminosité ultimes, dans un équilibre somptueux. Ce corton-charlemagne est l'un des plus originaux par son opulence mesurée en raison d'une orientation vers Pernand, plus fraîche. Le rouge offre des tonalités florales, des tannins d'une rare subtilité sur ce cru, et un toucher de bouche délicieux. Le vignoble en rouge devra être remplacé en grande partie pour le renouveler et préparer le futur. Signalons également qu'une parcelle de 2,5 hectares de blanc a été cédée en fermage au domaine de la Romanée-Conti.

- **Corton grand cru 2019** | Sec | 2025>2035 | NC — 97
- **Corton - Charlemagne grand cru 2019** | Sec | 2024>2035 | NC — 98

Bouchard Père et Fils

Des Cazetiers à Bouzeron, cette grande maison de négoce beaunoise fondée en 1731 possède plus de 142 parcelles sur 130 hectares de vignoble en propriété, dont 73 hectares en premier et grand cru. Un patrimoine viticole de premier choix qui permet à Fréderic Weber, vinificateur talentueux, préalablement en charge du château de Poncié, de produire environ 600 000 bouteilles sur le total des trois millions d'unités produites ici chaque année, la majeure partie de la production étant issue d'achats de raisins pour les grands rouges, et de moûts savamment sélectionnés pour les blancs autres que ceux du domaine. Réussite impressionnante en blanc et en rouge dans les derniers millésimes.

- **Corton - Le Corton grand cru 2020** | Sec | > | NC — 95
- **Les Teurons, Beaune premier cru 2020** | Sec | > | NC — 92
- **Chambertin-Clos de Bèze grand cru 2020** | Sec | > | NC — 95
- **Chambertin grand cru 2020** | Sec | > | NC — 98

Domaine J.M. Bouley

Le jeune Thomas a rejoint les grands vignerons de sa génération, il affine sa viticulture et intervient le moins possible en vinification pour obtenir des vins d'une remarquable précision d'élaboration. Il capte la tendresse native des terroirs dont il semble se jouer en la réécrivant, combinée à une délicatesse rare du fruit. Optez pour un hautes-côtes-de-beaune qui a peu d'équivalent en profondeur. Il vous permettra d'attendre les volnays qui savent interpréter la délicatesse du terroir. Les pommards vinifiés aussi avec le plus grand soin affirment leur présence en bouche par un tannin un rien plus ferme en rugiens, avec un peu plus d'ouverture en frémiers. Superbe gamme

Lucy Auger, Justine Savoye et Vincent Avenel (Chanson).

dont on n'oubliera pas les blancs. Nous regrettons que le domaine ne présente pas ses vins depuis les 2017 à nos dégustations comparatives. Nous avons dégusté les 2019 sur un salon professionnel.

- Clos de la Cave , La Cave, Volnay 2019 | Sec | 2022>2028 | 80 € — 93
- Clos des Chênes, Volnay premier cru 2019 | Sec | 2024>2035 | 160 € — 94

Philippe Bouzereau Fils

2/5

Le domaine Philippe Bouzereau Fils est logé au cœur de Meursault, avec pour patrimoine 18 hectares de vignes répartis sur 5 villages de la Côte de Beaune. Depuis la reprise du domaine par Philippe fils, de nouvelles touches personnelles sont apportées aux vinifications. Il en résulte une série de vins gourmands et charnus, que l'on pourra boire assez vite et que la restauration appréciera.

- Genevrières, Meursault premier cru 2020 | Sec | 2022>2030 | 62 € — 91
- Bourgogne Côte d'Or 2020 | Sec | 2022>2026 | 16 € — 90
- Les Teurons, Beaune premier cru 2020 | Sec | 2023>2028 | 26 € — 91

Domaine Pierre Brisset

2/5

Installée au Château de Bligny à Bligny-lès-Beaune et propriétaire de vignes à Chassagne-Montrachet, la maison Pierre Brisset s'inscrit dans la tradition des plus exigeants vinificateurs et éleveurs de vins de Bourgogne. Sa gamme se compose de vins blancs et rouges issus des parcelles classées en premier et grand cru de la côte de Nuits et de la côte de Beaune.

- Abbaye de Morgeot, Chassagne-Montrachet premier cru 2020 | Sec | 2022>2028 | 75 € — 92
- Bourgogne 2020 | Sec | 2022>2028 | 25 € — 90

Domaine Henri et Gilles Buisson

3/5

Frédérick et Franck Buisson, dont la présence familiale dans le village remonte au XIIe siècle, représentent la huitième génération de vignerons de ce domaine historique de Saint-Romain. Certifiés Écocert depuis 2012, ils développent une viticulture et une œnologie des plus naturelles. Les vins rouges, qui contiennent toujours un peu de grappes entières offrent une vision précise de leur terroir qui milite pour la redécouverte d'un Saint-Romain que nous n'avons pas souvent vu à ce niveau. Les blancs, précis, ne sont pas en reste.

- Sous Roche, Saint-Romain 2020 | Sec | 2024>2030 | 39.8 € | ☘ — 91
- Corton - Le Rognet-et-Corton grand cru 2020 | Sec | 2025>2035 | 180 € | ☘ — 95

Butterfield Wine

3/5

Arrivé de Toronto à Beaune en 1986 pour prêter main forte au développement des activités œnotouristiques de ses parents, David Butterfield s'est épris des vins de la région. Après une expérience chez Deux Montille et au domaine de la Vougeraie, il a développé sa propre enseigne de négoce, basée à Beaune. Il achète les raisins des mêmes parcelles chaque année pour optimiser la qualité des vins produits. Sa femme Juliette Lardière, nourries aux meilleures sources techniques de Louis Jadot le seconde. Les blancs sont d'une précision exemplaire et les rouges ne sont pas en reste avec de très beaux équilibres entre tannins soyeux, acidité et intensité du fruit.

- Charmes, Meursault premier cru 2020 | Sec | 2024>2032 | NC — 93
- Les Bressandes, Beaune premier cru 2020 | Sec | 2022>2028 | NC — 93

Domaine Marguerite Carillon

1/5

Appartenant désormais au groupe Grands Chais de France, Margueritte Carillon rassemble un éventail large de vins de la côte de Beaune et de Chablis, encore hétérogène, dont nous extrayons quelques recommandations.

- Chorey-lès-Beaune 2020 | Sec | > | 18.9 € — 89
- Les Lavieres, Savigny-lès-Beaune premier cru 2019 | Sec | > | 24.9 € — 90

Champy

3/5

Fondée en 1720 par Edmé Champy, maître tonnelier, cette maison de négoce est une des plus anciennes de Bourgogne. Elle appartient désormais au groupe Advini qui avait déjà revitalisé Laroche à Chablis. Il s'appuie sur un beau domaine maison sur Beaune et Pernand-Vergelesses et sur le talent de vinification de Dimitri Bazas qui depuis 2000 travaille à donner aux vins un style exemplaire. Les vins du domaine, cultivés et certifiés bio, souvent même en biodynamie, ont plus de personnalité que les vins d'achat, qui surtout pour les blancs ne répondent pas toujours à l'attente. Les rouges leurs sont supérieurs pour l'instant.

- Corton - Charlemagne grand cru 2020 | Sec | > | 160 € | ☘ — 96
- Volnay 2020 | Sec | > | 47 € | ☘ — 94
- Aux Cras, Beaune premier cru 2020 | Sec | > | 55 € | ☘ — 94

Domaine Chandon de Briailles

4/5

Cette superbe bâtisse du XVIIIe siècle posée sur des caves cisterciennes abrite un domaine familial créé en 1834. Géré depuis 2001 par le duo sœur-frère Claude et François de Nicolay, celui-ci s'étend sur près de 14 hectares intégralement conduits en biodynamie depuis 2005. Les vinifications sont des plus traditionnelles : raisins entiers, températures de fermentation n'excédant pas 30 °C, et pas ou très peu de bois neuf. Un trio de conditions qui résume l'identité des vins, dont l'extraction colorante est aussi limitée que leur expression est intensément florale et raffinée. Le style des vins a beaucoup évolué en peu de temps. Timides dans leur jeunesse et se révélant au vieillissement, ils sont désormais beaucoup plus expressifs jeunes sans rien perdre de leur capacité à fort bien évoluer. Les progrès en quelques années ont été considérables ici, tant en rouge qu'en blanc.

- Aux Fourneaux, Savigny-lès-Beaune premier cru 2020 | Sec | 2024>2030 | 66 € | ☘ — 93
- Corton - Clos du Roi grand cru 2020 | Sec | 2025>2035 | 292 € | ☘ — 96

Domaine Changarnier

2/5

Antoine et Christophe Changarnier ont confié la gérance de cette propriété familiale de 300 ans à Fabrice Groussin. Ce jeune Charentais y applique depuis 2012 les méthodes d'une viticulture biologique et biodynamique sur le patchwork de 5 hectares de vignobles qui alimentent la production de pas moins 12 appellations. Les vins blancs, qui représentent un tiers de la production, sont vinifiés et élevés 12 mois en fût (10 à 15 % de bois neuf) et ne reçoivent ni bâtonnage, ni soutirage, ni collage, ce qui leur confère un aspect tendu à la fraîcheur acidulée. Les rouges, bien qu'éraflés à 100 %, présentent une extraction mesurée et une gourmandise qui permettra de les consommer sans trop attendre.

- **Les Champs Fulliot, Monthélie premier cru 2020** | Sec | 2022>2028 | 31 € — 92
- **Les Vignots, Pommard 2020** | Sec | 2023>2028 | 35 € — 92

Chanson Père et Fils

★★★★☆

Fondée en 1750 par Simon Verry et acquise par le groupe Bollinger à la fin des années 1990, la plus ancienne des maisons beaunoises possède 45 hectares de vignobles situés dans les crus de référence des deux côtes. Les rouges de négoce proviennent essentiellement d'achats de raisin, vinifiés par la maison pour préserver l'unité de style avec le domaine. Ce domaine est devenu un modèle de viticulture, avec l'instauration des labours, l'abandon des amendements, et l'adoption d'une viticulture biologique. Les vins de Chanson préservent une très grande proportion de rafles lors de leur vinification en blanc comme en rouge. Le mot d'ordre est l'équilibre dans la tension. Les blancs sont entonnés avec un maximum de lies afin de garantir un aspect réducteur tout au long d'un élevage de 14 à 20 mois en fûts (20 % de bois neuf). Les rouges, dont la maturité de pinot est poussée à l'optimum, préservent une trame tannique et acide vibratoire et se parent d'un fruit charnu aux notes sous-jacentes d'épices douces et de réglisse. Des vins qui méritent quelques années de patience dans les deux couleurs.

- **Corton - Les Vergennes grand cru 2020** | Sec | > | 148.7 € — 96
- **Clos des Marconnets, Beaune premier cru 2020** | Sec | > | 55.1 € — 93
- **Les Grèves, Beaune premier cru 2020** | Sec | > | 61.5 € — 93
- **En Caradeux, Pernand-Vergelesses premier cru 2019** | Sec | > | 50 € — 93

Chartron et Trébuchet

★★☆☆☆

Après dix ans comme commercial chez Rémy Martin, puis chez Champagne Henriot, Paul Froissart a développé un sens aigu du business avant de reprendre les vignes familiales à Verzenay. Toutes en grand cru. Premiers tirages en 2016, premières mises en marché en 2019. Trois cuvées pour commencer, un rosé et deux blancs sous la marque Lafalise-Froissart. Il peut maintenant envisager de nouveaux projets, de nouvelles cuvées. C'est parti et bien parti.

- **Chardonnay, Crémant de Bourgogne 2020** | Brut | > | 12.95 € — 90
- **Pinot noir, Crémant de Bourgogne 2019** | Brut | > | 12.95 € — 91
- **Savigny-lès-Beaune 2020** | Sec | > | 18.9 € — 88

Domaine Jean Chartron

★★★☆☆

Les 14,5 hectares de ce domaine familial installé au milieu du XIXe siècle sont depuis 1998 sous la responsabilité de Jean-Michel Chartron, rejoint par sa sœur Anne-Laure. Depuis 2004, ils sont cultivés en agriculture biologique, sans certification. La gamme comporte une superbe représentation des climats de Puligny et de Chassagne, avec trois enclaves iconiques dans les Pucelles, le Cailleret et le Chevalier. Tous les vins possèdent une puissance minérale réelle combinée à la délicatesse et la pureté cristalline attendue de ces crus. Les 2020 continuent une lignée impressionnante. On est proche de la quatrième étoile.

- **Clos du Cailleret, Le Cailleret, Puligny-Montrachet premier cru 2020** | Sec | 2025>2032 | 79 € — 94
- **Bâtard-Montrachet grand cru 2020** | Sec | 2023>2035 | 320 € — 96
- **Les Pierres sèches, Santenay 2020** | Sec | 2022>2028 | 33.1 € — 91

Domaine Chevalier Père et Fils

★★★☆☆

L'histoire du domaine commence avec trois hectares de gamay en 1850 et perdure aujourd'hui avec trois des cinq filles de Claude Chevalier : Julie au commerce, Anaïs à la gestion et Chloé depuis 2010 aux manettes techniques des 16 hectares du vignoble acquis à la cause de la colline de Corton et de ses environs. Chloé a eu à cœur de faire progresser les rouges qui vivaient dans l'ombre des blancs et affirme le potentiel de ses ladoix dont on sous-estime souvent la puissance native qu'il faut canaliser. Les vins d'aujourd'hui se différencient par leur finesse et leur élégance naturelle, admirablement mises en avant par une extraction intelligente et plus juste.

- **Aloxe-Corton 2019** | Sec | 2023>2028 | 30 € — 92
- **Rognet, Corton grand cru 2019** | Sec | 2024>2032 | 70 € — 94
- **Les Grandes Lolières, Corton grand cru 2019** | Sec | 2025>2035 | 68 € — 95

Domaine Françoise et Denis Clair

★★★☆☆

Jean-Baptiste Clair gère le domaine depuis 2011. Les 14 hectares du vignoble, dont 8,5 hectares plantés en rouge, se concentrent sur Saint-Aubin et Santenay et couvrent les climats les plus convoités tels qu'En Remilly, Murgers des Dents de Chien, ou encore Sous Roche Dumay. Les vins rouges, qui étaient la spécialité de son père Denis, sont ici vinifiés en cuves béton et offrent un caractère floral, un fruit croquant et une tendresse particulière. Les blancs, qui ont progressé de façon spectaculaire depuis l'arrivée de Jean-Baptiste et dont la vinification s'effectue à Saint-Aubin, présentent une droiture cristalline et une précision remarquable avec au sommet les murgers-des-dents-de-chien tout proches du montrachet ou encore le puligny-montrachet La Garenne..

- **La Garenne, Puligny-Montrachet premier cru 2020** | Sec | 2022>2030 | NC — 94
- **Clos des Mouches, Santenay premier cru 2020** | Sec | 2023>2029 | NC — 92

Domaine Bruno Colin

★★★☆☆

Bruno Colin, le plus jeune fils de Michel Colin-Deleger, s'est installé à son compte en 2004 pour développer une interprétation précise et stylée du chardonnay bourguignon. Avec pas moins de huit premiers crus sur la seule appellation de Chassagne-Montrachet, les 9 hectares de vignoble s'étendent sur 50 micro-parcelles, également sur les communes de Puligny-Montrachet, Saint-Aubin, Maranges et Santenay. Les blancs qui impressionnaient par la précision de leur texture et la cohérence avec leur terroir d'origine sont rejoints par les rouges dans le même esprit.

- **En Charmois, Le Charmois, Saint-Aubin premier cru 2020** | Sec | 2022>2030 | 48 € — 93
- **En Remilly, Chassagne-Montrachet premier cru 2020** | Sec | 2024>2032 | 92 € — 94

Domaine Marc Colin et Fils

★★★☆☆

Caroline et Damien Colin marchent dans les pas de leur père Marc et conduisent ce domaine de 12 hectares, répartis sur 26 appellations. Ils s'en montrent d'ailleurs dignes, en conservant

Dimitri Bazas (Champy).

MATHIEU GARÇON

le même style : des blancs ronds, savoureusement boisés, faciles à comprendre et à boire dès leur mise en bouteille ou presque, mais avec de la tenue. La gamme présentée est complète, avec au sommet, et produits en très petite quantité, des grands crus que nous n'avons pas pu déguster cette année.

- La Chatenière, Saint-Aubin premier cru 2020 | Sec | 2022>2030 | 50 € 93
- Saint-Aubin 2020 | Sec | 2022>2028 | 30 € 91
- En Remilly, Saint-Aubin premier cru 2020 | Sec | 2022>2030 | 50 € 93

Domaine du Comte Armand

★★★★☆

2014 représente le premier millésime de Paul Zinetti dans son poste de régisseur de ce domaine emblématique de 9 hectares créé en 1826. Le vignoble y est conduit en accordance des pratiques biodynamiques depuis plus de 10 ans et contient le fameux clos des Épeneaux, joyaux de 5,3 hectares du domaine. Pas de fautes d'orthographe ni de faute de goût ici, épeneaux est un monopole qui se décline sous des aspects racés de pommard, avec une grande finesse de tannins. Splendide Volnay premier cru les-frémiets qui égale le pommard en terme de puissance absolue. Les boisés qui ont pu faire débat par le passé sont désormais bien intégrés et laissent s'exprimer la qualité remarquable des jus. Le domaine revient depuis quelques millésimes sur le devant de la scène et justifie une quatrième étoile.

- Clos des Épeneaux, Pommard premier cru 2018 | Sec | 2024>2035 | 205 € | ☘ 96

Paul Zinetti (domaine du Comte Armand).

Domaine des Comtes Lafon

★★★★★

Ce domaine, créé à la fin du XIXe siècle, dispose de l'un des plus beaux patrimoines de la côte de Beaune. Les 16,5 hectares de son vignoble cultivé sous influence biodynamique se situent non seulement dans les tout meilleurs crus de Meursault et de Volnay, mais représentent également les parcelles les plus admirablement placées au sein de leurs climats respectifs ! Dominique Lafon, gérant de ce domaine familial, est au sommet de son art et le porte, grâce à un travail d'une précision d'horloger, à un niveau qualitatif exceptionnel. Les blancs, qui ont bâti la réputation du domaine alors que celui-ci produit un tiers de vins rouges, se distinguent par une énergie saline, vibratoire et sapide et un toucher de bouche élancé et velouté. Les rouges, vinifiés sans les rafles, possèdent une identité pulpeuse, dense et savoureuse.

- Charmes, Meursault premier cru 2019 | Sec | 2022>2032 | NC 96
- Meursault 2019 | Sec | 2022>2030 | NC 93
- du Milieu, Santenots, Volnay premier cru 2019 | Sec | 2022>2030 | NC 96

Domaine de Courcel

★★★★★

Le domaine va encore plus loin que n'importe lequel des autres producteurs de pommards de longue date. Les 10 hectares appartiennent à la famille de Courcel depuis le XVIe siècle. Ce domaine possède le plus homogène des vignobles de Pommard, essentiellement composé de premiers crus, avec une parcelle royale de 5 hectares d'Épenots et de très vieilles vignes. Yves Confuron, vigneron passionné et talentueux, y développe depuis 1996 une viticulture de haute couture aux rendements infimes qui lui permet de repousser les dates de vendanges vers une maturité optimale des raisins qui seront vinifiés en grappes entières. Ce sont des rouges de très grande garde, expression d'un absolu en côte-de-beaune dans cette couleur. Le domaine nous présente régulièrement des verticales d'un cru pour montrer à quel point les vins évoluent bien sur le long terme. La densité de texture dès le simple bourgogne du domaine démarre là où bien des premiers crus de Pommard ne vont pas.

- Grand Clos des Épenots, Pommard premier cru 2019 | Sec | 2024>2032 | NC 95
- pinot noir, Bourgogne 2016 | Sec | 2022>2027 | 25 € 91

Domaine des Croix

★★★☆☆

Après des années en tant que vinificateur de la maison Camille Giroud, David Croix se concentre sur un petit domaine propriétaire, étendu sur quelques jolis terroirs du secteur de Beaune et de Corton. Après un 2016 exceptionnel aux tannins ultra fins, profonds et aériens à la fois, d'une folle subtilité, un 2017 dans un registre plus immédiatement accessible, 2018 plutôt de garde, 2019 affiche tout le charme tactile qui fait la réputation des vins du domaine et 2020 suit le même rythme.

- Corton - Vigne-au-Saint grand cru 2020 | Sec | 2024>2035 | NC 95
- Les Cents Vignes, Beaune premier cru 2020 | Sec | 2022>2028 | NC 93

Rodolphe Demougeot

★★★☆☆

Bien qu'installé depuis 1998 dans la commune de Meursault, Rodolphe Demougeot développe depuis 1992 un domaine dont le cœur de 7,8 hectares se compose principalement d'une jolie représentation des crus de Pommard et de Savigny-lès-Beaune. Les vins rouges, issus de raisins minutieusement triés, égrappés ou non, vinifiés en cuves béton, ont une énergie qui leur assure une buvabilité dès leur jeune âge dans un style gourmand, très adapté à la restauration et à ceux qui aiment boire leurs vins jeunes. Les blancs, quant à eux, offrent droiture et verticalité.

- Les Vignots, Pommard 2020 | Sec | > | NC 93
- Clos Saint-Désiré, Beaune 2020 | Sec | 2022>2028 | NC 90

Joseph Drouhin

★★★★☆

Une famille : Frédéric à la gestion, Laurent aux marchés export, Philippe à la vigne et Véronique dans les chais. La bio et la biodynamie sont en place depuis les années 1990. Beaucoup de soin à la vigne et en cuverie, avec un objectif : sublimer durablement les terroirs dont s'occupe cette maison. Finesse, expression, chaque climat s'exprime de façon limpide et précise. Une référence incontournable où tout est recommandable.

- Clos des mouches, Beaune premier cru 2020 | Sec | 2024 >30 | 100 € 95
- Bonnes-mares grand cru | Sec | 2024 >32 | NC 96
- Pinot noir, bourgogne 2020 | Sec | 2022 >28 | 20 € 92

Edouard Labruyère (Labruyère Prieur Sélection).

Domaine Jean Féry

★★☆☆☆

Domaine familial de 14 hectares installé entre Beaune et Nuits Saint-Georges qui travaille 22 appellations. Frédéric et Laurent Féry s'impliquent de plus en plus dans ce domaine relancé par leur père Jean-Louis et qui est certifié en bio. Nous avons apprécié la réussite des deux savignys rouges, sous la cabotte et les Vergelesses construits avec la plus grande délicatesse. Ils se sont adjoints les services de l'œnologue Laurence Danel pour faire progresser le niveau des vins, c'est donc un domaine à suivre de près.

- **Sous la cabotte, Savigny-lès-Beaune 2020** | Sec | 2022>2028 | 29 € | ☘ — 91
- **Les Vergelesses, Savigny-lès-Beaune premier cru 2020** | Sec | 2022>2030 | NC | ☘ — 93

Domaine Follin-Arbelet

★★★☆☆

Issu d'une vieille famille d'Aloxe-Corton, Franck Follin-Arbelet est le premier descendant à se consacrer à la viticulture et à la vinification. Il exploite et vinifie une belle gamme d'appellations sur la commune et ses environs, dont quatre grands crus et quatre premiers crus. C'est un vigneron discret et ses vins sont à son image. Dans un style très classique, sans concession, les vins sont taillés pour le futur. Les aloxe-cortons expriment au mieux les terroirs qui les portent, avec un clos-du-chapitre et des vercots qui constituent des premiers crus de référence. Le corton joue, bien sûr, un cran au-dessus. Les 2019 et aujourd'hui les 2020 sont bien réussis, les prix restent accessibles pour des côtes de Beaune.

- **Clos du Chapître, Aloxe-Corton premier cru 2020** | Sec | 2024>2030 | 42 € — 92
- **Aloxe-Corton 2020** | Sec | 2024>2030 | 35 € — 90

Domaine Michel Gay et Fils

★★★☆☆

Michel Gay, épaulé par son fils Sébastien depuis 2000 et plus récemment par Laurent, diplôme d'œnologue en poche, avait créé ce domaine de Chorey-lès-Beaune de 15 hectares qui a considérablement changé de style, désormais cultivé sans désherbants. La vinification se fait en cuve béton après le tri optique des raisins. Le choix du domaine est de tout érafler et d'effectuer des macérations pré-fermentaires en fonction des millésimes. Ce n'est pas la puissance absolue qui est recherchée ici mais la qualité du fruit, la captation de la délicatesse du pinot noir. Elles impressionnent dans ces vins qui semblent légers et gourmands mais ne manquent pourtant pas de fond pour une moyenne garde. Le domaine ne met pas rapidement en marché et nous a adressé cette année des 2019 réussis.

- **Corton - Renardes grand cru 2019** | Sec | 2024>2032 | NC — 94
- **Les Grèves, Beaune premier cru 2019** | Sec | 2022>2032 | NC — 94

Domaine Vincent Girardin

★★★★☆

Vincent Girardin créa en 1982 ce négoce novateur puis l'entreprise a été cédée en 2012 à la Compagnie des Vins d'Autrefois, basée à Beaune. Éric Germain, associé de première heure, continue la gestion de son équipe et de ses vignobles qui ne cessent de s'agrandir et comptent aujourd'hui 22 hectares entre propriété et prestation de service, avec une représentation unique des climats de côte de Beaune. Aujourd'hui les blancs et les rouges, toujours réussis, sont devenus des valeurs sûres et peuvent servir de métronome sur la côte, chaque cru correspond à l'idée que l'on peut se faire de ce terroir quand il est bien mené. Ceux qui connaissent mal les grands bourgognes pourront venir ici s'en faire une idée juste.

- **Les Narvaux, Meursault 2020** | Sec | 2024>2031 | 86 € — 93
- **Santenots, Volnay premier cru 2020** | Sec | 2024>2035 | 80 € — 95
- **Champans, Volnay premier cru 2020** | Sec | 2025>2035 | 88 € — 96

Camille Giroud

★★★★☆

Carel Voorhuis a succédé au talentueux David Croix depuis 2017, parti s'occuper de son domaine personnel sur Beaune. Camille Giroud est un petit négoce de 75 000 bouteilles sur 28 cuvées qui existe depuis 1865. Les vins s'imposent par leur pureté, leur spontanéité, leur soyeux et le parfum du pinot noir qu'ils exhalent. Blancs et rouges sont d'un haut niveau, infiniment gourmands, racés, du plus modeste vin aux grands crus, avec la délicatesse et les touchers de bouche subtils qui sont la marque de cette maison qui mérite sa quatrième étoile.

- **Charmes-Chambertin grand cru 2020** | Sec | > | 200 € — 93
- **Chambertin grand cru 2020** | Sec | > | NC — 95
- **Clos Voyens, Mercurey premier cru 2020** | Sec | > | NC — 86
- **Les Cras, Pommard 2020** | Sec | > | NC — 92

Domaine Alain Gras

★★★☆☆

Alain Gras incarne la cinquième génération de cette famille vigneronne de Saint-Aubin. Conseiller de chasse du regretté Bernard Loiseau, il a réussi grâce à la qualité de ses vins à les voir figurer sur les cartes des établissements culinaires les plus réputés. Vigneron affable et charismatique, il donne davantage de hauteur à ce cru de Saint-Romain qui culmine déjà pourtant dans la côte de Beaune du haut de ses 400 mètres. Le pinot prend ici des allures gourmandes avec son croquant de cerise et ses notes florales de pivoine et de violette, quand le chardonnay donne des blancs onctueux, minéraux, digestes et complexes.

- **Saint-Romain 2020** | Sec | 2022>2028 | 22 € — 91
- **Les Crais, Auxey-Duresses 2020** | Sec | 2022>2030 | 26 € — 92

Domaine Antonin Guyon

★★★☆☆

Avec 47 hectares sur 25 climats, ce domaine familial assemblé à partir d'innombrables parcelles dispose d'un patrimoine viticole unique, avec en particulier une représentation de premier choix des alentours de la colline de Corton. Les vins sont fidèles à leurs terroirs d'origine, sans artifice, pleins de sincérité. Le domaine est géré par Dominique Guyon, conduit en bio et certifié à partir du millésime 2018. Les rouges, issus de raisins partiellement égrappés, allient maturité de fruit et tannins fins. Ils sont de fidèles représentants de leur terroir d'origine. Les rouges 2020 sont très réussis et ont à nouveau su tirer tout le parti possible de ce millésime. En blanc, le meursault les charmes-dessus et le corton-charlemagne sont très recommandables.

- Dessus, Charmes, Meursault premier cru 2020 | Sec | 2024>2032 | 92 € | ☘ 93
- Corton - Charlemagne grand cru 2020 | Sec | 2024>2035 | 185 € | ☘ 96
- Clos du Village, Chambolle-Musigny 2020 | Sec | 2022>2032 | 72 € | ☘ 93

Maison Louis Jadot

★★★★☆

L'implication de la famille Gagey au sein de cette véritable pièce du patrimoine historique bourguignon intervient au décès de Louis-Auguste Jadot. Sans héritier, la maison est confiée en 1962 à André Gagey, qui en demeurera le régisseur jusqu'en 1991, date à laquelle il cédera les rênes à son fils Pierre-Henry, aujourd'hui à la tête des 225 hectares de vignoble. Les vinifications sont assurées depuis 2011 par Frédéric Barnier, qui a parfaitement succédé à Jacques Lardière, en améliorant encore la constance et l'homogénéité de toutes les mises. Les blancs sont pressés en pneumatique et fermentés directement en fûts où ils recevront un élevage sur lies aux bâtonnages périodiques durant 12 à 20 mois. Les vins rouges sont vinifiés éraflés, non-foulés, sans pré-fermentaire à froid, et effectuent une cuvaison de 25 à 27 jours avant de débuter leur élevage de 12 à 22 mois en fûts, dont un tiers de fûts neufs.

- Corton - Charlemagne grand cru 2020 | Sec | > | 218 € 96
- Musigny grand cru 2020 | Sec | > | 780 € 98
- Croix de Pierre , Pernand-Vergelesses premier cru 2020 | Sec | > | 31.5 € 93
- Les Amoureuses, Chambolle-Musigny premier cru 2020 | Sec | > | 322.3 € 95

Labruyère Prieur Sélection

★★★☆☆

L'activité de négoce du domaine Jacques Prieur, développée par Édouard Labruyère, propose des vins vinifiés par Nadine Gublin, issus principalement d'achats de raisin. Les cuvaisons sont moins longues qu'au domaine, avec des élevages préférant le foudre aux traditionnels fûts et qui s'orientent vers une recherche de buvabilité accrue et juvénile. Une philosophie de vins contemporains, plus avenants, sur un fruit mis en avant, qui simplifie l'aspect souvent aristocratique des grands crus en leur insufflant une part de frivolité.

- La Platière, Pommard premier cru 2020 | Sec | 2022>2030 | NC 91
- Santenots, Volnay premier cru 2020 | Sec | > | NC 94
- Morgeot, Chassagne-Montrachet premier cru 2020 | Sec | 2024>2030 | NC 92

Louis Latour

★★★★☆

Cette maison familiale, fondée en 1797, est majoritairement liée à la côte de Beaune où elle possède l'essentiel de son vignoble, avec en point d'orgue une somptueuse implantation sur le coteau fameux de Corton. Louis-Fabrice, onzième génération de Latour, préside le directoire familial et fait toute confiance à ses excellents vinificateurs. Les rouges ont vu allonger leur durée de fermentation ce qui leur donne plus de chair et d'étoffe, les blancs sont moins réduits et plus harmonieusement boisés que par le passé, avec une recherche constante d'équilibre qui parfois les fait sous-estimer dans leur jeunesse, mais ils vieillissent magnifiquement. On peut accorder toute confiance aux cuvées issues des vignes du domaine.

- Les Quatre Journaux , Romanée-Saint-Vivant grand cru 2020 | Sec | 2024>2035 | 652 € 97
- Grands-Échezeaux grand cru 2020 | Sec | > | 463 € 95
- Clos de la Vigne au Saint, Corton grand cru 2020 | Sec | > | 116 € 95
- Clos Poirier, Bâtard-Montrachet grand cru 2020 | Sec | > | 647 € 94

Domaine Launay-Horiot

★★☆☆☆

La présence des Launay à Pommard remonte au XVIIIe siècle. Petit-fils de Raymond Launay et ancien pilote de chasse, Xavier Horiot, assisté de Véronique Girard, a vinifié son premier millésime en 2014 après des années de combat pour garder les 4 hectares du domaine. Dotés d'une chair opulente, d'une belle maturité et d'une structure bâtie pour la garde, les pommards de Launay-Horiot se montrent gourmands et précis, accessibles en vins jeunes sans nuire à un potentiel de moyenne garde.

- Les Rugiens Bas, Pommard premier cru 2020 | Sec | 2024>2030 | NC 92
- Les Chaponnières, Pommard premier cru 2020 | Sec | 2024>2030 | NC 92

Louis-Fabrice Latour (Louis Latour).

Domaine Leflaive

★★★★☆

Sur ce domaine, de très grands vignerons tels que Vincent ou Anne-Claude Leflaive, monument de la viticulture bourguignonne disparue trop tôt et prescriptrice de principes biodynamiques au sein de son vignoble depuis 1990, se sont succédés. C'est aujourd'hui Brice de la Morandière, neveu d'Anne-Claude, avec l'attache de Pierre Vincent, auparavant à la Vougeraie, tout aussi doué que discret, qui pilote les 44 hectares de ce vignoble (24 hectares à Puligny et 20 hectares à Mâcon). Il devient par la même occasion garant d'un style considéré par tous comme l'une des références absolues de la planète chardonnay. La pureté des blancs du Maconnais est ravissante et la race de ceux de la côte de Beaune est impressionnante de millésime en millésime.

- Pouilly-Fuissé 2020 | Sec | 2022>2030 | 54 € | ☘ 92
- En Vigneraie, Pouilly-Fuissé 2020 | Sec | 2024>2032 | 62.7 € | ☘ 94

Domaine Lejeune

★★★★☆

Aubert Lefas, gendre de François de Pommerol disparu en 2017 et qu'il secondait depuis 2005, a repris les rênes de ce domaine de 10 hectares, référent à Pommard auquel est associée une toute petite activité de négoce sur Meursault, Chassagne-Montrachet et sur les grands épenots en pommard. Le domaine connu autrefois pour des vins rouges plébiscitant la vendange entière et pour des élevages particulièrement longs aptes à produire des pommards bâtis pour la garde, d'un classicisme assumé connait depuis le millésime 2017 une inflexion vers des vins plus ronds pendant leur jeunesse sans que leur potentiel de garde n'en soit diminué. À noter que le domaine est engagé dans une démarche de certification en bio depuis 2018.

- Les Rugiens, Pommard premier cru 2020 | Sec | 2025>2035 | 95 € 96
- Trois Follots, Pommard 2020 | Sec | 2024>2030 | 45 € 91
- Les Argillières, Pommard premier cru 2020 | Sec | > | 58 € 95

Domaine du Château de Meursault

★★★★☆

Ce magnifique domaine continue sa progression vers les sommets de la Bourgogne, avec en rouge et en blanc des choix de vinification classiques mais aboutis, précis, homogènes, et une grande adresse dans la façon de vendanger. Aucune dilution en blanc, aucune surcharge alcoolique en rouge, les vins sont typés de leur origine et délicats dans leur tannins, aptes à bien vieillir. Il faut compter avec eux et féliciter l'équipe technique, Stéphane Follin et Emmanuel Escutenaire en tête, qui bénéficie du plein soutien du propriétaire, Olivier Halley.

- **Monopole, Clos des Grands Charrons, Meursault 2020** | Sec | 2024>2030 | 65 € | ☘ 92
- **Les Marechaudes, Corton grand cru 2020** | Sec | 2025>2035 | 150 € | ☘ 95

David Moret

★★★★☆

Jovial, gastronome, chasseur, David Moret est un négociant épicurien vinifiant des blancs taillés pour la table qui évoluent de belle façon. On va du plaisir immédiat à la grande complexité. De plus en plus les restaurants étoilés font appel à ce Bourguignon et les accords mets et vins en sortent grandis. Nous voyons depuis 2016 une lignée ininterrompue de grande réussites qui démarrent dès les entrées de gamme tarifées à un prix raisonnable. Cela conforte la promotion que nous avons accordé au domaine dans notre hiérarchie.

- **Charmes, Meursault premier cru 2020** | Sec | 2022>2032 | 68 € 95
- **Puligny-Montrachet 2020** | Sec | 2022>2028 | 48 € 92
- **Saint-Romain 2020** | Sec | 2022>2027 | 24 € 90

Domaine Albert Morot

★★★☆☆

Pour les amateurs de beaunes rouges dont nous sommes, une dégustation de la production des huit hectares du domaine permet de montrer bien des facettes de l'appellation quand elle est bien représentée comme ici. Diplôme d'œnologie de l'université de Montpellier en poche, Geoffroy Choppin de Janvry s'est installé ici en 2000 afin d'y insuffler une viticulture plus saine (certifiée bio en 2015), aux rendements faibles, et des méthodes de vinification très peu interventionnistes où l'usage du soufre n'apparaît qu'à la fin d'un long élevage dans les caves fraîches du domaine. Les 2020 comme les 2019 sont bien réussis, le domaine nous a habitué à cette régularité depuis longtemps.

- **Les Bressandes, Beaune premier cru 2020** | Sec | 2022>2030 | 39 € | ☘ 94
- **Les Teurons, Beaune premier cru 2020** | Sec | 2022>2030 | 39 € | ☘ 93
- **La Bataillère, Savigny-lès-Beaune premier cru 2020** | Sec | 2022>2030 | 34 € | ☘ 92

Philippe Pacalet (domaine Pacalet).

Domaine Lucien Muzard et Fils

★★★☆☆

Le domaine de Claude et Hervé Muzard s'étend sur 18 hectares, avec une représentation majoritaire des climats de Santenay, dont 5 premiers crus. Une petite activité de négoce complète la gamme du domaine sur les climats tels que Puligny, Chassagne ou Volnay. Le style des vins rouges correspond à des santenays qui possèdent une gourmandise dès leur jeunesse, à l'exception de quelques climats à attendre quelques années. Les blancs, qui ne représentent que 20 % de la production, sont également rapidement accessibles. Ce domaine donne aujourd'hui l'une des plus belles expressions de Santenay à travers de vieilles vignes vinifiées avec un évident talent.

- **La Maladière, Santenay premier cru 2020** | Sec | 2022>2028 | 31.5 € 92
- **Maladières, Santenay premier cru 2020** | Sec | 2022>2028 | 31.6 € 90

Nuiton-Beaunoy - Cave des Hautes-Côtes

★☆☆☆☆

Avec ses 80 vignerons, Nuiton-Beaunoy est le nouveau nom de la cave des Hautes-Côtes fondée en 1957. Cela correspond aussi à une nouvelle ambition qualitative de la cave, animée par une nouvelle équipe technique à la fois jeune et compétente. La cave s'est associée à celle des Terres Secrètes pour renforcer le dynamisme commercial de l'ensemble. La gamme est constituée de blancs et de rouges de bonne qualité, très recommandables.

- **Monopole, Clos du Chapître, Gevrey-Chambertin premier cru 2018** | Sec | 2022>2030 | 58 € 92
- **Les Millottes, Hautes Côtes de Nuits 2020** | Sec | 2022>2025 | 12.95 € 86
- **Hautes Côtes de Beaune 2020** | Sec | 2022>2027 | 9.85 € 89

Domaine Antoine Olivier

★★★☆☆

Antoine Olivier est un vigneron-négociant à la tête de l'activité familiale de Santenay qu'il a reprise en 2003. Certes, il est en recherche permanente de la qualité, mais surtout du plaisir au travers de ses vins, le tout sous le signe de l'humour, que l'on saura apprécier avec les noms donnés à ses cuvées. Le vignoble tend vers une viticulture biologique depuis 2010, sans désir de certification, pour garder une marge de manœuvre. Les vins sont à tendance très minérale et expressifs du terroir calcaire en blanc, énergiques et salins en rouge.

- **Beaurepaire, Santenay premier cru 2020** | Sec | 2022>2030 | 35 € 92
- **Les Coteaux sous la Roche, Sous la Roche, Santenay 2020** | Sec | 2022>2028 | 24 € 91

Domaine Philippe Pacalet

★★★☆☆

Tombé dans le chaudron sans soufre depuis son plus jeune âge, Philippe Pacalet débute sa carrière chez son oncle Marcel Lapierre, dans le Beaujolais. Aujourd'hui il cultive 14 hectares en Bourgogne et développe également quelques projets satellites dont un à Moulin-à-Vent et un à Cornas. La vinification des rouges se fait en raisins entiers, sans sulfitage. L'élevage est ici appelé « affinage » et dure un an en fût (très peu de bois neuf), suivi d'une période en masse de 4 à 6 mois. Le style Pacalet a ses aficionados, d'autres préféreraient un peu plus de protection autour de ces matières remarquables. Mais tous s'accorderont sur la digestibilité et le fraîcheur des vins du domaine et notons une évolution depuis 2019 vers des vins exempts de tout reproche : ce millésime puis le 2020 mettent en avant le style Pacalet avec un charnu des textures superlatif auquel nous adhérons sans hésitation. Une troisième étoile nous semble désormais pleinement justifiée.

- **Pommard 2020** | Sec | 2024>2030 | 68.5 € 93
- **Aux Argillas, Nuits-Saint-Georges premier cru 2020** | Sec | 2024>2032 | 107.5 € 94

Au Pied du Mont Chauve

★★★☆☆

Francine Picard, fille de Michel, met toute sa considérable énergie et son idéalisme à remodeler le style des vins de l'empire familial, 140 hectares de vignes. Depuis mai 2019, elle est épaulée par Antoine Lepetit, conseiller en biodynamie, son nouveau directeur technique. Les changements devraient se poursuivre sur des vinifications et des élevages encore plus précis. Une gamme importante de cuvées en rouge et en blanc très qualitative permet d'avoir un véritable aperçu des différents climats du secteur de Chassagne et de Saint-Aubin. Le domaine ne nous a adressé que les entrées de gamme en 2020 mais elles augurent d'une belle maîtrise du millésime.

- **Le Charmois, Saint-Aubin premier cru 2020** | Sec | 2024>2030 | 42 € 92
- **chardonnay, Bourgogne 2020** | Sec | 2022>2025 | 23 € 90

Château de Pommard

★★☆☆☆

Avec 20 hectares de vignes d'un seul tenant sur lesquelles se dresse un château tricentenaire, ce domaine représente le monopole privé le plus vaste de Bourgogne. Emmanuel Sala s'en est vu confier les clés par Maurice Giraud en 2007, avant d'y accueillir le nouvel heureux propriétaire Michael Baum en 2014. Une activité de négoce complète désormais la gamme du château et répond aux demandes de vins blancs sur les marchés locaux et internationaux. Les vins de ce domaine, en blanc comme en rouge, passent par une période d'élevage sous bois très longue. Les rouges possèdent l'empreinte véritable du terroir de Pommard sur sa partie basse, avec ses aspects charnus et la puissance que lui confère une présence accrue de l'argile dans les sols.

- **Clos Marey-Monge Monopole, Pommard 2020** | Sec | 2024>2030 | 113 € | ☘ 94
- **Chantrerie, Pommard 2019** | Sec | 2022>2030 | 126 € | ☘ 93

Domalne de la Pousse d'Or

★★★★☆

Domaine historique de Volnay, vieux de plus de huit siècles. Patrick Landanger, acquéreur du domaine en 1997, a repris lui-même les rênes de ses chais en 1999 afin d'y effectuer une série de travaux colossaux dont une redéfinition de la cuverie qui opère dorénavant par gravité sur 6 étages. Les vins du domaine n'ont depuis jamais cessé de s'orienter vers des touchers de bouche au soyeux incomparable partagés par toute la gamme et à leur paroxysme sur les cortons, sur le volnay premier cru, clos-des-soixante-ouvrées et sur le clos-de-la-roche.

- **Clos des Soixante Ouvrées, Volnay premier cru 202 0** | Sec | 2023>2032 | 75 € | ☘ 96
- **Corton - Clos du Roi grand cru 2020** | Sec | 2022>2035 | 87 € | ☘ 96
- **Les Jarolières, Pommard premier cru 2020** | Sec | 2022>2030 | 66 € | ☘ 93

Domaine Jacques Prieur

★★★★★

Grand par sa palette de terroirs, mais tout aussi grand par la qualité de ses vins, le domaine Jacques Prieur est un incontournable des grands domaines bourguignons. Les efforts sont évidents sur les 28 hectares, conduits depuis 1997 de façon biologique mais non certifiés, sous le contrôle sérieux de Daniel Godefroy. Ce sont des raisins d'une qualité exceptionnelle qui sont ensuite vinifiés de main de maître par Nadine Gublin, experte reconnue, qui apporte sa touche personnelle à l'élaboration de cette palette exceptionnelle de climats. Elle réussit à merveille, en jouant avec la vendange entière pour les rouges, permettant la pure révélation du terroir, sans artifice.

- **Clos des Santenots Monopole, Santenots, Volnay premier cru 2020** | Sec | 2024>2035 | 144 € 96
- **Musigny grand cru 2020** | Sec | 2024>2035 | 840 € 99

Prosper Maufoux

★☆☆☆☆

La maison Prosper Maufoux a été acquise par Éric Piffaut, dirigeant de la maison Veuve Ambal. Le site installé sur la place de Santenay vient d'être revendu aux propriétaires du château de la Crée et la marque Proper Maufoux conservée par Éric Piffaut.

Domaine Rapet Père et Fils

★★★★☆

Vincent Rapet a succédé à son père pour gérer les 20 hectares de vignoble, principalement situés autour de la colline de Corton. Les murs historiques du chai accueillent depuis quelques années une cuverie moderniste qui, associée à une série d'investissements dans le renouvellement du matériel de culture, offrent désormais à Vincent un outil de production qui permet de bousculer les meilleurs de la Bourgogne. Depuis 2015 les rouges nous épatent. Ils ont rejoint des blancs de réputation ancienne, notamment le corton-charlemagne et le pernand premier cru blanc sous frétille. C'est une adresse très sûre où aucun vin de la large gamme ne déçoit.

- **Corton grand cru 2020** | Sec | 2025>2035 | 81 € 96
- **Sous Frétille, Pernand-Vergelesses premier cru 2020** | Sec | 2022>2030 | 39 € 94
- **Aloxe-Corton 2020** | Sec | 2024>2032 | 38.5 € 93

Remoissenet Père et Fils

★★★☆☆

Fondée en 1877, cette maison beaunoise fut gérée durant de très longues années par l'infatigable Roland Remoissenet. À sa retraite, celle-ci fut vendue, avec son stock impressionnant de vieilles bouteilles et ses caves magnifiques du XIVe siècle, à un consortium américano-canadien dont Bernard Repolt est l'actuel représentant. Avec un vignoble de 15 hectares complété par des achats de raisins dans toutes les belles appellations de la côte d'Or, la très douée œnologue Claudie Jobard peut réaliser un travail très intéressant. Les vins ont un profil à la fois séduisant et profond, tant pour les blancs amples et floraux que pour les rouges d'un brillant équilibre.

- **Montrachet grand cru 2020** | Sec | > | 960 € 93
- **Les Cazetiers, Gevrey-Chambertin premier cru 2020** | Sec | > | 115 € 93
- **Les Teurons, Beaune premier cru 2020** | Sec | > | 61.5 € 92

Domaine Roulot

★★★★☆

Jean-Marc Roulot, vigneron connu et reconnu, que l'on croise parfois sur grand écran, l'homme étant acteur à ses heures, représente la sixième génération de ce domaine familial de 16 hectares. Depuis le début des années 2000, les vignes sont conduites selon les préceptes biodynamiques et de nouvelles réflexions sont en cours sur la gestion du soufre après vendanges. Dans la recherche d'une pureté minimaliste et cristalline dans ses vins, il a créé une émulation pour toute une génération de vignerons. Ses blancs très réussis, ont une pureté et un ciselé rare.

- **Les Luchets, Meursault 2019** | Sec | 2022>2028 | NC 92
- **Clos des Bouchères Monopole, Les Bouchères, Meursault premier cru 2019** | Sec | 2022>2028 | NC 94

Jean-Marc Roulot (domaine Roulot).

Domaine du Château Philippe le Hardi

Ce grand domaine de 90 hectares, appartenant au Crédit Agricole, est basé à Santenay dans l'une des plus belles demeures de Bourgogne aux tuiles vernissées, ancienne propriété de Philippe le Hardi. Ses vignes sont réparties entre la côte d'Or et la côte chalonnaise sur 14 appellations, avec une viticulture certifiée Terra Vitis. La gamme de vins présentée progresse en douceur vers la qualité.

- **En Vesvau, Saint-Aubin 2020** | Sec | 2022>2028 | 28 € — 88
- **Les brunettes et planchots, Aloxe-Corton premier cru 2020** | Sec | 2022>2030 | 40 € — 91
- **Les Baudes, Chambolle-Musigny premier cru 2020** | Sec | 2022>2030 | 120 € — 92

Seguin Manuel

Thibault Marion, dont la famille fut liée à l'histoire de Chanson, s'est associé à Jean-Luc Coupet en 2004 pour reprendre cette ancienne activité de négoce familiale. La gamme du domaine, qui compte pas moins de 30 climats aux quantités de bouteilles limitées, est complétée par des achats de raisins et de moûts sur les deux côtes. Les rouges jouent intelligemment la carte des millésimes sans excès de puissance ni de maturité. Les vins blancs sont assez puissants, sapides. C'est une adresse sûre.

- **Les Petits Noizons, Pommard 2020** | Sec | 2024>2030 | 57.2 € — 92
- **Aux Communes, Vosne-Romanée 2020** | Sec | 2024>2030 | 69.1 € — 91

Domaine du Comte Senard

Entre tradition et modernité, Lorraine Senard-Pereira a entrepris depuis 2005 des changements radicaux afin de procurer à ses vins l'élégance nécessaire pour une consommation plus immédiate, tout en préservant le potentiel de garde et la qualité intrinsèque des grands cortons, dont le domaine possède aujourd'hui une représentation sur pas moins de 6 climats ! Nous ne cessons de nous étonner devant la finesse de tannins des vins depuis le millésime 2016. 2018 fut une réussite brillante, 2019 et 2020 ont été également fort bien gérés par le domaine.

- **Auguste, Bourgogne 2020** | Sec | 2022>2028 | NC — 90
- **Clos des Meix, Corton grand cru 2020** | Sec | 2025>2035 | NC — 95

Henri de Villamont

Installée à Savigny-lès-Beaune, cette maison de négoce appartient au grand groupe suisse Schenk. Son vignoble en propre compte 10 hectares, principalement à Savigny mais aussi sur la côte de Nuits Les rouges, solides et bien construits, sont très réguliers depuis plusieurs millésimes. Les blancs, notamment les savignys et savignys premier cru, issus du domaine maison, ne manquent pas de personnalité.

- **Le Village, Savigny-lès-Beaune 2020** | Sec | 2023>2027 | 32.8 € — 88
- **Sous Frétille, Pernand-Vergelesses premier cru 2020** | Sec | 2022>2027 | 41 € — 90

Domaine Anne-Marie et Jean-Marc Vincent

Anne-Marie et Jean-Marc Vincent sont des vignerons attachants, volubiles et surtout en perpétuelle quête d'une viticulture de pointe. Rien n'est laissé au hasard dans les vignes et leur travail fait référence, parfois au prix d'années difficiles et pas toujours confortables. Ils proposent une gamme de vins tout simplement remarquable, rarement égalée, avec des rouges profonds qui font honneur à Santenay, une appellation qui mérite d'être redécouverte et des blancs au meilleur niveau de leurs appellations. Le fruité aromatique des blancs 2020 a été favorisé par une vinification sans soufre sauf à la mise qui a préservé la pureté de raisins manifestement bien traités.

- **Beaurepaire, Santenay premier cru 2020** | Sec | 2022>2030 | 65 € — 91
- **Les Gravières, Santenay premier cru 2020** | Sec | 2022>2028 | 65 € — 91

CHALONNAIS

Domaine du Cellier aux Moines

Le Cellier aux Moines à Givry ne se contente plus d'être un superbe lieu viticole cistercien, restauré magnifiquement par Catherine et Philippe Pascal ; il est devenu une propriété incontournable de l'appellation. Le travail minutieux et passionné effectué dans le vignoble et en cave par Guillaume Marko, co-gérant, marque chaque année de vrais résultats. Le domaine comprend 4,7 hectares du clos du Cellier aux Moines, où une grande partie des vignes a été replantée. Il s'est agrandi à Mercurey en 2007 et en côte de Beaune en 2011. Le style des vins est affirmé grâce à l'utilisation adroite de raisins entiers ou vinifiés en fonction de l'âge des vignes dans unc cuverie en gravité totale. Une adresse sûre.

- **Beauregard, Santenay premier cru 2020** | Sec | 2024>2032 | 50 € | ☘ — 91
- **Les dessus, Givry premier cru 2019** | Sec | 2024>2030 | 90 € | ☘ — 94

Château de Chamilly

Les Desfontaine, Véronique, Arnaud et Xavier, se sont taillés une vraie place dans le paysage de la côte chalonnaise, avec leur domaine du château de Chamilly logé dans une magnifique ferme fortifiée du XVIIe, à mi-chemin entre Mercurey et Santenay. Une partie des vignes se situe sur l'appellation Montagny et l'autre sur Mercurey. Animés tous les trois par la volonté d'avancer, ils produisent des vins légers et expressifs, plus intenses en millésime complet comme 2020.

- **Les Burnins, Montagny premier cru 2020** | Sec | 2022>2027 | 19.5 € — 90
- **Grand clos Rousseau, Santenay premier cru 2020** | Sec | 2024>2029 | 31 € — 91

Château de Chamirey

La famille Devillard est une référence à Mercurey, le château de Chamirey reste la plus importante de leurs propriétés bourguignonnes avec 37 hectares, dont 15 en premiers crus. La particularité du domaine est aussi de proposer une table d'hôtes au cœur du hameau. Une équipe technique compétente, avec l'arrivée d'une nouvelle maître de chai, Carole

Briffox conseillée par l'œnologue Enrico Peyrone, réfléchit sans discontinuer à améliorer le travail dans les vignes, en vinification et en élevage, toujours à la recherche de l'excellence. Si le domaine avait brillamment vinifié les blancs de 2019 dans une année particulièrement chaude avec des rouges au diapason, les 2020 semblent partis pour les surpasser par un équilibre encore plus abouti. On se régale ici.

- **La Mission, Mercurey premier cru 2020** | Sec | 2024>2030 | 42.9 € — 93
- **Mercurey 2020** | Sec | 2022>2030 | 25.5 € — 92
- **Les Cinq, Mercurey 2020** | Sec | 2024>2032 | 72.2 € — 94

Domaine du Clos Salomon

✪✪✪○○

Le clos Salomon, monopole d'une surface de 7 hectares, porte le nom de ses propriétaires depuis le XIVe siècle, géré par leurs descendants, la famille du Gardin. C'est Ludovic du Gardin qui est le gardien de ce clos prestigieux qu'il cultive dans un esprit bio, avec une vigne soignée, sans désherbants ni insecticides, et des sols labourés. Les vins sont élevés 12 mois et offrent une bonne aptitude au vieillissement. Outre le clos-salomon au terroir bien identifié, deux cuvées sont disponibles en chardonnay, un montagny le-clou et un givry premier cru la-grande-berge. Les 2020 sont très réussis.

- **Clos Salomon, Givry premier cru 2020** | Sec | 2024>2030 | 25 € — 92
- **La Grande Berge, Givry premier cru 2020** | Sec | 2022>2028 | 25 € — 93

Domaine Vincent Dureuil-Janthial

✪✪✪✪○

Vincent Dureuil est la référence suprême de l'appellation Rully et de la côte chalonnaise. Avec son épouse et beaucoup de modestie et de rigueur, il mène remarquablement et minutieusement son vignoble de 20 hectares qui décline 23 cuvées réparties principalement entre Rully, Puligny et Nuits-Saint-Georges. Pratiquant une « viticulture paysanne », il tient à recevoir lui-même ses clients au domaine sur rendez-vous.

- **Les Margotés, Rully premier cru 2020** | Sec | 2024>2030 | NC — 94
- **Vieilles Vignes, Le Meix Cadot, Rully premier cru 2020** | Sec | 2024>2030 | NC — 94
- **Vieilles Vignes, Grésigny, Rully premier cru 2020** | Sec | 2024>2032 | NC — 94

Domaine P & M Jacqueson

✪✪✪○○

C'est l'une des adresses phare de l'appellation, indissociable de son essor ! La nouvelle génération est désormais à l'œuvre, incarnée depuis 2015 par Marie Jacqueson et son frère Pierre, qui gèrent les 17 hectares de vignoble sur Rully, Bouzeron et Mercurey (pour les rouges). Rien n'est laissé au hasard, que ce soit dans la vigne ou en cave, avec des vinifications parfaitement maîtrisées et des élevages de grand style. Les Jacqueson signent une gamme harmonieuse, de grand classicisme, qui ne déçoit jamais. On y compte des cuvées plus simples d'accès à côté d'autres plus ambitieuses et remarquables comme le bouzeron.

- **Les Chaponnières, Rully 2020** | Sec | 2022>2028 | 19 € — 90
- **Les Champs Martin, Mercurey premier cru 2020** | Sec | 2022>2028 | 28 € — 92

Domaine Claudie Jobard

✪✪✪○○

Bien née, avec un père pépiniériste et une mère œnologue, Claudie Jobard se partage entre la maison Remoissenet, où elle assure la direction technique, et son domaine familial essentiellement situé à Rully (même si elle possède aussi des parcelles à Pommard et Beaune). Viticultrice respectueuse de ses sols et vinificatrice sensible et adroite, elle réussit des blancs et rouges savoureux et fins.

- **Villerange, Rully 2020** | Sec | 2022>2027 | 20 € — 90
- **Milliane, Bourgogne 2020** | Sec | 2022>2028 | 16 € — 90

Domaine Michel Juillot

✪✪✪○○

Laurent Juillot est à la tête de ce domaine familial de 31 hectares de vignes, situés à Mercurey et Corton. Conduite soignée des vignes, maîtrise parfaite des équilibres en cave, sans pompage et peu d'intervention pour laisser le fruit le plus intact possible : tout ici est sagement ordonné, livrant des cuvées de belle facture, élevées en barriques et quelques demi-muids (30 sur les 600 pièces). Le nouvel étiquetage des bouteilles, plus moderne, rentre en parfaite correspondance avec l'esprit de la maison. La gamme de mercureys est brillante en 2020. Une adresse recommandable.

- **Les Combins, Mercurey premier cru 2020** | Sec | 2022>2030 | 26 € — 92
- **Perrières, Corton grand cru 2019** | Sec | 2025>2035 | 79 € — 95

Les Champs de l'Abbaye

✪✪✪○○

Alain et Isabelle Hasard, vignerons de référence de la Côte Chalonnaise, envisagent l'avenir sous un nouveau jour puisque leur fils va les rejoindre prochainement. Ils ont restructuré leur domaine pour se concentrer uniquement sur 5 hectares, sur les villages de Rully, Mercurey et Monthélie, dans le but de travailler plus sereinement, toujours dans l'exigence d'une culture biologique. Certaines parcelles ont été replantées, pour partie en complantation, c'est-à-dire du chardonnay mêlé au pinot, pour rester dans un style de vins charmeurs et tendus. Avec une part de vendange entière, les 12 cuvées du domaine affichent toujours une belle fraîcheur et beaucoup de verticalité. Un vrai travail d'orfèvre !

- **Les Cailloux, Rully 2020** | Sec | 2022>2028 | 32 € — 92
- **La Chatalienne, Rully 2020** | Sec | 2022>2027 | 28 € — 91

Domaine Levert-Barault

○○○○○

Domaine mis en bouteille par la famille Picard du domaine Au Pied du Mont Chauve qui produit des mercureys intense et puissants, séveux.

- **Les Combins, Mercurey premier cru 2020** | Sec | 2024>2028 | 40 € — 88
- **Champs Martin, Mercurey premier cru 2020** | Sec | 2024>2030 | 40 € — 89

Domaine Bruno Lorenzon

✪✪✪✪○

Bruno Lorenzon est incontestablement l'un des vignerons contemporains les plus doués de Bourgogne. Son exploitation phare de Mercurey est exemplaire, tant par la conduite de ses vignes qui peuvent atteindre une densité de 20 000 pieds à l'hectare (le double de la norme !), que par la maîtrise absolue des vinifications. Vendanges en petites caisses,

Paul et Marie Jacqueson (domaine P & M Jacqueson).

ANTONIN BONNET, PRESSE

foulage au pied, hygiène drastique forment ce modèle d'exigence, sous label bio. L'utilisation très adroite et progressive de la vendange entière ces derniers millésimes donne des vins fabuleux et prouvent une fois de plus que les vins reflètent l'âme du vigneron capable de sublimer des terroirs quand l'osmose opère.

- Les Croichots, Mercurey premier cru 2020 | Sec | 2024>2030 | 42 € — 93
- Carline, Clos des Champs Martin, Mercurey premier cru 2020 | Sec | 2025>2035 | 48 € — 96

Maison François Martenot

★☆☆☆☆

Sous cette signature historique – la maison existe depuis plus d'un siècle – sont produits plusieurs appellations emblématiques de la Bourgogne, de Chablis jusqu'au Maconnais, du pinot noir jusqu'au crémant. La maison, ainsi que beaucoup d'autres (Moillard, Moillard Grivot, Reine Pédauque, Chartron et Trébuchet) et des domaines, a été reprise et intelligemment restructurée par l'entreprenant Joseph Helfrich et son groupe.

- Domaine Roland Sounit, Rully 2019 | Sec | > | 16 € — 87
- Domaine Roland Sounit Meix Cadot, Rully premier cru 2019 | Sec | > | 20 € — 88

Domaine Ninot

★★★☆☆

Erell et Flavien Ninot, sœur et frère, exploitent en binôme ce domaine de 13 hectares transmis par leur père et répartis sur Rully et Mercurey. La production est pour moitié chardonnay, moitié pinot noir. Leur philosophie est de respecter au mieux la nature, avec une conversion en bio en cours. On aime le travail bien fait ici et cela se voit dans les vins. Le style des vins évolue et progresse chaque année sur davantage d'homogénéité et de race, notamment sur les rouges, les blancs s'en approchent.

- Les Crêts, Mercurey premier cru 2020 | Sec | 2022>2030 | 42 € | ☘ — 92
- Marissou, Rully premier cru 2020 | Sec | 2022>2030 | 35 € | ☘ — 93
- La Barre, Rully 2020 | Sec | 2022>2030 | 30 € | ☘ — 91

Domaine Jean-Baptiste Ponsot

★★★☆☆

C'est à l'âge de 20 ans que Jean-Baptiste Ponsot a repris le flambeau du domaine et l'a progressivement transformé radicalement. Les deux tiers de la surface sont classés en premier cru, les sols sont travaillés avec beaucoup de labours pour des vignes saines, sans herbicide, dans l'objectif d'obtenir de beaux raisins. Le millésime 2020 a réussi tant aux blancs qu'aux rouges avec dans cette couleur un premier cru La Fosse au sommet.

- Molesme, Rully premier cru 2020 | Sec | 2022>2028 | 23 € — 91
- Rully 2020 | Sec | 2022>2028 | 19 € — 89

Domaine François Raquillet

★★★☆☆

Les Raquillet sont vignerons de père en fils depuis treize générations et leur domaine de Mercurey s'étale maintenant sur 14,5 hectares, dont 3,5 en blancs. Amoureux de la vigne et du raisin, François Raquillet n'hésite pas à se remettre en question. Sa passion du métier lui donne cette émulation pour mener le domaine au meilleur niveau. Sa gamme se décline sur 4 cuvées de blancs et 6 de rouges et il y a toujours une cuvée de la maison qui se place dans le peloton de tête de nos dégustations à l'aveugle. Une adresse incontournable.

- Les Velley, Mercurey premier cru 2020 | Sec | 2022>2030 | 32 € — 92
- Les Velley, Mercurey premier cru 2020 | Sec | 2022>2028 | 34 € — 92

Domaine de Suremain

★★★☆☆

Le domaine de Suremain est probablement l'un de ceux qui nous surprend le plus ces dernières années. Avec la chance d'être doté des meilleurs climats de Mercurey classés en premier cru, Loïc de Suremain, aidé de ses parents Yves et Marie-Hélène, exploite les 18 hectares de ce domaine. Une attention particulière au respect des terroirs donne différents mercureys aux typicités et nuances bien tranchées. Loïc, passionné de viticulture, s'attache à faire évoluer les vins vers davantage de fruit et d'homogénéité, en passant par une vraie compréhension de ses sols. La cuverie a été entièrement rénovée et agrandie, les vins sont de plus en plus précis et font un zéro faute lors de nos dégustations à l'aveugle. La progression est remarquable et place le domaine dans le trio de tête de l'appellation.

- Le Clos l'Évêque, Mercurey premier cru 2020 | Sec | 2022>2028 | 30 € — 91

MÂCONNAIS

Château de Beauregard

★★★☆☆

Sous cette identité château de Beauregard, à Pouilly-Fuissé, Frédéric-Marc Burrier dirige en réalité plusieurs propriétés, totalisant environ 50 hectares, dont 12 en Beaujolais, avec la majeure part certifiée bio ou en conversion. Il est secondé par Michel Rey, chef de culture, pour produire les vins des domaines Joseph Burrier, de la Rochette, de Beauregard, château du Clos, le tout commercialisé par la maison Joseph Burrier. Son sens du collectif l'amène également à se dévouer à la reconnaissance des futurs premiers crus de Pouilly-Fuissé. Les vins blancs sont des expressions fidèles de leurs terroirs d'origine. Il ne faut surtout pas manquer une remarquable gamme de crus du Beaujolais, superbement vinifiés, où le gamay joue l'élégance florale ultime.

- La Maréchaude, Pouilly-Fuissé 2020 | Sec | 2024>2030 | 33.3 € — 92
- Vers Cras, Pouilly-Fuissé 2020 | Sec | 2022>2030 | 33.3 € — 94

Domaine de la Bongran - Jean et Gautier Thévenet

★★★☆☆

Gautier le fils et Jean, le père, sont les dignes représentants de ce fabuleux secteur de Quintaine, entre Viré et Clessé. Ils gèrent un ensemble de trois domaines, la Bongran, dans la famille depuis le XVe siècle et couvrant 15 hectares, Roally avec 4 hectares à Viré et Émilian Gillet, 10 hectares sur Quintaine. Tous les domaines sont certifiés bio depuis 2008, les vins sont vinifiés et élevés longuement en cuve, sans aucun passage en fût pour rechercher l'âme des vins, qui sont toujours savoureux et d'une grande originalité, la sensation de surmaturité n'étant jamais éloigné de ces chardonnays.

- Domaine Émilian Gillet - Quintaine, Viré-Clessé 2019 | Sec | 2022>2030 | 19 € — 92
- Domaine de la Bongran - Quintaine - cuvée Levroutée, Viré-Clessé 2017 | Demi-sec | 2022>2030 | 36 € — 92

Domaine André Bonhomme

★★☆☆☆

André Bonhomme a passé la main à son gendre Éric Palthey et sa fille Jacqueline, tous deux rejoints par leurs fils Aurélien et Johan. Certifié en bio depuis 2011, ce domaine de 14 hectares est l'un des rares du secteur à vendanger à la main. Certifié également HVE (Haute Valeur Environnementale), c'est un domaine quasi-autonome, ayant le souci d'un impact minimal sur l'environnement. Le style des vins est toujours reconnaissable par l'ampleur de leur fruité mûr et leur caractère aromatique développé.

- Vieilles Vignes, Viré-Clessé 2020 | Sec | 2022>2030 | 12 € | ☘ — 92
- Hors-Classe - Les Brénillons, Viré-Clessé 2020 | Sec | 2022>2030 | 15.5 € | ☘ — 91
- Les Quarts, Viré-Clessé 2019 | Sec | 2022>2030 | 22 € | ☘ — 93

Domaine Laurent Cognard

★★☆☆☆

D'importants changements ont eu lieu chez Laurent Cognard, qui a investi un nouveau lieu de production, le château de Buxy, en plein cœur du village. De quoi accueillir les 17 hectares qui composent désormais le domaine, agrandi avec 4 hectares en Mâconnais avec des vignes provenant de ses grands-parents paternels. Le cœur du vignoble reste bien sûr les montagnys, de style plutôt puissant et généreux avec de belles allonges où le terroir s'exprime. Les rouges sont plus sérieux et tendus que par le passé, avec davantage d'énergie, sans doute due à des vinifications avec une part de vendange entière. Une adresse sûre !

- Aux barres, Pouilly-Loché 2020 | Sec | 2022>2028 | NC — 90
- Origines, Pouilly-Loché 2020 | Sec | 2022>2027 | NC — 91

Domaine Cordier

★★★☆☆

Boulimique de travail et de terroirs, Christophe Cordier a agrandi son entreprise de 12 à 35 hectares en 15 ans, avec 120 parcelles réparties sur 8 villages. Il a investi dans des installations techniques d'un niveau rare dans la région, à la pointe des progrès œnologiques. Les vendanges sont manuelles, les sols travaillés, avec des essais en biodynamie, les vins élevés environ 18 mois en foudre ou cuve bois, sur lies et peu filtrés. 90 % de la production est exporté. Le rapport entre la taille de l'exploitation et la qualité des vins est remarquable, les terroirs sont bien identifiés, ils ont du caractère et font référence dans la région avec une réussite patente en 2019 et 2020.

- **Vers Cras, Pouilly-Fuissé 2020** | Sec | 2022>2030 | NC — 92
- **Les Ménétrières, Pouilly-Fuissé 2020** | Sec | 2022>2030 | 45 € — 94

Domaine Dominique Cornin

★★★☆☆

Ce domaine conduit en biodynamie, certifié bio depuis 2003, est mené par Dominique Cornin et son fils Romain. Le vignoble de 12,5 hectares est réparti sur Chaintré, Chânes, Fuissé et en Beaujolais blanc. Les Cornin ont aussi le privilège d'être vignerons des Hospices de Beaune pour 1,5 hectare. Romain a fait ses classes aux États-Unis, en Nouvelle-Zélande et chez Verget et pratique des élevages longs de 20 mois sur lies, sans collage ni filtration. Les vins sont d'une belle précision et ont cette énergie si particulière issue de la biodynamie ; ce travail mérite d'être largement reconnu et récompensé avec en pointe le pouilly-fuissé clos du roy cette année.

- **Les Serreuxdières, Mâcon-Chaintré 2020** | Sec | 2022>2028 | 15.9 € | ☘ — 90
- **Les Plessys, Pouilly-Fuissé 2020** | Sec | 2022>2028 | 28.2 € | ☘ — 91

Domaine des Deux Roches

★★☆☆☆

Ce domaine est né en 1986 de l'association de Jean-Luc Terrier et Christian Collovray, deux amis d'enfance qui ont épousé deux sœurs héritières d'un patrimoine de vignes dans le Mâconnais. Aujourd'hui, le domaine s'étend sur 45 hectares dont 20 en Saint-Véran et 7 à Chardonnay, et n'emploie que des composts naturels sans aucun désherbant. C'est un domaine dynamique et incontournable qui fait référence en appellation Saint-Véran, avec des vins toujours expressifs et très abordables. Il a entamé sa conversion vers le bio depuis 2020.

- **Les pommards, Saint-Véran 2019** | Sec | 2022>2028 | 23 € — 93
- **Les pommards, Saint-Véran 2020** | Sec | 2022>2028 | 23 € — 91
- **Les Crays, Pouilly-Fuissé 2019** | Sec | 2022>2028 | 29.8 € — 93

Domaine J.A. Ferret

★★★★☆

Ce domaine de 18 hectares, lové au cœur du village de Fuissé, a été racheté en 2008 par la maison Jadot, qui a eu la brillante idée d'en perpétuer la tradition et l'histoire en plaçant à sa tête une femme. Dans la lignée de Jeanne et Colette Ferret, qui ont marqué l'appellation, c'est l'émouvante et sensible Audrey Braccini, habitée par sa mission de fidélité aux climats, qui a fait évoluer le domaine vers une viticulture en conversion bio à partir de 2020. Tous les vins produits sont vegan. Elle pérennise par ailleurs, en toute liberté, l'esprit Ferret, très cohérent avec le style Jadot, avec un travail sur la vivacité des vins par des malolactiques partielles et des élevages conduits avec habileté. Une merveilleuse adresse, où maîtrise et excellence sont les atouts majeurs. Après des 2019 remarquables avec un tournant-de-pouilly au sommet d'une gamme exemplaire, 2020 voit les Ménétrières le devancer d'une courte tête. Le reste de la gamme n'est pas loin derrière.

- **Hors Classe - Tournant de Pouilly, Pouilly-Fuissé premier cru 2020** | Sec | 2022>2030 | 53.8 € — 95

Audrey Braccini (domaine J.A. Ferret).

- **Tête de Cru Les Perrières, Pouilly-Fuissé premier cru 2020** | Sec | 2022>2030 | 41.8 € — 94
- **Pouilly-Fuissé, Pouilly-Fuissé 2020** | Sec | 2022>2030 | 31.4 € — 91

Domaine Éric Forest

★★★☆☆

Éric Forest s'inscrit parmi les belles signatures de la Bourgogne. Son domaine de 5,5 hectares, typique de Vergisson, est conduit selon les principes de la biodynamie et produit des chardonnays de haute personnalité, à la fois denses et bien mûrs, élevés longuement en cave et au superbe potentiel de garde. En vingt ans, Éric Forest s'est fait un nom et séduit les amateurs de vins pleins et précis, toujours concentrés et de belle chair. Un vrai style et une identité affirmée qui font de ce domaine une adresse sûre de la région.

- **24 Carats, Pouilly-Fuissé 2020** | Sec | 2022>2030 | 56 € — 96
- **La Roche, Pouilly-Fuissé 2020** | Sec | 2022>2028 | 32 € — 93

Château de Fuissé

★★★☆☆

Antoine et Bénédicte Vincent, frère et sœur, dirigent cette propriété historique de 40 hectares, répartis sur les appellations Pouilly-Fuissé, Saint-Véran, Mâcon et Juliénas. Les sols sont travaillés, la viticulture est raisonnée et l'élevage des vins se fait avec les fûts d'un seul tonnelier pour maintenir une constante, dans une optique rigoriste. On trouve des cuvées commercialisées sous une gamme château et une gamme négoce. A noter que les cuvées le Clos et les Brûlées sont classées en premier cru à compter du millésime 2020.

- **Le Clos Monopole, Pouilly-Fuissé premier cru 2020** | Sec | 2022>2032 | 55 € — 92
- **Les Brûlés, Pouilly-Fuissé premier cru 2020** | Sec | 2024>2032 | 49.5 € — 93

Domaine de la Garenne

★☆☆☆☆

Situé sur les coteaux d'Azé, le domaine de la Garenne a été racheté en 2008 grâce à l'alliance des familles Beaumont et Devillard (propriétaires du château de Chamirey et du domaine des Perdrix). Géré par les équipes Devillard et leur œnologue Robert Vernizeau, il s'est encore agrandi en 2014 avec des vignes en Mâcon-Bussières et Pouilly-Fuissé. Les blancs sont sincères et bien réalisés.

- **Mâcon-Azé 2018** | Sec | 2022>2025 | 17.6 € — 91
- **Mâcon-Azé 2020** | Sec | 2022>2028 | 19 € — 90
- **Pouilly-Fuissé 2020** | Sec | 2022>2027 | 28 € — 91

Domaine Guffens-Heynen

★★★★★

Jean-Marie Guffens est certainement l'un des plus habiles vinificateurs de chardonnay au monde. Ce Belge iconoclaste a posé ses valises dans le Mâconnais en 1976, d'abord comme régisseur d'un petit domaine, puis comme propriétaire de quelques parcelles à Pierreclos dès 1979. En parallèle, il crée en 1990 une petite activité de négoce de très haute qualité, Verget, couvrant aussi bien la côte d'Or que le Chablisien. Puis achète en 1997 le château des Tourettes, 40 hectares face au Ventoux et dernièrement, huit hectares à Barsac, le château Closiot, jouxtant les Premiers Crus Climens et Coutet. Aujourd'hui, la roche calcaire de cette Bourgogne Sud hautement

Jean-Guillaume et Jean-Philippe Bret (domaine La Soufrandière).

prisée permet l'éclosion de vins qui tranchent par leur droiture et leur énergie. « La précision n'est pas une forme d'art : c'est une nécessité » dit-il. S'il a inspiré de nombreux artisans-vignerons du Mâconnais, Jean-Marie Guffens reste aujourd'hui le seul artiste capable d'initier un style et une identité remarquables, forgés par une vendange très mûre, des fermentations prolongées et un sens génial de l'élevage. Il faut au moins goûter une fois les vins de Guffens pour voir ce que l'on peut faire avec du chardonnay. Il produit des quantités déjà trop réduites pour satisfaire la demande internationale. Il faut donc s'en emparer aussi souvent que l'occasion se présente.

- **Tri de Chavigne, Mâcon-Pierreclos 2020** | Sec | 2022>2030 | NC — 94
- **Le Chavigne, Mâcon-Pierreclos 2020** | Sec | 2022>2030 | NC — 96
- **C.C, Pouilly-Fuissé 2020** | Sec | 2022>2030 | NC — 96

Domaine La Soufrandière - Bret Brothers

Les frères Bret, qui ne manquent jamais d'idées ni d'inventivité, sont devenus une référence en Mâconnais grâce à leur maîtrise aigüe de la biodynamie. La plupart des travaux de la vigne sont faits à la main, en dehors des labours et traitements (au tracteur ou cheval) et leurs vignes sont devenues le terrain de jeu des chercheurs de l'INRA. La Soufrandière est le domaine familial de 11 hectares, aujourd'hui certifié Demeter. Bret Brothers est l'activité de négoce, en achats de raisins, produisant 15 micro-cuvées (dont dix sont certifiées bio). Les vins sont toujours d'une énergie remarquable, d'une grande pureté avec une digestibilité hors pair. Une des adresses modèle de la région, en toute confiance.

- **La Verchère, Viré-Clessé 2020** | Sec | 2024>2030 | 22 € — 91
- **Les Quarts Millerandés, Pouilly-Vinzelles 2020** | Sec | 2022>2029 | 52 € — 93
- **En Chatenay, Pouilly-Fuissé 2020** | Sec | 2024>2030 | 38 € — 92

Domaine Nicolas Maillet

Installé en 1999, Nicolas Maillet, ingénieur agronome et œnologue, fait référence dans le Mâconnais pour la conduite de son vignoble de 7,5 hectares certifiés bio avec des pratiques de la biodynamie. Le cœur de son domaine est à Verzé, avec des vignes âgées en moyenne de 50 ans, sur les quatre cépages bourguignons. Sans aucune levure exogène, les fermentations et les élevages se font uniquement en cuve, pour la plus pure expression du terroir. Les vins ont de la franchise et du caractère ; ils sont gourmands et pleins de saveurs. En regardant ces vignes magnifiques, tous les vignerons de la vallée de Verzé devraient s'inspirer de ces pratiques agricoles. Une adresse modèle qui a magistralement géré les millésimes 2019 et 2020.

- **Le Chemin Blanc, Mâcon-Verzé 2020** | Sec | 2022>2028 | 23 € — 92
- **Mâcon-Igé 2020** | Sec | 2022>2028 | 18 € — 91

Domaine Normand

Sylvaine et Alain Normand, tous deux diplômés en viti-œnologie, se sont installés avec 13 hectares comme coopérateurs en 1993. En 2010, l'entreprise a pris une autre dimension, passant à 35 hectares. Les vignes sont réparties sur Solutré, Chaintré, Saint-Véran et la Roche Vineuse, cultivées avec une attention particulière en vue de la certification HVE lutte raisonnée. La construction d'un nouveau chai et d'un lieu d'accueil d'œnotourisme permettra d'apprécier sur place le style des vins, agréables et complexes pour les meilleurs.

- **Aux Vigneraies, Pouilly-Fuissé 2020** | Sec | 2024>2030 | 29.5 € — 94
- **Climats, Pouilly-Fuissé 2019** | Sec | 2022>2028 | 20 € — 94

Domaine Rijckaert

Florent Rouve, également présent dans le Jura, a repris le domaine de Jean Rijckaert et emploie une énergie peu commune à la préservation du style de cette belle maison. Soit un travail revendiqué « à l'ancienne », un soin extrême à la qualité de la vendange et des élevages longs. Il produit ainsi une très belle gamme de vins, soignés et savoureux, issus des vignes de la propriété ou en achats de raisins avec toujours une attention qualitative élevée. Le niveau impressionne.

- **Crays Vers Vaux, Mâcon-Lugny 2020** | Sec | 2022>2028 | 23.5 € — 91
- **Levant, Mâcon-La Roche-Vineuse 2020** | Sec | 2022>2028 | 19.95 € — 91

Château des Rontets

On peut aisément comprendre pourquoi les époux Montrasi ont vite abandonné leur métier d'architecte en Italie pour reprendre cette maison de famille et se reconvertir au métier de vigneron, tellement le lieu est magique. Ils ont patiemment remis cette propriété historique de près de sept hectares au plus haut niveau de Pouilly-Fuissé, tirant aujourd'hui le meilleur d'un terroir original situé en altitude. Un travail méticuleux des vignes en mode biologique et des élevages soignés et longs ont construit des cuvées à la régularité admirable et au profil inimitable. Ce domaine est une inspiration pour tous les vins de la région.

- **Pierrefolle, Pouilly-Fuissé 2020** | Sec | 2024>2032 | NC — 94
- **du Sud, Bourgogne 2020** | Sec | 2022>2026 | NC — 91

Domaine Jacques et Nathalie Saumaize

Ce beau domaine de Vergisson, développé avec passion par Jacques et Nathalie Saumaize depuis une trentaine d'années, confirme le tournant pris avec l'arrivée de leur fils Anthony. Le père peut doublement se réjouir : une harmonie et une continuité s'inscrivent avec la poursuite d'une viticulture proche du bio et des essais de biodynamie, avec un refus de la mécanisation. Le vignoble de 12,5 hectares répartis en Saint-Véran, Pouilly-Fuissé et Mâcon, est vinifié brillamment de façon parcellaire. Les vins ont gagné en énergie et en précision et nous nous réjouissons de cette voie prise. La gamme 2020 compte nombre de belles réussites.

- Les Vieilles Vignes, Pouilly-Fuissé 2020 | Sec | 2022>2027 | 28 € 92
- Montbrison, Mâcon-Bussières 2020 | Sec | 2022>2027 | 15 € 90

Saumaize-Michelin

★★★★☆

Roger Saumaize, épaulé par son épouse Christine et désormais leur fils, s'impose comme l'un des fers de lance du Mâconnais. Habité par sa quête de la précision, de la pureté et de la vibration, ayant toujours pratiqué le labour depuis son installation à la fin des années 1970, il s'inspire de la biodynamie mais se défie des chapelles. Amoureux de ses vignes qu'il bichonne comme un jardinier en observant la vie du sol, Roger Saumaize et son fils sculptent des cuvées dont l'énergie et le naturel nous laissent admiratifs. On est ici à un très bon niveau en Mâconnais à des prix qui restent accessibles pour cette qualité.

- Clos sur la Roche, Pouilly-Fuissé 2020 | Sec | 2022>2030 | 28.5 € 93
- Les Courtelongs, Pouilly-Fuissé 2020 | Sec | 2022>2028 | 25.5 € 92

Vignerons des Terres Secrètes

★★☆☆☆

Les Vignerons des Terres Secrètes représentent trois caves coopératives (Prissé, Verzy et Sologny), avec 120 coopérateurs qui cultivent l'équivalent de 900 hectares, dont 650 de chardonnay. Depuis 2013 la cave est labellisée en Développement Durable. Le pouilly-fuissé vers-cras, très recommandable, sera classé en premier cru sur le millésime 2020. tout le savoir faire de la cave a été mis en œuvre dans le délicieux saint-véran Révélis produit à 2.500 exemplaires et qui mérite d'être recherché.

- Croix-Jarrier, Mâcon-Verzé 2020 | Sec | 2022>2027 | 11.5 € 90
- Les Cras, Saint-Véran 2020 | Sec | 2022>2028 | 16 € 89
- Vers Cras, Pouilly-Fuissé 1er cru 2020 | Sec | 2022>2027 | 28.5 € 89

Verget

★★★★☆

La maison de négoce Verget fait partie de la « trilogie » Guffens-Heynen, où Jean-Marie Guffens, épaulé par son fidèle second Julien Desplans, applique les recettes éprouvées sur son domaine d'élite depuis les années 1980, qui servent de référence mondiale en matière de chardonnay. Le fer de lance reste ici le Mâconnais mais les achats sur le Chablisien sont réguliers et, en fonction des millésimes, il y a de belles cuvées en provenance de la côte de Beaune. La réservation en primeurs sera d'autant plus judicieuse que cela peut donner l'opportunité d'acheter en capsule à vis des vins « sans terroir », preuve que ce n'est pas toujours le terroir qui fait foi en matière de qualité. Une adresse exemplaire.

- Le Clos Saint-Pierre, Mâcon-Charnay-lès-Mâcon 2020 | Sec | 2022>2027 | 18.4 € 90
- La Roche , Pouilly-Fuissé 2020 | Sec | 2024>2032 | 40.2 € 94
- La Roche, Mâcon-Vergisson 2020 | Sec | 2022>2030 | 21 € 92

Domaine Vuillemez Père et Fils

★☆☆☆☆

Valentin et Paul Vuillemez ont abandonné l'horlogerie chez Cartier pour rejoindre le domaine familial créé à la fin des années 1980 et ont engagé une conversion vers l'agriculture bio. Ils développent l'œnotourisme, vous pourrez visiter le vignoble en VTT au départ de leur maison de maître et bien sûr déguster leur jolie gamme de macons. Si vous recherchez des chardonnays du village de Chardonnay, c'est ici.

- Tradition, Mâcon-Chardonnay 2020 | Sec | 2022>2025 | 12 € 88
- Les Beluses, Mâcon-Chardonnay 2020 | Sec | 2022>2025 | 22 € 88

Cham

La Champagne est en pleine révolution quant à ses pratiques.

pagne

EN DEUX DÉCENNIES, LE VIGNOBLE CHAMPENOIS A PRIS SON DESTIN EN MAIN, SOIGNÉ SA VITICULTURE, RÉINVENTÉ SON STYLE, SON OFFRE ET SON IMAGE

PROMOTIONS DE L'ANNÉE

★★★★★

AGRAPART ET FILS
CHARTOGNE-TAILLET
DE SOUSA
DEUTZ
RARE CHAMPAGNE

TAITTINGER
BRUT
CHAMPAGNE
TAITTINGER
à Reims
BRUT
RÉSERVE

GUILLAUME ROFFIAEN

« MAINTENIR NOTRE RANG EST UN DÉFI PASSIONNANT »

CE LILLOIS DE NAISSANCE CONDUIT À TOUTE ALLURE NICOLAS FEUILLATTE DANS LA BONNE DIRECTION, SUR LA ROUTE DU BIO ET DES PRATIQUES VERTUEUSES. ENTRETIEN EXCLUSIF AVEC LE CHEF DE CAVE DE LA PREMIÈRE MARQUE DE CHAMPAGNE. IL SIGNE DES MILLIONS DE BOUTEILLES

PROPOS RECUEILLIS PAR ***NICOLAS DE ROUYN***
AVEC ***ALIÉNOR PETITCOLIN***

Guillaume Roffiaen, vous êtes chef de cave de la maison Nicolas Feuillatte depuis 2014. Quel est votre parcours ?
Pendant cinq ans, j'ai suivi des études à Lille dans une école d'ingénieur en agriculture doublée d'un diplôme de troisième cycle en système de management et de la qualité agroalimentaire. Cela m'a permis de faire de nombreux stages, notamment dans le Bordelais. C'est comme ça que j'ai éveillé mon intérêt pour le vin qui n'a cessé de grandir. J'ai continué sur cette lancée et fait mon mémoire de fin d'études chez Ayala, que j'ai quitté quand la marque a été acquise par le groupe Bollinger. Cette expérience m'a donné envie de me spécialiser en passant le diplôme d'œnologue. Nouveau mémoire à faire, cette fois avec le centre vinicole Nicolas Feuillatte à partir de 2001.

Pourquoi Nicolas Feuillatte ?
Ma carrière en Champagne a débuté chez Michel Drappier à Urville, maison pour laquelle j'ai été chef de cave pendant onze ans. Là-bas, j'ai pu donner naissance à de belles créations, comme le brut nature ou Quattuor, une cuvée de trois cépages oubliés assemblés avec du chardonnay. En mars 2014, Dominique Pierre, le directeur général de Nicolas Feuillatte, cherchait un responsable de la qualité et de l'œnologie au sein du centre. Ma double spécialisation faisait de moi un candidat idéal. Le métier est assez différent de celui que j'exerçais chez Drappier. Chez Feuillatte, je ne suis pas seulement chef de cave. J'exerce des responsabilités managériales et des missions de gestion, notamment sur les approvisionnements, facteur clé pour cette coopérative qui regroupe 5 000 adhérents.

Double spécialisation et deux fois plus de responsabilité ?
Cette double responsabilité concerne toute mon équipe, qui se décline depuis 2018 en deux services. Le premier gère l'aspect technique de la relation avec les adhérents afin d'avoir la possibilité de maîtriser ce dont le centre a besoin pour élaborer ses cuvées. Ce service s'occupe donc du contrôle des approvisionnements en laboratoire, de la création et de la gestion des stocks, mais également de la partie recherche et développement. Le deuxième service est plus opérationnel, il prend en charge la cuverie, le tirage, la mise en bouteille et toutes les décisions œnologiques associées à ces missions.

L'aspect managérial de votre poste est chronophage. Il vous éloigne du vin et de votre mission de chef de cave ?
Je suis directeur vigne et vins du groupe, je dois représenter la marque en France et à l'étranger et, en effet, je reçois beaucoup de sollicitations. Cependant, je mets un point d'honneur à être présent pendant les vendanges, aux dégustations des vins clairs et à toutes les séances d'assemblage. En cas d'indisponibilité, les cinq œnologues avec lesquels je travaille pour créer les cuvées

FABRICE LESEIGNEUR

peuvent me remplacer. Ils m'ont grandement épaulé lorsque j'ai contracté le Covid et que j'ai perdu l'odorat. Je dois les remercier de m'avoir accompagné pendant toute ma rééducation.

Ce comité de création est chargé de perpétuer le style de la maison. Existe-t-il aussi un bureau qui invente des produits nouveaux ?
Il y a deux niveaux dans ces comités. Le premier, dont nous venons de parler, composé de cinq œnologues, est dédié à la production des vins « institutionnels ». Le deuxième, le comité d'œnologie créative, a pour mission de créer des nouvelles cuvées. C'est une petite start-up à l'intérieur du site où les œnologues testent de nouveaux procédés, soit pour une cuvée spécifique, soit pour adapter nos méthodes à une cuvée déjà en place.

Chouilly, le cœur du réacteur ?
Sept œnologues sont présents sur le site et animent le réseau des 82 coopératives adhérentes, qui ont chacune des besoins en termes techniques. Pour cela, le site offre une fonctionnalité optimale, il est très automatisé et une dizaine de personnes travaillent à plein temps en cuverie. Pendant les vendanges, le pressurage est organisé directement dans le vignoble afin de respecter le principe qui impose de presser aussitôt après la cueillette. Le centre vinicole est en relation avec les 400 centres de pressurage pour assurer la bonne marche de ce procédé. Une fois cette étape passée, les moûts clairs sont envoyés sur le site de Chouilly. Chaque compartiment de citerne est prélevé, analysé et le déchargement est soumis à la validation de l'œnologue. Malgré la forte affluence des camions pendant les vendanges, pas un seul embouteillage ne vient perturber cette opération à laquelle nous sommes très habitués.

Quels accompagnements proposez-vous aux 5 000 adhérents de la cave ?
Le centre vinicole dispose d'un grand nombre de techniciens qui travaillent dans les vignobles et rencontrent les vignerons. Cet accompagnement en matière de professionnalisation technique est dispensé toute l'année et à la convenance de nos adhérents. Au niveau de la cave, nous avons créé avec le maître de chai des rituels pour se voir régulièrement. J'essaye de passer en cuverie et au tirage environ une fois par semaine. Toutes les dégustations se déroulent en salle de dégustation technique, seul le « *sniffing* » est autorisé en cuverie pendant la fermentation afin d'atteindre la cible stylistique recherchée. Pendant les vendanges, nous communiquons par visioconférence avec les vignerons sur l'évolution de la situation.

Vous avez lancé un champagne bio et inauguré une nouvelle gamme. C'est l'avenir de la maison ?
La collection Organic inaugure la toute première cuvée bio de Nicolas Feuillatte, issue de raisins tous certifiés en agriculture biologique. Ces raisins sont cultivés chez sept de nos vignerons, les premiers d'une longue série à avoir fait leur transition en bio. Dès 2009, des raisins bio arrivaient au site de Chouilly. Leur profil organoleptique est différent de ce que l'on fait en agriculture conventionnelle, essentiellement au niveau du pH plus bas. Nous avons donc préféré prendre le temps de maîtriser au mieux ce schéma et de le domestiquer avant d'aboutir à une matrice réellement commercialisable. Cette collection démarre sur une base issue à 100 % de la vendange 2013. Nous avons fait le choix de ne pas millésimer ce champagne. C'est cependant intéressant de mettre ce millésime sur le marché pour voir ce que les années d'après vont pouvoir donner. C'est un vin au profil organoleptique mature, balancé par une fraîcheur marquée qui renforce le fruité. Cette cuvée s'inscrit dans le caractère frais propre à la marque. Elle aura une suite stable et réelle, toujours dans la continuité de l'ADN de la marque.

Il y aura donc plusieurs cuvées Organic, du rosé au millésimé en passant par l'extra-brut ?
Cela fait partie des idées développées de manière expérimentale dans le cadre du comité de l'œnologie créative. Pour l'instant, nous nous concentrons sur la création d'un brut sans année irréprochable. J'ai toujours en tête les paroles de Jean-Michel Ducellier lorsque je travaillais à ses côtés chez Ayala : « *Une marque de champagne n'est jamais jugée que par son brut sans année* ».

Le bio est désormais au cœur de vos préoccupations.
Nous produisons aujourd'hui 15 000 bouteilles de cette cuvée Organic. C'est peu, notre exigence est très forte. Ce qui nous amène à trier drastiquement les raisins qui arrivent sur le site. Nous avons travaillé très tôt à ce schéma du bio avec quelques vignerons pilotes, devenus moteurs de leurs confrères qui n'osaient pas franchir ce cap. À l'heure où nous parlons, de nombreux vignerons sont donc en conversion. Malgré les difficultés climatiques actuelles, comme nous l'a encore prouvé le millésime 2021, l'objectif est de cinquante vignerons certifiés d'ici trois ou quatre ans. Christophe Juarez, notre président, a réaffirmé son intention de mettre 300 000 bouteilles bio par an sur le marché. C'est un objectif stratégique de la marque auquel nous travaillons afin d'avoir d'ici cinq ans entre 80 et 90 hectares certifiés et un approvisionnement suffisant pour y arriver. Nous participons activement au développement de la filière biologique. Récemment, nous avons développé un projet avec l'Agence de l'eau dans un intérêt commun de dépollution des eaux de surface.

Comme s'organise votre implication dans le développement durable et la protection de l'environnement ?
Cela fait très longtemps que la Champagne s'engage dans le sens d'une viticulture plus soucieuse de l'environnement. Elle est d'ailleurs la première région à s'être dotée d'une certification spécifique de viticulture durable. Chez Nicolas Feuillatte, on ne veut pas seulement que nos adhérents se certifient, on veut le faire avec eux, en les aidant grâce à des techniciens capables de les accompagner. Nous développons ce schéma depuis dix ans. Aujourd'hui, un tiers de nos adhérents est certifié sur le plan environnemental. Ce schéma durable s'inscrit aussi au niveau de la structure. 100 % de nos matériaux et déchets sont pris en charge et recyclés. Nous avons une station d'épuration privative et travaillons au minimum hors Europe. Travailler de manière correcte et durable signifie travailler plus localement, en Champagne d'abord, en France et en Europe. S'engager dans notre territoire est primordial. C'est une question d'avenir.

Votre gamme est assez large.
C'est un total de dix-huit cuvées réparties en deux gammes distinctes. La première est à destination du marché traditionnel, le « *on-trade* » (hôtels, restaurants, cavistes). La deuxième est spécialement dédiée au « *off-trade* », c'est-à-dire à la grande distribution. Le groupe détient également deux autres marques, Castelnau et Abelé 1757, une marque rémoise dont la réputation n'est plus à faire en Champagne. L'important, c'est la fiabilité de notre capacité à proposer des solutions à nos clients et des innovations. Nous travaillons à cette régularité toute l'année, en étant au plus proche des vins dans la vinification et dans les éléments de conservation.

En matière de vinification, les vins de réserve sont une variable importante en Champagne.
Ces vins sont introduits à 40 ou 50 % dans les bruts sans année, qui représentent 80 à 85 % de l'activité champenoise. La qualité de ces vins est nécessaire pour élaborer des cuvées équilibrées. Elle est assurée par un approvisionnement extraordinaire, miroir de la mosaïque territoriale incroyable et de la diversité des trois cépages. La méthode pour choisir ces vins est basée sur la pré-orientation. Tout commence par une dégustation des vins de l'année pour se faire une idée globale du millésime. Ensuite, nous dégustons les vins de réserve pour se rappeler de leurs spécificités avant de goûter à nouveau les vins de l'année en cours, afin de choisir ceux capables d'une longue garde pour

FABRICE LESEIGNEUR

aller nourrir les vins de réserve. L'idée, c'est d'avoir 100 % des vins aptes au vieillissement parmi les vins de réserve. Nos cuvées restent en cuve plus longtemps que la moyenne. Les bruts sans année sont vieillis entre trois et quatre ans alors que le minimum requis pour l'appellation est de quinze mois. La cuvée millésimée dépasse les cinq ou six années de vieillissement et notre cuvée phare Palme d'Or est conservée en cuve pendant au moins dix ans.

Une structure de la taille du centre Nicolas Feuillatte a-t-elle un avenir sans innover ?

Sur le long terme, c'est impossible. Maintenir notre rang est un défi passionnant. Nous essayons d'y faire honneur. Nicolas Feuillatte est aujourd'hui le champagne préféré des Français et la troisième marque mondiale derrière Moët et Chandon et Veuve-Clicquot. Nous devons proposer des cuvées alternatives qui ne sont pas forcément attendues sur le plan de la marque ou de la Champagne. Nous avons la chance d'être une jeune structure et le loisir d'être un peu impertinent en faisant bouger les lignes. Lors du dernier salon des champagnes à Helsinki, par exemple, j'ai proposé une masterclass autour des accords entre champagne et poivre, ce qui a beaucoup étonné la plupart des chefs de cave présents.

GRAND SIÈCLE DE HAUT EN BAS

UNE VERTICALE DU GRAND ŒUVRE DE LA MAISON LAURENT-PERRIER PAR LE DÉGUSTATEUR EN CHEF DE BETTANE + DESSEAUVE. ON NE LA RATE PAS

PAR ***MICHEL BETTANE***

LA CUVÉE DE PRESTIGE de Laurent-Perrier est une création de Bernard de Nonancourt, l'emblématique patron de la maison pendant soixante ans et le père des actuelles dirigeantes, Alexandra et Stéphanie de Nonancourt. Il souhaitait produire son idéal de vin de champagne, fondé sur le raffinement et la tension des meilleurs chardonnays de la côte des blancs, surtout ceux du Mesnil-sur-Oger, avec la complémentarité de grands pinots noirs de la vallée de la Marne (Ambonnay, Tours-sur-Marne et Bouzy) et de la montagne de Reims (Mailly principalement) pour la tension et le caractère épicé. L'ensemble est composé uniquement de grands crus, généralement autour d'une grosse moitié de chardonnay et d'une plus petite moitié de pinot noir. Née à la fin des années 1950, la cuvée Grand Siècle n'a été interprétée que vingt-cinq fois jusqu'à aujourd'hui, par trois chefs de cave successifs seulement. La plus brillante idée de son créateur fut d'assembler dès l'origine trois millésimes complémentaires pour assurer une continuité de caractère. Cela n'a pas toujours été compris dans un univers où le millésime pur est roi, mais en associant une majorité du plus récent (grand) millésime avec les alter ego qui le précèdent, la cuvée bénéficie souvent de manière spectaculaire des forces et surtout des complémentarités qu'apporte chaque vendange. Depuis quelques années, chaque assemblage (depuis le premier) porte un numéro d'itération, au sens de répétition du même principe d'élaboration et d'assemblage, ce qui permet d'ailleurs à la maison de conserver un petit lot de chacun d'entre eux en vieillissement sur pointe et en magnum. Elle les remet en vente régulièrement sous l'étiquette Réserve, avec leur numéro d'itération. Ce fut un grand privilège pour nos dégustateurs, mais aussi pour les représentants de la maison (qui pour certains les découvraient pour la première fois), de déguster une grande série de ces itérations et en particulier la désormais rarissime première.

Itération n°25

98

Millésimes assemblés : 2008, 2007, 2006.

Les chardonnays viennent des quatre grands crus (Avize, Cramant, Oger et Le Mesnil-sur-Oger) et les pinots noirs de cinq grands crus (Ambonnay, Mailly, Tours-sur-Marne, Verzy et Bouzy). Le dosage est de sept grammes. Dernière itération mise sur le marché.

Réussite totale au nez avec de subtiles notes de fougère, d'écorce de chêne (sans la moindre fermentation sous-bois), mais aussi de fleurs blanches et de citron, qui en font une expression complète et totale du sol calcaire de ces crus. Le tout dans un élan raffiné, spirituel, ultra civilisé, qui dans l'imaginaire collectif est sans doute ce qu'on désire pour tout beau champagne. Il est complètement prêt à boire, ce qui récompense la longue patience de la maison pour le mettre en vente. Il évoluera certainement remarquablement en allant vers plus d'épices dans sa seconde vie de *« réserve »*.

Itération n°23

97

Millésimes assemblés : 2006 (65 %), 2004 (20 %) et 2002 (15 %).

Onze grands crus exclusivement ; 52 % chardonnay, 48 % pinot noir.

Nez encore discret mais raffiné et cristallin. En bouche, le vin délivre toute la noblesse de son caractère. Notes végétales racées et immédiates du chardonnay (fougère, fleurs blanches), pierre calcaire, noisette fraîche. Avec l'aération, caractère floral du pinot noir (pivoine). Surtout, l'intensité encore très jeune du support des bulles laisse présager un grand avenir.

Itération n°22

98

Millésimes assemblés : 2004 (55 %), 2002 (30 %), 1999 (15 %).

Très semblable en caractère à l'itération n° 23. Le nez a quand même un peu plus de complexité immédiate, avec une pointe d'arômes briochés, et l'accentuation de l'influence du pinot noir se traduit par un début de miel frais. La craie champenoise redresse la fin de bouche. On est arrivé à une constance dans l'équilibre et le raffinement qui fait notre admiration.

Les "Réserve" en magnum

Itération n°20

97

Millésimes assemblés : 1999, 1997, 1996 (20 %).

Dégorgement en 2021.

Nez extraordinaire, exemple parfait de grande autolyse (boulangerie fine, levain,

ROBERTO ALVAREZ, FABRICE LESEIGNEUR

fougère et départ de sous-bois). Grande puissance en bouche, texture un peu plus tannique et ronde à la fois (le millésime 1999 fut très solaire) et grande allonge. Il est au sommet de sa forme.

Itération n°17

97

Millésimes assemblés : 1995 (60 %), 1993 (20 %), 1990 (20 %).

Dix grands crus.

La robe est plus *« paille »*, mais sans rien d'ambré. Le nez explose d'effets *« craie »* (sel, citron, minéralité de caractère calci-magnésique) avec une incroyable juvénilité. À l'air et en se réchauffant, la texture gagne en rondeur et en tendresse. Le caractère épicé du millésime du 1990, année de haute maturité de raisin, a produit un effet différent du millésime 1996 dans l'itération n°20. Ici, absence de notes de sous-bois ou de notes de miel, mais des touches de noisette. Bref, plus chardonnay que pinot en rétro-olfaction.

Itération n°15

100

Millésimes assemblés : 1990, 1988, 1985.

On se dirige désormais vers la truffe blanche et une autolyse un rien plus oxydative, et curieusement une tension acide plus marquée, comme si le raisin était un rien moins mûr. Après dix minutes dans le verre, c'est le miracle. L'équilibre se reconstruit, le vin éclate d'énergie et donne une idée transcendante de la force du terroir. Aucune déperdition en gaz carbonique, bien entendu, et persistance supérieure à celle de toutes les itérations plus jeunes. Grand moment.

Itération n°9

95

Millésimes assemblés : 1973, 1970, 1967.

Changement d'époque par rapport à l'itération n°15. Le nez est définitivement tertiaire et le restera tout au long de l'aération dans le verre. Mais il s'agit d'un tertiaire frais. Notes de mirabelle, d'angélique, de miel de fleurs (sans rien de cire ou de réduction miel d'acacia), évidemment de truffe, plus blanche que noire. Riche en bouche, mais moins précis et parfait dans son harmonie de texture que les précédents. Il ne manque ni de grandeur, ni de capacité à briller sur table.

Itération n°1, le pionnier

100

Millésimes assemblés : 1955, 1953, 1952.

Bernard de Nonancourt et Edouard Leclerc, son chef de cave de l'époque, ne sont plus là pour expliquer ce qui, pour le chef de cave actuel – Michel Fauconnet – et notre équipe, reste assez mystérieux dans l'équilibre de ce premier essai. Michel Fauconnet pense, et nous ne pouvons que souscrire à son impression, qu'il y a dans cet assemblage beaucoup plus de chardonnay que par la suite. Comme si on en avait ajouté progressivement au fur et à mesure de la constitution de la cuvée de vin tranquille. Ce chardonnay est plus typé Mesnil qu'Avize par son intensité et sa pointe d'amertume encore présente. La robe est encore miraculeusement claire et pâle et la jeunesse de caractère de l'ensemble, à la limite de la verdeur, est sidérante. Il y a aussi une très grande minéralité noble et un gaz carbonique encore dominateur. La façon de presser le raisin était sans doute un peu plus rustique qu'aujourd'hui et les acidités très élevées s'expliquent aussi par des vendanges où l'on recherchait moins la maturité accomplie du raisin. De la grandeur et évidemment de l'émotion, liée à tout ce qui fera le futur de la cuvée, sous l'influence pendant de longues années du grand personnage qui l'a créée et de ses brillants chefs de cave.

LA CAVE DE MES CHAMPAGNES

ON L'A COMPRIS, NOUS MILITONS POUR LA BONNE CONVERSATION ASSEMBLÉE AU PLAISIR COLLECTIONNEUR DE CONSTITUER UNE BELLE RÉSERVE DES VINS QU'ON AIME. VOUS N'AVEZ PAS DE CAVE, NOUS AVONS UNE SOLUTION

PAR ***CLAIRE CAMILLE***

La cave à vin collection Révélation.

ON S'ÉMERVEILLERA toujours des qualités du champagne. Après s'être fait une place sur les plus grandes tables de ce monde, après avoir conquis tout ce qui touche de près comme de loin au monde de la fête, la bulle a désormais séduit les grands amateurs de vin et les collectionneurs. Comme les grands vins, le champagne méritait un endroit pour être conservé et prêt à être servi dans des conditions idéales. C'est désormais ce que propose l'entreprise EuroCave, leader mondial sur le segment des caves à vins premium 100 % origine garantie France. Récemment nommé directeur général du groupe Eurocave, l'énergique Benoît Favier souligne que *« l'idée était d'offrir aux amateurs de champagne un espace spécifique, sur le modèle de ce que nous proposons, avec le même savoir-faire »*. Toute première cave exclusivement conçue pour le service et la mise en avant du champagne, cette armoire disponible en deux formats (S ou L) s'adresse aussi bien aux professionnels qu'aux particuliers. *« La restauration, le monde de la nuit ou l'hôtellerie cherchent souvent à mettre en avant leur offre de champagnes de manière événementielle. Pour le particulier, c'est un peu différent. Ce qu'il apprécie, c'est de pouvoir exposer sa collection. »*

Avec son design novateur et son système de rangement via une vasque en forme de tulipe posé sur un plateau tournant, Divine – c'est le nom de cette dernière création – est tout autant un objet pour la maison qu'un sanctuaire spectaculaire pour les beaux flacons d'un grand restaurant. *« Nous voulions faire un objet contemporain qui s'adapte à tous les univers, comme le font déjà toutes nos autres caves »*, explique Benoît Favier. *« Pas question cependant de proposer une expérience et une qualité éloignées de ce que nous offrons avec nos caves à vins traditionnelles. »* Une chance pour le passionné qui pourra donc retrouver tout ce qui fait la renommée de la marque française d'un point de vue technique. EuroCave est restée sur ses standards habituels de qualité. Autrement dit, du très haut de gamme. Monotempérature réglable entre 5 et 12° C, prise en compte de tous les formats de bouteilles, clayettes coulissantes, bandeaux lumineux de couleurs différentes (ambre, bleu ou rouge), choix de matériaux nobles (cuir), etc.

Référence depuis plus de quarante ans, la marque continue son développement en France, renforçant ses infrastructures logistiques près de son site de production situé à Fourmies dans le département du Nord. Très attachée au savoir-faire et à l'artisanat historiques et déjà forte de plusieurs gammes de caves à vin et de solutions d'aménagement sur mesure chez les particuliers, elle franchit une nouvelle étape dans sa croissance avec la création de cette cave à champagne. *« Tout le monde ne dispose pas d'une cave enterrée avec des conditions parfaites pour stocker son vin. De la même manière, la question du service du vin est essentielle. Mais une cave à vin dédiée uniquement aux bulles se devait de répondre à des critères bien spécifiques tout en gardant un aspect spectaculaire, pour le plaisir des yeux. »* On ne peut que se réjouir qu'une entreprise française permette aux grands champagnes cités dans notre guide d'être si bien exposés et, surtout, si bien servis. Après tout, le champagne est un vin qui se regarde et se boit. Cette nouvelle cave permet de faire les deux, avec le même souci du détail et la même satisfaction.

PRESSE

PERRIER-JOUËT
CHAMPAGNE
BRUT
MAISON FONDÉE EN 1811
PERRIER-JOUËT
BELLE EPOQUE
-2013-

LE MONDE LES APPLAUDIT

VIGNERONS ET MAISONS ONT REMIS LE VIGNOBLE SUR LES BONS RAILS. IL FILE À TOUTE ALLURE VERS LE SOMMET

Abelé 1757

★★☆☆☆

Cette maison forte de 260 ans d'histoire a été reprise par le groupe Nicolas Feuillatte. Profitant de sa réputation, elle s'appuie sur des approvisionnements en raisins avec comme spécialité le vignoble des Riceys pour les vins rouges et rosés, les assemblages sont faits sur mesure et bénéficient d'un long vieillissement. Le célèbre Sourire de Reims que l'on peut admirer sur la Cathédrale constitue le fer de lance de la maison, bien conduite par Marie Gicquel, sa chef de cave.

- Blanc de Blancs, Champagne NM | Brut | 2022>2026 | 38.4 € — 88
- Le Sourire de Reims, Champagne 2009 | Brut | 2023>2027 | 65.23 € — 89

Champagne Agrapart et Fils

★★★★★

Pascal Agrapart est un homme franc, sincère et attaché aux valeurs du terroir. Son fils Ambroise l'accompagne désormais, apportant sa fraîcheur sur le domaine (12 hectares) au cœur de la côte des blancs (Avize, Cramant, Oger et Oiry pour les grands crus, Avenay Val d'Or, Coligny et Vauciennes pour les premiers crus). Pascal ne revendique aucune certification, ayant choisi depuis la fin des années 1980, les principes d'une viticulture organique. Les nouvelles interprétations de l'année 2014 affirment ce travail entre enracinement, amour, passion du vivant et respect de la nature. Un modèle.

- Grand Cru Vénus, Blanc de Blancs, Champagne 2014 | Non dosé | 2022>2032 | 125 € — 99
- Grand Cru Minéral, Blanc de Blancs, Champagne 2014 | Extra-brut | > | 59 € — 95
- Grand Cru L'Avizoize, Blanc de Blancs, Champagne 2014 | Extra-brut | 2022>2026 | 79 € — 96
- Grand Cru Expérience, Blanc de Blancs, Champagne NM | Non dosé | 2022>2032 | 220 € — 96

Alexandre Bonnet

★★★☆☆

Cette maison des Riceys a complètement revu son fonctionnement, proposant une image de domaine, avec de nombreuses cuvées parcellaires inspiré d'un modèle bourguignon. Elle est spécialiste des raisins noirs (même si elle réalise une honorable cuvée de pinot blanc et chardonnay, harmonie-de-blancs) et en particulier d'un délicieux rosé de saignée, c'est-à-dire issu d'un début de vinification en rouge et pas, comme c'est plus souvent le cas en Champagne, d'un assemblage de rouge et de blanc. Les champagnes ont tous un style souple et apéritif et gagne en précision aromatique et en finesse de texture. Grands progrès entrevus dans notre dégustation annuelle.

- La forêt rosé de saignée, Champagne 2015 | Extra-brut | 2022>2028 | 75 € — 93
- La Géande 7 cépages, Champagne 2017 | Non dosé | 2022>2028 | 78 € — 93
- Rosé des Riceys, Rosé des Riceys 2018 | Sec | 2022>2026 | 44 € — 91

Alfred Gratien

★★★★☆

Appartenant au groupe allemand Henkell & Co (Gratien-Meyer dans la Loire), Alfred Gratien cultive, avec réussite, régularité et précision son originalité champenoise : vinifications sous bois dans le chai qui compte quelques milles fûts, absence de fermentation malolactique, tirage liège pour les cuvées millésime, longs vieillissements. Nicolas Jaeger, chef de caves descendant de cette lignée familiale, assure la continuité du style. La cuvée, baptisée 565, synthétise ce patrimoine. Elle assemble cinq millésimes consécutifs (2007 à 2011) et a été mise en bouteille en 2012, sans aucun dosage, après cinq ans de repos sur lattes. Les nouveaux assemblages montrent l'avancée de la ligne de pureté.

- Cuvée Paradis Rosé , Champagne 2007 | Brut | 2022>2025 | 71.4 € — 97
- Brut Millésimé, Champagne 2007 | Brut | 2022>2025 | 59.95 € — 95
- Brut Millésimé, Champagne 2012 | Brut | 2022>2028 | 63 € — 95

Champagne Aspasie

★☆☆☆☆

Paul-Vincent Ariston produit sur le terroir original de Brouillet (vallée de l'Ardre), des vins pleins de charme, fruités, généreux et frais. Douze hectares de vignes en grande partie plantés de meunier, sur des sols de tuf, une terre plus légère et friable que la craie. L'arrière-arrière-grand-mère Aspasie le cultivait déjà, comme l'arbanne, le pinot blanc et le petit meslier, cépages blancs autorisés en Champagne mais aujourd'hui quasiment disparus. Paul-Vincent les réhabilite depuis plus de vingt ans et les assemble dans sa cuvée-d'antan. La cuvée brut de fut est une réussite.

- Cépages d'Antan, Champagne NM | Brut | 2022>2024 | 50 € — 90
- Blanc de Blancs, Champagne NM | Brut | 2022>2025 | 18.5 € — 89

Ayala

★★★★☆

Née à Aÿ en 1860, cette maison historique a été reprise par sa voisine Bollinger en 2005. Les fondamentaux de la maison – excellence, pureté, droiture – ont été réaffirmés. Des champagnes d'esthètes où le chardonnay tend vers l'élégance et la fraîcheur, axés aussi sur de précurseurs faibles dosages. Les vins sont onctueux de noblesse, de gourmandise pâtissière et de grande gastronomie. Les tirages liège et les longs vieillissements démontrent cette volonté d'aller vers la qualité et de respecter certaines traditions champenoises. Tout progresse dans une recherche esthétique de plus en plus aboutie.

- Brut Nature, Champagne NM | Brut | 2022>2030 | 30 € — 92
- Brut Majeur, Champagne NM | Brut | 2022>2028 | 28 € — 91
- Perle d'Ayala Brut Millésimé, Champagne 2012 | Brut | 2024>2040 | 95 € — 95
- N°14, Champagne 2014 | Brut | 2022>2028 | 76.8 € — 94

Beaumont des Crayères

★☆☆☆☆

Petite coopérative classique de la vallée de la Marne, produisant depuis longtemps des vins équilibrés et souples, réunissant les qualités des trois cépages. Mais la marque gagne d'année en année en précision de style, tandis que les prix demeurent sages.

Nathalie Doucet (Besserat de Bellefon).

Un bel ensemble de champagnes possédant tous une véritable personnalité et quelques spécialités intéressantes, telle la gamme de mono-cépages baptisée Fleur.

- Grand Prestige, Champagne NM | Brut | 2022>2024 | 19.15 € — 88
- Fleur de Meunier, Blanc de Noirs, Champagne 2014 | Non dosé | 2022>2025 | 34 € — 89

Champagne Françoise Bedel

★★★☆☆

Françoise Bedel est l'une des vigneronnes les plus attachantes de la Champagne. Avec son fils Vincent, ils portent haut les couleurs de la biodynamie en la pratiquant avec une intelligence rigoureuse sur les 8,5 hectares de leur domaine situé à Crouttes-sur-Marne, dans la vallée de la Marne. Les vins progressent d'année en année et sont un juste témoignage du terroir qui les porte, brillant par leur maturité et leur complexité. Ce sont avant tout des vins de repas mais il faut les découvrir sans retenue car ils offrent une lecture à la fois originale, engagée et soignée de la Champagne.

- Entre Ciel et Terre, Champagne NM | Extra-brut | 2022>2026 | 36.9 € | ☘ — 91
- Dis, Vin Secret, Champagne NM | Extra-brut | 2022>2026 | 29.7 € | ☘ — 92
- Origin'elle, Champagne | Extra-brut | 2022>2026 | 42.5 € — 91

Champagne Bérêche et Fils

★★★★☆

Raphaël et Vincent Bérêche figurent parmi les acteurs les plus dynamiques du vignoble champenois et perpétuent la tradition familiale engagée depuis le XIXe siècle. Si Vincent est l'homme des vignes, Raphaël définit le style des vins. Ce duo bien rodé fait merveille et produit des vins au style affirmé qui gagne en sagesse. Adeptes de ce que l'on nomme un peu vite la minéralité, les frères l'affirment avec force. Le style s'affiche avec élégance, plénitude et harmonie. Cette recherche stylistique de l'origine conduit vers une forme d'universalisme qui se traduit à merveille dans les derniers millésimes. Une adresse culte.

- Le Cran, Champagne 2012 | Brut | 2022>2026 | 75 € — 97
- Rilly La Montagne, Champagne NM | Extra-brut | 2022>2025 | 70 € — 95

Besserat de Bellefon

★★★☆☆

L'arrivée de Nathalie Doucet a remis cette maison, propriété du groupe BCC (Lanson, Boizel), sur la voie de l'excellence, aidé dans sa mission par l'excellent Cédric Thiébault, le chef de caves. Sa particularité est de produire des champagnes onctueux et peu effervescent en raison d'une pression moindre obtenue par une adjonction faible de liqueur de tirage avant la phase de prise de mousse. Ces récentes évolutions du style et la nouvelle orientation donnée à la gamme permettent aujourd'hui à BB (comme on l'abrège) de compter parmi les marques à suivre en Champagne. Dernier projet, la maison commence à révéler les trésors qui dorment dans ses caves, preuve supplémentaire d'une confiance retrouvée dans la qualité des vins et le potentiel de la marque.

- BB 1843, Champagne NM | Brut | 2022>2026 | 60 € — 92
- Millésimé, Champagne 2008 | Brut | 2022>2028 | 57 € | ☘ — 93
- Grand Cru, Blanc de blancs, Champagne | Brut | 2022>2025 | 52 € — 92
- Grand Cru, Blanc de noirs, Champagne | Brut | 2022>2027 | 52 € — 91

Billecart-Salmon

★★★★★

Mathieu Roland-Billecart dirige avec talent cette maison de Mareuil-sur-Aÿ, deux fois centenaire et familiale, qui a acquis sa réputation dans les années 1990 grâce à ses flacons uniques et le célébrissime rosé. Elle peut s'appuyer sur le savoir-faire unique de ses hommes (Denis Blé au vignoble et au chai, Florent Nys en chef de cave). Le domaine s'étend sur 100 hectares et un approvisionnent d'une superficie totale de 300 hectares dans 40 crus. Les vignes sont choyées au rythme de la nature, avec pour fleuron le remarquable clos Saint-Hilaire. Les millésimes sortent après un long vieillissement et l'assurance qu'ils soient prêts. Les récents investissements exceptionnels sont faits dans un seul but : hisser au plus haut le potentiel des terroirs. Le niveau des derniers tirages et des grands cuvées nous a fait forte impression.

- Élisabeth Salmon, Champagne 2009 | Brut | 2025>2030 | 190 € — 96
- Brut Rosé, Champagne NM | Brut | 2022>2026 | 55.8 € — 92
- Louis Salmon, Blanc de Blancs, Champagne 2008 | Brut | 2025>2035 | 160 € — 97
- Nicolas François, Champagne 2007 | Extra-brut | 2025>2035 | 150 € — 96

Champagne H. Blin

★☆☆☆☆

Bénéficiant d'un beau terroir au cœur de la vallée de la Marne, cette coopérative cultive 118 hectares, dont 70 % de meuniers. Les progrès affichés depuis quelques années sont encourageants.

- Champagne NM | Brut | 2022>2024 | 22 € — 88
- Blanc de noirs, Champagne | Brut | 2022>2024 | 27 € — 87

Boizel

★★★☆☆

Boizel est une maison née en 1834. Après Évelyne et son mari, une nouvelle génération reprend aujourd'hui le flambeau avec dynamisme. La gamme, très classique, décline avec sagesse un style équilibré, savoureux et consistant, qu'on imagine autant à table qu'à l'apéritif. À son sommet on trouve une belle cuvée de prestige au nom évocateur, joyau-de-france et un superbe classique, la sous-bois. La gamme est très complète et surtout d'une homogénéité remarquable. C'est une marque sûre qui ne déçoit jamais.

- Blanc de Noirs, Champagne | Brut | 2022>2026 | 48 € — 90
- Ultime zero dosage, Champagne | Non dosé | 2022>2024 | 42.5 € — 90
- Joyau de France, Champagne 2008 | Extra-brut | 2022>2028 | 100 € — 92

Bollinger

★★★★★

Née en 1829, la maison d'Aÿ est au plus haut niveau. Les cuvées émeuvent par leur race et leur définition. Certifiée HVE en 2012, la recherche, l'amélioration des process et les démarches environnementales sont au cœur des préoccupations comme le pinot noir, sur lequel le style de la maison repose. Son vignoble de 178 hectares (dont 100 de pinot noir) en grands et premiers crus lui assure plus de 60 % de ses besoins en raisin. Outre les vinifications sous bois et une malo prenante du style, les vins de réserves conservés en magnums depuis 1890 sont une mosaïque fascinante pour l'assemblage des non millésimés, plus brillants que jamais. Les cuvées grande-année et RD affirment leur pureté intérieure. Que dire des émouvantes vieilles-vignes-françaises ou de la côte-aux-enfants. Récemment, la maison s'est lancée dans un programme de création de nouvelles cuvées qui mettent en avant le parcellaire de son vignoble.

- **Spécial Cuvée, Champagne** | Brut | 2022>2030 | 52 € — 93
- **Grande Année Rosé, Champagne 2014** | Brut | 2026>2036 | 187 € — 96
- **Grande Année, Champagne 2014** | Brut | 2025>2035 | 147 € — 95
- **Vieilles vignes françaises, Champagne 2013** | Brut | 2025>2035 | NC — 98

Champagne Bonnaire

★★★☆☆

Située à Cramant, terroir de référence pour les grands chardonnays, ce domaine familial de 22 hectares est aujourd'hui aux mains de Jean-Étienne et Jean-Emmanuel Bonnaire. Très apéritifs, ces champagnes constituent des valeurs sûres du secteur. La fratrie gère également les Champagnes Paul Clouet, une maison cousine adjointe au vignoble familial depuis 1992. Les cuvées sont pour certaines élevées sous bois et les vieux millésimes peuvent faire l'objet d'un dégorgement à la demande. Voici une adresse sûre qui progresse et affine son style.

- **Variance, Champagne NM** | Extra-brut | 2022>2025 | 24 € — 90
- **Cramant Vintage, Champagne 2014** | Extra-brut | 2022>2026 | 49 € — 92
- **Paul Clouet Bouzy Vintage, Champagne 2014** | Extra-brut | 2024>2030 | 49 € — 93

Champagne Franck Bonville

★★☆☆☆

Olivier Bonville incarne la troisième génération qui travaille la vigne dans ce secteur béni du chardonnay. Les 20 hectares du domaine s'étendent sur les communes de Cramant, Oger et Avize. Les vins possèdent une délicieuse saveur donnée par les accents crayeux de la côte des Blancs. Pas de dureté ici, la fraîcheur se veut saline et caressante.

- **Brut Grand Cru, Blanc de Blancs, Champagne NM** | Extra-brut | 2022>2024 | 19.1 € — 90
- **Les Belles Voyes, Blanc de Blancs, Champagne 2014** | Brut | 2022>2027 | 74 € — 93

Champagne Boulard & Fille

★★★☆☆

Francis Boulard est associé à sa fille Delphine. Le duo travaille en biodynamie 3,35 hectares, à Mailly en grand cru, et des parcelles aussi qualitatives dans la proche montagne de Reims. L'ensemble de la gamme est de haute volée, raffiné et complexe. L'amateur appréciera ces champagnes complets et ciselés, où l'expression minéralité prend tout son sens, la fine amertume et les notes iodées accompagnant toutes les fins de bouche avec subtilité. Des vins racés et des vignerons authentiques.

- **Les Rachais, Champagne 2012** | Extra-brut | 2022>2026 | 70 € — 92

Brimoncourt

★☆☆☆☆

Jeune maison assumant résolument un style chic et trendy, Brimoncourt s'appuie sur quatre cuvées - un brut, un extra-brut, un rosé et un blanc de blancs non millésimé - affirmant toutes un caractère très aimable et harmonieux, toujours apéritif.

- **Régence, Champagne** | Brut | 2022>2024 | 33 € — 89
- **Blanc de Blancs, Champagne** | Brut | 2022>2025 | 42 € — 90

Edouard Brun

★★☆☆☆

Cette petite maison d'Aÿ, fondée en 1975 et tenue depuis le milieu des années 1990 par la famille Delescot, a considérablement progressé ces dernières années. En plus de ses achats de raisins, les huit hectares du vignoble familial situés dans la Montagne de Reims, permettent à la maison de signer une gamme soignée. Une bonne adresse que nous recommandons.

- **Brut Nature, Grand Cru, Champagne NM** | Non dosé | 2022>2025 | 55 € — 91
- **Premier Cru, Champagne NM** | Brut | 2022>2024 | 26 € — 88
- **Rosé, Premier Cru, Champagne NM** | Brut | 2022>2024 | 29.5 € — 89

Bruno Paillard

★★★★★

Depuis 2019, la maison est entre les mains d'Alice Paillard, fille de Bruno. Elle peut s'appuyer sur son chef de cave, Laurent Guyot. Le vignoble en propre compte 32 hectares, dont 12 en grands crus et premiers crus et plus de 110 parcelles toutes vinifiées séparément. Les champagnes sortent de cave après un temps de repos de 3 à 11 ans. Les dosages sont désormais toujours extra-brut, signe d'une matière première saine et d'un savoir-faire méticuleux. Certifié HVE3, le vignoble est la priorité d'Alice, attentive aux besoins de la nature. Verticaux, architecturés, les vins trouvent leur véritable expression à table. Toute la gamme est recommandable.

- **Blanc de Blancs Millésime Extra-Brut, Blanc de Blancs, Champagne 2012** | Extra-brut | 2022>2030 | 64.5 € — 96
- **Première Cuvée Extra-Brut, Champagne NM** | Extra-brut | 2022>2025 | 29.9 € — 94
- **Dosage : Zéro, Champagne NM** | Non dosé | 2022>2030 | 48 € — 96

Canard-Duchêne

★★☆☆☆

Appartenant au groupe Thiénot, Canard-Duchêne a su intelligemment rajeunir son image en créant une gamme issue de la viticulture bio. La marque produit des champagnes souples et apéritifs, tous bien constitués, dans un registre d'approche facile. Très bien distribuées, les références sont faciles à trouver. La maison peut compter sur l'expérimenté Laurent Fresnet et sur une équipe dirigeante impliquée pour continuer sa marche en avant.

- **Charles VII, Blanc de Blancs, Champagne NM** | Brut | 2022>2024 | 36 € — 89
- **Charles VII, Blanc de Noirs, Champagne NM** | Brut | 2022>2024 | 39 € — 90
- **V2012, Nature, Champagne 2012** | Brut | 2022>2024 | 65 € — 91

Champagne Castelnau

★★★☆☆

Cette réunion de caves coopératives a récemment fusionné avec le groupe Nicolas Feuillatte, mais la marque perdure. Depuis quelques années, elle a le vent en poupe et s'associe aux plus grandes manifestions sportives et aux grandes tables gastronomiques. Les vins sont sages et proposent des registres de plénitude exceptionnels pour le prix. Une patience doublement récompensée à chaque nouvelle sortie. Il faut absolument découvrir les vieux millésimes que la marque met sur le marché, tutoyant pour beaucoup l'excellence.

- **Blanc de Blancs Millésimé, Blanc de Blancs, Champagne 2007** | Brut | 2022>2027 | 54.48 € — 94
- **Extra Brut, Champagne NM** | Extra-brut | 2022>2024 | 32 € — 90
- **Origine ES 9.0, Champagne** | Brut | 2022>2026 | 40.92 € — 92
- **Hors-Catégorie CM 1993, Champagne** | Brut | 2024>2028 | 106.44 € — 92

Cattier

★★☆☆☆

Cette maison classique, qui s'enorgueillit à juste titre de posséder l'un des derniers véritables clos de Champagne, le clos du Moulin, propose une belle gamme de champagnes souvent marqués par le caractère à la fois fin et vineux du terroir de Chigny-lès-Roses. Les dégustations de cette année confirment que la marque continue sa mue stylistique vers plus de pureté et de définition. Des champagnes élégants, souples et toujours énergiques. La troisième étoile se rapproche.

- **Premier Cru, Blanc de Blancs, Champagne NM** | Brut | 2022>2026 | 29 € — 88
- **Millésimé, Champagne 2012** | Brut | 2022>2024 | 52.5 € — 89
- **Blanc de Meunier, Champagne 2016** | Brut | 2022>2025 | 90 € — 90

Charles Heidsieck

★★★★★

Fondée à Reims par l'incroyable voyageur Charles Camille Heidsieck, la maison est le fleuron de la famille Descours. Elle doit ce statut à la superbe onctuosité singulière de chacun de ses champagnes, caractéristique du « style Charles ». Un style fondé sur une harmonie virtuose et pure que le temps sublime, une bibliothèque de vins de réserve exceptionnelle et une philosophie entre noblesse végétale et dosage révélateur. Les vins affichent des potentiels de garde exceptionnel. Avec talent, Cyril Brun, veille et transcende sur ce patrimoine exceptionnel.

- **Blanc des Millénaires, Blanc de Blancs, Champagne 2007** | Brut | 2022>2032 | 200 € — 96
- **Brut Réserve, Champagne NM** | Brut | 2022>2026 | 33 € — 94
- **Blanc de Blancs, Blanc de Blancs, Champagne NM** | Brut | 2022>2026 | 60 € — 93

Champagne Chartogne-Taillet

★★★★★

À deux pas de Reims, à Merfy, sur le massif de Saint-Thierry, dans la petite Montagne de Reims, Alexandre Chartogne est un perfectionniste. Le travail à la vigne est le moins intrusif possible, les sols sont travaillés au cheval pour éviter les tassements. La compréhension du lieu est fondamentale. Esthète du terroir, Alexandre communique à travers ses vins la composition des sols en essayant de ne pas perturber la plante. La nouvelle cave construite de ses mains lui permet d'accentuer son attention personnalisée sur la vinification, gestion des raisins, des jus, séparation si nécessaire et adaptation ultra précise des bois. À la dégustation, le magnétisme terrestre prédomine largement aux registres aromatiques et gustatifs classiques. Génie intuitif et exigeant, c'est aussi un chirurgien du terroir qui opère ses sols.

- **Heurtebise, Blanc de Blancs, Champagne 2016** | Extra-brut | 2024>2034 | 65 € — 98
- **Les Couarres, Champagne 2016** | Extra-brut | 2022>2040 | 65 € — 98
- **Les Grands Champs, Blanc de Blancs, Champagne 2016** | Extra-brut | 2025>2045 | 65 € — 96

Chassenay d'Arce

Cette marque de la cave coopérative de la côte des Bar (qui se qualifie joliment de « maison de vignerons »), dans l'Aube, a beaucoup progressé et témoigne avec efficacité du potentiel certain de ce terroir « méridional » de la champagne viticole. Les champagnes possèdent une personnalité certaine, comme en témoigne par exemple l'étonnant pinot blanc.

Champagne Ulysse Collin

Olivier Collin, revenu au domaine familial en 2003 après des études de droit, fait merveille parmi les adresses qui font bouger la Champagne des vignerons. Son vignoble de 4,5 hectares, en cours de conversion à la biodynamie, est situé sur le terroir crayeux de Congy, au sud de la côte des Blancs. Il y cisèle une gamme de champagnes singuliers, élevés sous bois, qui font sa force et son originalité, aux contours délicats et aux trames très fines. Les vins, vinifiés en parcellaire, non millésimés et monocépages, sont de plus en plus courtisés, avec des sélections parcellaires de haute volée. Une adresse confidentielle dédiée aux amateurs.

Champagne Roger Coulon

Éric et Isabelle Coulon, désormais rejoint par leurs enfants Louise et Edgar, exploitent dix hectares éclatés en 109 parcelles dont des chardonnays du grand cru Chouilly. Pour mieux marquer les identités de leurs cuvées, ils ont différencié la gamme en deux collections : référence s'adosse aux assemblages des années, des terroirs et des cépages, empreinte remarque l'exclusivité de l'année et signe le terroir. Adresse précieuse de beaux champagnes, entre pureté et d'élégance, où le dynamisme de la nouvelle génération épouse parfaitement le savoir-faire de l'expérimentée.

- **Esprit de Vrigny, Champagne NM** | Non dosé | 2022>2025 | 26.4 € — 90
- **Millésimé, Blanc de Noirs, Champagne 2012** | Brut | 2023>2027 | NC — 92
- **L'Hommée, Champagne** | Extra-brut | 2024>2028 | 51 € — 92

Champagne De Sousa

La famille De Sousa vient de célébrer ses 20 ans de biodynamie. Erick de Sousa est un vigneron hors pair, passionnant et passionné. La nouvelle génération est à pied d'œuvre. Julie travaille les vignes avec ses deux chevaux. Charlotte et Valentin sont aux vinifications et au commerce. La famille possède 10 hectares de vignoble répartis à Avize, Oger, Le Mesnil sur Oger, Cramant, Ay et Ambonnay. À la vigne, tout est fait pour favoriser l'aération des sols et l'enracinement profond des très vieilles vignes de 70 ans. Les dernières cuvées véhiculent une émotion et un sentiment d'aboutissement.

- **Cuvée 3 A Grand Cru, Champagne NM** | Extra-brut | 2022>2030 | 35 € | ☘ — 95
- **Caudalies Grand Cru Le Mesnil sur Oger, Blanc de Blancs, Champagne 2012** | Extra-brut | 2024>2030 | 125 € — 97
- **Umami, Champagne 2012** | Extra-brut | 2025>2035 | 142 € — 98

Vincent Chaperon (Dom Pérignon).

ALEX MAJOLI

Delamotte

Cette maison fondée à Reims en 1760 par François Delamotte appartient au groupe Laurent-Perrier depuis 1988. Elle est liée par le mariage avec Champagne Salon. L'excellent Didier Depond dirige en maître ces deux joyaux champenois. Le Mesnil-sur-Oger est la craie angulaire du style qui prend naissance sur les grands chardonnays et s'enrichit des villages voisins de la côte des blancs (Oger, Avize, Cramant) et des pinots de la Montagne de Reims provenant de Bouzy, Ambonnay et Tours-sur-Marne. Suivis par l'expérience de Michel Fauconnet, les vins accentuent leur brillance interne, affirmant avec élégance l'origine des sources à travers un reflet sensoriel, tactile et radieux.

- **Blanc de Blancs, Blanc de Blancs, Champagne 2012** | Brut | 2022>2030 | 70 € — 90
- **Brut, Champagne** | Brut | 2022>2025 | 34 € — 90
- **Collection, Blanc de Blancs, Champagne 1999** | Brut | 2022>2028 | 300 € — 91

Deutz

Fondée à Ay en 1938, berceau du pinot noir et cépage roi de la maison, Deutz appartient au groupe Louis Roederer (Delas en vallée du Rhône, château Pichon Longueville à Pauillac, etc.). Elle élabore des champagnes de haute voltige, aériens et précis, où les equilibres raisins-terroirs sont d'une justesse rare et la fraîcheur magnétique saisissante. Peu de maisons de Champagne peuvent revendiquer une telle homogénéité au plus haut niveau, du brut non millésimé classic jusqu'aux cuvées de prestige, william-deutz et amour. Enfin, précurseur dans l'âme, Deutz a rendu hommage à son terroir originel et à son fondateur William Deutz en proposant trois excellentes cuvées parcellaires issues de ses terres d'Aÿ. Une régularité sans faille pour cette adresse au firmament.

- **William Deutz, Champagne 2002** | Brut | 2024>2034 | 130 € — 99
- **William Deutz, Champagne 2013** | Brut | 2024>2030 | 145 € — 95
- **Brut Classic, Champagne NM** | Brut | 2022>2025 | 32.5 € — 90
- **Amour de Deutz, Blanc de Blancs, Champagne 2013** | Brut | 2025>2035 | 180 € — 95

Champagne Devaux

★★☆☆☆

Fondée en 1846 à Épernay par la famille Devaux, cette maison installée dans un magnifique manoir au cœur de la Côte des Bar a conservé son caractère familial. Elle est depuis près de trente ans la propriété de l'Union Auboise (Alliance Champagne), coopérative créée en 1967. Dans cet ensemble, Devaux représente le meilleur, avec sa pertinente Collection D (sélections parcellaires, vins de réserve élevés en foudres et vieillissement de cinq ans minimum, sept ans pour les magnums) dont les vins sont produits à partir de 80 hectares rigoureusement choisis. La niveau progresse.

- **Collection D D Rosé, Champagne NM** | Brut | 2022>2026 | 40 € 91
- **Collection D D Millésimé, Champagne 2008** | Brut | 2022>2025 | 60 € 91

Dom Pérignon

★★★★★

Dom Pérignon est le vin de Champagne le plus insaisissable. Ces émotions reposent sur une sélection brillante et un savoir-faire chirurgical. S'appuyant sur un équilibre artistique entre chardonnay et pinot noir, développé sur le meilleur des immenses vignobles appartenant au groupe LVMH, complété par des approvisionnements de haut vol, la marque revendique la volonté d'exprimer les années sans exception. Blanc ou rosé, Dom Pérignon décline et déroule ses éternelles vies, ses phases temporelles sous différentes plénitudes. Intelligemment conduite par Vincent Chaperon, le chef de caves, la maison a ce pouvoir du temps, de prendre la patience de l'ambivalence et des contrastes unis.

- **Plénitude 2, Champagne 2003** | Brut | 2025>2035 | 330 € 100
- **Vintage, Champagne 2012** | Extra-brut | 2022>2030 | 175 € 98
- **Vintage, Champagne 2008** | Extra-brut | 2022>2030 | 395 € 99

Champagne Didier Doué

★★★☆☆

Fort d'un parcellaire épars sur les différents terroirs de Montgueux, en côte des Bar dans l'Aube, Didier Doué vinifie séparément chaque vigne pour en tirer la quintessence. Il s'affirme comme l'une des références en matière d'expression de ce terroir. Certifiés en agriculture biologique depuis 2012, les vins sont remarquables de pureté, avec des dosages placés et une expression aromatique digne des crus de la côte des Blancs. Ce joli domaine compte parmi les références.

- **La Chanose, Champagne 2014** | Brut | 2022>2025 | 29 € 90
- **Le Truchat, Champagne 2012** | Extra-brut | 2022>2024 | 25 € 90

Christian Gosset.

Champagne Drappier

★★★★☆

Installée à Urville, au cœur de la côte des Bar depuis 1808, la famille Drappier avec à sa tête Michel, accompagné de ses enfants, détient 55 hectares de vignes en propre et 50 hectares en contrats associés. Les vins produits en majeure partie sur des sols issus du Jurassique kimmeridgien font briller les cépages classiques de champagne. Si le pinot noir est roi, on trouve aussi du petit meslier, du blanc vrai et de l'arbane. Attaché à respecter son environnement et l'identité des cépages, Michel Drappier compose des assemblages méticuleux précis et sincères. Pionnier dans l'élaboration de bruts nature à l'aide d'une viticulture saine, il élabore soigneusement sa liqueur de dosage pour les autres cuvées.

- **La Grande Sendrée , Champagne 2010** | Brut | 2022>2030 | 61.1 € 96
- **Blanc de Blancs, Champagne** | Brut | 2022>2030 | 32.1 € 92
- **Carte d'Or, Champagne** | Brut | 2022>2030 | 27.4 € 94
- **Larevallis, Champagne** | Extra-brut | 2022>2030 | 38.2 € 96

Duval-Leroy

★★★☆☆

Sous la conduite énergique et passionnée de Carol Duval, désormais épaulée par ses fils, cette maison installée depuis 1859 à Vertus, dans la côte des Blancs, n'a cessé d'élever son niveau d'exigence. Le vignoble en propre est très important, couvrant 200 hectares avec une belle proportion de grands crus. Cela représente un tiers des besoins de la maison, qui achète par ailleurs beaucoup de raisins et produit chaque année 5 millions de bouteilles. La chef de cave est également une femme, Sandrine Logette-Jardin. Les vins sont francs et précis. Il faut également découvrir ses très intéressantes cuvées parcellaires, réalisées avec beaucoup de précision. La cuvée femme-de-champagne, millésimée, à 95 % chardonnay, vinifiée de façon parcellaire en fût de chêne et vieillie en cave pendant neuf ans, est la grande cuvée de la maison.

- **Femme de Champagne, Champagne 2002** | Brut | 2022>2026 | 250 € 95
- **Prestige grand cru, Blanc de blancs, Champagne** | Extra-brut | 2022>2025 | 55 € 92
- **Rosé Prestige Premier cru, Champagne** | Brut | 2022>2025 | 49 € 90

Champagne Egly-Ouriet

★★★★★

À Ambonnay, Francis Egly est un conducteur de vignes et un vinificateur hors pair. Au sommet de la hiérarchie champenoise, il a su choisir les meilleurs gestes au vignoble et fait des choix d'élaboration personnels. Respect de la plante et des sols, maturité parfaite des raisins, vinifications en fût, absence de fermentation malolactique, longs vieillissements entre quatre et six ans et caves ultra fraîches permettent de créer cette alchimie d'émotions pures et captivantes. Le vignoble se compose de 10 hectares en grands cru (Ambonnay, Bouzy, Verzenay), de deux hectares en premiers cru sur les fameuses vignes de Vrigny et de 3.25 hectares sur le terroir de Trigny. Les vins profonds, complets et complexes, affichent une ultime vibration, entre terroir, élaboration et vieillissement.

- **Ambonnay cuvée des Grands Côtés, Coteaux Champenois 2018** | Sec | 2022>2032 | 85 € 99
- **Vieilles Vignes Grand Cru Les Crayères, Grand Cru Ambonnay Les Crayères Blanc de Noirs, Champagne NM** | Extra-brut | 2022>2035 | 60 € 99
- **Grand Cru Millésimé, Champagne 2011** | Extra-brut | 2022>2027 | 110 € 97

Champagne Nathalie Falmet

★☆☆☆☆

Après des études de Chimie à Paris et un diplôme d'œnologue à Reims en 1993, Nathalie Falmet reprend l'exploitation familiale et devient vigneronne dans la côte des Bar. Les vins sont d'une maîtrise parfaite, avec une détente sur la cuvée Terra qui lui donne un supplément d'âme.

MATHIEU GARÇON

- **Brut Nature, Blanc de Noirs, Champagne** | Non dosé | 2022>2024 | 35 € — 88
- **Solera, Champagne** | Extra-brut | 2022>2026 | 75 € — 90

Champagne Fleury

★★★★☆

Jean-Sébastien et Benoît Fleury développent une large gamme de vins millésimés hautement savoureux, à partir de 27 hectares de coteaux argilo-calcaires, en culture biodynamique depuis 1989. Les vins sont finement équilibrés, entre un fruit riche et une grande fraîcheur. Tout ici n'est que précision et intransigeance : les millésimés sont tirés sous liège, les dégorgements sont réalisés à la demande et les dosages réajustés.

Champagne Gatinois

★★☆☆☆

Louis Cheval gère le vignoble familial avec la plus grande application. Il y bichonne ses 7 hectares sur Aÿ avec beaucoup de succès. Les champagnes de belle densité pinotent de la plus belle des façons. Ce sont de bons rapports qualité-prix qui sont en progrès constant sur les derniers millésimes.

- **Brut Tradition, Champagne** | Brut | 2022>2024 | 21 € — 87
- **Brut Réserve, Champagne** | Brut | 2022>2024 | 25 € — 88
- **Millésimé, Champagne 2012** | Brut | 2022>2024 | 40 € — 89

Champagne René Geoffroy

★★★☆☆

À la fin des années 1980, lorsque Jean-Baptiste Geoffroy reprend la propriété, l'outil de production de Cumières se révèle vite limité. La délocalisation à Aÿ est décidée : l'achat en 2006 des locaux de la plus vieille coopérative de Champagne donne de l'oxygène au domaine et une capacité de production en accord avec le nombre de cuvées produites. La gamme est construite autour d'une cuvée entrée de gamme expression irréprochable, qui évolue vers un profil rafraîchissant et dynamique. Le rosé de saignée reste une référence dans un style sans équivalent. Quant aux millésimes, ils sont fiables dans un style plus vineux. La véritable surprise vient de la magnifique cuvée les-houtrants, raffinée et harmonieuse. La cuvée issue de vignes complantées trouve dans le verre une véritable résonance.

Pierre Gerbais

★★★☆☆

En pleine côte des Bar, dans le petit village de Celles-sur-Ource, non loin de Bar-sur-Seine, cette maison familiale cultive 18,5 hectares sur les coteaux surplombant la vallée de l'Ource, alternant le pinot noir, le chardonnay et le pinot blanc vrai, une rareté devenue symbole et fierté du domaine. Aurélien Gerbais, quatrième génération, assure depuis quelques années les vinifications. Fort d'une expérience dans les plus grands domaines bourguignons, ce jeune vigneron fait preuve d'une rigueur exemplaire à la vigne comme en cuverie. Les derniers millésimes ont, sans équivoque, gagné en précision et sont d'une remarquable profondeur.

Champagne Pierre Gimonnet et Fils

★★★★☆

Didier et Olivier Gimonnet perpétuent le domaine familial, cultivant 30 hectares et 40 parcelles, sur cinq villages de la côte des Blancs, Cuis, Cramant, Oger, Chouilly et Vertus, dont ils s'efforcent de livrer la version la plus pure, avec de faibles dosages. Amoureux de la vigne, le mode de viticulture est tourné vers le respect des sols et la biodiversité. Précurseurs dans les vinifications parcellaires en cuve inox, dans l'art de l'assemblage et des véritables champagnes sans dosage, le style Gimonnet est reconnaissable dans sa complexité fine, précise et élancée.

- **Magnum, Millésime de Collection, Vieilles Vignes de chardonnay, Blanc de Blancs, Champagne 2009** | Extra-brut | 2022>2034 | 180 € — 95
- **Spécial Club, Grands Terroirs de Chardonnay, Blanc de Blancs, Champagne 2015** | Extra-brut | 2022>2035 | 69 € — 95
- **Spécial Club Cramant, Grand Cru, Blanc de Blancs, Champagne 2015** | Extra-brut | 2026>2040 | 98 € — 94

Champagne Philippe Gonet

★★☆☆☆

Chantal Gonet est l'une des femmes les plus attachantes de la Champagne ; elle forme avec son frère Pierre l'un des duos de choc du Mesnil-sur-Oger. Ils produisent sur 19 hectares des champagnes au style abouti, compromis idéal de gourmandise et de fraîcheur. Ils exploitent également un beau vignoble à Montgueux, sans doute le meilleur terroir de l'Aube pour le chardonnay, qui allège et égaie leur blanc de blancs de base. Les vins sont taillés pour l'apéritif et certains iront sans difficulté sur la table. Un domaine à la qualité irréprochable.

Gonet Sulcova

★☆☆☆☆

S'appuyant sur un vignoble de 20 hectares essentiellement sur la côte des Blancs, avec également des parcelles dans l'Aube, la famille Gonet-Sulcova produit une gamme homogène de champagnes vineux et solides. La plupart des vins sont à large dominante de chardonnay et forment une gamme de bonne facture.

- **Grand Cru, Champagne 2012** | Brut | 2022>2025 | 34 € — 90
- **Cuvée de Montgueux, Champagne** | Brut | > | 26 € — 89
- **Gaia, Champagne** | Extra-brut | 2022>2024 | 51 € — 89

Gonet-Médeville

★★★☆☆

Xavier Gonet et son épouse Julie Médeville (châteaux Gillette et Les Justices, entre autres) sont un couple connu du monde viticole. Propriétaires de 12 hectares, en partie sur les grands crus Mesnil-sur-Oger, Oger et Ambonnay, ils s'affirment parmi l'élite avec un style à rebours des champagnes modernes. Les vins sont élevés dans la recherche de l'harmonie, d'une mousse crémeuse et de complexité aromatique. Une idée de l'excellence dans ses équilibres, sa finesse et sa complexité. Magnifique dégustation cette année.

- **Premier Cru, Blanc de Noirs, Champagne NM** | Brut | 2022>2027 | 19 € — 93
- **Grand Cru Grande ruelle, Champagne 2007** | Extra-brut | 2022>2026 | 140 € — 92
- **Grand Cru Louviere, Champagne 2007** | Extra-brut | 2024>2028 | 90 € — 93

Gosset

★★★★☆

Gosset reste une petite maison dans l'univers des géants de la Champagne, avec en moyenne un million de cols écoulés chaque année. À la tête de l'équipe technique, un duo de choc constitué d'Odilon de Varine et de Gabrielle Malagu, pour une gamme qui ne change pas ses fondamentaux : fraîcheur, vivacité et minéralité. Pour garder ce cap malgré les changements récents du climat et la plus haute maturité du raisin, la maison privilégie désormais le chardonnay dans ses assemblages, avec une part de pinot noir en retrait afin de garder constant le goût final. Un style amplifié par l'absence de malo, là rien n'a changé.

- **Celebris Vintage Extra-Brut, Champagne 2008** | Extra-brut | 2022>2038 | 175 € — 97
- **Grand Millésime Brut, Champagne 2015** | Brut | 2022>2030 | 62 € — 96
- **12 ans de cave a minima, Champagne NM** | Brut | 2022>2035 | 85 € — 94

Christian Gosset

★★★☆☆

Après 30 années passées au sein du domaine familial Gosset-Brabant, Christian Gosset a choisi d'élaborer son propre vin issu de son vignoble d'Ay de cinq hectares dont une petite partie à Chouilly, certifié HVE/VDC. La gamme se compose de deux assemblages vinifiés en cuves et de quatre cuvées parcellaires vinifiées sous bois. Elle démontre l'expertise et la volonté d'exprimer un lieu, un style tranchant aux dispositions naturelles mais aussi d'une grande capacité de garde et de prise expansive de complexité. Tout est très bon.

- **Brut grand Cru A02, Champagne** | Extra-brut | 2022>2030 | 34 € — 96

Champagne Marc Hébrart

★★★☆☆

Jean-Paul Hébrart est un vigneron passionné et précis qui pratique la lutte raisonnée sur ses 14 hectares où domine le pinot noir sur les secteurs de Mareuil, Avenay Val d'Or et Bisseuil. Les 25 % de chardonnay sont sur les secteurs de Oiry et Chouilly. Le style Hébrart est admirable de régularité, et privilégie l'élégance à la puissance. Une certaine classe qui passe parfois inaperçue. Domaine hautement recommandable.

Champagne Henriot

★★★★☆

Le groupe La Vigie (Champagne Henriot) est dirigé par Gilles de Larouzière depuis 2015. La maison Henriot, certifiée HVE et bientôt VDC, s'est donnée comme objectif d'affirmer le potentiel de son vignoble : transparence pure et charnelle des vins de chardonnays lumineux issus de grands terroirs. Alice Tétienne poursuit l'œuvre et continue à accentuer les valeurs environnementales des terroirs, comme les recherches sur une vinification en respectueuse adé-

Benjamin Fourmon (Joseph Perrier).

quation. La gamme dégustée est typée par sa matière et son socle de naissance. Champagnes de temps, le fil et le tissu de chacune des cuvées semble promis à la fusion. Nous ne pouvons que mentionner notre admiration pour le niveau atteint par la maison.

- **Brut Rosé, Champagne NM** | Brut | 2022>2026 | 35 € 93
- **Brut Millésimé, Champagne 2012** | Brut | 2022>2027 | 70 € 96
- **Rosé Millésimé, Champagne 2012** | Brut | 20222>2032 | 77.5 € 95
- **Cuvée Hemera, Champagne 2006** | Extra-brut | 2025>2035 | 169 € 99

Huré frères

★★★☆☆

Le domaine de Pierre (ingénieur en viticulture) et François Huré (œnologue) se situe à Ludes, à l'est de la montagne de Reims. Il est constitué d'une dizaine d'hectares sur, principalement, les villages de Ludes et Villedommange. Les frères Huré ont pu s'engager avec passion dans une production de qualité dont la philosophie repose tout aussi bien sur le matériel végétal que sur le travail en cave. Le style cristallin et tonique trouve notre totale adhésion. Les Huré ont tout compris.

Champagne André Jacquart

★★★☆☆

Sur les 23 hectares du domaine, 16 sont situés sur Vertus et au Mesnil-sur-Oger, en pleine côte des Blancs. Depuis 2004, Benoît et Marie Doyard ont repris cette propriété familiale. Les cuvées produites affichent une tension stylée qui exprime avec fidélité et précision la race des terroirs de Vertus et du Mesnil. Saluons le très beau mesnil 2008, un modèle du genre.

- **Vertus Expérience, Champagne** | Extra-brut | 2022>2024 | 30 € 89
- **Mesnil Expérience, Champagne** | Extra-brut | 2024>2028 | 35 € 92

Champagne Jacquesson

★★★★★

Portée au sommet par les frères Chiquet, Laurent et Jean-Hervé, la maison est le porte-drapeau du champagne d'œnophiles avertis. Récemment, François Pinault est entré au capital de la maison. On recommande ces grands champagnes profonds et racés. Chaque nouvelle cuvée 700 (aujourd'hui 743) est une création majeure et toutes les attentions lui sont portées. Elle patiente ensuite sur bouchon liège afin de réapparaître en version DT (dégorgement tardif). Les parcellaires à l'ultime réverbération sont issus de Dizy (Corne-Bautray, chardonnay), Aÿ (Vauzelle-Terme, pinot noir) et Avize (Champ-Caïn, chardonnay), ne sont conçus que lorsque la situation identitaire est optimale. Les 2009 sont d'une chaleur vive exemplaire à la profondeur interminable. Grandiose.

- **Avize - Champ Caïn, Blanc de Blancs, Champagne 2009** | Extra-brut | 2022>2030 | 145 € 99
- **Cuvée n° 738 DT, Champagne NM** | Extra-brut | 2022>2032 | 80 € 97

Joseph Perrier

★★★★☆

Cette petite maison de Châlons-en-Champagne est dirigée par les Fourmon, descendants de Joseph Perrier. Le vignoble compte 21 hectares qui couvrent un quart des besoins de la maison, avec notamment de belles parcelles à Cumières, et d'étonnantes caves creusées dans la colline. Le brut non millésimé est assurément l'un des meilleurs de sa catégorie, comme l'excellent blanc de blancs. La cuvée joséphine, champagne de classe bien habillée dans sa bouteille sérigraphiée, associe superbement saveur et raffinement. La maison est en pleine forme.

- **Joséphine, Champagne 2012** | Brut | 2022>2032 | 125 € 97
- **Royale, Blanc de Blancs, Champagne** | Brut | 2022>2026 | 43 € 93
- **Royale Rosé, Champagne** | Brut | 2022>2026 | 49.5 € 93

Krug

★★★★★

La maison appartient depuis 1999 au groupe LVMH, brillante illustration de l'art de l'assemblage et figure singulièrement au sommet de l'appellation. La cheffe de cave Julie Cavil poursuit l'œuvre et l'enseignement du maître Eric Lebel, en accentuant la vision environnementale générale du vignoble. Vinifiés séparément sous bois, élevés et conservés individuellement en cuve adapté, chaque villages, parcelles et cépages forment une bibliothèque profonde afin de recréer chaque année la grande-cuvée. Les vintage et vintage collection sont les représentations d'une année. Le clos-d'ambonnay rejoint l'excellence du mythique clos-du-mesnil, expressions parcellaires ultimes extrêmement soignées. Le rosé est tout aussi spectaculaire.

- **Clos du Mesnil, Blanc de Blancs, Champagne 2008** | Brut | 2026>2040 | 1300 € 100
- **Grande Cuvée 170ème édition, Champagne** | Brut | 2022>2029 | 220 € 96
- **Grande Cuvée 164ème édition, Champagne** | Brut | > | 250 € 99

Champagne JM Labruyère

★★★☆☆

Présente sur le Beaujolais, la Bourgogne et Pomerol, la famille Labruyère croit beaucoup au potentiel de ses 5,5 hectares de grands crus situés sur le secteur très qualitatif de Verzenay. Et pour cause, les Rochelles, les Champs Saint-Martin ou encore les Potences comptent parmi les belles parcelles du domaine. Deux cuvées à dominante de pinot noir et un blanc de blancs composent la gamme dans un style élégant et exploitant pleinement la puissance et la race du grand cru Verzenay. L'entrée de gamme prologue en est l'exemple le plus évident. Un beau domaine à suivre de près.

Champagne Lafalise-Froissart

★★☆☆☆

Après dix ans comme commercial chez Rémy Martin, puis chez Champagne Henriot, Paul Froissart a développé un sens aigu du business avant de reprendre les vignes familiales à Verzenay. Toutes en grand cru. Premiers tirages en 2016, premières mises en marché en 2019. Trois cuvées pour commencer, un rosé et deux blancs sous la marque Lafalise-Froissart. Il peut maintenant envisager de nouveaux projets, de nouvelles cuvées. C'est parti et bien parti.

- **046 Grand cru, Champagne** | Brut | 2022>2025 | 60 € 92
- **276 Grand cru, Champagne** | Brut | 2022>2027 | 60 € 93

Champagne Benoît Lahaye

★★★★☆

Benoît Lahaye est l'un des vignerons les plus doués de sa génération. Installé sur Bouzy, il est maintenant rejoint par ses fils Étienne et Valentin. Il possède ainsi 4,5 hectares de vignes conduites en biodynamie. Les vins sont d'une parfaite harmonie, dans une vibration optimale entre le fruit et les composants du vin. Au brut vinifié sans soufre et non dosé, à la cuvée naturessence, mi-chardonnay mi-pinot noir, de grande complexité, s'ajoute cette année une cuvée parcellaire, le jardin-de-la-grosse-pierre, à partir d'une complantation datant de

1923. Un domaine recommandable.

Champagne Laherte frères

★★★☆☆

Depuis 2005, Aurélien Laherte, septième génération, apporte un souffle nouveau à ce domaine familial, sous le regard bienveillant de son père Thierry et de son oncle Christian. Sur les coteaux sud d'Épernay, la côte des Blancs et la vallée de la Marne, Aurélien pratique une viticulture exemplaire et s'en voit récompensé : les vins partagent tous cette densité remarquable et une tonicité jamais austère. L'élevage en barrique est l'autre caractéristique du domaine, qui démontre un véritable savoir-faire en la matière. L'ensemble de la gamme est hautement recommandable.

Champagne Lallier

★★★☆☆

Cette petite maison basée à Aÿ, dirigée depuis 2004 par Francis Tribaut, un Champenois passionné, est l'étoile montante du vignoble. Elle ne produit que des champagnes grands crus, hormis le rosé qui est tout de même un premier cru, et de faible dosage. Évidemment, les approvisionnements proviennent essentiellement d'Aÿ, avec un complément de chardonnays d'Avize et de Cramant. Les bruts sans année indiquent sur leur étiquette la base de récolte qui les compose. Une adresse à découvrir qui peut compter sur son chef de cave talentueux et expérimenté, Dominique Demarville. Beaucoup de bonnes choses s'y passeront.

- **Blanc de Blancs, Champagne NM** | Brut | 2024>2029 | 36 € — 92
- **Série R, Champagne** | Brut | 2022>2025 | 37 € — 91
- **Ouvrage, Champagne** | Extra-brut | 2024>2030 | 70 € — 94

Champagne Lancelot-Pienne

★★★☆☆

Gilles Lancelot exploite 8,30 hectares sur la côte des Blancs et la vallée de la Marne. Cet œnologue de formation dirige la maison familiale vieille de plus d'un siècle depuis 2005. Dans un style très épuré, aux expressions aromatiques d'une grande pureté, le style Lancelot est un subtil mélange de texture et de fraîcheur qui ne durcit jamais le fruit. Une qualité indispensable quand on travaille le chardonnay sur craie ! Les entrées de gamme sont irréprochables et accessibles tandis que la cuvée phare marie-lancelot possède toute la profondeur que l'on attend du grand cru Cramant.

- **Grand Cru Brut Nature cuvée de la Table Ronde, Blanc de Blancs, Champagne NM** | Brut | 2022>2025 | 18.9 € — 90
- **Grand Cru Marie Lancelot, Blanc de Blancs, Champagne 2014** | Brut | 2022>2026 | 45 € — 93

Lanson

★★★★☆

Installée au cœur de la ville de Reims avec son jardin (le Clos Lanson), cette maison chargée d'histoire a célébré cette année ses 260 ans avec un objectif majeur : la reconquête. Avec ses 550 hectares d'approvisionnement (57 en propre et 16 en viticulture biologique et biodynamique), de nombreux investissements ont été réalisés afin de rendre l'outil d'élaboration optimum : une cuverie parcellaire, un chai à foudre dédié aux vins de réserve et un nouveau centre de pressurage. L'arrivée d'Hervé Dantan, chef de cave talentueux présageait de ces choix pertinents. La gamme Extra-Age disparaît et deux nouvelles cuvées illustrent ce renouveau : black réserve et blanc-de-blancs. Elles témoignent de la volonté d'investir dans les modes de conservations des vins de réserves et sur le fait de ne plus pratiquer systématiquement le non-malo. Les durées de vieillissement sont allongées, les dosages minutieux et les habillages superbement relookés jusqu'à une contre étiquette ultra détaillée d'informations techniques utiles.

- **Le Black Label, Champagne NM** | Brut | 2022>2028 | 27 € — 92
- **Le Vintage, Champagne 2009** | Brut | 2025>2035 | 35 € — 95
- **Clos Lanson, Champagne 2007** | Brut | 2026>2040 | 195 € — 96
- **Le Black Réserve, Champagne** | Brut | 2023>2029 | 42 € — 94

Champagne Larmandier-Bernier

★★★★☆

Pierre et Sophie Larmandier, accompagnés de leur fils Arthur, cultivent 16 hectares en biodynamie depuis plus de vingt ans. Peu de domaines viticoles, toutes régions confondues, peuvent se targuer d'une telle régularité à ce haut niveau. La gamme est remarquablement tenue et proposée à des prix raisonnables. Dans les cuvées mythiques du domaine, vieille-vigne-du-levant est incontestablement une référence de la côte des Blancs. Le style revendique des textures crémeuses où l'équilibre est une valeur centrale. Dans cette élégance discrète, l'on trouve souvent ce que la côte des Blancs a de plus beau à offrir. Une adresse prisée.

Laurent-Perrier

★★★★★

Toujours délicate et raffinée, la signature des champagnes Laurent-Perrier s'appuie aujourd'hui sur une remarquable maturité et justesse des vins. Toutes les cuvées, à commencer par la-cuvée, un des meilleurs bruts de maison, sont proposées à des niveaux de prestance et de complexité suprêmes. L'ensemble est d'un niveau superbe et ascensionnel. Première maison à avoir très tôt développé un champagne rosé, un ultra-brut précurseur, Laurent Perrier demeure et perdure dans ce registre une référence. Intelligemment, la fameuse et brillante cuvée Grand- Siècle, s'identifie désormais à travers des itérations numérotées qui permettent de connaître les traditionnelles trois années composant l'assemblage. Alexandra et Stéphanie de Nonancourt et Michel Fauconnet, chef de cave émérite, poursuivent avec passion l'œuvre joaillière.

- **Brut Millésimé, Champagne 2012** | Brut | 2022>2028 | 55 € — 96
- **La Cuvée, Champagne NM** | Brut | 2022>2030 | 35 € — 96
- **Alexandra Rosé, Champagne 2012** | Brut | 2024>2034 | 72.5 € — 98
- **Cuvée Rosé, Champagne NM** | Brut | 2022>2026 | 70 € — 95

Le Brun de Neuville

★★☆☆☆

Sur 148 hectares, la maison Le Brun de Neuville possède des vignes principalement situées dans le Sézannais. Sous l'impulsion de Damien Champy, accompagné par une équipe talentueuse et créative, l'ensemble des vins séduit par sa souplesse et sa précision aromatique. Ce sont des champagnes d'intensité moyenne, agréables et faciles à boire. La gamme progresse de manière spectaculaire et les grandes cuvées sont ici un must-have pour l'amateur.

- **Chemin empreinté, Champagne** | Extra-brut | 2022>2024 | 36 € — 91
- **Croisée des Chemins, Champagne** | Extra-brut | 2022>2024 | 36 € — 90
- **Autolyse noirs et blancs, Champagne** | Brut | 2024>2028 | 52 € — 92

Champagne Leclerc-Briant

★★★★☆

Cette marque située à Épernay, pionnière de la viticulture bio en Champagne, créée par la famille Leclerc en 1972, a connu une renaissance sous l'égide de Pascal Leclerc-Briant dans les années 1990 et 2000. La maison de négoce a été rachetée en 2012 par un couple d'Américains, Mark Nunnelly et Diane Dupré, passionnés de champagne et d'art de vivre à la française. La maison a aujourd'hui trouvé une brillante maturité, complétée par la relance spectaculaire de l'hôtel Royal Champagne. Tous les champagnes, issus d'une viticulture biodynamique, sont de grande personnalité et d'une expression intense et profonde. Hervé Jestin, l'actuel chef de cave, n'y est certainement pas étranger.

- **Réserve, Champagne NM** | Brut | 2022>2025 | 24 € | ☘ — 89
- **Millésime, Champagne 2016** | Extra-brut | 2024>2032 | 59 € — 93
- **Abyss, Champagne 2016** | Non dosé | 2022>2027 | 165 € — 95

Champagne Xavier Leconte

★☆☆☆☆

Alexis Leconte co-dirige avec son père un vignoble constitué d'une quarantaine de petites parcelles réparties sur les villages de Troissy, Dormans, Mareuil-le-Port, Vandières et Aÿ. Chaque sol est considéré selon sa composition et sa capacité à révéler un cépage. Les cuvées alexis, charme-d'anaïs, prestige et la gamme scellés-de-terroirs sont de ce point de vue travaillées de façon parcellaire. Certaines cuvées sortent du lot, en particulier Ageius, et trahissent un vrai potentiel.

- **L'Héritage de Xavier, Champagne NM** | Brut | 2022>2024 | 20.75 € — 89
- **Scellés de Terroirs, Les Cotéas, Champagne 2015** | Extra-brut | 2022>2025 | 50 € — 91

Champagne Valentin Leflaive

★★★☆☆

Une maison avec laquelle il faudra désormais compter, surtout depuis qu'une nouvelle équipe a décidé de prendre les choses en main. Elle produit des champagnes sur la délicatesse, tout en tension calcaire, un premier blanc de blancs abouti, et des parcellaires tous plus réussis les uns que les autres. Il faut la suivre de près.

- **CV 17-50, Champagne** | Extra-brut | 2022>2026 | 38 € — 90
- **Verzenay 15-40, Champagne** | Extra-brut | 2022>2028 | 58 € — 91
- **Le Mesnil sur Oger 16-50, Champagne** | Extra-brut | 2024>2028 | 58 € — 92

Champagne Legras et Haas

★☆☆☆☆

Cette maison fondée a vu son style évoluer, depuis quelques années vers une expression précise et fraîche. Une belle gamme, avec une offre plus large, sans perdre en cohérence sur les différentes qualités proposées. Un travail long et difficile qui nous semble atteindre aujourd'hui une forme de maturité pour les amateurs de la maison et ceux qui recherchent des champagnes élégants, frais, privilégiant le fruit et d'une qualité irréprochable. Une maison fiable et recommandable, conduite avec talent par Jérôme Legras.

- **Grand Cru Chouilly Blanc de Blancs, Champagne NM** | Brut | 2022>2028 | 18.3 € — 90
- **Rosé, Champagne NM** | Brut | 2023>2030 | 21.15 € — 90
- **Exigence N°10, Champagne** | Brut | 2025>2035 | 62.3 € — 93

A.R. Lenoble

★★★☆☆

Anne et Antoine Malassagne dirigent avec passion cette maison familiale, jetant toute leur énergie et leur talent dans l'exécution de champagnes de grand style, ciselés et énergiques, très peu dosés. Basée à Damery, la maison fait la part belle au chardonnay qui provient du grand cru Chouilly, dont elle possède 10 hectares. Les pinots noirs de Bisseuil impriment leur empreinte soit dans la cuvée blanc de noirs, soit en complément du chardonnay dans les assemblages et composent de belles cuvées qui progressent en élégance et en raffinement. Le brut, baptisé intense, a été repensé, les vins de réserve étant vieillis en magnums et bouchés liège, apportant plus de corps et de complexité.

- **Grand Cru Chouilly, Blanc de Blancs, Champagne 2012** | Brut | 2022>2025 | 59 € — 91
- **Premier Cru Blanc de noirs, Bisseuil, Champagne 2013** | Extra-brut | 2023>2028 | 59 € — 92
- **Rosé Terroirs «mag 14», Chouilly, Champagne** | Extra-brut | 2022>2025 | 43 € — 91
- **Les Aventures Grand Cru, Blanc de blancs Chouilly, Champagne** | Extra-brut | 2025>2035 | 103.5 € — 94

Champagne Lombard

★★★☆☆

Cette maison se recentre sur une recherche passionnante d'expression de grands terroirs. Complètement relancée par Thomas Lombard et par une équipe dévouée et passionnée, les champagnes ont considérablement progressé offrant des expressions pures, soit en assemblage, soit en monocru (Cramant, Verzenay et Le Mesnil), pas ou très peu dosées et d'une grande intensité. Les cuvées possèdent un style vineux, profond et intense qui gagnent en élégance. C'est désormais l'adresse à suivre de près aussi bien pour son dynamisme que pour son approche en matière de pratiques vertueuses.

- **Grand Cru Nature Cramant, Les Bauves, Champagne** | Brut | 2022>2026 | 68 € — 93
- **Brut Nature Villedommange premier cru, Les Ribauds, Champagne** | Non dosé | 2022>2025 | 45 € — 92
- **Brut Nature Rosé de Saignée Verzenay Grand Cru, Les Marquises, Champagne** | Non dosé | 2022>2026 | 65 € — 92

Mailly Grand Cru

★★★★☆

Coopérative d'excellence, Mailly Grand Cru fait figure de modèle, revendiquant un fonctionnement domaine et une démarche environnementale engagée. Située au cœur du village de Mailly, elle possède 75 hectares de vignes classées en grand cru, soit un tiers de la surface du dit cru. Les adhérents apportent leurs raisins pour l'élaboration d'une gamme homogène, de grande exigence, partiellement élevée sous bois, en barriques ou en foudres. À dominante de pinot noir, les vins ont une finesse et un équilibre spécifique qui les rend harmonieux à tout âge. Les cuvées de prestige de la cave sont des expressions abouties et rivalisent avec ce qui se fait de mieux. Grande impression cette année. La cave est en route vers une cinquième étoile.

- **L'Intemporelle, Champagne 2014** | Brut | 2024>2030 | 69.5 € — 94
- **Grand Cru Brut Réserve, Champagne NM** | Brut | 2022>2024 | 28 € — 92
- **Composition Parcellaire Blanc de Pinot Noir , Blanc de Noirs, Champagne NM** | Brut | 2022>2025 | 37 € — 93

Champagne Margaine

★★★☆☆

La 5e génération Margaine, représentée par Mathilde, confirme son potentiel. Cette dernière s'est construit un univers esthétique riche et varié à travers les voyages et une large culture du vin. Spécialistes du chardonnay de Villers-Marmery, les Margaine développent une gamme où trace cette pointe minérale qui n'est pas sans rappeler la pierre à fusil. La vinosité du terroir est toujours rattrapée par une excellente fraîcheur que l'usage des vins de réserve finit d'harmoniser. Hautement recommandable et en pleine forme.

Champagne Marguet

★★★☆☆

Biodynamie, géobiologie, phytothérapie, aromathérapie, les concepts s'accumulent chez Benoit Marguet. Chaque idée trouve sa place dans un système harmonieux. La qualité indiscutable des vins fait écho au discours. Aucune fausse note dans la gamme de ce remarquable vinificateur-éleveur qui mélange vignes en propriété et achat de raisins. L'entrée de gamme Shaman pose le niveau général tandis que les crus à l'élevage subtil font ressortir quelques bijoux. Les parcellaires d'Ambonnay sont remarquables.

Champagne Mercier

★☆☆☆☆

Le Champagne Mercier est une maison de Champagne fondée à Épernay en 1858. Maison séculaire, appartenant au groupe LVMH, Mercier produit des champagnes fédérateurs par excellence, constituant une gamme accessible de vins simples mais forts bien exécutés, en réel progrès depuis l'arrivée de Christophe Bonnefond comme chef de caves. Proposés à des prix très abordables, facilement disponibles en grande distribution, ils constituent une gamme cohérente, fondée sur l'équilibre et la tonicité, que l'on pourra servir sans attendre à l'apéritif.

- **Blanc de Noirs, Blanc de Noirs, Champagne NM** | Brut | 2022>2024 | 22.58 € — 88
- **Vintage , Champagne 2002** | Brut | 2022>2024 | NC — 89

Moët & Chandon

★★★★☆

Sous l'impulsion de son brillant chef de caves Benoît Gouez, Moët a progressé sans renier ses fondamentaux : le fruité, l'équilibre, l'accessibilité juste, la faculté captivante au vieillissement, avec un style frais en quête de précision. Les cuvées s'affranchissent du dosage en harmonie avec les avancées en viticulture et une recherche technique de pointe. Les vins s'éclaircissent et laissent entrevoir une dimension supplémentaire. Les fers de lance de la maison, impérial et rosé-impérial, sont des champagnes d'une précision aromatique et d'une finesse impressionnantes. Les assemblages sont millimétrés. Les millésimes affichent une empreinte stylistique identitaire, à l'image du dernier 2013, millésime atypique remarquablement réussi. La « grande maison » est en forme.

- **Impérial, Champagne NM** | Brut | 2022>2025 | 32 € — 90
- **Grand Vintage Rosé, Champagne 2013** | Extra-brut | 2022>2026 | 63 € — 94
- **Grand Vintage, Champagne 2013** | Extra-brut | 2022>2026 | 55 € — 93
- **Rosé Impérial, Champagne NM** | Brut | 2022>2024 | 39 € — 89

Champagne Moutard

Moutard-Diligent est l'une des plus anciennes maisons de la côte des Bar, installée à Buxeuil depuis 1642, un village très au sud de Reims, près de Troyes. Elle propose une intéressante gamme de champagnes issus de ces terroirs argilo-calcaires spécifiques, ainsi qu'une cuvée assez rare dans son genre, composée des six cépages autorisés dans l'aire d'appellation champagne et devenus très rares : arbane (blanc), petit meslier (blanc), pinot blanc, chardonnay, pinot noir et meunier, ainsi qu'une cuvée millésimée de pure arbane.

- **Champ Persin Côte des Bar chardonnay, Blanc de Blancs, Champagne NM** | Brut | 2022>2024 | 20.6 € — 90
- **Brut Nature, Terroir des Riceys, Champagne NM** | Non dosé | 2022>2025 | 42.9 € — 90
- **6 cépages, Champagne 2011** | Non dosé | 2024>2028 | 75.35 € — 92

G.H. Mumm

La marque au cordon rouge, parmi les plus célèbres au monde, appartient au groupe Pernod-Ricard depuis 2005. Elle propose une gamme classique complète et savoureuse, mais aussi une magnifique gamme dédiée aux grands amateurs, RSRV, qui présente quatre cuvées excitantes : le fameux mumm-de-cramant, un blanc de blancs d'une finesse éblouissante, son alter ego en pinot noir, blanc de noirs, un rosé intense et racé baptisé foujita et une cuvée d'assemblage plus longuement vieillie en cave. S'ajoute à cette gamme brillante une remarquable interprétation de la légendaire cuvée lalou. Tous les vins sont à redécouvrir d'urgence. Les grandes maisons sont éternelles et Mumm ne fait pas exception. De nombreux changements lui permettent aujourd'hui de s'engager encore plus dans la voie de l'excellence.

- **RSRV rosé Foujita, Champagne NM** | Brut | 2022>2028 | 43 € — 93
- **Grand Cordon, Champagne NM** | Brut | 2022>2026 | 35 € — 90
- **RSRV, Blanc de Blancs, Champagne 2014** | Brut | 2022>2030 | 78 € — 93
- **RSRV, Blanc de noirs, Champagne 2013** | Brut | 2022>2030 | 72 € — 94

Nicolas Feuillatte

Bénéficiant d'une palette d'approvisionnement sans égal, avec plus de 2 200 hectares de vignes, 84 coopératives adhérentes qui regroupent près de 4 500 viticulteurs et 1 000 vignerons particuliers, la maison a su faire preuve à la fois de dynamisme commercial et d'inventivité en matière de vins, se hissant à la troisième place mondiale, avec une gamme large et originale. Guillaume Roffiaen est le directeur oenologie et qualité du centre vinicole Champagne Nicolas Feuillatte, depuis 2014. Visionnaire, il s'appuie, outre cette palette de vignes, sur la patience et une gestion plus poussée des vins de réserve. Sa dernière-née, la cuvée terroir 1er cru démontre clairement ses ambitions et les cuvées spéciales sont à leur plus haut niveau de clairvoyance et de précision. Une dernière cuvée bio, organic, vient de voir le jour et devrait donner des idées à la maison sur la voie du bio et des pratiques vertueuses.

- **Palmes d'Or, Champagne 2008** | Brut | 2022>2028 | 85 € — 92
- **Palmes d'Or Rosé, Champagne 2008** | Brut | 2022>2028 | 105 € — 93
- **Organic, Champagne** | Brut | 2022>2025 | 39 € — 91

Palmer & Co

Cette belle cave aux installations ultra-modernes aux portes de Reims fonctionne avec la rigueur et le sérieux d'une maison, ce qui se retrouve dans le soin apporté à la gamme. Les approvisionnements sont marqués par les secteurs nord de la Montagne de Reims, ce qui se retrouve dans la droiture des cuvées, depuis le réussi blanc de blancs jusqu'au rosé Solera, élaboré à partir d'une originale solera de vin rouge, ce qui lui confère un cachet inimitable. Les millésimes vieillissent ici à la perfection, et sont remis sur le marché après quelques années supplémentaires en cave.

- **Amazone, Champagne NM** | Brut | 2022>2030 | 30.2 € — 92
- **Extra Réserve, Champagne** | Extra-brut | 2022>2030 | 37 € — 92
- **Rosé Solera, Champagne** | Brut | 2022>2035 | 40 € — 94

Émilien Boutillat (Piper-Heidsieck et Rare Champagne).

Pannier

Cette maison est une émanation de la cave coopérative de Château-Thierry, à l'extrémité occidentale de l'appellation et des vignobles de la vallée de la Marne. Pour le chardonnay, elle s'approvisionne aussi avec d'autres provenances, notamment à Cramant. L'ensemble de la gamme est cohérente avec des cuvées blanc de blancs plutôt souples et apéritives. Le blanc de noirs millésimé et égérie sont de belles cuvées vineuses vieillissant remarquablement, velours se destine à la gastronomie.

- **Égérie, Champagne 2012** | Extra-brut | 2022>2029 | 86 € — 92
- **Sélection, Champagne NM** | Brut | 2022>2024 | 23 € — 89
- **Exact, Champagne** | Brut | 2022>2024 | 34 € — 90

Champagne Franck Pascal

Isabelle et Franck Pascal constituent l'un des couples les plus attachants de la vallée de la Marne où ils cultivent un peu plus de quatre hectares. La culture est biologique et biodynamique et l'élevage se veut le plus naturel possible. Franck Pascal, disciple d'Anselme Selosse, est un de ceux qui, dans le secteur du pinot meunier, travaille avec le plus de régularité. Les vins sont peu ou pas dosés, épurés et précis, avec de l'élan et des équilibres d'une grande subtilité. De grands vins pour la gastronomie.

Champagne Paul Goerg

Située en pleine côte des Blancs, sur la commune de Vertus, la coopérative La Goutte d'Or commercialise ses vins sous la marque Paul Goerg. C'est une structure à taille humaine, qui en outre bénéficie d'approvisionnements de premier ordre, notamment en ce qui concerne le chardonnay. Ses cuvées de premiers crus (blanc de blancs, tradition ou vintage) s'affichent à des prix raisonnables eu égard à leur qualité d'ensemble.

- **Absolu Premier Cru, Blanc de Blancs, Champagne NM** | Extra-brut | 2022>2024 | 32 € — 91
- **Premier Cru, Blanc de Blancs, Champagne NM** | Brut | 2022>2024 | 30 € — 91
- **Vintage Premier Cru, Champagne 2012** | Brut | 2022>2025 | 48 € — 92

Péhu Simonet

★★★☆☆

David Pehu est installé à Verzenay sur 7,5 hectares, dont six sont classés grand cru sur les terroirs de Verzenay, Verzy, Mailly-Champagne et Sillery. À la vigne, viticulture biologique et défense du travail des sols qui, selon lui, apporte du fond à ses vins. Côté cave, il exploite son parcellaire dans une gamme numérotée baptisée finslieux. Les vinifications sous bois, à la bourguignonne, font partie des itinéraires œnologiques du domaine, non sans une certaine réussite. Le style est dense, tonique, jamais lourd.

Champagne Alexandre Penet

★★☆☆☆

Depuis 2011, Alexandre Penet produit sous son propre nom des cuvées de négoce dans l'esprit des crus du domaine. Les vins ont toujours une belle envergure et ils méritent la plus grande attention. La maison produit une gamme de champagnes très faiblement ou pas du tout dosés, de belle intensité vineuse.

- **Grand Cru Brut Nature, Champagne NM** | Brut | 2023>2026 | 36 € — 90
- **Premier Cru, Champagne NM** | Extra-brut | 2022>2024 | 34 € — 89

Champagne Penet-Chardonnet

★★★☆☆

Alexandre Penet tient à séparer les vins qu'il vend sous son nom de ceux qu'il continue à élaborer dans la société familiale, sous la marque Penet-Chardonnet. Les vignes de ce domaine modèle de 6 hectares sont situées au cœur de la montagne de Reims et les vins produits possèdent dans toute leur plénitude les qualités de vinosité du secteur. Assemblages issus d'une sélection rigoureuse de parcelles grand cru de Verzy et de Verzenay, la gamme terroirescence est de haute volée. La gamme parcellaire est pertinente tandis que la gamme prestige n'a jamais autant mérité son nom. Une production solide et de haut niveau.

- **Les Fervins, Champagne 2010** | Extra-brut | 2022>2028 | 75 € — 92
- **Grand cru Les Épinettes, Blanc de Noirs, Champagne 2010** | Extra-brut | 2023>2026 | 83 € — 93
- **Les Champs Saint Martin, Champagne 2012** | Extra-brut | 2022>2026 | 80 € — 93

Perrier-Jouët

★★★★☆

Appartenant au groupe Pernod-Ricard, la maison peut s'appuyer sur son vignoble de 65 hectares, presque intégralement en grands crus, dont les deux tiers de chardonnays sur Cramant et Avize, avec deux parcelles de légende, les Bourons Leroy et Bourons du Midi, réservés à la cuvée belle-époque. Avec désormais un rosé et un blanc de blancs, belle-époque offre une gamme complète et réussie, qui commence à être repensée par l'excellente Sévérine Frerson, nouvelle chef de cave. Le reste de la gamme est savoureux et consensuel.

- **Belle Époque, Champagne 2013** | Brut | 2022>2032 | 160 € — 96
- **Blason Rosé, Champagne** | Brut | 2022>2024 | 64 € — 90
- **Belle Époque, Champagne 2013** | Brut | 2022>2029 | 260 € — 97
- **Blanc de Blancs, Champagne** | Brut | 2022>2027 | 65 € — 93

Champagne Pertois-Lebrun

★★★☆☆

Clément et Antoine Bourret progressent sur ce domaine familial de neuf hectares, qui prévaut pour ses parcelles situées en grand cru sur Cramant, Chouilly, Oiry, Oger et Le Mesnil-sur-Oger. Depuis 2009, un travail parcellaire de qualité a été entrepris, qui porte ses fruits. La finesse d'expression est perceptible sur toutes les cuvées qui sont en constante progression.

- **L'Extravertie, Champagne NM** | Extra-brut | 2022>2024 | 45 € — 90
- **L'Ambitieuse, Blanc de Blancs, Champagne NM** | Extra brut | 2022>2024 | 45 € — 90
- **Derrière le Mont Aigu N°14, Champagne 2014** | Extra-brut | 2024>2029 | 64 € — 92

Champagne Pierre Péters

★★★★☆

Rodolphe Péters, œnologue de formation, a apporté sa précision et vision à la gamme. Précision, entre autres, dans la gestion des lies et du pressurage, vision dans le développement de ses propres levures. À cela s'ajoute un art de l'assemblage que ses aïeux ont su préserver au fil des générations, la cuvée-de-réserve contient par exemple plus de vingt années différentes. Cet arbitrage subtil entre tradition et modernité a enfin trouvé son point d'équilibre dans un style qui civilise l'origine. Toutes les cuvées sont hautement recommandables.

Frédéric Panaiotis (Ruinart).

MATHIEU GARÇON

Philipponnat

★★★★★

Cinq siècles plus tard et Philipponnat poursuit son histoire familiale en Champagne. Installée à Mareuil Sur Ay, la maison est célèbre pour son Clos-des-Goisses, le plus vaste clos de toute la Champagne (5,5 hectares) qui surplombe abruptement la Marne et qu'elle détient depuis 1935. Depuis 1997, elle n'a cessé de progresser sous la direction de Charles Philipponnat. Le vignoble est conduit en respectant les gestes essentiels pour le respecter. En cave, les fûts et les foudres donnent le ton et la signature du style complexe, riche et précis à l'ensemble des cuvées. Un détail résume aussi l'attention portée ici aux vins : la contre-étiquette précise les dates de tirage et de dégorgement (qui permettent de comprendre que le vieillissement est largement supérieur à la règle) ainsi que le dosage et l'origine de l'assemblage. Des habillages d'une élégante sobriété à la race de l'ensemble des cuvées, tout ici converge vers la perfection. La maison affiche brillamment ses terroirs de Mareuil et d'Aÿ avec de formidables cuvées parcellaires et bien sûr l'excellent clos-des-goisses, en blanc comme en rosé. Au sommet de son art.

- **Brut Grand Blanc, Champagne 2014** | Extra-brut | 2022>2024 | 62 € — 89
- **Clos des Goisses, Champagne 2013** | Extra-brut | 2025>2040 | NC — 97
- **Royale Réserve Rosé, Champagne** | Brut | 2022>2025 | 54 € — 90
- **1522 Grand Cru, Champagne 2015** | Extra-brut | 2025>2035 | 102 € — 96
- **Blanc de Noirs, Champagne 2016** | Extra-brut | 2025>2035 | 62 € — 95
- **Clos des Goisses, Champagne 2012** | Brut | 2025>2040 | NC — 98

Piper-Heidsieck

★★★★☆

Le travail patient mené par les équipes de la maison depuis la reprise de la marque en 2011 par Christopher Descours a brillamment porté ses fruits. Agé d'une trentaine d'années, Emilien Boutillat officie brillamment en tant que chef de caves et assure la continuité de l'évidente ascension du style. La gamme essentiel affiche l'ambition gastronomique de la famille des non millésimés, les millésimés (dont le dernier 2014) impressionnent comme les créations de la maison dont le rare hors-série 1971. Outre l'esprit lifestyle dans différents univers artistiques, les ambitions vins et gastronomie ne font plus l'ombre d'un doute.

- **Essentiel, Champagne** | Extra-brut | 2022>2030 | 37.9 € — 93
- **Essentiel, Blanc de blancs, Champagne** | Extra-brut | 2022>2030 | 47.9 € — 92
- **Vintage , Champagne 2014** | Brut | 2025>2035 | 47.9 € — 94

Pol-Roger

★★★★★

C'est l'une des dernières grandes maisons familiale et indépendante. Hubert de Billy en charge de son développement incarne la 5e génération. L'entreprise a su nouer de solides relations commerciales et des liens privilégiés avec le marché anglais qui reste à ce jour le plus important de la maison. La maison a la chance de posséder un vignoble de 90 hectares qui couvre 65 % de ses besoins. 1,5 million de bouteilles produites chaque année et un stock de 9 millions patientent dans les 7,5 kilomètres de caves, les plus fraîches et profondes de la région qui contribuent au style. Épure et précision caractérisent les cuvées, entre saveurs justes, sensations de rémanence et pureté fascinante.

- **Brut Réserve, Champagne NM** | Brut | 2022>2025 | 35 € — 93
- **Sir Winston Churchill, Champagne 2009** | Brut | 2022>2030 | 206.6 € — 96
- **Vintage, Blanc de Blancs, Champagne 2013** | Brut | 2024>2030 | 79.8 € — 98

Pommery

Pommery est l'une des grandes marques historiques de la Champagne. Propriété de Paul-François Vranken depuis 2002, la marque conserve le style fin et délié qu'ont toujours apprécié les chefs de caves de la maison. Ne manquez pas la visite des caves, certainement parmi les plus spectaculaires et impressionnantes de Champagne. À tous les points de vue, cette maison a retrouvé aujourd'hui l'importance et le niveau qualitatif qui était le sien il y a un quart de siècle. La cuvée de prestige, louise, est millésimée et existe en deux versions, l'une brut, l'autre non dosée. Essayez également à l'apéritif le demi-sec blue-sky qui se boit avec des glaçons.

- **Louise, Champagne 2006** | Brut | 2022>2032 | 160 € — 98
- **Brut Royal, Champagne NM** | Brut | 2022>2024 | 30.7 € — 89
- **Brut Rosé, Champagne NM** | Brut | 2022>2024 | 42 € — 89

Champagne Prestige des Sacres

Jean-Christophe Glod est aux manettes, en tant que président de cette structure qui regroupe une soixantaine de vignerons, avec à ses côtés, Jean-Christophe Lenfant, le chef de cave. Sur les coteaux ouest de la montagne de Reims, ce sont 40 crus qui s'unissent entre la vallée de Vesle et celle de l'Ardre. Le pinot meunier reste le cépage maître et les vins présentent aujourd'hui une physionomie fraîche et fruitée. Les vieillissements confèrent

Jean-Baptiste Lécaillon (Louis Roederer).

aussi complexité, assise et parfums nobles.

- **Brut, Champagne** | Brut | 2022>2027 | 26.7 € — 88
- **Cuvée Grenat, Champagne 2013** | Brut | 2022>2028 | 32.4 € — 90

Rare Champagne

Séparée de Piper-Heidsieck, son ancienne maison mère, Rare Champagne est désormais une marque à part entière dédiée à un seul vin, décliné en blanc et en rosé, toujours millésimé. Il faut féliciter Régis Camus, iconique chef de cave, pour le travail réalisé. Parti à la retraite, il laisse à Maud Rabin, la directrice et Emilien Boutillat, l'actuel chef de cave de Piper, ce joyau unique. Tout est grandiose : millésimes 2006 et 2008 en blanc sont au sommet et le rosé 2012 est spectaculaire. Bravo.

- **Rare, Champagne 2006** | Brut | 2022>2032 | 179 € — 97
- **Rare, Champagne 2008** | Brut | 2025>2040 | 209 € — 99
- **Rare, Champagne 2012** | Brut | 2025>2035 | 405 € — 98

Domaine André Robert

Claire Robert et Jean-Baptiste Denizart sont à la tête de cette exploitation de 14 hectares, qui comptent une majorité de premiers et grands crus. Passionnés, ils ont mis toute leur énergie et leur compétence pour reprendre ce domaine et propose une gamme parfaitement bien construite. Fruits d'un travail très sérieux à la vigne et en cave, toutes les cuvées valent le détour, de la cuvée Pauline jusqu'à la série collection-d'auteur qui met en avant le chardonnay du Mesnil-sur-Oger. La dégustation de cette année confirme tout le bien que nous pensons de cette adresse sérieuse.

- **Les Jardins du Mesnil, Champagne NM** | Extra-brut | 2022>2024 | 29.5 € — 91
- **Terre du Mesnil, Champagne 2016** | Extra-brut | 2025>2030 | 58 € — 93
- **Les vignes de Montigny, Champagne** | Extra-brut | 2022>2024 | 28.5 € — 90

Champagne Éric Rodez

Éric Rodez est l'un des vignerons les plus cotés d'Ambonnay. Certifié en biodynamie, bio et HVE, le vignoble de six hectares entoure le village grand cru, ce qui permet de réaliser un nombre important de cuvées singulières. Son fils Mickaël l'a rejoint et s'occupe du vignoble. On ne peut que saluer les progrès considérables réalisés en une petite dizaine d'années. La gamme est remarquable dans sa consistance et dans la précision des élevages. Style limpide et maîtrisé, compositions subtiles, où les équilibres servent une signature aromatique originale et raffinée.

Louis Roederer

Fondée à Reims en 1776, c'est l'une des rares grandes maisons de Champagne à être toujours détenues par la famille fondatrice. Elle fût la première à investir sur les soins naturels au vignoble et à l'attention environnementale. Il en résulte un patrimoine qui relève d'une exceptionnelle sincérité, porté par une vision vers l'avenir qui force le respect. 126 hectares sur 242 que Louis Roederer possède sont conduits en biodynamie, le reste est certifié HVE et VDC. Frédéric Rouzaud, 7e génération de la lignée, poursuit cette incroyable ascension. Jean-Baptiste Lecaillon, éminent chef de cave ne cesse d'impressionner à travers les vins qu'il élabore. En recherche permanente, au vignoble, en cuverie et en cave, il continue sa quête d'excellence avec la volonté de la partager à l'ensemble des vins. Un modèle et une inspiration.

- **Cristal, Champagne 2014** | Brut | 2025>2035 | 230 € — 95
- **Cristal, Champagne 2013** | Brut | 2025>2035 | 357 € — 98
- **Brut Millésimé, Champagne 2014** | Brut | 2024>2030 | 69 € — 94
- **Collection 246, Champagne** | Brut | 2022>2028 | 48 € — 94

Barons de Rothschild

Ce champagne aux cinq flèches évoque les cinq branches historiques de la famille Rothschild. Aujourd'hui, trois d'entre elles se sont réunies (celles de Mouton, de Lafite et de Clarke) pour produire par l'entremise de la cave de Vertus des champagnes bien campés sur leur approvisionnement, de nature à plaire à un large public. Nous notons cette année de sérieux progrès dans la définition des champagnes produits, allant vers plus de pureté et d'élégance naturelle.

- **Champagne NM** | Brut | 2022>2026 | 42.9 € — 88
- **Rare Collection Blanc de blancs, Champagne 2012**

¦ Extra-brut ¦ 2023>2027 ¦ 240 € 91

Ruinart

Que dire sur cette maison sinon qu'elle est dans une forme éblouissante, portée par un chef de caves, Frédéric Panaïotis, au sommet de son art, et par des équipes techniques, au vignoble, en cave mais aussi dans les fonctions supports, animées par une même exigence et un même souci d'innover. Toute la gamme gagne spectaculairement en précision et en intensité, sans rien perdre de son style fondé sur l'éclat aromatique. Plutôt axés sur les chardonnays de la côte des blancs et de la montagne de Reims, les champagnes témoignent tous d'une grande délicatesse et d'une pureté aromatique où la craie, les fleurs, les fruits blancs et les agrumes s'expriment remarquablement. Les dernières éditions de la cuvée dom-ruinart nous ont grandement impressionné. Engagée dans l'art et la création, la maison fait appel aux plus grands talents afin d'interpréter son ADN, son style et son art de vivre.

- **Dom Ruinart, Blanc de Blancs, Champagne 2010** ¦ Brut ¦ 2022>2032 ¦ NC 97
- **Dom Ruinart, Blanc de Blancs, Champagne 2009** ¦ Brut ¦ 2022>2030 ¦ 200 € 96
- **Blanc de Blancs, Blanc de Blancs, Champagne NM** ¦ Brut ¦ 2022>2025 ¦ 52 € 93
- **Millésimé, Champagne 2011** ¦ Brut ¦ 2022>2026 ¦ NC 93

De Saint-Gall

L'Union Champagne est un groupement coopératif s'appuyant sur des vignobles situés en premier ou en grand cru, avec une nette majorité de villages de la côte des Blancs et en particulier Avize, siège de la cave. Elle a créé cette marque qui s'appuie essentiellement sur les nombreux excellents approvisionnements de la côte des Blancs dont elle dispose. Aussi, les vins possèdent de la finesse et ont gagné en équilibre. C'est aujourd'hui une très bonne adresse pour trouver de beaux champagnes de la côte des Blancs à des tarifs sages. Nous la recommandons sans hésitation.

- **Orpale, Champagne 2008** ¦ Brut ¦ 2022>2026 ¦ 110 € 93
- **SO Dark Grand Cru, Champagne 2015** ¦ Brut ¦ 2022>2025 ¦ 40 € 90

Salon

Cette petite maison célébrissime fait partie, avec sa jumelle voisine Delamotte, du groupe Laurent-Perrier depuis 1988. Elle est dirigée par l'efficace et talentueux Didier Depond et les vins sont cousus par Michel Fauconnet. Salon ne produit qu'un seul vin, uniquement dans les très grands millésimes (seulement 37 élaborés au XXe siècle) exclusivement à partir de chardonnay issu de la parcelle « Jardin de Salon » et 19 autres du Mesnil-sur-Oger. La marque n'a cessé de progresser sous l'impulsion de Laurent-Perrier.

- **Champagne 2012** ¦ Brut ¦ 2024>2032 ¦ 650 € 96
- **Champagne 2007** ¦ Brut ¦ 2022>2030 ¦ 600 € 93

Champagne Savart

Pour comprendre les champagnes de Frédéric Savart, il faut s'intéresser à l'homme, passionné de vins, comme tous les plus grands vignerons. Une culture indispensable à qui souhaite un jour atteindre l'excellence. Sur les terroirs de la petite montagne, il a su pleinement exploiter le potentiel des sols légers d'Écueil dans un style délicat et suave. Sa gamme admirable démontre avec brio ses talents remarquables de vinificateur.

JM.Sélèque

Henri Sélèque le grand père de Jean-Marc planta dans les années 1960 des vignes dans le secteur de Moussy et Pierry les côteaux sud d'Epernay à l'opposée de la côte des blancs. Le vignoble s'étend sur 9 hectares et 7 villages. Après son père Richard et un bagage expérimenté dans les vignobles du nouveau monde Jean-Marc revient au Domaine en 2008 avec la volonté d'exprimer l'authenticité de ses terroirs, leur nature et exposition singulière. Depuis 2015, les nouveaux locaux se trouvent à l'entrée du village de Pierry. Construits véritablement dans une approche vin, tout est fait pour que ce soit le plus naturel possible, de la réception des raisins rafraîchis, pressoir automatique et vinifications sans souffre. En souterrain, outre l'inox et les jarres en grès, la moitié des vinifications s'opère en fut de 300 à 600 litres et quelques vins sont conservés en foudre afin de mieux encore garder les vins de réserve sur le long terme. L'ensemble de la gamme s'associe à la passion musicale familiale, depuis 10 ans, Solessence représente l'identité des terroirs du Domaine, Soliste exprime les cépages et les parcelles du village de Pierry et Partition est un assemblage des plus belles parcelles du Domaine chacune vinifiée séparément. Incontestablement les vins de Jean-Marc démontrent justesse et intensité des sols, les garder encore un peu en cave serait leur démontrer le plus grand des respects tant le potentiel d'expansion est grand.

Jacques Selosse

Anselme Selosse poursuit avec sa juste liberté intuitive ses convictions champenoises. Avant-gardiste sur de nombreux sujets, sa vision intellectuelle et philosophique ne laisse jamais indifférente, ses vins suivent cette mouvance. Avec son fils Guillaume, ils réalisent ensemble des vins singuliers que le monde s'arrache. Les grandes vinifications sous bois issus de multiples origines tout comme l'éducation des vins sous soléra afin de créer des millefeuilles temporels ne varient pas, l'extraction du sol se dissimule avec une grande singularité à l'épicentre d'une matière à la richesse concentrée inouïe. Plus qu'un style, une envie.

- **Substance Grand Cru, Blanc de Blancs, Champagne NM** ¦ Extra-brut ¦ 2022>2035 ¦ 93 € 98
- **Initial Grand Cru , Blanc de Blancs, Champagne NM**

Didier Mariotti (Veuve Clicquot).

¦ Extra-brut ¦ 2022>2026 ¦ 51 € 94

- Mareuil Sur Ay Sous Le Mont 1er Cru, Mareuil Sur Ay 1er Cru «Sous Le Mont», Champagne NM ¦ Extra-brut ¦ 2022>2035 ¦ 85 € 98

Taittinger

★★★★★

Depuis plus d'un siècle, quatre générations dans un fort esprit de famille ont dessiné l'âme de cette maison encrée dans le paysage champenois. L'histoire Taittinger est exemplaire en termes de respect et d'engagements. Entourée d'une équipe fidèle et qualifiée (Damien le Sueur, directeur général et Alexandre de Ponnavoy, chef de cave) Vitalie Taittinger préside la maison et son vignoble de 288 hectares certifié Haute valeur environnementale. Tous les vins ont ce supplément d'élégance qui repose souvent sur le chardonnay. Chaque cuvée possède en outre sa propre personnalité, avec au sommet comtes-de-champagne blanc, composé uniquement de chardonnays issus de cinq grands crus de la côte des Blancs et comtes-de-champagne rosé, majestueux et captivant, prêt à défier les années. Ces deux vins affrontent le temps et s'en nourrissent splendidement. Le reste de la gamme est recommandable et la maison est devenue un beau modèle pour la Champagne et le vin en général.

- Brut Réserve, Champagne NM ¦ Brut ¦ 2022>2025 ¦ 31 € 92
- Comtes de Champagne Rosé, Champagne 2007 ¦ Brut ¦ 2022>2032 ¦ 164 € 99
- Comtes de Champagne, Blanc de Blancs, Champagne 2011 ¦ Brut ¦ 2025>2035 ¦ 160 € 95
- Prestige Rosé, Champagne NM ¦ Brut ¦ 2022>2026 ¦ 52 € 94

Champagne Tarlant

★★★☆☆

Ce vignoble de 14 hectares, situé au cœur de la vallée de la Marne, compte 55 parcelles, plantées des trois cépages traditionnels mais aussi de pinot blanc, de petit meslier et d'arbanne. Benoît et Mélanie Tarlant y développent des cuvées parcellaires abouties, vieillis cinq ans en moyenne, très peu, voire pas du tout dosés. Ce respect du temps long leur permet de sortir un excellent champagne-zéro en entrée de gamme. Une preuve que la Champagne peut faire équilibré, complexe et rafraîchissant sans tomber dans les micro-cuvées. L'amateur aurait tort de ne pas s'aventurer sur le reste de la gamme.

- La Vigne d'Or, Champagne 2004 ¦ Non dosé ¦ 2022>2028 ¦ 65 € 92
- La Vigne d'Antan, Champagne 2004 ¦ Non dosé ¦ 2022>2026 ¦ 170 € 94
- Grand Picou Rouge, Coteaux Champenois 2018 ¦ Sec ¦ 2024>2028 ¦ 88 € 92

Telmont

★★☆☆☆

Depuis deux ans, « cette petite maison » de Champagne comme aime à le rappeler Ludovic du Plessis, son président, gravit les échelons. Située à Damery, proche d'Épernay, détenue majoritairement par le groupe familial Rémy Cointreau depuis 2020, elle s'est lancée dans un projet éco-responsable d'envergure « au nom de la terre », en phase avec les valeurs et les ambitions de Rémy Cointreau, notamment à propos de la Responsabilité sociale des entreprises (RSE), sur les 20 hectares dont elle est propriétaire, mais aussi avec ses partenaires apporteurs de raisins. Une idée mise en application dans les vignes avec une première cuvée bio, Réserve de la Terre, lancée dès 2021 et un objectif de certification biologique de 100 % des vignes du domaine pour 2025.

- Vinothèque, Champagne 2012 ¦ Brut ¦ 2022>2026 ¦ 115.5 € 92
- Réserve de la Terre, Champagne 2017 ¦ Brut ¦ 2022>2025 ¦ 66 € 91
- Blanc de noirs, Champagne 2014 ¦ Extra-brut ¦ 2024>2030 ¦ 121 € 92

Thiénot

★★★☆☆

Tête de pont champenoise de famille Thiénot, propriétaire de Dourthe à Bordeaux et de Canard-Duchêne et Joseph Perrier en Champagne, cette marque dispose d'une personnalité propre grâce à sa gamme complète. La nouvelle génération, Garance et Stanislas Thiénot, veille au grain, réussissant notamment la montée en gamme avec les cuvées qui portent leurs prénoms mais aussi un superbe monocru d'Avize, la vigne-aux-gamins. Les vins sont apéritifs, toujours sans aucune lourdeur ni acidité mordante. Les millésimes et cuvées de prestige sont tous réussis.

- La Vigne aux Gamins, Champagne 2009 ¦ Brut ¦ 2022>2030 ¦ 129 € 95
- Garance, Blanc de Noirs, Champagne 2011 ¦ Brut ¦ 2022>2029 ¦ 90 € 93
- Blanc de Blancs, Champagne NM ¦ Brut ¦ 2022>2025 ¦ 40 € 92

Tsarine

★☆☆☆☆

Tsarine est la marque développée par Chanoine Frères, appartenant au groupe BCC. Elle s'est développée en accompagnant le monde du cinéma. Les vins élaborés par Isabelle Tellier, la chef de cave, sont principalement fixés sur l'équilibre des trois cépages champenois, ils sont sur la jeunesse tendre mais aussi sur esthétique fuselée, fruitée et fleurie. Nous notons une certaine progression dans les cuvées que nous avons dégusté cette année.

- Adriana, Champagne NM ¦ Brut ¦ 2022>2025 ¦ 60 € 90
- Tsarine Cuvée Orium Extra-Brut, Champagne ¦ Extra-brut ¦ 2022>2024 ¦ 34 € 88

De Venoge

★★☆☆☆

Cette maison d'Épernay appartenant au même groupe que Lanson, Boizel ou Philipponnat, poursuit son chemin avec une double approche originale. D'un côté, une gamme classique axée sur de solides cuvées comme le brut cordon-bleu et le blanc de noirs ; de l'autre des champagnes ambitieux, issus d'assemblage de grands crus, présentés en carafe. L'ensemble de la gamme est de bon niveau et dédiée à la gastronomie.

Champagne Jean-Louis Vergnon

★★★☆☆

Les cinq hectares de vignes de ce domaine de la Côte des Blancs sont plantés en chardonnay et cultivés en lutte raisonnée. La gamme est habilement construite : une entrée de gamme plutôt sur la gourmandise tandis qu'éloquence s'ouvre sur des notes minérales. Ces deux cuvées sont de véritables pépites à prix raisonnable. Confidence, la cuvée phare du domaine, exige du temps pour se révéler et fait partie des grandes bouteilles de Champagne.

Veuve Clicquot-Ponsardin

★★★★★

La maison rayonne sur toute la Champagne avec ses 300 hectares conduits désormais sans herbicides, certifiés HVE et VDC. Cette richesse de terroirs est au centre de toutes les attentions. Didier Mariotti, le chef de cave, entend bien continuer à aller plus loin dans une viticulture progressive et au plus près des sols, du végétal et de l'environnement. Du brut Carte Jaune en passant par les splendides vintages, la précision est indéniable, Grande Dame 2008 et 2012 renouent avec l'excellence de cette cuvée historique, grandiose de pureté et de restitution, exemplaire pour la Champagne d'aujourd'hui et de demain.

- Brut Rosé, Champagne NM ¦ Brut ¦ 2022>2025 ¦ 45 € 92

PRESSE

- La Grande Dame Rosé, Champagne 2008 | Brut | 2022>2032 | 230 € 98
- La Grande Dame, Champagne 2012 | Brut | 2022>2032 | 190 € 98
- Carte Jaune, Champagne NM | Brut | 2022>2025 | 35.9 € 92

Veuve Fourny

★★★★☆

Charles-Henry et Emmanuel Fourny ont transformé cette petite maison familiale, installée à Vertus depuis 1856, en une adresse sûre et excitante pour les amateurs de champagnes précis, vineux et authentiques. Le vignoble compte une rareté, un clos : celui du faubourg Notre-Dame, utilisé pour les millésimes uniquement. Si les chardonnays dominent largement, les pinots noirs ne sont pas absents, vinifiés pour partie en fût de chêne. Sans perdre la race minérale propre à la maison, les champagnes gagnent en finesse d'expression et en élégance. La maison est une référence en termes de vins précis. Les blancs de blancs rayonnent et les rosés sont d'un savoureux exquis. Le niveau atteint nous laisse admiratif.

- Brut Nature Premier Cru, Blanc de blancs, Champagne | Non dosé | 2022>2025 | 35 € 91
- Premier Cru, Blanc de blancs, Champagne | Extra-brut | 2024>2022 | 34 € 90
- Mont de Vertus, Blanc de blancs, Champagne 2014 | Extra-brut | 2024>2030 | 54 € 92
- Clos «FG Notre-Dame», Champagne 2008 | Extra-brut | 2022>2032 | 120 € 95

Champagne Vignon Père et Fils

★★★☆☆

Essentiellement situés sur les terroirs grand cru de Verzenay et de Verzy, les 5,8 hectares de vignes sont gérés par Stéphane Vignon, qui les conduit vers une certification en viticulture durable. Les engrais sont bio, les traitements sont à base de cuivre et de soufre et les vinifications parcellaires sont réalisées pour une moitié en fûts, sur lies. Ici on préfère les levures du raisin et, chaque fois que possible, le collage et la filtration sont évités. Les vins portent la puissance du cru. Un domaine sérieux.

- Réserve des Marquises, Champagne 2015 | Extra-brut | 2022>2025 | 20 € 95
- Grand Cru Les marquises, Champagne | Extra-brut | 2022>2025 | 31.5 € 89

Champagne Vilmart & Cie

★★★☆☆

Au cœur de la montagne de Reims, la maison Vilmart cultive sur 11 hectares 60 % de chardonnay et 40 % de pinot noir. Laurent Champs, 5e génération, est à la tête du domaine depuis 1995. Il pratique avec une grande maîtrise les élevages en foudres et en fût de chêne. À la vigne, le domaine est certifié en viticulture durable et respecte les principes de la charte Ampelos (excluant l'usage d'engrais chimiques, d'herbicides et d'insecticides). Quant aux champagnes, le travail de Laurent Champs sur les textures est remarquable. Ce que nous avons goûté cette année se rapproche d'une quatrième étoile. Le domaine en est tout proche.

- Grand Cellier , Champagne NM | Brut | 2022>2025 | 25 € | ☘ 91
- Cœur de Cuvée, Champagne 2014 | Brut | 2024>2032 | 98 € 94
- Emotion, Champagne 2014 | Brut | 2024>2032 | 96 € 95

Vranken

★★☆☆☆

Fondée en 1976 par Paul-François Vranken, la maison de Champagne Vranken est devenue l'une des marques importantes du groupe géré par le tourbillonnant homme d'affaires. Pommery, Heidsieck & Co Monopole ou encore Charles Lafitte complètent son portefeuille champenois, en plus des vignobles qu'il possède en France, au Portugal et en Angleterre. En 2004, Paul-François Vranken et son épouse ont racheté et rénové la villa Demoiselle à Reims, l'un des fleurons de l'Art Nouveau. Les champagnes sont souples et faciles, dans un registre net, clairement destiné à l'apéritif.

- Demoiselle Tête de Cuvée, Champagne NM | Brut | 2022>2025 | 32.9 € 90
- Brut Nature, Champagne | Non dosé | 2022>2025 | 32.9 € 90

Champagne Waris Hubert

★★★☆☆

La quatrième génération de la famille Waris-Hubert, installée à Avize dans la côte des Blancs, dispose de terroirs (11 hectares) en premiers et grands crus parmi les plus réputés du secteur. La gamme, dont les cuvées portent des noms inspirés et poétiques, proposent des sélections de terroirs. On trouve ici de grands champagnes racés et fins, tous très distingués.

Cor

MATHIEU GARÇON

Les grands terroirs corses surgissent là où ne les attend pas. Souvent dans des endroits isolés.

UN VIEIL ADAGE EXPLIQUE QUE LES MEILLEURS VINS SONT FAITS DANS LES PLUS BEAUX ENDROITS DU MONDE. À CE JEU-LÀ, LE VIGNOBLE CORSE A UN TEMPS D'AVANCE

GÉRARD COURRÈGES DANS LE SILENCE DE VACCELLI

C'EST UN LONG VALLONNEMENT, DES COLLINES DOUCES AU PIED D'UN MASSIF MONTAGNEUX, LES VILLAGES PERCHÉS, LES ROUTES IMPOSSIBLES. UN ENDROIT TRÈS PUR, AUSTÈRE, PRESQUE HAUTAIN, LOIN DES ATTEINTES DU TEMPS, DE LA CIVILISATION, DE LA MODERNITÉ. NOUS SOMMES EN CORSE, RAPPELONS-LE

PAR **NICOLAS DE ROUYN**

NOUS AVONS CONNU les vins du domaine avec la cuvée Juste Ciel, issue d'une vieille vigne complantée de grenache et d'alicante bouchet. Cuvée disparue, vigne surgreffée pour planter du vermentinu, cépage autochtone, c'est ainsi, il faut des blancs, le monde en veut. Et il y a le reste d'une production de toute première qualité. Gérard Courrèges nous explique tout. *« En moyenne, on fait entre 70 000 et 80 000 bouteilles. On garde les vins à peu près deux ans et demi avant leur commercialisation. Les 2017 sont sortis cette année pour les rouges. Pour les blancs, on vend les 2018 et pour les rosés, les 2017, 2018 et un peu de 2019. »* En rouge, cinq étiquettes : Unu, Vaccelli, Granit, Granit 60 et Granit 174 et une nouveauté, Quartz, issu de vieux cépages de rouges.

« Unu est devenu la cuvée d'entrée de gamme depuis que Juste Ciel n'est plus disponible. On y met la plupart des jeunes vignes de sciaccarellu et des demi-muids déclassés de Vaccelli, la cuvée phare du domaine. On y retrouve toutes les parcelles de sciaccarellu élevés en demi-muids. Granit est une sélection parcellaire élevée également en demi-muids, 100 % sciaccarellu. Granit 60 est disponible uniquement sur allocation, à destination de quelques particuliers. On en fait très peu. La cuvée existe depuis 2014. Toutes les grandes cuvées du domaine étaient déjà vendues sur allocation pour les professionnels. Les particuliers n'y avaient pas accès. Alors quand on a sorti cette cuvée, on l'a réservée aux particuliers. Quartz est composé de jeunes vignes plantées au milieu des années 1990. C'est une co-vinification de carcagholu neru et minustellu. Tout le domaine est sur une arène granitique. »

ET LES BLANCS, GÉRARD ?

« En blanc on a sept étiquettes : Unu, Vaccelli, Granit, Quartz, Chioso Novo et, depuis le millésime 2019, deux nouvelles cuvées parcellaires, Aja Donica et Campo di Magna. Les cépages blancs représentent 46 % de l'encépagement du vignoble. On les revendique fièrement. C'est un nouveau terrain d'exploration. Les rouges ont déjà fait l'objet de sélections parcellaires. On connaît maintenant les parcelles les plus propices, celles que l'on veut garder, celles l'on veut mettre en évidence. Les parcelles de cépages blancs ne conviennent pas aux cépages rouges. »

Gérard Courrèges est pensif, il sait les tendances du marché. *« Il y a une forte demande pour les vins blancs de Corse. Le vignoble en manque car les blancs sont de plus en plus reconnus. La couleur ne représente que 13 % de la production de l'île. En comparaison, le rosé, c'est 66 % de la production. Il y a un problème. D'un point de vue économique, faire moins de rosé n'est pas forcément le meilleur des choix pour nos entreprises. Un rosé récolté fin septembre, embouteillé en décembre, sera vendu en janvier. Certains n'en auront peut-être même plus dès le mois d'avril. C'est sûr que c'est intéressant, mais le marché est précaire. Au domaine Vaccelli, nous voulons asseoir le développement de l'entreprise sur le rouge et le blanc. »*

Comme tous les grands vignerons, Courrèges ne porte qu'un regard distrait sur le rosé et s'il en fait quand même, et volontiers, c'est pour se distinguer. Son rosé est traité comme un blanc de noirs, en pressurage direct. Cette année, il est très pâle, ce n'est pas toujours le cas. Un rosé de vigneron, pas un rosé de marché. D'ailleurs, toute la démarche du domaine est tendue vers cette excellence. Si le pinot noir de Bourgogne l'inspire beaucoup, il lui trouve un style commun avec le sciaccarellu, il ne s'y réfère pas complètement. *« On égrappe intégralement. Je considère que la rafle du sciaccarellu n'atteint jamais une maturité suffisante et aboutie. Elle apporterait trop de verdeur et des notes herbacées désagréables dans les vins. »* De cette maison tout entière tournée vers une innovation permanente, dont le projet d'un nouveau chai, nous attendons avec impatience de voir les dernières cuvées qui sortiront des 20,5 hectares entièrement clos. Pour protéger le domaine des sangliers, une plaie ici comme ailleurs.

MATHIEU GARÇON

LA CORSE, TERRE DE GRANDS BLANCS

LES CÉPAGES BLANCS DE CORSE, COMME LES ROUGES, CONNAISSENT UNE MONTÉE EN PUISSANCE QUI NOUS EMPLIT D'AISE. BEAUCOUP A ÉTÉ FAIT, BEAUCOUP RESTE À FAIRE. LA VOIE EST LIBRE

PAR ***MICHEL BETTANE***

LA CORSE, en bonne île, a préservé une petite collection de cépages qui lui permet aujourd'hui de perpétuer mieux qu'ailleurs en Méditerranée la riche histoire viticole léguée par les anciens Grecs et Phéniciens et leurs héritiers toscans ou ligures. Aujourd'hui, les vins blancs insulaires ont peut-être une dimension de finesse et de capacité à exprimer le génie des sols et des climats supérieure à celle des vins rouges et certainement à celle des rosés. À commencer par ceux issus du cépage roi de l'île, le vermentino, qu'on retrouve en Ligurie sous le nom de pigato, et du côté français sous celui de rolle, et évidemment dans toute la Sardaigne, parfois dans l'indifférence du continent italien. Sa fraîcheur aromatique nous pousse à le définir comme le *« riesling de la Méditerranée »*. Sa capacité à muter en de nombreux clones aide à la diversité de style et de caractère qui en fait aussi un vrai vin de civilisation capable d'étonner et de faire parler les amateurs. Un autre cépage qualitatif, le biancu gentile (ou ghjintili, dans l'orthographe ancienne, pour ne pas vexer tous les gentile ou gentils de la terre – en fait un seul, bien connu et disons un peu susceptible) s'est illustré d'abord vers Sartène avant de conquérir toute l'île. Un peu plus gras dans sa texture, un peu moins aromatique et capable de s'épanouir de façon surprenante au vieillissement, il exige un vinificateur adroit. Plus facile à cerner – et à notre sens destiné à un grand avenir – il associe les qualités parfois opposées des deux précédents pour donner un vin énergique et complet. On reste pantois devant le retard des appellations historiques de Corse à l'intégrer dans leurs cahiers des charges, obligeant le viticulteur, même le plus nationaliste, à le vendre comme vin de France… La Haute-Corse l'avait adopté en premier, le sud lui réussit tout autant. Naturellement, un assemblage des trois cépages, avec un petit appoint d'autres, un peu plus verts et rustiques, comme le riminese (un peu plus vif), le brustianu, le cualtacciu, le carcaghjolu blanc – référencés dans les collections du domaine Abbatucci et, on espère, dans bien d'autres à l'avenir – peut donner un vin incomparable en climat dit méditerranéen et égal aux plus hautes réussites septentrionales. D'ailleurs, le CRVI Corsica (centre de recherche viticole de Corse, unique de ce genre en France) y veille.

La sélection

Cave Coopérative d'Aleria, L'Eterna 2021, corse
90
Exemple même de la finesse du vermentino, notes aromatiques savoureuses et désaltérantes de cédrat et d'agrumes acidulés, jolie longueur et aucune surcharge d'élevage. La cave est en progrès.
2022>25
15 euros

Clos Alivu, patrimonio 2021
91
Robe pâle, remarquable vinification donnant de l'air et de la légèreté sans la moindre dilution, des nuances et de la subtilité, à contre-courant de certaines modes qui défigurent le terroir sous prétexte de l'exalter.
2023>26
21 euros

MATHIEU GARÇON

Clos Canarelli, Tarra di Sognu 2021, vin-de-france
94
En attendant la création d'une appellation bonifacio, ce vin de calcaire est une réussite sans vraiment d'égale par son étoffe, sa complexité, l'intégration de son élevage où le bois participe à l'éclat de l'ensemble. Finale saline de grand style.
2024>28
54 euros

Clos Culombu, corse Calvi 2021
89
Belle pureté aromatique sur les agrumes, frais, gourmand, certains le jugeront un peu trop expressif mais sa spontanéité aromatique lui vaudra beaucoup d'amis.
2022>24
17 euros

Domaine Fiumicicoli, corse Sartène 2021
90
Parfait vermentino corse, saveur noble d'agrumes, vivacité du fruit sans verdeur, fraîcheur et corps capable dans les trois ou quatre prochaines années de magnifier les notes terpéniques propres au cépage qu'on pourrait qualifier de riesling de la Méditerranée.
2022>25
14 euros

Clos Landry, Léa 2020, corse Calvi
90
Joli vin que ce délicieux vermentino aux notes d'agrumes parfaites, précis, long, savoureux.
2022>24
28,75 euros

Domaine Yves Leccia, Altru Biancu 2021, IGP île-de-beauté
92
Vin de bianco gentile remarquable, tellurique et énergique, plus intense même que le vermentino du millésime, plus révélateur de la force du terroir.
2023>26
20,40 euros

Clos Nicrosi, coteaux-du-Cap Corse 2021
91
Encore plus salin, aérien et iodé aussi que la cuvée Stecaja. Vin long, complexe, le meilleur sec de la propriété depuis de nombreux millésimes. Bravo Marine et Sébastien Luigi.
2023>28
31 euros

Domaine Orenga di Gaffory, Impassito 2013, muscat-du-cap-corse
96
Cette merveille rivalise en grandeur aromatique et longueur avec les plus grands liquoreux de la planète. Triomphe d'un grand passerillage exaltant les arômes du cépage. Une minute ou presque de persistance.
2022>30
30 euros

Domaine Pieretti, muscat-du-Cap Corse 2020
93
On aime dans ce vin incomparable avec sa haute maturité de raisin, nez splendide, large, généreux, embaumant le musc du muscat et les fleurs. Long, gras, complet.
2023>28
25 euros

Domaine Sant Armettu, Burghese 2018, IGP île-de-beauté
90
Grande pureté aromatique, texture élancée qui s'est épanouie avec l'âge, toujours aussi frais et savoureux, un vin vraiment étonnant.
2022>27
71 euros

Domaine Tarra di L'Apa, ajaccio 2021
90
Pur au nez et en bouche, sur les agrumes fins, type cédrat, excellente maturité du raisin et expression juste et racée du terroir. Vin de style.
2022>26
17 euros

Domaine de Vaccelli, Chioso novo 2020, ajaccio
93
Même qualité que la cuvée granit sur le plan aromatique mais avec un boisé maîtrisé qui allonge et complexifie la fin de bouche, prouvant une maîtrise rare de la vinification et de l'élevage. L'un des sommets du genre sur cette île.
2025>30
60 euros

Clos Venturi, Chiesa Nera 2016, vin-de-france
95
L'un des blancs les plus remarquables de Corse sinon et peut-être le plus complet dans cette couleur, avec la force et la densité d'un grand bâtard-montrachet. Parfaite complémentarité des trois cépages, vermentino, bianco gentile et genovese. Fait pour la table et les grands plats.
2022>25
75 euros

Domaine Vico, A Mina 2019, corse
90
Splendide nez d'agrumes, grande délicatesse dans les nuances et longueur persistante. Le vieillissement lui permet d'être à point. Un vin exemplaire.
2022>25
40 euros

LES CHARMES DE L'ÎLE

LE VIGNOBLE INSULAIRE PEUT COMPTER SUR CES DOMAINES POUR CONTINUER SA ROUTE VERS LE PLUS HAUT NIVEAU

Castello di Alba

★☆☆☆☆

Le domaine vient d'être replanté par Jean André Cardosi, producteur estimé d'agrumes bio dans la même ferme. Pour sauver ses agrumes d'un gel dévastateur il y a vingt ans, il avait arraché ses vignes. Avec le retour de la prospérité, il a eu à cœur de les replanter, aidé par son ami Manu Venturi. Excellent premier millésime. Le terroir calcaire donne au vin finesse et énergie.

■ **Corse 2020** | Sec | 2023>2030 | NC — 87

Cave d'Aleria

★☆☆☆☆

La plus importante cave coopérative de Corse a évidemment comme priorité les entrées de gammes largement exportées, avec une grande spécialité dans le format bag-in-box. Mais elle sait aussi sélectionner des cuvées plus ambitieuses, souvent bien vinifiées et notamment les cuvées-du-président, dont un excellent rouge.

■ **L'Eterna, Corse 2021** | Sec | 2022>2025 | 15 € — 90

Domaine Aligria

★☆☆☆☆

Le vénérable domaine de Bernardi est désormais divisé en deux. L'oncle Jean Laurent gardant ses vignes sous le nouveau domaine Aligria tandis que le neveu (neveu également de Régine Sumeire du château Barbeyrolles) reprend la marque clos de Bernardi. Le rouge 2020 présenté avait une tendresse certaine et un raffinement de caractère.

■ **Alligria, Patrimonio 2020** | Sec | 2022>2030 | 15 € — 89

Simon-Paul Canarelli (Clos Canarelli).

Clos Alivu

★★☆☆☆

Petit domaine viticole situé sur des terres argilo-calcaires et schisteuses, particulièrement propices à la qualité du vermentino. Depuis deux millésimes, ses vins sont bien représentatifs de l'appellation tout en étant modernes dans leur netteté de fruit. Dans le difficile millésime 2018, Éric Poli n'a pas tout réussi mais son blanc aspetatta 2017 montre le potentiel du terroir.

■ **Patrimonio 2021** | Sec | 2022>2025 | 21 € — 91

■ **Aspetta, Patrimonio 2018** | Sec | 2023>2028 | NC — 90

Domaine Antoine Arena

★★★☆☆

De tous les vignerons corses, Antoine Arena est sans doute celui qui a eu la plus grande volonté de faire connaître ses vins au-delà de l'île. Avec l'aide de sa femme Marie, il a hissé son domaine parmi les meilleurs de Corse, travaillant dans une approche naturelle,

Sandrine et Yves Leccia.

sans produits de synthèse, certifié en agriculture biologique. Les trois domaines Arena (le sien et ceux de ses fils Antoine-Marie et Jean-Baptiste) n'ont pas envoyé de vins à notre dégustation. Nous ferons le point l'an prochain.

Clos Canarelli

Yves Canarelli cultive, en biodynamie, plus de 30 hectares dans les secteurs de Figari et de Bonifacio, puisant parmi les cépages corses les plus adaptés à son goût et son terroir. Le nouveau chai permet la vinification dans différents contenants : amphores, œufs béton, barriques, foudres. Après avoir donné naissance à son grand cru sur le terroir calcaire de Bonifacio, Tarra di Sognu, la grande nouvelle est le défrichement et la plantation d'un superbe nouveau vignoble par et pour Simon, son fils, qui s'annonce aussi bâtisseur et doué que son père. Parcours sans faute cette année.

- Alta rocca, Corse - Figari 2019 | Sec | 2022>2027 | 51 € — 92
- Tarra di Sognu , Vin de France 2021 | Sec | 2022>2030 | 45 € — 94
- Clos rouge, Corse - Figari 2020 | Sec | 2022>2030 | 25 € — 91

Clos Canereccia

Christian Estève reste fidèle à une ligne de conduite qui lui fait essayer toute sorte de contenant pour l'élevage avec une préférence de moins en moins secrète pour les amphores en terre. Il y a encore de la disparité entre toutes ses cuvées mais on apprécie chez lui la netteté des vinifications et le suivi des mises. Évidemment les vins plus aboutis sont hors appellation d'origine tant notre conservatisme fait de tort à notre patrimoine.

- Cuvée des Pierre, Corse 2020 | Sec | 2022>2028 | 16.6 € — 87
- Biancu gentile , Vin de France 2020 | Sec | 2022>2027 | 30 € — 88

Domaine Comte Abbatucci

Dans ce haut-lieu historique du vignoble d'Ajaccio, Jean-Charles Abbatucci pratique avec une générosité contagieuse une viticulture irréprochable. La collection unique de vieux cépages blancs locaux a fait prendre conscience de l'obligation morale et culturelle de diversifier l'encépagement de toute la Corse. Le domaine a subi un grave incendie qui a détruit la cave de vinification, qui sera reconstruite plus grande et plus efficace. Abbatucci a vinifié dans des containers ses 2021 qui ne sont pas encore en bouteilles pour la plupart et qui s'annoncent magistraux. On se régalera en attendant avec faustine blanc 2020. Ne manquez pas les-généraux, diplomates et ministres à venir, ainsi que le somptueux rouge montebianco 2021 en préparation.

Domaine du Comte Peraldi

Le vignoble touche la ville qui l'entoure à la façon de la banlieue bordelaise à Pessac. La nature reprend ses droits dès les premiers rangs de vignes et le granite produit les expressions fines qu'on associe à Ajaccio sous la direction attentive de la nouvelle génération des Poix. Les rouges ont une expression proche de celles de grands pinots noirs.

- Ajaccio 2021 | Sec | 2022>2027 | 21.5 € — 89
- Cuvée du Cardinal, Ajaccio 2017 | Sec | 2022>2030 | 45.5 € — 89

Domaine Culombu

Un nouveau cuvier à la pointe du progrès permet à ce domaine d'aller encore plus loin dans les vinifications parcellaires et de rivaliser à armes égales avec son ami Pierre Acquaviva (Alzipratu). Le fils d'Étienne Suzzoni est venu rejoindre son père avec un parfait savoir agronomique et œnologique. Ne manquez pas les nouvelles cuvées de la série storiadi, dédiées aux cépages anciens retrouvés.

- Clos Culombu, Corse - Calvi 2021 | Sec | 2022>2028 | 13.8 € — 89
- Clos Culombu, Corse - Calvi 2021 | Sec | 2026>2030 | 13.8 € — 89

Clos Finidori

Nouveau jeune et brillant producteur des hauteurs des coteaux de Figari, Matteo Finidori s'est lancé dans un programme intelligent de nouvelles plantations avec un sens évident de la vigne et du vin. Cette famille remarquable a créé un petit paradis terrestre dans la ferme auberge du domaine de Piscia. Un gîte chaudement recommandé.

- Corse - Figari 2020 | Sec | 2024>2030 | 20.5 € — 88

Domaine de Fiumicicoli

Le domaine ne présente pas souvent ses vins en dégustation comparative. Cette année, il les a présentés et nous avons pu apprécier la netteté de ses vinifications, leur habileté technique au service d'une expression juste et consensuelle du terroir.

- Corse - Sartène 2021 | Sec | 2022>2028 | 13.5 € — 90

Domaine Giacometti

En limite d'appellation, à l'entrée du désert des Agriates, le terroir change de nature par rapport au cœur de Patrimonio, avec des sols granitiques et un microclimat encore plus sec. La famille Giacometti, respectueuse de la nature et de l'environnement, continue son œuvre. Trop de vins du domaine manquaient cette année de précision ou de définition sauf ceux que nous avons sélectionnés et qui conservent le naturel, la gourmandise et leur remarquable rapport qualité-prix.

- Cru des Agriates, Patrimonio 2021 | Sec | 2022>2028 | 14.5 € — 89

Domaine Giudicelli

Murielle Giudiccelli exploite une propriété située au cœur du vignoble historique de Patrimonio, conduite en agriculture biologique et biodynamique. Vigneronne hors norme dont nous défendons le travail depuis longtemps, ses vins n'étaient pas encore en bouteille en mai. Nous ferons le point l'an prochain.

Domaine Granajolo

Tenu par deux viticultrices idéalistes, parmi les premières à cultiver bio en Corse, ce domaine

MATH EU GARÇON

produit avec constance des vins purs et souples, mais quelques imprécisions aromatiques. Progrès évidents avec une meilleure homogénéité qualitative dans les trois couleurs, et un naturel d'expression à la hauteur d'une viticulture respectueuse. Bon rapport qualité-prix.

- Monika, Corse - Porto-Vecchio 2021 | Sec | 2022>2024 | 15.36 € 90
- Monika, Corse - Porto-Vecchio 2020 | Sec | 2022>2027 | 15.36 € 88
- Le J, Corse - Porto-Vecchio 2019 | Sec | 2022>2030 | 24.42 € 91

Clos Landry

★★☆☆☆

Ce domaine emblématique de Calvi, qui trouve avec une nouvelle génération une seconde jeunesse, confirme son retour au premier plan de la qualité, avec des vins de mieux en mieux vinifiés et expressifs de leur origine. Une finesse particulière les caractérise au sein d'un ensemble remarquable de viticulteurs locaux.

- Corse - Calvi 2021 | Sec | 2022>2023 | 15 € 88
- Léa, Corse - Calvi 2020 | Sec | 2022>2027 | 28.75 € 90

Yves Leccia

★★★☆☆

Yves Leccia a quitté en 2005 le vignoble familial, repris par sa sœur Annette, en conservant une partie des vignes de son père sur le secteur plus schisteux d'E Croce et une autre partie de vignoble en fermage. Le vignoble compte désormais 15 hectares entièrement sur Patrimonio, dont les magnifiques parcelles de E Croce et Partinelone, des coteaux exposés sud-ouest bénéficiant de l'influence maritime. Le domaine maintient année après année une haute qualité d'ensemble pour toute sa production. La précision et la rigueur des vinifications permettent un vieillissement remarquable des vins.

- E Crocce, Patrimonio 2021 | Sec | 2024>2029 | 28 € | ☘ 90
- Bianco gentile, Ile de Beauté 2020 | Sec | 2022>2024 | 30.7 € 89
- L'Altru Biancu , Ile de Beauté 2021 | Sec | 2022>2028 | 22 € | ☘ 92
- O Ba !, Ile de Beauté 2018 | Sec | 2023>2028 | 32 € | ☘ 89

Domaine Mondange

★☆☆☆☆

Laura et Andria Mondange, deux jeunes viticulteurs avec un bon esprit et une cave moderne se sont installés sur le domaine familial de 40 hectares, quittant la coopération locale. Les vins précis, encore un peu simples mais d'un fruité agréable sont d'un rapport qualité prix exceptionnel.

- Corse 2019 | Sec | 2022>2028 | 15.5 € 86
- Primizia, Ile de Beauté 2021 | Sec | 2022>2024 | 8.5 € 88

Jeanne, Guillaume et Gilles Seroin (Sant Armettu).

Domaine Orenga de Gaffory

★★☆☆☆

Cet important vignoble au cœur de Patrimonio appartient à la famille Orenga. Ses vins sont des classiques de l'île, largement distribués dans tous les restaurants et hôtels. Elle est aussi propriétaire du domaine San Quilico. Ces deux propriétés réussissent toujours proportionnellement mieux leurs vins spéciaux que les cuvées courantes qui manquent souvent de définition à la hauteur de la qualité des terroirs. La cuvée Impassitu est une pure merveille.

- Felice, Patrimonio 2021 | Sec | 2023>2030 | 17.4 € | ☘ 88
- Impassito, Muscat du Cap Corse 2013 | Liquoreux | 2023>2030 | 18 € 96
- VDN Rappo, Vin de France | Doux | 2022>2030 | 24 € 91

Domaine de Peretti della Rocca

☆☆☆☆☆

En plus d'un très joli hôtel, ce cousin entreprenant d'un autre Peretti della Rocca (vieille famille aristocratique locale) a remis en valeur son patrimoine de vigne et avec les bons conseils de son cousin Canarelli et vinifie avec précision sa cuvée phare appelée Jules.

- Jules, Corse - Figari 2020 | Sec | 2022>2030 | 22.2 € 90

Domaine Pieretti

★★★☆☆

Ce magnifique domaine situé à proximité de la mer, à une trentaine de kilomètres au nord de Bastia, sur les flancs est du Cap Corse est dirigé par Lina Pieretti-Venturi. Avec détermination, elle produit des vins jouant plus sur la finesse plus que sur la puissance, dans le respect de l'originalité du microclimat marin. Ses cuvées marine n'ont guère de concurrence en matière de finesse pure.

- Marine, Corse - Coteaux du Cap Corse 2021 | Sec | 2022>2028 | 31.2 € 91
- Muscat du Cap Corse 2020 | Moelleux | 2022>2028 | 19.2 € 93
- A Murteta, Corse - Coteaux du Cap Corse 2020 | Sec | 2022>2028 | 29.4 € 89

Clos Poggiale

★★☆☆☆

Jean-François Renucci en Costa Serena a repris les anciens vignobles de la famille Skalli, Terra Vecchia et Clos Poggiale. Clos Poggiale, un peu à l'écart de l'étang de Diana, possède le meilleur microclimat, protégé de l'humidité, et permet une culture biologique qui rend justice à la qualité du terroir. Les conseils avisés de Stéphane Derenoncourt ont porté les fruits escomptés les années précédentes mais seul le rouge en 2018 nous a semblé digne du potentiel du domaine.

Domaine Bernard Renucci

★★☆☆☆

Bernard Renucci a accepté d'envoyer à nouveau ses vins à notre dégustation et bien lui en a pris, nous avons retrouvé tout ce que nous aimions chez lui il y a une dizaine d'années, avec plus d'homogénéité qualitative encore dans les trois couleurs.

- Vignola, Corse - Calvi 2018 | Sec | 2022>2028 | 11.5 € 90
- Vignola, Corse - Calvi 2021 | Sec | 2022>2023 | 10 € 89
- Pitraia, Vin de France 2019 | Sec | 2022>2028 | 23 € 94

Sant-Armettu

★★★★☆

Gilles Seroin produit les vins les plus réguliers de Sartène, bénéficiant de vieilles vignes et d'un sens inné de l'équilibre en vinification. Il réalise des cuvées de terroir sur 40 hectares, et favorisant de vieilles variétés de cépages. Son domaine est le plus septentrional de l'appellation, près de Propriano dans la vallée du Baracci, entouré d'oliviers et ouvert sur le golfe du Valinco. Les derniers millésimes confirment le talent du vinificateur avec un parcours sans faute dans les trois couleurs et des vins d'une complexité qui égale les meilleurs. Les enfants ont aujourd'hui rejoint l'aventure.

- Myrtus, Ile de Beauté 2020 | Sec | 2022>2028 | 33 € | ☘ 90
- Ermite, Corse - Sartène 2020 | Sec | 2023>2030 | 70 € | ☘ 93
- Burghese, Ile de Beauté 2018 | Sec | 2022>2026 | 70 € | ☘ 90

MATHIEU GARCON

Domaine Saparale

★★★☆☆

Une de nos plus belles et plus homogènes dégustations à l'aveugle, qui récompense un travail très sérieux de vinification parcellaire et d'essais d'élevage. Philippe Farinelli se montre moins taiseux que par le passé et parle de mieux en mieux de ses vins : il peut être fier de ses deux derniers millésimes. Ce domaine qui fut vers 1900 peut être le plus remarquable de Corse retrouve tout son prestige.

- Casteddu, Corse - Sartène 2019 | Sec | 2023>2028 | 16.5 € — 91
- Casteddu, Corse - Sartène 2021 | Sec | 2022>2027 | 16.5 € — 89
- Oenoteca, Vin de France 2020 | Sec | 2022>2024 | 34.4 € — 92

Richard et Marjorie Spurr L'Enclos des Anges

★★★☆☆

Richard Spurr, britannique devenu plus corse dans l'âme que tous les Corses, produit sur 15 hectares des vins qui vont au bout de la logique d'expression du terroir. Il confirme qu'il est le maître incontesté des rouges de son secteur de Calvi. Son vin mérite de figurer sur les belles tables gastronomiques méditerranéennes. Les blancs ne manquent pas de caractère mais il faut aimer leur petit départ d'oxydation.

- Sesto, Corse - Calvi 2019 | Sec | 2022>2027 | 21.6 € — 89
- Fraticello, Corse - Calvi 2019 | Sec | 2023>2029 | 16.8 € — 96
- Sesto, Corse - Calvi 2021 | Sec | 2022>2025 | 15.6 € | ☘ — 88

trick Fioramonti (Tarra di Sognu).

Domaine de Tanella

★☆☆☆☆

Nous sommes heureux d'intégrer de nouveau dans notre guide ce domaine qui avait brillé à la fin du siècle dernier. Le vignoble est de mieux en mieux cultivé et suffisamment étendu (80 hectares pratiquement d'un seul tenant) pour faire des sélections. La cuvée de prestige alexandra a retrouvé avec le millésime 2019 sa puissance et son raffinement. Un des rouges les plus complets de Corse dans ce millésime.

Clos Teddi

★★☆☆☆

Les granites du Clos Teddi ne sont pas la roche-mère la plus originale de Patrimonio mais permettent de comprendre la typicité de ses vins. Marie-Brigitte Poli les aime frais, nerveux, immédiats, ce qui réussit d'ailleurs mieux aux blancs qu'aux rouges. En 2018, la grande cuvée de blanc sort largement du lot.

- Patrimonio 2021 | Sec | 2022>2028 | 12.6 € — 89
- Patrimonio 2019 | Sec | 2022>2028 | 12.6 € — 89

Domaine de Torraccia

★★★☆☆

Sur 43 hectares de vignoble d'arènes granitiques (et 25 hectares d'oliviers) conduits en agriculture biologique, Marc Imbert a trouvé ses marques dans cette superbe propriété de bord de mer du secteur de Porto-Vecchio. Le domaine excelle dans les trois couleurs de vin, en jouant sur la finesse, la tension et la minéralité.

- Corse - Porto-Vecchio 2018 | Sec | 2024>2030 | 18 € — 88
- Torraccia, Corse - Porto-Vecchio 2017 | Sec | 2022>2030 | 13.5 € | ☘ — 90

Domaine Vaccelli

★★★☆☆

Avec ses étiquettes reconnaissables parmi toutes et une gamme bien découpée, ce domaine tenu d'une main de maître par Gérard Courrèges s'impose de plus en plus comme l'une des références majeures du vignoble corse. Les vins, prisés des amateurs, sont difficiles à trouver sur le marché. On recommande absolument l'ensemble de la gamme.

- Granit, Ajaccio 2020 | Sec | 2022>2028 | NC — 91
- Granit 174, Ajaccio 2018 | Sec | 2022>2030 | NC — 90
- Chioso Novo, Ajaccio 2020 | Sec | 2024>2030 | 60 € — 93

Domaine Vecchio

★★☆☆☆

Grande réussite globale pour ce domaine en constants progrès avec des vins d'une personnalité affirmée, dotés d'une matière dense, mûre, savoureuse, originaux tout en exaltant les notes aromatiques du maquis. Les vins blancs sont moins réussis, sans doute vendangés un peu trop mûrs.

Clos Venturi

★★★★☆

Manu Venturi incarne la viticulture corse dans ce qu'elle a de plus visionnaire. Après avoir converti les vignes à la biodynamie, introduit de la vie animale et maîtrisé l'enherbement. Il dispose de nombreuses parcelles où revivent des cépages anciens, ce qui lui permet d'élargir sa gamme avec de nouvelles cuvées. Il pratique une courageuse politique de vieillissement en bouteille pour mettre en marché des vins arrivés à maturité.

- Chiesa Nera, Vin de France 2016 | Sec | 2022>2030 | 75 € — 95
- Chiesa Nera, Vin de France 2019 | Sec | 2022>2030 | NC — 93
- Altare, Vin de France 2020 | Sec | 2022>2028 | NC — 89

Domaine Zuria

★★★☆☆

Christian Zuria, agrumiculteur, est passé des clémentines au vin de Bonifacio. Avec la plantation de l'incroyable parcelle de Spinella, sur un grand terroir passionnant, la famille Zuria possède un vignoble d'élite (3,5 hectares). Les premiers vins issus des parcelles Stintinu (calcaire et granite en bandes complémentaires) et Musella montrent la force du terroir. Les blancs rivalisent avec ceux de Terra de Sognu.

L'un des beaux villages du vignoble jurassien.

LE TEMPS EST BEL ET BIEN RÉVOLU OU LE VIGNOBLE DU JURA N'EXISTAIT QUE POUR SES VINS JAUNES ET SES VINS DE PAILLE. ICI AUSSI, LE VENT DU CHANGEMENT SOUFFLE FORT, REBATTANT DES CARTES À DÉCOUVRIR

LE CIEL BRILLE DE NOUVELLES ÉTOILES

DANS CE VIEUX PAYS DU VIN, LES JEUNES PRENNENT LE POUVOIR. TRANSMISSION OU NOUVEAUX DÉPARTS DANS LA VIE, ILS VEILLENT SUR UN HÉRITAGE DÉSIRÉ. REVUE D'EFFECTIFS DES BELLES PROMESSES

PAR **GILLES DURAND-DAGUIN**

LES VINS DU JURA sont à la mode. Pas seulement à Paris, d'ailleurs. La faute à qui, à quoi ? La région est petite, discrète. Mais elle a permis à toute une génération de jeunes vignerons d'éclore. Avec Pierre Overnoy comme parrain et Jean-François Ganevat comme fer de lance. Un foncier encore accessible, une palette de cépages autochtones, d'autres recherchés comme le pinot noir ou le chardonnay, un fort mouvement tourné vers le bio, voire les vins nature, et une sorte d'effervescence vigneronne qui plaît à l'amateur soucieux de dénicher des micro-cuvées produites par des micro-domaines. Comme dans toute effervescence, ça part dans tous les sens et ça fait parfois *« pschitt »*. Pourtant, une solide génération de jeunes vignerons émerge, proposant des vins à forte personnalité et à forte typicité. Et surtout, de plus en plus de vins ouillés, c'est-à-dire *« classiques »*, dans une région dont la spécificité est le vin oxydatif sous voile, dit jaune. Seule contrainte, les quantités sont limitées et le vignoble n'a pas été épargné ces dernières années par des incidents climatiques qui ont réduit les récoltes. Vins recherchés, production limitée, le marché est sous tension, les prix grimpent parfois trop vite et les cavistes n'en ont jamais assez. Les jeunes cités dans ces pages ont allumé des feux de joie, pas des feux de paille. Ces quelques têtes qui dépassent, parmi d'autres, font déjà le bonheur des initiés. Un conseil pour nos lecteurs, il ne faut pas trop tarder à s'y mettre.

HÉLÈNE BERTHET-BONDET

Domaine Berthet-Bondet

Au départ, c'est l'histoire de Chantal et Jean Berthet-Bondet, ingénieurs agronomes, qui s'installent à Château-Chalon en 1985 dans une bâtisse historique. Ils exploitent 15 hectares, dont 4,5 en appellation château-chalon, qu'ils ont passés en bio en 2010. Hélène, la fille aînée, arrive en 2013 après une carrière de traductrice à Bruxelles. Elle prend la main en 2018. Elle perpétue le travail sous voile, développe aussi la gamme de vins ouillés en côtes-du-jura et nourrit une ambition particulière pour ses rouges, en particulier le pinot noir jurassien qui n'a rien à envier à son voisin bourguignon. En 2020, sa cuvée La Queue au Renard, un lieu-dit qui fait référence à une plante graminée touffue, assemble 75 % de pinot noir et 25 % de poulsard. Le renard dessiné sur l'étiquette n'est qu'un clin d'œil à ce terroir de marnes du Trias. Quatorze mois d'élevage en fûts de chênes. Nez appétant, enrobé, bouche ambitieuse avec un bon tannin, il se gardera bien.

JULIEN MARESCHAL

Domaine de la Borde

« Je me suis passionné pour le vin depuis que j'ai quinze ans. Je me suis dit que je deviendrai vigneron. » Voilà ce fils d'agriculteurs de la région de Dole parti pour Dijon obtenir son diplôme national d'œnologue (DNO). Comme il veut faire du vin, plutôt que de dire qu'il est passé chez machin et truc, il s'y met. En 2003, à 23 ans, il s'installe à Pupillin, patrie du célèbre Pierre Overnoy. Il commence petit, passe en bio en 2009, touche à la biodynamie sans se certifier. Le domaine de la Borde atteint aujourd'hui 6,5 hectares, exploitant au mieux les côteaux de Pupillin, là en y plantant du chardonnay (sur la côte de Caillot), ailleurs en cultivant du trousseau ou du poulsard (sur la côte de Feule). Julien est bien dans son époque, mais là où il est intéressant, c'est qu'il a tout ce bagage scientifique. Pas de risques inconsidérés donc. Il n'oublie pas les paroles de Bruno Ciofi (Domaine de la Pinte) qui lui a dit que certains vins donnent de l'énergie tandis que d'autres en prennent. Une idée directrice. De l'énergie, il y en a dans le chardonnay de sa cuvée Côte de Caillot 2020. On a aussi beaucoup aimé Foudre à Canon 2019, issu de l'aromatique cépage savagnin, sur marnes schisteuses, et élevé vingt mois en foudre. Beaucoup de délicatesse et de la densité. Vivement qu'il s'ouvre.

Hélène Berthet-Bondet

GUILLAUME OVERNOY

Domaine Overnoy

Petit-neveu de Pierre, vigneron mythique du Jura, il porte son patronyme magique. Guillaume Overnoy a repris le domaine fondé par son grand-père qui s'était mis en ménage avec une fille *« du sud »*, à Orbagna. C'est son père, Jean-Louis, qui avait transformé la ferme en polyculture en domaine viticole. Avec tous ces incidents climatiques, Guillaume comprend qu'il faut continuer à se diversifier alors il fait de la bière, des jus de fruits. Le tout en bio, évidemment. Très tôt, il a su que son truc, c'était la vigne et le vin. Jeune, il part se former à Beaune, puis revient vite. Son père lui laisse les mains libres, même s'il ne comprend pas toutes ces histoires de bio, y voyant plus le risque que le sens de l'histoire. Guillaume prend de la hauteur sur ses 5,5 hectares. Il va au bout de ses convictions et veut accompagner ses vins le plus possible. Son idéal serait de faire des vins avec deux ans d'élevage et un sur lattes avant de les commercialiser. Les curieux doivent goûter son crémant. Sa cuvée Charmille (côtes-du-jura), chardonnay ouillé issu du lieu-dit En Poinot, est presque un classique. Un millésime 2019 floral, avec cette touche légèrement oxydo-boisée des élevages longs. Les lies lui donnent de la mâche, de la présence en bouche et de la longueur.

VALENTIN MOREL

Domaine Les Pieds sur Terre

Plus qu'un nom de domaine, un slogan. Valentin Morel, petit en taille, grand en paroles, a repris en 2014 les 6 hectares de son père Jean-Luc à Poligny. Une reconversion. Avant, il a fait du droit, travaillé en préfecture. Ses lectures, *Éloge du carburateur*, *La Révolution d'un seul brin de paille* (le livre de chevet d'Anselme Selosse), lui ont donné le goût de revenir à la terre. En bio et même en biodynamie, il ne fait que des vins issus de ses raisins. Beaucoup de cuvées pour laisser libre court à sa créativité. Il possède 2,6 hectares sur le lieu-dit Les Trouillots, au nord de Poligny, orienté plein sud. Les chardonnays sont plantés dans les hauts, sur calcaire. Pour le millésime 2019, la cuvée a passé deux mois en fûts. Nez boisé, légèrement oxydatif, très jurassien, beaucoup plus vif et tranchant en bouche.

NICOLAS JACOB

Domaine Nicolas Jacob

Il ne fait pas encore trop parler de lui. Il n'aime pas trop parler non plus. Il préfère être dans ses vignes. Horticulteur de métier, Nicolas Jacob fait les vendanges chez Laurent Macle et apprend le métier chez l'incontournable Fanfan (Ganevat). Il se lance en 2015 avec seulement un hectare à L'Étoile. En 2018, il en acquiert cinq de plus dans le sud-Revermont. Il est évidemment certifié bio et flirte avec la biodynamie. Il produit les classiques chardonnay, savagnin et pinot noir qu'il décline en cuvées produites en (trop) petites quantités. Il s'amuse aussi avec sa cuvée Les Argales (mot patois pour chenapans) qui associe chardonnay et savagnin suite à des fermentations paresseuses. Ou avec la cuvée X, un vin issu de très vieilles vignes de cépage teinturier. Dans le genre incontournable, la cuvée de chardonnay Là-Haut 2019, en appellation l'étoile, est un vin riche et fondant, long en bouche. À essayer d'urgence, avant que le monde n'en devienne dingue.

CHARLINE, ROMAIN ET JULIEN LABET

Domaine Labet

Premier coup de fil. On tombe sur la mère. On a le malheur de demander à parler à Julien, l'aîné des enfants, tête d'affiche du domaine. On se fait rabrouer. Les Labet, c'est une fratrie. Charline, Romain et Julien. Julien s'est formé avec Romain en Bourgogne. Il a passé les années 1990 chez les Ramonet à Chassagne-Montrachet. Charline s'est mise au vin plus tard, au début des années 2000. C'est elle qui vinifie avec Julien. Romain s'occupe des vignes. Ces trois-là héritent d'une longue tradition viticole qui remonte à l'arrière-grand-père. Alain, le père, a eu le nez creux. Il a gardé les vieilles vignes dans les années 1970, quand tout le monde cherchait à produire beaucoup. Il a démarré en bio, puis a arrêté. Trop à faire. Un sujet de clash avec Julien au début du millénaire. Tout est rentré dans l'ordre. Le domaine possède 14 hectares, surtout en blanc. Les vins sont du genre *« nature »*, nature net, sans soufre ajouté, travaillés sur lies, sans filtration, ce qui donne des matières importantes. Pur chardonnay, le côtes-du-jura En Chalasse 2019 est l'archétype du vin de sols argileux, très gras. Chardonnay sur calcaire, la cuvée Les Varrons est tout aussi riche avec un supplément d'énergie.

Valentin Morel.

Charline et Romain Labet.

LE JURA LÈVE LE VOILE

LE VIN DE VOILE EST PLUS QU'UNE MÉTHODE, C'EST UN HÉRITAGE, UNE SIGNATURE, UNE ORIGINE. AUCUNE ENVIE DE MODERNITÉ N'AURA RAISON DE CETTE TRADITION. IMMUABLE, MAIS PAS FIGÉE

PAR **MATHILDE HULOT**

« LE VIN DE PAPA ». C'est comme ça que l'appellent Clémentine et Bastien Baud, neuvième génération (ils ont d'ailleurs rebaptisé le domaine Génération 9), dont la cave est située au Vernois dans le Jura. Le vin de papa, c'est le vin jaune. Dans leur gamme moderne et décalée (étiquettes joyeuses, essais en tout genre), l'œuvre paternelle est immuable. Non pas figée, immuable. C'est le vin emblématique du Jura, présent depuis toujours, élaboré avec une patience d'ange. Le grand vin du Jura, vin d'élevage par excellence, sec, riche et complexe aux arômes de noix, d'amandes vertes, de curry, qui jubile sur une poularde à la crème et aux morilles ou, plus simplement, sur un bon morceau de comté. Chez les Baud, on l'aura compris, c'est le père qui veille dessus comme sur un trésor, gardé secrètement dans une grange accolée à sa maison, loin du domaine. Au rez-de-chaussée, les fûts se serrent dans une antre sombre au plafond bas. Un escalier en bois, minuscule, coincé dans l'angle de la pièce, mène à un grenier si vaste qu'on se croit dans la caverne d'Ali Baba. Plusieurs centaines de fûts dorment les uns contre les autres. Un dortoir de vin jaune. Les rayons du soleil s'invitent par les lucarnes et transpercent les toiles que les araignées ont tissées à

*Le voile sur le vin.
Etrange image qui raconte
un mystère de plus
sur la vie du vin.*

Un voile pas si mystérieux

Le voile paraît mystérieux. Or, il a toujours existé. C'est notre vision actuelle qui fausse le regard et l'appréciation du vin. En 7 000 ans d'histoire, le jus de raisin fermenté a évolué, surtout ces cinquante dernières années. Maintenant que les vins fruités, protégés du moindre effet de l'oxygène, sont à la mode, les vins sous voile et consorts surprennent et paraissent étranges. Ils sont pourtant les vins ancestraux. Quant au voile, il n'est pas spécifique au vin jaune. Dans le xérès en Espagne, dans le szamorodni sec à Tokaj (Hongrie), il est partout. Certains cépages s'y prêtent mieux, comme le savagnin. Alors, qu'est-ce que ce voile exactement ? *« Une accumulation de cellules avec une matrice de polymère »*, explique le passionné Jean-Luc Legras, ingénieur de recherche, responsable de la collection des levures au CIRM-Levures (Centre international de ressources microbiennes). *« Les cellules sont attachées entre elles avec une colle, une protéine à leur surface. Ces cellules utilisent l'éthanol pour favoriser leur croissance et se multiplier. »*

foison entre les barriques. Des années de repos, dans le calme et la chaleur, au gré des changements de température. Jean Baud soulève les bondes les unes après les autres et jette un œil dans le trou du fût pour voir l'état du voile qui n'a jamais la même couleur ni la même forme d'un contenant à l'autre. Il se redresse, s'assied, heureux et détendu, sur le bord d'une barrique, croise jambes et bras et fait danser sa moustache sous ses yeux bleus. Il nous raconte ce que vivent ces vins-là pendant leur long séjour, les sensations qu'ils lui transmettent avant de sortir au grand jour. Même dévotion chez les Berthet-Bondet, installés depuis 1982 au centre de Château-Chalon. Là, les centaines de fûts sont gerbés dans une belle cave voûtée à température constante sous l'œil assidu d'Hélène, la même génération que les jeunes Baud. Pour elle, ce n'est pas seulement le vin de papa, c'est aussi le sien. Elle a pris la relève avec conviction. Pareil encore dans la cave du domaine Pignier, à Montaigu. La famille conserve ses fûts de jaune dans un caveau millénaire qui leur appartient depuis 1795 et qui fut, encore avant, la propriété des Chartreux. Les escaliers de pierre et les voûtes à ogives témoignent du passé et du pouvoir inouï de conservation de ces lieux magiques. Dans le cas du vin jaune, le lieu de stockage importe avant tout. Aucune technologie n'est requise. À part le fût, presque rien d'autre. Le savoir-faire du vigneron est indispensable, l'expérience aussi. Décider quand on ouvre la porte, décider quand on la ferme. Si Pasteur s'est penché sur les levures avec son œil scientifique, et même s'il existe des directives et des process depuis presque un siècle, ici, c'est l'empirisme qui triomphe.

Le décret de l'appellation château-chalon remonte à 1936. Depuis, trois autres appellations ont vu le jour : étoile, arbois et côtes-du-jura. Au total, 4,5 % des 2 000 hectares qui bordent la chaîne jurassienne sont dédiés à ce vin d'élevage et d'excellence. Terres de prédilection : les sols argilo-calcaires et les marnes bleues, qui tapissent les pentes du Revermont. Tout commence dans les vignes. Une commission scrute l'état général et autorise la production avec un minimum de 12 degrés potentiels à la vendange. Le cépage est unique, c'est le savagnin. Il fait naître ce vin seul, à 100 %, et c'est comme ça depuis des siècles. Le vin jaune existait bien avant le décret, comme en témoigne cette description du médecin arboisien Dumont au début du XIXe siècle : *« Tenu dans des tonneaux pendant dix à douze ans, le vin blanc élaboré à partir du raisin savagnin prend une couleur jaune doré [...]. Il perd tout son sucré et prend en échange plus de vineux. Dans cet état, il est nommé vin jaune et captive l'estime des Arboisiens »*. Cépage tardif, on le récolte en octobre, ce lointain cousin du traminer à la silhouette compacte donne un fruit à la peau épaisse, protégé des pluies automnales. Une fois pressé, son jus fermente comme pour n'importe quel autre vin blanc. Ce n'est qu'au cours de son élaboration que sa typicité prend son sens. Qu'il vieillisse au grenier ou dans de vieilles caves souterraines, le vin jaune est élaboré de la même manière. Habituellement, dans le circuit de fabrication de n'importe quel vin, le vigneron ouille ses fûts, ajoutant régulièrement du vin par le trou de bonde pour maintenir le contenu à un certain niveau. Il compense ainsi les pertes, évitant *« la part des anges »* inévitable due à l'évaporation tout en empêchant la surface du vin d'être en contact avec l'air. Dans le cas du vin jaune, on recherche justement l'inverse. L'ouillage n'a pas lieu. Le fût perd du volume, le vin fermenté baisse et entre en contact avec l'air, sur toute sa surface. Après un certain temps, un voile de levure se forme. Il s'étend, s'épaissit, prenant une consistance différente d'un fût à l'autre. Bouclier naturel, il protège le liquide de l'oxydation et donne ses arômes singuliers au savagnin. Ces levures essentielles, agglomérées les unes aux autres, construisent le vin jaune. Elles lui donnent son harmonie et ses spécificités. C'est un processus biologique, levurien. Rien à voir avec l'oxydation néfaste dû à un processus physico-chimique. Le vin jaune du Jura existe donc grâce à cette matière vivante et naturelle, présente dans l'univers de la cave ou du grenier, qui se transmet d'un millésime à l'autre comme un miracle de la nature. Ce procédé ne peut se faire que dans des fûts de chêne, seuls capables de permettre l'aération, l'échange gazeux et l'évaporation nécessaires à la construction de ce vin. La barrique bourguignonne (228 litres) s'avère parfaite pour trouver ce juste équilibre. Durant ce temps d'action du voile, le vigneron n'a presque rien à faire. Juste à surveiller, régulièrement, que le long chemin de six ans et trois mois, encadré par les règles, se déroule bien. Le vin jaune ne se fait pas sans risque. Le point de bascule est précaire entre un vin élaboré de manière surprotégée et du vinaigre. Le vin de voile se situe entre les deux, à la juste limite. Ce jeu avec l'air peut aussi finir en désastre et le moindre fût qui développerait une acidité volatile trop importante doit être exclu d'urgence du cheptel afin d'éviter toute contamination.

Pour aller plus loin
La Nouvelle épopée des vins oxydatifs secs, Éditions Trabucaire, 2021.

Le clavelin, bouteille unique

Le vin jaune du Jura a sa propre bouteille, adoptée pour une raison logique. Au bout de six ans et trois mois d'élevage, sur les 228 litres d'un fût habituel, il ne reste plus ou moins que 188 litres. Cette différence correspond à la *« part des anges »*, nom évocateur donné au liquide évaporé. On l'estime, par expérience, à treize centilitres par bouteille par rapport à une bouteille classique. D'où les 62 centilitres du clavelin qui a survécu aux règles européennes – Bruxelles voulait l'interdire – et donne au vin jaune une caractéristique supplémentaire. Dans son joli flacon, il est reconnaissable parmi l'ensemble des bouteilles de vin commercialisées sur la planète.

LES VINS DE L'HISTOIRE

IL FAUT FAIRE PREUVE D'UN CERTAIN HÉROÏSME POUR CULTIVER LES PENTES JURASIENNES. DÉTERMINÉS ET PASSIONNÉS, CES DOMAINES N'EN MANQUENT PAS

SÉLECTION ***MICHEL BETTANE ET LOUIS-VICTOR CHARVET***

Château d'Arlay

★★★☆☆

Propriétaire du plus ancien château viticole de France, ancien couvent classé monument historique, Alain de Laguiche et son chef d'exploitation, Philippe Soulard, œuvrent depuis le millésime 2012 pour rafraîchir le style des vins et mettre en place l'agriculture bio sur les 22 hectares. De plus en plus homogène, la gamme propose quelques très beaux vins, élégants et racés, en rouge comme en blanc.

- Pinot Noir, Côtes du Jura 2017 | Sec | 2023>2027 | 18 € — 89
- Naturé, Côtes du Jura 2020 | Sec | 2022>2027 | 20 € — 90

Benoît Badoz

★★☆☆☆

Formé en Bourgogne puis dans le monde, Benoît Badoz a repris les 10 hectares du domaine familial dont 65 % plantés en blanc, désormais cultivés en culture biologique (certification pour le millésime 2019). Le vignoble a la particularité de n'occuper qu'un terroir, celui des Roussots et des Grands Roussots, aux sous-sols variés d'argiles, de calcaires et de marnes.

- Dédicace à Pierre, Côtes du Jura 2020 | Sec | 2023>2028 | 17.5 € | ☘ — 88
- Cuvée Arrogance, Côtes du Jura 2020 | Sec | 2023>2028 | 17.5 € | ☘ — 89

Domaine Berthet-Bondet

★★☆☆☆

Le domaine domine tout Château-Chalon, juché sur son éperon rocheux à 450 mètres d'altitude. Jean a passé le relais à sa fille Hélène, venue assurer la relève après une première vie de traductrice à Bruxelles, et assurer la bonne marche des 15 hectares. Certifiés en bio depuis 2013, les vins figurent parmi les réussites du vignoble, notamment les vins de voile, grande spécialité du domaine. Les jaunes (4,5 hectares en château-chalon) sont élevés dans de magnifiques caves voûtées.

- Tradition, Côtes du Jura 2018 | Sec | 2022>2027 | 19.8 € — 89
- La Poirière, Poirière, Côtes du Jura 2020 | Sec | 2022>2026 | 18.8 € — 88

Domaine Philippe Chatillon

★☆☆☆☆

Philippe Chatillon s'est installé à Poligny en 2013 pour créer son domaine. Une petite surface de 3,5 hectares, un travail en bio et en biodynamie, sans soufre, avec des tests d'élevage en amphore, pour un résultat probant sur une large gamme déclinée en côtes-du-jura, arbois et vin-de-france. La qualité est au rendez-vous.

- Puits Saint Pierre, Côtes du Jura 2020 | Sec | 2023>2026 | 49 € | ☘ — 88

Domaine Daniel Dugois

★☆☆☆☆

Philippe Dugois, le fils de Daniel, assure la conduite des 10 hectares de vignes plantées à Arbois exclusivement, dont un tiers de trousseau. Les rouges, sérieusement vinifiés et à bon prix, ont souvent besoin de temps pour s'exprimer, quand les blancs sont subtils et de bonne garde.

- Trousseau La Damelière, Arbois 2019 | Sec | 2022>2030 | 15.5 € — 88

Domaine Geneletti Père et Fils

★☆☆☆☆

David Geneletti joue dans deux catégories : le terroir de l'Étoile (10 hectares) et de Château-Chalon ensuite (1,80 hectare). La gamme, du jaune au crémant, constitue un ensemble sérieux et cohérent que nous recommandons.

- Au Désaire, L'Étoile 2018 | Sec | 2023>2025 | 11.5 € — 86
- Réserve de Louis - savagnin, L'Étoile 2016 | Sec | 2025>2045 | 17.5 € — 93

Domaine Labet

★★★☆☆

La fratrie formée de Julien, Romain et Charline conduit aujourd'hui un ensemble de 14 hectares dans la combe de Rotalier. Sous l'impulsion de Julien, totalement partisan de la cause bio, le domaine s'est converti et toutes les cuvées sont certifiées depuis le millésime 2016. Style délicat, précis, cristallin, parfois sans soufre pour certaines cuvées, les vins font partie des grandes cuvées du Jura. Incontournable.

- En Chalasse, Côtes du Jura 2019 | Sec | 2023>2027 | 50 € | ☘ — 92
- Chardonnay La Reine, Côtes du Jura 2019 | Sec | 2022>2026 | 50 € | ☘ — 90

La famille Dugois.

Nicole Deriaux et ses fils Baptiste et César (domaine de Montbourgeau).

Domaine Frédéric Lornet

★★☆☆☆

L'ancienne abbaye du secteur de Montigny-les-Arsures abrite les caves de Frédéric Lornet, vigneron méticuleux qui met un point d'honneur à ne pas confondre oxydation et terroir. Le vignoble de 18 hectares compte plus de 2 hectares de trousseau, spécialité de la maison. Les cuvées sont réussies, tant en rouge qu'en blanc. Valeur sûre.

- **Naturé, Fertant, Arbois 2020** | Sec | 2023>2028 | 26 € — 90

Domaine de Montbourgeau

★★★☆☆

Le chardonnay représente près de 70 % de ce vignoble (10 hectares au total sur l'appellation étoile, dont 2 hectares de savagnin). Nicole Deriaux est depuis plus de 25 ans aux commandes, épaulée par ses fils César et Baptiste. Vins délicats, expressions salines, prises de voile subtiles, le domaine est au sommet de l'appellation.

- **Cuvée Spéciale, L'Étoile 2017** | Sec | 2023>2028 | 20 € — 89
- **Trousseau, Côtes du Jura 2020** | Sec | 2023>2028 | 22 € — 90
- **L'assemblage, L'Étoile 2020** | Sec | 2023>2025 | 19 € — 89

Domaine du Pélican

★★★☆☆

Guillaume d'Angerville, propriétaire à Volnay, a acquis le domaine de Chavanes (5 hectares) en 2012 et l'a renommé le Pélican, symbole d'Arbois. S'ajoutent ensuite 4,5 hectares repris à Jacques Puffeney ainsi que 5 autres hectares de blancs situés à l'entrée d'Arbois. La gamme, axée sur les cépages jurassiens (ouillés), intègre aussi chardonnay et pinot noir, dans une lecture classique de leurs appellations. Conduit en biodynamie, le domaine continue sa marche en avant

- **Chardonnay En Barbi, Arbois 2020** | Sec | 2023>2028 | 39 € | ☘ — 91
- **Grand Curoulet, Arbois 2020** | Sec | 2022>2030 | 42 € — 92

Domaine Pignier

★★★☆☆

Vignerons à Montaigu, Jean-Étienne, Antoine et Marie-Florence Pignier conduisent 5 hectares de vigne situés dans deux vallées reculées : le val de Vallière et le val de Sorne. Ambassadeurs de la cause biodynamique (Déméter depuis 2003), ils signent des vins avec une précision d'orfèvre qui garantit la pureté et la netteté du fruit. Une adresse sûre.

- **Les Gauthières - Trousseau, Côtes du Jura 2020** | Sec | 2025>2035 | 35 € — 93
- **Gamay blanc, Côtes du Jura 2019** | Sec | 2023>2026 | 27 € — 91

Domaine de la Pinte

★★★☆☆

Ce domaine de 34 hectares, installé sur les terroirs de marnes bleues d'Arbois et de Pupillin est dirigé par Pierre Martin. Le vignoble est en biodynamie (après dix ans de certification en agriculture biologique). Samuel Berger en assure la gestion, épaulé par Emmanuelle Goydavin en charge des vinifications, de l'élevage et de l'export. Le domaine propose toute la gamme des vins du Jura.

- **Trousseau, Arbois 2020** | Sec | 2023>2026 | 24 € | ☘ — 87

Domaine Rijckaert - Jura

★★★☆☆

Florent Rouve, propriétaire des 6 hectares de ce domaine, gère aussi 4 hectares dans le Mâconnais. Natif du Jura, soucieux de pérenniser le style forgé par le maître flamand, il perpétue ainsi les 15 à 18 mois d'élevage en barriques de 228 litres et le travail à la bourguignonne. Le domaine produit des blancs ouillés, élevés sur lies pour traduire le potentiel minéral de ces terres argileuses. Des chardonnays au caractère bourguignon à conserver quelques années. Une bonne adresse de référence.

- **En Paradis, Arbois 2020** | Sec | 20.8 € | ☘ — 92
- **Savagnin, Arbois 2020** | Sec | 2023>2026 | 23.1 € — 88

Domaine Rolet Père et Fils

★★☆☆☆

C'est l'un des plus vastes domaines du Jura, avec 65 hectares de vignes réparties sur les appellations Arbois, Côtes du Jura et L'Étoile. La gamme, qui comprend de nombreuses cuvées de tous types de vins (ouillés, sous voile, crémants, macvin, paille et jaune), avec une majorité de blancs, était réputée complète mais inégale, avec de belles pépites dans les millésimes anciens. Les vins retrouvent une certain unité dans la qualité.

- **Tradition, Arbois 2015** | Sec | 2025>2030 | 18.5 € — 88
- **Savagnin ouillé, Arbois 2020** | Sec | 15.6 € — 88

Domaine de Savagny

★★☆☆☆

Ce domaine appartient au géant Grands Chais de France et possède 54 hectares de vignes. Avec un approvisionnement ciblé, l'ensemble produit un million de bouteilles et ce que nous en avons goûté était plus que concluant. Les jaunes sont de bon niveau et les blancs plus qu'honorables.

- **Crémant du Jura NM** | Sec | 2022>2025 | 7.3 € — 92
- **Château-Chalon 2015** | Sec | 2025>2040 | 35 € — 95

Domaine André et Mireille Tissot - Stéphane Tissot

★★★★☆

Stéphane Tissot est la locomotive du Jura. Aux commandes du domaine familial depuis 1993, avec son épouse Bénédicte, il révèle toute la richesse des terroirs du Jura à travers de grands vins en sélections parcellaires. Variété de la gamme, pureté des vins, travail d'orfèvre, avec sa cinquantaine d'hectares en biodynamie, le domaine est l'un des plus passionnants de la région.

- **Sous la Tour - Pinot noir, Arbois 2018** | Sec | 2023>2028 | 34 € — 90
- **La Mailloche - chardonnay, Arbois 2019** | Sec | 2025>2035 | 40 € — 94

Fruitière Vinicole de Voiteur

★☆☆☆☆

Cette coopérative créée à la fin des années 1950 au pied du village de Château-Chalon regroupe aujourd'hui une soixantaine de vignerons, exploitant 80 hectares sous la direction du dynamique Bertrand Delannay. Elle connaît un développement discret mais très régulier, grâce à une gestion saine. La dégustation a notamment mis en exergue un château-chalon convaincant. Dommage que nous n'ayons pu goûter plus largement la gamme.

- **Tradition - chardonnay, L'Étoile 2018** | Sec | 2023>2028 | 12.9 € — 88

Quelques jeunes vignes dans la chaleur de l'été.

edoc

CETTE RÉGION GRATIFIE L'AMATEUR DE VINS D'EXCEPTION, BOUDÉS PAR LES BUVEURS D'ÉTIQUETTES, À QUELQUES-UNS PRÈS. D'APPELLATIONS EN IGP, EN PASSANT PAR LES VINS DE FRANCE, LA COURSE EST LANCÉE DEPUIS PLUS DE VINGT ANS ET PARTOUT, DES PLUS CÉLÈBRES AUX MOINS ÉMERGENTS, ON FAIT BIEN

PROMOTION DE L'ANNÉE

★★★★★

MAS JULLIEN

PRESSE

OLIVIER JULLIEN LE SUD ILLUMINÉ

IL N'Y A PAS DE TRAIN SANS UNE LOCOMOTIVE PUISSANTE, BRILLANTE, INNOVANTE. SANS LE VOULOIR VRAIMENT, OLIVIER JULLIEN A ENDOSSÉ CE COSTUME

PAR **ALAIN CHAMEYRAT**

RÉUNION D'UNE VINGTAINE DE VIGNERONS de l'appellation terrasses-du-larzac, avant la crise sanitaire. Il y a de l'ambiance, le millésime s'annonce bon, les discussions sont animées, bruyantes, la cacophonie s'installe. Au bout de cette tablée joyeuse, un vigneron commence à parler. Olivier Jullien expose sa vision du vin. Sa voix ne porte pas particulièrement, mais tout le monde se tait. Le maître parle. L'homme est celui par qui tout a commencé, quand tout le monde était encore persuadé que les vins du Languedoc ne servaient qu'à faire des sauces, quand personne ne savait situer les terrasses du Larzac. On le respecte pour ses vins, ses savoirs, son intelligence et surtout pour un humanisme presque d'un autre temps, pourtant si moderne tant il est nécessaire.

Tout commence au début des années 1980. Jullien n'a pas de vignes, juste un BTS viti-oeno en poche. Il loue quelques parcelles pour faire son vin, qu'il réussit à vendre en installant des panneaux publicitaires pour attirer les touristes de passage ou en posant des flyers photocopiés sur les pare-brises des voitures. Les premiers professionnels à acheter sont les Belges. Eux n'ont pas de préjugés sur les vins du Languedoc. Devant la flambée des prix des grands bordeaux, ils cherchent d'autres sources d'approvisionnement pour leur clientèle. Quelques restaurateurs, comme les patrons du Mimosa à Saint-Guiraud, envoient beaucoup de leurs clients chez Olivier. Lui reprend ses études afin de mieux comprendre ce qui se passe dans un raisin et dans un chai et obtient le diplôme d'œnologue. Curieusement, la tradition est allée ici de fils en père. Dix ans après le démarrage du mas Jullien, le père d'Olivier, viticulteur coopérateur de son état a créé son domaine, le mas Cal Demoura, dont l'aventure est aujourd'hui brillamment poursuivie par les Goumard.

TOUT COMMENCE À JONQUIÈRES

Le terroir des débuts est celui de Jonquières, dont Olivier aime passionnément les calcaires. La terre se loue à qui veut bien la prendre, les prétendants sont rares. Ce terroir donne aux vins des arômes complexes, au-delà du seul fruit, avec des matières longues en goût, soutenues par des tannins plein de reliefs qui étirent la densité du vin. Assez vite, face au réchauffement climatique que les gens de la vigne constatent à chaque millésime, l'idée d'aller cultiver plus haut dans les terrasses devient une évidence. Abandonner une grande partie de ses vignes de Jonquières n'a pas été un crève-cœur. Il a l'impression d'avoir fait ce qu'il avait à faire, ne se sent plus utile au lieu. Tombé amoureux des terroirs d'altitude de Saint-Privat lors d'une balade à VTT, il décide d'y acheter des vignes puis d'y vivre.

Ces terroirs situés entre 300 et 450 mètres donnent des vins aux arômes précis avec des équilibres fluides, longs en saveurs, légers et aux tannins doux. Carlan est la première implantation avant d'autres comme Lous Rougeos, dont les vieux vignerons disaient que chaque famille de la commune voulait autrefois en posséder un lopin. La dégustation du millésime 2020 confirme les propos des anciens. Par acquisitions successives, Jullien réussit à constituer un vignoble largement en friche. Avec la régression du monde rural, le vigneron devient un fournisseur d'accès pour des citadins qui expriment un besoin vital pour l'énergie de la nature.

Olivier Jullien a toujours voulu faire du vin pour donner de la joie, du plaisir. C'est sa lutte épicurienne. Sans l'envie de faire un vin en particulier, sans idées précises et plutôt avec la somme de ses questions, il revisite régulièrement ses propres dogmes. Certifié bio, il pratique la biodynamie sans certification. Elle est pour lui une démarche intime, amoureuse, que l'on ne peut pas faire tamponner par un quelconque organisme étranger.

ACCESSIBLE MALGRÉ LA DEMANDE

Nous voyons régulièrement émerger de nouvelles cuvées, en Languedoc ou ailleurs, dont le prix est arbitrairement fixé cinq fois plus cher que le standard local, parfois dix fois, parfois plus. La loi de l'offre et de la demande aurait voulu que Mas Jullien domine par ses prix la production du Languedoc. Olivier souhaite un prix qui lui permette de bien vivre et d'investir malgré les faibles volumes produits, sans couper le lien avec l'amateur. Ce qui l'amène à relever le défi compliqué de se faire respecter, d'avoir une image hyper qualitative sans entrer dans le jeu de la spéculation.

Pour lui, tenir cette ligne est fondamental en termes de cohérence et de confiance avec sa clientèle sur la durée. En fonction des volumes disponibles, hélas faibles sur les derniers millésimes, les amateurs intéressés peuvent acheter les vins en répondant à ses offres de réservation chaque mois de mars. Longtemps inconnus, les terroirs de l'AOC terrasses-du-larzac doivent beaucoup à Olivier. La plupart des grands amateurs situent aujourd'hui l'appellation à la pointe qualitative d'un Languedoc qui ne traîne plus ses casseroles des années anciennes. *« Ce qui manque le plus ici comme ailleurs est de trouver des personnes qui ont le sens de la vigne »*, explique Olivier. Peut-être ne se rend-il pas compte que le vignoble des Terrasses en est plutôt bien pourvu par rapport à d'autres zones du Languedoc. Nombre de néo-vignerons peuvent le remercier de ses conseils avisés. Il aide ceux qui s'installent dès lors qu'ils ont une ambition qualitative.

Nous vous recommandons la lecture de *La Mécanique des vins* (Grasset) de Laure Gasparotto et Olivier Jullien.

AUSSIÈRES EST ENFIN PRÊT

CERTAINS MILLÉSIMES, CE GRAND VIN RIVALISE AVEC LES TÉNORS DE LA RÉGION. CE QUI EST POSSIBLE PARFOIS PEUT SE RÉPÉTER SOUVENT. LE TERROIR LE PERMET, L'ÉQUIPE EST COMPÉTENTE, L'AMBITION EST LÀ. LONGTEMPS DANS L'OMBRE DES AUTRES DOMAINES BARONS DE ROTHSCHILD-LAFITE, AUSSIÈRES SE MET À BRILLER FORT

PAR ***ALAIN CHAMEYRAT***

C'EST UN GRAND DOMAINE, 550 hectares dont 180 plantés en vignes, situé à dix kilomètres du centre-ville de Narbonne. Il fut longtemps la propriété de l'abbaye de Fontfroide avant de passer entre les mains de financiers argentins. La famille Rothschild (branche Lafite) s'en porte acquéreur en 1999. Autrefois, Aussières faisait partie d'un hameau, déserté aujourd'hui, qui a compté jusqu'à 120 habitants au début du XIXe siècle. Adossée au piémont des Corbières, cette zone de Fontfroide, connue pour son abbaye magnifique, rappelle par son nom que le climat de la région est relativement tempéré. Les nuits sont fraîches dès le 15 août, alternant avec des journées chaudes, ce qui participe au bon mûrissement du raisin. La pluviométrie est ici proche des moyennes françaises, 600 millimètres d'eau par an, quand certaines zones des Corbières n'en reçoivent que 350. Le vignoble est planté sur les cailloux, les sables et les grès roses du massif de Fontfroide où l'on trouve aussi une faible proportion de calcaire. Assez classiquement, la vigne est plantée à 4 400 pieds par hectare, vendangés à la machine à l'exception de 25 hectares destinés à être vinifiés selon les principes de la macération carbonique. Cette technique impose un ramassage à la main. Les cépages en appellation sont également classiques, carignan, grenache, syrah, mourvèdre et cinsault. Une gamme de vins de cépages en IGP est produite à partir du chardonnay, du merlot, des cabernets franc et sauvignon et du petit verdot. En très mauvais état au début de ce siècle, le vignoble a fait l'objet d'une profonde restructuration. Les bâtiments ont été rénovés.

DES PROJETS POUR DEMAIN

Le domaine travaille avec la Ligue de protection des oiseaux pour recréer un écosystème qui leur soit favorable. Au niveau des sols, la réflexion est engagée pour améliorer leur fertilité sans ajouts d'intrants qui seraient incompatibles avec la certification bio escomptée à partir du millésime 2022. Un programme œnotouristique a également été lancé depuis quelques années. Autour de la boutique ouverte de mi-mai à mi-septembre, des soirées ayant pour thème la gastronomie locale ou l'observation astronomique et des journées thématiques sur la biodiversité sont organisées. L'ambition va plus loin puisque le projet est ici de repeupler et redonner vie au hameau, à la manière de ce que Lynch-Bages a réalisé à Bages, en Médoc. La propriété produit trois cuvées en appellation corbières. Le grand vin rouge Château d'Aussières, Altan d'Aussières, également rouge, ainsi qu'un rosé. Altan n'est pas un second vin. Il est issu de parcelles spécifiques dont 30 à 40 % des raisins sont travaillés en macération carbonique. Un style différent du grand vin classique et racé, jouant le registre du fruité, de la gourmandise et du plaisir immédiat. Les amateurs connaissent également la cuvée Blason d'Aussières (entre 500 et 800 000 bouteilles), assemblage de raisins issus de la production du domaine pour moitié et de raisins achetés auprès de partenaires. L'élevage se fait pour 20 % en barriques. Une proportion doublée pour le grand vin où la moitié des fûts sont neuf, produits en partie par la tonnellerie des domaines à Pauillac. ▮

MATHIEU GARÇON

La dégustation

Château d'Aussières

2010
92
Un fruit de qualité, une matière onctueuse, sans couture et un élevage élégant qui s'intègre.
2024>30
39 euros

2017
91
L'élevage s'est intégré, c'est un millésime abouti avec des tannins fins.
2022>28
NC

2015
91
Jolie bouteille à boire, notes aromatiques agréables de fruits noirs et de garrigue.
2022>30
NC

2012
94
Il s'approche de son apogée, tout semble fondu. La finesse aromatique de ce vin étonne par sa complexité. C'est l'aussières de référence.
2022>28
NC

2008
91
Toute la palette aromatique des grands vins d'Aussières, avec un tannin légèrement visible dans un ensemble de grand charme.
2022>25
NC

Altan d'Aussières

2021
89
La macération carbonique s'exprime sur un fruité souple pour un vin facile à boire, intensément fruité.
2022>25
24 euros

2020
89
Assemblage syrah, grenache et carignan généreux en arômes et tendre en tannins. La buvabilité a été recherchée pour un plaisir rapide.
2022>26
24 euros

Blason d'Aussières

2019
90
Le marquage corbières est visible, dans un vin généreux marqué par la garrigue et les herbes sèches, la réglisse.
2022>27
19 euros

Rosé d'Aussières

2021
91
Bonne matière en bouche. Style d'une grande finesse avec une petite capacité de garde. Les investissements à la vigne se voient.
2022>23
19 euros

LE NÉGOCE UNE CHANCE POUR LA FILIÈRE

LE LANGUEDOC A TOUS LES ATOUTS POUR GRANDIR ET S'IMPOSER. SOUS RÉSERVE DE PRENDRE CONSCIENCE DE QUELQUES RÉALITÉS

PAR ***ALAIN CHAMEYRAT***

LE NÉGOCE EN LANGUEDOC-ROUSSILLON distribue environ 80 % des volumes de vin de cette région qui représente près du tiers du vignoble français. C'est dire son importance en termes de poids économique. Si depuis longtemps nous mettons en avant les vins qu'il produit, faire un point sur son rôle et ses enjeux souvent méconnus des amateurs est nécessaire pour comprendre l'organisation et les tendances du marché qui se dessinent pour la prochaine décennie. Ce négoce compte quelques dizaines de structures de taille importante ou moyenne regroupées en une Union des entreprises vinicoles méridionales (UEVM), dirigée aujourd'hui par Magali Jelila. Il commercialise en direct ou à travers les structures de négoce des coopératives. Parmi les plus importantes, on peut citer Castel frères, Grands Chais de France, Advini, Gérard Bertrand, Paul Mas, Cordier, Vignobles Bonfils ou Lorgeril. D'autres négociants bien connus ont une position intermédiaire en termes de volumes distribués, comme Jeff Carrel, Laurent Miquel, Calmel & Joseph, François Lurton, Badet-Clément, etc.

PRODUCTEURS VERSUS NÉGOCIANTS

Traditionnellement, le négoce achetait à des viticulteurs ou à des coopératives du vin en vrac qu'il élevait parfois et conditionnait. Son rôle était essentiellement de commercialiser des vins qu'il n'avait pas produits. Cette image est obsolète. La frontière entre le négoce et les producteurs indépendants est devenue très mouvante. Beaucoup de producteurs réputés sur le marché font également du négoce pour compléter leur gamme. Mélanie Boissier, dirigeante de Transvins, un producteur de vrac historique explique que presque tous les négociants deviennent propriétaires de vignes. Cette tendance devrait s'accélérer dans la prochaine décennie. Les plus importants négociants, comme Gérard Bertrand et Jean-Claude Mas, possèdent désormais 900 hectares de vignes. Advini en détient 850 et tous devraient continuer de s'agrandir. L'intérêt pour un négociant de devenir producteur semble évident. Il assure ses approvisionnements et en maîtrise la qualité. D'autant que si le prix des vignes a tendance à augmenter, il reste accessible en Languedoc. On peut trouver partout des vignes plantées entre 12 et 15 000 euros l'hectare, 40 000 euros en appellation terrasses-du-larzac avec des pointes à 100 000 euros en pic-saint-loup. L'hectare champenois, bordelais ou bourguignon se compte en centaines de milliers d'euros, parfois en dizaines de millions d'euros pour quelques grands crus. Un autre monde.

Laurent Delaunay (Badet-Clément) relativise néanmoins l'intérêt d'acquérir du foncier dans la région. Les coûts de production d'une structure de négoce sont souvent supérieurs au prix d'achat de vin auprès d'un producteur installé depuis des générations. Celui-ci n'a pas à intégrer dans ses prix le coût d'acquisition du foncier, dispose souvent de matériel amorti et ne ménage pas son temps de travail. Acquérir du foncier n'a d'intérêt que pour produire des vins haut de gamme. S'éloignant d'un marché de volume à faible marge unitaire, la tendance est orientée vers un marché plus restreint en volume et à plus forte valeur ajoutée. Le vin bas de gamme ne fait plus recette depuis longtemps et va progressivement disparaître au profit des pépites et des marques. « *Contrairement à la Bourgogne, qui est une petite région avec beaucoup de vignerons stars, le Languedoc est une grande région avec trop peu de stars reconnues pour tirer toute la région vers le haut* », précise Laurent Delaunay. Les pépites sont et seront recherchées par les amateurs éclairés. En forçant un peu le trait, elles sont produites par des vignerons indépendants ou par des négociants qualitatifs qui font un vin qui leur plaît en espérant emporter l'adhésion d'une clientèle avertie et exigeante. Les marques s'inscrivent dans une logique différente. Tournées vers le consommateur, elles proposent un produit pensé pour correspondre à ses attentes.

TRAVAILLER ENSEMBLE, ET COMMUNIQUER

Valoriser l'image des vins est le projet commun de tous les adhérents de l'UEVM. Il reste beaucoup à faire, d'autant plus que la gouvernance des vins du Languedoc est aujourd'hui un problème. Plusieurs grandes appellations se sont retirées ou vont se retirer du CIVL, l'interprofession languedocienne. Et elle n'inclut pas InterOc, le plus important producteur en volume de la région avec l'IGP pays-d'oc. Difficile à comprendre tant les vins du Languedoc ont besoin de notoriété, ce qui impose des actions communes et de la coordination pour fédérer des vignerons éparpillés sur des centaines de kilomètres. De longue date, la communication est la faiblesse du Languedoc. Le budget qui lui est consacré est de l'ordre de 10 millions d'euros. L'Australie, qui produit des volumes similaires, lui consacre 50 millions d'euros chaque année. Casser les codes du vin

MATHIEU GARÇON, E. PERRIN, PRESSE

Jean-Claude Mas.

Miren et Nicolas de Lorgeril.

Grégory Hecht et François Bannier.

Gérard Bertrand.

LE TOURISME CÔTÉ VIGNES

Quoi de mieux pour un négociant-producteur que de faire passer son discours *in situ* ? Beaucoup de négociants l'ont compris et développent un œnotourisme parfois très haut de gamme comme Gérard Bertrand à l'Hospitalet, Les Clos de Paulilles par Advini à Collioure, Paul Mas ou Ollieux-Romanis en plein milieu des vignes. Ils proposent aux visiteurs une véritable expérience avec ceux qui font les vins, ce qui plaît énormément. Engagée tard dans l'œnotourisme par rapport à d'autres pays, la France a encore des efforts à réaliser. Mais la région Languedoc ne manque pas d'arguments pour attirer les amateurs.

est possible pour les Languedociens qui ne sont pas soumis aux traditions établies comme en Bourgogne ou à Bordeaux. Encore faut-t-il se donner les moyens de le faire savoir. Cette gouvernance devra également se pencher sur des projets de recherche et de développement, très insuffisants. Des organismes comme l'Inra sont sous-utilisés alors qu'ils auraient les compétences, notamment sur l'adaptation au manque d'eau et au changement climatique ainsi que sur la création de cépages résistants aux maladies, ce qui permettrait de réduire considérablement les traitements par des produits phytosanitaires ou par du cuivre. En bio, ce métal lourd que l'on déverse sur les sols est l'arme principale contre le mildiou et l'oïdium, mais il n'est pas biodégradable. Peut-on se satisfaire de cette situation à long terme ?

MAINTENIR LA PRODUCTION

Les approvisionnements auprès des viticulteurs indépendants et des coopératives ne posent pas aujourd'hui de problème majeur au négoce languedocien, sauf pour quelques blancs. Le millésime 2022 semble parti pour produire des volumes importants avec une prévision de douze millions d'hectolitres, contre huit en 2021. « *La coopération est un partenaire idéal du négoce quand elle est qualitative et maille bien son territoire* », explique Antoine Leccia, le président d'Advini. Cependant, beaucoup d'apporteurs de raisins partent à la retraite et ne sont pas remplacés, ce qui va poser un problème à court terme. Les jeunes générations ne veulent pas faire un métier physique et mal payé. La moyenne d'âge des exploitants, 56 ans, inquiète. Une pyramide des âges pérenne devrait voir son point moyen se situer entre 40 et 45 ans. Rattraper ce décalage est un enjeu majeur. Pas moins de 800 hectares ont été abandonnés en AOC corbières au cours de la seule année 2021. Les volumes de raisins disponibles vont baisser et leur coût de production continuer à croître pour les propriétés installées. Le personnel qualifié devient compliqué à trouver. Un bon tractoriste est un oiseau rare et il n'est pas le seul. Les coûts sont sur une pente ascendante. Sans parler du réchauffement climatique qui pèse sur les rendements. Le coût des approvisionnements en vins du négoce va donc augmenter logiquement et il devra mieux rémunérer les achats de raisins de qualité. Jérôme Joseph (Calmel & Joseph) paye depuis longtemps ses raisins bien au-dessus des mercuriales, la seule solution pour avoir le meilleur. De gré ou de force, le négoce dans son ensemble doit sortir du paradoxe actuel qui ne colle pas au marché. Produire 120 à 150 hectares en vin de France permet à un viticulteur de gagner entre 7 000 et 8 000 euros par hectare. Produire en appellation d'origine, avec des rendements limités, ne le rémunère qu'à hauteur de 5 000 euros. « *Le futur du marché du vin n'étant pas orienté vers les vins médiocres, il faut que cette tendance s'inverse afin qu'un revenu décent soit associé au métier de viticulteur qui fait pleinement partie de la chaîne de création de la valeur* », explique Jean-Claude Mas.

Au négoce de continuer à imposer des marques fortes et qualitatives pour donner des points d'ancrage au consommateur, qu'elles soient un nom comme Gérard Bertrand ou Paul Mas, un domaine comme Le Pive, une marque commerciale comme Les Jamelles. Elles permettent de garantir une qualité attendue, mais pas seulement. Elle doivent aussi véhiculer des valeurs auxquelles les *millennials* sont attachés comme l'agriculture biologique, la neutralité carbone, le commerce équitable. Quasiment débarrassé du syndrome de l'Assommoir, cette image de vin premier prix que le vignoble s'est forgée au XIXe siècle et pendant l'essentiel du XXe et qu'il traîne encore chez les consommateurs peu avertis, le Languedoc devra aussi proposer une réponse à une autre demande forte du public, le souhait de vins moins alcoolisés. Quelle que soit la qualité du vin concerné, les 14,5 degrés d'alcool que l'on rencontre souvent dans la région font peur à beaucoup de consommateurs. La désalcoolisation des vins n'a pas donné de résultats probants, mais d'autres voies sont possibles.

UN VIGNOBLE EN TRANSITION

Si les enjeux de la filière en matière de transition écologique sont de taille et concernent toutes les régions viticoles, le Languedoc dispose de bien des atouts. La mosaïque de types de sols, de climats y est impressionnante. « *C'est une Bourgogne puissance dix* », explique Laurent Delaunay qui dirige l'interprofession viticole bourguignonne en parallèle de son implantation dans le négoce languedocien. On peut trouver des terroirs et des microclimats pour tous les types de cépages. Après avoir réglé les problèmes de gouvernance, il faudra encore relever le niveau d'ambition environnementale à terme. La neutralité carbone est un enjeu majeur. L'évolution vers ces pratiques plus saines pour le vigneron et le consommateur devra s'accompagner de progrès humains et sociaux pour en garantir la pérennité. Aujourd'hui, 30 % de la production languedocienne s'est engagée vers le bio, mais la demande plafonne pour ces vins à 12 %. Un tel décalage risque de menacer l'équilibre économique de la filière, produire bio coûte plus cher que produire en conventionnel. Les autres labels comme Haute valeur environnementale (HVE) ou encore Terra Vitis semblent moins impressionner le public que les médailles, plus accrocheuses, même si le consommateur ne les comprend pas toutes.

UN MONDE EN COULEURS

Le rosé languedocien a eu un moment le vent en poupe, avec une forte demande pour des vins légers, à l'instar de ceux produits en Provence. Une météo capricieuse suffit à influer sur l'envie de boire cette couleur et beaucoup de rosés 2021 n'ont pas trouvé preneur. Et quand la saison du rosé démarre mal, on ne la rattrape pas l'hiver venu. La région n'a pas encore su affirmer sa spécificité à produire des rosés de caractère et suivre la tendance des rosés de Provence a ses limites. Si le consommateur a un penchant pour les rosés légers qui ressemblent à des blancs tachés, le potentiel de la couleur est réel quand elle s'affirme en puissance, et donc en couleur, notamment pour accompagner les cuisines épicées ou exotiques. Encore faut-il en persuader le grand public. Une autre couleur est prometteuse, celle du vin orange, qui est un blanc macéré comme un rouge. Cette technique est connue de longue date, mais sa diffusion est récente. La percée de ces vins est notable depuis quelques années, bien que leur qualité reste à homogénéiser.

SOUFIANE ZAIDI

LA SÉLECTION QU'ON ATTENDAIT

DES GRANDS VINS, DES GRANDS RAPPORTS QUALITÉ-PRIX. TOUT EST POSSIBLE EN LANGUEDOC

PAR **ALAIN CHAMEYRAT**

Voici une large sélection de vins du Languedoc hautement recommandables. Ils sont parfois produits par les maisons ou par les vignerons que vous pouvez retrouver dans notre rubrique bonnes adresses. Vous trouverez également des cuvées très réussies de producteurs bien moins connus. Les prix des vins de cette sélection ne feront pas d'ombre au plaisir. A l'exception des vins de quelques stars, ils coûtent en moyenne une vingtaine d'euros et nombre d'entre eux sont vendus à moins de 15 euros. On est très loin de l'envolée tarifaire que connaissent d'autres régions mais le volume du millésime 2021 dont les grandes cuvées de rouge ne sont pas encore sur le marché a été réduit par le gel. La tendance des prix sera forcément à la hausse en fin d'année mais en attendant, servez-vous parmi les derniers millésimes à la vente. Ils sont très réussis, aucun n'est à éviter. Pour ceux qui aiment garder les vins pour les boire un peu plus tard, allez chez les bons faiseurs que nous recommandons et évitez les entrées de gamme réalisées pour un plaisir immédiat. La capacité de garde des belles cuvées de rouges du Languedoc est bien supérieure à ce que l'on imagine.

Rouge

Domaine d'Aigues Belles, L'épique 2019, pic saint-loup
94
Un tannin tendre et gourmand dans ce rouge épicé, étonnant d'ampleur et de soyeux.
2022>30
19 euros

Mas d'Albo, Augustin 2019, saint-chinian
89
Facile à boire sur des tannins doux et apaisés, bouche confortable, épicée et gourmande. Archétype du vin de soif généreux qui ne manque pas de personnalité.
2022>27
7,50 euros

Artisans Partisans, Cuve n°102 2020, languedoc
88
De grande densité, c'est une cuvée pour des viandes en sauce légèrement relevées auxquelles elle saura tenir tête.
2023>28
11 euros

Domaine de l'Aster, En Montant la Calade 2018, languedoc-pézenas
89
La bouche est fraîche sur de jolis amers qui le rendent digeste et séveux.
2022>28
14,70 euros

Domaine de l'Aster, Vitis Basaltica 2019, coteaux-du-languedoc Pézenas
89
La teneur minérale est présente sur des notes de réglisse forte, de cendres, rouge original et puissant.
2022>28
12,60 euros

Domaine d'Aupilhac, Aupilhac 2019, languedoc-montpeyroux
90
Tannins frais et fins, bouche à l'avenant avec une note iodée et fumée, délicate et digeste.
2022>28
17 euros

Domaines Gérard Bertrand, La Forge 2020, corbières-boutenac rouge
94
Magnifique par son grand coup de nez sur les épices, de la fraîcheur et de la puissance, belle allonge profonde.
2023>30
NC

Domaines Gérard Bertrand, L'Hospitalitas 2020, la clape
96
Intense et généreux, racé par son caractère épicé et sa longueur racée, grande profondeur en bouche, générosité et fraîcheur, immense potentiel.
2025>32
NC

Domaines Gérard Bertrand, Clos d'Ora 2019, minervois-la-livinière
98
Intense, nez épicé d'un grand raffinement, grande harmonie tapissante et sereine, longueur apaisée, profondeur veloutée. Le meilleur clos d'ora depuis l'origine.
2023>33

190 euros

Domaine de Baronarques, Grand Vin 2018, limoux
89
Dominante de merlot complété de cabernet-sauvignon et de syrah. Un limoux qui a du fond, puissant, épicé, long, avec un tannin souple.
2022>30
38 euros

Borie La Vitarèle, Les Crès 2018, saint-chinian
90
L'élevage a besoin de se fondre pour dégager toute la finesse de fruit de cette cuvée élégante aux tannins bien enrobés.
2022>28
22 euros

Borie La Vitarèle, Les Schistes 2020, saint-chinian
91
Les vins de schistes se reconnaissent aisément, puissants en saveurs, pleins avec un fruité lumineux dans une version fraîche permise par le millésime.
2022>28
17,70 euros

Boulevard Napoléon, Cabernet franc, syrah 2017, hérault
90
Il commence à évoluer et se montre déjà patiné tout en restant frais, gourmand, salin.
2022>25
22,20 euros

Mas Cal Demoura, Feu Sacré 2020, terrasses-du-larzac
96
Le grenache domine ici en apportant un supplément de générosité à cette cuvée aux tannins racés et soyeux.
2022>30
50 euros

Mas Cal Demoura, Fragments 2020, terrasses-du-larzac
96
Issu d'une dominante de vieilles syrahs sur cailloutis qui s'expriment dans un registre poivré-fumé, avec en ligne de mire les appellations du nord du Rhône. L'élevage doit encore se fondre mais laisse entrevoir des notes fumées, poivrées et salines de grande classe.
2022>30
50 euros

Domaine Calage Resseguier, La cuvée qui fait grimper 2014, languedoc
90
Cuvée réalisée au nom de Richard Virenque, elle a de l'allure en finissant bien construite, charmeuse et suave sur d'agréables notes épicées.
2022>28
13 euros

Calmel & Joseph, Le Roc 2018, corbières
90
Sur de belles épices douces, avec un fruité fin et des tannins arrondis, cuvée sensuelle et charmeuse.
2022>26
22 euros

Domaine de Cambis, Caudamato 2020, saint-chinian
90
Joli rouge à prix raisonnable pour sa qualité de fruit, sa finesse de tannins, son équilibre digeste.
2022>27
11 euros

Château de Caraguilhes, Solus 2020, corbières-boutenac
90
Cuvée de caractère, au nez de fruits noirs mûrs, avec de la minéralité, bouche charnue, bien arrondie, laissant entrevoir un bon potentiel de garde.
2023>28
22 euros

Château de Caraguilhes, Tian Ran 2021, IGP coteaux de la cabrerisse
90
La fraîcheur du cinsault et sa douce complexité. Réussi dans ce cépage, parfait vin de soif pour amateurs avertis. On se régale.
2022>28
13 euros

Les Maîtres Vignerons de Cascastel, Expression de Schistes 2019, fitou
89
Claire expression des schistes, fruité rouge et noir bien en évidence. Une cuvée de charme qui finit épicée.
2022>28
9 euros

Les Maîtres Vignerons de Cascastel, F de Cascastel 2019, fitou
90
Cuvée phare de la cave avec un élevage visible mais en cours d'intégration, bouche charmeuse et tannins très fins. Elle fait honneur à l'appellation.
2024>30
9,90 euros

Domaine Cazelles-Verdier, Le Hameau 2021, minervois
91
Cuvée en préparation du domaine. Large, racée, avec beaucoup d'emphase. Prometteuse.
2022>30
20 euros

Clos Centeilles 2015, minervois
90
Certains seront gênés par sa légère déviance. Mais de nombreux afficionados apprécieront sa buvabilité hors normes et sa fraîcheur.
2022>25
29 euros

Clos des Centenaires, Cinsault 2020, IGP oc
88
Frais avec une tension acide qui lui donne sa fraîcheur, facile à boire sur son fruité de jeunesse.
2022>28
16,20 euros

Château Cesseras, Olric 2020, minervois
89
Déjà ouvert, on profite de ses arômes larges et fruités, de sa finale gourmande.
2022>27
10 euros

Domaine Le Champ des Murailles, Via Nostra 2020, corbières-boutenac
89
Nez et bouche intenses autour des fruits noirs avec une bouche puissante et fraîche.
2022>28
15 euros

JP Charpentier, L'intégrale 2019, minervois-la-livinière
91
Tannin gracile, du style, une race évidente avec un élevage qui s'approche des meilleurs.
2022>27
19 euros

Domaine La Chouette du Chai, Autoportrait 2020, IGP oc
89
Agréable, finement épicé pour une entrée de gamme très respectable.
2022>27
12 euros

Le Clos du Serres, Les Maros 2020, terrasses-du-larzac
90
Tannins souples, bouche épicée, généreuse, finale souple avec les senteurs de la garrigue, thym, romarin.
2022>28
17 euros

Le Clos Rouge, Alerte Rouge 2020, terrasses-du-larzac
89
Cuvée de soif, avec une longueur sympathique autour de fruits bien dégagés. Elle plaira à tous.
2022>25
15 euros

Mas Combarèla, Le Clos Secret 2021, IGP saint-guilhem le désert
91
Superbe mise en avant du cinsault, cépage injustement oublié. Arômes de rose ancienne, de garrigue et de réglisse, tannin des plus fins, ensemble d'une grande buvabilité.
2022>28
18 euros

Domaine Le Conte des Floris, Carbonifère 2019, languedoc-pézenas
91
Son nom indique le type de sol qui porte les vignes, vin fin, séveux, élancé et frais, qui mérite une petite garde pour dégager son potentiel aromatique.
2024>30
20 euros

Domaine Le Conte des Floris, Villafranchien 2020, languedoc-pézenas
91
La sensation grenache est claire, jus généreux dans son expression aromatique, rondeur en bouche et ce qu'il faut de fraîcheur pour dynamiser sa finale.
2022>30
20 euros

Château de l'Engarran, Le Parc 2017, languedoc
91
La matière est d'une finesse superlative, il faudra juste laisser au bois le temps de s'intégrer.
2024>30
50 euros

L'Ermitage du Pic-Saint-Loup, Sainte-Agnès 2020, pic saint-loup
89
Agréable par son fruité démonstratif, la bouche encore retenue méritera un peu de patience.
2024>28
22,50 euros

Château Faîteau, Gaston 2017, minervois-la-livinière
90
Harmonieux, facile à boire, souple mais construit, ce qui n'est pas un paradoxe, vin agréable.
2022>27
17,50 euros

Domaine Les Grandes Costes, Les Sept Rangées 2017, languedoc
90
Marquée à ce stade par le bois de l'élevage, cette cuvée montre les tannins les plus fins de la gamme. Il faudra patienter.
2024>28
54 euros

Mas Granier - Mas Montel, Les Grès 2019, languedoc
90
On retrouve l'expression des goûts du domaine (garrigue, épices, réglisse) dans cette cuvée précise, d'un millésime généreux avec la spécificité des grès et de leur minéralité.
2022>28
11,50 euros

Anne Gros et Jean-Paul Tollot, La Ciaude 2019, minervois
92
Inspiration bourguignonne, en rupture du style avec les vins de Cazeilles, finale charmeuse et fleurie.
2022>27
23 euros

Château Guéry, Les Éolides 2019, minervois
88
Dans un style chaud, généreux, c'est un vin d'hiver avec de la personalité.
2022>25
13,50 euros

Domaine La Jasse Castel, Bleu Velours 2020, coteaux-du-languedoc Montpeyroux
90
Un 2020 frais aux tannins bien arrondis et à la finale élégante.
2022>27
29,40 euros

Château Jouclary, Tradition 2021, cabardès
89
Cette entrée de gamme étonne par sa densité et par sa précision. Belle réussite.
2022>28
7,50 euros

Mas Jullien, États d'Âme 2020, terrasses-du-larzac
92
Il y a dans ce vin tout l'esprit du mas Jullien, sans la définition formelle des grandes cuvées mais avec une longueur de bouche sensuelle et charmeuse. On se régale.
2022>28
25 euros

Château L'Argentier, Cinsault 2019, IGP gard
89
Il a la tendresse des vins agréables de cinsault avec une bouche souple et douce, chargée en fruits.
2022>27
12 euros

Château La Dournie, Le Classic 2019, saint-chinian
89
Petits tannins anguleux mais bien enveloppés dans une matière onctueuse, bouche fumée, lardée, typique des sols de schistes.
2022>28
9,40 euros

Château Lancyre, Madame 2017, pic saint-loup
92
Vin de grand style, luxueusement élevé avec un boisé de qualité, tannin fin, racé, bouche longue, onctueuse, sans la délicieuse fraîcheur des entrées de gamme mais plus corsée que ces derniers.
2022>28
NC

Château de Lascaux, Carra 2020, pic saint-loup
91
Délicieux, tout en intensité, sur la note calcaire des sols qui le portent avec un tannin onctueux et aérien. Grande réussite pour un vin de copains, des œnophiles aux ignorants, qu'il saura convaincre.
2022>26
15 euros

Vignobles Lorgeril, Château de Ciffre, Grand Vin 2020, saint-chinian
90
Crémeux, fort bien constitué, appelle des plats à son image, puissants, profonds et denses.
2022>28
29 euros

Château Maris, Naïve 2020, minervois
90
Cuvée de grenache bien constituée, inscrite dans le profil du cépage, généreuse et élégante.
2022>30
20 euros

Domaine Mirabel, Le Chant du Sorbier 2018, pic saint-loup
91
Frais en finale bien, la bouche est tendre et bien portée par le minéral.
2022>28
15 euros

Domaine Mirabel, Les Bancels 2020, pic saint-loup
92
Issu de terroirs calcaires avec la tension minérale qu'ils apportent. Fraîcheur, charme et délicatesse.
2022>28
15 euros

Domaine Mortiès, Jamais Content 2020, pic saint-loup
92
Il méritera un petit carafage préalable, bouche large en saveurs et tannin bien maîtrisé.
2022>28
25 euros

Domaine Ollier-Taillefer, Grande Réserve 2018, faugères
93
Tout en charme, avec une finesse de tannins remarquable. Grande réussite inscrite dans le style des schistes de Faugères.
2022>28
14 euros

Château Ollieux-Romanis, Alba 2020, corbières
92
Assemblage du cinsault et du grenache, vin tout en élégance, fraîcheur et légèreté. Facile à boire, l'intensité de goût en fin de bouche est bien présente. Une réussite.
2022>28
30 euros

Château Ollieux-Romanis, Cuvée Or 2019, corbières-boutenac
90
Si une note vanillée domine pour l'instant, la bouche est fraîche, menthée, tonique, identifiable millésime après millésime. Une petite garde lui sera idéale.
2024>30
26 euros

Les domaines Paul Mas, Clos des Mûres 2021
92
Fruit expressif, fraise, souplesse, tannin fin, dans son registre, c'est un modèle.
2022>25
14,80 euros

Les domaines Paul Mas, Clos du Moulinas 2020, languedoc-pézénas rouge
93
Savoureux et profond, bonne finesse tannique, allonge finement épicée, c'est tout ce qu'on aime et recommande.
2022>26
19,70 euros

Les domaines Paul Mas, Crés Ricard, Stécia 2020, terrasses-du-larzac
93
Épicé, fin, savoureux, excellent équilibre sans lourdeur, le grand vin du domaine est brillant.
2022>27
13,95 euros

Château Pech-Redon, Les Cades 2020, languedoc
92
Cette cuvée intègre des jeunes syrahs, les cinsaults et les grenaches. Bouche fraîche, dense, avec des notes d'encre, de fumée et de tapenade. La salinité bienvenue de la Clape arrive en fin de bouche.
2022>28
11 euros

Domaine Peyre Rose, Clos des Cistes 2011, languedoc
98
Millésime qui apparait plus généreux que le 2013. Le vin gagne en ampleur et en velouté de bouche avec un équilibre de finale sur la fraîcheur. Vin de contrastes, proche d'un idéal.
2022>35
74 euros

Domaine Peyre Rose, Marlène n°3 2012, languedoc
98
Notes de rose ancienne, de poivres blancs et gris très aromatiques, bouche sensuelle et fondue, finale enveloppé, racée, très élégante.
2022>35
74 euros

Domaine Peyre Rose, Syrah Léone 2013, languedoc
97
Un peu plus serré dans le millésime que le clos des cistes mais toujours avec cet profusions de saveurs tertiaires magnifiques.
2022>35
74 euros

Mas Peyrolle, Chant de l'Aire 2020, pic saint-loup
89
Une bonne vinosité dans ce rouge direct et frais, bien dans l'esprit du Pic.
2022>27
18,50 euros

Pierre Cros, Les Costes 2020, minervois
92
Assurément l'une des plus belles matières rencontrées cette année en minervois. L'élevage domine, attendre un peu.
2024>30
33 euros

Domaine Pierre Fil, Filosofia 2020, minervois
89
Cuvée dense, fort bien construite pour un prix qui reste attractif. Elle a du fond et de la densité.
2022>27
9,50 euros

Plan de l'Homme, Sapiens Fût de Chêne 2020, terrasses-du-larzac
90
Droit, frais, belle tension, fruit franc.
2022>27
19,50 euros

Clos du Prieur, terrasses-du-larzac 2020
93
Rouge plein de saveurs, corsé par des notes fumées et lardées avec une fin de bouche sur des tannins très fins. Belle réussite.
2022>30
19,8 euros

Cave de Roquebrun, Seigneur d'Aupenac 2017, saint-chinian Roquebrun
90
Nez fin et épicé, impressionnant dans son expression aromatique fruitée, caractéristique de la macération carbonique.
2022>28
22,20 euros

Château Rouquette-sur-Mer, Amarante 2019, languedoc
91
2019 plus riche et plein le 2020. Assez corsé, cet amarante affiche une onctuosité hors pair.
2022>26
11,40 euros

Château Rouquette-sur-Mer, Henry Lapierre 2019, languedoc-la clape
93
Cuvée de grand style bien typée de la clape en millésime généreux. Notes de pinède, de garrigue, de thym. Tannin complexe et subtil, grande réussite.
2022>30
20,30 euros

Domaine Saint-Daumary, L'Asphodèle 2019, pic saint-loup
90
L'élevage a besoin de se fondre pour laisser s'exprimer à plein cette belle matière aux tannins raffinés.
2023>28
17,50 euros

Château Saint-Martin de la Garrigue, Bronzinelle 2019, languedoc
90
Cuvée remarquablement vinifiée avec une régularité sans faille. Rouge séveux, généreux dans le millésime mais subtil, puissant en goût, svelte en tannins et d'un grand rapport qualité-prix.
2022>28
11,20 euros

Domaine Sauta Roc, Codoliera 2019, languedoc
91
Une réussite dans ce millésime pour ce rouge gourmand, frais et fruité, sans creux en bouche.
2022>26
12,50 euros

Domaine Sauta Roc, In Trecio 2018, languedoc-pézenas
90
Dense, encore un peu serré mais le potentiel est là. Sa vinosité lui permet une poursuite de bouche impressionnante.
2023>28
21 euros

Mas de la Seranne, Le Clos des Immortelles 2020, terrasses-du-larzac
91
On apprécie le fondu des tannins d'une grande délicatesse. Facile à boire, cette cuvée ne manque pas de personnalité aromatique sur les fleurs méditerranéennes.
2022>27
17,50 euros

Domaine Vaïsse, Pur 2019, hérault
91
Superbe carignan de style élégant dont on aime la finesse tactile et les nuances de saveurs.
2022>28
27 euros

Maison Ventenac, Paul 2019, vin-de-France
89
Un joli fond avec des tannins bien arrondis, presque onctueux, finale généreuse sur le tabac brun et une pointe de caramel.
2022>27
19,90 euros

Blanc

Domaine d'Aigues Belles, Le Blanc 2020, IGP oc
93
Ample, puissant, profond avec même plus de gras qu'en 2021. Une référence en Languedoc comme les autres blancs de la cave.
2022>28
17,50 euros

Borie La Vitarèle, Le Grand Mayol 2020, languedoc
89
Large et épicé, son volume de bouche l'amènera à table.
2022>25
14,90 euros

Château des Estanilles, Sous les rocs 2021, faugères
91
Avec un peu plus de fond que la cuvée vallongue mais dans le même style autour de fruits blancs mûrs et juteux. Il réjouira les amateurs.
2022>25
16 euros

Mas Granier - Mas Montel, Bouquet de Blancs 2021, IGP oc
89
Arômes de très grande fraîcheur dans cette entrée de gamme réussie avec la sensation de déguster un sorbet de fruits blancs.
2022>25
8 euros

Mas La Chevalière, Chardonnay bio 2021, IGP oc
88
On aime son énergie, sa tension de bouche, son fruité gourmand. Il finit frais et sapide.
2022>25
10,5 euros

Cave de Pomerols, Chevalier HB 2019, picpoul-de-pinet
92
Etonnant picpoul en rupture de style avec la production de l'appellation, blanc très élégant, fin, frais, raffiné et long. L'un des meilleurs blancs du sud, finale enchanteresse.
2022>25
16,50 euros

Cave de Roquebrun, Pépites de schistes 2018, saint-chinian
90
L'emprise boisée s'estompe au profit des arômes fruités et floraux qui se développent en bouche. Large volume fait pour la table.
2025>30
48 euros

GÉRARD BERTRAND
GÉRARD BERTRAND
clos d'ora
PAIX · AMOUR · HARMONIE
CLOS D'ORA RÉVÈLE NOTRE PHILOSOPHIE DÉDIÉE À L'EXCELLENCE ET À L'EXPRESSION DES TERROIRS DU SUD DE LA FRANCE. CE VIN, PORTEUR D'UN MESSAGE, SYMBOLISE LE LIEN ENTRE LA BIODYNAMIE ET L'ESPRIT QUANTIQUE.
L'ABUS D'ALCOOL EST DANGEREUX POUR LA SANTÉ. À CONSOMMER AVEC MODÉRATION.

LE RÉVEIL D'UN PAYS

PORTÉ PAR CETTE MYRIADE DE BONS DOMAINES, LE LANGUEDOC CHANGE DE VITESSE ET FONCE DANS L'UNIVERS DES GRANDS VINS

Mas d'Albo

Fabien Azéma a repris le domaine familial que son père avait commencé à cultiver comme un jardin. Il fait de superbes cuvées de soif, légères et représentatives de saint-chinian. La gamme monte en puissance avec perarol, orbrun puis mythique. Chaque cuvée gagne en intensité, orientée vers la volupté. Aucun vin fatigant.

- Perarol, Saint-Chinian 2019 | Sec | 2022>2028 | 9 € — 90
- Or brun, Saint-Chinian 2019 | Sec | 14 € — 91
- Mythique, Saint-Chinian 2019 | Sec | 2022>2028 | 24 € — 92

Abbotts et Delaunay

Laurent Delaunay a installé ses chais de vinification à Marseillette, petit village viticole non loin de Carcassonne, et l'œnologue Vincent Charleux en a la charge. Ces deux passionnés des terroirs du Languedoc mettent en commun leurs talents afin de sélectionner au mieux le parcellaire, les vinifications, les assemblages et l'élevage. Laurent Delaunay, avec son épouse Catherine, œnologue comme lui, avaient déjà créé en 1991 les-jamelles, une gamme de vins de cépages remarquables. Fin 2015, ils ont racheté le domaine La Métairie d'Alon, à Limoux, dans le but de produire sur le beau terroir d'altitude de Magrie des pinots noirs et chardonnays d'exception. Ce sont 25 hectares conduits en bio et biodynamie, répartis en 25 parcelles qui permettent de faire des sélections parcellaires et des cuvées cousues-main.

- Cumulo Nimbus, Minervois 2018 | Sec | 2022>2027 | 24 € — 91
- A tire d'Aile, Corbières 2020 | Sec | 2022>2028 | 12.3 € — 91
- Domaine de la Métairie d'Alon pinot noir Solaire, Oc 2018 | Sec | 2022>2025 | 33.7 € | ☘ — 87

Domaine d'Aigues Belles

Gilles Palatan dirige ce domaine d'une vingtaine d'hectares, installé dans le Gard. Le blanc est un pur chardonnay quand l'autre blanc est emporté par la roussanne, le sauvignon et une pointe de chardonnay. Un nouveau-venu est dédié au rolle depuis quelques millésimes. En rouge, le grand classique est un assemblage de cépages languedociens à base de mourvèdre quand l'insolent ne connaît que ce cépage. Ne pas oublier le rosé, lui aussi l'un des meilleurs du Languedoc. Une première cuvée de Pic saint-loup est revendiquée en appellation alors que la plupart des terroirs du domaine peuvent y prétendre. Cette cuvée donne le la pour le Pic. Ne manquez pas une visite au domaine, la convivialité des vins est à l'image de celle de l'homme qui les fait.

- L'Autre Blanc, Oc 2021 | Sec | 2022>2030 | 17.5 € — 96
- Le Grand Classique, Languedoc 2019 | Sec | 2022>2030 | 16 € — 94
- Premier Rolle, Oc 2021 | Sec | 2022>2030 | 17.5 € — 95

Aubert & Mathieu

Aubert et Mathieu ont décidé après d'autres aventures professionnelles de revenir en Languedoc pour créer une gamme de vins dont le point commun est le respect des valeurs écologiques. Deux rouges bien réalisés qui partagent la même finesse de tannins et une expression intense des saveurs méditerranéennes avec la fraîcheur en fil rouge.

- Milo, Minervois-La-Livinière 2018 | Sec | 2022>2028 | 24.9 € — 91
- Pablo Maria, Corbières 2019 | Sec | 2023>2027 | 24.9 € — 90

Domaine d'Aupilhac

Généreux comme lui, les vins de Sylvain Fadat vont désormais vers plus de fraîcheur et d'élégance que par le passé. Ses 13 hectares sont complétés par les Cocalières, un amphithéâtre nord-ouest planté en pleine garrigue à 350 mètres d'altitude. En haut de gamme, le-clos, la-boda et les-cocalières rouge dominent la gamme de leur finesse.

- Les Cocalières, Languedoc 2020 | Sec | 2024>2030 | 20.8 € — 92
- Les Cocalières, Languedoc 2021 | Sec | 2022>2027 | 20.8 € — 92
- Les Clos, Languedoc 2019 | Sec | 2022>2028 | 48 € — 92

Château d'Aussières

Les barons de Rothschild (branche Lafite) ont redonné vie au hameau d'Aussières en replantant les vignes à l'abandon et en rénovant les installations. Le vignoble immense (167 hectares) est situé sur les contreforts de Fontfroide. Dans cette zone climatique fraîche des Corbières, les vins affichent une élégance toute bordelaise, avec de la fraîcheur et de la délicatesse.

- Aussieres Rouge, Corbières 2018 | Sec | 2024>2030 | 39 € — 92
- Corbières 2020 | Sec | 2022>2024 | 20 € — 91

Clos Bagatelle

Christine Deleuze et son frère Luc Simon mènent ce domaine de 60 hectares, installé sur des sols argilo-calcaires et de schistes, avec certaines vignes centenaires. Parvenu dans l'élite de Saint-Chinian, le duo propose des vins aux arômes parmi les plus expressifs de l'appellation. Signalons cette année la mise en marché d'une cuvée très haut de gamme, l'aventure, splendide expression de l'appellation réservée seulement à quelques « happy few ».

- La Terre de Mon Père, Saint-Chinian 2018 | Sec | 2022>2030 | 27 € — 94
- Donnadieu, Saint-Chinian 2019 | Sec | 2022>2027 | 12 € — 90
- L'Aventure, Saint-Chinian 2017 | Sec | 2023>2030 | 90 € — 95

Domaine de Baronarques

Une bonne maîtrise du terroir (43 hectares de sols argilo-calcaires) permet de produire des vins aboutis. L'assemblage varie au gré des millésimes, entre cépages atlantiques (merlot, cabernet franc, cabernet-sauvignon) et méditerranéens (syrah, malbec, grenache). Les chardonnays donnent l'un des meilleurs blancs de l'appellation. Un nouveau chai à barriques, inauguré en 2018, assure la progression et l'ambition du domaine, géré comme un cru classé. Une valeur sûre.

- Grand Vin, Limoux 2018 | Sec | 22.8 € — 91

ANTONIN BONNET

Vincent Goumard (Mas Cal Demoura).

Domaine de la Baume

★★☆☆☆

Ce très vaste domaine (qui mettait déjà sa production en bouteille au début du XXe siècle) est situé entre Béziers et Pézenas. Propriété du très important groupe alsacien Grands Chais de France, La Baume est devenu en quelques années l'une des meilleures références qui soit en matière de vins de cépages, tous réalisés sans aucune caricature variétale et construits avec un remarquable sens de l'équilibre.

Domaines Gérard Bertrand

★★★★☆

Gérard Bertrand a fait de son nom l'une des marques les plus dynamiques du vignoble français. S'il revendique faire des vins du Sud un « art de vivre », il est d'abord un vigneron méticuleux et exigeant, en recherche d'excellence pour ses 15 domaines. Cette quête trouve son aboutissement avec le Clos d'Ora, magnifique cru sur les hauteurs de la Livinière et avec un rosé du terroir de Cabrières, le clos-du-temple, rosé le plus cher du monde. Il mène depuis 2002 une large conversion de son vignoble en culture biologique et biodynamique, soit l'un des plus imposants de France en matière de viticulture vertueuse. Tous les vins des domaines sont remarquables.

- Hospitalitas, Coteaux du Languedoc - La Clape 2020 | Sec | 45 € 96
- Château l'Hospitalet, La Clape 2021 | Sec | 25 € 93
- Château l'Hospitalet, La Clape 2020 | Sec | 25 € 94
- Clos d'Ora, Minervois-La-Livinière 2019 | Sec | 200 € 98
- Château L'Hospitalet, Coteaux du Languedoc - La Clape 2019 | Sec | 36 € 94
- Clos du Temple, Languedoc-Cabrières 2021 | Sec | 190 € 96
- Villa Soleilla, Vin de France 2020 | Sec | 200 € 94

Borie La Vitarèle

★★☆☆☆

Camille Yzan signe des vins tous recommandables. Terres-blanches est une entrée de gamme qui a l'air d'un haut de gamme et mérite d'être recherchée. Les-schistes affiche une grande capacité de garde, les crès sont sur des sols de galets roulés du Villafranchien. Midi-rouge en appellation saint-chinian Roquebrun est la cuvée la plus ambitieuse de ce domaine en biodynamie depuis 1998, désormais entre de bonnes mains après la disparition accidentelle du regretté Jean-François Yzan.

- Les Schistes, Saint-Chinian 2020 | Sec | 2022>2028 | 17.7 € 91
- Terres Blanches, Saint-Chinian 2021 | Sec | 2022>2028 | 11.8 € 90
- Midi Rouge, Saint-Chinian Roquebrun 2018 | Sec | 2024>2030 | 39 € 92

Boulevard Napoléon

★★☆☆☆

Un domaine dont nous avons apprécié les cuvées en IGP, à base de grenache, de cabernet franc ou encore de cinsault. Ce domaine a pris pour nom celui d'une ancienne rue du village de La Livinière en Minervois. C'est un partenariat entre le restaurateur Trevor Gulliver, le Chef Fergus Henderon et le vigneron Benjamin Darnault.

- Carignan noir de coteau, Hérault 2019 | Sec | 2022>2028 | 22.2 € 91
- Grenache gris, Hérault 2018 | Sec | 2024>2027 | 32.2 € 90

Mas Bruguière

★★☆☆☆

Ce domaine de Valflaunès, situé à l'ombre de l'impressionnant pic Saint-Loup, a été l'un des pionniers du renouveau qualitatif en Languedoc. Xavier, la nouvelle génération des Bruguière, explore la biodynamie et obtient des résultats dans des rouges frais, structurés et gourmands qui progressent encore en 2020. L'original blanc les-mûriers est destiné à la gastronomie. Le domaine est proche d'une troisième étoile.

- L'Arbouse, Pic Saint-Loup 2020 | Sec | 19.5 € | ☘ 92
- La Grenadière, Pic Saint-Loup 2020 | Sec | 30 € | ☘ 93

Mas Cal Demoura

★★★★☆

Rigueur et soin, intelligence et précision, ainsi qu'une idée claire du grand vin ont amené les rouges du talentueux Vincent Goumard au sommet. Ils s'inscrivaient dans un classicisme exemplaire qui ne tendait jamais vers l'austérité. L'évolution sans ne rien perdre de ces qualités vers une sensualité confondante constitue l'aboutissement d'un cycle, où domine précision et finesse des tannins. Les blancs progressent avec notamment une cuvée l'étincelle confondante de fraîcheur. Nouveauté en 2020 : passage en bouteilles bourguignonnes pour l'ensemble de la gamme.

- Les Combariolles, Terrasses du Larzac 2020 | Sec | 2022>2030 | 33 € 96
- L'Étincelle, Hérault 2021 | Sec | 2022>2027 | 21 € 92
- Terre de Jonquières, Terrasses du Larzac 2020 | Sec | 2022>2030 | 23 € 95

Calmel & Joseph

★★☆☆☆

Maison idéale pour qui veut connaître les bons languedocs fidèles à leur terroir. Jérôme Joseph et Laurent Calmel sont des négociants sans chai. Ils élèvent les cuvées sélectionnées chez les vignerons auxquels ils les achètent, respectueux des saveurs et des terroirs d'origine. Large gamme gourmande avec de nombreux vins réussis et quelques surprises épatantes.

- cuvées rares Les Elmes, Collioure 2018 | Sec | 2022>2028 | 22 € 92
- Les sept puits, Saint-Chinian 2019 | Sec | 2022>2028 | 22 € 91
- La folie douce, Côtes du Roussillon-Villages - Caramany 2019 | Sec | 2024>2028 | 17 € 90
- La délicate envie, Coteaux du Languedoc - Terrasses du Larzac 2020 | Sec | 2022>2030 | 17 € 91

Château de Caraguilhes

★★☆☆☆

Sur le terroir de Boutenac, Caraguilhes couvre 600 hectares dont un vignoble de plus de 130 hectares d'un seul tenant, entouré de garrigues, qui depuis les années 1990 n'a jamais reçu le moindre traitement chimique. La partie en appellation Boutenac est conduite en biodynamie. Les vins sont aromatiques et frais, agréables. Tout est bon dans les trois couleurs.

- Solus, Corbières-Boutenac 2020 | Sec | 2023>2028 | 22 € 90
- L'Échappée Belle, Corbières 2017 | Sec | 2022>2027 | 18 € 91

Jeff Carrel

★☆☆☆☆

Jeff Carrel sillonne la région, aidant grands et petits producteurs à réaliser de meilleurs vins. Pour son compte personnel, il réalise une gamme de vins aussi surprenante que réjouissante, que l'on adorerait retrouver dans bon nombre de bistrots citadins. Un « cabinet de curiosités » où les vins affichent de plus en plus de précision et de personnalité.

- Les Darons, Languedoc 2020 | Sec | 2022>2027 | 8.8 € 90

Chante-Cocotte

★★☆☆☆

Le domaine Chante-Cocotte, propriété du dessinateur Régis Franc, propose des vins qui misent tout sur la fraîcheur aromatique, la gourmandise et l'équilibre. Les vins continuent de progresser vers plus de pureté et de naturel. Les rouges gagnent en équilibre naturel tandis que la recherche stylistique menée sur les blancs donne désormais des résultats probants.

- La Cocotte Blanche, Oc 2019 | Sec | 20 € — 90
- Chante-Cocotte, Oc 2019 | Sec | NC — 91

Mas des Chimères

★★☆☆☆

Le secteur d'Octon propose un paysage dantesque, alternant entre terres rouges arides, sols noirs basaltiques et masse d'eau du lac artificiel du Salagou. Guilhem Dardé, paysan vigneron, affiche sa sincérité dans ses vins qui évoluent à chaque millésime vers l'élégance, la délicatesse et la fraîcheur.

- Coteaux du Salagou 2020 | Sec | 2022>2025 | 12.8 € — 90
- Caminarem, Languedoc 2020 | Sec | 2022>2028 | 15.8 € — 91
- Nuit Grave, Terrasses du Larzac 2020 | Sec | 2022>2028 | 14.4 € — 90

Clos Constantin

★★☆☆☆

Pierre Halley et Samuel Durand ont créé ce domaine en 2017, sur les contreforts du Larzac, à 20 kilomètres de Montpellier, réalisant leur rêve de gosse. Rosés, blancs et rouges composent la gamme issue des 15 hectares éparpillés en petites parcelles conduites dans un esprit bio. Buvabilité des rouges remarquable, maîtrise des tannins, style accessible, délicat et savoureux. À suivre de près.

- Arjies, Terrasses du Larzac 2020 | Sec | 2022>2028 | 20.8 € — 92
- Strate, Languedoc 2020 | Sec | 2022>2025 | 18 € — 91

Le Chai d'Émilien

★★☆☆☆

Le vignoble Fournel, propriété familiale, n'a cessé de croître (30 hectares aujourd'hui). Émilien, dernière génération, a décidé avec sa femme Ophélie de devenir vigneron-récoltant en créant le Chai d'Émilien. Un joli blanc, un rosé délicieux et des rouges (espiègle, épopée) originaux par leurs arômes. Il y a du talent dans ce domaine et ce vigneron. Après quelques réglages, il pourrait être un grand de demain. Deuxième étoile méritée.

- Épopée, Languedoc-Grés de Montpellier 2019 | Sec | 2022>2028 | 14.5 € — 92
- Espiègle, Languedoc 2019 | Sec | 2022>2027 | 9.5 € — 91
- E majuscule, Languedoc 2019 | Sec | 24 € — 92

Régis Franc (Chante-Cocotte).

Château de l'Engarran

★★☆☆☆

On admire l'énergie et la saine ambition des deux sœurs Diane et Constance qui mènent avec dynamisme l'Engarran (50 hectares), disséminé autour d'une folie du XVIIIe siècle. Diane, en charge des vinifications, recherche la précision. Le style met en avant une grande maturité des raisins qui rend les vins opulents, avec des progrès dans la qualité des tannins, plus fins et plus ronds. La cuvée au nom du château et grenat-majeur ont notre préférence. Rapport qualité-prix épatant avec sainte-cécile.

- Grenat Majeur, Languedoc 2019 | Sec | 2022>2028 | 17 € — 91
- La Lionne, Oc 2019 | Sec | 2022>2028 | 9.8 € — 90

Château des Estanilles

★☆☆☆☆

Grandeur de Faugères dans les années 1990, ce domaine a été repris en mains par Julien Seydoux, venu ici avec la modestie d'apprendre le terroir et l'envie de porter les Estanilles au premier plan. Les élevages s'adaptent aux matières et progressent ces derniers millésimes. Outre les rouges puissants et hauts en saveurs, des vins de forte personnalité, on trouvera aussi de délicieux blancs 2021 à boire jeunes sur leur fruit.

- Vallongue, Faugères 2020 | Sec | 2022>2025 | 12 € | ☘ — 89
- Vallongue, Faugères 2021 | Sec | 2022>2025 | 12 € | ☘ — 90

Foncalieu

★☆☆☆☆

Bien repris en main, ce groupement de producteurs s'appuie sur une base solide de vignobles dans le secteur des coteaux d'Ensérune. Les vins sont simples et aromatiques, avec une recherche bienvenue d'équilibre et de fraîcheur. Les IGP pays-d'oc sont aromatiques et souples, le corbières possède plus de fond. Huit vignerons ont réuni leur savoir-faire pour réaliser l'ambitieuse et très réussie cuvée les-illustres.

- Sillages d'Albarino, Oc 2021 | Sec | 2022>2025 | 8.5 € — 90
- Petit Paradis, Saint-Chinian 2021 | Sec | 2022>2025 | 10 € — 88

Domaine Gayda

★★☆☆☆

Le domaine Gayda est installé au pied des contreforts des Pyrénées, dans le Languedoc, sur une soixantaine d'hectares. Une équipe de passionnés, venus des quatre coins du monde (le Britannique Tim Ford et le Sud-Africain Anthony Record, Vincent Chansault le vinificateur et Marc Kent le conseiller) y réalisent depuis une quinzaine d'années des vins IGP d'Oc monocépages convaincants, et des cuvées encore plus ambitieuses, comme figure-libre.

- Chemin de Moscou, Oc 2020 | Sec | 2022>2028 | 24 € — 92
- Figure Libre - cabernet franc, Oc 2020 | Sec | 2022>2028 | 18.5 € — 92
- Altre Cami Grenache Noir, Oc 2020 | Sec | 2022>2028 | 28 € — 92

Château du Grand Caumont

★★☆☆☆

Le site est splendide et riche culturellement puisqu'à l'époque romaine, le domaine était une grande villa romaine baptisée la Villa Manzanetto. La famille Rigal l'acheta dans les années 1900. Laurence après une première vie dans la publicité a rejoint la propriété en 2003 et la gère avec Patrick Blanchard. Château du Grand Caumont est l'un des plus vastes domaines des Corbières, avec 100 hectares de vignes sur 140 hectares de terres et de garrigue. Toute la gamme montre des rapports qualité prix raisonnables, on se régalera de ces corbières bien vinifiés et au fort accent de terroir.

- Tradition, Corbières 2020 | Sec | 2022>2025 | 7.5 € — 89
- Réserve de Laurence, Corbières 2020 | Sec | 2022>2026 | 10.5 € — 90
- Aurana, Corbières 2020 | Sec | 2022>2023 | 8 € — 89

Mas Granier - Mas Montel

★★☆☆☆

Jean-Philippe Granier conseille techniquement l'ensemble des vignerons des appellations du Languedoc. Le domaine familial, situé sur le secteur de Sommières, propose des vins parfaitement propres, impeccablement vinifiés,

ICI, L'HOMME ET LA NATURE
ONT SIGNÉ UN PACTE.
CORBIÈRES
DÉFRICHEURS DE SAVEURS
Découvrez-le sur
lepactecorbieres.com
L'ABUS D'ALCOOL EST DANGEREUX POUR LA SANTÉ. À CONSOMMER AVEC MODÉRATION.
Jardin des Marques

des IGP jusqu'aux languedocs : c'est à la qualité des entrées de gamme que l'on reconnaît un bon domaine. En rouge, clémence est intense en saveurs, jéricho sonne fort et affiche un tannin parfaitement maîtrisé et camp-de-l'oste est un modèle pour le secteur. Il y a ici une recherche évidente du goût et des saveurs que doit exprimer tout vin de la région. Une adresse très sûre, d'autant qu'en complément des rouges, les blancs sont tout aussi réguliers et le rosé Parenthèse est régulièrement exceptionnel.

- Les Marnes, Languedoc 2021 | Sec | 2022>2025 | 11.5 € — 91
- Camp de l'Oste, Languedoc-Sommières 2018 | Sec | 2022>2028 | 19.5 € — 91
- La Clémence, Languedoc 2019 | Sec | 2022>2028 | 8.5 € — 90

Hecht & Bannier

★★☆☆☆

Grégory Hecht et François Bannier sélectionnent minutieusement leurs raisins sur tout le pourtour méditerranéen, du Roussillon à la Provence, ils vinifient et élèvent avec soin des cuvées ambitieuses. Chaque année, ils visitent plusieurs centaines de domaines pour ne sélectionner que les plus beaux raisins et les meilleurs jus, le plus souvent issus des vignobles en coteaux. Plusieurs cuvées jouent la frivolité, la facilité d'accès telle nouvelle vague mais elles bénéficient des mêmes attentions. Une marque à privilégier pour sa régularité et son homogénéité.

- Minervois 2016 | Sec | 2022>2026 | 12.9 € — 90
- Faugères 2015 | Sec | 2022>2027 | 25 € — 90
- Pic Saint-Loup 2020 | Sec | 2022>2027 | 15 € | ☘ — 92

Domaine de l'Hortus - Vignobles Orliac

★★☆☆☆

Un pied sur le pic Saint-Loup, l'autre sur l'appellation Languedoc et les IGP, la famille Orliac possède 60 hectares de vignes dans la garrigue, au cœur de l'Hérault. Avec plusieurs gammes de vin réparties sur cette large palette de terroirs (bergerie-de-l'hortus, clos-du-prieur), elle œuvre pour des vins de grande justesse, notamment les rouges, fins et élégants. Situé au pied des impressionnantes falaises de l'Hortus, le domaine produit des vins sur des terres en altitude situées au-dessus de la vallée de la Buèges, et bénéficie à ce titre d'un climat plus frais. Le style des vins évolue avec une cuvée onéreuse, Le Dit de l'Hortus qui reste dans la lignée du domaine, les autres cuvées nous ont semblé moins construites en 2020.

- Domaine de l'Hortus Grande Cuvée, Pic Saint-Loup 2019 | Sec | 2022>2030 | 26 € — 92
- Le dit de l'hortus, Pic Saint-Loup 2019 | Sec | 2022>2030 | 65 € — 92

Les Jamelles

★☆☆☆☆

Après un séjour en Californie, les œnologues Catherine et Laurent Delaunay, originaires de Bourgogne, se sont installés dans la région en 1991 pour y créer une activité de négoce ambitieuse, privilégiant les vins de cépage. La gamme est supervisée par Catherine Delaunay, véritable chef d'orchestre qui sélectionne drastiquement les meilleurs raisins, jus et terroirs et réalise les meilleurs assemblages puis élevages. Plusieurs cuvées parcellaires ont été créées de façon à ce que l'adéquation entre terroir et cépage soit parfaite : le résultat est remarquable, d'autant que le rapport prix-plaisir est tout à fait convaincant.

- Les Jamelles - Gewurztraminer, Oc 2021 | Sec | 2022>2024 | 7.85 € — 88
- Sélection Parcellaire Syrah Vallée de la Bretonne, Oc 2018 | Sec | 2022>2026 | 19.95 € — 89
- syrah, Oc 2020 | Sec | 2022>2025 | 6.95 € — 89

Vignobles Jeanjean

★★☆☆☆

Depuis 1870 et cinq générations qui se sont succédé, la famille Jeanjean participe à l'histoire viticole du Languedoc. Leur ambition est de faire découvrir les terroirs sur lesquels sont implantés leurs sept domaines, représentatifs de la diversité des crus et appellations du Languedoc avec un vignoble essentiellement en bio. Les propriétés sur lesquelles la maison Jeanjean s'appuie sont entre autres le Causse d'Arboras, le Mas de Lunès ou le Devois des Agneaux. Également des vins réalisés en partenariat avec des caves locales, comme celles de Castelmaure en Corbières ou de Pinet. La progression de la qualité d'ensemble se voit à chaque nouveau millésime, la petite révolution culturelle apportée par cette maison à ses propriétés pour qu'elles égalent les meilleurs vignerons de chaque secteur porte ses fruits. Une grande gourmandise était au rendez-vous de chacune des cuvées dégustées cette année.

- Domaine du Causse d'Arboras - L'Autochtone, Saint-Guilhem Le Désert 2021 | Sec | 2022>2025 | 15 € | ☘ — 90
- Domaine du causse d'Arboras, L'Extrême, Terrasses du Larzac 2020 | Sec | 2022>2027 | 18 € | ☘ — 91
- Domaine des Rocs - Sancto Lupo, Pic Saint-Loup 2020 | Sec | 2022>2027 | 16 € — 91

Diane Losfelt et Constance Rérolle (château de l'Engarran).

Château Jouclary

★★☆☆☆

Pascal Gianesini a repris cette propriété familiale d'une soixantaine d'hectares. Les rouges sont d'inspiration plutôt atlantique, avec une forte proportion de cépages bordelais. Ce domaine mérite amplement son classement car depuis quelques années il prime par sa régularité et par l'homogénéité de sa gamme. Certes, guillaume-de-jouclary, cuvée la plus ambitieuse du domaine, est un zeste au-dessus des cuvées plus simples par son raffinement, mais les cuvées tradition et les-amandiers sont tout bonnement délicieuses, pleines de personnalité et très intelligemment vinifiées. À cette superbe sélection s'ajoutent de très beaux IGP pays-d'oc, dont la toute nouvelle gamme monocépage, authentique, délicieuse à boire et parfaitement typée. Une adresse incontournable dans le secteur !

- Guilhaume de Jouclary, Cabardès 2020 | Sec | 2022>2028 | 14 € — 91
- JY, Cabardès 2021 | Sec | 2022>2024 | 10 € — 91

Mas Jullien

★★★★★

Installé initialement à Jonquières à l'ouest de Montpellier, Olivier Jullien, référence incontestée et incontestable, est parvenu avec intuition et intelligence à hisser au plus haut le niveau qualitatif des vins de la région et a entraîné derrière lui toute une génération de jeunes vignerons. Il s'est installé en 1985 et son domaine compte

Hubert Joyeux (domaine de la Cendrillon).

aujourd'hui 18 hectares de terres aux sols très variés (argilo-calcaires, silices, grès), cultivés dans une démarche d'agriculture bioynamique non revendiquée pour échapper aux dogmes. Autour-de-jonquières correspond au terroir originel du mas Jullien sur des parcelles essentiellement d'éboulis calcaires. Carlan est issue de schistes de 200 à 400 mètres d'altitude, lous-rougeos provient de terroirs d'altitude qui étaient presque abandonnés, au pied de la zone d'effondrement du plateau du Larzac. Une nouvelle cuvée la-brune, réalisée près de Jonquières complète la gamme. Tous les rouges sont au meilleur niveau du Languedoc et évoquent pleinement sa typicité, avec des notes de sauge, de garrigue et de thym, d'une fraîcheur constante. Le maître à penser de la nouvelle génération de vignerons talentueux garde une longueur d'avance. Tant de talents qui ne se démentent jamais, millésime après millésime méritent notre note suprême, cinq étoiles.

- **Carlan, Terrasses du Larzac 2020** | Sec | 2022>2030 | 38 € 98
- **Lous Rougeos, Terrasses du Larzac 2020** | Sec | 2022>2035 | 38 € 98
- **Autour de Jonquières, Terrasses du Larzac 2019** | Sec | 2022>2035 | 38 € 97
- **La Brune, Terrasses du Larzac 2019** | Sec | 2022>2030 | 38 € 96

Domaine de la Cendrillon

★★☆☆☆

Situé à Ornaisons, aux frontières des terroirs de Boutenac, le domaine de la Cendrillon existe depuis cinq générations. Il dispose d'un vignoble d'une cinquantaine d'hectares avec ses vieilles vignes et ses jeunes plantations aux cépages originaux, albariño et verdejo. Dans les années 2000, Robert Joyeux a mené conjointement sa carrière d'industriel et les travaux de rénovation profonde à la propriété lui permettant de réaliser le corbières dont il rêvait, élégant et exprimant la complexité et la variété de ses terroirs. Depuis 2011, lui et son épouse Geneviève se consacrent à plein temps à leur domaine et leur fils Hubert vient de les y rejoindre pour promouvoir ce beau cru aux quatre coins du monde. Le domaine est certifié bio depuis 2013, le raisin est soigné à la perfection, les extractions douces, l'absence de toute trituration du raisin et le travail par gravité permettent d'obtenir des vins généreux mais raffinés et sincères. La cuvée Inédite affiche de la profondeur et de la tenue, la cuvée numéro-1, exubérante et pleine de caractère mérite son nom.

- **Inédite, Corbières 2017** | Sec | 2022>2028 | 19.5 € | ☘ 90
- **N°1, Corbières 2017** | Sec | 2022>2028 | 38 € | ☘ 91
- **Minuit, Corbières 2021** | Sec | 2022>2024 | 9.99 € | ☘ 90

Domaine La Chouette du Chai

★★☆☆☆

Une nouvelle histoire a commencé pour Sylvie Guiraudon après avoir œuvré au renouveau du domaine Mortiès en Pic Saint-Loup. À l'heure où bien des 2014 n'évoluent pas forcément vers le vin idéal, sa cuvée un-beau-roman-une-chouette-histoire se montre idéale à boire, tous tannins rentrés, toutes saveurs en avant, sans aucune sensation sèche. Seules les meilleures cuvées de nos bons domaines évoluent ainsi. Les entrées de gamme comme rien-ne-m'effraie ou autoportrait sont très recommandables.

- **Un Beau Roman, une Chouette Histoire, Pic Saint-Loup 201 7** | Sec | 2022>2028 | 24 € 92
- **Rien ne m'effraie, Pic Saint-Loup 2019** | Sec | 2022>2028 | 15 € 91

Domaine La Croix de Saint-Jean

★★☆☆☆

La Croix de Saint-Jean a été créée en 2004 par Michel Fabre, vigneron, et Fabrice Leseigneur, photographe de presse. Le domaine produit trois cuvées sur les terroirs de Minervois, lo-mainatge, lo-paire et une cuvée au nom du domaine. Ce sont de grandes expressions racées et profondes de ce beau terroir, qui entrent dans le gotha du meilleur de cette appellation. Les vins sont racés et d'une superbe régularité, avec des arômes subtils, une texture solide sans manquer de raffinement, de fraîcheur et surtout d'un bon équilibre. La cuvée lo-paire ne déçoit jamais. Une adresse à connaître.

- **Lo Mainatge, Minervois 2020** | Sec | 2022>2028 | 11.9 € 90
- **Lo Paire, Minervois 2018** | Sec | 2022>2028 | 18 € 91
- **La croix de Saint-Jean, Minervois-La-Livinière 2019** | Sec | 2022>2028 | 18 € 90

Château La Dournie

★★☆☆☆

Les filles de la famille Étienne ont repris ce domaine de Saint-Chinian. Cette grande propriété de près de 50 hectares élabore plusieurs cuvées complémentaires qui s'inscrivent dans un registre puissant et généreux, dans la typicité conférée par les zones de schistes de Saint-Chinian. Des cuvées étienne et élise se dégage le profil aromatique puissant que ce type de sol confère aux rouges. Les derniers millésimes voient une recherche plus orientée vers la profondeur que vers l'expression aromatique immédiate. Les blancs ont de la personnalité en bouche et beaucoup de délicatesse dans leur expression tactile.

- **Élise, Saint-Chinian 2017** | Sec | 2022>2028 | 17 € 91
- **Étienne, Saint-Chinian 2018** | Sec | 2022>2028 | 14 € 90

Clos La Rivière

★★☆☆☆

Les sols argilo-calcaires et plus encore les sols de schistes de Saint-Chinian permettent des vins particulièrement aromatiques et gourmands. Le clos La Rivière est une de nos adresses préférées dans cette appellation dès que l'on pense vins de soif. Jean-Philippe Madale vinifie avec talent son domaine familial de 17 hectares. Ses deux rouges sont une grande réussite en 2018, ils incarnent comme nul autre en Languedoc la notion de vin de copains. Au sommet de la gamme, la cuvée qui porte le nom du domaine, essentiellement à base de syrah, est délicieuse mais son entrée de gamme, les schistes-de-paul, du nom du grand père qui a planté les vignes, est notre coup de cœur. Le rosé leur emboîte le pas et les blancs ne sont pas à la traîne. Millésime après millésime, ces schistes-de-paul sont l'archétype du vin facile à boire, à base de syrah et de grenache. Sa rondeur fruitée plaira à tous, on ne comprendra que trop tard pourquoi le niveau de la bouteille a aussi vite baissé. Ce n'est certes pas le vin le plus ambitieux du Languedoc mais, franchement, à 6,50 euros départ cave on ne sait pas quel meilleur rapport qualité-prix vous recommander. Les blancs et les rosés sont à l'avenant.

- Saint-Chinian 2021 | Sec | 2022>2024 | 6 € 91
- Saint-Chinian 2019 | Sec | 2022>2028 | 8 € 91
- Les Schistes de Paul, Saint-Chinian 2020 | Sec | 2022>2028 | 6.50 € 90

La Tête dans les Étoiles

Luc Jourdan est un nouveau vigneron doué qui tourne la page d'une carrière à la chambre d'agriculture pour mener à bien ses convictions vigneronnes. Installé sur neuf hectares certifiés en bio de schistes et de galets roulés, il a amené sa cuvée au-delà-des-rêves à un niveau étonnant en quelques millésimes. À base de syrah et de mourvèdre complétés par du grenache noir, la finale onctueuse et de grande délicatesse ralliera tous les suffrages sans réserve, du plus néophyte au plus exigeant des amateurs.

- Douceur céleste, Languedoc 2019 | Sec | 2022>2027 | 7.50 € | ☘ 90
- Terrasses du Larzac 2019 | Sec | 2022>2028 | 12 € | ☘ 92

Château Lancyre

Après Bernard Durand, qui a accompagné la reconversion du Pic Saint-Loup de la polyculture à dominante ovine jusqu'à sa reconnaissance en zone viticole qualitative, Régis Valentin, son neveu, a repris les rênes techniques. Sans tambour ni trompette, c'est un domaine à rechercher pour l'élégance et la fraîcheur de sa cuvée vieilles-vignes, puissante tout en étant savoureuse, son clos-des-combes, sa grande cuvée. La cuvée Madame est encore plus ambitieuse.

- Clos des Combes, Pic Saint-Loup 2020 | Sec | 2022>2028 | 11.5 € 91
- Grande Cuvée, Languedoc 2019 | Sec | 2024>2030 | 19.5 € 92

Château de Lascaux

Le château de Lascaux est dirigé depuis 1990 par Jean-Benoît Cavalier, ingénieur agronome qui préside également aux destinées de la vaste appellation Languedoc. Le domaine, installé sur Vacquières, exploite des parcelles dont certaines sont classées en Pic-Saint-Loup. Ce domaine de 45 hectares, plutôt orienté vers la syrah, est en agriculture biologique. Le domaine ne cesse d'innover et n'hésite pas à se remettre en question, gage de progrès. Il vinifie par terroirs en isolant les parcelles installées sur les différents types de sols, dont la gravette de Corconne aux accents si identitaires. Le nouveau chai très bien pensé améliorera encore la précision dans les vins, de même que le passage en bio et l'usage de grands contenants. On peut vraiment se régaler ici dès les entrées de gamme.

- Les Nobles Pierres, Pic Saint-Loup 2018 | Sec | 2023>2030 | 25 € | ☘ 91
- Garrigue, Languedoc 2021 | Sec | 2022>2025 | 10 € | ☘ 89

Mas Lasta

Mas Lasta veut dire « le dernier » en esperanto. Après avoir vinifié près d'une dizaine d'années aux quatre coins de la planète, notamment au château Latour à Pauillac, Anne-Laure Sicard réalise ici son troisième millésime. Cette jeune vigneronne a démarré avec 8 hectares proches de la parcelle des Rougeots d'Olivier Jullien.
Elle a réalisé en 2017, son premier millésime, l'une des meilleures cuvées en appellation Languedoc et poursuit depuis la même lignée sur ses deux cuvées, le languedoc et le terrasses du Larzac. Ses vins sont denses, fougueux mais domptés, avec des tannins puissants et très fins. Nous encourageons tous les amateurs à rencontrer ses vins.

- Terrasses du Larzac 2019 | Sec | 2022>2027 | 18 € 91
- Languedoc 2021 | Sec | 2022>2030 | 14 € 91

Château de Lastours

Implanté sur le secteur méditerranéen des Corbières, le domaine a été racheté par la famille Allard, qui gère également le château Laroque à Saint-Émilion. D'importants travaux ont été réalisés sur la propriété pour redonner à Lastours tout son prestige, tant dans les équipements techniques que dans la replantation massive du vignoble. Pour aller encore plus loin, un tout nouveau chai a été mis en service. Depuis 2012 c'est le talentueux Stéphane Derenoncourt, consultant prisé, qui suit la propriété. Le site de Lastours abrite également un circuit automobile où viennent s'entraîner les meilleures écuries, ainsi qu'un complexe d'œnotourisme, avec une restauration et une hôtellerie de qualité.

- Grande Réserve, Corbières 2017 | Sec | 2022>2030 | 19 € 90
- Corbières 2020 | Sec | 2022>2025 | 15 € 89

Mas Laval

Sans bruit mais avec une évidente réussite, les Laval réalisent des vins étonnants. Une hygiène irréprochable, un chai climatisé, ce qui n'est pas si fréquent en Languedoc, et des barriques magnifiques, rarement neuves mais d'un an, en provenance d'emblématiques domaines de Bourgogne, permettent une gamme qui ne comporte que deux vins rouges : les-pampres, en igp de l'hérault, un deuxième vin tarifé comme tel, est très accessible, bien vinifié, gourmand et équilibré, et la grande cuvée, un terrasses-du-larzac. L'un et l'autre

Jean-Benoît Cavalier et ses filles (château de Lascaux).

Basile Saint-Germain (domaine Les Aurelles).

sont très proches des sommets dans leurs classifications respectives. La finesse des tannins est la marque de fabrique de ce domaine étonnant, cultivé comme un jardin.

- Les Pampres, Hérault 2021 | Sec | 2022>2025 | 10 € — 88
- La Grande Cuvée, Terrasses du Larzac 2019 | Sec | 2022>2028 | 28 € — 93

Le Clos du Serres

★★☆☆☆

Le clos du Serres a été constitué en 2006 à Saint-Jean-de-la-Blaquière, sur les contreforts du Larzac, à près de 300 mètres d'altitude. Le style de la production a évolué lentement vers des rouges de plus en plus construits. Millésime après millésime on retrouve la même recherche systématique de sincérité. La gamme a été remodelée autour des maros sur schistes, suave et complet, d'un équilibre entre densité et buvabilité abouti, de sainte-pauline, sur des grès et des galets roulés, souple et gourmande, du palas sur grès et schistes, séveuse et ferme, et de saint-jean, arrondie et goûteuse, un assemblage de terroirs. Humeur-vagabonde provient pour grande partie d'un carignan que peu sont capables d'amener à ce niveau de charme : juvénile en bouche, il ne fait pas ses 85 ans. Mais l'ensemble de la gamme ne se différencie que par des nuances, la patte du domaine imprégnant fortement l'ensemble des cuvées dans un style assez puissant, charnu. Joli blanc cette année qui mérite de figurer sur les belles tables.

- Humeur Vagabonde, Terrasses du Larzac 2020 | Sec | 28 € — 91
- Le Saut du Poisson, Languedoc 2020 | Sec | 2022>2025 | 17 € — 91
- Sainte-Pauline, Terrasses du Larzac 2020 | Sec | 2022>2028 | 15 € — 90

Domaine Le Conte des Floris

★★★☆☆

Catherine et Daniel Le Conte des Floris se sont implantés sur le terroir de Pézenas. Les blancs, remarquables de profondeur, démontrent l'intérêt du carignan blanc et rappellent combien son arrachage massif en Languedoc fut une erreur. Les vignerons les plus avisés de la région commencent à en replanter, signe des temps. Lune-blanche est l'un des vins les plus originaux du Languedoc grâce à cet encépagement. Associée à la roussanne, cela devient lune-rousse et à la marsanne, pleine-lune. La gamme de rouges se décline autour des terroirs qui les voient naître : carbonifère, basaltique et villafranchien. Le grenache du Villafranchien et la syrah sur schistes du Carbonifère cultivent l'élégance et une facilité à être bus sans le moindre ennui, bien au contraire. De vieux millésimes sont trouvables au domaine et montreront aux crédules que ces languedocs évoluent bien avec le temps. Le domaine s'amuse également à produire des cartagènes, des mistelles dont la réputation était forte par le passé. Nous vous incitons à redécouvrir ce produit, un moût de raisin complété par de l'alcool pur.

- Lune Blanche, Languedoc-Pézenas 2019 | Sec | 2022>2030 | 35 € — 92
- Pleine Lune, Languedoc 2020 | Sec | 2022>2030 | 22 € — 91
- Cartagène Blanche, Vin de France 2015 | Sec | 2022>2035 | 18 € — 91

Domaine Les Aurelles

★★★★☆

Basile Saint-Germain est un perfectionniste qui va aussi loin que possible, de la vigne au chai, pour réaliser des vins dans la zone de Pézenas qui satisfont à ses exigences de fin dégustateur. Proche de Pézenas, à une trentaine de kilomètres de la Méditerranée, son domaine des Aurelles, d'une petite dizaine d'hectares, jouit d'un terroir de rêve, unique en son genre, mêlant basaltes et graves, et d'un paysage à couper le souffle qui se déploie jusqu'aux Cévennes. La tenue dans le temps des vins était l'une de ses exigences les plus importantes et il y souscrit depuis les débuts de son aventure, en 1995. Solen, la première cuvée, dépasse la plupart des vins du Languedoc, Aurel est le grand vin. Les deux cuvées sont commercialisées après un temps conséquent de maturation en bouteille et ne connaissent aucun bois. Aurel blanc est unique, distribué après plusieurs années de cave : voilà un très grand vin de gastronomie, l'une des bouteilles les plus en pointe dans la démarche qualitative languedocienne.

- Solen, Languedoc 2017 | Sec | 37 € — 94
- Aurel, Languedoc 2017 | Sec | 2022>2032 | 55 € — 96
- Aurel, Languedoc 2017 | Sec | 2022>2028 | NC — 96

Domaine Les Grandes Costes

★★☆☆☆

Après une première carrière dans la presse viticole, Jean-Christophe Granier est revenu dans son village de Vacquières, une commune qui fait partie de la zone du pic Saint-Loup, en Coteaux du Languedoc. C'est un domaine hautement fréquentable qui fait preuve de régularité. La cuvée la-ruche étonne par des notes atypiques, originales issues de la gravette de Corconne, une roche calcaire grise. Dans un style plus classique la sarabande et les grandes costes 2017 ont gagné en intensité et en buvabilité. Musardises, bien qu'elle soit l'entrée de gamme montre la qualité du domaine.

- Musardises, Languedoc 2020 | Sec | 2022>2027 | 12.5 € — 89
- La Ruche, Languedoc 2020 | Sec | 2022>2028 | 21 € — 92

Domaine Les Païssels

★★★☆☆

Ce domaine récent est mené par deux ingénieurs agronomes, dont un ancien directeur d'une cave de Fitou qui a repris les vignes familiales sorties de la coopération. Après des 2016 sur la générosité, de grandes réussites en 2017, nous avons remarqué le haut niveau de jalouses en 2018, un vin de référence des terroirs de schistes. Les 2019 continuant sur cette impressionnante lancée, nous leur accordons volontiers une troisième étoile.

- Le Banel, Saint-Chinian 2020 | Sec | 2022>2028 | 8 € — 90
- Saint-Chinian 2019 | Sec | 2022>2030 | 13 € — 92
- Les jalouses, Saint-Chinian 2019 | Sec | 2022>2030 | 28 € — 93

Les Vignes Oubliées

★★★☆☆

Une poignée des meilleurs vignerons du Languedoc, hélas trop peu, redécouvrent les vertus du cinsault, un vieux cépage dont on a fait des citernes de rosés, au demeurant parfois bons. Vinifié en rouge, c'est assurément le vin de soif par excellence et sa buvabilité hors pair peut se conjuguer, quand il est bien traité, à une profondeur étonnante. Jean-Baptiste Granier en fait l'une des versions les plus excitantes, cultivant en virtuose une petite dizaine d'hectares depuis ses débuts en 2007, propulsé par un certain Olivier Jullien. Finale délicieuse, florale, sur les fruits rouges, la réglisse : la similitude de sensations tactiles avec les grands pinots noirs de Bourgogne est évidente. Il a tout d'un grand, sauf le prix. La grande cuvée, en terrasses-du-larzac, n'est tombée dans aucun des pièges classiques, surmaturité et surextraction, elle est en route vers les modèles du genre. Le blanc s'impose progressivement comme l'un des meilleurs vins de gastronomie de la région.

- Terrasses du Larzac 2020 | Sec | 2022>2028 | 21 € — 95
- Autour du cinsault, Languedoc 2020 | Sec | 2022>2028 | 14 € — 92

Christophe Bousquet (château Pech-Redon).

Lorgeril - Château de Pennautier

★★☆☆☆

En vingt ans, Nicolas et Miren de Lorgeril ont remis sur pied le vignoble historique ainsi que le château, dessiné initialement par Le Vau et dont le parc fut aménagé et conçu par Le Nôtre. Le domaine s'étend désormais sur 350 hectares. Il produit des vins sur neuf appellations dont Minervois, Corbières, Saint-Chinian, Faugères et Côtes-du-Roussillon, avec le même souci qualitatif qu'en Cabardès et une constance inébranlable. Ici les vins sont classiques, réguliers, dotés d'une grande richesse aromatique, d'une excellente fraîcheur notamment sur les terroirs d'altitude et d'un équilibre jamais pris en défaut. Une adresse de référence.

- Marquis de Pennautier Terroirs d'Altitude, Oc 2020 | Sec | 2022>2025 | 11.5 € — 91
- Château de Ciffre, Faugères 2020 | Sec | 2022>2028 | 29 € — 90
- Domaine de La Borie Blanche Grand Vin, Minervois-La-Livinière 2020 | Sec | 2022>2028 | 25 € — 91

Mas La Chevalière

★★☆☆☆

En 1995, Michel Laroche, grande figure de la viticulture chablisienne, a adjoint à son domaine éponyme ce vignoble d'altitude. Les 40 hectares de vignes sont scindés en deux îlots bien spécifiques : Peyroli, situé à 400 mètres, avec un terroir argilo-calcaire parfait pour le chardonnay, et Roqua Blanca, très méditerranéen, profitant de l'influence fraîche de la mer, dédié aux cépages rouges. Comme le domaine Michel Laroche de Chablis, cet ensemble appartient au groupe AdVini dont il est aujourd'hui l'un des fleurons. S'y est greffée une activité de négoce de qualité sur la partie vinification et élevage. Dans les chais performants sont vinifiés des raisins issus de sélections parcellaires effectuées chez des partenaires vignerons, pour produire une collection de vins de cépages très bien faits, purs et typés, vraiment agréables à boire. Le mas-chevalière est plus élaboré, plus complexe, tant en rouge qu'en blanc. Une valeur sûre.

- chardonnay bio de la Chevalière, Oc 2021 | Sec | 2022>2025 | 10.5 € — 88
- La Chevalière chardonnay, Oc 2021 | Sec | 2022>2024 | 9 € — 87
- Rosé de la Chevalière, Oc 2021 | Sec | 2022>2022 | 9 € — 86

Domaine Mirabel

★★★☆☆

Le domaine Mirabel est situé à la limite nord-est de l'aire d'appellation du Pic Saint-Loup, sur un terroir d'argilo-calcaires. Les frères Feuillade mènent leurs 14 hectares avec passion, ils les cultivent avec le plus grand soin, comme un jardin. Le rendement moyen est faible, de l'ordre de 20 hectolitres par hectare. Sans bruit ni tapage, on ne théorise pas au domaine sur la bio : on la pratique, on aime le travail bien fait, la sincérité, et ça se voit, pour le plus grand plaisir des amateurs. Les rouges sont délicieux avec trois cuvées réalisées dans le même esprit associant harmonieusement intensité et buvabilité. Avec des blancs d'une fraîcheur confondante, des rosés d'une précision incroyable, ce domaine d'une régularité exemplaire ne cesse de nous étonner. Dans le tiercé de tête des meilleurs pic-saint-loup, ce domaine est notre coup de cœur depuis des lustres.

- Loriot, Oc 2020 | Sec | 2022>2027 | 15 € — 94
- Les Éclats, Pic Saint-Loup 2020 | Sec | 2022>2028 | 19 € — 93
- Les Éboulis, Pic Saint-Loup 2021 | Sec | 2022>2024 | 9.5 € — 92

Domaine de Montcalmès

★★★★☆

Moncalmès veut dire mont calcaire en occitan. Créé en 1999 à partir des vignes familiales qui étaient apportées en coopérative, le domaine couvre aujourd'hui 25 hectares en bio sur Puechabon et ses calcaires lacustres, sur Aniane et ses galets roulés, sur Saint-Saturnin et ses éboulis calcaires et sur les argilo-calcaires de Saint-Jean-de-Fos. Fort d'une expérience à la Grange des Pères, chez Olivier Jullien et Alain Graillot, Frédéric Pourtalié vinifie ses grenaches, syrahs et carignans terroir par terroir avant l'assemblage. La gamme de rouges est resserrée quand beaucoup s'ingénient à multiplier les cuvées : un grenache d'une gourmandise qui fait penser au château-rayas, le-geai tout en élégance et la cuvée en terrasses-du-larzac, un vin aux tannins au sommet de l'élite du Languedoc, un vin de songes. Également un blanc en quantités plus confidentielles.

- Terrasses du Larzac 2019 | Sec | 2024>2030 | 30 € | ☘ — 93
- Languedoc 2019 | Sec | 2024>2028 | 30 € | ☘ — 90

Château de Nouvelles

★★☆☆☆

Le château de Nouvelles, installé à Tuchan dans une zone assez reculée, a été un pionnier de la progression qualitative en Fitou. Initialement réputé pour ses vins doux naturels, il continue d'offrir une gamme qui s'avère réussie. L'infatigable Jean Daurat, qui a porté haut et fort la réputation du fitou pendant des décennies, est secondé par son fils Jean-Rémy. Les vins sont élégants, tant par la complexité aromatique que par la texture. Le carignan apporte une délicieuse fraîcheur. Une adresse sûre, à découvrir sans plus attendre.

- **Vieilles Vignes, Fitou 2018** | Sec | 2022>2028 | 13.5 € — 91
- **Augusta, Fitou 2019** | Sec | 2022>2028 | 10 € — 91

Château Ollieux-Romanis

★★☆☆☆

Pierre Bories a hissé son domaine familial au sommet de l'appellation Corbières et le gère depuis 2001 d'une main de maître, affichant la même détermination et la même exigence dans les vignes qu'au chai. Constitué d'un vaste ensemble de 150 hectares (dont l'ancien terroir du Château des Ollieux), à une dizaine de kilomètres de Narbonne, le vignoble permet de réaliser des vins de grande élégance, de la cuvée prestige à la cuvée or, jusqu'à atal-sia, réalisée en appellation Corbières-Boutenac, incontestablement l'un des fleurons de la propriété. Toute la gamme est au diapason, y compris le-champ-de-murailles et propulse cette adresse parmi nos favorites du secteur.

- **Atal Sia, Corbières-Boutenac 2019** | Sec | 2022>2030 | 26 € — 93
- **Alba, Corbières 2021** | Sec | 15 € — 91

Domaine de L'Ostal

★★☆☆☆

Lorsque Jean-Michel Cazes (château Lynch-Bages, château Les Ormes de Pez, domaine des Sénéchaux) investit le Minervois, ce ne fut ni par hasard, ni sans ambition. Le vignoble de 60 hectares a été replanté pour moitié et restructuré lors de son rachat en 2002. Le secteur chaud où sont implantées les vignes marque les vins, ce sont des minervois denses et sérieusement construits. Jean-Michel Cazes a passé la main à son fils Jean-Charles, qui a fait évoluer les vins vers un style bien à lui, vrai mix entre le classicisme et l'élégance bordelaise, et l'exubérance aromatique due aux cépages et au climat méditerranéens. Une très belle adresse, sérieuse et régulière, dont on ne se lasse pas.

- **Estibals, Minervois 2019** | Sec | 13.5 € — 90
- **Grand Vin, Minervois-La-Livinière 2018** | Sec | 2022>2027 | 22 € — 90

Domaine du Pas de l'Escalette

★★☆☆☆

Julien Zernott et Delphine Rousseau ont acquis en 2002 ce vignoble implanté en terrasses entourées de murets de pierres sèches appelés « clapas ». Perchées à 350 mètres d'altitude sur une vingtaine d'hectares, au pied du plateau du Larzac, les vignes sont menées en bio, baignées d'un micro-climat frais et venté et bénéficiant de ce terroir d'éboulis calcaires du causse et de toute la biodiversité du lieu. Le fil rouge ici est la fraîcheur, permise par l'altitude du vignoble ; on la retrouve dans toutes les cuvées, sans exception, ce qui en fait un domaine à part des Terrasses. La gamme est large et passionnante en rouge, elle va du simple languedoc, vin de fruit, à une structure bien plus construite dans le-grand-pas dont vous retrouverez une verticale récente depuis 2006 sur notre application. En intermédiaires, les-clapas et le pas-de-D, entendez le pas de Delphine, forment de remarquables cuvées d'adéquation entre fraîcheur et structure. Toutes sont plus fraîches que n'importe quel autre languedoc. C'est ce qu'on appelle une valeur sûre et incontournable.

- **Les Clapas, Terrasses du Larzac 2020** | Sec | 2022>2027 | 17 € | ☘ — 91
- **Le Grand Pas, Terrasses du Larzac 2020** | Sec | 2023>2028 | 30 € | ☘ — 92

Les domaines Paul Mas

★★★☆☆

Fils de vigneron très tôt saisi par l'entrepreneuriat, Jean-Claude Mas a réalisé une première carrière en France et aux États-Unis avant de retrouver la filière viti-vinicole. En deux décennies, ce pur languedocien a bâti un patrimoine de plus de 800 hectares de vignes et a créé des marques dont la plus fameuse demeure le savoureux Arrogant Frog. Centré aujourd'hui sur ses domaines (Crès Ricard en terrasse-du-larzac, Silène en grès-de-montpellier, Martinolles à Limoux, Lauriga en Roussillon ou encore les voisins Château Paul Mas et Astelia dans le berceau familial du secteur de Montagnac) l'activité de l'hyperactif Jean-Claude Mas ne cesse d'évoluer. L'homme sait donner aux syrah languedociennes une personnalité savoureuse, juteuse et fruitée. En blanc, le style est gourmand, porté par des chardonnays et viogniers gorgés de soleil. Hormis quelques cuvées de prestige issues des meilleures parcelles des domaines, la plupart des vins sont proposés à des tarifs angéliques, une autre caractéristique de ce que Jean-Claude Mas appelle « luxe rural ».

- **Clos des Mûres, Languedoc 2021** | Sec | 2022>2025 | 14.8 € — 92
- **Château Paul Mas - Clos du Moulinas, Languedoc-Pézenas 2020** | Sec | 2022>2026 | 19.7 € — 93
- **Château des Crès Ricards - Stécia, Terrasses du Larzac 2020** | Sec | 2022>2027 | 13.95 € — 93
- **Domaine des Crès Ricards - Merlot, Oc 2020** | Sec | 2022>2024 | 7.1 € — 91

Château Pech-Redon

★★★☆☆

Christophe Bousquet est très en phase avec la nature sur son terroir faiblement arrosé par les pluies mais qui nous semble le plus qualitatif de la Clape. Sur les hauteurs de Gruissan tout près de Narbonne, à un kilomètre de la Méditerranée, avec ses 30 hectares pâturés par les brebis en hiver et menés en bio certifiée, Pech-Redon réalise de longue date les meilleurs vins du secteur de la Clape, les plus frais et complexes. La visite des blancs, notamment la-centaurée, s'impose. L'épervier rosé est superbe. En rouge, la-centaurée fait la course à part dans un style absolu, un

Grégory Viennois (mas La Chevalière).

vin de réflexion aux tannins très fins, moins gourmand que les-cades ou l'épervier. Christophe fait de plus en plus la part belle au mourvèdre qui se plait particulièrement ici car il voit la mer.

- La Centaurée, Languedoc-La Clape 2019 | Sec | 2024>2032 | 25 € | ☘ 97
- La Centaurée, Languedoc-La Clape 2020 | Sec | 22 € | ☘ 94

Domaine Peyre Rose

★★★★☆

Cette exploitation, perdue au bout d'un chemin introuvable, est conduite en agriculture biologique par Marlène Soria. Marlène produit trois cuvées de rouge à dominante de syrah, le clos-des-cistes, syrah-léone, puis depuis le millésime 2003 marlène-n°3 sur un nouveau terroir. Les-cistes proviennent de la partie la plus haute du domaine, installée sur des sols caillouteux très durs. Cette cuvée porte plus d'acidité que syrah-léone, installée sur des roches plus friables et facilement traversées par l'eau : c'est souvent la cuvée la plus sensuelle. Marlène-n°3 n'est ni un troisième ni un second vin. Troisième plantation du domaine, c'est certainement la mieux plantée des parcelles avec une proportion plus importante de grenache, elle est celle qui gagne le plus au vieillissement. En blanc, oro est à base de rolle, de roussanne et de viognier, complétés par plusieurs autres cépages languedociens. S'il fallait donner un synonyme à Peyre Rose ce serait sûrement mille et une nuits tant les finales sont envoûtantes. Les derniers oros blancs mis sur le marché ont encore gagné en précision : il s'agit pour le plus récent du millésime 2005. En rouge, la sortie des 2010 est proche. L'horloge de Peyre Rose ne fonctionne décidément pas au même rythme que notre société pressée.

- Clos des Cistes, Languedoc 2013 | Sec | 2022>2035 | 74 € | ☘ 98
- Oro, Languedoc 2008 | Sec | 2022>2028 | 74 € | ☘ 95
- Marlène n°3, Languedoc 2013 | Sec | 2022>2035 | 74 € | ☘ 99

Cave de Roquebrun

★★☆☆☆

Cette cave sérieuse de Saint-Chinian-Roquebrun produit l'essentiel des vins de l'appellation avec 720 hectares d'apports dont 450 de syrah. On est ici au nord de l'appellation Saint-Chinian et on y produit des vins typés par leur cépage majoritaire et par la macération carbonique qui signe le style de la cave. Elle est dirigée par un charismatique directeur, Alain Rogier depuis des décennies et fait partie des rares coopératives languedociennes remarquées pour leur réussite. Nous apprécions la cohérence de la gamme, ces vins puissants expriment ce goût inimitable de fumé et de lardé à la finale réglissée. Un seigneur d'Aupenac 2006 dégusté récemment n'avait pratiquement pas évolué depuis sa prime jeunesse, ce qui montre la capacité des macérations carboniques bien menées à défier le temps.

- Golden Vines, Saint-Chinian Roquebrun 2018 | Sec | 2018>2028 | 18 € 91
- Pépites de schistes, Saint-Chinian Roquebrun 2016 | Sec | 2024>2030 | 78 € 92

Château Rouquette-sur-Mer

★★★☆☆

Avec un vignoble bien tenu, Jacques Boscary montre que le secteur de la Clape peut produire de grands vins, très appréciés et identifiables en dégustation. Voici une adresse où il n'est pas indispensable de monter haut en gamme pour se régaler, ce qui fait du château une valeur sûre. L'élégance et la gourmandise sont les caractéristiques des vins de la propriété. Amarante et esprit-terroir sont des entrées de gamme délicieuses. Au sommet, les cuvées henry-lapierre, château-de-la-tour et absolu revisitent la-clape avec des tannins particulièrement fins et méritent d'être attendues.

- L'Esprit Terroir, Languedoc-La Clape 2020 | Sec | 2022>2030 | 9.5 € 90
- Le Clos de la Tour, Languedoc 2019 | Sec | 2022>2030 | 31.5 € 94
- Arpège, Languedoc-La Clape 2020 | Sec | 2022>2025 | 10.3 € 91

Château Saint-Martin de la Garrigue

★★☆☆☆

Ce grand domaine de 160 hectares, dont 60 plantés en vignes, appartient à la famille Guida, qui a œuvré dans la grande distribution. Les terroirs exploités, sur les Grés de Montpellier et en Picpoul

MATHIEU GARÇON, PRESSE

de Pinet, produisent des vins axés sur le plaisir et sur la fraîcheur quand le millésime s'y prête. Le rosé n'est pas le fer de lance du domaine mais la cuvée Bronzinelle en rouge et en blanc est régulièrement l'une des meilleures du secteur par sa précision, elle affiche un rapport qualité-prix remarquable. Onctueuse et un peu plus élégante et complexe dans son tannin, la cuvée de grés-de-montpellier qui jouait habituellement la puissance interprète un 2019 plus en finesse.

- **Languedoc-Grés de Montpellier 2018** | Sec | 2022>2028 | 17 € — 91
- **Les 37, Languedoc 2020** | Sec | 2022>2027 | 8.2 € — 90

Château Sainte-Eulalie

★★★☆☆

Mené par un couple d'œnologues, le domaine est constitué de 35 hectares d'un seul tenant, sur les hauteurs de la Livinière, à environ 250 mètres d'altitude. Cette situation permet une gamme de rouges au fruité de très belle qualité. Les sols sont très caillouteux et l'intégralité de la production est en appellation Minervois et Minervois-La-Livinière. Dès l'entrée de gamme, véritable vin plaisir comme l'indique son nom, à la grande-cuvée, le fil conducteur reste l'équilibre, le charme, la fraîcheur et la qualité du grain de tannin.

- **La Cantilène, Minervois-La-Livinière 2019** | Sec | 15.5 € — 93

Château Salitis

★☆☆☆☆

Ce vaste domaine d'un seul tenant en Cabardès est aujourd'hui dirigé par Anne Maurel, descendante directe du fondateur. La propriété, cultivée en bio depuis 2010, est un superbe exemple du potentiel de ce cru situé au confluent des influences atlantiques et méridionales. Les vins sont sincères, sapides, équilibrés et peu boisés.

- **Nature, Cabardès 2020** | Sec | 2022>2024 | NC | ☘ — 89
- **Premium, Cabardès 2019** | Sec | 2022>2025 | NC | ☘ — 90
- **Cuvée Des Dieux , Cabardès 2018** | Sec | 2022>2026 | NC | ☘ — 92

Château de Sérame

★☆☆☆☆

Cette ancienne bâtisse du XIIe siècle, installée à Lézignan près du canal du Midi, dans la zone des Corbières, peut compter sur un large domaine de 580 hectares, dont 240 hectares de vignes, pour retrouver sa gloire passée. La famille d'Exea y nourrit de grandes ambitions et en a confié la gestion à Anne Besse. Aidée par l'excellent Aymeric Izard, le domaine propose une gamme de vins fruités et agréables, représentatifs des terroirs languedociens, entre appellations corbières et minervois. Une découverte à suivre de près.

- **Corbières 2020** | Sec | 2022>2024 | NC — 88
- **Les Rives d'Argens, Minervois 2020** | Sec | 2023>2027 | NC — 88
- **Château d'Argens, Minervois 2020** | Sec | 2023>2028 | NC — 90

Mas de la Seranne

★★☆☆☆

Le mas de la Seranne, situé dans la zone des Terrasses du Larzac, en Coteaux du Languedoc, appartient à Jean-Pierre Venture. Ce vigneron s'est extirpé de l'industrie agro-alimentaire pour revenir à la vigne où il s'est patiemment construit un domaine d'une quinzaine d'hectares. La gamme de rouges est orientée vers la gourmandise, dans un style accessible et flatteur, faite pour être bue dès la mise sur le marché mais sans manquer de profondeur. Antonin-et-louis cultivent la finesse du tannin. La cuvée Bonaventura est issue de grenache et de carignan en tirage limité. Tous les vins partagent la note charmeuse fumée et lardée qui semble un archétype habituel de la syrah mûre, même quand ils ne contiennent pas de syrah ! Cette note est donc la patte du domaine avec le souci constant d'obtenir des tannins très souples.

- **Antonin et Louis, Terrasses du Larzac 2019** | Sec | 2022>2028 | 24 € | ☘ — 92
- **Bonaventura, Terrasses du Larzac 2019** | Sec | 2023>2030 | 35 € | ☘ — 92

Caves du Sieur d'Arques

★☆☆☆☆

La coopérative du Sieur d'Arques est l'acteur économique majeur de Limoux car elle met en marché 16 millions de bouteilles. Pionnière dans la sélection parcellaire, elle s'est engagée depuis vingt ans dans une démarche qualitative et poursuit la réalisation de cuvées très bien calibrées. La gamme des blancs toques-et-clochers, à base de chardonnay, issue des 4 terroirs limouxins, est élevée en barriques, à la bourguignonne, avec bâtonnages, ce qui donne des vins généreux, charmeurs et parfaitement équilibrés. Une jolie gamme de bulles de qualité complète parfaitement l'ensemble des vins de la cave. Sa régularité qualitative en fait un véritable fer de lance pour l'appellation.

- **Toques et Clochers, Crémant de Limoux 2017** | Extra-brut | 2022>2025 | 15.9 € — 91
- **Occursus, Limoux 2017** | Sec | 2022>2027 | 15.9 € — 90

Domaine Uma

★☆☆☆☆

Karen Turner conseille ce domaine de Valflaunès après avoir oeuvré au prieuré Saint-Jean de Bébian en Pèzenas. Ce nouveau domaine est en fait la réunification des domaines Valcyre et Terre des Cambon réalisée par Emmanuel Clausel qui a choisi cette seconde vie après avoir travaillé dans la promotion immobilière. Les deux vins présentés en rouge sont de très bons représentants du Pic Saint-Loup. A suivre.

- **Pic Saint-Loup 2020** | Sec | 2023>2028 | 35.5 € | ☘ — 92
- **Oc 2021** | Sec | 2022>2024 | 14.5 € — 90

Domaine Vaïsse

★★☆☆☆

Pierre Vaïsse possède 2 hectares hérités de ses parents sur Puechabon, l'un des secteurs les plus intéressants du Languedoc à proximité d'Aniane. Il leur a ajouté 11 hectares et produit une entrée de gamme, l'aphyllante, à majorité de mourvèdre et les-capitelles, issues pour moitiés de syrah et de mourvèdre, et désormais rebaptisées en galibaou-du-russe. Il s'agit du nom d'un arbre ancien en bordure de la parcelle qui appartenait à... un russe. 2012 a révolutionné le style ici. Parfaites représentations du meilleur de l'appellation Terrasses du Larzac et clairement dans la cour des grands rouges, les vins ne revendiquent pourtant qu'une IGP de l'Hérault sur l'étiquette.

- **L'Aphyllante, Hérault 2019** | Sec | 2022>2028 | 27 € — 92
- **Hasard, Hérault 2021** | Sec | 2022>2025 | 28 € — 90

Pierre Vaïsse (domaine Pierre Vaïsse).

Loi

Tout au long du fleuve, les paysages ligériens ne se ressemblent pas. Ici, les coteaux de Sancerre.

EN DEUX DÉCENNIES, LE VIGNOBLE ROYAL EST DEVENU UN RÉSERVOIR INTARISSABLE DE BONS VINS. DES VOLCANS D'AUVERGNE JUSQU'AU PAYS NANTAIS, EN PASSANT PAR LE CENTRE, LA TOURAINE ET L'ANJOU, LES DOMAINES DE TALENT NE MANQUENT PAS. QUELLE CHANCE

SAUMUR-CHAMPIGNY CŒUR ROUGE DE LA LOIRE

LES DÉGUSTATIONS CONFIRMENT. SAUMUR-CHAMPIGNY EST L'APPELLATION OÙ L'ON TROUVE LES MEILLEURS DOMAINES DU VIGNOBLE LIGÉRIEN. ENTRE HÉRITAGE CULTUREL ET ÉMULATION COLLECTIVE, NOTRE TERROIR DE L'ANNÉE IMPRESSIONNE

PAR ***DENIS HERVIER***

Développé à partir du VIe siècle, représenté au XVe dans l'enluminure célèbre des Très Riches Heures du duc de Berry, livre d'heures commandé par Jean de Berry et conservé au musée de Condé à Chantilly, le vignoble du Saumurois aurait pu disparaître à de multiples reprises. Surmontant les crises, il réunit aujourd'hui sept appellations. La plus prestigieuse, saumur-champigny, existe depuis 1957. Ce secteur remarquable est délimité au nord par la rive gauche de la Loire, à l'ouest par Le Thouet, l'un de ses affluents, et à l'est par la forêt de Fontevraud. Une zone de 1 500 hectares où l'on trouve les localités de Chacé, Dampierre, Montsoreau, Parnay, Saint-Cyr-en-Bourg, Souzay-Champigny, Turquant, Varrains et Saumur. Partout, un même sol de tuffeau, pierre qui servit à construire les châteaux de la Loire, et des paysages bucoliques.

CHAMPIGNY, « *CHAMPS DE FEU* »

D'origine latine, le nom de champigny, campus ignis, signifie *« champs de feu »*. L'une des forces de l'appellation tient dans sa situation géographique. Elle constitue la limite orientale des terres soumises à l'influence océanique de l'Atlantique. L'été, le tuffeau emmagasine la chaleur durant la journée et la restitue la nuit. Le vignoble est planté sur des coteaux parallèles au fleuve, de manière idéale pour favoriser une bonne maturité des raisins. Les vallées encaissées de la région des Mauges, la forêt de Fontevraud et les cours d'eau (Loire et Thouet) protègent des excès d'humidité. La moyenne pluviométrique annuelle y atteint 500 millimètres quand la moyenne nationale se situe plutôt autour des 900. Côté mercure, c'est la zone la plus chaude de la région avec une température moyenne à l'année de 15,7 degrés.

GLOIRE DES ANNÉES FOLLES

Le saumur-champigny devient un vin prisé par les ambassades européennes durant les Années folles. Le cru le plus célèbre de l'appellation, Clos Rougeard, vend à cette époque ses rouges au même prix que les deuxièmes grands crus classés du Médoc. À la lecture d'un catalogue de l'enseigne Nicolas daté de 1930, on se rend compte du succès des meilleurs vins : Château de Villeneuve 1921 est proposé à 20 francs et Clos Cristal 1924, à 15 francs. Prix identique pour le même millésime pour un cos-d'estournel ou un brane-cantenac dans le Médoc, tandis que le célèbre lynch-bages cote seulement 10 francs. Ce succès est dû en grande partie au travail mené par Antoine Cristal (voir encadré), aussi bien sur le plan cultural que commercial. La Seconde Guerre mondiale stoppe net cette dynamique et engendre, à partir de la Libération, une production moyenne de rosés moelleux et de saumurs blancs. Certes, l'obtention de l'AOC en 1957 permet un renouveau du vignoble. Mais la majorité des vignerons ont oublié le style raffiné des vins des années 1920. Au milieu des années 1980, répondant à la mode, les grandes villes recherchent des vins rouges ligériens souvent squelettiques pour les servir très frais.

ROUGEARD EN MODÈLE

Dans ce contexte, le saumur-champigny s'avère plus rentable à produire que les vins voisins. Dans le vignoble, on arrache les blancs, on replante des rouges. Les rendements s'emballent. Certains vont jusqu'à produire plus de 100 hectolitres par hectare. Isolés dans cette médiocrité ambiante, quelques domaines (Filliatreau, Daheullier, Château de Targé, Denis Duveau) commencent à proposer, en plus de leurs vins d'entrée de gamme, des cuvées plus concentrées, issues en général des vieilles vignes. Ce n'est pourtant pas encore une affaire de terroir. Sauf chez les frères Foucault, qui font figure d'extraterrestres. Dès 1969, ils travaillent leur clos Rougeard de la façon la plus naturelle possible, se limitent à un rendement de 40 hectolitres par hectare, élèvent leurs vins dans des barriques en provenance de premiers crus du Bordelais et obtiennent des vins profonds, capables de défier les années. À partir de la fin des années 1980, ce domaine phare situé à Chacé devient un modèle pour la génération montante du Saumurois et ses nouveaux

KREAZIM

L'appellation compte quelques clos spectaculaires dans son vignoble. La Loire n'est jamais loin.

chefs de file : Jean-Pierre Chevallier (Château de Villeneuve), Philippe Vatan (Château du Hureau) ou encore, un peu plus tard, Thierry Germain (Domaine des Roches Neuves) au milieu des années 1990.

LA PARCELLE AU SECOURS

Avant l'obtention de l'AOC, les vins de Saumur-Champigny suivaient surtout une logique de reconnaissance de la qualité en fonction de leur lieu-dit d'origine, selon un modèle assez bourguignon. Les vignerons abandonnent le principe au cours des années 1970-1980. Après cette période d'errance, ils font machine arrière et remettent progressivement sur le devant de la scène les meilleures parcelles. Exemple le plus célèbre, la mise en avant du lieu-dit Les Poyeux, secteur d'une trentaine d'hectares de plus en plus revendiqué par la génération montante, qui suit là la voie tracée par Charly et Nady Foucault. Il existe pourtant des différences notoires au cœur même de ce lieu-dit selon l'endroit où sont plantées les vignes, sur le secteur très sableux, sur celui plus argileux situé dans les les hauteurs et dans les bas, où l'épaisseur sableuse reste très variable. D'où le choix honnête de certains vignerons de proposer des cuvées spécifiques aux secteurs de ce lieu-dit. Par exemple, Fabien Duveau élabore une cuvée issue du secteur des Hauts Poyeux, concentrée et taillée pour la garde, et une cuvée issue du secteur des Bas Poyeux, plus en rondeur et en buvabilité immédiate. Soulignons aussi que ce vigneron talentueux produit sur un hectare le seul blanc des Poyeux, issu en partie de très vieilles vignes. Ailleurs, Antoine Sanzay assemble deux parcelles situées à des altitudes différentes et bénéficiant d'expositions distinctes, ce qui est aussi le cas de Clos Rougeard. Autre originalité, la couleur verte de certains secteurs sableux, comme cette parcelle des *« bas »* exploitée par Caroline Meurée et Hervé Malinge (Domaine des Sables Verts). Ce couple attachant y signe un vin élégant au tannin croquant, long et persistant.

Saumur-Champigny n'est pas épargnée par les gelées de printemps. Les vignerons luttent avec des bougies.

ANTOINE CRISTAL, BIENFAITEUR DU VIGNOBLE

Il est au vignoble ligérien ce que Dom Pérignon est à la Champagne. Né en 1837 à Turquant, au cœur du Saumurois, Antoine Cristal suit dès 14 ans les traces de son père, marchand ambulant. Intègre, droit, il possède un sens avisé des affaires et séduit grâce à sa finesse d'esprit enveloppée d'une rude bonhommie. À Roubaix, il fait fortune dans le textile. Une de ses fabriques donnera naissance, par extension, à La Redoute. En 1886, changement de vie, retour au pays de son enfance. Il achète le château de Parnay pour réaliser l'un de ses rêves, devenir vigneron. La crise du phylloxéra décime le vignoble. Il est alors l'un des premiers à se procurer des plants américains pour les utiliser en porte-greffes. Ils s'acclimatent rapidement aux terroirs et sauvent le vignoble. Son engagement dans la recherche de qualité est total. Il abhorre la chaptalisation *« sortie du cerveau des chimistes »* et milite pour l'élaboration d'une viticulture peu interventionniste. Observateur et ingénieux, l'homme édifie dans son vignoble, entre 1898 et 1904, un système de murs en pierre de tuffeau alignés de manière parallèle sur trois kilomètres et percés d'orifices à intervalles réguliers pour y faire passer le pied des ceps. Les sarments, le feuillage et les grappes se développent de l'autre côté du mur, plein sud. Les pieds au frais et le corps au soleil, la vigne ainsi palissée donne aux raisins une richesse supplémentaire, obtenue de manière naturelle. Rapidement, les baies sont en avance d'au moins un mois sur le plan de la maturité. Un premier clos, situé à Parnay, est planté selon cette méthode avec des vignes de raisins blancs. Mais son grand œuvre est à Champigny, où huit hectares sont plantés en rouge. Le succès est à la hauteur de ces investissements importants. En une quinzaine d'années, son vin fait le tour des grands restaurants parisiens, des meilleurs palaces américains et des cours européennes. Les distinctions se multiplient, les acheteurs célèbres se bousculent. Le tsar de Russie, le prince de Galles (futur roi Edouard VII) se font expédier ce précieux nectar. Georges Clémenceau, grand ami de Cristal, le félicite sur place : *« Je n'oublierai pas ma visite au château de Parnay. Un pays qui produit ce vin est un grand pays, car il n'y a pas de grand pays sans histoire et sans grande civilisation »*. Le *« Père Cristal »* lègue son clos magique en 1928 aux Hospices de Saumur qui l'exploitent toujours par l'intermédiaire bienvenu de la cave Robert et Marcel. Cette coopérative y affiche ses ambitions et son grand savoir-faire. L'autre joyau, le château de Parnay et son clos d'Entre les murs, est aujourd'hui la propriété de Régis Vincenot qui y développe un projet œnotouristique de premier ordre prévu pour 2024, avec un hôtel, un restaurant, un lieu de dégustation des vins de Loire et d'échanges autour de la philosophie d'Antoine Cristal.

LES JEUNES POUSSES VERDISSENT

Cette génération de vignerons a permis de faire entrer l'appellation dans la modernité et dans son époque. C'est elle qui a aussi largement contribué à préparer le terrain pour les jeunes talents d'aujourd'hui comme Amélie Neau (Domaine de Nerleux), Arnaud Lambert, Antoine Sanzay, Dominique Joseph (Le Petit Saint Vincent), Fabien Duveau, Mathieu Vallée (Château Yvonne), Jean-Noël Millon (La Source du Ruault), Philippe Porché (Domaine de Rocheville), Pierre-Adrien Vadé, etc. Autant de références prometteuses auxquelles il faut ajouter le retour auprès de leurs parents respectifs de Cécile et Caroline Chevallier (Villeneuve) ainsi que de Louis et Jeanne Germain (Roches

KREAZIM_PRESSE

Neuves). Sur le plan des pratiques culturales, l'appellation s'est engagée dès les années 2010 dans un programme de biodiversité couvrant l'ensemble de son territoire, notamment par l'implantation d'un réseau de haies et d'arbustes censés abriter oiseaux et insectes. Aujourd'hui, les meilleurs vignerons de Saumur-Champigny multiplient les sélections parcellaires, travaillent dans les vignes de la manière la moins interventionniste possible et se convertissent au bio et à la biodynamie. Cette évolution vertueuse concerne plus de 50 % de la superficie du vignoble, 90 % si l'on ajoute les domaines certifiés Haute valeur environnementale.

CÉPAGE ROUGE SUR TERRE BLANCHE

Le tuffeau joue un rôle régulateur. Cette roche calcique du Crétacé supérieur absorbe les précipitations hivernales et les restitue au cours des périodes estivales, la vigne obtenant ainsi son quota d'eau régulier pour un développement harmonieux. Même si les sols peuvent être argileux ou sableux en surface, le tuffeau joue, en profondeur, un rôle d'éponge, distillant à la vigne l'eau et les éléments nécessaires à une maturité régulière. Géologiquement, ces terres blanches de tuffeau appartiennent au Bassin parisien alors que le sol de l'Anjou noir, tout proche, se compose des schistes du Massif armoricain. Pendant des siècles, la côte principale qui borde la Loire était réservée pour la plantation des blancs. Après la Seconde Guerre mondiale, on arracha massivement les blancs au profit du cabernet franc déjà présent depuis le Moyen-Âge dans les secteurs situés autour de l'abbaye de Fontevraud. *« En 1982, lorsque je me suis installé, nos vins blancs se vendaient deux fois moins cher que les rouges »*, précise Jean-Pierre Chevallier, propriétaire du domaine de Villeneuve. Le cabernet s'installa ainsi progressivement dans les secteurs de bord de Loire, complétant ainsi, en ce qui concerne l'appellation, les parcelles au sol calcaire friable des villages de Varrains et Chacé, historiquement dédiées aux vins rouges. Sur cette ex-côte à blancs, le sol composé de calcaires lacustres froids et denses convient bien au cabernet franc, lui donnant longueur, distinction et structure en bouche une fois vinifié, tout en gardant des notes éclatantes de fruits rouges, de petites baies noires et de violette quand son raisin est mûr. Deux autres cépages sont autorisés dans le décret d'appellation de 1957. Le cabernet-sauvignon, intéressant pour ses notes aromatiques de cassis et de tabac dans les millésimes chauds. Et le pineau d'Aunis, expressif grâce à ses arômes poivrés. Si le cabernet-sauvignon est presque aujourd'hui complètement abandonné dans les encépagements et les assemblages, le pineau d'Aunis est volontiers replanté pour apporter plus de fraîcheur dans le contexte du réchauffement climatique.

Le cabernet franc est roi.

BON JEUNE, BON VIEUX

Les meilleurs terroirs donnent une expression et une structure aux vins qui permettent un bon vieillissement après la mise en bouteille. Ils se situent dans les communes de Varrains, Chacé, proche de la fosse de Chaintres, sans oublier les villages de Dampierre, Souzay et Saumur. Terroirs plus froids, ceux situés à Turquant, Parnay, Montsoreau et Saint-Cyr impliquent souvent des vendanges plus tardives, bien qu'ils soient désormais bien aidés par le changement climatique et particulièrement intéressants dans les années chaudes comme 2018, 2019 ou 2020. Les vins peuvent s'apprécier dans leur jeunesse, savoureux par leurs arômes de framboise, groseille, cerise noire, cassis ou mûre. D'un point de vue aromatique, les crus se distinguent en matière de raffinement et de subtilité selon la présence ou non au nez de notes d'iris ou de violette. On les trouve dans les meilleurs vins rouges de Saumur-Champigny, même jeunes, avant leur évolution vers l'arôme noble de truffe. En bouche, le tannin est souvent arrondi, quand saumur et anjou peuvent être parfois plus rigides.

ANNÉES VARIÉES, FORTUNES DIVERSES

2021 est une année ligérienne classique, comme celles de la fin du siècle dernier. Le réchauffement climatique bénéficie pour le moment à la bonne maturité du cabernet franc. Parfois un peu trop, comme en 2018. Là, les expressions de terroir sont encore en retrait, gommées par le millésime solaire. Ce qui n'est pas le cas pour le millésime 2020 et surtout le 2019, année exceptionnelle dans ses équilibres. Tout en droiture, le 2017 se goûte aujourd'hui très bien, 2015 séduit par son charme et les millésimes 2016 et 2014 peuvent encore patienter en cave. Heureuse surprise, 2011 permet d'attendre le 2010, toujours d'une étonnante jeunesse.

La dégustation

S'il existe des différences, le terroir de Saumur-Champigny se révèle l'un des plus homogènes de la Loire. Il existe une constante, le socle calcaire. Il constitue le dénominateur commun à l'appellation. Suivant les endroits, là où le sol est peu profond, le vin produit se montre plus de fraîcheur. C'est le cas des crus de l'ex-côte des blancs en bordure de la Loire. Au contraire, sur les sols plus profond, le vin se révèle dense et charnu. Ce sont les crus situés plus à l'intérieur des terres. La classification se fait entre vins légers et vins plus complexes. C'est surtout le matériel végétal, son exposition, le travail à la vigne et en cuverie qui font la différence. Néanmoins, les sélections parcellaires se multiplient pour la production de vins raffinés et de longue garde. Nous avons classé les vins que nous avons le plus aimé par commune.

CHACÉ

Le Petit Saint Vincent, Le Clos Lyzières 2019
92
Issue d'une parcelle après les Poyeux exposé sud, sud-est, à cheval sur plusieurs communes, veine de sable et on va vers l'argilo calcaire, ce qui donne un tannin sanguin et profond.
2022>40
16,50 euros

Clos Rougeard, Clos du Bourg 2002
97
Certainement l'un des plus grands millésimes produits depuis le début de ce siècle, tannin délié et profond, suavité et énergie émouvante par ses accents floraux et terriens en finale.
2022>52
NC

CHACÉ - LES POYEUX

Domaine des Roches Neuves, Terres Chaudes 2020
91
Issu d'une vigne située sur la butte des Poyeux mais non revendiqué sur l'étiquette. Charme et profondeur, fruité expressif.
2022>32
24 euros

Domaine Fabien Duveau, Les Bas-Poyeux 2020
91
Seul propriétaire à isoler le bas et les hauts des Poyeux, Fabien Duveau offre deux versions différentes de ce parcellaire. Attaque toute en rondeur, tannins gainés qui prolongent un fruit superbe, finale nuancée et saline.
2025>46
16 euros

Domaine Fabien Duveau, Hauts-Poyeux 2020
92
Nez fumé avec une touche de fruits rouges, tannins fermes, élevage un rien appuyé mais le fruit reprend le dessus, finale complexe.
2026>50
23 euros

Le Petit Saint-Vincent, Les Poyeux 2019
92
Intense et plein avec du charme et de la retenue, ce poyeux soyeux est une référence pour l'appellation.
2025>45
21 euros

Robert & Marcel, Les Poyeux 2019
92
Robe profonde, arômes de cassis et de framboise, bouche veloutée, charnue, élégante avec une belle intensité finale. Une belle affaire à moins de 10 euros.
2022>42
8,50 euros

Domaine des Sables Verts, Les Poyeux 2020
93
Longueur étirée, subtilité de tannin, finale longue, fraîche, florale et aérienne, beaucoup d'élégance et taillé pour la garde. Coup de cœur.
2022>40
NC

Domaine Antoine Sanzay, Les Poyeux 2019
94
Allonge pulpeuse en fraîcheur, profondeur et nuances dignes du cru, plus raffiné que le 2018 où le millésime prend le pas sur le terroir. Vin de garde.
2022>45
34 euros

DAMPIERRE

Domaine de La Folie Lucé, Encore 2020
91
Vin issu majoritairement des sables limoneux du secteur. Bouche juteuse et enrobée, belle finale montante et florale. Une découverte.
2022>32
NC

Château du Hureau, Lisagathe 2019
95
L'une des cuvées les plus abouties de l'appellation issue de vieilles vignes. Ampleur en attaque, bouche profonde et soyeuse. Finale crayeuse complexe.
2022>45
25 euros

Domaine Pierre-Adrien Vadé, Les Châtaigniers 2019
90
Bouche à la fois expressif et tonique présentant un fruit bien dégagé. Finale longue et élégante. Belle découverte.
2022>30
24 euros

Domaine des Roches Neuves, L'Echelier 2020
97
Ce clos historique (1,81 hectares d'argiles blanches sur tuffeau) est planté avec des vignes de plus de 50 ans. Attaque caressante, crayeux subtil, plein de vitalité qui finit sur une envolée minérale.
2022>40
50 euros

Domaine des Roches Neuves, Les Mémoires 2020
97
Deux hectares de vignes quasi centenaires et le point culminant de l'appellation. Nez de cerise infusée, énergie saine, accents floraux en finale. Irrésistible.
2022>40
44 euros

CHAINTRES

Domaine Clotilde Legrand, La Chaintrée 2014
90
Saumur-champigny de grand classicisme, avec un tannin encore serré et une belle droiture de constitution.
2022>32
12 euros

Domaine des Sables Verts, Chaintres 2019
94
Nez profond, belle intensité en bouche avec un tannin puissant et fin, finale raffinée d'une grande fraîcheur. Excellent.
2022>35
NC

Domaine des Roches Neuves, La Marginale 2020
93
Sur ce terroir profond de la fosse de Chaintres, Thierry Germain a enroulé ses premières vignes. Vin équilibré, tannin fondu, ponctuation finale savoureuse.
2022>35
35 euros

Domaine Jeanne Germain et Florent Bouvet, Coulée 2020
92
40 % de grappes entières ce qui permettent à cette cuvée sur argile d'exprimer des notes florales, qui donnent du charme à la bouche sérieuse et tannique.
2022>32
17 euros

SOUZAY

Clos Cristal 2018
92
Robe pourpre, nez profond de fruits rouges, notes poivrées et épicées. La bouche est dense avec des tannins bien dessinés. Il donnera toute sa mesure d'ici cinq à dix ans.
2025>45
65 euros

Château de Villeneuve, Le Grand Clos 2018
96
Texture soyeuse et déliée, allonge profonde qui se déroule progressivement avec un éclat du fruit remarquable et une impression de pureté.
2022>37
26 euros

Clos des Cordeliers, Prestige 2017
93
Tannin raffiné, long et persistant, finale minérale superbe. Un coup de cœur sur le millésime.
2022>35
14,50 euros

SAINT-CYR-EN BOURG

Domaine Antoine Sanzay, Terres Rouges 2020
92
Les 40 % de vendanges entières lui donnent des tonalités florales et poivrées, belle fraîcheur, cuvée délicieuse.
2022>35
NC

Domaine de la Guilloterie, Les Loges 2018
90
Allonge séveuse avec du rebond et des accents de fruits noirs et de poivre de Kampot.
2022>37
10,90 euros

Domaine de Nerleux, La Louve Alpha 2018
93
Issu du coteau argilo-calcaire de Tire-Vaud. Vinification intégrale dans une barrique de 500 litres, ample et profond, notes de fruits noirs frais, finale rayonnante. Taillé pour la longue garde.
2025>45
33,40 euros

Domaine Arnaud Lambert, Clos Moleton 2019
96
Ce grand terroir du secteur donne un vin subtil au tannin velouté et frais d'une grande délicatesse.
2022>50
31 euros

Domaine des Sanzay, Beauregard 2018
91
Terroir sablo-argileux sur calcaire de 40 ares. Long et parfaitement équilibré, grâce à une belle fraîcheur tannique.
2024>44
17 euros

VARRAINS

La Source du Ruault, Senseï 2017
92
Complexité et nuance en bouche, tannins subtiles, finale profonde et grande fraîcheur.
2022>32
18 euros

Domaine des Sanzay, Les Dares 2018
90
Parcelle de 55 ares, sol argilo-calcaire et vignes de 60 ans. Intense même si son tannin se resserre à ce stade.
2025>37
17 euros

Domaine Les Insolents, Champ Marin 2019
89
Cette parcelle porte les vignes d'une trentaine d'années sur un sol argilo-calcaire, robe profonde allonge enrobée et finale saline.
2022>32
20 euros

Domaine Clotilde Legrand, Les Rogelins 2011
92
Fruit frais (fraise des bois) présent au nez comme en bouche, tannins souples et bonne longueur. Facture classique.
2022>32
22 euros

Clos Maurice, Fernande 2020
91
Grande intensité veloutée, notes de fruits noirs, finale magistrale.
2022>37
35 euros

Domaine Lavigne, L'Inattendue 2020
89
Tannin profond et enveloppant qui se met tout juste en place.
2022>37
16 euros

PARNAY

Château de Parnay, La Coulée du Méridien 2016
92
Exceptionnel terroir argilo-calcaire situé face au Château de Parnay. Une partie des parcelles est aménagée en terrasses (exposé sud). Belle matière et grand fruit.
2024>44
75 euros

Domaine des Closiers, Les Coudraies 2020
92
Soyeuse et raffinée, la bouche offre un tannin profond et calibré représentatif de ce secteur.
2022>35
29 euros

Domaine de Rocheville, Le Roi 2018
92
Cette sélection parcellaire de vignes de 45 ans donne un vin généreux à la fraîcheur menthée, tannin séducteur par son élégance.
2022>32
17,90 euros

Château Yvonne, Le Beaumeray 2018
93
Issu d'un parcellaire de sables éoliens sur tuffeau. Vin séveux encore dans ses langes, intensité tannique, il gagnera en nuances dans le temps.
2022>35
41 euros

Domaine de la Paleine, Papageno 2016
92
Salivant au nez comme en bouche, tannin droit et juteux, avec une finale pleine de distinction.
2022>37
22 euros

SAUMUR

Domaine Pierre-Adrien Vadé, Léa 2017
89
Finale bien assise, avec une belle fraîcheur et une allonge épicée.
2022>30
19 euros

Domaine des Roches Neuves, Franc de Pied 2020
95
Sur la veine de sable du Clos Bonnet à Saumur, Thierry Germain produit cette cuvée où l'éclat floral du cabernet franc s'exprime avec une gourmandise irrésistible.
2022>32
36 euros

Domaine La Seigneurie, Le Clos de la Seigneurie 2019
90
Profil charnu avec un tannin qui se détend dès le cœur de bouche, belle finale longue et intense.
2022>32
12 euros

TURQUANT

Robert & Marcel, Clos Pérou 2019
90
Entouré de hauts murs, ce clos se situe près de Turquant en bordure de plateau. Un 2019 puissant et élégant avec une belle persistance épicée. Bel équilibre.
2022>32
8,50 euros

Château Yvonne 2019
92
Assemblage de deux parcelles de Parnay et une de Turquant. Dense avec un tannin élégant, bon potentiel de garde.
2022>32
24 euros

Domaine Chancelle, Coup de Foudre 2018
92
Tannin soyeux, profondeur, finale raffinée et saline qui équilibre parfaitement la richesse du millésime.
2022>32
15 euros

LES VIEILLES VIGNES

Château de Villeneuve, Vieilles Vignes 2019
94
Robe grenat profonde, arômes de fruits rouges et de fumé, touche florale précédant une bouche séveuse aux tannins fermes, soyeux et frais.
2022>42
17 euros

Domaine Filliatreau, Vieilles Vignes 2018
90
Tannin velouté qui possède de la tension et une fraîcheur bienveillante en finale.
2022>35
16 euros

Langlois-Château, Vieilles Vignes 2018
91
Cette cuvée a besoin de temps pour donner toute sa mesure et exprimer un tannin à la fois velouté et tendu.
2022>40
20,50 euros

Philippe et Pierre Alliet.

PHILIPPE ALLIET, LE GRAND VIN PAR LE DÉBUT

LES AMATEURS DE BEAUX DE VINS DE LOIRE CONNAISSENT PHILIPPE ALLIET. EN TRENTE ANS, IL A FAIT DE SA CUVÉE COTEAU DE NOIRÉ L'UN DES VINS MYTHIQUES DE CHINON. TOUT EST PARTI D'UNE OPPORTUNITÉ, TOUT EST AUJOURD'HUI AU SOMMET

PAR **DENIS HERVIER**

LORSQU'EN 1988, Philippe Alliet et son épouse Claude décident de voler de leurs propres ailes, ils ne possèdent qu'un peu de vignes en plaine sur des sables et des graviers. Ils produisent alors deux cuvées, Tradition et Vieilles vignes, et se font remarquer dès les premiers millésimes. Très vite, le domaine devient une adresse de référence. Reste à développer le vignoble sur des secteurs plus qualitatifs. Première étape, la parcelle de deux hectares et demi de L'Huisserie, plantée en cabernet franc et en chenin (0,5 hectares), posée sur un sol calcaire. L'opportunité de cultiver un terroir de premier ordre se présente un peu moins de dix ans plus tard, en 1996, avec l'acquisition du coteau de Noiré, orienté plein sud, posé en dénivelé élevé sur un sol froid de tuffeau. C'est le fameux secteur argilo-calcaire décrit par Rabelais au moment d'évoquer la rive droite de la Vienne. Les crus raffinés qui sont dans cette zone ont écrit la légende des vins de Chinon, notamment pour leur impressionnant potentiel de garde. *« Lorsque nous avons acheté, il n'y avait qu'un hectare de vignes, elles étaient mal taillées et entièrement désherbées chimiquement. Nous avons tout de suite travaillé les sols, planté 60 ares de plus la première année, 80 ares en 1998 et 40 ares en 2000. »* Aujourd'hui, la superficie de ce vignoble de poche avoisine les trois hectares. Le mode de culture soucieux du développement durable se veut ici exigeant et au plus près de son écosystème. Depuis 2014, on tient l'un des rouges les plus équilibrés de l'hexagone.

1996
90
« C'est notre premier millésime, même si la vigne n'était pas en bon état, nous nous sommes employés à sortir le meilleur vin possible, avec un élevage de 18 mois en barrique d'un vin provenant du château Margaux », explique Philippe Alliet. Ce 1996 a perdu de sa dureté initiale. Les quelques notes végétales au premier nez disparaissent pour laisser la place au tabac et aux notes de fruits rouges. L'énergie subtile en bouche et la belle finale saline définissent le véritable ADN du cru.
2022>30

1998
91
« À partir de 1998, l'élevage change. Le pourcentage de barriques d'un vin du château Margaux passe à 50 %. On introduit 50 % de barriques neuves. » Millésime difficile pour le cabernet franc. Contrairement à beaucoup de chinons, le terroir spécifique du coteau de Noiré lui a donné une maturité juste et équilibrée. Bouche pleine de charme, avec un tannin plus velouté que celui du 1996. Il allie douceur et fermeté tout en gagnant en profondeur à mesure qu'il s'ouvre dans le verre. Une heureuse surprise.
2022>32

2003
92
Ce millésime marque le retour de Pierre, le fils, à la propriété. Vendanges précoces en septembre. Servi en magnum, il a pris des accents superbes de truffe noire. Son toucher de tannin possède la densité d'un côte-rôtie. Il reprend « la gueule de l'endroit », selon l'expression favorite de Jacques Puisais. C'est un vin délicieux aujourd'hui et encore en pleine forme, bien plus fringant que la grande majorité des 2003.
2022>35

2005
95
« Je suis peut-être allé un peu trop loin dans l'emploi des barriques neuves. En 2005, j'en utilise 80 % », précise Philippe Alliet. Belle matière, mais légère raideur pour l'instant qui marque encore la fin de bouche. Avec le temps cela devrait s'estomper. Pour l'heure, oublions cette bouteille encore au moins cinq ans en cave.
2027>50

2008
94
Ce millésime tardif au niveau des vendanges a vu la récolte s'achever le 15 octobre. Fort des enseignements du 2005, on est revenu à un élevage 50 % de barriques neuves, 50 % de barriques d'un vin. Notes de truffe au nez. En bouche, forme de plénitude et bel élan dans le tannin. On retrouve une salinité subtile sur la finale.
2022>50

2010
96
Grande année, ce millésime bénéficie aussi du nouveau cuvier en ciment et d'un élevage différent. En plus des barriques neuves, les grands contenants de 500 litres ont fait leur apparition en cave, à raison d'un tiers de demi-muids neufs issus de la tonnellerie Atelier Centre-France. Changement de style, vin profond, doté d'une persistance florale et aérienne, subtile nuance saline. Vin parfait dont on admire la grande subtilité. L'année est un tournant décisif pour comprendre l'envolée qualitative de cette cuvée.
2022>50

2012
93
Premier millésime élevé uniquement en demi-muid. On tient là un vin de charme au fruit rayonnant parfaitement exprimé, avec une texture soyeuse qui caresse tout le palais. On est sur un vin très tactile en bouche.
2022>40

2014
97
Profondeur, intensité, élégance, soyeux, tension, persistance aromatique, ce vin encore jeune est complet. Peut-être l'un des plus grands rouges de cabernet en France dans ce millésime. Immense longueur, subtilité grandiose, superbe émotion.
2022>55

2018
98
Toucher de bouche savoureux avec des accents de cerise noire juteuse. Le tannin enrobant ne se départit pas de son élégance habituelle et la finale saline provoque une envolée vibrante unique. C'est déjà bon et le potentiel est évident.
2022>60

2019
98
Le domaine inaugure une nouvelle table de tri. Ce qui peut expliquer un toucher de tannin à la fois encore plus satiné, soyeux et velouté. Sa texture fine épouse parfaitement le palais. Sur ce millésime, on a su préserver la fraîcheur et une finale florale délicate.
2027>60

2020
98
Encore en élevage, ce 2020 est appelé à surpasser 2018 et 2019 dans sa subtilité. Le grain de tannin est irrésistible, il se montre satiné et la persistance aromatique est absolue. Le domaine est au sommet et cette bouteille nous émeut.
2029>65

Le chai du domaine.

ROIS ET REINES DU GRAND FLEUVE

TOUS CES DOMAINES ONT CE PETIT QUELQUE CHOSE DE PLUS. DE L'ENVIE, DU TALENT ET UNE PASSION POUR LA LOIRE

ANJOU SAUMUR

Alliance Loire

★★☆☆☆

Ce regroupement de caves coopératives parfaitement dirigée propose une gamme large, organisée en segments qualitatifs. Il couvre l'essentiel de la vallée de la Loire grâce aux apports de près de 800 viticulteurs. 4 000 hectares vinifiés en font un acteur majeur de la région. En refonte, l'offre est aujourd'hui de plus en plus recommandable, avec une belle progression pour ceux de la gamme Itinéraires. Une signature ligérienne sincère qui nous plaît beaucoup pour son dynamisme.

- **Château du Bellay, Saumur-Champigny 2018** | Sec | 2022>2027 | 16 € 89
- **Clos de Pérou, Saumur-Champigny 2019** | Sec | 2022>2032 | 8.3 € 90
- **Poyeux, Saumur-Champigny 2019** | Sec | 2022>2042 | 8.3 € 92

Domaine Patrick Baudouin

★★★☆☆

Patrick Baudouin est devenu une référence du chenin en Anjou. En puriste, il choisit la voie de l'excellence. Avec 14 hectares de vignes (dont 10 hectares de chenin, avec un hectare en quarts-de-chaume et 90 ares en savennières), situés sur les plus spectaculaires terroirs de l'Anjou Noir (schistes, grès et roches volcaniques) et cultivés en bio. Une propriété modèle.

- **Effusion, Anjou 2020** | Sec | 2022>2042 | NC 96
- **Cornillard, Anjou 2018** | Sec | 2022>2032 | NC 95

Domaine Belargus

★★★☆☆

Ivan Massonnat, homme d'affaires parisien passionné de vin, a racheté le domaine de Jo Pithon. Depuis, le néo-vigneron a acquis dix hectares du domaine Laffourcade en quarts-de-chaume et le fameux clos des Treilles, joyau en coteaux-du-layon. La dernière acquisition vient apporter une nouvelle parcelle exceptionnelle de 45 ares en savennières. 26 hectares de grands terroirs angevins travaillés par une équipe respectueuse des lieux. Le domaine est sur la voie de l'excellence et les vins ne cessent de progresser. Les liquoreux appartiennent à l'élite ligérienne. D'autres projets doivent voir le jour bientôt.

- **Gaudrets, Savennières 2019** | Sec | 2022>2037 | 35 € 93
- **Ruchères, Savennières 2019** | Sec | 2022>2032 | 90 € 92

Domaine de la Bergerie

★★★☆☆

Avec ses filles Anne et Marie, Yves Guégniard cultive 35 hectares de vignes, en agriculture biologique. Ce travail en famille imprime une marque dynamique aux vins. De plus en plus de finesse et d'éclat, avec des blancs secs tout à fait recommandables.

- **Clos Le Grand Beaupréau, Savennières 2019** | Sec | 2022>2032 | 22 € 93
- **Zerzilles, Anjou 2019** | Sec | 2022>2032 | 25.3 € 92

Domaine Thibaud Boudignon

★★★★☆

Thibaud Boudignon est la star des grands chenins de Loire. Ce vigneron perfectionniste a hissé son exploitation (créée en 2009) au sommet de l'Anjou. Avec 6 hectares dont trois à Savennières, conduits en agriculture biologique, il réalise des blancs impeccablement ciselés, vendus sur les plus belles tables étoilées. Ses vins sont courtisés pour leur pureté et leur tension cristalline. Finesse, maîtrise, pureté. Un artiste des grands blancs en France.

- **La Vigne cendrée, Savennières 2020** | Sec | 2024>2042 | 56 € 96
- **Clos de la Hutte, Franc de pied, Savennières 2020** | Sec | 2023>2033 | NC 95

Domaine Bouvet-Ladubay

★★☆☆☆

Depuis son rachat de Bouvet-Ladubay, la famille Monmousseau redevient propriétaire d'une entreprise qu'elle n'a jamais cessé de diriger. Toujours en quête de nouveautés et de qualité, elle continue de produire avec une technique très pointue des effervescents d'excellence. Les bulles sont très stylées, elles associent le fruit à la minéralité du chenin. Elles constituent l'une des priorités sur la Loire notamment sur les cuvées trésor : pour moins de 15 euros, on peut étonner les amis, en cachant l'étiquette. Le domaine produit également de très bons vins tranquilles à moins de 10 euros.

- **cuvée Trésor, Saumur Mousseux 2018** | Brut | > | 9.24 € 90
- **Saphir Vintage, Saumur 2019** | Brut | > | 10.4 € 89

Domaine du Closel

★★★☆☆

Sur ses 15 hectares à Savennières, Évelyne de Pontbriand observe et expérimente dans l'optique de produire des grands vins. Après avoir adopté la biodynamie, elle mène aujourd'hui un projet plus global d'agro-foresterie. Ses savennières sont d'un style ample et riche, récoltés toujours mûrs, conjuguant ainsi minéralité, gras et longueur. Vins et accueil au domaine sont remarquables.

- **Les Caillardières, Savennières 2019** | Sec | 2022>2040 | NC 91
- **Le Clos du Papillon, Savennières 2019** | Sec | 2022>2042 | 40 € 92

Domaine des Closiers

★★★☆☆

Avec 15 hectares bien situés dans l'appellation saumur-champigny, autour de la commune de Parnay, Elie Moirin, Anatole de la Brosse et Loïc Yven prennent soin de ce domaine de plus en plus demandé. Les vins sont issus de vignes conduites en agriculture biologique et propose des rouges de cabernet franc vinifié avec soin pour conserver un maximum de fruit. De jolis vins énergiques et bien élevés.

- **Les Coudraies, Saumur-Champigny 2020** | Sec | 2022>2032 | 29 € 92

Domaine du Collier

★★★★☆

Dans les pas de son père Charly, ancienne figure emblématique du Clos Rougeard, Antoine Foucault a créé ce domaine de 6 hectares avec sa compagne Caroline Boireau en 1999. Cultivé en biodynamie, le vignoble fait aussi une belle place au chenin, sur les coteaux de Brézé. Une nouvelle cave et un enthousiasme au service des terroirs participent à l'élan actuel de ce domaine phare du Saumurois. Les rouges ont gagné en complexité, raffinement et charme. Adresse modèle.

Clos Cristal

Ce domaine mythique appartient depuis 1928 aux Hospices de Saumur à la suite du legs d'Antoine Cristal, qui le fit boire à son ami Clemenceau et à la cour d'Angleterre. Aujourd'hui le cru a été repris avec succès par la cave coopérative de Saumur. Elle replante une bonne partie du vignoble et continue à travailler en bio, élevant longuement les vins. Si le millésime 2017 permet de célébrer les 130 ans du domaine, il marque une inflexion du style vers plus de fraîcheur immédiate et un tannin plus élégant.

- **Clos Cristal, Saumur-Champigny 2018** | Sec | 2025>2045 | 65 € 92

Domaine Fabien Duveau

Dans ses caves souterraines du XIVe siècle, Fabien Duveau incarne la 8e génération à la tête du domaine familial de Chacé comptant une quinzaine d'hectares, avec des parcellaires qui chantent bien aux oreilles des amateurs : Poyeux, et Bourg jouent le haut de l'affiche avec des vins certifiés bios structurants et élégants dotés d'une belle persistance aromatique. Les 2020 sont une priorité sur l'appellation. C'est l'une des révélations de l'année.

- **Hauts Poyeux, Saumur-Champigny 2020** | Sec | 2026>2050 | 23 € 92
- **Le Bois du Chêne, Saumur** | Sec | 2024>2050 | 31 € 93

Clos de l'Écotard

Cette adresse confidentielle 100 % chenin est prisée des amateurs comme des professionnels. Michel Chevré a longtemps secondé Thierry Germain (domaine des Roches Neuves), avant de constituer ce domaine de trois hectares situés à Courchamps. Thibaud, son fils, reprend les rênes en continuant sur la lancée : des blancs purs et précis, toujours salins.

Ivan Massonnat (domaine Belargus).

JIM BUDD

- **Clos Les Pentes, Saumur 2020** | Sec | 2022>2035 | 50 € 92
- **Loc Quarto, Saumur 2017** | Drut | 2022>2025 | 24 € 92

Château de Fesles

Située près du village de Bonnezeaux, cette propriété célèbre est depuis 2008 dans le giron du groupe Grands Chais de France qui y effectue un beau travail de remise en forme et de sélection. Les 40 hectares - dont la moitié plantée de chenin, l'autre en cabernet franc - produisent des vins dans les trois couleurs. Les liquoreux sont récoltés en cinq à sept tris successifs, élevés en barriques de 400 litres, avec un tiers de bois d'acacia. En grands progrès ces derniers millésimes.

Domaine FL

Philip Fournier (docteur en informatique, serial entrepreneur) et son fils Julien ont embrassé avec passion le métier de vigneron. C'était en 2007. Réunissant le domaine Jo Pithon et le château de Chamboureau, ils ont formé FL et se sont adjoints les conseils de Stéphane Derenoncourt, l'un des grands consultants du Bordelais, jusqu'en 2013. La voie biologique a dès le départ été une évidence, et depuis 2014 la biodynamie est expérimentée. 27 hectares en production magnifiquement situés (sur un total de 38 hectares) - dont 4 hectares sur la Roche aux Moines - qu'ils travaillent avec soin, à la bourguignonne, livrent sur Savennières une série de cuvées parcellaires. Une valeur sûre.

- **Savennières - Roche aux Moines 2016** | Sec | 2022>2042 | 50 € | ☘ 94
- **Les Bergères, Anjou 2020** | Sec | 2022>2032 | 15.5 € 90

Domaine Guiberteau

Romain Guiberteau est l'une des grandes signatures du Saumurois. Sa nouvelle cuverie (2017) lui permet de monter en puissance. Il exploite 17 hectares de vignes cultivées en bio, sur des terres argilo-calcaires dans les secteurs de Bizay et de Brézé, sur des sols profonds dans la région de Montreuil-Bellay. Ces grands vins ont gagné en pureté d'expression sur les derniers millésimes et constituent l'élite du Saumurois. De la cuvée domaine aux cuvées parcellaires, le travail est méticuleux. Il faut s'en emparer sans hésiter.

- **Les Arboises, Saumur 2019** | Sec | 2025>2050 | 54 € 93
- **Brézé, Saumur 2019** | Sec | 2022>2045 | 54 € 95
- **Clos de Guichaux, Saumur 2020** | Sec | 2022>2037 | 35 € 92

Château du Hureau

Ce domaine attachant est l'un des meilleurs rapports qualité-prix de tous les grands vins de Loire. Philippe Vatan est toujours en première ligne de ce domaine exemplaire. La vingtaine d'hectares est travaillée selon un mode d'agriculture bio. On recherche la fraîcheur et le volume en bouche sur les rouges. On peut acheter en toute confiance.

- Fours à Chaux, Saumur-Champigny 2020 | Sec | 2024>2037 | 18 € 93
- Argile, Saumur 2021 | Sec | 2022>2032 | 16 € 91

Domaine de Juchepie

★★★☆☆

Moustaches effilées, voix de ténor, Eddy Oosterlinck-Bracke et son épouse Mileine réalisent des grands liquoreux dans la vallée du Layon et progressent sur les secs. Les derniers millésimes possèdent une bonne vibration, le vignoble est cultivé en biodynamie. Riches et complexes, les liquoreux font office de référence. Une belle adresse en Layon où s'arrêter pour compléter sa cave.

- Quarts de Juchepie, Coteaux du Layon Faye d'Anjou 2020 | Moelleux | 2022>2037 | 29 € 92
- Le Paradis, Anjou 2019 | Brut | 2022>2032 | 34 € 90

Domaine Arnaud Lambert

★★★★☆

Arnaud Lambert a rassemblé sous son nom le domaine familial de Saint-Just et celui du château de Brézé qu'il exploite. Ces vignobles sont cultivés selon une démarche proche de la biodynamie. Les vins séduisent par leur tension et blancs comme rouges sont ici raffinés. L'âge respectable des vignes y est pour beaucoup, le talent également. Une adresse de référence, avec de bons rapports qualité-prix.

- Montée des Roches, Saumur-Champigny 2019 | Sec | 2022>2035 | 20 € 93
- Coulée de Saint-Cyr, Saumur 2018 | Sec | 26 € 96
- Clos du Midi, Saumur 2021 | Sec | 2022>2035 | 15 € 92

Langlois-Chateau

★★☆☆☆

Détenu depuis 1973 par la maison de Champagne Bollinger, ce domaine sérieux et travailleur signe une série de crémants-de-Loire de grande qualité, à des tarifs oscillant entre 13 et 22 euros. Les deux extra-bruts millésimés, quadrille et réserve, sont parmi les meilleurs de la Loire pour leur assise et leur finale enlevée. Les 95 hectares sont conduits en lutte raisonnée et les vins tranquilles produits sont vinifiés dans une optique de garde. Une référence.

- Vieilles Vignes du Domaine Langlois-Chateau, Saumur 2018 | Sec | 2022>2040 | 20.55 € 91
- Quadrille, Crémant de Loire 2016 | Extra-brut | 2022>2024 | 24 € 92

Domaine aux Moines

★★★☆☆

Tessa Laroche conduit ce domaine modèle de Savennières (22 hectares) converti à l'agriculture biologique en 2009, sur la route de la biodynamie. Des chenins secs et liquoreux d'une grande pureté. 80 ares de rouges (cabernet franc et cabernet-sauvignon) forment une cuvée confidentielle. Une belle adresse, promesse de beaux vins de garde.

- Savennières - Roche aux Moines 2020 | Sec | 2022>2042 | 38 € 94
- Savennières - Roche aux Moines 2019 | Sec | 2022>2042 | 38 € 95

Domaine de Nerleux

★★☆☆☆

En reprenant les rênes du domaine familial en 2010, Amélie Neau a progressivement imposé ses cuvées qui ont gagné en naturel et en distinction : elle a ajusté les élevages et elle est en train de convertir le domaine en agriculture bio. Cette quadra très dynamique fait l'unanimité à la tête du syndicat de Saumur-Champigny. Elle apporte un souffle nouveau et voit très loin pour son appellation, entrainant dans son sillage toutes les générations, faisant ainsi bouger les lignes de la plus belle des façons, au niveau cultural et culturel.

- Clos des Châtains, Saumur-Champigny 2019 | Sec | 2022>2035 | 12 € 91
- La Louve Alpha, Saumur-Champigny 2018 | Sec | 2025>2045 | 27 € 93

Domaine Ogereau

★★★☆☆

Emmanuel Ogereau bichonne ses terroirs (anjou, savennières, coteaux-du-layon Saint-Lambert) et livre une partition juste de ses chenins et cabernets, sur ses 23 hectares en agriculture biologique. Cette adresse attachante, représentative du vignoble angevin, est en progression constante depuis quelques millésimes. Définition, finesse, élégance, gourmandise, plaisir immédiat et garde, c'est simple tout est en place et tout est bon.

- Coteaux du Layon Saint-Lambert 2020 | Liquoreux | 2022>2037 | 20 € 91
- La Martinière, Anjou 2020 | Sec | 2022>2035 | 36 € 93

Château de Parnay

★★☆☆☆

Régis Vincenot, le propriétaire du château de Parnay a engagé à la direction Frédrik Filliatreau et côté technique Eric Laurent, l'œnologue talentueux qui est l'un des artisans de la montée qualitative de la cave coopérative de Saumur. En fait cette ancienne propriété du père Cristal (qui sauva le vignoble de Loire du phylloxera), est réputée pour son clos entre-les-murs qui constitue l'un des meilleurs terroirs du secteur, avec une exposition solaire unique sur le secteur. Le blanc entre-les-murs est riche et tendu, les rouges ont gagné en complexité. On est en train de développer ici un projet oenotouristique d'importance pour 2024, avec un hôtel, restaurant et pôle de dégustation ligérien unique et des thématiques autour de la philosophie culturale du père Cristal.

- Clos d'Entre les Murs, Saumur 2016 | Sec | 2022>2042 | 75 € 94
- La Coulée du Méridien, Saumur-Champigny 2016 | Sec | 2024>2037 | 75 € 92

Château de Plaisance

★★☆☆☆

Du haut de ses 32 ans, Vanessa Cherruau s'est associée à un investisseur pour reprendre en main le château de Plaisance. Poursuivant la biodynamie initiée ici dès 2008, cette fan de chenin possède une vision remarquable. Dès le premier millésime, la pureté minérale des vins est déjà impressionnante, notamment sur les cuvées parcellaires Ronceray et La Grande pièce. Le domaine confirme son renouveau.

Vanessa Cherruau (château de Plaisance).

PRESSE, LOUISE OLIGNY

Caroline Meurée et Hervé Malinge (domaine des Sables verts).

- Les Zerzilles, Coteaux du Layon Chaume 2020 | Moelleux | 2022>2037 | 44 € — 93
- Ronceray, Anjou 2020 | Sec | 2022>2035 | 20 € — 90

Domaine des Roches Neuves

★★★★★

Les derniers millésimes de ce domaine de référence sont marqués par une plus grande pureté aromatique, avec un fruit infusé et des textures d'un grand raffinement. En rouge, la cuvée domaine est fraîche avec des tannins souples, les terres-chaudes ont un peu plus de profondeur. La cuvée mémoires est d'un soyeux confondant. Les blancs jouent sur le registre de la tension calcaire : le clos-romans élevé en petit foudre est éminemment cristallin et pur, l'insolite est superbe de maturité et de gourmandise. Les amateurs trouveront leur bonheur avec des cuvées qui figurent sans conteste parmi l'élite de la Loire. Thierry Germain est au sommet.

- Marginale, Saumur-Champigny 2020 | Sec | 2022>2037 | 35 € — 93
- Clos Romans, Saumur 2020 | Sec | 2022>2042 | 57 € — 96
- Les Mémoires, Saumur-Champigny 2020 | Sec | 2022>2040 | 44 € — 97

Clos Rougeard

★★★★☆

Propriété de Martin Bouygues, ce domaine culte de la Loire avait été mis sur le devant de la scène par les frères Foucault. Les trois hectares siliceux et calcaires, mêlés de sables, qui donnent la cuvée poyeux, ont fait la réputation de la maison. L'hectare de clos du Bourg provient de vignes de près de 80 ans sur un sol plus calcaire. Elevage dans 100 % de barriques neuves, c'est un vin puissant en même temps qu'élancé et énergique, aux tannins précis et racés. Les autres parcelles d'argilo-calcaires couvrent 4,5 hectares et font l'objet d'un assemblage dans le clos-rougeard, la cuvée générique plus avenante et moins complexe. Les 2016 évoluent parfaitement et les 2015 signent une année de légende sur le domaine. Il ne faut pas mésestimer les 2017 qui respectent tous les équilibres du millésime.

- Poyeux, Saumur-Champigny 2017 | Sec | 2022>2045 | NC — 94
- Clos du Bourg, Saumur-Champigny 2017 | Sec | 2022>2040 | NC — 92
- Brézé, Saumur 2017 | Sec | 2022>2037 | NC — 94

Domaine des Sables Verts

★★☆☆☆

Caroline Meurée et Hervé Malinge ont su imposer leurs cuvées dans le haut du bouchon de l'appellation Saumur-Champigny en 3 millésimes : en conversion bio, ce domaine de 16 hectares dont un en chenin produit des rouges d'une vitalité et d'un raffinement dignes des meilleurs. Les Poyeux et Chaintres font chanter le cabernet franc.

- Les Poyeux, Saumur-Champigny 2020 | Sec | 2022>2037 | NC — 93
- Chaintres, Saumur-Champigny 2019 | Sec | 2022>2042 | NC — 94

Domaine Antoine Sanzay

★★★☆☆

Antoine Sanzay récupère peu à peu la totalité des vignes familiales (28 hectares) qu'il cultive selon un mode d'agriculture bio. Accessible, la cuvée domaine se boit à la régalade. Les terres-rouges développent des accents à la fois floraux et épicés sur une structure concentrée. La cuvée des poyeux est l'une des plus belles de l'appellation. Les vins du domaine brillent à la garde par leur finesse et leur fraîcheur, l'assurance de la meilleure expression de ces terroirs au meilleur prix.

- Les Poyeux, Saumur-Champigny 2019 | Sec | 2022>2042 | 34 € — 94
- Les Essarts, Saumur 2019 | Sec | 2022>2032 | NC — 90

Coulée de Serrant

★★★☆☆

Éden viticole, la coulée-de-serrant est un lieu où la vie exulte. Nicolas

Joly, pionnier de la biodynamie, a fait de son vin une marque reconnue aux quatre coins du monde. Observation, expérimentation, viticulture modèle, il peut aussi compter sur la vision de sa fille Virginie pour continuer à hisser ce domaine parmi les meilleurs. Quatre hectares en savennières et quatre hectares en roche-aux-moines et un vignoble brouté par les moutons, picoré par les poules et travaillé à main d'homme, en symbiose avec la nature. Incontournable.

- **Savennières - Coulée de Serrant 2020** | Sec | 2025>2045 | 73 € — 94
- **Les Vieux Clos, Savennières 2020** | Sec | 2022>2030 | 33 € — 90

Château Soucherie

★★★☆☆

Roger-François Béguinot, industriel à succès dans l'agro-alimentaire (Materna, spécialiste du lait maternel), a réussi son projet vigneron en s'alliant avec les meilleurs spécialistes. Les vins, en appellations anjou et savennières (1,80 hectare au clos des Perrières), coteaux-du-layon et chaume (quatre hectares) trouvent une expression fine et sincère. Le domaine dispose de cinq belles chambres d'hôtes et des repas orchestrés par un chef. Une halte de repos bienvenue au cœur de la Loire.

- **Clos des Perrières, Savennières 2019** | Sec | 2022>2042 | 28 € — 95
- **Premier Cru, Coteaux du Layon Chaume 2018** | Moelleux | 2022>2042 | 35 € — 93

Château de Villeneuve

★★★★☆

Le talentueux Jean-Pierre Chevalier, chef de file du Saumurois, exploite au mieux et en agriculture biologique (certifiée en 2013) la côte calcaire de Souzay. Le clos-de-la-bienboire est un vin de gourmandise. La cuvée vieilles-vignes est dense avec un velouté de texture raffiné. Les blancs sont tous recommandables. Les vins évoluent parfaitement en bouteille, avec des millésimes anciens dignes de ce nom. L'un des domaines les plus excitants de la région de cette dernière décennie.

- **Saumur 2021** | Sec | 2022>2032 | 15 € — 91
- **Les Cormiers, Saumur 2020** | Sec | 2022>2042 | 23 € — 94
- **Le Grand Clos, Saumur-Champigny 2018** | Sec | 2022>2037 | 26 € — 96

PAYS NANTAIS

Domaine de Bellevue

★★★☆☆

Plusieurs dégustations cette année, à l'aveugle, sur table ou en salon témoignent de la superbe progression de Jérôme Bretaudeau, talentueux vigneron en biodynamie, nouvelle référence en matière de grands vins blancs secs en France. Ses cuvées de cépage en rouge affichent également une belle personnalité. Tous ces crus sont des exemples de pureté et leur présence sur les grandes cartes de restaurants étoilés est amplement méritée. Nous lui décernons une troisième étoile.

- **Gaïa, Muscadet 2017** | Sec | 2022>2042 | 28 € | ☘ — 96
- **Clos des Perrières, Muscadet 2019** | Sec | 2022>2042 | 24 € — 95
- **Statera, Vin de France 2020** | Sec | 2022>2030 | 56 € — 92

Domaine Brégeon

★★★☆☆

Dans le Muscadet, Frédéric Lailler continue sa marche en avant, avec un mode de culture bio sur les dix hectares du domaine. Le patrimoine de vignes se révèle qualitativement impressionnant (six hectares sur les gabbros de Gorges et un hectare dans le secteur granitique de Clisson). La moyenne d'âge du vignoble avoisine les 65 ans. Entre 7 et 14 euros, il faut se précipiter pour se constituer un bon fond de cave.

- **Gorges, Vallet, Muscadet 2018** | Sec | 2022>2045 | 18.5 € — 92
- **Clisson, Muscadet Sèvre-et-Maine 2019** | Sec | 2022>2045 | 17.5 € — 91

Château du Cléray

★★★☆☆

Comme tous les grands du Muscadet, ce vignoble de 95 hectares propose des cuvées communales complexes. La cuvée vallet est l'une des plus abouties du secteur et la cuvée haute-culture est une vraie réussite pour les amateurs de muscadets de garde. Belle adresse, prix très sages.

- **Château du Cléray, Muscadet Sèvre-et-Maine 2021** | Sec | > | 7.7 € — 90
- **Ô Poitou Sauvion, Haut-Poitou 2021** | Sec | 7.8 € — 91

Domaine de la Combe

★★☆☆☆

Sur les quelques quinze hectares de son domaine de la Combe, ce jeune vigneron du Pays nantais a déjà pris conscience des défis qui attendent son vignoble qu'il convertit en bio depuis le millésime 2021. Sans rien renier du style familial (domaine Gadais), il a su construire une gamme de muscadets recommandables, entre cuvées de plaisir parfaites pour une consommation d'instant et grands blancs de gastronomie.

- **Réserve Personnelle, Muscadet Sèvre-et-Maine 2020** | Sec | 2022>2027 | 12 € — 91
- **Vigne de l'Astrée, Muscadet 2018** | Sec | 2022>2032 | 16 € — 92

Domaine Gadais Père et Fils

★★☆☆☆

Dans le secteur de Saint-Fiacre, Christophe Gadais, épaulé depuis quelques millésimes par son fils Pierre-Henri (domaine de la Combe), possède un vignoble d'une cinquantaine d'hectares, principalement sur un sous-sol de gneiss. En famille, ils produisent des cuvées expressives et de belle tension. Prix doux entre 5 et 12 euros et grande régularité.

- **Peninsula Vieilles Vignes, Muscadet Sèvre-et-Maine 2019** | Sec | 2022>2032 | 9.4 € — 92
- **Les Perrières Monopole, Muscadet Sèvre-et-Maine 2018** | Sec | 2022>2040 | 14.7 € — 92

Aurore Günther (vignobles Günther-Chéreau).

Antoine, Mickaël et Thierry Michon (domaine Saint-Nicolas).

Domaines Véronique Günther-Chéreau

★★☆☆☆

Véronique et Aurore Günther-Chéreau, mère et fille, dirigent ce domaine attachant qui œuvre depuis toujours à la reconnaissance des vins du Muscadet. Les prix restent modérés et on peut y faire provision de vieux millésimes. Une adresse authentique où l'accueil et le sourire sont au rendez-vous.

- **Château du Coing de Saint-Fiacre, Muscadet Sèvre-et-Maine 2020** | Sec | 2022>2032 | 9.5 € — 90
- **Château de la Gravelle, Gorges, Muscadet Sèvre-et-Maine 2018** | Sec | 2023>2042 | 15.5 € | ☘ — 93

Domaine Jérémie Huchet

★★★☆☆

Jérémie Huchet, vigneron œnologue, a propulsé son domaine de la Chauvinière (60 hectares), au panthéon des grands muscadets. Il profite d'un terroir unique, situé au cœur du vignoble et composé de granite de Château-Thébaud. Les vignes y sont conduites en lutte raisonnée et les vinifications s'effectuent dans un ancien monastère. Des entrées de gamme aux cuvées parcellaires, toute la gamme se révèle sans faille.

- **Le Chemin des Prières, Muscadet Sèvre-et-Maine 2020** | Sec | 2022>2032 | 8.3 € — 91
- **Goulaines, Muscadet Sèvre-et-Maine 2015** | Sec | 2022>2042 | 12.55 € — 94

Domaine La Haute Févrie

★★★☆☆

Entre Saint-Fiacre et Monnières, à 18 kilomètres au sud-est de Nantes, Claude et Sébastien Branger vendangent à la main leurs 26 hectares convertis à l'agriculture biologique. Les cuvées reflètent l'expression la plus fidèle des terroirs, avec de belles perspectives d'évolution dans le temps. Les vins sont élégants et tendus, avec plus de complexité pour les-gras-moutons, le monnières-saint-fiacre et le château-thébaud. Une valeur sûre.

- **Château Thébaud, Muscadet Sèvre-et-Maine 2017** | Sec | 2022>2040 | 14 € — 93
- **Clos Joubert, Muscadet Sèvre-et-Maine 2020** | Sec | 2022>2042 | 8.8 € — 92

Domaines Landron

★★★☆☆

Depuis plusieurs décennies, Jo Landron figure parmi les meilleurs producteurs de muscadet. Les domaines (Louvetrie et château de la Carizière) réunissent 46 hectares, cultivés en bio. Ses crus évoluent parfaitement avec le temps. Avec des prix qui restent très sages, cette adresse est une référence. Plus qu'un chef de file, une inspiration pour tous.

- **Les Houx, Muscadet Sèvre-et-Maine 2020** | Sec | 2025>2042 | 14 € — 91
- **Fief du Breil, Muscadet Sèvre-et-Maine 2017** | Sec | 2022>2045 | 22 € — 93

Famille Lieubeau

★★★☆☆

La jeune génération talentueuse des Lieubeau se hisse au niveau des grands du Muscadet grâce à leur mode cultural impeccable et vertueux, leurs sélections parcellaires et des élevage précis menés par Vincent qui s'occupe des vinifications. Avec Marie et François, toujours aidés par leurs parents, il peut compter sur douze hectares de terroirs cultivés en agriculture bio, sur les secteurs très qualitatifs de Château Thébaud et Clisson. Gamme complète de haut niveau, à des prix défiant toute concurrence. Le domaine continue sa marche en avant.

- **Château Thébaud, Muscadet Sèvre-et-Maine 2018** | Sec | 2024>2042 | 17 € — 93
- **Goulaine, Muscadet 2018** | Sec | 2023>2040 | 16 € — 92
- **Clisson, Muscadet Sèvre-et-Maine 2018** | Sec | 2024>2044 | 15 € — 93

Domaine Luneau-Papin

★★★★☆

Sur ce domaine de 40 hectares, on fait du vin en famille. Pierre et sa femme Monique, Pierre-Marie et Marie, la nouvelle génération, sont de formidables ambassadeurs du Muscadet qu'ils contribuent à faire rayonner aux quatre coins de la planète. Le domaine réalise des cuvées au style pur et précis, privilégiant la sélection parcellaire issue de vieilles vignes. Viticulture et vinification sont irréprochables et permettent de signer des vins raffinés et toujours élégants. Les dégustations de l'année placent toujours ce domaine au sommet de la hiérarchie.

- **Excelsior, Goulaine, Muscadet Sèvre-et-Maine 2018** | Sec | 2022>2037 | NC — 94
- **L d'Or, Muscadet Sèvre-et-Maine 2020** | Sec | 2022>2040 | 15 € — 93
- **Gula-Ana, Muscadet Sèvre-et-Maine 2017** | Sec | 2022>2040 | NC — 95

Domaine Stéphane Orieux

★★☆☆☆

Cela fait plusieurs décennies que ce domaine familial cultive son vignoble de 18 hectares en bio dans le secteur très qualitatif de Vallet et ses vins du simple muscadet jusqu'au cru communal offrent une belle pureté de constitution. Une des grandes découvertes de l'année.

- **La Grande Pièce, Muscadet Sèvre-et-Maine 2020** | Sec | > | NC — 90
- **Vallet, Muscadet 2018** | Sec | NC — 92

Domaine de la Pépière

★★★☆☆

Ce domaine référence du Muscadet (39 hectares) subliment les sols granitiques des coteaux de la Maine. Rémi Branger associé à Marc Ollivier adopte une vision commune de la viticulture biologique : taille courte, sélection massale pour le renouvellement du vignoble, labour des sols, récolte manuelle, etc. Des grands vins de style, salins, précis, toujours énergiques et raffinés. Rapport qualité-prix exceptionnel et priorité pour l'amateur.

- **Château-Thébaud, Muscadet Sèvre-et-Maine 2019** | Sec | 2022>2042 | 15 € — 93
- **Gorges, Muscadet Sèvre-et-Maine 2019** | Sec | 2022>2042 | 15 € — 93

Domaine Saint-Nicolas

★★★☆☆

Thierry Michon, bien secondé par ses fils Antoine et Mickaël, est le chef de file du vignoble vendéen, pionnier de la biodynamie dans

Antoine de la Farge (domaine de l'Ermitage et Chavet).

la région depuis 1993, il continue de faire rayonner ses 42 hectares d'argiles, de schistes et de quartz, situés sur le terroir atlantique de Brem, dans le pays des Olonnes, entre marais et forêt. L'influence océanique apporte une fraîcheur saline unique aux vins. Ce domaine exemplaire reçoit avec beaucoup de gentillesse.

- **Reflets, Fiefs Vendéens 2020** | Sec | 2022>2030 | 15 € — 91
- **Les Clous, Fiefs Vendéens 2021** | Sec | 2022>2032 | 17 € — 92

SANCERRE CENTRE

Domaine du Bouchot

★★☆☆☆

Ce domaine situé à Saint-Andelain a été l'un des pionniers de la viticulture biologique dans l'appellation. Son vignoble de dix hectares, parfaitement tenu et aujourd'hui en biodynamie, sur les terroirs de premier ordre de l'appellation permet à la famille Kerbiquet de donner le meilleur du sauvignon, en signant des vins toujours purs et précis.

- **Caillottes, Pouilly-Fumé 2020** | Sec | 2022>2032 | NC — 92
- **MCMLV, Pouilly-Fumé 2020** | Sec | 2022>2035 | NC — 93

Famille Bourgeois

★★★☆☆

Chez les Bourgeois, la fratrie formée d'Arnaud, son frère Lionel et son cousin Jean-Christophe avance à marche forcée sur les chemins de la réussite, épaulée par l'expérimenté Jean-Marie le père protecteur. Des volumes, 72 hectares en propriété étalés sur 130 parcelles mais également de la justesse dans les vinifications portées par des installations au taquet, forment une gamme large célébrant le sauvignon et le pinot avec ferveur. Les blancs, largement majoritaires, deviennent intéressants sur les cuvées prestige, notamment jadis, la-bourgeoise ou les parcellaires comme le-cotelin.

- **Jadis, Sancerre 2019** | Sec | 2022>2042 | 34 € — 93
- **Le Cotelin, Sancerre 2018** | Sec | 2022>2042 | 46.2 € — 94
- **Les Ruchons, Sancerre 2018** | Sec | 2022>2042 | 46.2 € — 96

Domaine du Carrou

★★★☆☆

Situé à Bué, le domaine du Carrou compte 11 hectares, avec une proportion de rouges plus élevée que la moyenne à Sancerre, soit un tiers de pinots. Le gîte bien aménagé en complément du domaine permet aux visiteurs de pouvoir apprécier pleinement tous les crus. Dominique Roger ne ménage pas sa peine et les vins figurent désormais parmi les belles réussites de l'appellation.

- **La Jouline, Sancerre 2019** | Sec | 2022>2035 | 24 € — 92
- **La Jouline, Sancerre 2019** | Sec | 2022>2035 | 21 € — 91

Domaine Daniel Chotard

★★★☆☆

Simon Chotard, major de l'école d'œnologie de Toulouse est en constante progression. Il forme un duo de choc avec son père Daniel sur 17 hectares au fond du hameau de Reigny, à Crézancy-en-Sancerre. Sa particularité est d'être entourée d'un cirque de collines de marnes argilo-calcaires, sur des pentes bien ensoleillées. Depuis plus de trois ans, les traitements bio sont l'apanage de Simon qui s'essaie également à la biodynamie. Les prix restent raisonnables, l'accueil est aux petits oignons.

- **Les Coutonnes, Sancerre 2020** | Sec | 2022>2037 | 23.5 € — 92
- **Les Grandes roulottes, Sancerre 2020** | Sec | 2022>2035 | 35 € — 93

Corinne et Henry d'Assay (Comte Henry).

Domaine Lucien Crochet

Chez les Crochet, on a le sens des vins élégants. Ce domaine phare de Bué possède une superficie de 35 hectares, avec 26 hectares de sauvignon et 9 hectares de pinot noir. Diplômé d'œnologie, formé en Bourgogne, Gilles s'essaie chaque année à de nouvelles expérimentations, produisant uniquement les cuvées les plus abouties. Son vignoble, essentiellement situé sur des roches argilo-calcaires, donne des vins, en blanc comme en rouge, dans la parfaite lignée de l'appellation. Élevages maîtrisés et mesurés.

- **Le Chêne Marchand, Sancerre 2020** | Sec | 2024>2028 | 22.7 € — 92
- **Les Calcaires, Sancerre 2020** | Sec | 2024>2028 | 18.7 € — 91

Domaine François Crochet

Les vins jouent la carte de l'élégance et de la finesse entre terroirs calcaires (le-grand-chemarin et le-petit-chemarin) et silex (exils). La cuvée de blanc domaine, assemblage de ces différents terroirs, offre déjà un confort et un croquant idoines. Les-amoureuses, deux parcelles argilo-calcaires, montre une belle profondeur de champ et beaucoup de tension saline. Une belle adresse, gage de régularité et de raffinement où François et Carine Crochet vous accueillent selon les codes de l'hospitalité sancerroise.

- **Les Amoureuses, Sancerre 2020** | Sec | 2022>2037 | 27 € — 93
- **Exils, Sancerre 2020** | Sec | 2022>2037 | 28 € — 95
- **Les Marnes, Sancerre 2020** | Sec | 2022>2042 | 35 € — 93

Domaine Didier Dagueneau

Louis-Benjamin a repris les 12 hectares de vignes, poursuivant d'écrire la grande histoire de ce domaine iconique. Élevages longs sur lies puis sous bois en barriques de 330 et demi-muids de 620 litres, pas de correctif, ni filtrage ni collage, les vins sortent intacts, épurés, étincelants. Les terroirs font le reste, que ce soit l'argile dure à gros silex sur le haut de la butte de Saint-Andelain (pour la cuvée silex), les argiles plus riches en bas de coteau (buisson renard) ou les marnes calcaires (astéroïde).

- **Silex, Pouilly-Fumé 2019** | Sec | 2027>2055 | NC — 96
- **Pur Sang, Pouilly-Fumé 2019** | Sec | 2025>2045 | NC — 95
- **Mon memento, Vin de France 2018** | Sec | 2024>2042 | NC — 97

Domaine Désormière

On est séduits par le sérieux de Thierry et Éric Désormière, investis aussi bien à la vigne qu'en cuverie. Ils traduisent l'émulation qui existe en côte-roannaise, où ils exploitent 15 hectares. La cuvée de sable perdrizière possède un fruité gourmand et la cuvée de granite, montolivet, un tannin plus dense. Les-têtes désigne une sélection des meilleurs raisins issus de vieilles vignes.

Domaine de l'Ermitage et Chavet

Antoine de la Farge, ancien acheteur chez Nicolas, a remis sur pieds cette marque, nouvelle valeur refuge de l'appellation. Les 12 hectares de Menetou sont récoltés à la main et forgent une gamme lisible et réussie qui s'étoffe depuis 2019 du domaine Chavet (30 hectares). Les nouveaux bâtiments techniques plus fonctionnels et le développement des cuvées parcellaires permettent une belle progression du domaine. À côté de cela, un petit négoce à son nom, sur 42 hectares, permet de développer la gamme de vins essentiellement ligériens.

- **Première cuvée, Menetou-Salon 2021** | Sec | 2022>2027 | 20 € — 91
- **Menetou-Salon 2021** | Sec | 2022>2027 | 12.9 € — 90

Domaine Fouassier

Les cousins Paul et Benoît Fouassier avancent avec conviction et ambition. Les 60 hectares (dont dix de pinot noir) sont conduits en biodynamie et les cuvées nombreuses sont vinifiées en levures indigènes. Les différents terroirs de calcaires et de marnes permettent une lecture efficace de Sancerre. L'ensemble des vins, élevés pour préserver le fruit et l'expression du terroir livrent de l'énergie et de la gourmandise. Une maison en progression dont les prix restent sages.

- **Les Chasseignes, Sancerre 2019** | Sec | 2022>2032 | 18 € — 91
- **Le Vallon, Sancerre 2019** | Sec | 2022>2032 | 17.5 € — 89

Domaine Fournier Père et Fils

★☆☆☆☆

La famille Fournier mène ses 40 hectares de vignoble (avec une partie négoce), ciselant des cuvées efficaces, sans élevage bois, mettant dignement en valeur le cépage sauvignon. La Maison Villebois, en négoce, fait également partie du groupe, avec une production destinée à l'export. Style de vins mûrs, avec ce qu'il faut d'énergie.

Domaine Gilbert

★★★☆☆

Philippe Gilbert, vigneron en biodynamie continue de progresser. Les récents ajustements permettent d'être au plus près du raisin et du terroir. Les blancs sont subtils et ciselés. Une adresse exemplaire que ce domaine de 30 hectares, devenu l'un des meilleurs ambassadeurs dans le monde des vins du Berry.

- **Les Chandelières, Menetou-Salon 2018** | Sec | 2022>2029 | 31 € — 90
- **Clos des Treilles, Menetou-Salon 2018** | Sec | 2022>2030 | 28 € — 91

Comte Henry

★★☆☆☆

Corinne et Henry d'Assay ont créé cette petite structure de négoce spécialisé dans le sauvignon. Fin sélectionneur, Henry use de toute son expérience du cépage et des terroirs pour signer des vins ciselés et tranchants. Pouilly-fumé et sancerre sont les grandes réussites de la maison. Les vins recherchent la pureté sans rien perdre de leur charme immédiat. Grands rapports qualité-prix.

Guillaume Sorbe - Les Poëte

★★★☆☆

Guillaume Sorbe nous étonne à chaque millésime sur son terroir familial. Son domaine de sept hectares de sables et de graves alluvionnaires, répartis sur 28 parcelles, est travaillé comme un jardin, privilégiant la diversité végétale et animale. Récoltant au meilleur moment pour conserver toute l'expression du fruit, pas trop tard pour conserver la fraîcheur, il cisèle une gamme de quatre blancs et un rouge d'un niveau remarquable.

Catherine Corbeau-Mellot (domaines Joseph Mellot).

Domaine Alphonse Mellot

★★★★★

Habile vinificateur, Alphonse Mellot livre une lecture passionnante de Sancerre, avec des cuvées parcellaires qui détaillent chaque terroir. L'âge des vignes, d'une moyenne de 75 ans lui permet d'offrir une gamme impeccable dont la première marche - la cuvée domaine – est déjà au plus haut niveau. 18 hectares en IGP côtes-de-la-charité témoignent aussi sa maîtrise du chardonnay. On salue le travail et l'inspiration de ce passionné infatigable, qui couronne plus de trente années de recherche et d'intransigeance.

- **Génération XIX, Sancerre 2019** | Sec | 2022>2037 | 134 € — 96
- **Edmond, Sancerre 2019** | Sec | 2022>2042 | 74 € — 96
- **Le Paradis, Sancerre 2019** | Sec | 2022>2042 | 124 € — 97

Domaines Joseph Mellot

★★★☆☆

L'excellente Catherine Corbeau-Mellot continue sa route vers le succès, avec rigueur et dynamisme. Présente sur toutes les appellations du Centre-Loire, avec une partie négoce, également en Touraine avec quelques cuvées de vins de pays, cette maison phare de Sancerre explore tous les terroirs, sur une centaine d'hectares. Les vins ont considérablement progressé, mettant en valeur le cépage, sans fioritures. Les cuvées élevées sous bois doivent être attendues. Bien présents en restauration et dans le commerce, ces vins sont une belle porte d'entrée de la région. Tout est recommandable.

- **L'Original, Sancerre 2020** | Sec | 2022>2035 | NC — 93
- **Domaine des Émois, Sancerre 2020** | Sec | 2022>2035 | 24 € | ☘ — 93
- **Les Vignes du Rocher , Sancerre 2020** | Sec | 2022>2035 | 27 € — 92

Domaine Minchin

★★★☆☆

Avec 17 hectares, le domaine de Bertrand Minchin, vigneron jovial et attachant, est l'une des valeurs sûres des appellations menetou-salon et valençay. Au fil des millésimes, il peaufine le style de ses rouges qui comptent parmi les meilleurs du secteur. Les blancs imposants et structurés gagnent en précision, avec des vins francs à la saveur subtilement exotique. Superbes rapports qualité-prix.

- **Célestin, Menetou-Salon 2019** | Sec | 2022>2040 | 23 € — 93
- **Fumet, Menetou-Salon 2019** | Sec | 2022>2040 | 19 € — 93

Domaine Henry Pellé

★★★☆☆

Les Pellé sont enracinés en appellation menetou-salon et leur travail à la vigne comme en cuverie impressionne. Depuis 2006, Paul-Henri réenchante cette adresse familiale qui monte en qualité. La mise en avant des cuvées parcellaires et la maîtrise des élevages sous bois avec de plus en plus de grands contenants (foudres et cuves) concourent à l'excellence du domaine qui ajoute une exigence de plus avec la certification en agriculture biologique depuis 2021.

- **Les Blanchais, Menetou-Salon 2020** | Sec | 2022>2042 | 21.5 € — 93
- **Le Carroir, Menetou-Salon 2020** | Sec | 2022>2037 | 18.5 € — 92

Domaine Matthias Planchon

★★★☆☆

Les bâtiments techniques flambants neufs trônent au milieu du paradis, lieu-dit de Sancerre. C'est là que le jeune Mathias Planchon a installé sa cave. Il possède également des parcelles sur le lieu-dit Les Herses, terroir marqué par le silex. Ces différences de sol se retrouvent dans les cuvées de ce domaine de 5,50 hectares, cultivés en bio et bientôt en biodynamie. Les 2019 goûtés à la propriété traduisent parfaitement le lieu qui les porte. Les 2020 haussent le ton.

- **Les Herses, Sancerre 2020** | Sec | 2022>2032 | NC — 92
- **Le Paradis, Sancerre 2020** | Sec | 2022>2032 | NC — 92

Domaine des Pothiers

★★★☆☆

Romain Payre est devenu l'un des meilleurs ambassadeurs du

gamay de la Côte-Roannaise où il excelle depuis déjà quelques millésimes sur son domaine de 21 hectares. La cuvée référence se boit sur le fruit de sa jeunesse. De demi-garde, les cuvées clos-du-puy et intégrale sont issues de vignes de plus de 80 ans. Un domaine recommandable et fiable quelle que soit la cuvée.

- **Intégrale, Côte Roannaise 2020** | Sec | 2022>2032 | 23 € 91
- **Diogène, Côte Roannaise 2020** | Sec | 2022>2030 | 33 € 92

Domaine Claude Riffault

★★★★☆

On ne peut que s'incliner devant le talent de Stéphane Riffault qui mène cette propriété familiale de 15 hectares, certifiée en agriculture biologique. Récoltes manuelles, sélections parcellaires, longs pressurages en douceur, vinifications et élevages au cordeau en barriques et en foudres : tout respire l'excellence. Les blancs reflètent les différents types de sols du domaine, entre terres blanches, caillottes, silex et marno-calcaires du Kimméridgien. Le rouge est remarquable. Une adresse de grands blancs.

- **Les Denisottes, Sancerre 2020** | Sec | 2022>2035 | 30 € 94
- **Monoparcelle 469, Sancerre 2020** | Sec | 2022>2042 | 32 € 96
- **Echalas, Vin de France 2020** | Sec | 2022>2042 | 32 € 96

Domaine Jean-Max Roger

★★★☆☆

Le développement de cuvées parcellaires a permis à ce domaine de 27 hectares en sancerre et six en menetou-salon de prendre une autre dimension. Les vins sont exportés à hauteur de 80 %. À la vigne, Thibault (œnologue formé à Bordeaux) et son frère Etienne (pour le côté commercial) gèrent le domaine. La gamme compte six blancs et deux rouges, proposés à des prix raisonnables.

- **La Côte de Bué, Sancerre 2018** | Sec | 2022>2035 | 28 € 92
- **Le Grand Chemarin, Sancerre 2018** | Sec | 2022>2035 | 25 € 92

Domaine Sérol

★★★☆☆

Stéphane Sérol conduit son domaine sur la voie de l'excellence. Les 34 hectares de vignoble mettent en lumière le cépage gamay qui s'exprime ici totalement sur les sols de granite et de porphyre. Doublé d'une viticulture très attentive et précise, en biodynamie, ce domaine se distingue par des vins soignés, récoltés manuellement. Les différents crus offrent fraîcheur de constitution et gourmandise, notamment la cuvée les-millerands, qui se distingue toujours par un peu plus de fond et mérite d'attendre en cave plusieurs années. Peut-être le meilleure domaine de Franc sur le registre du vin de plaisir. Bravo.

- **Perdrizière, Côte Roannaise 2020** | Sec | 2022>2030 | 20 € 92
- **Éclat de Granite, Côte Roannaise 2021** | Sec | 2022>2030 | 13 € 90
- **Chez Coste, Côte Roannaise 2020** | Sec | 2022>2032 | 30 € 93

Jean-Dominique Vacheron (domaine Vacheron).

Château de Tracy

★★★☆☆

Sous l'impulsion de Juliette d'Assay, Tracy est un emblème de l'appellation pouilly-fumé. En surplomb de la Loire, son vignoble est consacré au sauvignon blanc, spécialité du domaine. Les différents types de sols, entre argiles à silex, marnes et calcaires, permettent de réaliser plusieurs cuvées imprégnées de ces terroirs et autant de valeurs sûres qui ne déçoivent jamais. Tout est en progrès et les cuvées prestige impressionnent. Un domaine à suivre de près.

- **Haute Densité, Pouilly-Fumé 2019** | Sec | 2022>2032 | 44 € 91
- **101 Rangs, Pouilly-Fumé 2017** | Sec | 2022>2035 | 60 € 93

Domaine Vacheron

★★★★☆

Jean-Dominique Vacheron et son cousin Jean-Laurent forment un duo d'une rare efficacité. Aujourd'hui, les Vacheron exploitent dix hectares du terroir de silex des Romains, l'un des grands terroirs de l'appellation, et possèdent de beaux parcellaires sur des marnes (le-pavé) ou sur des secteurs à dominante calcaire (paradis, chambrates, guigne-chèvre). Les cuvées forment une litanie impeccable, ciselée et saillante.

- **Les Romains, Sancerre 2020** | Sec | 2022>2042 | 40.5 € 95
- **Guigne Chèvre, Sancerre 2020** | Sec | 2022>2042 | 40.5 € 95
- **Le Pavé, Sancerre 2020** | Sec | 2022>2042 | 45 € 96

TOURAINE

Domaine Philippe Alliet

★★★★☆

Plus que jamais l'une des références de la Loire. Les Alliet – Claude, Philippe et leur fils Pierre – sont dévoués à la cause des grands vins de cabernet franc. La nouvelle génération s'est affranchie des élevages marqués. Les vins y gagnent en raffinement dans leur jeunesse tout en gardant beaucoup de tenue dans le temps. Le coteau-de-noiré, sur un terroir argilo-calcaire exposé plein sud, est une référence pour son intensité tout en nuances et son potentiel de garde.

- **Coteau de Noiré, Chinon 2020** | Sec | 2029>2065 | 27 € 98
- **Coteau de Noiré, Chinon 2019** | Sec | 2027>2060 | 27 € 98

Domaine Yannick Amirault

★★★★☆

Yannick et Benoît Amirault sont des vignerons perfectionnistes convertis naturellement au bio. 19 hectares de cabernet franc dont les deux tiers à Bourgueil, le reste à Saint-Nicolas-de-Bourgueil, avec à chaque fois un bon patrimoine de vieilles vignes. Les sols d'argiles à silex, sur la croûte calcaire de Bourgueil, confèrent au grand-clos une trame tannique intense et fondue, à l'acidité salivante, prenant souvent des accents floraux.

- **Les Malgagnes, Saint-Nicolas-de-Bourgueil 2020** | Sec | 2027>2057 | 24 € 95
- **Le Pavillon du Grand Clos, Bourgueil 2020** | Sec | 2028>2060 | 32 € 95

Domaine Bernard Baudry

★★★☆☆

Mathieu Baudry a bien pris la mesure de ce domaine exemplaire de Cravant. Son père Bernard reste toujours en soutien à la vigne comme à la cave. Ils ont bâti leur réputation sur des cabernets francs de garde, séveux, denses et longs, dans un domaine qui compte 30 hectares travaillés en bio. Les cuvées prennent le nom des terroirs qui les portent avec des tarifs encore accessibles. Adresse sûre.

- **Les Grézeaux, Chinon 2020** | Sec | 2023>2033 | 16 € 92
- **Le Clos Guillot, Chinon 2005** | Sec | 2022>2032 | 18.5 € | ☘ 92
- **La Croix Boissée, Chinon 2020** | Sec | 2023>2043 | 16 € 93

Éric, Christine et Clément Nicolas (domaine de Bellivière).

Domaines Baudry-Dutour

★★★☆☆

Le duo continue sa marche en avant. Christophe Baudry, issu d'une vieille famille viticole de Cravant, et Jean-Martin Dutour, ingénieur agronome et œnologue conduisent dans le bon sens leurs propriétés (environ 120 hectares). Le domaine de la Perrière, le château de la Grille, le domaine du Roncée et le château de Saint-Louans possèdent des terroirs de grande qualité. On mettra en cave saint-louans ou la-grille pour se concentrer dans l'immédiat sur le délicat domaine-du-roncée. Superbes rapports qualité-prix.

- **Domaine du Roncée - Clos des Marronniers, Chinon 2018** | Sec | 2022>2037 | 12.5 € — 93
- **Domaine de la Perrière – Vieilles Vignes, Chinon 2020** | Sec | 2022>2037 | 12 € — 91
- **L'ainsi fait, Chinon 2020** | Sec | 2022>2045 | 12.5 € — 90

Domaine des Béguineries

★★★☆☆

Belle progression pour Jean-Christophe Pelletier, adepte du bio sur son domaine de 13 hectares. Le vignoble se trouve planté essentiellement sur des coteaux à dominante argilo-calcaire, exposés majoritairement plein sud sur le secteur qualitatif de Saint-Louans. Il faut absolument faire le tour de la cave.

- **Élise, Chinon 2018** | Sec | 2024>2054 | 14.5 € — 91
- **Vent Fleuri, Chinon 2020** | Sec | 2022>2024 | 14.5 € — 88

Domaine du Bel-Air

★★★☆☆

Sur ce domaine de 18 hectares certifié bio, Pierre Gauthier fait parler son expérience à la vigne. En cave, son fils Rodolphe joue son rôle. Raisins égrappés, triés sur table avant d'être encuvés pour des fermentations traditionnelles et en levures indigènes après une macération préfermentaire à froid. Le fruité vingt-lieux-dits est un assemblage d'une vingtaine de parcelles sur sols d'alluvions, les-grands-monts sont taillés pour la grande garde et le clos-nouveau est un grand cabernet franc.

- **Les Grands Monts, Bourgueil 2018** | Sec | 2025>2050 | 33.3 € — 93
- **Clos Nouveau, Bourgueil 2018** | Sec | 2027>2060 | 65 € | ☘ — 97

Domaine de Bellivière

★★★☆☆

Clément Nicolas prend désormais bien en main la succession de ses parents Christine et Eric et profite pleinement du nouveau chai gravitaire. Ce domaine incarne la référence des vins de la Sarthe en continuant de les positionner à leur plus haut niveau. Leur conduite du vignoble de 15 hectares, en bio et biodynamie se révèle irréprochable. Des vins originaux qui justifient leurs prix entre 20 et 42 euros.

- **Vieilles Vignes Éparses, Coteaux du Loir 2020** | Sec | 2022>2035 | 42 € — 94
- **Calligramme, Jasnières 2020** | Sec | 2023>2040 | 42 € — 93

Domaine de la Butte

★★★★☆

Fort de leur réussite à Montlouis et Vouvray, les Blot soignent 15 hectares de cabernet franc à Bourgueil pour hisser la Butte dans les références de l'appellation. Dominant les plaines alluviales, le vignoble s'est développé sur l'un des plus beaux coteaux argilo-calcaires de l'appellation, exposé plein sud. Il sélectionne ses parcelles sur le modèle bourguignon, recherche la profondeur et la sensualité avec des vins aux tannins fins, évoluant parfaitement avec le temps. Entre 17 et 28 euros, il ne faut pas hésiter.

- **Le Haut de la Butte, Bourgueil 2020** | Sec | 2022>2030 | 22 € — 93
- **Perrières, Bourgueil 2019** | Sec | 2022>2042 | 26 € — 95
- **Coteaux du Levant, Bourgueil 2020** | Sec | 2022>2030 | 20 € — 92

Domaine Vincent Carême

★★★☆☆

À Vouvray, Vincent Carême a imposé son style brillant. Purs, précis et lumineux, les vins sont proposés entre 15 et 20 euros et d'un grand rapport prix-plaisir. Les derniers millésimes sont parmi les plus accomplis de la propriété et de l'appellation. Toujours intéressante, la qualité des effervescents est à signaler et le brut non dosé est superbe. Il faut passer commande sur le champ.

- **Première Trie, Vouvray 2018** | Moelleux | 2022>2042 | 45 € — 92
- **Le Clos, Vouvray 2020** | Sec | 2022>2050 | 27 € — 93

Domaine François Chidaine

★★★★☆

Ce vigneron consciencieux est un as du chenin grâce à des efforts culturaux biodynamiques. Parmi les nombreuses cuvées, on notera en montlouis le clos-habert, pur et harmonieux, le clos-du-breuil entre ampleur et charnu, l'élégant bournais avec sa trame minérale ou les-tuffeaux tout en délicatesse. En vouvray, nous avons un faible pour le clos-baudoin et sa puissance aromatique. Le brut nature à moins de 15 euros est l'un des meilleurs effervescents de la Loire.

- **Clos du Breuil, Montlouis-sur-Loire 2020** | Sec | 2022>2052 | 23.4 € 93
- **Clos Habert, Montlouis-sur-Loire 2019** | Demi-sec | 2022>2042 | 24.2 € 95
- **Baudoin, Vin de France 2020** | Sec | 2022>2052 | 29.1 € 96

Château de Coulaine

★★★☆☆

La nouvelle génération des Bonnaventure, Jean et Tatiana, fait progresser de la plus belle des façons ce domaine historique. L'âge des vignes aidant et le mode cultural tourné vers le bio contribuent au succès grandissant de cette propriété où l'on trouve d'excellents rapports qualité-prix. Gamme recommandable, adresse sérieuse.

- **Les Picasses, Chinon 2015** | Sec | 2022>2032 | 18 € | ☘ 92
- **Bonnaventure, Chinon 2019** | Sec | 2022>2032 | 15 € 90

Pierre et Bertrand Couly

★★★☆☆

Ici, on accorde une grande importance à la certification haute valeur environnementale, obtenue pour les 20 hectares du vignoble. Le domaine signe des vins racés avec du fruit, de la fraîcheur, des accents de violette et des textures toujours soyeuses. Aux chinons gourmands de l'entrée de gamme du domaine s'ajoute la cuvée V, plus complexe par sa pureté et sa fraîcheur de fruits. Les clos-de-la-haute-olive et clos-du-parc sont taillés pour la garde. Les prix compris entre 8 et 17 euros sont bien adaptés.

- **Les Blancs Closeaux, Chinon 2020** | Sec | 2022>2032 | 16 € 91
- **Saint-Louans Le Parc, Chinon 2020** | Sec | 2023>2040 | 13.9 € 92

Couly-Dutheil

★★☆☆☆

Arnaud, en place depuis déjà quelques millésimes est maintenant seul aux commandes. Le clos-de-l'olive et le clos-de-l'écho, les deux sommets de la cave, sont des vins de garde qui traduisent au mieux leur terroir sur le registre profond pour le premier et sur la puissance pour le second. Ne pas négliger le « simple » chinon rené-couly, beau moment de plaisir immédiat.

Domaine Frissant

★★★☆☆

Xavier Frissant est l'un des plus fins vinificateurs de la Loire. Ses pratiques culturales, en conversion bio, sont à la hauteur des espoirs placés dans les différentes parcelles de son domaine de 18 hectares. Ses terroirs argilo-siliceux et limoneux-sableux se répartissent sur les premières côtes du village de Mosnes, en appellation touraine et touraine-amboise. Dans la large gamme comprise entre 8 et 19 euros, nous aimons les-roses-du-clos, un vin issu du fié gris complexe et subtile.

- **La Touche, Touraine Amboise 2020** | Sec | 2024>2032 | 12 € 91
- **Les Perrières, Touraine Amboise 2020** | Sec | 2024>2030 | 25 € 92
- **Les Perrières demi-sec, Touraine Amboise 2020** | Demi-sec | > | 25 € 92

Domaine Thomas Frissant

★★★☆☆

Un savoir-faire acquis auprès de son père Xavier, ponctués de stages en Australie, Nouvelle Zélande, Bourgogne ou Vallée du Rhône, permettent à Thomas Frissant, 27 ans, de s'installer sur 14 hectares dans la région d'Amboise, dès 2019. En conversion bio, ce néo-vigneron fait preuve d'une grande maîtrise culturale et technique sur son premier millésime avec des touraines fruités et vifs. Les cuvées en touraine-Amboise sont parmi les meilleures de l'appellation.

- **Perrières, Touraine Amboise 2020** | Demi-sec | 2023>2028 | 25 € 92
- **Perrières, Touraine Amboise 2020** | Sec | > | 25 € 92

Domaine Fabrice Gasnier

★★★☆☆

Fabrice Gasnier, président du syndicat de Chinon, conduit en bio-

Sandrine et Fabrice Gasnier (domaine Fabrice Gasnier).

PRESSE

dynamie ce domaine familial de 31 hectares. Les-graves ouvrent la gamme en rouge avec une profondeur minérale étonnante. La cuvée ancienne va plus loin dans la puissance et la cuvée vieilles-vignes donne un tannin racé. La cuvée queue-de-poêlon, élevée en cuves béton réalisées par le producteur, offre une plénitude rare. Les vignes de 70 à 75 ans entrent dans le cru signature, taillé pour la garde. Gamme d'un grand rapport qualité-prix.

- **La Queue de Poêlon, Chinon 2019** | Sec | 2022>2040 | 16 € — 94
- **Signature, Chinon 2019** | Sec | 2022>2045 | 15 € — 95

Domaine Grosbois

★★★☆☆

Les vins de Nicolas et Sylvain Grosbois sont parmi les meilleurs de Chinon. Les deux frères exploitent avec talent leur vignoble en biodynamie. Les cuvées proviennent des sables jaunes de Panzoult, donnant naturellement plus de souplesse que les argilo-calcaires. La cuvée gabarre charme par son tannin avenant. Le clos-du-noyer prend des accents graphites et des notes fruits noirs. Prix sages et accessibles. Une adresse incontournable où tout est bon.

- **Clos du Noyer, Chinon 2020** | Sec | 2022>2037 | 35 € — 92
- **Gabarre, Chinon 2020** | Sec | 2022>2032 | 22 € — 92
- **Montet, Chinon 2019** | Sec | 2022>2042 | 35 € — 94

Domaine Huet

★★★★☆

Ce domaine mythique appartient à Anthony Hwang, un homme d'affaires américano-philippin. Les 35 hectares de vignes sont cultivés soigneusement selon les principes de la biodynamie. Le chenin traduit la meilleure expression de chaque terroir. Les vins secs en sont la parfaite illustration avec le fruité des argiles du haut-lieu, le ciselé minéral du mont et la rondeur des calcaires du clos-du-bourg. Ces crus possèdent parfois quelques sucres résiduels, les demi-secs sont équilibrés et les liquoreux immenses peuvent vieillir plus d'un demi-siècle avec une classe folle.

- **Clos du Bourg, Vouvray 2021** | Sec | 2022>2050 | 29 € — 94
- **Haut Lieu - Première Trie, Vouvray 2003** | Moelleux | 2022>2050 | 82 € — 96

Thomas Frissant.

Domaine Charles Joguet

★★★★☆

Par un travail soigné dans les vignes, Anne-Charlotte Genet s'emploie avec succès pour projeter ce vignoble de la rive gauche de la Vienne sur le devant de la scène. Côté vinification, on évite des extractions trop poussées pour jouer le registre de la juste concentration. L'exposition nord-est du légendaire clos-de-la-dioterie, très originale, permet de conserver toute la fraîcheur. À proximité, les-varennes-du-grand-clos dévoilent leur élégante suavité plus rapidement. L'ensemble est magistral. Une des belles adresses de la Loire.

- **Les Varennes du Grand Clos, Chinon 2019** | Sec | 2022>2042 | 36 € — 94
- **Clos du Chêne Vert, Chinon 2019** | Sec | 2025>2055 | 38 € — 96
- **Clos de la Dioterie, Chinon 2019** | Sec | 2025>2055 | 40 € — 97

Domaine Angélique Léon

★★★☆☆

Au fil des millésimes, Angélique Léon se fait une place au soleil dans la hiérarchie des meilleurs vins de Chinon avec « une cuvée domaine » issue de sables et graviers d'une souplesse florale toujours d'une grande subtilité. Son clos-de-danzay situé sur un coteau argilo-calcaire à proximité de la confluence entre la Vienne et la Loire offre une expression océanique à la fois profonde et subtile.

- **Chinon 2020** | Sec | 2022>2027 | 8.8 € — 90
- **Clos de Danzay, Chinon 2020** | Sec | 2022>2032 | 12 € — 92

Henry et Jean-Sébastien Marionnet

★★★★☆

Henry Marionnet et son fils Jean-Sébastien brillent avec tous leurs vins. Le domaine fait la part belle aux cépages oubliés de Touraine (romorantin, gamay de Bouze), et aux cultures franches de pied de 150 ans (exceptionnelle collection vinifera). Il faut goûter d'urgence la cuvée issue de vinifications en macération peu soufrée (première-vendange). À la propriété, les Marionnet expliquent leurs cuvées avec sympathie et intelligence. Un domaine incontournable et inspirant.

- **Gamay de Bouze, Jardin de la France 2019** | Sec | 2022>2032 | 16.5 € — 93
- **Provignage, Jardin de la France 2019** | Sec | 2022>2040 | 72 € — 96
- **Renaissance, Touraine 2019** | Sec | 2022>2040 | 19 € — 94

Domaine du Clos Naudin

★★★★☆

Sur 12 hectares certifiés bio du clos Naudin, Vincent Foreau succède à son père Philippe, figure légendaire de la Loire. Les secs deviennent moins austères dans leur jeunesse et font apercevoir des finales vibrantes sur les zestes d'agrumes. Dans le temps, ils gagnent toujours en raffinement. Les moelleux sont fantastiques pour leur densité de texture, toujours soutenue par une juste tension. Adresse de très grands vins.

- **Réserve, Vouvray 2018** | Moelleux | 2022>2092 | 49 € — 97
- **La Réserve, Vouvray 2017** | Brut | 2022>2032 | 17.5 € — 91
- **Vouvray 2021** | Sec | 2027>2057 | 25 € — 92

Domaine de la Noblaie

★★★☆☆

À Chinon, Jérôme Billard est l'un des vignerons les plus doués de sa génération. Les millésimes récents confirment les progrès en matière de singularité des vins. Le-temps-des-cerises, gorgé de fruits, est un vin gourmand et de plaisir immédiat. Les blancs-manteaux, du nom du coteau calcaire, est une sélection parcellaire de vieilles vignes de 60 ans, au tannin soyeux réveillé par une fraîcheur crayeuse. Le chiens-chiens offre plénitude et harmonie. Des rapports qualité-prix évidents.

- **Les Blancs Manteaux, Chinon 2019** | Sec | 2023>2043 | 17.5 € — 93
- **Pierre de Tuf, Chinon 2019** | Sec | 2028>2050 | 21 € — 95
- **Les Chiens Chiens, Chinon 2020** | Sec | > | 16.5 € — 93

Xavier Weisskopf (domaine Le Rocher des Violettes).

Domaine de Pallus

★★★☆☆

Bertrand Sourdais est un biodynamiste qui a repris le domaine familial de 18 hectares, dont les cuvées s'imposent dans nos dégustations. Les cuvées parcellaires sont parmi les plus excitantes de l'appellation. Elles se révèlent amples, séduisantes et dotées d'une réelle profondeur et d'un bon potentiel. L'ensemble de la gamme gagne en raffinement.

- **La Croix Boissée, Chinon 2018** | Sec | 2024>2044 | 70 € — 92
- **La Rougerie, Chinon 2018** | Sec | 2024>2044 | 85 € — 93

Domaine Les Quatre Piliers

★★☆☆☆

Après avoir fait ses armes dans de grands domaines bourguignons et à l'étranger, le jeune Valentin Desloges a créé son domaine dans sa Touraine natale. 7 hectares qu'il convertit en bio, en coteau et en plateau, dans la région de Saint-Aignan. Les deux cuvées de sauvignon sont des modèles du genre et le pinot noir floral et pulpeux déjoue tous les codes. Le côt et le chenin sont à la hauteur. L'une des découvertes de l'année.

- **Au-desssus de Vitré, Touraine 2020** | Sec | 2023>2033 | 45 € — 91
- **Bel Air, Touraine 2020** | Sec | 2023>2030 | 45 € — 92

Domaine Olga Raffault

★★★☆☆

Entre Loire et Vienne, voilà un domaine certifié bio de 25 hectares bien conduit par Sylvie, la petite-fille d'Olga Raffault, et son époux Éric de la Vigerie. En entrée de gamme, les-barnabés a un style accessible au fruité croquant, les-peuilles enchante par son intensité et les-picasses par sa structure. La-singulière, élevée pour la garde, a besoin de plus de temps pour sourire. Nous sommes heureux du retour au premier plan de cette propriété mythique de Chinon.

- **Les Picasses, Chinon 2016** | Sec | > | 15 € — 93
- **La Singulière, Chinon 2015** | Sec | 2022>2035 | 19 € — 93

Domaine Le Rocher des Violettes

★★★☆☆

En culture bio, Xavier Weisskopf exploite 9 hectares en montlouis et 4 en appellation touraine. Ses terroirs sont plantés de vieilles vignes issues de sélections massales, ce qui favorise les cuvées de haut vol. Les blancs impressionnent par leur pureté, dans une appellation qui ne manque pas de talents. Un vigneron d'élite, parmi les meilleures adresses du secteur.

- **Touche-Mitaine, Montlouis-sur-Loire 2019** | Sec | 2022>2040 | 17 € — 92
- **Le Grand Clos, Montlouis-sur-Loire 2020** | Sec | 2022>2052 | 24 € — 94

Domaine de la Taille aux Loups

★★★★★

Ce domaine star compte 25 hectares de chenin au bord de la Loire et du Cher, dont cinq hectares à Vouvray. Jacky et Jean-Philippe Blot, exemplaires et attachants, signent des blancs droits et aériens. En montlouis-sur-Loire, forte impression devant la force minérale des-hauts-de-husseau et du brillant clos-mosny. Bretonnière continue d'étonner par son intensité et le clos-de-venise séduit par ses notes exotiques prisées des amateurs de grand chenin. Les derniers millésimes confirment le statut d'étoile de ce domaine à part. Grands 2019, grands 2020.

- **Clos de la Bretonnière, Vin de France 2020** | Sec | 2022>2045 | 28 € — 96
- **Clos de Mosny, Montlouis-sur-Loire 2020** | Sec | 2022>2050 | 25 € — 96
- **Les Hauts de Husseau, Montlouis-sur-Loire 2020** | Sec | 2022>2052 | 26 € — 98

Domaine Philippe Tessier

★★☆☆☆

Au cœur des appellations Cheverny et Cour-Cheverny, ce domaine familial de 26 hectares créé en 1961 par Roger Tessier et mis sur orbite par son fils Philippe n'a cessé de progresser avec un mode cultural bio dès la fin du siècle passé. Depuis 2020, c'est le petit-fils Simon qui poursuit la dynamique en produisant des vins en rouge comme en blanc, d'une grande probité, dotés de saines énergies bien en phase avec la gastronomie étoilée ligérienne.

- **Les Sables, Cour-Cheverny 2020** | Sec | 2022>2030 | 13 € — 92

Prov

Le vignoble du château Malherbe et le fort de Brégançon au loin.

ence

DANS LA COURSE AUX GRANDS VINS, LA PROVENCE N'A PAS DIT SON DERNIER MOT. APRÈS LE SUCCÈS PLANÉTAIRE DU ROSÉ, ROUGES ET BLANCS ARRIVENT À MARCHE FORCÉE. C'EST BIEN

PROMOTION DE L'ANNÉE

✪✪✪✪✪

CHÂTEAU DE PIBARNON

Une pause colorée *de Daniel Buren éclaire, tel un arc-en-ciel, les tables du restaurant de Francis Mallmann, célèbre chef argentin qui a fait un art de la cuisson de la viande.*

Le chai de Jean Nouvel. L'édifice imaginé par le grand architecte français, a été inauguré en 2008. Ses lignes pures en tôle d'acier forment deux bâtiments. L'un est réservé au tri manuel et au pressage, l'autre à l'embouteillage et au stockage. Aussi moderne à l'extérieur qu'à l'intérieur, il a été pensé pour tirer le meilleur du domaine.

LA COSTE, L'ÉDEN

DEUX-CENTS HECTARES SPECTACULAIRES,
LE VIN, L'ART ET L'ARCHITECTURE, LA GASTRONOMIE ET L'HOSPITALITÉ.
LES CRÉATEURS DE CE RÊVE SONT IRLANDAIS, PADDY MCKILLEN ET SA SŒUR TARA.
UNE MAISON EN PROVENCE, SON COURS D'EAU, SES PINS PARASOLS,
SES CYPRÈS, SES OLIVIERS ET SES MURS EN PIERRES SÈCHES.
L'ENDROIT EST NOTRE LIEU DE L'ANNÉE. IL A SON GÉNIE. IL SE LIT, SE REGARDE

PHOTOS ***MATHIEU GARÇON***
TEXTES ***MARIE-CHARLOTTE WAMBERGUE***

Un grand jardin de vignes

C'est un amphithéâtre naturel de 200 hectares qui regarde vers le nord et la vallée du Luberon, 125 y sont dédiés à la viticulture. Une mosaïque de terroirs, d'expositions, d'altitudes. Guillaume Vidal est responsable du vignoble. Il partage la partie œnologie avec Firmin Gimenez, le maître de chai. En place depuis trois ans, le duo a accéléré le développement de l'agroécologie, introduisant le viti-pastoralisme. Des moutons pâturent dans les vignes, le cheval travaille dans certaines parcelles. L'équipe suit aussi les principes de l'agroforesterie. Partout sur le domaine, on croise des bosquets d'arbres, d'arbustes et des oliviers.
Les vignes sont plantées sur des sols argilo-calcaires. La liste des cépages cultivés est longue. Pour les rouges, cabernet-sauvignon, grenache noir, syrah et cinsault. Pour les blancs, chardonnay, clairette, grenache blanc, vermentino, sauvignon et ugni blanc. Des rendements modérés, voire faibles, expliquent la volonté de signer des vins gastronomiques, respectant le lieu et le terroir. Les coteaux sont un atout. Ceux du bas avec leurs sols profonds donnent les vins gourmands de la gamme La Coste, acidulés, frais et fruités avec une belle longueur en bouche. Les terrasses intermédiaires produisent les gammes Château et Les Pentes Douces. Les raisins y sont plus solaires. Les vignes, au port semi-buissonnant, soumises au stress hydrique, apportent acidité, fraîcheur et une belle structure. Enfin, les sélections parcellaires des terrasses hautes, dont le sol est composé de roches volcaniques sillonnées par de nombreuses sources, donnent des vins aux tannins fins et élégants.
Tout est en bio certifié depuis 2008. Depuis peu, la biodynamie l'est aussi, par le label Demeter. Le domaine utilise du purin d'orties et des décoctions d'agrumes. Pour dynamiser les sols, on effectue des préparations. Celle dite "500", un concentré des micro-organismes de la bouse préparé pendant de longs mois dans de la corne de vache. Et la "501", solution à base de cristaux de silice qui permet au végétal de mieux capter la lumière et à la vigne de concentrer et réorienter sa sève vers son raisin.

Les courbes harmonieuses du chai imaginé par Jean Nouvel.

***Le Pavillon d'Oscar Niemeyer** L'architecte brésilien est tombé amoureux du domaine et plus précisément de cet endroit situé au cœur de ses vignes de vermentino. Il a imaginé entre 2010 et 2013, une construction légère toute de transparence qui reflète la beauté environnante. Ses lignes fluides et incurvées abritent un auditorium et un espace d'exposition très lumineux.*

Crouching Spider *de Louise Bourgeois. L'Araignée spectaculaire de Louise Bourgeois accueille les visiteurs du domaine. Ses longues pâtes s'agrippent au miroir d'eau qui borde l'Art Centre de Tadao Ando. L'artiste y voit une figure protectrice qui lui rappelle sa mère, tapissière de son état.*

Le vin avant le reste

Ici, l'idée n'est pas de faire du volume mais de la qualité. Des rosés, des rouges et des blancs de gastronomie. Les cuvées grand vin sont travaillées sur lies et peuvent se garder entre cinq et dix ans. Salinité, finesse et élégance. Le domaine produit 700 000 bouteilles vendues à parts quasi égales au domaine, en France et dans le monde. 200 000 bouteilles supplémentaires sont issues d'une activité de négoce. Une façon de créer un cercle vertueux avec les vignerons locaux.

Mathematical Model 012 Surface of Revolution With Constant Negative Curvature *de Hiroshi Sugimoto. Faisant face à l'Art Centre de Tadao Ando, cette œuvre aux courbes exponentielles révèle le concept abstrait de l'infini tiré d'une formule mathématique.*

L'art et la manière

Grands collectionneurs d'art, les McKillen ont fait appel aux plus grands artistes et architectes mondiaux en leur donnant carte blanche pour le sujet et l'emplacement de l'œuvre. Une seule contrainte, les créations doivent apporter du sens à leur environnement.

Aujourd'hui, une quarantaine d'œuvres majeures est exposée sur le domaine. Parmi les plus connues, le chai de Jean Nouvel, l'araignée de Louise Bourgeois, le pavillon de musique de Frank Gehry, où sont organisés des concerts. Tadao Ando y a signé de nombreuses réalisations dont le centre d'art et la chapelle. Jean-Michel Othoniel et ses verres de Murano éclairent les arbres centenaires. Richard Serra a ses murs, Ai Weiwei sa route de pavés issus du port autonome de Marseille. Ailleurs, Calder, Sophie Calle et d'autres. Dernier projet inauguré, un pavillon magnifique et lumineux dessiné par l'architecte brésilien Oscar Niemeyer. Il abritera un auditorium.

Cinq galeries d'art proposent de nombreuses expositions temporaires de photographes, de peintres, de sculpteurs. La dernière en date est celle des œuvres picturales de Bob Dylan. Deux boutiques, l'une dédiée au vin, l'autre à la vente d'œuvres d'art en série limitée. Sans relâche, Paddy et Tara enrichissent ce fantastique patrimoine. De nombreux projets sont en cours. Celui de Prune Nourry sera dévoilé en septembre 2022.

Drop de Tom Shannon
La sphère en acier de Tom Shannon est comme suspendue à quelques centimètres de la terre. Ses oscillations et la réflexion de la nature environnante captivent le regard et interrogent l'âme du visiteur.

Ces tables où l'on rêve

Cinq restaurants pour toutes les envies, tous les budgets, tout le monde. Quatre cuisines. Méditerranéenne, italienne, argentine, étoilée. Au cœur d'un espace chic et convivial se trouve le restaurant du chef argentin Francis Mallmann, réputé et célèbre pour son art de cuire les plus belles viandes sur braises. On se croit dans une hacienda en Amérique du Sud. La haute gastronomie française est à l'honneur avec Hélène Darroze. Sa table vient d'obtenir une étoile Michelin. La cheffe travaille les meilleurs produits de la région. Cuisine riche en légumes, fruits, herbes, fleurs pour certains issus du potager du domaine.

Ce luxe où l'on se love

Villa La Coste. Cachée dans les hauteurs du cirque. Vue magnifique sur la Provence, le domaine, ses trésors. Luxe des villas, suites, spa, piscine. Luxe du calme, de la vraie gentillesse du personnel, présent depuis de nombreuses années, du charme de la décoration épurée, moelleuse, parsemée d'œuvres d'art.

Château La Coste
2750, route de la Cride
13610 Le Puy-Sainte-Réparade
04 42 61 89 98
chateau-la-coste.com

LE BEAU SUD ET SES SOLEILS

LOIN DES CLICHÉS ET DES PISCINES, TOUT UN MONDE VIGNERON EST À LA CONQUÊTE DU MONDE. LE ROSÉ A DÉJÀ SON EMPIRE, LES AUTRES COULEURS SUIVENT

Domaine de l'Abbaye de Lérins

Saint-Honorat, île paisible baignée de lumière et classée Natura 2000, est un lieu où le fruit de barbarie se joint à la prière, où le vin est en perpétuelle renaissance. Il est habité depuis 1869 par les frères cisterciens, cet ordre religieux qui porte depuis des siècles le développement de la viticulture en France, et où l'excellence du travail de la terre s'y perpétue. Sur 8 hectares de vignes bordées par la mer, protégées par une bande de végétation haute, les cépages s'épanouissent dans un climat marin.

- **Saint-Sauveur, Méditerranée 2018** | Sec | 2024>2029 | 38 € — 92
- **Saint-Eucher, Méditerranée 2019** | Sec | 2024>2029 | 38 € — 90

Domaine du Bagnol

Rachetés en 1997 par la famille Genovesi et certifiés bio depuis 2014, les 17 hectares se situent en plein coeur du village de Cassis, avec vue sur la mer et le majestueux cap Canaille. Tout en restanques orientées sud-ouest, les parcelles bénéficient d'un terroir argilo-calcaire et de l'influence marine. Aujourd'hui, ce sont Sébastien et sa femme Lisa qui gèrent ce petit bijou viticole et vinifient, toujours sous l'œil de l'énergique Jean-Louis Genovesi, des cuvées goûteuses et généreuses.

- **Marquis de Fesques, Cassis 2019** | Sec | 2023>2027 | 16.85 € | ☘ — 91
- **Bagnol Blanc, Cassis 2021** | Sec | 2022>2025 | 10.25 € | ☘ — 90
- **Caganis, Cassis 2021** | Sec | 2022>2026 | 21 € — 91

Château Barbeyrolles

Régine Sumeire a acquis le château Barbeyrolles en 1977. Cette propriété de 12 hectares, située au pied de Gassin, proche de Saint-Tropez, est un lieu d'une beauté qui a inspiré de nombreux artistes. Sur ce terroir de schistes elle produit des vins tendus et fins, dans les trois couleurs. Dotée d'une curiosité sans faille, elle n'hésite jamais à se remettre en question.

- **Pétale de Rose, Côtes de Provence 2021** | Sec | 2022>2024 | 24 € | ☘ — 90
- **Blanc de Blancs, Côtes de Provence 2021** | Sec | 2022>2024 | 24 € | ☘ — 91
- **Noir et or, Côtes de Provence 2020** | Sec | 2024>2028 | 24 € | ☘ — 89

Domaine de la Bastide Blanche

Le domaine est mené de front par Michel Bronzo, soutenu par Stéphane Bourret, directeur technique et fin dégustateur. En quelques années, le domaine s'est rapproché au plus près des leaders historiques de l'appellation. La régularité et l'intensité de ses vins est le résultat d'efforts, de la vigne jusqu'au chai, combinés à la juste compréhension du terroir. La Bastide Blanche est installée sur des sols d'argile rouge où est réalisée la cuvée fontanéou, et d'argile caillouteuse pour la cuvée estagnol. Les vins ont un caractère posé, terrien, très ancré.

- **Fontanéou, Bandol 2015** | Sec | 2026>2045 | 70 € | ☘ — 95
- **Bandol 2019** | Sec | 2025>2040 | 21 € | ☘ — 91

Villa Baulieu

Ce clos de 10 hectares se situe au cœur du vignoble du Château Beaulieu. Véritable joyau avec sa demeure amoureusement restaurée par son propriétaire, Pierre Guénant, il possède également son propre chai. Depuis quelques années conseillé par Stéphane Derenoncourt, ce cru affiche l'une des progressions les plus fulgurantes de Provence. Cette villa, dans un style Renaissance provençale, possède un cadre idyllique. Elle y propose en plus de vins structurés et élégants, des chambres d'hôtes royales, au sens propre comme au figuré. Bérengère, la fille de Pierre, les dirige avec charme et en hiver, elle propose des week-ends truffiers avec le diamant noir de la propriété.

Domaine de la Bégude

Le terroir est composé de sols marneux et argileux, sur socle calcaire. Le cépage roi, le mourvèdre, a le don non seulement d'exprimer le caractère de son terroir, mais aussi celui de son vinificateur, les vins montrent un trait clairement bordelais, sophistiqué et bien élevé, sans pour autant trahir ce terroir splendide et sauvage, surplombant la Grande Bleue. Une adresse de très grands vins récemment devenue la propriété de Christian Roulleau, fondateur du groupe Samsic et déjà propriétaire du château Dauzac, cru classé de Margaux.

- **Bandol 2020** | Sec | 2022>2028 | 18 € | ☘ — 92
- **La Brulade, Bandol 2017** | Sec | 2024>2032 | 80 € | ☘ — 97
- **Thyrsus, Méditerranée 2021** | Sec | 2023>2027 | 25 € | ☘ — 91

Domaine des Bergeries de Haute-Provence

Dirigé par Jean-Luc Monteil, dégustateur averti, cette propriété est nichée entre les parcs naturels du Lubéron et du Verdon. La production dans les trois couleurs, issue d'une viticulture biologique et peu sulfitée, est très recommandable. Blancs et rosés, en IGP alpes de haute-provence nous ont enchantés. De nouveau une belle dégustation en 2022.

- **Via Domitia, Alpes-de-Haute-Provence 2021** | Sec | 2022>2025 | 10.96 € | ☘ — 89
- **Via Domitia, Alpes-de-Haute-Provence 2021** | Sec | 2022>2024 | 9.44 € | ☘ — 88
- **Les Bories, Alpes-de-Haute-Provence 202** | Sec | 2022>2025 | 8.22 € | ☘ — 90

Château des Bormettes

Situé à peine à 900 mètres de la mer, ce domaine familial de près de 80 hectares vendait toute sa production en vrac jusqu'à l'arrivée en 2012 de Yannick Burles, en tant que directeur technique. La majeure partie de la production est mise en bouteille au domaine, de belles cuvées naissent et d'année en année les vins progressent admirablement. La vigne est restructurée avec soin, ce qui présage un bel avenir à cette étoile montante de l'appellation La Londe qui participe désormais à la dynamique des vins de cette commune au potentiel indéniable.

- **Instinct Parcellaire, Côtes de Provence 2018** | Sec | 2024>2029 | NC — 90

Clos de Caille

Le millésime 2021 marque la renaissance de ce domaine, après le travail mené par la famille Mariotti, représentée aujourd'hui par Mathieu, en charge de ce domaine de 30 hectares situé au cœur de l'appellation côtes-de-provence. Toute la gamme nous a beaucoup impressionné. On apprécie l'intensité et la grande vinosité des rosés qui y sont produits. Assurément le domaine à suivre.

- **Clarisse, Côtes de Provence 2021** | Sec | 2023>2028 | 50 € — 94
- **Côtes de Provence 2021** | Sec | 2022>2026 | 19.5 € — 92
- **Côtes de Provence 2021** | Sec | 2022>2026 | 22 € — 91
- **Anomis, Côtes de Provence 2021** | Sec | 2022>2025 | 13.5 € — 88

Château Calissanne

★★☆☆☆

Calissanne est installé à Lançon-de-Provence. Très grande propriété provençale s'étendant sur 1100 hectares, dont 110 de vignes et 60 en oliviers, elle forme une aire culturale d'un seul tenant, exposée plein sud. Le terroir est constitué de sols bruns, caillouteux et filtrants, sur colluvions calcaires urgoniens, très bien adaptés à la culture de la vigne et de l'olivier. Plantés sur des coteaux en pente douce et sur 25 parcelles, 11 cépages participent à l'élaboration des vins de Calissannne. L'histoire raconte volontiers que les fameux calissons d'Aix, gourmandise à base de pâte d'amandes, ainsi nommés, ont pour origine un coteau de Calissanne jadis planté d'amandiers.

- Clos Victoire, Coteaux d'Aix-en-Provence 2021 | Sec | 2022>2024 | NC — 89
- Clos Victoire, Coteaux d'Aix-en-Provence 2020 | Sec | 2023>2028 | NC — 91
- Clos Victoire, Coteaux d'Aix-en-Provence 2021 | Sec | 2022>2024 | NC — 90

Château Carpe Diem

★★☆☆☆

En agriculture biologique, ce domaine situé à mi-chemin entre les gorges du Verdon et la mer Méditerranée, est composé d'une trentaine d'hectares en appellation côtes-de-provence et coteaux-varois. Depuis le beau village de Cotignac, il signe des vins élégants, lisibles et digestes qui ne manquent jamais de fond. C'est une belle adresse à découvrir au cœur de la Provence verte.

- Castille, Coteaux Varois en Provence 2021 | Sec | 2022>2025 | 15.5 € | ☘ — 90

Clos Cibonne

★★★☆☆

Haut lieu du tibouren, cépage autochtone magnifique mais difficile à cultiver, ce terroir confère à leurs vins une expression totalement unique dans le paysage viticole provençal. La cuvée olivier, en appellation Côtes de Provence, est une des plus belles expressions de rouge que l'on a rencontrée. À elle seule, elle confirme à quel point le potentiel du terroir de Provence pour produire de grands rouges est aujourd'hui sous-exploité. On aimerait plus de merveilles vermeilles comme celle-là.

- Cuvée Prestige Caroline, Côtes de Provence 2020 | Sec | 2022>2027 | 25 € | ☘ — 92
- Cuvée Spéciale Tibouren, Côtes de Provence 2021 | Sec | 2024>2032 | 22 € | ☘ — 91
- Château Cibon Marius, Côtes de Provence 2018 | Sec | 2024>2030 | 35 € | ☘ — 93

Domaine de la Courtade

★★☆☆☆

La Courtade, un des trois domaines de la magnifique île de Porquerolles, a été rachetée en 2014 par Édouard Carmignac, gérant du fond de gestion éponyme et grand collectionneur d'art. Espérons que très prochainement le vin bénéficiera de la même attention que Monsieur Carmignac porte à son art. Le terroir le mérite. Nous notons cette années de nombreux progrès dans la définition des vins présentés, plus intenses et denses que par le passé.

- Côtes de Provence 2020 | Sec | 2023>2030 | 30 € — 91
- Côtes de Provence 2021 | Sec | 2022>2026 | 28 € — 90
- Les Terrasses de la Courtade, Côtes de Provence 2020 | Sec | 2022>2024 | 18 € — 87

Château de Crémat

★★☆☆☆

La bâtisse se voit de loin. À 10 minutes de la baie des Anges, c'est un château-fort construit au début du XXe siècle, dans le style des folies architecturales que l'on peut trouver sur la région de Nice. La propriété de 7,5 hectares a été reprise en 2017 par Daniel Derichebourg. A la vigne, les cépages autochtones, braquet et folle noire, dévalent des parcelles organisées en terrasses. Les installations techniques, très modernes et vastes, font partie des plus impressionnantes de l'appellation. Dans leur jeunesse, les vins sont souvent un peu fermés, mais un peu de patience et de vieillissement les sortent de leur réserve.

- Bellet 2019 | Sec | 2024>2032 | NC — 92
- Mademoiselle, Bellet 2021 | Sec | 2022>2025 | NC — 90

Mas de la Dame

★★☆☆☆

Au cœur d'un paysage magnifique situé sur le versant sud des Alpilles, ce domaine familial de 300 hectares, dont 52 hectares de vignes et 28 hectares d'oliviers, possède des sols drainants parfaits pour la viticulture. Aujourd'hui dirigé par deux sœurs, Caroline Missoffe et Anne Poniatowski, dont la première est l'actuelle et la très dynamique présidente de l'appellation, les vins du domaine s'imposent comme une des plus belles expressions des baux-de-provence. Gourmands, ils allient corps et légèreté avec beaucoup d'élégance.

- Coin Caché, Les Baux-de-Provence 2020 | Sec | 2024>2032 | 24 € | ☘ — 90
- Coin Caché, Alpilles 2020 | Sec | 2022>2026 | 24 € | ☘ — 89

Château d'Esclans

★★☆☆☆

Ce domaine appartient depuis 2006 à Sacha Lichine, l'ancien propriétaire du château Prieuré-Lichine à Margaux. Il l'a largement repris en main pour vinifier, avec l'aide de Patrick Léon (ex-Mouton-Rothschild), des vins de grande définition grâce à un équipement de pointe. Leur cuvée garrus est probablement le rosé de Provence le plus cher du marché.

- Whispering Angels, Côtes de Provence 2021 | Sec | 2022>2025 | 20 € — 90
- Les Clans, Côtes de Provence 2020 | Sec | 2022>2025 | NC — 92
- Garrus, Côtes de Provence 2020 | Sec | 2022>2027 | NC — 95

Château d'Estoublon

★★★☆☆

Acquise par Stéphane Courbit et le couple Sarkozy, cette belle propriété continue sa marche en avant, réalisant de nombreux progrès qualitatifs. La diversité des sols argileux et calcaires permet aux vins d'avoir une structure de belle complexité. En plus de leur activité viticole, le domaine dispose d'une grande oliveraie et, chose rare, de son propre moulin à huile leur permettant, de produire d'excellentes huiles d'olive. Superbe dégustation cette année.

- Les Baux-de-Provence 2018 | Sec | 2024>2032 | 25.5 € | ☘ — 91
- Domaine d'Estoublon, Alpilles 2018 | Sec | 2022>2025 | 22 € — 88
- Roseblood, Portes de Méditerranée 2021 | Sec | 2022>2026 | 16.5 € — 90

Domaine de la Font des Pères

★★★☆☆

Planté en 1980 et racheté en 2010 par Caroline et Philippe Chauvin, ce vignoble de 15 hectares, dont huit en bandol, se situe à flanc de colline et s'organise tout en restanques. Orienté nord, dévalant une pente assez raide, le vignoble est en train de renaître de ses cendres. Avec la construction d'un très beau chai, parfaitement intégré dans le paysage, et l'ouverture d'une ferme auberge qui offre un bel éventail de produits issus de leur propre production, le domaine prend très à cœur la notion d'accueil et de terroir.

- Bandol 2019 | Sec | 2022>2026 | 35 € — 92
- Bandol 2019 | Sec | 2024>2032 | 30 € — 93

Domaine de Frégate

★★☆☆☆

Ce domaine familial de 33 hectares, situé à Saint-Cyr-sur-Mer, a été fondé en 1892 sur les terres familiales du Marquis Bernard de Pissy. Initialement en polyculture, le domaine compte aujourd'hui exclusivement de la vigne. Antonin, cinquième génération, s'implique avec passion dans la conduite de cette très jolie propriété qui entoure un des plus beaux parcours de golf du monde, celui de Dolce Frégate. Les vins progressent depuis plusieurs millésimes et font désormais parti des valeurs sûres de l'appellation.

- Bandol 2021 | Sec | 2022>2030 | 14.5 € — 90
- Bandol 2016 | Sec | 2022>2026 | 14 € — 90
- Bandol 2018 | Sec | 2025>2035 | 16 € — 91

Château du Galoupet

★★☆☆☆

Cru classé de Provence, les raisins de Galoupet sont léchés par les embruns marins. Ce vignoble historique de Provence se situe en effet face à la mer, s'étendant sur presque 170 hectares de terres et de forêts, dont 68 de vignes. Bordé d'une luxuriante flore méditerranéenne, il tutoie l'île de Porquerolles et le fort de Brégançon. Le terroir de roches métamorphiques accueille un encépagement varié : grenache, mourvèdre, cinsault, syrah, tibouren, rolle, sémillon, chardonnay, cabernet, caladoc et carignan s'épanouissent dans ce coin d'une exceptionnelle beauté. Acquis en 2019 par Bernard Arnault, un nouveau chapitre s'ouvre pour ce domaine et le secteur de La Londe.

- Côtes de Provence 2021 | Sec | 2022>2026 | 55 € — 91
- Galoupet Nomade, Côtes de Provence 2021 | Sec | 2022>2023 | 25 € — 88

Château Gasqui

★★★☆☆

François Miglio est un homme engagé. Régisseur du domaine depuis 1990, il a œuvré à la réhabilitation de ce lieu magique, situé au cœur de la Provence verte à plus de 300 mètres d'altitude dans une zone naturelle privilégiée classée Natura 2000. La vigne, travaillée avec le cœur et en biodynamie, s'insère ainsi respectueusement dans cette aire de diversité unique. L'intelligence de cette cohabitation, dont d'autres vignerons actifs dans cette même zone pourront bien s'inspirer, permet de produire des vins de caractère, entiers, juteux et harmonieux, qui vieillissent admirablement bien. Une adresse incontournable.

- Grande Réserve, Côtes de Provence 2015 | Sec | 2024>2030 | 26 € | 89
- Roche d'Enfer !, Côtes de Provence 2015 | Sec | 2022>2026 | 14 € | 87

Château Gassier

Acquis en 1982 par la famille Gassier, cette propriété compte aujourd'hui 40 hectares. En 2004, le rapprochement avec Advini (important acteur du vin) permet de sceller une collaboration efficace. En partenariat avec le baron Georges Gassier, Olivier Souvelain en assure la direction. Ne produisant que du rosé, dont l'emblématique 946, la propriété travaille également en partenariat avec les autres domaines d'Advini qui se situent sur le même secteur. Parallèlement, l'activité oenotouristique se développe, avec notamment un parcours exemplaire permettant la découverte de la biodiversité dans la vigne.

- 946, Côtes de Provence 2021 | Sec | 2022>2025 | 36 € | 88
- Le Pas du Moine, Côtes de Provence Sainte-Victoire 2021 | Sec | 2022>2023 | 15.9 € | 87

Domaine Gavoty

Aujourd'hui, ce sont Roselyne Gavoty et son mari Hervé qui mènent la vigne à la baguette. La cinquantaine d'hectares de vignes est entourée de 150 hectares de bois. Bordée de collines, de chênes et de pins, avec ses sols caillouteux, c'est un véritable écrin sauvage. Le climat, plus frais que sur la côte, permet d'élaborer des vins rouges d'une grande finesse, des blancs tout comme des rosés de grande garde. Actuellement en conversion bio, Roselyne continue sa recherche pour une expression toujours plus juste et plus proche de son terroir. L'accueil à la propriété est toujours aussi délicieux et les vins s'imposent, d'année en année, comme une des expressions les plus abouties de la Provence.

- Clarendon, Côtes de Provence 2021 | Sec | 2022>2024 | 18.5 € | 90
- Clarendon, Côtes de Provence 2021 | Sec | 2022>2026 | 22 € | 92
- Storia, Côtes de Provence 2020 | Sec | 2023>2030 | 17 € | 91

Domaine de la Grande Bauquière

Dorothée Salat dirige avec talent ce domaine de 70 hectares d'un seul tenant, niché au pied de la montagne Sainte-Victoire. La priorité a été donnée à la connaissance des terroirs et à la restructuration des sols : travaux de drainage, plantation de cépages adaptés et de qualité. Chaque parcelle est traitée et vendangée à son optimum de maturité et vinifiée séparément. Une belle propriété et de l'ambition pour les vins. Bravo.

- Moment Suspendu, Côtes de Provence 2021 | Sec | 2022>2024 | NC | 90

Domaine du Gros'Noré

Après avoir fait ses classes à Romassan et à Pibarnon, Alain Pascal (fils d'Honoré, surnommé le gros Noré pour son imposante stature) exploite dorénavant 17 hectares sur la Cadière-d'Azur. Il a longtemps recherché à construire des rouges puissants. Peu de domaines ont su évoluer aussi bien et aussi vite, nous saluons cette intelligence servie par un étonnant sens du produit. La progression du domaine continue et se construit sur le long terme. Les vins évoluent naturellement bien et prennent de la profondeur au vieillissement. Un incontournable de Bandol.

Domaine Hauvette

C'est l'un des domaines les plus entiers et sincères de la Provence. Dominique Hauvette dompte la vigne comme elle dompte ses 40 chevaux : avec patience et sensibilité. Depuis 2003, le vignoble de 17 hectares est cultivé selon les principes de la biodynamie, avec de petits rendements et au plus proche de son terroir. Ici pas d'artifices, mais une réflexion loin des considérations commerciales. La vinification se fait avec douceur, souvent en œuf béton et toujours en levures indigènes, pour faire parler le raisin plutôt que la main de l'homme. Des vins superbes, vivants et vibrants quelle que soit la cuvée choisie.

- Dolia, Alpilles 2016 | Sec | 2022>2026 | 40 € | 94
- Cornaline, Les Baux-de-Provence 2017 | Sec | 2024>2032 | 38 € | 93
- Améthyste, Alpilles 2020 | Sec | 2025>2035 | 70 € | 95

Domaine de l'Île

Des trois exploitations viticoles de l'île de Porquerolles, le domaine de l'île est certes le plus ancien mais également le plus discret. Les failles verticales du sol, reliées à la terre ferme, permettent aux ceps de puiser l'eau douce en profondeur et de résister ainsi à la chaleur estivale. On y produit des vins qui sont comme l'île : singuliers et de toute beauté. Ce beau domaine est la propriété de la famille Wertheimer, par ailleurs propriétaire des châteaux Rauzan-Ségla et Canon à Bordeaux. La gestion a été confiée au talentueux Nicolas Audebert qui y signe de jolis vins, énergiques et frais.

- Côtes de Provence 2021 | Sec | 2022>2024 | 30 € | 91
- Côtes de Provence 2021 | Sec | 2022>2024 | 20 € | 92

Château La Coste

Ce lieu vaste et somptueux, propriété de l'irlandais Patrick McKillen, se compose de forêts, d'oliveraies et de 125 hectares de vignes. Le paysage idyllique abrite non seulement une bastide de style vénitien érigée en 1682, mais aussi un tout nouveau chai conçu par Jean Nouvel, depuis 2011 d'un centre d'art, et pour couronner le tout depuis 2017 d'un magnifique hôtel de luxe intimiste. Ajoutant à cela 5 restaurants, dont l'étoilé Louison de Gerald Passeda, on comprend que l'on pourrait y passer aisément une journée entière, à naviguer entre vigne, art et gastronomie.

- Grand Vin, Coteaux d'Aix-en-Provence 2020 | Sec | 2024>2030 | NC | 92
- Grand Vin, Coteaux d'Aix-en-Provence 2021 | Sec | 2022>2025 | NC | 91
- Coteaux d'Aix-en-Provence 2021 | Sec | 2022>2023 | 9.2 € | 90
- Grand Vin, Coteaux d'Aix-en-Provence 2021 | Sec | 2022>2023 | 12.3 € | 92

Château La Gordonne

La Gordonne appartient à Paul-François Vranken, propriétaire par ailleurs du groupe de Champagne éponyme ainsi que des Grands Domaines du Littoral. La Gordonne couvre presque 300 hectares et compte parmi les domaines les plus étendus de Provence. Situé au coeur du terroir de Pierrefeu, différents type de sols et de microclimats permettent de varier entre les styles de vins produits dont la production se concentre quasi exclusivement au rosé, représentant 90 % du vin mis en bouteille. Sur les 220 hectares de vignes, 100 sont déjà certifiés bio, les 120 hectares restants sont en conversion. Entourés de 80 hectares de bois classés, le paysage varie et offre de beaux points de vues sur les environs. D'ailleurs, pendant la belle saison, sont organisées des balades gourmandes, une bonne façon de découvrir l'appellation et le travail effectué au domaine.

- Le Cirque des Grives, Côtes de Provence 2019 | Sec | 2022>2026 | 63 € | 91
- La Chapelle, Côtes de Provence 2021 | Sec | 2022>2026 | NC | 92

Domaine La Suffrène

Le sympathique Cédric Gravier gère ce domaine familial depuis 1996 avec beaucoup d'ouverture d'esprit et un sens inné de l'accueil. Avec lui vient un grand changement, et les raisins jusque-là apportés à la coopérative seront vinifiés au domaine. Cette renaissance a notamment pu se faire grâce à son grand-père, connaissant chaque cep de vigne sur le bout des doigts. Aujourd'hui, le domaine s'étend sur près de 60 hectares et Cédric a entamé en 2017 sa conversion en bio. Situé à l'ouest de l'appellation, sur un sol majoritairement argilo-calcaire, le domaine au nombre varié de parcelles assure la diversité d'expression du mourvèdre, cépage phare de Bandol, dont la proportion de vieilles vignes atteint ici les 90 %.

Château La Tour de l'Évêque

Ici, c'est le royaume de Régine Sumeire, une femme au caractère bien trempé, qui se bat à juste titre pour la reconnaissance des grands rouges de Provence. Avec énergie, elle administre ce domaine très qualitatif de 89 hectares d'un seul tenant, situé sur le terroir de Pierrefeu. Également propriétaire du château Barbeyrolles, proche de Saint-Tropez, elle aime la diversité des expressions qu'elle obtient de ses deux terroirs de schiste, à la fois similaires et très différents. Vins plaisants pour leur énergie et leur rondeur.

- Côtes de Provence 2016 | Sec | 2022>2025 | 18 € | ☘ 91
- Blanc de Blancs, Côtes de Provence 2021 | Sec | 2022>2024 | 18 € | ☘ 91
- Pétale de Rose, Côtes de Provence 2021 | Sec | 2022>2024 | 17.5 € | ☘ 89

Château Léoube

★★☆☆☆

Sur les rivages schisteux de la Grande Bleue, depuis 1998 le château est la très vaste propriété (560 hectares d'un seul tenant, dont 70 de vignes et 22 d'oliviers) du britannique Sir Anthony Bamford. Un ambitieux programme de remise en état des parcelles et de plantation a été lancé, et depuis 2000 la vinification est confiée à Romain Ott. Ce site enchanteur avec vue sur la mer bénéficie pleinement d'un microclimat ensoleillé, modéré par les brises marines. Certifiée bio depuis 2011, la vigne est travaillée en fonction des rigueurs du climat contrasté du sud. Si l'ensemble des parcelles est vendangé à la main, au chai tout un programme a été mis en place pour préserver au maximum le raisin.

- Secret de Léoube, Côtes de Provence 2021 | Sec | 2022>2026 | 26 € | ☘ 91
- Rosé de Léoube, Côtes de Provence 2021 | Sec | 2022>2025 | 20 € | ☘ 89
- Love by Léoube, Côtes de Provence 2021 | Sec | 2022>2024 | 8 € | ☘ 87

Château Les Valentines

★☆☆☆☆

Située à la Londe-les-Maures, entre Toulon et Saint-Tropez, la vigne du château, entourée de pinède, s'étend sur 45 hectares, dont 40 de vignes. Repris en 1997 par Gilles Pons, le domaine a été entièrement converti en viticulture biologique en 2008. La vigne, organisée en terrasses plus ou moins grandes, s'oriente plein sud et profite de l'effet venturi créé par la mer, c'est à dire d'un vent léger et frais qui souffle à certaines heures de la journée, même en plein été. Deux terroirs différents permettent de jouer la complémentarité, aussi bien à la vigne qu'au chai : les parcelles du bas s'enracinent dans un sol d'argiles rouges, celles du haut dans un sol composé de schistes et micaschistes.

- Grand Huit, Côtes de Provence La Londe 2021 | Sec | 2022>2023 | 19.9 € | ☘ 86
- Bagnard, Côtes de Provence La Londe 2013 | Sec | 2022>2025 | 24.9 € | ☘ 90

Domaine Longue Tubi

★★☆☆☆

Une propriété encore jeune sur l'échiquier provençal, puisque le premier millésime ici est 2013. Catarina et François Buisine sont aux commandes et la longue expérience de François en tant qu'ingénieur agronome est un atout indéniable. Certifié bio depuis 2015, le domaine a du potentiel et continuera certainement à progresser dans les millésimes à venir. Belle progression récompensée d'une étoile supplémentaire.

- Côtes de Provence 2021 | Sec | 2022>2026 | 13.5 € | ☘ 89
- Côtes de Provence 2021 | Sec | 2022>2025 | 13.5 € | ☘ 90
- Plaisir, Maures 2021 | Sec | 2022>2024 | 11.5 € | ☘ 86

Château Maïme

★★☆☆☆

Le domaine, créé en 1998 par la famille Sibran Garcia, s'étend aujourd'hui sur 40 hectares au coeur même de l'appellation Côtes de Provence. Installé au pied du massif des Maures, en bordure sud de la célèbre voie Aurélienne, il est riche en vestiges archéologiques et religieux. Son nom « Maïme », qui signifie « Maxime » en Provençal, a été inspiré par la Chapelle attenante dédiée à Saint-Maxime.

- Héritage, Côtes de Provence 2021 | Sec | 2022>2024 | NC 90
- Origine, Côtes de Provence 2021 | Sec | 2022>2024 | NC 88

Château Malherbe

★★★☆☆

Depuis 2007, Sébastien Ferrari gère avec exigence ce domaine viticole idéalement situé entre la mer et le massif des Maures. Les vignes sont cultivées avec soin et avec le millésime 2013, Malherbe est passée à l'agriculture biologique. Les vins sont produits à partir de deux terroirs distincts : la pointe-du-diable, en front de mer et constitué de limons anciens chargés de quartz, et malherbe, au pied du cap Bénat, une des pointes argilo-schisteuses situées la plus au sud du massif des Maures. Le style des différentes cuvées met l'accent sur la buvabilité et toutes feront merveille à table. Spectaculaire progression ces derniers millésimes. Les vins sont à classer parmi l'élite de la Provence.

- Pointe du Diable, Côtes de Provence 2021 | Sec | 2022>2024 | 18 € | ☘ 89
- Pointe du Diable, Côtes de Provence 2021 | Sec | 2022>2025 | 18 € | ☘ 90
- Grand Blanc, Côtes de Provence 2020 | Sec | 2022>2026 | 49 € | ☘ 95
- Grand Rosé, Coteaux Varois en Provence 2020 | Sec | 2022>2028 | 49 € | ☘ 94

Domaine Marie Bérénice

★★☆☆☆

Damien Roux commence à imposer sa patte dans l'appellation. Sur ses 12 hectares de vignes, dont une partie en restanques, il vinifie dans son chai de poupée des cuvées qui s'affirment d'année en année. Si l'homme très discret n'aime pas trop se mettre en avant, ses vins le font désormais pour lui.

- Marie Bérénice, Bandol 2020 | Sec | 2024>2032 | 20 € | ☘ 92
- Marie Bérénice, Bandol 2021 | Sec | 2022>2026 | 18 € | ☘ 91
- Marie Bérénice, Bandol 2021 | Sec | 2022>2026 | 16 € | ☘ 90

Domaine de Métifiot

★★☆☆☆

Au cœur des Alpilles, situé à Saint Rémy de Provence, ce beau domaine familial qui cultive de la vigne et des oliviers, produit une gamme de vins fruités et plaisants. Une viticulture soignée (en bio) et une bonne lecture du terroir, le seul sur le versant nord de l'appellation, témoignent de l'engagement de la famille Bateman. Une belle adresse qu'il faut suivre de près.

- Les Essentiels, Alpilles 2021 | Sec | 2023>2026 | 14 € | ☘ 90
- M by Metifiot, Alpilles 2021 | Sec | 2022>2024 | 10 € | ☘ 88
- Domaine, Les Baux-de-Provence 2021 | Sec | 2022>2024 | 23 € | ☘ 90

Villa Minna Vineyard

★★★☆☆

Entre Aix et Salon-de-Provence, ce domaine de 15 hectares est situé dans un vallon étroit bordé de verdure. Le vignoble profite d'une double exposition nord-sud, et le terroir se caractérise par de la roche calcaire contenant de nombreux fossiles marins. Un travail de longue haleine selon les principes de la viticulture biologique a permis au sol de recouvrer une dynamique, permettant aujourd'hui la production de vins dont la constance de qualité traverse toutes les couleurs.

- Minna, Bouches-du-Rhône 2019 | Sec | 2022>2025 | 25 € | ☘ 89
- Minna, Bouches-du-Rhône 2015 | Sec | 2022>2030 | 25 € | ☘ 90

Château Minuty

★★★☆☆

Les vicissitudes de l'histoire avaient presque anéanti cette vigne qui couvrait la presqu'île de Saint-Tropez il y a plus d'un siècle. Heureusement la famille Matton racheta le foncier en 1936, puis reconstitua le vignoble. Remarquablement bien exposés sur les coteaux des villages de Gassin et de Ramatuelle, dominant le golfe de Saint-Tropez, les 160 hectares produisent des vins qui s'exportent dans le monde entier. L'arrivée de la nouvelle génération au domaine devrait permettre de pérenniser l'esprit Minuty.

- Prestige, Côtes de Provence 2021 | Sec | 2022>2024 | 17 € 91
- Rose et Or, Côtes de Provence 2021 | Sec | 2022>2025 | 24 € 92
- M, Côtes de Provence 2021 | Sec | 2022>2024 | 13 € 89
- 281, Côtes de Provence 2021 | Sec | 2022>2026 | 45 € 93

Château de Miraval

★★☆☆☆

Le domaine de Brad Pitt est un des moteurs du boom des rosés aux USA. Ils ont su s'entourer de la gestion avisée des Perrin (propriétaires de Beaucastel) pour gérer leur domaine de près de 700 hectares, dont 60 de vigne. Le vallon protégé offre des expositions différentes à la vigne, plantée en parcelles et restanques à une altitude moyenne de 400 mètres. Pouvant appartenir à la fois aux côtes-de-provence et aux coteaux-varois-en-provence, les vins sont bien vinifiés et surfent sur la vague pure et cristalline.

- Coteaux Varois en Provence 2021 | Sec | 2022>2025 | 20 € 92
- Côtes de Provence 2021 | Sec | 2022>2024 | 20 € 91

Domaines Ott

★★★★☆

Grande famille du vin provençal, les Ott se lancent dans la viticulture en acquérant le château de Selle en 1912, le clos Mireille en 1930 et le domaine Romassan en 1956. Reprise par le groupe Roederer en 2004, l'activité viticole se poursuit sous la houlette de Christian et Jean-François, les cousins Ott, preuve que la famille reste très impliquée et est d'ailleurs toujours actionnaire. Les plus belles cuvées sont toutes rosées et restent, avec une régularité admirable, parmi les plus réussies de la Provence.

- Château Romassan, Bandol 2018 | Sec | 2024>2030 | NC 90
- Château de Selle, Côtes de Provence 2019 | Sec | 2024>2030 | 28 € 89

Clos de l'Ours

★★☆☆☆

Le vignoble de 13 hectares, certifié bio depuis 2000, se situe sur un terroir argilo-calcaire bien drainé, bordé par un cirque de pins et de chênes. La situation géographique proche de Cotignac confère à ce terroir une climatologie plus fraîche, aux amplitudes thermiques plus importantes que sur la côte. Essentiellement composé de vignes âgées de 40 à 70 ans, ce qui devient une rareté dans ce secteur largement dominé par la production de rosé, le vignoble réunit les cépages classiques de la Provence.

- Milia, Côtes de Provence 2020 | Sec | 2024>2028 | 21 € | 90
- Le Chemin, Côtes de Provence 2020 | Sec | 2023>2028 | 24 € | 88

Commanderie de Peyrassol

★★★☆☆

Fondé en 1204 par les Templiers, Peyrassol est un lieu magique. Acquis en 1789 par la famille Rigord, les vins se font un nom et comptent régulièrement parmi les meilleurs de Provence. Obligé de vendre en 2001, Philippe Austruy acquiert ces 1000 hectares de forêts et 100 de vignes. Il rénove les bâtisses avec passion et implication, transformant notamment le jardin en musée à ciel ouvert. La vigne s'y épanouit dans un amphithéâtre naturel, organisé en restanques. Les vins trouvent progressivement leur rythme, et l'arrivée de Stéphane Derenoncourt comme consultant, ajoutée à la modernisation du chai, a permis de franchir un nouveau cap.

- Clos de Peyrassol, Côtes de Provence 2021 | Sec | 2022>2027 | 33 € | 92
- Château Peyrassol, Côtes de Provence 2019 | Sec | 2024>2029 | 24.4 € | 90
- Les Commandeurs, Côtes de Provence 2021 | Sec | 2022>2026 | 14.7 € | 89

Château de Pibarnon

★★★★★

Installé à 300 mètres d'altitude dans un vaste amphithéâtre orienté vers la mer, ce domaine mythique de 60 hectares est aujourd'hui géré avec talent par Éric de Saint-Victor. C'est de cette vue extraordinaire qu'Henri et Catherine de Saint-Victor sont tombés amoureux, il y a près de 30 ans. Le terroir, un des plus beaux de Bandol, est composé d'une forte proportion de calcaire issu du Trias, combiné aux marnes bleues telles qu'on les trouve au château d'Yquem. Les vins sont dotés d'une précision et d'une grande finesse, moins opulents et plus sur la réserve, miroirs parfaits de leur terroir. Malgré leur grande buvabilité et facilité d'approche dans leur jeunesse, ce sont pourtant de grands vins de garde qui ajouteront à leur palette un nuancier complexe au fil du temps. Tout est grand.

- Bandol 2021 | Sec | 2022>2025 | 29 € | 91
- Bandol 2018 | Sec | 2025>2035 | 37 € | 96
- Bandol 2021 | Sec | 2023>2030 | 23 € | 94
- Nuances, Bandol 2019 | Sec | 2024>2032 | 30 € | 94

Château Pradeaux

★★★☆☆

Ce domaine, une des figures de proue de l'appellation, appartient depuis 1752 à la famille Portalis. La propriété de 18 hectares produit majoritairement du rouge et le mourvèdre y est prédominant. La nouvelle génération modernise le domaine petit à petit et fait évoluer le style des vins par petites touches. Les rouges démarrent dans la vie sous des phases souvent austères, mais nombre de vieux millésimes prennent des allures étonnantes de très grands bordeaux. Ils comptent parmi les grands classiques incontournables de Bandol.

- Le Lys, Bandol 2018 | Sec | 2023>2027 | 17.5 € | 89
- Bandol 2017 | Sec | 2026>2036 | 29.5 € | 92

Château Revelette

★★★☆☆

De millésime en millésime, Revelette s'affirme comme un grand cru de Provence. Caché dans une vallée sur la face nord de la montagne Sainte-Victoire, Peter Fischer conduit le domaine depuis le milieu des années 1980 avec un mode cultural qui se veut le plus naturel possible. Entourées de forêts, les parcelles se situent dans un écrin sauvage et se transforment au printemps en une vaste prairie de fleurs. Cette passion pour le vivant se retrouve jusque dans le verre, avec des vins fins et justes.

- Coteaux d'Aix-en-Provence 2020 | Sec | 2022>2025 | 15 € | 88
- Le Grand Rouge, Méditerranée 2019 | Sec | 2023>2028 | 31 € | 92
- Pur, Vin de France 2021 | Sec | 2022>2024 | 19.5 € | 89

Domaine Richeaume

★★★☆☆

Situé au pied de la montagne Sainte-Victoire, le domaine appartient à la famille Hoesch depuis 1972. Hans Hoesch, historien de formation mais ayant grandi sur une ferme, ne cherchait initialement pas à faire du vin, mais ensorcelé par ce lieu de toute beauté, il a fini par succomber à l'appel de la vigne. Dès le départ il la cultive en bio afin de préserver l'écosystème de ce coin enchanteur. Depuis un an, ils testent également la biodynamie sur l'ensemble du domaine. Construits sur les bases d'une ancienne villa romaine, la maison et le chai se fondent dans l'environnement. Les vins impressionnent tant par leur potentiel de garde que par leur pureté d'expression.

- Tradition, Méditerranée 2021 | Sec | 2022>2025 | 20 € | 89
- Columelle, Méditerranée 2018 | Sec | 2025>2035 | 40 € | 93
- Grenache, Méditerranée 2020 | Sec | 2023>2030 | 25 € | 89

Domaine de Rimauresq

★★☆☆☆

Cru classé de Provence, situé sur les contreforts nord du massif des Maures, il est en train de se refaire une beauté après un long moment de solitude sous le propriétaire précédent. Racheté en 1988 par l'écossais Monsieur Wemyss, des efforts ont été réalisés pour améliorer le niveau des cuvées de base, et l'harmonie est désormais au rendez-vous dans l'ensemble de la gamme et dans les trois couleurs. La vigne, implantée sur un terroir de grès, de schiste et de quartz, est officiellement en conversion bio depuis 2016.

- R, Côtes de Provence 2017 | Sec | 2024>2030 | 26 € | 89
- Quintessence, Côtes de Provence 2019 | Sec | 2022>2025 | 28.2 € | 89
- Quintessence, Côtes de Provence 2020 | Sec | 2022>2026 | 22.5 € | 90

Château Romanin

★★☆☆☆

Caché au pied de la face nord des Alpilles, dans un cadre magique et spectaculaire, digne d'un film de James Bond, ce domaine de 58 hectares est cultivé au plus proche de la nature, le vignoble trouve son rythme en biodynamie, la progression des vins est clairement perceptible et leur pureté indéniable. Depuis 2018, un tout nouveau chai complète le spectaculaire chai historique, permettant de poursuivre la progression des vins. Une belle adresse de jolis blancs.

- Grand Vin Rosé, Les Baux-de-Provence 2021 | Sec | 2023>2025 | 18 € | 89
- Grand Vin Blanc, Les Baux-de-Provence 2020 | Sec | 2024>2028 | 24.5 € | 88

Château Roubine

★★☆☆☆

Le château Roubine, cru classé de Provence depuis 1955, est un des plus anciens vignobles de France. Déjà exploité au XIVe siècle par les Templiers, ce domaine de Lorgues de 120 hectares est implanté en cirque autour du château sur un terroir argilo-calcaire. Actuellement en conversion vers la viticulture biologique, il est dirigé avec charme et beaucoup de talent par Valérie Rousselle. Elle vient d'acquérir une deuxième propriété en Provence, le château Sainte-Béatrice, à Lorgues. A suivre de près. Les vins produits sont de tout premier ordre et reflètent le potentiel exceptionnel de ce terroir.

- Premium, Côtes de Provence 2021 | Sec | 2022>2025 | 16.5 € | 91
- Premium, Côtes de Provence 2021 | Sec | 2022>2024 | 16.5 € | 90
- Lion & Dragon, Côtes de Provence 2021 | Sec | 2022>2026 | 45 € | 91
- La Vie en Rose, Côtes de Provence 2021 | Sec | 2022>2024 | 13.5 € | 89

Château Saint-Jean Lez Durance

★☆☆☆☆

Au coeur de la Haute-Provence, le long de la Durance, la vigne du château s'étend sur 41 hectares. Les parcelles se situent aussi bien en coteaux que sur des terrasses, créant une mosaïque de sols allant d'argilo-calcaire, de safre, aux graves et limons. Ce domaine riche en histoire produit une toute aussi riche palette de cuvées au superbe rapport qualité prix.

- Pimayon, Pierrevert 2021 | Sec | 2023>2026 | 14.8 € | 87
- Les Quatre Reines, Alpes-de-Haute-Provence 2021 | Sec | 2022>2025 | 15.2 € | 88

Château Saint-Maur

★★☆☆☆

Déjà propriétaire de la Quinta do Pessegueiro dans le Douro, Roger Zannier souhaite faire du château Saint-Maur l'une des meilleures références provençales. Situé à 10 kilomètres de Saint-Tropez, protégé du mistral par le massif des Maures, le vignoble jouit d'une exposition est-ouest. Bénéficiant d'une influence maritime qui tempère les fortes chaleurs estivales, il s'étend sur 60 hectares dont 45 sont actuellement exploités. Sur un sol argilo-calcaire, la vigne épouse la courbe des collines, s'élevant graduellement jusqu'en lisière de forêt.

- L'Excellence, Côtes de Provence 2020 | Sec | 2023>2028 | 26.5 € | 90
- L'Excellence, Côtes de Provence 2021 | Sec | 2023>2028 | 26.5 € | 89
- Clos de Capelune, Côtes de Provence 2021 | Sec | 2022>2027 | 41 € | 93

Clos Saint-Vincent

★★★★☆

Joseph Sergi, alias Gio, a racheté en 1993 cette propriété nichée sur les pentes vertigineuses de Bellet. En biodynamie depuis 2007, il cultive sa vigne sur des terrasses étroites, dont l'exposition et le microclimat créent un environnement particulièrement favorable. Il n'hésite jamais à sortir des sentiers battus pour mettre en valeur les cépages autochtones, livrant des vins précis et audacieux. Le braquet signe l'un des rosés les plus authentiques de l'Hexagone, et la folle noire avec son caractère très latin nous évoque les doux paysages toscans.

- Vino di Gio, Bellet 2019 | Sec | 2024>2029 | 67 € | 91
- Le Clos, Bellet 2021 | Sec | 2022>2026 | 22.5 € | 90

Château Sainte-Roseline

Aurélie Bertin a bien remis en valeur le domaine et le vignoble, de même que le Château des Demoiselles dont elle est également propriétaire avec sa famille. Situé aux Arcs-sur-Argens, le vignoble de Sainte-Roseline se compose de 300 hectares dont 110 de vignes. La propriété compte également sur ses terres une chapelle magnifique, renfermant les reliques de la sainte ; décorée par Chagall, Bazaine, Ubac et Giacometti, elle est devenue le premier lieu touristique du Var. Des circuits de visite et de dégustations sont organisés tout au long de l'année, en différentes langues, permettant de découvrir les lieux et les vins. Ces derniers, toutes couleurs confondues, se placent parmi les meilleurs de la Provence et sont d'une admirable constance de qualité.

- Cuvée Château Sainte-Roseline, Côtes de Provence 2021 | Sec | 2022>2025 | 20.9 € | 92
- Lampe de Méduse, Côtes de Provence 2021 | Sec | 2022>2024 | 16.5 € | 90
- La Chapelle de Sainte Roseline, Côtes de Provence 2021 | Sec | 2022>2028 | 27 € | 93
- Kylie Minogue, Côtes de Provence 2021 | Sec | 2022>2024 | 28 € | 92

Château du Seuil

Situé à proximité d'Aix-en-Provence, les premières origines du château du Seuil remontent au XIIIe siècle. Au début des années 1970, la famille Carreau Gaschereau s'y installe et y crée un vignoble s'étendant sur 55 hectares. En 2014, le château est racheté par Agnès et Robert Daussun et leurs enfants, avec l'objectif de développer son potentiel remarquable, ainsi que celui de son terroir.

- Château du Seuil, Coteaux d'Aix-en-Provence 2020 | Sec | 2023>2028 | 12.5 € | 90
- Château du Seuil, Coteaux d'Aix-en-Provence 2021 | Sec | 2022>2025 | 12 € | 89

Château Simone

C'est le plus célèbre château de l'appellation Palette, pour lequel la famille Rougier veille au style depuis près de deux siècles. Les 25 hectares de vignes sont situés à environ 200 mètres d'altitude, sur un versant nord les protégeant de la force du soleil et du mistral. Mais le véritable trésor du domaine est sans doute ses nombreuses très vieilles vignes, bichonnées par une viticulture respectueuse, dont la certification officielle en bio est en cours depuis 2018. Les cuvées révèlent toutes, au bout de quelques années de garde, une complexité et une profondeur admirables, y compris les rosés. Mieux vaut donc garder les bouteilles en cave quelque temps, n'en déplaise aux impatients.

Domaine Tempier

À Tempier, le mourvèdre est roi. Cépage réputé pour donner sa plus belle expression la tête au soleil et les pieds dans l'eau, il y trouve un terroir idéal et l'intelligence d'écoute d'une grande famille vigneronne. Tempier est dirigé depuis 1834 par la même famille, Tempier puis Peyraud, aujourd'hui assistée par Daniel Ravier qui conduit la propriété avec brio et la même exigence qu'aux origines. Avec 38 hectares de vignes repartis sur trois communes, le domaine produit exclusivement des vins en appellation Bandol, dont une grande majorité de rouges. Le terroir, abrité du mistral par le promontoire du Castellet et parfaitement ensoleillé, crée des conditions idéales pour faire éclore des cuvées devenues légendaires.

- La Migoua, Bandol 2019 | Sec | 2024>2032 | 57 € | 95
- Cabassaou, Bandol 2020 | Sec | 2024>2030 | NC | 95
- La Tourtine, Bandol 2019 | Sec | 2024>2032 | 57 € | 96
- Bandol 2021 | Sec | 2023>2029 | 29 € | 91

Domaine de Terrebrune

Reynald Delille et Jean d'Arthuis mènent avec sensibilité ce terroir très spécifique d'Ollioules, qui exprime des bandols tout en délicatesse, vieillissant merveilleusement bien, aussi bien en rouge qu'en rosé. Ce domaine discret de 30 hectares, niché dans un coin bucolique de l'appellation, mérite toute notre attention. Les vins sont à l'image de leurs propriétaires, attachants et timides. Carafez-les, rouges comme rosés, c'est là qu'ils livreront tout leur potentiel. Une visite du domaine s'impose pour saisir toutes les singularités de ce terroir particulier. Adresse de grands vins.

- Bandol 2021 | Sec | 2022>2032 | 20 € | 92
- Bandol 2021 | Sec | 2022>2028 | 22 € | 92
- Bandol 2018 | Sec | 2024>2035 | 32 € | 96

Domaine de Trévallon

Le décès soudain d'Eloi Dürrbach nous a beaucoup attristé. Nous saluons à nouveau la mémoire de cet icône du vignoble français. Trévallon est l'un des fleurons du vignoble français. Situés sur le versant nord des Alpilles, les 17 hectares de vignes entourés d'une nature sauvage et préservée sont conduits en culture biologique depuis l'origine. Le microclimat frais, la taille douce et le sol à dominante calcaire sont à l'origine du style si particulier des vins. Le rouge, devenu mythique tout comme le blanc, dispose d'un réel potentiel de garde et l'œuvre du temps lui confère une finesse d'expression supplémentaire. Floriane, la fille d'Eloi, prend la suite avec son énergie et talent.

- Alpilles 2019 | Sec | 2026>2036 | 75 € | 97

Château Vannières

Le château est l'un des grands domaines de la Provence. Éric Boisseaux, pilier de l'appellation Bandol, assure la transmission et travaille désormais avec son fils Charles-Eric. Les bandols rouges classiques ont une indéniable capacité à vieillir, en prenant assez rapidement des nuances de tabac et de cuir, qui se laissent tranquillement patiner par le temps : ils comptent parmi les plus belles expressions des rouges de l'appellation.

- Bandol 2010 | Sec | 2022>2027 | 30 € | 92
- Bandol 2019 | Sec | 2026>2032 | 30 € | 93
- Bandol 2017 | Sec | 2024>2032 | 36 € | 94

Château Vignelaure

Vignelaure incarne l'histoire du coup de foudre d'un Bordelais pour un terroir atypique et provençal. Star au début des années 1970, le domaine a ensuite connu des succès divers jusqu'à sa reprise, en 2007, par Mette et Bengt Sundstrom. Ils ont eu l'intelligence de confier la direction technique à Philippe Bru, homme sensible de terroir, qui depuis a fait progresser les vins qui sont en route pour renouer avec la gloire d'antan.

- Coteaux d'Aix-en-Provence 2017 | Sec | 2024>2030 | 24 € | 89
- Coteaux d'Aix-en-Provence 2021 | Sec | 2024>2028 | 16.5 € | 89
- Vignelaure, Méditerranée 2020 | Sec | 2022>2026 | 24 € | 90

Vignerons de la Presqu'île de Saint-Tropez

Cette cave a été fondée en 1964 par huit vignerons de la presqu'île de Saint-Tropez, avec pour objectif de former un site commun de commercialisation pour mieux valoriser la production. Depuis, la cave a bien grandi, puis s'est regroupée avec d'autres coopératives et châteaux du secteur. Aujourd'hui, elle propose une large gamme de vins, avec des cuvées bien pensées, soignées dans leur habillage. Nous apprécions le travail réalisé ces derniers millésimes.

- Gold, Côtes de Provence 2021 | Sec | 2022>2023 | 11.9 € | 90
- Coquette Château Clémentina, Côtes de Provence 2021 | Sec | 2022>2024 | 11.7 € | 88
- Domaine Siouvette - L'Exception, Côtes de Provence 2021 | Sec | 2022>2024 | NC | 91
- Domaine Pouverel - Louis, Côtes de Provence 2021 | Sec | 2022>2023 | NC | 91

MATHIEU GARÇON

Rhô

MATHIEU GARÇON

Le vignoble de Côte-Rôtie et ses terrasses de l'enfer.

D'ABORD,
OÙ QU'ON SE TROUVE,
LE PAYSAGE EST ÉMOUVANT.
PERSONNE NE FAIT
DE BEAUX VINS
DANS DES ENDROITS
MOCHES. NORD ET SUD,
RIEN NE SE RESSEMBLE,
RIEN NE S'ASSEMBLE,
TOUT VAUT TOUS
LES DÉTOURS

LES HÉRITIERS DES COTEAUX

CES JEUNES GENS FRÉQUENTABLES ONT PRIS POUR TERRAIN DE JEU LES COTEAUX ABRUPTS DU NORD DE LA VALLÉE DU RHÔNE. ILS SUIVENT LEUR PARENTS, ILS SUIVENT LEUR PASSION

PAR ***GUILLAUME PUZO,*** *PHOTOS DE L'AUTEUR (SAUF MENTION)*

MAXIME GRAILLOT

Domaine Alain Graillot et Équis

Le début de l'année a été marqué par le décès soudain d'Alain Graillot. Cet ancien champion de ski avait réussi sa reconversion en s'installant en appellation crozes-hermitage avec le millésime 1985. Il avait progressivement transmis les rênes à son fils Maxime avant de lui passer la main en 2008. Un changement dans la continuité. En 2011, Antoine, le frère de Maxime, revient lui aussi au domaine. Décontracté et travailleur, Maxime a maintenu le cap tout en créant une structure à part, Équis, qui produit trois vins dans un style différent de celui du domaine familial. La cuverie s'est bien agrandie et la qualité n'a pas changé. Seule la mise en marché des nouveaux millésimes a été reculée. Maxime précise : *« Pourquoi se presser pour livrer des bouteilles à des gens qui vont les boire en six mois ? On a suivi les conseils des anciens. Une récolte sur pied, une en cave, une en bouteille ».*

DAVID ET JULIEN COMBIER

Domaine Laurent Combier

On a l'impression que Laurent a toujours été là. Il est arrivé très jeune au domaine. Aujourd'hui, ses deux fils l'ont rejoint. David, l'aîné, est arrivé au domaine en 2014. Julien, le benjamin, est là depuis 2019. Ils ont un point commun dont ils parlent avec le sourire : *« Tous les deux, nous sommes revenus avec deux jolis millésimes de grêle »*. Le domaine est en bio depuis 1969. Les deux frères franchiront peut-être le pas de la biodynamie. *« C'est quelque chose vers quoi on voudrait aller »*, reconnaît David, tout en étant conscient des risques dès lors qu'on exploite un vaste domaine de 50 hectares. Pas toujours simple d'avoir du personnel pour traiter le dimanche matin.

MARCO BECKMANN

Delas Frères

Ce nouveau visage de la maison Delas a l'accent italien. Né à Modène, Marco Beckmann tient son nom d'un grand-père allemand. Après un DNO en Italie, il a voyagé en Australie et en Afrique du Sud avant, bien entendu, de vinifier en Italie. Pourquoi le Rhône ? *« Je suis arrivé par hasard pour une saison, je l'ai passée à la cave de Tain. J'ai continué pendant deux ans et demi chez Paul Jaboulet Aîné et depuis cette année, je suis chez Delas. »* Œnologue et maître de chai, il seconde efficacement Jacques Grange, déguste avec sincérité tous les vins de la gamme qu'il présente. Une qualité appréciable.

GUILLAUME SORREL

Domaine Sorrel

Guillaume Sorrel a déjà commencé à se faire un prénom sur la colline de l'Hermitage. Son père Marc a vinifié le millésime 2018, son dernier. Lui est arrivé au domaine dans la foulée. *« 2019, c'était bien pour démarrer. Des petits volumes faciles à faire. »* Fort d'une solide expérience – les 2021 représentent sa vingtième année de vinification – il n'a eu aucun mal à reprendre ce domaine culte. En lui apportant tout un tas de petits réglages : replantation des manquants qui s'étaient un peu accumulés à la vigne ces dernières années ; choix d'une vinification issue d'une vendange 100 % en grappes entières ; achat d'un nouveau pressoir pneumatique au lieu du vieux Vaslin ; renouvellement du parc à fûts ; élevage davantage sur la réduction que ne le faisait son père ; assemblage en masse avant la mise. Déjà, les nouveaux millésimes (2019 et 2020) se distinguent singulièrement. Vivement les prochains.

PRESSE

MATHILDE ET MAXIME CHAPOUTIER

M. Chapoutier

Il n'est pas toujours simple de travailler dans l'entreprise familiale. Surtout lorsque celle-ci est dirigée par un homme du tempérament de Michel Chapoutier. Maxime, son fils, s'adapte aux contraintes d'une entreprise présente sur deux continents et quatre pays. *« Après un master à l'OIV, quatre années d'études en Australie, je suis revenu au domaine en 2018. Ma sœur Mathilde était déjà arrivée, elle est l'aînée, elle s'occupe plus du commercial, moi de la partie technique. »* Avec la complicité de l'œnologue Clément Bärtschi, les millésimes se suivent et gardent le niveau attendu de terroirs d'exception. Le parcellaire est sans égal dans toute la vallée du Rhône. La nouvelle génération prend ses marques. Un gage d'assurance pour la pérennité de l'entreprise.

VERNAY À CONDRIEU, DE MÈRE EN FILLE

DANS LES ANNÉES 1950, GEORGES VERNAY, PÈRE DE CHRISTINE, GRAND-PÈRE D'EMMA, A REDONNÉ VIE AUX COTEAUX DE CONDRIEU. SURNOMMÉ « LE PAPE DE CONDRIEU » EN RECONNAISSANCE DE SES EFFORTS DE TITAN, IL A HISSÉ LE CÉPAGE ET LE DOMAINE FAMILIAL AU SOMMET ET A TRACÉ UNE VOIE AUJOURD'HUI ENTRETENUE PAR SA FILLE ET SA PETITE-FILLE. ELLES NOUS PARLENT DE L'AVENIR

PROPOS RECUEILLIS PAR **GUILLAUME PUZO**

Christine Vernay, comment voyez-vous le domaine dans trente ans, une fois Emma pleinement en charge ?

Christine Vernay : Ces vignes sont là depuis 2 000 ans. On s'inscrit dans cette histoire en étant dépositaires de cette terre. Mon grand-père et mon père ont su en prendre soin. J'espère qu'Emma poursuivra cette histoire. Elle porte en elle cet attachement au domaine, au moins de manière aussi forte que les générations précédentes. Dans trente ans, j'espère que ces vignes se porteront toujours aussi bien et qu'Emma aura le sourire.

Condrieu est le fief historique de votre famille. On peut envisager que le domaine s'agrandisse et s'aventure dans d'autres secteurs ?

C. V. : Aujourd'hui, nous n'avons pas la volonté de nous étendre davantage. Notre foncier est presque planté à son maximum, notamment à Condrieu où il nous restait encore quelques terres sur le plateau. Si les occasions se présentent, pourquoi pas ? Mais ce sera dans l'optique de constituer des îlots, afin de simplifier le travail, et non d'acquérir pour acquérir.

E. A. : Nous allons nous concentrer sur la pérennité de nos coteaux plutôt que sur l'expansion de notre vignoble. Les achats ont été faits en côte-rôtie et nous avons déjà une grande surface à Maison Rouge. À Seyssuel, certains effectuent un travail remarquable en rebâtissant les coteaux, mais je n'ai pas spécialement envie de traverser le Rhône. Je crois en la syrah du soleil levant et je suis attachée à ce côté du fleuve. C'est aussi une question de sol. Nous n'avons que des granites, bien entendu à Condrieu, mais aussi en côte-rôtie. J'aime la finesse qu'ils apportent, sur les blancs comme sur les rouges.

Où en êtes-vous des différents labels, bio, biodynamie, etc. ? Comptez-vous pousser les curseurs un peu plus loin ?

C. V. : Le domaine est certifié Ecocert pour son agriculture biologique depuis le millésime 2020. J'ai engagé tard le processus de labellisation. Je n'en voyais pas la nécessité. Le plus important, c'était de le faire. J'ai réalisé qu'il fallait aussi le faire savoir, notamment pour certains marchés où ces labels sont importants. Je n'aimais pas l'image véhiculée par beaucoup de domaines selon laquelle le bio n'était pas possible dans le nord de la vallée du Rhône. En enclenchant cette demande de certification, j'ai souhaité montrer que c'était possible. Après, depuis longtemps, nous avons de l'herbe dans nos vignes, des coquelicots, etc. Pour moi, on ne peut pas dire *« je suis en bio »* sans aller jusqu'à la certification. C'est dur ici, mais c'est possible. Je comprends que tout le monde ne puisse pas le faire. J'ai mis une dizaine d'années pour être en bio sur l'ensemble du domaine. C'est un gros travail que d'emmener les équipes dans ce projet, les débuts étaient durs. Aujourd'hui, pour eux, c'est une évidence, ils sont fiers de leurs coteaux, de leurs vignes.

Être bio dans les coteaux, c'est le travail d'une vie.

E. A. : Oui, ça implique de piocher. Il faut rester vigilant quant à la pénibilité du travail de nos équipes. J'ai la chance d'arriver sur un domaine déjà converti. Je veux pérenniser cet engagement et sans doute aller plus loin. L'agriculture biologique, c'est une pratique. La biodynamie c'est une philosophie, quelque chose qu'on ne peut pas démontrer, mais qui permet d'être plus près du végétal. Je pense qu'il se passe quelque chose. Si j'ai orienté mes stages vers des domaines déjà engagés dans la biodynamie (Bret Brothers, Jean-Louis Chave), il y a une raison. Sur les coteaux, on ne peut pas mettre ces pratiques en place du jour au lendemain. Cela signifie trois, quatre, cinq passages en plus. On manque de main d'œuvre, on court après le temps. Mais on a déjà commencé. Après des premiers essais en 2019, cinq hectares sont cultivés en biodynamie depuis le début d'année 2021. On augmentera chaque année. On a commencé par les secteurs sans dénivelé. Ensuite, on ira dans les coteaux. Il faut rester pratique, c'est notre logique. La labellisation n'est pas une fin en soi. Ce qui m'intéresse, c'est d'observer le végétal. On a déjà des doses de traitement très basses pour le soufre et le cuivre. Avec les tisanes, par exemple, l'idée est de réduire encore plus. La biodynamie remet plus d'humanité dans nos équipes, elle nous lie davantage. Pour moi, c'est ça le plus important. Il ne faut pas attendre les résultats, ils viendront.

MATHIEU GARÇON, PRESSE

L'agroforesterie a aussi ses avantages. Les arbres plantés pourraient avoir un intérêt dans des coteaux aussi chauds, grâce à leur ombre portée ?
C. V. : Dans un premier temps, on peut remettre des arbres sur les plateformes de travail. L'agroforesterie implique de repenser son vignoble, mais ça fait partie des pistes pour avoir un peu plus de fraîcheur. Sur le coteau de Vernon, nous avons le ruisseau et beaucoup d'arbres en bas de la pente. Ces vieilles vignes bien implantées ne craignent pas la sécheresse. Si je devais planter des arbres dans les vignes, je mettrais des fruitiers (abricots, pêches de vigne). Historiquement, il y en a toujours eu.

Où en êtes-vous du travail des sols et de vos essais de couverture par paillage ?
E. A. : Cela fait longtemps qu'on a repris le travail des sols. On ne fait plus de paillage complet, on le fait sous le rang avec du miscanthus. Le travail des sols, c'est surtout le cheval, le treuil et la pioche, qui n'est pas mécanisable. Quand on peut travailler avec le treuil, on est heureux, ça va plus vite.

Les drones constituent-ils une solution sur ces pentes ?
C. V. : On les attend avec impatience ! Pour les traitements, le drone, c'est un rêve. On devrait prochainement mettre un essai en place. C'est ce qui assurera la pérennité des coteaux. Ils ont été les premiers à être abandonnés. Ils risquent de l'être à nouveau en raison de la pénibilité du travail.

Les températures deviennent de plus en plus chaudes, parfois dès les mois de mai ou juin. Comment les équipes gèrent-elles ces changements ?
C. V. : Ici, il a toujours fait très chaud. Si ça s'appelle Côte-Rôtie, c'est qu'il y a une raison. Pourtant il y a des variations d'une année sur l'autre, certaines années sont très chaudes, d'autres moins. Ce n'est pas récent.
E. A. : Pour moi, il faudrait plus parler de variabilité que d'augmentation des températures. Par exemple cette année, j'étais en doudoune au moment de l'ébourgeonnage. On pratique les horaires d'été depuis toujours. L'été, les anciens travaillaient tôt le matin, jamais l'après-midi.

SAINT-JOSEPH VIGNOBLE OBSTINÉ

IL N'Y A PAS DE HASARD.
SI L'APPELLATION CONNAÎT UN SUCCÈS SANS FAILLE DEPUIS DES ANNÉES, IL Y A DE TRÈS BONNES RAISONS. À DÉCOUVRIR CI-DESSOUS

PAR **GUILLAUME PUZO**

INUTILE DE CHERCHER sur *Google Maps*. Certes, il existe bien une commune du nom de Saint-Joseph dans le département de la Loire, sur le canton de Rive-de-Gier, mais elle est loin des vignobles. Le nom du cru Saint-Joseph vient du coteau éponyme, situé à la sortie sud de Tournon. La légende dit que le baron Le Roy, le père de nos appellations d'origine, à qui l'on demanda un jour si la future appellation devait s'appeler Tournon plutôt que Mauves, aurait demandé quel était le coteau le plus célèbre du secteur. On lui aurait répondu : *« C'est le Saint-Joseph ! »*. Et lui de souffler : *« Eh bien voilà le nom de votre appellation »*.

UNE NAISSANCE EN PLUSIEURS ÉTAPES

La réputation du cru est ancienne. Du Moyen-Âge jusqu'à la Révolution Française, on appelait le vin du secteur *« le vin de Mauves »*. Tournon était une ville importante, avec son château, qui domine toujours le fleuve, et son hospice qui a donné son nom à la vigne du même nom, aujourd'hui propriété de la famille Guigal. La Tour de la Vierge est d'ailleurs l'une des cartes postales les plus fameuses de la région. Lorsque passe le premier train des appellations d'origine (1936-1937), les discussions s'enlisent pour décréter celle de Saint-Joseph. Dès 1937, le secteur se met donc à produire des côtes-du-rhône. Viennent la guerre et les priorités de la reconstruction, il faut attendre 1956 pour voir publier le décret, reconnaissant uniquement la zone du canton de Tournon, ce qu'on appelle aujourd'hui la partie méridionale de l'AOC saint-joseph. En 1969, l'appellation est élargie aux 26 communes actuelles, étendant son aire sur toute la partie nord, à la limite avec Condrieu, couvrant deux départements, principalement l'Ardèche (23) et la Loire (03), dans un ruban d'une soixantaine de kilomètres sur la rive droite du Rhône, depuis Guilherand-Granges jusqu'à Chavanay. En 1994, cette aire est redessinée, privilégiant les coteaux et excluant des secteurs de plateaux. Ce territoire qui s'étendait sur 7 000 hectares dans les années 1980 a été réduit de moitié. Aujourd'hui, il couvre 3 500 à 3 800 hectares, dont 1 463 plantés. Une période transitoire de 25 ans avait été adoptée pour permettre aux vignerons concernés par les exclusions de replanter en coteaux. Depuis la récolte 2021, les dernières vignes concernées doivent être basculées en IGP ou en vin de France. Dans les années 1980 et 1990, la réflexion à propos des zones à exclure et des îlots à conserver ne prenait pas en compte le sujet, alors de moindre importance, du réchauffement climatique. Pourtant, on constate maintenant que certains des secteurs rejetés sont bien adaptés pour conserver de la fraîcheur dans les raisins. Une polémique dans laquelle ne veux pas rentrer Éric Durand, président du cru : *« C'est tout le problème d'une réforme qui s'étend sur 25 ans, on ne maîtrise pas la période. Mais grâce à cela, nous avons aujourd'hui une image de vignoble de coteaux »*.

UNE GÉOLOGIE PARTICULIÈRE

De prime abord, le sujet paraît simplissime. Sur ces coteaux escarpés du nord de la vallée du Rhône, à l'exception des schistes de Côte-Rôtie, tous les autres secteurs sont plantés sur du granite. L'œnogéologue Georges Truc, grand spécialiste de cette vallée du Rhône, préfère nuancer cette affirmation. *« C'est plus complexe que cela. Il y a un substratum granitique, c'est ce qu'on appelle le granite de Tournon sur le plan géologique. Un granite à grands cristaux de feldspaths, également appelé granite à dents de cheval, que l'on va retrouver sur le coteau Saint-Christophe, en Hermitage, là où se trouve la fameuse chapelle. Les granites sont des roches magmatiques. Plus au nord, vers Charnas ou Malleval, on va trouver des micaschistes ou des gneiss, qui eux sont des roches métamorphiques. Tout au sud on trouve des matériaux calcaires, à Châteaubourg et à Guilherand-Granges, sur le flanc est de la montagne de Crussol. Ces calcaires du Jurassique se sont érodés au Quaternaire, et cette érosion a littéralement nappé les versants. C'est notamment le cas fameux des Royes, exploités par le domaine Courbis. On trouve même, au-dessus de Châteaubourg, des terrasses de galets roulés, de même nature qu'à Châteauneuf-du-Pape, venus du haut bassin versant de l'Isère, notamment la Tarentaise. Aujourd'hui, ces terrasses se situent 200 mètres au-dessus du Rhône, conséquence du lit du fleuve qui s'est creusé tout au long du Quaternaire. Enfin, il ne faut pas oublier les lœss, une autre formation géologique significative du Quaternaire. On va retrouver ces dépôts éoliens de façon disséminée, sans grande continuité. Il y a notamment un superbe exemple dans le couloir de Saint-Désirat, ou encore à Saint-Pierre-de-Bœuf. »* Trois ères géologiques sont donc représentées en saint-joseph, même si la grande majorité des vignes

MATHIEU GARÇON

Les coteaux de Saint-Joseph sont aménagés en terrasses. Ici, la vigne de l'Hospice exploité par la maison Guigal.

Les vignes sont plantées en échalas, à haute densité.

poussent sur des coteaux granitiques, plantés en rouge à 86 %, avec la seule syrah (on peut y adjoindre 20 % de cépages blancs, une méthode peu pratiquée) et en blanc à 14 %, marsanne et roussanne.

UN ENTÊTEMENT DE CIVILISATION

Sans chercher à déterminer où se trouvent les meilleurs secteurs, un fait incontestable permet tout de même d'établir une hiérarchie entre eux : la date de vendanges. Mauves coupe toujours son raisin une dizaine de jours plus tôt que Chavanay. Sans différence profonde de terroir, il peut y avoir des disparités dans l'état physiologique et phénolique du raisin. Ce qui se traduit dans le verre. Des vins du nord avec un fruité plus noir et plus de densité, des vins du sud avec plus de générosité et de gourmandise. Philippe Guigal, qui n'achète aucun de ses saint-joseph au nord de Sarras, connaît bien cette distinction. Sur ces coteaux à la pente parfois impressionnante, les hommes ont dû aménager leur terroir, dompter le dénivelé et y tracer des chemins avant de maçonner des terrasses et de planter. À la suite du phylloxera et de l'hécatombe de la Première Guerre mondiale, de très nombreux coteaux furent laissés en friche. Ce glorieux passé viticole renaît aujourd'hui aux prix d'efforts colossaux. L'un des exemples les plus marquants en la matière est le coteau des Chalaix à Mauves. Jean-Louis Chave a mis vingt ans pour lui redonner toute sa vocation viticole. Deux décennies de travail et d'investissements pour y cultiver de la vigne, est-ce bien raisonnable ? Philosophe, Jean-Louis Chave a une réponse : *« C'est rendre à l'Histoire ce qu'elle nous a donné. La région est connue parce que des gens avant nous se sont cassé le dos. Ils en ont bougé de la pierre, cassé des cailloux, monté des murets. En faisant cela, j'ai le sentiment de rester cohérent avec notre histoire. La mienne, mais aussi celle des Clape ou des Gonon ».* Des noms de famille qui continuent d'écrire la grande histoire de ces coteaux.

La sélection

Domaine De Boysseyt

Olivier Decelle acquiert ce domaine en 2017, fameux pour posséder entre autres 60 ares sur le Côte Blonde en côte-rôtie. Son fils Romain s'occupe de la propriété. En saint-joseph, il propose en entrée de gamme les-garipelées dans les deux couleurs et en rouge, izeras et les-rivoires. Netteté de vinification indiscutable. On peut regretter une trop grande orthodoxie dans l'expression du fruit et du terroir, au détriment de l'âme du coteau. Les choses peuvent encore évoluer.

Les Garipelées blanc 2020

90

Joli blanc nerveux et élégant, bouche ciselée et bien fraîche, réussite !

2022>30
22 euros

Izeras rouge 2019

90

Droit et salin en bouche, équilibre et fraîcheur, bien en équilibre.

2022>29
30 euros

M. Chapoutier

La maison de Tain est avant tout connue pour son extraordinaire parcellaire en Hermitage, En saint-joseph, elle possède les parcelles du cœur du coteau qui a donné son nom à l'appellation. Visibles depuis la route, les vignes conduites en biodynamie font la meilleure impression aux touristes de passage. Les cuvées les-granites (blanc et rouge) offrent une salinité. Émotion particulière pour le blanc, aux notes fumées grillées de toute beauté. Dernier né, le-clos : un parcellaire impressionnant de verticalité, situé au-dessus du cimetière de Tournon.

Les Granits, saint-joseph blanc 2019

96

Un nez de raisin bien mûr, de poire et de mirabelle, avec une bouche glissante et fraîche à souhait. Ce vin haut en saveurs finit sur l'équilibre des sols de granite, avec ce qu'il faut de salinité pour harmoniser sa haute maturité. Ça c'est du grand vin de granite !

2022>39
79 euros

Le Clos, saint-joseph rouge 2019

96

Joli nez fumé, encre, fruits noirs, bouche élégante, développement crémeux, la finale qui se resserre est propre à ces coteaux de granite. Grand vin de terroir.

2026>39
167 euros

Domaine Jean-Louis Chave

Le pape de l'Hermitage est aussi spécialiste de Saint-Joseph, dans sa partie méridionale. Sa famille étant originaire de Lemps, il a naturellement replanté le coteau de Bachasson, au prix d'un lourd travail de terrassement. À Mauves, où sa famille est établie depuis deux siècles, il exploite des vignes dans des crus historiques. L'œuvre de sa vie, son coteau de Chalaix et son clos Florentin. Un travail titanesque de défrichement : aménagement et plantation commencés en 2002, achevés seulement cette année. Chave a pris soin de planter plusieurs espèces d'arbres (amandiers, oliviers) pour recréer des îlots de biodiversité.

Saint-joseph rouge 2019

92

Fruité très mûr, confiture de figue, on devine une année solaire. En bouche, entame voluptueuse, en rondeur, sa matière tannique doit se fondre. la patience sera récompensée.

2026>34
NC

Clos Florentin rouge 2019

94

Plus réservé que le saint-joseph domaine, en bouche, entame tout en finesse qui est la signature du clos, délicatesse.

2026>34
NC

Domaine Courbis

Les frères Courbis, Laurent et Dominique, sont situés sur le secteur de Châteaubourg, qui se distingue par sa géologie particulière. Des plaques de calcaire recouvrent le substrat granitique. Leur vigne des Royes, amphithéâtre coupé en deux. D'un côté, un terroir granitique, de l'autre (le leur), un terroir calcaire, ce qui donne à leur cuvée un potentiel certain de vieillissement. Le rouge est plus abouti que le blanc.

Les Royes blanc 2020

90

Un peu trop boisé ce qui gomme à ce stade toute expression de terroir, il faut se montrer patient.

2026>30
35 euros

Les Royes rouge 2020

92

Une acidité traçante en bouche, un fruité rouge bien mûr, bel équilibre et finesse des tannins.

2022>35
35 euros

Domaine Pierre et Jérôme Coursodon

Issu d'une vieille famille de Mauves, Jean-Auguste Coursodon fonde le domaine à la fin du XIXe siècle. Jérôme, la cinquième génération, est aujourd'hui aux manettes. Les Coursodon possèdent des vignes situées dans les meilleurs secteurs (Le Paradis). Six cuvées, deux blancs, quatre rouges. La cuvée la-sensonne se distingue régulièrement.

Le Paradis Saint-Pierre blanc 2020

91

L'élevage en pièce apporte un gras supplémentaire à ce vin aux gourmands parfums de citron, de belle prise en bouche, charnu.

2022>30
33 euros

La Sensonne rouge 2020

93

Belle entame pulpeuse en bouche, raisin bien mûr, un vin profond et élégant aux senteurs de cerise noire et de mûre, les tannins sont bien gainés.

2022>35
46 euros

Delas

La maison est une spécialiste du saint-joseph. Elle propose quatre cuvées, une en blanc, trois en rouge. Le blanc offre salinité et minéralité en bouche. En rouge, les cuvées françois-de-tournon et sainte-épine, du nom du coteau qui domine la vallée du Doux à la sortie de Saint-Jean de Muzols, offrent le meilleur caractère du coteau.

Les Chailleys blanc 2021

90

Tout en fleurs et en minéralité, bouche fraîche, vive et tonique, avec de la tension et un bon niveau d'acidité. Finale portée par ses amers.

2022>29
24 euros

Sainte-Épine rouge 2020

93

Goûté avant mise. Le plus onctueux et le plus savoureux des trois saint-joseph de la maison. Raffiné et élégant en bouche, tannin bien gainé, bien élevé, fruité et persistance finale sur la fraîcheur.

2025>2035
42 euros

Ferraton Père et Fils

Également présent à Tain, Ferraton propose comme sa grande sœur Chapoutier une belle série de cuvées de terroir en saint-joseph. En rouge, les lieux-dits Saint-Joseph, Paradis et Bonneveau. En blanc, Les Oliviers. Preuve de son ambition retrouvée, un coteau entier est en cours d'aménagement, derrière Peygros. On devrait y produire du blanc dans quelques années.

Les Oliviers blanc 2019

92

Le fruité est bien épaulé par une bouche saline, vin élancé et élégant, de belle finesse et à la finale fraîche, sur une saveur mentholée.

2022>34
NC

Lieu-dit Paradis 2020

91

Plus de finesse que bonneveau, une meilleure fraîcheur aussi, élégant et élancé.

2022>35
NC

Pierre Gaillard

L'homme a planté sa première vigne en appellation saint-joseph : le Clos de Cuminaille, défriché et planté en 1981, récolté pour la première fois en 1984. Ce terroir occupe toujours une place de choix dans la gamme, avec un supplément de profondeur et d'expression minérale.

Saint-joseph blanc 2021
87
Belle acidité, fruité blanc, bouche vive et rafraîchissante, pas la version la plus saline du cru mais bien fait.
2022>27
20 euros

Clos de Cuminaille 2020
92
Nez de fruits rouges (framboise, pêche de vigne), bouche ronde avec des tannins bien charnus, droit, profond, persistance, dans un millésime de belle maturité.
2022>35
20,50 euros

Domaine Pierre Gonon

Plus que tout autre, ce domaine symbolise Saint-Joseph. Peut-être parce qu'il ne produit que des vins de l'appellation, ce qui en fait toute sa singularité. Les deux frères Gonon, Jean et Pierre, ont hérité des vignes bien situées de leur père Pierre, dans les secteurs historiques de Mauves et de Tournon, auxquels ils ont adjoint les vignes de Raymond Trollat à Saint-Jean-de-Muzols. Une seule cuvée dans chaque couleur. En blanc, les Oliviers (un parcellaire), en rouge, un assemblage des parcelles.

Les Oliviers blanc 2020
95
Fruité jaune bien mûr, mirabelle, gourmand, en bouche une agréable texture fine et fondante, de l'élégance et un charme fou.
2022>35
NC

Saint-joseph rouge 2019
95
Nez profond de millésime solaire, puissant et envahissant dans le verre. Tannin encore jeune et ferme, un peu serré, qui gagne en jus et en chair, un vin d'évolution lente, puissant et salin en finale.
2026>39
NC

Domaine Bernard Gripa

Famille historique de Mauves, les Gripa (à ne pas confondre avec les Grippat de Tournon) possèdent des vignes parmi les mieux situées du village, notamment le Berceau, qui leur donnent en blanc et en rouge deux cuvées à l'expression élégante et aboutie, et toujours d'un bon potentiel de garde.

Le Berceau blanc 2020
90
Une bouche agréable par sa densité, un fruité blanc entre fruit frais et fruit confit, très agréable.
2022>30
35 euros

Le Berceau rouge 2020
92
Une meilleure fraîcheur et un équilibre supérieur à l'autre saint-joseph rouge, tannins bien gainés, finale rafraîchissante qui donne envie d'un second verre.
2022>53
40 euros

E. Guigal

Négociant de longue date sur le cru, la maison Guigal y exploite aujourd'hui 17 hectares de vignes. En 2001, les rachats des domaines Jean-Louis Grippat et De Vallouydt lui permettent d'acquérir ses premiers vignobles en propriété dans l'appellation. Deux terroirs sont particulièrement mis en avant. La Vigne de l'Hospice, qui surplombe Tournon (monopole de 3,5 hectares) uniquement planté en rouge. Le lieu-dit Saint-Joseph planté en blanc et en rouge. Toutes les cuvées sont épuisées chaque année en quelques semaines.

Le Saint-Joseph blanc 2020
93
L'élevage est un peu appuyé et l'erreur serait d'ouvrir cette bouteille trop jeune. Notes fumées toastées élégantes, bois frais, beurre frais, grain de raisin, belle fraîcheur énergique, finale tonique et légèrement saline.
2025>35
NC

Vignes de l'Hospice rouge 2019
95
Moins solaire que le lieu-dit Saint-Joseph, plus salin, plus droit en bouche, expression tannique et serrée de la syrah, retour fruité en finale, fraîcheur et équilibre de grand vin. Il ira loin.
2026>39
NC

Cave de Saint-Désirat

Cette cave a contribué à l'extension de l'appellation saint-joseph en 1969. Depuis 2005 et sa fusion avec la cave coopérative de Sarras, les 350 coopérateurs exploitent plus de 50 % de la superficie de l'appellation.

Septentrio 2020
88
Bouche élégante aux tannins bien dessinés.
2022>28
18 euros

Cave de Tain

Saint-Joseph reste une appellation mineure (en volumes) pour cette cave coopérative spécialisée dans les crozes-Hermitage. Tous ses apporteurs en saint-joseph viennent des secteurs méridionaux. Le blanc nobles-rives est issu essentiellement des secteurs calcaires de Guilherand-Granges. Sans doute la seule possibilité de déguster ce terroir particulier.

Terre d'Ivoire blanc 2020
91
Très floral au nez, bouche plus saline, ample et bien équilibrée.
2022>30
26,90 euros

Esprit de Granit rouge 2019
92
Joli jus bien élevé, les tannins sont graissés par l'élevage, un vin sophistiqué et de belle évolution envisagée.
2022>34
28 euros

Domaine Georges Vernay

Si le domaine est surtout célèbre pour ses condrieux et ses côte-rôtie, il produit également un saint-joseph rouge de belle facture, terre-d'encre, issu d'une vigne à Chavanay, éraflé à 100 %. La rafle est davantage présente dans les vins de Côte-Rôtie. Christine Vernay préfère garder le fruit, trouvant les rafles en saint-joseph un peu rustiques en saint-joseph.

Terres d'encre 2020
92
Nez franc de fruits rouges (pêche de vigne, myrtille) et de fleurs. Toucher crémeux, aucune rudesse dans le tannin, l'éraflage à 100 % explique sûrement cette sensation tactile.
2022>30
35 euros

Pierre-Jean Villa

Pierre-Jean Villa est de Chavanay, il y a installé sa cuverie. C'est en saint-joseph qu'il a produit son premier vin sous son nom, Tildé, à partir de ses propres vignes. Aujourd'hui, il exploite trois hectares en rouge et 1,5 hectare en blanc. Des expressions profondes et intenses des terroirs septentrionaux parmi les plus abouties.

Saut de l'Ange blanc 2020
96
Nez très floral, concentré, méditerranéen, avec une touche d'eucalyptus fraîche. Concentration dans la texture de bouche, épaisse, de la puissance.
2026>35
40 euros

Préface rouge 2020
93
Franc fruité rouge au nez, bouche gourmande aux accents épicés, finale séveuse qui évoque la trame saline des pentes granitiques. Belle persistance sur le poivre, qui appelle une viande rouge.
2022>35
30 euros

D'autres belles réussites

Domaine Farjon, Ma Sélection 2019
91
Belle élégance de la bouche, rondeur et chair, harmonieux et agréable.
2022>29
NC

Jeanne Gaillard, La Relève 2020
89
Encore marqué par l'élevage, tannins gainés, bouche saline, droite, finale élégante.
2022>28
17,50 euros

Domaine de la Ville Rouge, Lenny blanc 2021
87
Bon fruité blanc charnu et juteux, en bouche le même registre, finale glissante.
2022>27
23 euros

Vidal-Fleury, saint-joseph 2019
90
Agréable, salin et droit en bouche, de belle ampleur.
2022>29
30 euros

RHONÉA, LA FORCE QUI VA

LE TEMPS D'UNE DÉCENNIE, CETTE RÉUNION DE CAVES COOPÉRATIVES DU SUD DE LA VALLÉE DU RHÔNE EST DEVENUE UNE SOURCE D'INSPIRATION POUR TOUS. LES RAISONS DE CET EXPLOIT ? TRAVAIL, EXIGENCE, PARTAGE. LA VOICI LANCÉE À TOUTE ALLURE SUR LA ROUTE DU SUCCÈS

PAR ***THIERRY DESSEAUVE***

IL N'EST PAS UN VILLAGE du Vaucluse viticole – c'est-à-dire quasiment tout le département – qui ne compte sa cave coopérative. Cette institution, réunissant généralement une part largement majoritaire des vignerons du canton, s'est développée il y a près d'un siècle, quand produire du vin ne laissait aux viticulteurs d'autres solutions que de le vendre à des négociants locaux ou nationaux et à leurs conditions. Ce lent mouvement d'émancipation s'est longtemps traduit par une hégémonie humaine, géographique et volumique plus qu'économique ou qualitative. Aujourd'hui, 70 % de la production de vin dans le Vaucluse provient des caves coopératives. Longtemps, rares ont été celles à faire preuve de dynamisme entrepreneurial. L'étonnante aventure du Cellier des Dauphins (regroupement de 13 caves) en fut pendant un temps l'unique démonstration. Plus rare encore furent celles à faire partie des exemples à suivre dans la spectaculaire mutation des vins des Côtes-du-Rhône, passés en moins de deux décennies de vin de comptoir banal à rouge de référence. Dans ce paysage aux contours immuables, l'aventure Rhonéa a commencé il y a moins de dix ans. Rapidement, elle est devenue l'une des plus intéressantes évolutions du monde viticole contemporain.

CONVICTIONS ET DISCIPLINE

Au départ, il y a le rapprochement esquissé entre deux caves, celles de Beaumes-de-Venise et de Vacqueyras. Les deux sont situées dans des terroirs majeurs du secteur. La première s'est consacrée à son cru d'origine à part entière à partir du début de ce millénaire. La seconde a construit sa réputation depuis 1990. La notoriété des crus, la représentativité des deux caves, leur taille, tout cela fait sens. Mais les pesanteurs humaines, les convictions des uns, les habitudes des autres sont bien plus difficiles à transformer. Avec une rare force de conviction soigneusement dissimulée derrière une sérénité rayonnante, le directeur général, Pascal Duconget a mené à bien son projet sans jamais dévier de la route que lui et ses conseils d'administration successifs s'étaient tracée, en collaboration permanente avec le président Claude Chabran. Actée en 2015, la création de Rhonéa consacre la fusion des deux caves et affiche surtout une nouvelle ambition : faire de cette nouvelle entité une véritable signature qui labellise toute la variété de ces crus majeurs et des autres appellations, côtes-du-rhône et gigondas en particulier, également travaillées par les vignerons adhérents. Une nouvelle discipline de travail, sous la houlette de l'excellent directeur technique Thierry Sansot, des cahiers des charges véritablement suivis au vignoble et des sélections accrues ont imprimé assez rapidement à cette nouvelle structure une signature de maison et apporté aux vins une véritable personnalité. La clé du succès réside bien dans cet approfondissement de la qualité et de la définition des vins. En révélant, aussitôt, une autre dimension : la valeur d'exemple. La création et le développement de Rhonéa donnent des idées à d'autres caves coopératives majeures du département qui décident bientôt de rejoindre le navire. En 2019, les caves de Rasteau, autre bijou de la vallée du Rhône méridionale, et de Visan, le plus septentrional des villages, s'intègrent à Rhonéa sous l'impulsion de leurs présidents, dans un projet fédérant vignerons et conseils d'administration.

ENSEMBLE SINON RIEN

Désormais forte de 2 900 hectares de vignes, Rhonéa devient l'un des acteurs majeurs de la vallée du Rhône, disposant, de surcroît, d'un portefeuille de crus et de terroirs de haut niveau. Sur cette surface totale, 2 100 hectares sont situés en crus ou en côtes-du-rhône villages. L'ambition, justifiée, est de représenter une bonne partie de la variété des terroirs viticoles du sud de la rive gauche rhodanienne. L'entreprise avance dans cette bonne direction. À travers cette stratégie, le principe même de la coopération viticole se renouvelle et rejoint enfin la philosophie humaniste qu'elle est censée inspirer. En moyenne, les 400 vignerons adhérents possèdent 10 hectares de vignes. Chacun pris séparément n'a que peu de chances de s'extirper d'un marché concurrentiel et exigeant. Ensemble, ils constituent une force en marche qui fait vivre l'économie du département et la vie des villages. Ensemble, ils produisent désormais des vins aussi diversifiés et intéressants que les grands acteurs viticoles. La valeur créée est ainsi redonnée aux vignerons pour plus de la moitié et investie dans les structures et le recrutement de personnels techniques de plus en plus pointus pour le reste. Cette modernisation du concept de coopération n'a de sens que si elle s'accompagne d'un véritable souci qualitatif. Cette préoccupation se traduit immédiatement : la pratique culturale peut être partout refondée, avec un objectif clairement déclaré de produire la totalité des marques en agriculture HVE, bio ou biodynamique d'ici 2030, mais aussi en enrôlant résolument l'ensemble de l'entreprise dans les enjeux du développement durable. Rhonéa est d'ailleurs membre fondateur de Vignerons engagés, premier label RSE de la filière vin. Une telle implication se traduit déjà prosaïquement et efficacement : la première responsabilité de Rhonéa consiste à maintenir les vignerons et leurs familles sur leurs exploitations et leur permettre de vivre dignement de leur travail. Nous suivons les vins de la maison depuis sa création. Et nous sommes heureux de voir à quel point la précision dans l'affirmation des identités de terroir et l'affermissement du style sont devenus ses maîtres mots. ▮

AKTA

La sélection

Preuves que la marque est aujourd'hui en pleine forme, ces quelques vins au rapport qualité-prix imbattables se sont fait remarquer

LES BLANCS

Notre-Dame des Vignes 2021, côtes-du-rhône villages Visan

88

Assemblage de grenache blanc, roussanne, clairette et viognier. Joli blanc au profil citronné, équilibre irréprochable, précis en bouche et facile d'accès. Plaisir immédiat.

2022>25
7,50 euros

Fontimple 2021, vacqueyras

89

Assemblage de grenache blanc et bourboulenc (20 %). Belle matière en bouche, large et pulpeuse, trame fine et fruité équilibré par une tension juste.

2022>26
13 euros

LES ROUGES

Passe Colline 2020, ventoux

88

Assemblage de syrah, grenache et carignan. Belle expression fruitée, agréable à boire un peu frais pour son côté croquant et expressif. Vin de plaisir.

2023>26
5,80 euros

Les Contreforts 2020, côtes-du-rhône villages Vaison-la-Romaine

88

Agréable par sa rondeur et sa souplesse en bouche, avec ce qu'il faut de longueur et d'éclat dans le fruit pour étonner et séduire. Joli vin.

2023>26
8 euros

Dom Venitia 2020, beaumes-de-venise

90

Formellement irréprochable, mur et fruité, dans un registre assez franc et expressif, un joli vin à boire sur le fruit dans sa jeunesse.

2022>25
10 euros

Le Pas de Montmirail 2020, gigondas

89

Vin gourmand, assez universel, Il plaira au plu grand nombre par sa suavité, sa finesse de texture. On peut l'apprécier dès maintenant.

2022>26
16 euros

Les Pierres du Vallat 2019, gigondas

89

Elevage partagé entre foudres et barriques. Aujourd'hui, le fruit est encore un peu en retrait et le boisé domine. Le rapport devrait rapidement s'inverser. Notes épicées (poivre blanc), bouche savoureuse.

2024>28
17 euros

L'Hérein 2020, côtes-du-rhône villages Visan

91

Supplément de longueur et de pureté dans ce côtes-du-rhône épicé, intense et savoureux. Il a du caractère et de la persistance.

2023>28
10 euros

Les Encostes 2019, rasteau

90

Tout en souplesse malgré une richesse en bouche importante, on aime son caractère épicé et son beau volume. Bravo.

2023>28
15 euros

Bel Air 2018, beaumes-de-venise

89

Issu d'un secteur de terres blanches argilo-calcaire, exposé au sud. Corps doux et velouté, finale gourmande et légère. Grande buvabilité.

2022>26
13 euros

Trias 2018, beaumes-de-venise

91

Assez surprenant par son caractère profonde et séveux, bouche intense et énergique qui finit sur les épices.

2023>27
15 euros

La Beaume 2019, beaumes-de-venise

90

Issu de vignes plantées sur un sol d'argiles bleues à 300 mètres d'altitude, vin suave et velouté, au charme évident, agréable par sa finesse. Longueur généreuse et bon potentiel de garde.

2024>30
13 euros

La Ponche 2019, vacqueyras

92

Dans un style riche qui met avant ce vin au corps gras, ample et intense, dense et encore un peu serré dans son milieu de bouche. Finale onctueuse. À garder en cave quelques années.

2025>32
16 euros

Domaine Miramont 2019, vacqueyras

92

Vin en biodynamie. Caractère racé, bouche longue, étirée par des notes intenses de garrigues. Profondeur, personnalité et pureté, c'est superbe.

2025>33
14 euros

LES ROUTES DE XAVIER VIGNON

ŒNOLOGUE PRÉCIS ET EXPÉRIMENTATEUR HORS PAIR, XAVIER VIGNON A SILLONNÉ LES VIGNOBLES DU MONDE AVANT DE S'INSTALLER AU CŒUR DES DENTELLES DE MONTMIRAIL. IL Y A CRÉÉ UNE MAISON À SON NOM POUR Y PRODUIRE DES VINS AUSSI ÉTONNANTS QUE PASSIONNANTS

PAR **THIERRY DESSEAUVE**

S'IL FALLAIT CONCENTRER en une seule personne toute la passion et toute l'inventivité que l'univers du vin peut susciter, Xavier Vignon pourrait assurément postuler à ce rôle. Rien ne prédisposait pourtant cet homme de 52 ans à devenir l'un des plus originaux acteurs du mondovino contemporain. Fils d'un tailleur de pierre, Picard d'origine, Vignon s'intéresse aux sciences et rencontre un œnologue qui lui transmet *« la voie rêvée »*, comme il le dit aujourd'hui. Il apprend le métier à la réputée faculté d'œnologie de Montpellier. Une fois commencée, la vocation s'installe, pour ne plus quitter le personnage. En plus des apprentissages théoriques, il multiplie les expériences pendant ses études dans les deux hémisphères et totalise pas moins de treize vendanges en sept ans. Il se forme en Champagne, puis à Bordeaux et jusqu'en Australie, mais c'est finalement dans le sud de la vallée du Rhône que le bourlingueur pose son havresac. À la fin du siècle dernier, Vignon s'installe dans la région en commençant par y diriger un important cabinet d'œnologie, ce qui lui permet à la fois de sillonner toutes les vignes de la vallée du Rhône et de rencontrer des dizaines de vignerons qui constitueront plus tard un extraordinaire vivier de partenaires. En travaillant ainsi sur des vins petits et grands, Vignon expérimente beaucoup et acquiert inspirations et méthodes.

LES IDÉES FUSENT

Les idées fusent dans sa tête, parfois pour sauver un vin bien mal parti, parfois pour créer quelque chose de grand. Très naturellement, il devient consultant pour de nombreuses propriétés, puis il ajoute une nouvelle corde à son arc. *« Pour montrer à mes amis qu'on pouvait faire de belles choses, je suis devenu négociant par défaut. »* Sans jamais abandonner son activité de consultant – il travaille aujourd'hui avec plus de 200 clients –, cet insatiable touche à tout s'attaque à la production. Cette double casquette l'oblige à ne pas refaire le vin qu'il conseille, donc à innover.

Vignon observe d'abord un terroir qu'il regarde sans a priori. Les spectaculaires Dentelles de Montmirail, hérissement subit né du chevauchement de deux plaques tectoniques, le fascinent. L'enchevêtrement inouï de sables et de grès de l'ère tertiaire, des calcaires et marnes du Jurassique et du Crétacé le frappe, et il ne manque pas de mettre en regard cette incroyable diversité d'expositions et de sols avec l'uniformité de la production de l'époque. Pour contrer la banalité ambiante, Vignon innove comme peu osent le faire dans une région installée dans ses certitudes. Le temps est le premier des leviers qu'il utilise pour affirmer sa différence. Le changement climatique influe sur la richesse en sucre des baies, donc son niveau d'alcool, mais aussi sur la maturité des tannins. L'œnologue qu'il est réfléchit sur le rôle des sels minéraux, présents et variés dans le sous-sol rhodanien. En favorisant des systèmes racinaires profonds, il permet à la vigne de puiser largement dans les sels minéraux contenus dans les eaux qui traversent son terroir afin qu'elle les transmette aux feuilles et aux baies. L'ensoleillement et le vent permettent une concentration de ces sels et maximisent leur influence à la fois sur les tannins et la structure aromatique. Chaque sel minéral, suivant sa composition, a, en sus, une incidence différente sur l'équilibre chimique du vin et donc une conséquence gustative. L'homme réfléchit aussi à de nouveaux contenants aptes à dompter des tannins bien plus expressifs que par le passé. Béton, puis verre l'intéressent tour à tour. Les expériences ou les découvertes de bouteilles retrouvées au fond des mers et leurs spectaculaires résultats en dégustation l'interrogent. Plutôt que plonger les vins dans l'océan, il crée un immense cuvier de bois et d'inox, rempli de vin et capable d'intégrer cinq barriques. Ce qu'il baptise *« vinarium »* offre au vieillissement du vin un univers homogène et optimal. Sa cuvée de châteauneuf rouge Le Pape a ainsi été immergée 60 mois dans cet univers pour produire un 2010 effectivement réjouissant de profondeur et de fraîcheur.

L'INNOVATION NE S'ARRÊTE PAS LÀ

Vignoble de vallée, de terrasses et de coteaux, les côtes du Rhône méridionales s'étagent sur des altitudes différentes, même si elles ne sont jamais très hautes. Avec le mistral qui souffle en quasi-permanence, les écarts de température qui peuvent exister entre ces différents niveaux d'altitude se révèlent vite spectaculaires. Vignon a l'idée de faire fi de la logique géographique des appellations pour se concentrer sur l'altitude. La cuvée L'étoile réunit ainsi les terroirs situés entre 400 et 600 mètres des sols du Trias. L'expérimentateur infatigable construit aussi des monocépages, comme avec Le Diable 2015, assemblage de très vieux mourvèdres provenant de dix-sept parcelles aux terroirs différents (argiles rouges, argiles bleues, galets roulés, urgoniens, sables, etc.). Enfin, et c'est certainement l'apport le plus intéressant et pérenne de cette boulimie d'expériences, il crée dans le monde du vin tranquille la notion d'assemblage de millésimes *« à la champenoise »*. Par exemple, son cairanne La Tempérance réunit des vins des millésimes 2015, 2016, 2017 et 2018. Association subtile de la maturité des tannins et de la vigueur du fruit, le vin offre un profil extrêmement complet et précis. Avec trois gammes, Arcane (les innovations), Terroirs (une interprétation précise de chaque cru) et L'Esprit Français (la traduction de l'esprit du compagnonnage mettant en scène des dizaines de vignerons partenaires), l'ébouriffant travail de Xavier Vignon ne saurait se résumer à la seule expérimentation. Bien au contraire, balayant de vieux concepts pour en imaginer d'autres, il définit à sa façon le nouveau classicisme d'une époque de bouleversements climatiques et de nouvelles orientations de marché. Multiaventurier, Xavier Vignon trace des routes qu'il faut savoir suivre.

PRESSE

LES ARTISTES DE LA VALLÉE MAGNIFIQUE

NORD COMME SUD, LE VIGNOBLE RHODANIEN EST UN REPAIRE DE STARS ET UN VIVIER DE DÉCOUVERTES. CEUX-LÀ SORTENT DU LOT. D'AUTRES SUIVRONT

RHÔNE NORD

Domaine de Bonserine

★★★☆☆

Ce petit domaine ne produit que quatre cuvées, trois en côte rôtie et une en condrieu, à partir de ses 12 hectares en propriété dont 11 sur la Côte Rôtie, répartis sur un grand nombre de parcelles. Propriété de la famille Guigal depuis 2006, le domaine est géré par une équipe autonome.

- La Garde, Côte Rôtie 2019 | Sec | 2025>2034 | 80 € — 93
- Condrieu 2021 | Sec | 2022>2027 | 41 € — 90

Domaine Bott

★★★☆☆

Julie et Graeme Bott se sont lancés dans leur propre aventure en 2015, rachetant cinq hectares de parcelles en friche et les plantant en échalas. En 2019, le couple est lauréat du concours « Vignerons et Terroirs d'Avenir », organisé par Advini. Les vins sont sculptés, généreux et bien élevés. Il faut compter sur eux.

- Saint-Joseph 2020 | Sec | 2022>2026 | 30 € — 89
- Côte Rôtie 2020 | Sec | 2022>2028 | 65 € — 91

M. Chapoutier

★★★★★

Désormais rejoint par ses enfants Mathilde et Maxime, Michel Chapoutier n'a rien changé de ses principes : biodynamie et mise en avant des parcelles de son formidable patrimoine de vigne dans les grands terroirs de la vallée (nord comme sud). Comme il l'explique le but n'est pas de faire le plus grand vin à chaque millésime, mais d'en prendre une photographie précise grâce aux parcellaires. La dégustation du splendide millésime 2019 nous a beaucoup ému.

- Le Clos, Saint-Joseph 2019 | Sec | 2026>2039 | 167 € — 96
- Croix de Bois, Châteauneuf-du-Pape 2019 | Sec | 2022>2049 | 94 € — 98
- Le Pavillon, Ermitage 2019 | Sec | 2029>2059 | NC — 100

Domaine Jean-Louis Chave

★★★★★

Jean-Louis Chave vient d'achever l'aménagement de son coteau de Chalaix, un travail titanesque et vingt années de dur labeur pour produire un saint-joseph de haute volée. Il demeure l'un des meilleurs spécialistes de l'Hermitage, où il possède un parcellaire de premier plan (partie septentrionale de la colline). Son application de tous les instant a permis en 2019 l'élaboration en blanc comme en rouge de vins en tous points parfaits. Ils feront date dans la grande liste des millésimes d'anthologie du domaine.

- L'Ermitage, Hermitage 2019 | Sec | 2029>2049 | NC — 100
- L'Ermitage, Hermitage 2019 | Sec | 2029>2049 | NC — 100

Domaine Auguste Clape

★★★☆☆

Nous n'avions pas pu rendre visite à ce domaine depuis quelques années. Le temps y semble figé. Pierre-Marie travaille avec son fils Olivier qui incarne désormais la nouvelle génération. La nouvelle cuverie permet de vinifier dans de meilleures conditions, équipée notamment en groupes de froid, outil indispensable depuis quelques millésimes. Les vins évoluent toujours lentement et tiennent plusieurs dizaines d'années. Grands 2020 et 2019.

- Cornas 2019 | Sec | 2029>2049 | NC — 96
- Saint-Péray 2020 | Sec | 2022>2030 | NC — 93

Jean-Luc Colombo

★★★☆☆

Laure Colombo, jeune et brillante œnologue, a rejoint les activités familiales sur Cornas mais a souhaité créer en marge son propre domaine, sur les hauteurs de Saint-Péray. C'est en famille que la gamme se construit, entre le vignoble de la côte Bleue et celui du Rhône, et bien sûr les activités de sourcing, tantôt sous l'étiquette Colombo & Fille, tantôt Jean-Luc Colombo. Les cornas sont les grands vins.

- La Belle de Mai, Saint-Péray 2020 | Sec | 2022>2027 | 29 € — 90
- Les Ruchets, Cornas 2018 | Sec | 2022>2038 | 70 € | ☘ — 95
- Terres Brûlées, Cornas 2018 | Sec | 2022>2038 | 42 € | ☘ — 94

Domaine Combier

★★★☆☆

Domaine parmi les plus réguliers de l'appellation crozes depuis plus de trente ans, où l'on cultive avec la même passion la vigne et l'abricot. Julien et David ont rejoint leur père Laurent. Ils exploitent 50 hectares de vignes majoritairement situées sur les galets roulés de la plaine des Châssis, ainsi que quelques secteurs granitiques au nord de l'appellation et un peu en saint-joseph. Le clos-des-grives, issu de neuf hectares d'une vigne amoureusement soignée, excelle dans le temps dans les deux couleurs.

- Clos des Grives, Crozes-Hermitage 2020 | Sec | 2025>2040 | 42 € — 93
- Cap Nord, Saint-Joseph 2020 | Sec | 2022>2035 | 15.8 € — 92

Domaine Pierre et Jérôme Coursodon

★★★☆☆

Jérôme Coursodon est à la tête d'un des domaines réputés de Mauves. Les saint-joseph de ce secteur de l'appellation (Mauves-Tournon) sont différents de ceux plus au nord, autour de Sarras, même si tous sont produits sur des sols granitiques. Les rouges du domaine sont souvent plus aboutis que les blancs.

- Le Paradis Saint-Pierre, Saint-Joseph 2020 | Sec | 2022>2030 | 33 € — 91
- La Sensonne, Saint-Joseph 2020 | Sec | 2022>2035 | 46 € — 93

Delas

★★★★☆

Dans ses nouvelles installations en plein cœur de Tain, Jacques Grange dispose d'un outil sublime à la pointe de la modernité. Il est secondé par Marco Beckmann, un œnologue italien fin dégustateur. Les prochains millésimes s'annoncent prometteurs. En Hermitage, la nouvelle cuvée issue des Grandes Vignes au sommet de la colline, révèle au grand jour ce terroir peu exploités.

- Chante-Perdrix, Cornas 2020 | Sec | 2022>2040 | 44.4 € — 93
- La Landonne, Côte Rôtie 2019 | Sec | 2026>2039 | 156 € — 95
- Les Grandes Vignes Ligne de Crête, Hermitage 2020 | Sec | 2027>2040 | 151 € — 98

Domaine Benjamin et David Duclaux

★★★☆☆

Domaine situé dans la partie sud de la Côte Rôtie, notamment le

MATHIEU GARÇON

Caroline Frey (domaines Paul Jaboulet Aîné).

secteur de Maison Rouge. Les deux frères Benjamin et David Duclaux sont aux commandes du domaine familial et ont apporté une précision supplémentaire aux vins, notamment les rouges. Adresse très recommandable.

- Maison Rouge, Côte Rôtie 2020 | Sec | 2022>2035 | 68 € — 92
- Coteaux de Tupin, Côte Rôtie 2019 | Sec | 2025>2034 | 117 € — 93

Équis

☆☆

Équis est la société de négoce de Maxime Graillot, fils d'Alain, qui propose en complément du domaine familial des vins de même style, très fruités et glissants, vins de soif par excellence, dont la restauration a tant besoin.

- Saint-Joseph 2019 | Sec | 2022>2029 | 32 € — 91
- Domaine des Lises, Crozes-Hermitage 2020 | Sec | 2022>2026 | 40 € — 89

Ferraton Père & Fils

☆☆☆

Ferraton appartient à Michel Chapoutier. Celui-ci a souhaité conserver une équipe autonome aux manettes, dirigée par Damien Brisset. La gamme privilégie une approche parcellaire et étend chaque année le nombre des cuvées proposées. Une référence pour ses vins rouges.

- Le Méal, Ermitage 2019 | Sec | 2022>2039 | 97 € — 93
- Le Reverdy, Ermitage 2019 | Sec | 2022>2039 | 72 € — 93
- Le Grand Courtil, Crozes-Hermitage 2019 | Sec | 2022>2039 | 33 € — 92

Domaine Pierre Gaillard

☆☆☆

Pierre Gaillard travaille avec ses enfants sur une large gamme de terroirs du nord de la vallée du Rhône. Des raisins bien mûrs permettent souvent d'apprécier ses vins assez jeunes, fidèles représentants de leurs appellations. La régularité du domaine est son point fort.

- Rose Pourpre, Côte Rôtie 2020 | Sec | 2022>2035 | 95 € — 93
- L'Octroi, Condrieu 2021 | Sec | 2022>2028 | 40 € — 90

Domaine Pierre Gonon

☆☆☆☆

Les deux frères Gonon proposent un style de saint-joseph propre à la partie méridionale de l'appellation, plus gourmand que leurs confrères situés au nord, séduisants et vieillissant bien. Les sols sont impeccablement travaillés, au cheval ou au treuil. Dans le compliqué millésime 2021, le gel, le mildiou puis la grêle ont eu raisin même des vignes les mieux tenues. Le blanc les-olivier et le rouge du domaine seront à boire sur leur fruit de jeunesse.

- Saint-Joseph 2019 | Sec | 2026>2039 | 40 € — 95
- Les Oliviers, Saint-Joseph 2020 | Sec | 2022>2035 | 40 € — 95

Domaine Alain Graillot

☆☆☆

Nous saluons la mémoire d'Alain Graillot qui vient de nous quitter. Depuis une quinzaine d'années, ses deux fils Maxime et Antoine s'occupent de ce domaine ambassadeur pour les vins de Crozes-Hermitage. Désormais certifié bio, le style des cuvées n'a pas été bouleversé pour autant. Au sommet de la gamme, la-guiraude, grand crozes de garde à ouvrir après dix ans en bouteille.

- La Guiraude, Crozes-Hermitage 2019 | Sec | 2026>2039 | 40 € — 93
- Saint-Joseph 2020 | Sec | 2022>2035 | 30 € — 92

Domaine Bernard Gripa

☆☆☆

Fabrice Gripa a franchi un cap dans l'expression de ses différentes cuvées en saint-joseph et saint-péray. Dans ce secteur sud du nord de la vallée du Rhône, tout le travail consiste à préserver la fraîcheur et l'équilibre des raisins mûrs sans alourdir la richesse naturelle des vins en cave. Les vins sont très bons jeunes et vieillissent bien.

- Le Berceau, Saint-Joseph 2020 | Sec | 2022>2035 | 40 € — 92
- Les Pins, Saint-Péray 2020 | Sec | 2022>2030 | 21 € — 91

E. Guigal

☆☆☆☆☆

Marcel et Philippe Guigal mènent de concert la belle entreprise familiale, qui depuis 2017 s'est bien étendue dans le sud, à Châteauneuf-du-Pape (77 hectares en propriété) complétés au printemps 2022 par les 100 hectares du château d'Aquéria. Et toujours le riche parcellaire en côte rôtie, condrieu, saint-joseph et en hermitage. L'amateur peut déguster quelques-unes des plus grandes cuvées de la vallée, sans oublier le brillant côtes-du-rhône, dans les trois couleurs, et le tavel, cru fétiche de Philippe.

- Côtes du Rhône 2019 | Sec | 2022>2029 | NC — 91
- Ex-Voto, Ermitage 2018 | Sec | 2026>2038 | NC — 96
- La Landonne, Côte Rôtie 2018 | Sec | 2028>2048 | NC — 98
- Château de Nalys, Châteauneuf-du-Pape 2019 | Sec | 2022>2034 | NC — 96

Domaines Paul Jaboulet Aîné

☆☆☆☆

Caroline Frey dirige avec application cette institution de la vallée. Les changements entrepris n'ont jamais autant porté leurs fruits, tant dans le vignoble qu'en cuverie. Des vins rouges épurés, raffinés, frais dans leurs parfums de fruits et des blancs frais et sophistiqués. Au sommet de la gamme, le mythique hermitage la-chapelle, un savant dosage entre méal et bessards, deux des plus fameux coteaux de la colline.

- Domaine de Thalabert, Crozes-Hermitage 2020 | Sec | 2022>2035 | 27 € — 91
- La Croix des Vignes, Saint-Joseph 2020 | Sec | 2022>2030 | 43.2 € — 90
- Domaine de Saint-Pierre, Cornas 2020 | Sec | 2022>2035 | 54 € — 92

Domaine Philippe et Vincent Jaboulet

☆☆☆

Sur les terroirs de Crozes-Hermitage et de l'Hermitage, qu'ils connaissent parfaitement, Philippe et Vincent Jaboulet proposent une gamme de vins de belle expression et souvent d'évolution lente. Ne manquez pas l'hermitage blanc, le seul à être issu uniquement de la roussanne.

- Ermitage 2017 | Sec | 2022>2032 | 40 € — 93
- Nouvelère, Crozes-Hermitage 2017 | Sec | 2022>2032 | 22.9 € — 93

Domaine Corinne et Jean-Paul Jamet

☆☆☆☆

Jean-Paul Jamet dirige avec son épouse Corinne et leur fils Loïc l'un des plus beaux domaines de la Côte Brune de la Côte Rôtie. C'est d'ailleurs le nom de la cuvée emblématique du domaine, d'une finesse et d'une élégance sans équivalent millésime après millésime. Une référence.

- Vernillon, Condrieu 2020 | Sec | 2022>2030 | 52 € — 91
- La Landonne, Côte Rôtie 2019 | Sec | 2027>2039 | NC — 98

Domaine Jasmin

☆☆☆

Ce petit domaine exploite 11 parcelles sur huit lieux-dits en côte-rôtie, à partir desquelles Patrick Jasmin n'élabore qu'une seule cuvée d'assemblage auquel il faut donner quelques années de vieillissement. Une adresse sérieuse.

Maison & Domaine Les Alexandrins

★★☆☆☆

Cette double structure s'articule autour d'un vignoble en propre et d'une activité de négoce, grâce à la complicité de Nicolas Jaboulet, Guillaume Sorrel et Alexandre Caso, sous l'œil bienveillant de la famille Perrin (de Châteauneuf). Le credo est simple : le plaisir à un prix accessible et des vins gourmands et ouverts.

Domaine Levet

★★★☆☆

Agnès Levet est la quatrième génération de ce domaine d'Ampuis, héritier de Marius Chambeyron, qui exploite un petit vignoble de 4,80 hectares émiettés en une dizaines de parcelles en côte-rôtie. Seulement trois cuvées sont produites chaque année, pour un rapport qualité-prix difficilement battable. Un domaine qui mérite d'être découvert.

- Améthyste, Côte Rôtie 2020 | Sec | 2022>2040 | 42 € — 95
- Péroline, Côte Rôtie 2020 | Sec | 2022>2040 | 52 € — 96

Domaine Michel et Stéphane Ogier

★★★★☆

L'ambition qu'affiche Stéphane Ogier se mesure à la qualité atteinte par ses vins mais aussi par sa nouvelle cuverie. Un magnifique outil de travail pour vinifier en parcellaire ses terroirs de Côte-Rôtie et de Seyssuel. La vinification en fût est maîtrisée grâce à des élevages longs. Une source fiable d'excellentes syrahs du nord du Rhône, prisée des grands sommeliers et des marchands de vin du monde entier.

- La Combe de Malleval, Condrieu 2020 | Sec | 2022>2030 | 40 € — 92
- L'Âme Sœur - syrah de Seyssuel, Vin de France 2020 | Sec | 2022>2030 | 48 € — 91
- La Viallière, Côte Rôtie 2018 | Sec | 2022>2043 | 125 € — 96

Domaine Vincent Paris

★★★☆☆

Vincent Paris est une valeur sûre de l'appellation cornas, grâce à ses cuvées toujours très régulières. Au sommet de la gamme une 60° et la-geynale, puissantes expressions de la salinité de la roche du sous-sol. Adresse incontournable pour les amoureux de cornas.

- Granit 60°, Cornas 2020 | Sec | 2022>2040 | 35 € — 95
- La Geynale, Cornas 2020 | Sec | 2022>2040 | 41 € — 96

Domaine Pichon

★★★☆☆

Christophe Pichon a rejoint la tête du peloton de qualité dans les appellations saint-joseph, condrieu et côte-rôtie. Dans cette dernière, sa sélection parcellaire rozier, au cœur de la côte du même nom, est remarquable. La comtesse issu de la Côte-Blonde est magistral par son toucher de bouche suave et la délicatesse de ses parfums.

- La Comtesse en Côte Blonde, Côte Rôtie 2019 | Sec | 2026>2049 | 120 € — 96
- Caresse, Condrieu 2020 | Sec | 2022>2030 | 55 € — 92

Domaine Marc Sorrel

★★★★☆

Guillaume Sorrel a en charge le domaine familial depuis le millésime 2019. De nombreux ajustements ont été apportés, renforçant la restitution de la force du coteau dans le verre. Dégustation magique des 2019 et surtout des 2020, moment rare de communion avec un grand terroir. Les deux cuvées phare du domaine, rocoules en blanc et gréal en rouge, ne sont pas à ouvrir avant vingt ans. Les patients seront récompensés.

- Le Gréal, Hermitage 2020 | Sec | 2035>2050 | 150 € — 99
- Crozes-Hermitage 2020 | Sec | 2022>2035 | 25 € — 94

Cave de Tain

★★★☆☆

La cave dispose désormais d'une cuverie de taille suffisante pour vinifier ses raisins apportés et produire son grand nombre de cuvées. Elle fait jeu égal avec les meilleurs producteurs de la région. En hermitage, fierté des adhérents qui peuvent compter sur le parcellaire légué par le fondateur Gambert de Loche, la cuvée Epsilon impressionne. Production confidentielle (1 500 cols produits), c'est un grand vin que tout amateur avisé doit avoir en cave.

- Au Cœur des Siècles, Hermitage 2018 | Sec | 2022>2038 | NC — 94
- Les Hauts du Fief, Crozes-Hermitage 2018 | Sec | 2025>2038 | NC — 93
- Arènes Sauvages, Cornas 2018 | Sec | 2022>2038 | 41.35 € — 93
- Epsilon, Hermitage 2018 | Sec | 2026>2038 | NC — 97

Domaine Georges Vernay

★★★★★

Christine Vernay et sa fille Emma travaillent désormais ensemble. La philosophie demeure inchangée. En condrieu, savoir-faire historique du domaine, les chaillées-de-l'enfer fait jeu égal avec le prestigieux coteau-de-vernon. En côte-rôtie, le grand terroir de Maison Rouge s'exprime avec un fruité rouge d'une grande générosité, ouvert dans sa jeunesse, ce qui est propre à ce secteur en bordure méridionale de l'appellation.

- La Maison Rouge, Côte Rôtie 2019 | Sec | 2022>2039 | 115 € — 96
- Les Chaillées de l'Enfer, Condrieu 2020 | Sec | 2022>2035 | 75 € — 96

Vidal-Fleury

★★☆☆☆

Cette maison historique d'Ampuis, fondée en 1781, a vu le départ de la carrière d'Étienne Guigal. Aujourd'hui, elle appartient, juste retour des choses, à ses descendants tout en étant gérée de façon autonome par Guy Sarton du Jonchay. La maison élabore chaque année un délicieux muscat-de-beaumes-de-venise, gourmand et parfumé. Vins sérieux et recommandables.

Pierre-Jean Villa

★★★★☆

Quelle progression fulgurante pour ce néo-vigneron installé seulement depuis 2009. Le soin constant apporté à ses différentes parcelles et un travail précis en cave lui permettent de produire en saint-joseph, en condrieu et en côte-rôtie des vins sur le podium de leurs appellations respectives. En 2020, le côte-rôtie fongeant frôle la perfection. La gageure sera pour l'amateur de parvenir à mettre la main sur quelques bouteilles.

- Esprit d'Antan, Seyssuel 2020 | Sec | 2025>2035 | 40 € — 93
- Jardin Suspendu, Condrieu 2020 | Sec | 2022>2035 | 49 € — 94
- Fongeant, Côte Rôtie 2020 | Sec | 2026>2040 | 110 € — 99

Domaine Alain Voge

★★★☆☆

Aujourd'hui mené par Lionel Fraisse, le domaine est surtout connu pour ses cornas et ses saint-péray de référence. 13 hectares bio certifiés, une gamme bien construite dans son processus de vinification et de tarification. Au sommet, le cornas les-vieilles-fontaines et un délicieux saint-péray effervescent, les bulles-d'alain.

- Fleur de Crussol, Saint-Péray 2020 | Sec | 2026>2040 | 34 € | ☘ — 94
- Les Vieilles Vignes, Cornas 2019 | Sec | 2025>2039 | 49 € | ☘ — 96

RHÔNE SUD

Pierre Amadieu

★★★☆☆

C'est le plus vaste et probablement l'un des plus anciens domaines de Gigondas, mené par Pierre Amadieu, l'actuel propriétaire, l'un des hommes les plus investis du village. Le domaine dispose de parcelles à couper le souffle sur la Machotte, le Pas de l'Aigle et Romane entre autres. À 400 mètres d'altitude, les grenaches sont cueillis à pleine maturité pour être longuement cuvés et affinés en foudres, dont certains dépassent le demi-siècle. Les autres appellations proposées sont soignées avec la même attention. Un vrai coup de cœur pour les rosés, les rouges confirment leurs aptitudes au vieillissement tandis que les blancs sont d'une admirable fraîcheur.

- Romane Machotte, Gigondas 2020 | Sec | 2024>2032 | 15.8 € — 90
- Le Pas de l'Aigle, Gigondas 2018 | Sec | 2025>2035 | 22 € — 90
- Le Pas de l'Aigle, Gigondas 2017 | Sec | 2024>2030 | 22 € — 91
- Col du débat, Cairanne 2019 | Sec | 2025>2035 | NC — 91

Domaine de l'Amauve

★☆☆☆☆

Dans le Haut-Vaucluse, adossé aux dentelles de Séguret, le domaine de l'Amauve est un représentant émérite de l'appellation, dirigé par le passionnant Christian Voeux. Il exprime avec sensibilité les vieilles vignes des 11,5 hectares de sols sableux et caillouteux que compte le domaine. Depuis 2017, il s'est engagé dans la conversion vers la viticulture biologique. Des vins précis et assurés et une cuvée réserve, élevée pendant plus de 18 mois, qui fait référence sur l'appellation, démontrant au passage toute la magnificence de ce terroir morcelé.

- Laurances, Côtes du Rhône-Villages Séguret 2020 | Sec | 2022>2026 | 11 € | ☘ — 88
- Les Merrelies, Côtes du Rhône-Villages Séguret 2019 | Sec | 2022>2027 | 14 € — 89

Château d'Aquéria

★★★☆☆

Le domaine a la particularité d'être le seul à s'étendre d'un seul tenant sur les appellations tavel et lirac, sur 65 hectares. Ses galets roulés en surface et son sous-sol sablo-argileux produisent des vins assez frais, les vignes souffrant moins de la chaleur que dans d'autres zones. Le tavel contient huit des neuf cépages autorisés dans l'appellation, c'est une des fiertés de la famille Bez, qui gère avec discrétion et sagesse ce magnifique domaine, qui, avec ses prix sages est un modèle pour la région. Les vins font preuve d'un formidable potentiel de garde et se complexifient admirablement comme le prouvent régulièrement des dégustations verticales.

- **Tavel 2021** | Sec | 2023>2028 | 12.45 € — 92
- **Lirac 2021** | Sec | 2022>2026 | 12.45 € — 88

Arnoux et Fils

★★☆☆☆

C'est un domaine familial depuis plusieurs siècles, avec un vignoble qui s'étend sur 500 hectares répartis sur sept appellations de la région. Actuellement Marc et Jean-François proposent une gamme de vins bien faits et précis, avec une étonnante constance de qualité sur une proposition aussi large.

- **Château Lestours Clocher, Vacqueyras 2018** | Sec | 2022>2027 | 34.4 € — 92
- **Château Lestours Clocher - Les Pénitens, Vacqueyras 2019** | Sec | 2023>2028 | 16.5 € — 92
- **Sélection parcellaire, Gigondas 2019** | Sec | 2023>2028 | 28 € — 93

Domaine du Banneret

★★★☆☆

La propriété est toute petite, seulement trois hectares. Tous les cépages de l'appellation sont plantés et assemblés, rouges et blancs confondus, en pourcentage suffisant pour exprimer l'assemblage avec une rare originalité. La vendange n'est pas égrappée, le vin élevé suffisamment longtemps en barriques. Jean-Claude Vidal, architecte de métier, a fait ses premiers millésimes en 1989 et 1990 chez Henri Bonneau, et transmet peu à peu à sa fille et à son gendre (domaine du Tourbillon) son expérience. Le style est tout en élégance et la rusticité des vins jeunes se perd progressivement avec l'âge et donne un charme certain à la dégustation.

Domaine de la Barroche

★★★★☆

Dans sa nouvelle cuverie où le béton est roi, Julien Barrot continue de perfectionner ses vinifications et ses assemblages, déjà remarquables et parfois exceptionnels. De très vieilles vignes, cultivées sur les lieux-dits Palestor et Grand-Pierre, dans l'immédiat voisinage de Rayas, donnent en particulier dans la cuvée pure, un vin d'une race et d'une finesse remarquables, comptant parmi les références de l'appellation. Enfin, un joli blanc 100 % clairette complète la gamme, qui démontre que Julien Barrot excelle aussi bien en blanc qu'en rouge. Nous remontons la notation du domaine.

- **Pure, Châteauneuf-du-Pape 2020** | Sec | 2025>2035 | 95 € — 94
- **Liberty, Vin de France 2019** | Sec | 2022>2027 | 20.5 € — 90
- **Julien Barrot, Châteauneuf-du-Pape 2020** | Sec | 2027>2037 | 36 € — 94

Julien Barrot (domaine de la Barroche).

Château Beaubois

★★☆☆☆

Château Beaubois a pris sa place parmi les meilleurs producteurs de l'appellation. Fanny Boyer cherche tous les ans à avancer et se remettre en question. Les 50 hectares de vignoble qui entourent le château sont composés du terroir typique des Costières, des galets roulés sur des sols argilo-calcaires, avec une belle influence maritime due à la proximité de la Méditerranée. Le domaine produit également des IGP d'OC délicieux. Les tarifs, quant à eux restent très sages au regard de la qualité.

- **Élégance, Costières de Nîmes 2020** | Sec | 2022>2026 | 12 € | ☘ — 88
- **Confidence, Costières de Nîmes 2020** | Sec | 2024>2030 | 14.8 € | ☘ — 90

Château de Beaucastel

★★★★★

Depuis 1909, Beaucastel est la propriété de la famille Perrin, aujourd'hui sous la direction de Jean-Pierre et François, les fils de Jacques Perrin, accompagnés de Cécile, Marc, Pierre, Thomas, Charles, Mathieu et César, la cinquième génération. Autrement dit : une affaire de famille ! Situé sur un terroir de 100 hectares de galets roulés, dont 30 hectares en Côtes du Rhône (Coudoulet de Beaucastel), le château Beaucastel produit quatre vins. En blanc, une cuvée classique où la roussanne est dominante, et la célèbre cuvée roussanne-vieilles-vignes. En rouge, le mourvèdre joue un grand rôle puisqu'il représente près d'un tiers des plantations, autant que le grenache. Cette proportion inhabituelle permet d'atteindre la finesse et la fraîcheur caractéristique de Beaucastel.

- **Châteauneuf-du-Pape 2020** | Sec | 2025>2035 | NC — 97
- **Hommage à Jacques Perrin, Châteauneuf-du-Pape 2020** | Sec | 2028>2040 | NC — 98
- **Coudoulet, Côtes du Rhône 2020** | Sec | 2024>2029 | NC — 91

Domaine de Beaurenard

★★★★☆

Beaurenard est l'une des valeurs sûres de l'appellation. 32 hectares de vignes en Châteauneuf et 25 en Côtes du Rhône et Rasteau constituent un patrimoine solide, cultivé en biodynamie par les frères Coulon qui ont été rejoints depuis peu par le très sympathique et brillant Victor Coulon, dernière génération de la dynastie. Le style maison est d'une grande maîtrise et promet de belles surprises à qui sait attendre.

- **Boisrenard, Châteauneuf-du-Pape 2020** | Sec | 2027>2040 | 66 € | ☘ — 95
- **Boisrenard, Châteauneuf-du-Pape 2020** | Sec | 2025>2035 | 60 € — 97
- **Châteauneuf-du-Pape 2021** | Sec | 2022>2030 | 42 € | ☘ — 96
- **Pied de Baud, Châteauneuf-du-Pape 2019** | Sec | 2028>2040 | 114 € | ☘ — 96

Domaine des Bernardins

★★★☆☆

La propriété doit son nom aux moines bernardins qui jadis la possédaient. La famille Castaud l'exploite depuis cinq générations, les vignes (23 hectares, dont la majorité de cépages blancs) sont plantées en coteaux sur le versant sud des dentelles de Montmirail, dans un paysage somptueux. Il est regrettable que la propriété soit l'un des derniers défenseurs du muscat alors que c'est ici un produit de très haute qualité.

- **Hommage, Muscat de Beaumes-de-Venise NM** | Doux | 2022>2030 | 15.6 € — 96
- **Doré des Bernardins, Vaucluse 2021** | Sec | 2022>2024 | 8.8 € — 90

Domaine Bosquet des Papes

★★★☆☆

L'imposante stature du très jovial Nicolas Boiron ne se retrouve pas dans son vin tout en finesse et souplesse de texture, donnée par de vieux grenaches répartis sur une trentaine d'hectares disséminés sur l'ensemble de l'appellation. Les cuvées chante-le-merle, issues des plus vieilles vignes en 100 % grenache, et à-la-gloire-de-mon-père sont les deux fleurons du domaine, suivi de la-folie élevée en fût et qui demande un peu plus de temps. Cela étant dit, l'amateur aurait tort de passer à côté de l'excellente entrée de gamme modestement appelée tradition.

Domaine des Bosquets

★★★☆☆

À la manière d'un sportif de haut niveau qu'il a été, Julien Bréchet appréhende chaque millésime en mouvement, de la remise en question des process aux ajustements des élevages, ses vins gagnent en précision et en qualité. Considérant ses cuvées d'assemblage au même rang que ses parcellaires, tous les vins du domaine sont d'une homogénéité incroyable. L'ensemble des cuvées en rouge présente la profondeur de la vieille vigne, la concentration des très faibles rendements, la fraîcheur liée à l'altitude et aux expositions nordistes et enfin l'exquise texture inhérente aux terroirs de sable fin. Un sacré prétendant à l'élite de l'appellation.

- Le Lieu-Dit..., Gigondas 2020 | Sec | 2023>2036 | 48 € — 95
- La Colline, Gigondas 2020 | Sec | 2026>2036 | 48 € — 96
- Les Routes..., Gigondas 2020 | Sec | 2023>2030 | 48 € — 95

Brotte

★★☆☆☆

Cette grande et traditionnelle maison de Châteauneuf-du-Pape produit une large gamme de vins dont le classique est la fiole-du-pape, curieuse bouteille contenant un assemblage de millésimes. La maison possède aussi un domaine de 15 hectares, Barville, dans le secteur de la Gardine. La dégustation de cette année confirme les progrès entrevus. Nous saluons ce changement de style.

- Domaine Barville, Châteauneuf-du-Pape 2020 | Sec | 2025>2030 | 36 € — 91
- Domaine Grosset, Cairanne 2020 | Sec | 2024>2030 | 13.5 € — 89
- Secret Barville, Châteauneuf-du-Pape 2020 | Sec | 2025>2032 | 50 € — 92

Clos du Caillou

★★★☆☆

Sylvie Vacheron, rejointe depuis peu par sa fille Marilou, s'appuie sur un vignoble situé au nord-est de l'appellation dont une partie produit d'excellents côtes-du-rhône, tout proches des terres de Châteauneuf-du-Pape. Ces dernières atteignent un très haut niveau d'expression, avec des matières habilement élevées et longues. Les châteauneuf-du-pape ont rejoint le cercle très restreint des plus beaux vins de l'appellation et sont déclinés selon la nature de leur terroir.

- Les Quartz , Châteauneuf-du-Pape 2020 | Sec | 2025>2035 | 55 € | ☘ — 92
- Réserve, Châteauneuf-du-Pape 2020 | Sec | 2025>2035 | 100 € | ☘ — 94
- Les Safres, Châteauneuf-du-Pape 2021 | Sec | 2023>2030 | 41 € | ☘ — 92
- Bouquet des Garrigues, Côtes du Rhône 2021 | Sec | 2022>2025 | 13.5 € | ☘ — 90

Domaine de la Charbonnière

★★★☆☆

Le domaine acheté par Eugène Maret en 1912 est aujourd'hui géré par Michel Maret et ses deux filles, Caroline, au commerce, et Véronique, à la cuverie. Depuis 2012, Véronique Maret réalise grâce à une judicieuse sélection de terroirs différentes cuvées pulpeuses et équilibrées. Sur les 19 hectares en Châteauneuf, hautes-brusquières et le blanc proviennent du lieu-dit situé sur le plateau de Mont-Redon, et les vieilles-vignes (à 100 % grenache) des pentes de la Crau. L'assemblage mourre-des-perdrix donne peut-être le vin le plus original et le plus accompli. D'une régularité sans faille.

- Châteauneuf-du-Pape 2020 | Sec | 2022>2028 | 28.5 € — 92
- Mourre des Perdrix, Châteauneuf-du-Pape 2019 | Sec | 2025>2035 | 40 € — 93
- Vieilles Vignes, Châteauneuf-du-Pape 2019 | Sec | 2024>2032 | 49 € — 92

Domaine Charvin

★★★★☆

Laurent Charvin est un vigneron passionnant et passionné. Installé dans les années 1990, il prend rapidement le chemin d'une viticulture biologique et impose ce qu'il y a de plus simple, autrement dit ce qu'il y a de plus naturel. Il faut donc des raisins et des rafles bien mûres chaque année. Situé au nord de l'appellation, sur les terroirs de Maucoil et Cabrières, il produit en blanc et en rouge deux superbes cuvées au soyeux remarquable, parfumées et de grande complexité. Plébiscité à juste titre par les amateurs, il s'affirme comme l'une des références majeures, ambassadeur d'un style raffiné.

Le Chêne Bleu

★★★☆☆

Xavier et Nicole Rolet ont acquis le domaine de la Verrière en 1996, un prieuré du IXe siècle ceint d'un magnifique vignoble de trente hectares. Nichée à 630 mètres d'altitude au-dessus du village de Crestet, dans les dentelles de Montmirail, cette ancienne ferme qui existe depuis le temps des Romains a été minutieusement restaurée par leurs soins. Avec l'aide précieuse et quotidienne de la sœur de Xavier, Bénédicte Galluci et son mari Jean-Louis, ils y produisent des vins de terroir d'une qualité vraiment unique, à partir de vignes cultivées selon les règles respectueuses fixées par Claude et Lydia Bourguignon, conseillers du domaine. Les cuvées, étiquetées chêne-bleu, s'affranchissent de l'appellation pour plus de liberté d'assemblage et la recherche de l'excellence.

- Héloïse, Vaucluse 2013 | Sec | 2022>2028 | NC — 92
- Aliot, Vaucluse 2017 | Sec | 2022>2027 | NC — 90
- Viognier, Vaucluse 2020 | Sec | 2022>2026 | NC — 89

Domaine de la Citadelle

★★☆☆☆

Ancien producteur de cinéma (Emmanuelle, Les Bronzés, Le Père Noël est une ordure...), Yves Rousset-Rouard a vendu son catalogue de films en 1989 et s'est retiré dans sa ferme de Ménerbes en plein cœur du Vaucluse. Avec son fils Alexis, il cultive 39 hectares en conversion à l'agriculture biologique, répartis en 60 parcelles sur le versant nord du massif du Luberon. Ils y produisent des vins d'une grande finesse, éclatants et extrêmement purs, comptant parmi les meilleurs de l'appellation.

- Les Artèmes, Luberon 2021 | Sec | 2022>2024 | 13.9 € | ☘ — 88
- Le Châtaignier, Luberon 2020 | Sec | 2022>2024 | 9.9 € | ☘ — 89

Dauvergne Ranvier

★★★☆☆

François Dauvergne et Jean-François Ranvier font partie d'une nouvelle génération de jeunes négociants de la vallée du Rhône. Très impliqués dans la production de leurs vins, ils travaillent avec leurs amis vignerons tout au long de l'année et conservent les expressions des terroirs. Le style est structuré sans excès, d'une parfaite définition aromatique. Le duo ne cesse d'évoluer, et la gamme s'étend de l'Hermitage au nord jusqu'au Luberon dans le sud, en passant par Côte-Rôtie, Châteauneuf-du-Pape et Costières-de-Nîmes, avec même maintenant des partenariats jusqu'en Roussillon et dans le Bordelais. Le duo continue sa marche en avant et la marque est une solide valeur sûre. De grands rapports qualité-prix bien distribués.

- Du soleil à la terre, Châteauneuf-du-Pape 2020 | Sec | 2024>2032 | 32.5 € — 91
- Grand Vin, Gigondas 2019 | Sec | 2023>2030 | 16 € — 90
- Granite et Galets, Crozes-Hermitage 2020 | Sec | 2022>2030 | 19 € — 91
- Vin rare, Saint-Joseph 2020 | Sec | 2022>2030 | 15.1 € — 91
- Grand Vin, Côte Rôtie 2020 | Sec | 2022>2030 | 40.6 € — 91

Romain Duvernay

★★☆☆☆

Cette maison rhodanienne est menée par Jean-Marc Pottiez, qui dirigea autrefois une grande marque de Champagne, accompagné de l'œnologue Romain Duvernay. La gamme est assez complète avec des vins provenant essentiellement du sud de la vallée. Le style est fruité, gourmand et expressif, et l'ensemble offre une belle homogénéité. Plusieurs cuvées sont issues de la viticulture bio et les derniers millésimes marquent une belle progression de l'ensemble.

- Châteauneuf-du-Pape 2019 | Sec | 2022>2028 | NC — 91
- Cornas 2019 | Sec | 2022>2025 | NC — 88
- Romain Duvernay, Crozes-Hermitage 2019 | Sec | 2022>2025 | NC — 89

Domaine Féraud et Fils

★★★☆☆

Voici un petit domaine artisanal appartenant à un cousin de la célèbre Laurence Féraud de Pegaü, repris en main par le jeune Yannick Féraud qui a parfaitement profité de son stage chez Yves Canarelli en Corse. Pas encore de niellucciu, mais de superbes grenaches sur safre qui donnent naissance à deux cuvées dont la très réussie raisins-bleus. Coup de cœur pour ce domaine intimiste, au style sans concession mais à la race incontestable.

- Châteauneuf-du-Pape 2019 | Sec | 2026>2036 | NC — 96

Château de Fonsalette

★★★★☆

Le château de Fonsalette, autre propriété mythique de la famille Reynaud, acquise en 1945 par Louis Reynaud, s'étend sur la commune de Lagarde-Paréol, en Massif d'Uchaux. Fonsalette est un côtes-du-rhône d'exception, dans un encépagement proche du Rayas et avec une aptitude au vieillissement tout aussi unique. Comme ses confrères du château-des-tours ou château-rayas, les vins jouent la carte de la distinction. Tous millésimes confondus, la cuvée syrah est d'une beauté édifiante et sans conteste la plus réussie du grand Sud.

Château de la Font du Loup

★★★☆☆

Cette excellente propriété, située presque intégralement sur le lieu-dit du même nom, en limite du secteur Pignan sur Courthézon, produit des vins de grand caractère qui reflètent bien les équilibres appréciés de Philippe Cambie, avant qu'il ne nous quitte. On y trouve ces derniers millésimes des vins particulièrement réussis.

Gabriel Meffre

★★★☆☆

Boisset ne s'est pas trompé en rachetant en 2009 cette entité. La fidèle œnologue maison, Véronique Torcolacci, et le brillant Sylvain Jean haussent d'année en année le niveau de la gamme en se focalisant sur d'excellents achats de raisins sur l'ensemble du vignoble rhodanien, nord comme sud. Une impressionnante constance de qualité signe l'ensemble des cuvées.

Moulin de la Gardette

★★★☆☆

Dans les « must have » de Gigondas, le moulin de la Gardette et ses dix hectares sont une propriété attachante, menée au cordeau par Jean-Baptiste Meunier. Entre les terroirs de Saint-Jean et le coteau de la Gardette, les vieilles vignes de grenache captent la finesse des marnes calcaires. Pas d'esbroufe en cave, une parfaite maîtrise du bois est opérée par le maître des lieux. Depuis quelques millésimes déjà, les cuvées du domaine affichent un naturel remarquable, d'une texture soyeuse et d'un tannin intégré.

- **Tradition, Gigondas 2019** | Sec | 2024>2030 | 26 € | 92
- **Ventabren, Gigondas 2019** | Sec | 2024>2034 | 38 € | 95

Château de la Gardine

★★★★☆

Grand classique de l'appellation, la Gardine est un vaste domaine d'un seul tenant, se terminant au bord du Rhône, face à Roquemaure, et reposant en grande partie sur une base calcaire à l'ouest de l'appellation. Dans sa bouteille à la forme originale, la cuvée classique du domaine est d'une régularité sans faille, tandis que les cuvées spéciales et générations constituent, en blanc comme en rouge, des vins puissants qui demandent quelques années de garde pour s'affiner. Les Brunel ont créé une cuvée vinifiée sans soufre, peur-bleue, techniquement irréprochable.

- **Les Générations Marie-Léoncie, Châteauneuf-du-Pape 2019** | Sec | 2023>2033 | 55 € | 93
- **Tradition, Châteauneuf-du-Pape 2019** | Sec | 2025>2035 | 36 € | 95
- **Les Générations Gaston Philippe, Châteauneuf-du-Pape 2019** | Sec | 2027>2040 | 65 € | 97
- **Même pas peur , Rasteau 2020** | Sec | 2022>2028 | 19.5 € | 94

Domaine Giraud

★★★☆☆

Peu de vignes sont aussi noblement cultivées que celles de François Giraud et de sa sœur Marie. Ce sont aussi des vinificateurs sincères, attachés à l'expression naturelle des raisins provençaux, parfaitement conseillés par Philippe Cambie, avant qu'il ne nous quitte. Le domaine comprend une vingtaine d'hectares de très vieilles vignes, avec des parcelles importantes sur les lieux-dits Gallimardes et Pignan et une notable proportion de syrah (35 %). La cuvée château démontre une grande régularité sur les derniers millésimes, tandis que les-gallimardes, dans un style très pur, demande un peu de patience.

- **Tradition, Châteauneuf-du-Pape 2019** | Sec | 2025>2035 | 35 € | 92
- **Les sables d'Arène, Lirac 2020** | Sec | 2024>2030 | 17.5 € | 90

Domaine Gourt de Mautens

★★★★☆

En échangeant avec Jérôme Bressy, érudit et passionnant, on se plait à écouter son savoir riche des tours de main d'antan, de ces pratiques ancestrales qui ont fait naître les grands vins du Vaucluse. À l'écoute de son terroir et de la diversité ampélographique de sa vigne, il est un artisan rare dans le paysage viticole. Notre homme fait figure d'exception au travers de ses igp vaucluse, véritables buvards du terroir de Rasteau, calques des vieilles variétés traitées avec respect et attention.

Domaine du Grand Tinel

★☆☆☆☆

Le domaine du Grand Tinel est né en 1972 et c'est aujourd'hui Christophe, Béatrice et Isabelle Jeune qui exploitent les 74 hectares de l'exploitation dont 56 en Châteauneuf-du-Pape. Les raisins sont ici complètement éraflés puis foulés et après une cuvaison de 3 et 4 semaines, le vin est élevé en foudres de chêne pendant une à deux années.

- **Alexis Establet, Châteauneuf-du-Pape 2020** | Sec | 2023>2032 | 40 € | 92
- **Tradition, Châteauneuf-du-Pape 2020** | Sec | 2024>2030 | 30 € | 89

Emmanuel Reynaud (châteaux de Fonsalette, des Tours et Rayas).

LEIF CARLSSON

Domaine de la Janasse

★★★★☆

Sur les plus beaux terroirs de Courthézon, le domaine de la Janasse, fierté de la famille Sabon, s'impose depuis plus de 40 ans comme l'une des références de l'appellation. Christophe Sabon réalise des côtes-du-rhône de très haut niveau, avec une profondeur rare. Les châteauneuf-du-pape s'expriment autour de différentes cuvées : chaupin, issue d'un terroir froid à l'approche très bourguignonne ou la cuvée vieilles-vignes, plus solaire et racée. Enfin, les blancs, dans l'ombre des rouges, sont tout aussi recommandables. L'ensemble de la gamme est irréprochable et les grandes cuvées comptent parmi les références de l'appellation.

- **Tradition, Châteauneuf-du-Pape 2020** | Sec | 2024>2032 | 34 € | 92
- **Chaupin, Châteauneuf-du-Pape 2020** | Sec | 2027>2040 | 58 € | 95
- **Terres d'Argile, Côtes du Rhône-Villages 2020** | Sec | 2022>2027 | 16 € | 90

Domaine La Cavale

★☆☆☆☆

La propriété a été acquise dans les années 1970 par Paul Dubrule mais le co-créateur du groupe Accor a mis du temps à s'y impliquer personnellement. C'est aujourd'hui le cas et, avec un nouveau chai imaginé par Jean-Michel Wilmotte, il cherche à exprimer le meilleur de ses bons terroirs du sud du Luberon. Mais c'est surtout l'appel à un consultant original et impliqué, le brillant Alain Graillot (domaine Alain Graillot, en Crozes-Hermitage) qui a fait progresser spectaculairement les vins. Sous son impulsion, les vins montrent qu'ils ont clairement franchi une étape en affirmant une véritable personnalité charnue, nerveuse, profonde.

- **Petite Cavale, Luberon 2021** | Sec | 2022>2024 | 12.5 € | 88
- **Blanc, Luberon 2020** | Sec | 2022>2023 | 80 € | 89

Domaine La Célestière

★★☆☆☆

En viticulture biologique depuis 2013, le vignoble s'étend sur un total de 26 hectares, préservés des engrais chimiques et autres désherbants. Côté vins, Arnaud Ferrier développe une gamme irréprochable, agréable à boire sur les côtes-du-rhône et le châteauneuf tradition, plus ambitieuse sur la cuvée confidentielle ou la-croze. Il attache également une importance fondamentale au rapport qualité-prix, en proposant cette gamme à des tarifs très doux.

Château La Nerthe

★★★★☆

La grande propriété historique de Châteauneuf-du-Pape couvre une imposante surface de 92 hectares certifiés en bio depuis 1998, dont il faut isoler un petit tiers situé au cœur de la meilleure partie de la

Crau. La famille Richard lui a rendu son lustre de premier cru mais cherchait à en affiner le style. Cela étant dit, à la vigne, les choix de maturité ont été repensés afin d'apporter plus de profondeur. La Nerthe possède probablement le plus grand potentiel de tout Châteauneuf, en blanc comme en rouge.

- Châteauneuf-du-Pape 2021 | Sec | 2024>2030 | NC — 93
- Châteauneuf-du-Pape 2020 | Sec | 2025>2035 | NC — 93
- Les Cadettes, Châteauneuf-du-Pape 2020 | Sec | 2026>2026 | NC — 95
- Clos de Beauvenir, Châteauneuf-du-Pape 2021 | Sec | 2025>2035 | NC — 97

Corinne Richard (château La Nerthe).

MATHIEU GARAÔN, PRESSE

Domaine La Réméjeanne

★★★☆☆

Le domaine La Réméjeanne jouit d'une vue imprenable sur le mont Ventoux, niché dans un paysage mi-provençal, mi-cévenol. Géré aujourd'hui par Rémy Klein, d'origine alsacienne, et son fils Olivier revenu au domaine en 2010, l'aventure viticole de cette famille a commencé en 1960, quand ses parents achètent un domaine de 5 hectares sur la Réméjeanne. Ils agrandissent l'exploitation qui compte 35 hectares de vignes, 2 hectares d'oliviers et 0,50 hectare de figuiers. Très exposé au mistral, les conditions sont idéales pour produire du raisin de qualité. Ce domaine est un des secrets les mieux gardés de la rive droite du Rhône.

- Genévriers, Côtes du Rhône-Villages 2020 | Sec | 2022>2026 | 22 € | ☘ — 90
- Les Arbousiers, Côtes du Rhône 2021 | Sec | 2022>2023 | 11.5 € | ☘ — 89
- Terre de Lune, Côtes du Rhône 2020 | Sec | 2022>2027 | 15 € | ☘ — 92

Château La Verrerie

★★☆☆☆

Acquise il y a plus d'une vingtaine d'années par la famille Descours, cette magnifique propriété du Luberon produit des vins étonnants de finesse et de pureté. Les 58 hectares, en bordure de Durance, sont plantés principalement en grenache et syrah, exposés plein sud sur des sols argilo-calcaires. Le climat, très chaud en été et marqué dès la fin août par des nuits fraîches, contribue à la maturation du raisin en respectant le fruit. Les vinifications sont conduites par gravité, les vins vieillissent en foudre et se révèlent, depuis plusieurs années, parmi les meilleurs du Luberon. Le Luberon est bien représenté au travers de cuvées très parfumées, à la restitution précise, accessibles rapidement. Grand-deffand rouge prouve l'excellent potentiel de la syrah dans le Luberon.

- Hautes Collines, Luberon 2018 | Sec | 2023>2028 | 17.5 € | ☘ — 91
- Hautes Collines, Luberon 2021 | Sec | 2022>2025 | 16 € | ☘ — 90

Maison Lavau

★★☆☆☆

Cette importante maison de négoce, longtemps désireuse de rester anonyme, vinifie adroitement pour ses nombreux acheteurs et clients. Sous l'influence de la nouvelle génération, elle ne se cache plus, achète des vignes et signe des vins de facture classique, fort recommandables.

- Châteauneuf-du-Pape 2019 | Sec | 2022>2028 | 23 € — 90
- Vacqueyras 2019 | Sec | 2022>2026 | 15.6 € — 89
- La Décelle Réserve, Côtes du Rhône-Villages Valréas 2021 | Sec | 2022>2024 | 9 € — 90

Le Vieux Donjon

★★★☆☆

À partir de 1979, Marie-José et Lucien Michel ont géré ce domaine avant de passer la main en 2008 à leur fille Claire Michel-Fabre, rejointe par son frère François en 2012. Si les caves sont installées dans le village de Châteauneuf-du-Pape, ce petit domaine de 17 hectares est situé plutôt dans le nord de l'appellation. Dans un registre suave, floral et très élégant, le Vieux Donjon s'affirme comme l'un des fers de lance du style raffiné et élégant que l'on attend d'une appellation prestigieuse comme Châteauneuf-du-Pape.

Domaine André Brunel - Les Cailloux

★★★☆☆

Les vins d'André Brunel associent toujours générosité, finesse de tannins et fraîcheur. Le blanc, très raffiné, possède une part assez importante de clairette. En rouge, le grenache domine avec une part de mourvèdre. Enfin, la cuvée la-centenaire est composée de très vieilles vignes de grenache plantées sur le plateau de Mont-Redon.

- Les Cailloux, Châteauneuf-du-Pape 2020 | Sec | 2025>2032 | 35 € — 93
- Centenaire, Châteauneuf-du-Pape 2016 | Sec | 2026>2040 | 90 € — 94
- Centenaire, Châteauneuf-du-Pape 2019 | Sec | 2026>2035 | 110 € — 95

Domaine Les Goubert

★★☆☆☆

La nouvelle génération, incarnée par la fille Florence, s'inscrit dans la suite logique du domaine, qui s'étend sur plus de 40 parcelles et près de 25 hectares en terrasses et coteaux. L'ensemble présenté cette année montrait une cohérence de style excellente, toutes les cuvées offrant une lecture claire et raffinée du secteur. Dans une approche infusée, peu extraite, les vins sont des modèles du Sud, exempts de chaleur excessive et d'effet boisé inutile. On apprécie particulièrement cette vision exigeante et délicate. À saisir, d'autant que les prix restent extrêmement sages.

- cuvée de V, Côtes du Rhône 2020 | Sec | 2022>2026 | 14 € — 88
- Florence, Gigondas 2019 | Sec | 2024>2032 | 30.5 € — 91
- Côtes du Rhône-Villages Sablet 2020 | Sec | 2022>2026 | 9 € — 88

Grandes Serres

★☆☆☆☆

Cette maison basée à Châteauneuf-du-Pape a été brillamment reprise par Samuel Montgermont et la famille Picard. S'appuyant sur un vignoble en propre (dont 12 hectares du remarquable domaine Saint-Patrice en Châteauneuf) et sur des partenariats avec une trentaine de vignerons, elle réalise des vins très consistants, charnus et expressifs, tous très représentatifs de leurs appellations respectives.

- La Cour des Papes, Châteauneuf-du-Pape 2020 | Sec | 2024>2032 | NC — 92
- Carius, Cairanne 2020 | Sec | 2023>2029 | NC — 90

Les Halos de Jupiter

★★★☆☆

Philippe Cambie était certainement l'œnologue le plus doué de toute la vallée du Rhône méridionale, avant qu'il ne nous quitte. En plus de conseiller bon nombre de domaines à Châteauneuf-du-Pape, il s'était associé avec Michel Gassier, propriétaire du château des Nages en costières-de-nîmes et vinifie une gamme précise de crus sélectionnés chez les meilleurs vignerons, issus de vieilles vignes sur de petits rendements. L'ensemble de la gamme est hautement recommandable, avec une réussite tout à fait spectaculaire en vacqueyras, gigondas et les côtes-du-rhône. Les châteauneuf-du-pape possèdent ce crémeux caractéristique de la maison qui habille une structure imposante et jamais démonstrative. Un modèle.

Domaine Maby

★★★☆☆

Dans ce domaine historique de Tavel, la famille Maby produit des vins d'une qualité uniforme, toujours honnêtes, agréables et charnus. Dirigé par le dynamique Richard Maby, le domaine ne cesse d'avancer, les vins gagnant en précision chaque année. Les vignobles se situent sur les communes de Tavel, le plateau de Lirac et dans les Côtes du Rhône limitrophes. Des prix raisonnables et la qualité régulière des vins font de ce domaine une valeur sûre sur le marché actuel et ce, dans les trois couleurs.

- **Casta Diva, Lirac 2021** | Sec | 2023>2028 | 20.7 € — 92
- **Nessun Dorma, Lirac 2020** | Sec | 2024>2032 | NC — 92
- **Bel Canto, Lirac 2020** | Sec | 2025>2035 | NC — 93

Domaine de Marcoux

★★★★☆

Les sœurs Armenier font partie des références châteauneuvoises. Grandes dames de la vigne, elles travaillent sous l'égide de la biodynamie et prodiguent un soin rare et attentif aux vignes. Leur gamme se décline en quatre cuvées : un côtes-du-rhône tout en fraîcheur, un blanc puissant et deux cuvées rouges de grande concentration, non sans raffinement. La cuvée vieilles-vignes, en particulier, est remarquable de puissance et d'équilibre. Domaine très recommandable.

- **Châteauneuf-du-Pape 2020** | Sec | 2025>2035 | 45 € | ☘ — 91
- **Vieilles Vignes, Châteauneuf-du-Pape 2020** | Sec | 2026>2040 | 105 € | ☘ — 94

Marrenon Vignobles

★☆☆☆☆

Marrenon est l'une des coopératives les plus pointues de France. Elle fédère 9 caves, pas moins de 7 600 hectares de vignes et met sous verre plus de 85 % de la production annuelle du Luberon depuis 40 ans. Une prouesse qualitative, comme en témoigne une gamme très diverse et complète. Des vins au fruité délicieux, sans pour autant oublier leur terroir d'origine.

- **Grand Marrenon, Luberon 2020** | Sec | 2022>2024 | 9.95 € — 89
- **Orca, Ventoux 2020** | Sec | 2024>2030 | 11.5 € — 90
- **Gardarem, Luberon 2018** | Sec | 2024>2032 | 32 € — 92

Domaine de MasLauris

★★☆☆☆

Situé entre la Durance et le massif du Luberon, ce magnifique domaine de 10 hectares d'un seul tenant a fait l'objet d'un arrachage et d'une replantation intégrale avec les meilleures sélections massales des cépages locaux. Conduit en agriculture biologique et conseillé par Michel Tardieu, le MasLauris produit des vins purs et d'une grande fraîcheur avec de la sève, du fruit et des tannins domptés de main de maître pour ce qui concerne les rouges. Les vins sont en AOP ou en IGP selon les cépages retenus. L'inopiné rouge, issu à 100 % de serine, montre tout le potentiel de ce cépage et des terroirs où il a été implanté.

- **L'Inopiné, Vaucluse 2020** | Sec | 2024>2032 | 18 € | ☘ — 91
- **Les Grès, Luberon 2020** | Sec | 2024>2032 | 32 € | ☘ — 92
- **Les terres de MasLauris, Luberon 2020** | Sec | 2022>2025 | 12.5 € | ☘ — 87

Valentine Tardieu-Vitali (château La Verrerie).

Château de Mille

★★☆☆☆

Plus vieux domaine du Lubéron, le château de Mille trouve ses origines en 1238. Construit sur le roc, il dispose de 30 hectares de vignes dont certaines atteignent les 400 mètres d'altitude. Atout non négligeable, elles reposent sur des calcaires et des terrains pierreux apportant la fraîcheur désirée. C'est surtout la durée d'élevage de certaines cuvées qui a retenu nos attentions. Ici la patience est reine et la maturation en vieux foudres peut atteindre huit ans. Une belle découverte qu'il faut suivre de près.

- **Saint Lucide, Luberon 2019** | Sec | 2024>2032 | 16.2 € — 90
- **Célestine, Luberon 2019** | Sec | 2024>2032 | 20 € — 91

Clos du Mont-Olivet

★★★★★

Crée par Séraphin Sabon en 1932, le domaine passe ensuite dans les mains de Joseph, le fils aîné de Séraphin. Aujourd'hui c'est Céline, David et Thierry Sabon, les petits-enfants de Joseph, qui le gèrent. Le vignoble de 21 hectares bénéficie d'une viticulture d'excellence et d'une belle variété de sols et de sous-sols qui donnent finesse et tendresse aux vins. En cave, la pratique de l'assemblage apporte une complexité supérieure à la plupart des autres châteauneufs. Le vin blanc a beaucoup progressé ces dernières années et fait admirer son naturel et sa pureté. Un travail à contre-courant des châteauneufs démonstratifs et chaleureux, malheureusement encore nombreux, et des cuvées parcellaires qui le plus souvent n'ont d'unique que leur nom. Sans conteste un domaine de référence pour l'amateur et pour toute l'appellation.

- **Clos du Mont-Olivet, Châteauneuf-du-Pape 2020** | Sec | 2025>2040 | 31 € — 96
- **cuvée du Papet, Châteauneuf-du-Pape 2020** | Sec | 2025>2045 | 55 € — 99
- **Vieilles vignes, Côtes du Rhône 2020** | Sec | 2022>2028 | 13 € — 93

Château Mont-Redon

★★★★☆

Mont-Redon est une très vaste propriété d'une centaine d'hectares de vignes en Châteauneuf (sur un total de 150 hectares plantés), occupant une bonne partie du plateau de galets roulés qui porte le nom du domaine mais aussi une partie plantée face au domaine. À côté de la cuvée longtemps unique de châteauneuf rouge, une sélection parcellaire superbe, Le Plateau, a vu le jour. Sans jamais apparaître comme l'un des vins les plus spectaculaires de l'appellation, le cru vieillit fort bien et impose sa tranquille plénitude. La famille produit également des blancs de qualité, de nombreux côtes-du-rhône et possède aussi une propriété à Lirac.

- **Châteauneuf-du-Pape 2020** | Sec | 2025>2035 | 33 € — 94
- **Châteauneuf-du-Pape 2021** | Sec | 2024>2029 | NC — 92
- **Le Plateau, Châteauneuf-du-Pape 2020** | Sec | 2027>2040 | NC — 96
- **Oratoire Saint-Martin, Cairanne 2020** | Sec | 2023>2029 | NC — 91

Montirius

★★★☆☆

L'accueil se fait aux notes harmonieuses des cloches à vent. Très vite, Christine donne le ton : « Chaque humain a son rôle à jouer pour apporter un peu de soin là où on est, dans cette nature qui n'attend qu'une chose,

Philippe et Marcel Guigal (château de Nalys).

c'est qu'on prenne soin d'elle et qu'on la regarde ». Elle la maman, visionnaire imprégnée de convictions, son époux Éric découvreur de terroirs et leurs deux jeunes filles Manon et Justine harmonisent l'écurie familiale qui entend mener le domaine dans le respect du vivant, des rythmes et de leurs terres. Avant-gardistes, ils ont fait le choix de la biodynamie depuis plus de 25 ans et les magnifiques blancs dégustés sur plusieurs millésimes confirment la pertinence de cette orientation, les vins sont frais et remplis d'énergie. Les rouges de Gigondas et Vacqueyras ne sont pas en reste, tout en pureté et finesse.

- Le Clos, Vacqueyras 2017 | Sec | 2024>2030 | 40.79 € | ☘ 90
- Minéral, Vacqueyras 2017 | Sec | 2022>2025 | 25.29 € | ☘ 90
- Confidentiel, Gigondas 2017 | Sec | 2024>2030 | 53.89 € | ☘ 90

Domaine de Montvac

Cécile Dusserre mène avec brio un vignoble à la rigoureuse conduite de vignes. Depuis quelques millésimes déjà, elle montrait une grande maturité et une finesse d'analyse au niveau de ses vinifications et élevages. Même si tout se fait à la vigne, c'est réellement en cave que Cécile a su faire des choix décisifs : plus d'infusion et moins d'extraction, des boisés judicieux comme des élevages adaptés donnent des vins de grand caractère faisant enfin ressortir la race tant attendue du vacqueyras ! Voilà une de ses meilleures représentantes.

- Arabesque, Vacqueyras 2019 | Sec | 2024>2032 | 14 € | ☘ 90
- Mélodine, Vacqueyras 2020 | Sec | 2022>2030 | 15.5 € | ☘ 89

Domaine de la Mordorée

Le domaine offre des vins pleins d'expression, sur les plus beaux crus du Vaucluse et du Gard. Ici règne la philosophie vigneronne, où tout est mis en œuvre dans un profond respect des terroirs, avec la volonté de produire des vins dignes de leur potentiel. Fabrice, le frère de Christophe, aidé de sa nièce, compte continuer dans le même esprit. On navigue au gré de vins blancs salins et charnus et de rouges pulpeux et profonds, avec un équilibre juste. Une valeur sûre.

- La Reine des Bois, Tavel 2021 | Sec | 2024>2030 | 20.5 € | ☘ 91
- La Dame Rousse, Lirac 2019 | Sec | 2023>2029 | 14.5 € | ☘ 91
- La Reine des Bois, Lirac 2019 | Sec | 2024>2032 | 24 € | ☘ 93

Château Mourgues du Grès

Véritable pionnier du renouveau qualitatif de l'appellation, ce domaine dispose de terroirs variés dont il joue pour faire des assemblages équilibrés entre finesse et structure. D'un très haut niveau qualitatif, les vins ne cessent de progresser. En été, François et Anne Collard proposent des circuits pédestres et VTT autour de la propriété avec découverte de leur terroir, de la flore et la faune de la région. Ça mérite le détour.

- Les Capitelles , Costières de Nîmes 2019 | Sec | 2022>2026 | 16.5 € | ☘ 90
- Terre d'Argence, Pont du Gard 2021 | Sec | 2022>2024 | 13 € | ☘ 90
- Les Capitelles, Costières de Nîmes 2020 | Sec | 2022>2023 | 12 € | ☘ 92

Château de Nages

Le château de Nages, qui fait partie des vignobles Michel Gassier, s'étend sur 70 hectares, sur la commune de Caissargues, au sud de Nîmes. Le terroir est composé de grès et des fameux cailloux de la vallée du Rhône appelés galets roulés. Depuis le millésime 2006, Philippe Cambie intervenait comme consultant, le style s'est alors affirmé en régularité et en exactitude. Les vins sont précis, généreux et très élégants. La régularité de qualité dans les cuvées est impressionnante.

Château de Nalys

Devenu la propriété de la maison Guigal depuis 2017, le domaine a déjà repris des couleurs, sous l'impulsion de Philippe Guigal et son épouse, responsables des 2016 à partir des assemblages seulement. La gamme se compose désormais de deux cuvées, saintes-pierres-de-nalys et château-de-nalys dans un style suave et structuré, qui fait écho aux terres qui entourent le domaine. Les progrès sont déjà époustouflants.

- Grand Vin, Châteauneuf-du-Pape 2020 | Sec | 2022>2030 | 24 € 93
- Saintes Pierres, Châteauneuf-du-Pape 2019 | Sec | 2022>2029 | 29 € 92
- Grand Vin, Châteauneuf-du-Pape 2019 | Sec | 2026>2039 | 54 € 96
- Saintes-Pierres, Châteauneuf-du-Pape 2020 | Sec | 2022>2030 | 29 € 91

Domaine de l'Odylée

Le domaine de l'Odylée est situé au bord de la plaine du Plan de Dieu, sur un sol balayé par le mistral et constitué de graviers limono-argileux et de galets roulés. Les galets emmagasinent la chaleur durant la journée et donnent des vins onctueux et puissants, à base de grenache, syrah et carignan.

- La Généreuse, Côtes du Rhône 2019 | Sec | 2022>2027 | NC 89
- La Fougueuse, Côtes du Rhône 2019 | Sec | 2022>2025 | 9.5 € 88
- L'Audacieuse, Côtes du Rhône 2019 | Sec | 2024>2029 | NC 90

Maison Ogier

François Miquel dirige cette maison classique. La dernière nouveauté est la création d'un site de vinification et d'accueil œnotouristique de premier ordre pour la propriété phare de la maison à Châteauneuf-du-Pape, dans l'ancien prieuré du XVIIe siècle, près de l'étang salé. Ce cru, dont les derniers millésimes offrent une régularité digne d'éloges, devrait encore progresser.

- Clos de l'Oratoire des Papes, Châteauneuf-du-Pape 2020 | Sec | 2026>2035 | NC 93
- Artesis, Côtes du Rhône 2020 | Sec | 2022>2026 | 9 € 88
- La Serine, Côte Rôtie 2020 | Sec | 2024>2032 | 40 € 91
- L'Âme, Châteauneuf-du-Pape 2020 | Sec | 2024>2032 | 30 € | ☘ 91

L'Or de Line

Issu de la division du domaine Saint-Benoît, Or de Line est un ensemble de vignes réparties sur différents terroirs, comme Palestor ou Bois-Dauphin, avec un encépagement très varié, comprenant même un nombre de pieds non négligeable de picardans blancs. Gérard Jacumin, ingénieur de formation et brillant agronome, le cultive en bio, et vinifie avec l'aide de sa fille Laureline des châteauneufs aux proportions joliment dessinées.

- Châteauneuf-du-Pape 2020 | Sec | 2025>2032 | 28 € | ☘ 91
- Adoption, Châteauneuf-du-Pape 2019 | Sec | 2030>2040 | 52 € | ☘ 92

MATHIEU GARÇON, PRESSE

Clos des Papes

Le clos des Papes, qui s'appuie malgré son nom sur 23 autres parcelles situées dans pratiquement tous les terroirs (mais avec tout de même sept hectares sur la Crau), est l'une des grandes références de Châteauneuf : on ne trouve pratiquement pas un millésime faible, ici, depuis vingt ans. Les Avril, aujourd'hui représentés par le jovial Vincent, n'ont pas succombé à la mode des cuvées spéciales, aussi leur vin, assemblage de toutes les parcelles et de tous les cépages, brille par sa plénitude. Le blanc n'est pas négligeable, ni en quantité (un dixième des surfaces plantées) ni en qualité, lui aussi tout en équilibre et en fraîcheur, résultat d'un assemblage de six cépages à proportions égales, et remarquable au vieillissement.

- Châteauneuf-du-Pape 2020 | Sec | 2024>2038 | 67 € | ☘ 98

Château Rayas

Situé sur un terroir de sables très compacts mêlés de grès et de marnes qu'on appelle safres, aéré et rafraîchi par de petites plantations de pins, le vignoble du château Rayas est une légende du vignoble français. Ce sont dix hectares hors du temps et des règles qui lui donnent raison à chaque millésime. Ses principes, qui vont à contre-courant des vins modernes sur le plan de l'élevage, sont apparus en revanche très en avance en termes de viticulture et de vinification : petits rendements, attente de la maturité parfaite pour récolter, vinification naturelle et sans recherche d'extraction aucune. Les rouges sont dominés par le grenache tandis que le blanc est à parts égales entre grenache et clairette. Emmanuel Reynaud est un vigneron aussi secret que charismatique. Ses vins inventent un style unique et raffiné, qu'il faut avoir dégusté une fois dans sa vie pour saisir pleinement la notion de grand vin.

- Châteauneuf-du-Pape 2020 | Sec | 2028>2045 | NC 99

Rhonéa

Réunion de deux grandes coopératives du Vaucluse, Beaumes de Venise et Vacqueyras, Rhonéa démontre que la coopération viticole rhodanienne a un bel avenir devant elle. Les gammes, qui couvrent les deux terroirs d'origine mais aussi Gigondas, gagnent en précision et en modernité de définition, en particulier les très bons rapports prix-plaisir réunis sous la signature terroir-daronton. Un travail intéressant sur des parcelles sélectionnées a été entamé également avec le concours de la grande œnologue bordelaise Dany Rolland.

- Terres du Trias, Beaumes de Venise 2019 | Sec | 2022>2025 | 16.5 € 90
- La Ponche, Vacqueyras 2020 | Sec | 2022>2025 | 16.9 € 90
- Les contreforts, Côtes du Rhône-Villages Vaison La Romaine 2019 | Sec | 2022>2024 | 7 € 88

Domaine Richaud

À eux seuls, certains vignerons évoquent toute une appellation, le charismatique Marcel Richaud est de ceux-là. Il a sans conteste contribué à donner ses lettres de noblesse au dernier né des crus des Côtes du Rhône sud. La jeune génération qui a rejoint l'enceinte familiale depuis quelques années est bien décidée à pérenniser le savoir-faire de la maison, néanmoins, comme pour marquer un tournant, Claire et Thomas ont fait l'acquisition de 20 hectares supplémentaires dont la moitié jouxte la célèbre parcelle des Ebrescades, laissant augurer de jolies surprises à venir. Tout dernièrement, Edith la benjamine a cédé à l'appel des sirènes et surtout des vignes, après un brillant parcours parisien dans le domaine du luxe, elle a fini par poser ses valises dans le charmant petit village de Cairanne, apportant un atout supplémentaire de taille pour la belle tribu Richaud.

- L'Ébrescade, Cairanne 2019 | Sec | 2025>2035 | 23 € | ☘ 93
- Cairanne 2020 | Sec | 2024>2030 | 17 € | ☘ 91
- Les Estrambords, Cairanne 2019 | Sec | 2025>2035 | 29 € | ☘ 92

La famille Richaud (domaine Marcel Richaud).

Mas Saint Louis

Dans ce quartier du Clos, au sud de l'appellation, ce domaine de 30 hectares constitué à la fin des années 1900 par la famille Geniest a trouvé son style, avec un raffinement de texture qui ravira les amateurs habitués aux vins de demi-corps. Les grenaches prennent en effet des allures de pinots ou de cinsaults et développent des arômes de rose, de violette et de griotte, la délicatesse merveilleuse de leur texture étant à mettre au compte du caractère sablo-graveleux des sols de son secteur. Une adresse précieuse.

- Les arpents des contrebandiers, Châteauneuf-du-Pape 2019 | Sec | 2027>2040 | 39 € 93
- Châteauneuf-du-Pape 2020 | Sec | > | 36 € 89
- Tradition, Châteauneuf-du-Pape 2019 | Sec | 2025>2035 | 26 € 92

Château de Saint-Cosme

Louis Barruol est l'un des hommes clefs du village de Gigondas. D'abord, grâce à son énergie débordante qui, mise au service de l'appellation, aide à dépasser les clivages ancestraux pour mieux préparer demain. Mais aussi, dans un contexte plus personnel, avec le très recherché château de Saint-Cosme, dont la chapelle atteste sa place dans le temps. Entre ses terroirs de sables, d'argile rouge et de calcaires, il construit une gamme de vins au sommet du raffinement, élevée avec toucher.

- Les Deux Albions, Côtes du Rhône 2020 | Sec | 2022>2027 | 15 € | ☘ 88
- Hominis Fides, Gigondas 2020 | Sec | 2025>2040 | 90 € | ☘ 92
- Le Claux, Gigondas 2020 | Sec | 2025>2035 | 90 € | ☘ 92

Clos Saint-Jean

Ce vaste domaine dirigé par Vincent Maurel, longtemps conseillé par le brillant Philippe Cambie, avant qu'il ne nous quitte, possède une gamme à la fois originale et complète de châteauneufs. Dans un style très puissant et précis, au toucher remarquable, l'ensemble de la gamme est fiable et parmi les signatures recommandables de Châteauneuf.

- **La Combe des Fous, Châteauneuf-du-Pape 2019** | Sec | 2023>2033 | NC — 92
- **Deus Ex-Machina, Châteauneuf-du-Pape 2019** | Sec | 2025>2035 | NC — 94

Clos Saint-Patrice

★★★☆☆

Cette minuscule parcelle de 1,8 hectare, propriété des Grandes Serres, qui a failli disparaître, renaît de ses cendres depuis 2009 grâce aux efforts d'une équipe dynamique qui a, dès son premier millésime, réussi à produire des vins élégants, à l'expression florale, ils raviront les amateurs de châteauneufs en dentelle.

- **Clos Saint-Patrice, Châteauneuf-du-Pape 2018** | Sec | 2024>2032 | NC — 92

Domaine Saint-Préfert

★★★★☆

Situé au sud du secteur, dans le quartier des Serres, ce domaine historique a été repris avec brio en 2002 par l'emblématique Isabel Ferrando et a construit sa réputation sur des blancs d'exception hautement recommandables. Les vins rouges désormais à l'égal des blancs sont des modèles de finesse et d'harmonie, et les quatre cuvées affichent des caractères singulièrement différents.

- **Vieilles Vignes clairette, Châteauneuf-du-Pape 2020** | Sec | 2022>2030 | 150 € | ☘ — 94
- **Colombis, Châteauneuf-du-Pape 2020** | Sec | 2022>2026 | 150 € | ☘ — 92
- **Famille Isabel Ferrando, Châteauneuf-du-Pape 2021** | Sec | 2023>2027 | 90 € | ☘ — 91

Château de Sannes

★★☆☆☆

Cette propriété historique du Luberon a été reprise récemment par l'ancien « patron des patrons » Pierre Gattaz. La production se concentre sur deux rosés, dont on recommandera surtout la cuvée aciana. Le domaine continue de travailler dans le bon sens et de se construire avec intelligence.

- **Aciana, Luberon 2021** | Sec | 2022>2025 | 18 € | ☘ — 90
- **Terre de Sannes, Luberon 2019** | Sec | 2024>2029 | 25 € — 89
- **Grand Blanc de Sannes, Luberon 2020** | Sec | 2022>2027 | 25 € | ☘ — 92

Domaine Santa Duc

★★★☆☆

Les gènes de l'excellence sont indéniablement ancrés dans l'ADN de la famille Gras. Yves, représentant la cinquième génération de vignerons, vient de passer le témoin à son fils Benjamin qui interprète des vins profonds et élégants, où la pureté du fruit dépeint une véritable obsession. Un style léché, sur lequel les vins abandonnent un peu de générosité et de concentration en faveur d'une délicatesse très pure.

Florent Lançon (domaine de la Solitude).

- **Crau Ouest, Châteauneuf-du-Pape 2020** | Sec | 2026>2040 | 100 € — 94
- **Clos Derrière Vieille, Gigondas 2020** | Sec | 2024>2032 | 50 € — 91
- **Habemus Papam, Châteauneuf-du-Pape 2020** | Sec | 2025>2035 | 40 € — 92
- **Les Saintes Vierges, Châteauneuf-du-Pape 2020** | Sec | 2025>2040 | 60 € — 94

Domaine des Sénéchaux

★★☆☆☆

Ce domaine très ancien et très bien situé, avec des sols de galets, d'argiles et de safre, a été repris en 2006 par la famille Cazes, propriétaire entre autres du grand cru de Pauillac, château Lynch-Bages. Une seule cuvée est produite en blanc comme en rouge et les derniers millésimes sont incontestablement soignés, dans un style classique qui peu à peu affirme sa personnalité.

- **Châteauneuf-du-Pape 2019** | Sec | 2025>2035 | 45 € — 93
- **Châteauneuf-du-Pape 2020** | Sec | 2024>2030 | 45 € — 92

Domaine de la Solitude

★★★★☆

40 hectares d'un seul tenant, sur la route de Châteauneuf à Bédarrides, une tradition familiale qui remonte aux Barberini, famille toscane du Moyen-Âge dont fut issu un des papes d'Avignon, des terroirs magnifiques dont une bonne partie sur la Crau : voilà qui explique l'assurance de style et la distinction aromatique des vins de ce domaine culte, notamment sur les derniers millésimes. Florent Lançon, brillant représentant de la nouvelle génération des propriétaires, viticulteur naturellement doué, a précisé la définition des vins, peut-être aidé d'un nouveau chai fraîchement construit. Enfin, les grandes cuvées du domaine sont parmi les plus hautes expressions du cœur de terroir de Châteauneuf, avec en point d'orgue le vin-de-la-solitude qui reprend à la lettre une vieille recette du XVIIe siècle.

- **Châteauneuf-du-Pape 2020** | Sec | 2023>2034 | NC — 94
- **Barberini, Châteauneuf-du-Pape 2020** | Sec | 2023>2033 | NC — 94
- **Cornélia Constanza, Châteauneuf-du-Pape 2020** | Sec | 2026>2040 | NC — 96
- **Vin de la Solitude, Châteauneuf-du-Pape 2021** | Sec | 2022>2032 | NC — 96

Domaine de la Soumade

★★★☆☆

André Roméro est la figure de l'appellation Rasteau. Aidé désormais de son fils Frédéric et des conseils de Stéphane Derenoncourt, il produit des vins colorés et complexes, avec des corps denses. La gamme explore toutes les facettes des terroirs de Rasteau, y compris dans les secteurs hors appellation. Les vins doux naturels sont des gourmandises à l'état pur. Les Roméro sont connus pour leurs vins aux caractères profonds et de grande matière tannique, disposant d'un beau potentiel de vieillissement. Une adresse sûre.

- **Prestige, Rasteau 2019** | Sec | 2023>2028 | 14.5 € — 93
- **Confiance, Rasteau 2019** | Sec | 2022>2028 | 18.5 € — 90

Tardieu-Laurent

★★★★★

Michel Tardieu et Dominique Laurent ont créé cette association d'excellence au début des années 1990, devenant ainsi l'un des meilleurs micro-négociants de la vallée du Rhône. Aujourd'hui, Bastien et Michel Tardieu sillonnent le vignoble pour trouver les meilleurs approvisionnements, généralement des raisins issus de très vieilles vignes, souvent situées dans le cœur historique de chaque appellation. Une vraie mutation s'est opérée sur les derniers millésimes : futaille de grande contenance, vinification en vendange entière pour certaines cuvées et surtout un élevage plus mesuré ont permis de hisser encore d'un cran le niveau déjà excellent. Une valeur sûre de la région.

- **Châteauneuf-du-Pape 2019** | Sec | 2027>2037 | 32 € — 94
- **Hermitage 2020** | Sec | 2025>2040 | 55 € — 93
- **Vieilles Vignes, Gigondas 2019** | Sec | 2024>2034 | 30 € — 95
- **Vieilles Vignes, Côte Rôtie 2020** | Sec | 2025>2040 | 70 € — 97

Château des Tours

★★★★☆

Propriété d'Emmanuel Reynaud, tout comme le fameux Rayas de Châteauneuf-du-Pape, le château des Tours présente des côtes-du-rhône et des vacqueyras d'un autre temps, plongés dans un raffinement et une sève oubliés. À Sarrians, la propriété compte une quarantaine d'hectares de vignes flirtant avec les garrigues et de vieux oliviers. Le savoir-faire et le style Reynaud impriment chacun des flacons qui sortent de la propriété après une maturation en foudre puis en bouteille. Les vins sont des modèles de délicatesse, aux notes orientales, aux contours soyeux et raffinés

Château de Vaudieu

★★★☆☆

Le château de Vaudieu, édifié en 1767 par l'amiral Gérin, lieutenant de l'amirauté de Marseille, est l'un des trois châteaux du XVIIIe siècle de Châteauneuf-du-Pape. Le « Val de Dieu » qui a donné « Vaudieu », exploite aujourd'hui 70 hectares, reconstitués sous l'impulsion de Gabriel et Juliette Meffre, grands négociants de Gigondas. En 1987, leur fille Sylvette Bréchet prend la suite, rejointe en 1990 par son fils Laurent qui entreprend des travaux de rénovation du chai afin de faciliter les vinifications parcellaires. Les derniers millésimes sont très réussis, dans un style précis et puissant, en blanc comme en rouge. À suivre !

- **Belvédère, Châteauneuf-du-Pape 2020** | Sec | 2024>2030 | 50 € — 93
- **Amiral G, Châteauneuf-du-Pape 2019** | Sec | 2024>2032 | 85 € — 91

Domaine de la Vieille Julienne

★★★★☆

Ce domaine d'un seul tenant est situé au nord de l'appellation. Cultivé en bio depuis 1990, il est mené en biodynamie depuis maintenant dix ans. 100 % éraflée, la vendange produit une gamme impeccable, remarquable d'exécution, qui se décline sur quatre cuvées. Une cuvée classique au très bon potentiel de vieillissement, deux cuvées parcellaires hautement recommandables, haut-lieux sur une base de 20 % mourvèdre et les-trois-sources plus sur la délicatesse. Enfin, la cuvée réservé à 95 % grenache, de très grande classe. Le style est d'une impressionnante pureté aromatique, les équilibres sont en dentelles, non sans structure, et la fraîcheur à l'image des crus du nord. Un domaine confidentiel que les amateurs de vins fins connaissent bien.

- **Hauts Lieux , Châteauneuf-du-Pape 2017** | Sec | 2025>2035 | 75 € — 95

Domaine du Vieux Télégraphe

★★★★★

Cette splendide propriété de Bédarrides, propriété de la famille Brunier, est l'un des crus majeurs de l'appellation. Elle dispose d'un vaste vignoble d'un seul tenant, entièrement situé sur le plateau de la Crau et produit des vins d'une qualité remarquable. Le rouge est l'un des plus complets de l'appellation, dans un style savamment mis au point par les Brunier, qui ne privilégie pas la puissance malgré la générosité en alcool, mais au contraire l'équilibre et le raffinement. Du clos-la-roquette, en passant par télégramme et piedlong, jusqu'au grand vin, tout est d'une grande précision aromatique et d'un équilibre magistral. Ici l'on préfère la finesse à la puissance.

- **Télégramme, Châteauneuf-du-Pape 2020** | Sec | 2025>2035 | 35 € — 94
- **Piedlong, Châteauneuf-du-Pape 2019** | Sec | 2025>2035 | 51 € — 97
- **Châteauneuf-du-Pape 2020** | Sec | 2027>2040 | 53 € — 97

Xavier Vignon

★★★☆☆

Œnologue installé dans la vallée du Rhône depuis un quart de siècle, Xavier Vignon a longtemps travaillé pour les autres avant de créer sa propre signature. Amoureux des terroirs accrochés aux célèbres Dentelles de Montmirail, il fait preuve d'une étonnante originalité dans la composition de ses cuvées, n'hésitant pas à assembler plusieurs millésimes à la façon champenoise pour construire certaines cuvées (par exemple le cairanne la Tempérence) ou des vins de secteurs d'altitude (dans la gamme Arcane). Ce sens de l'assemblage et la précision de l'œnologue produisent des vins extrêmement originaux, à la fois intenses, expressifs et savoureux.

- **Ventoux, Ventoux 2020** | Sec | 2022>2025 | 8 € — 92
- **La Tempérance, Arcane, Cairanne** | Sec | 2022>2027 | 18 € | ☘ — 93
- **La Papesse, Arcane, Châteauneuf-du-Pape 2016** | Sec | 2022>2026 | 65 € — 95

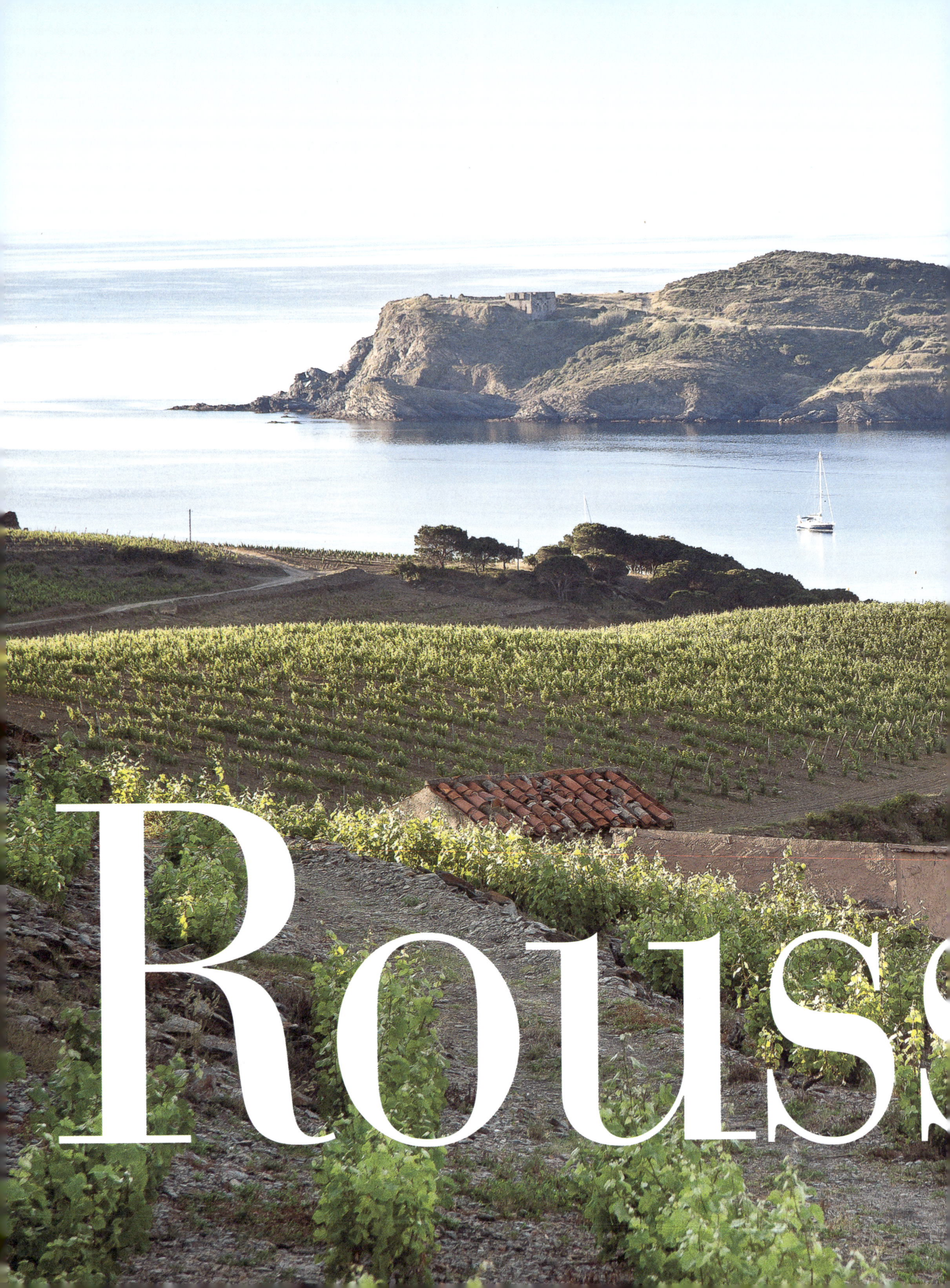

Rouss

Entre mer et montagne, le Roussillon spectaculaire.

sillon

À MI-PARCOURS DE SON HISTOIRE, ENTRE TRADITION ET MODERNITÉ. LE ROUSSILLON EST EN PLEINE RENAISSANCE, ON NE PEUT PLUS L'IGNORER

STÉPHANE ZANELLA « LE ROUSSILLON N'A PAS DE VRAIE HIÉRARCHIE »

PEU À PEU, DANS LE COUPLE LANGUEDOC-ROUSSILLON CE DERNIER IMPOSE SON IDENTITÉ. STÉPHANE ZANELLA, DIRECTEUR DU CIVR, DÉCRYPTE POUR NOUS

PROPOS RECUEILLIS PAR ***GUILLAUME PUZO***

Le Roussillon est un vignoble historique et une terre de grands vins, néanmoins la région manque de reconnaissance. Comment l'expliquer ?
En effet, je suis persuadé que le problème de fond, c'est la notoriété. Dans un marché ouvert, la demande génère l'offre. Par rapport à la qualité intrinsèque des vins, les prix ne sont pas assez élevés. C'est induit par le manque de notoriété. Le vignoble n'a pas dix siècles derrière lui au cours desquels il a pu construire sa réputation, comme la Bourgogne, par exemple. Il est aussi un peu le dernier arrivé sur la carte de France des vins de bon rapport qualité-prix. Si Collioure avait obtenu la sienne en 1971, les premières appellations de vins secs du Roussillon, côtes-du-roussillon et côtes-du-roussillon villages, datent de 1977.

Certains valorisent cependant très bien leurs vins. Citons Hervé Bizeul, par exemple, qui vend sa cuvée La Petite Sibérie à 200 euros.
Tout à fait. Mais le problème, c'est que les vins vendus plus de 15 euros représentent 3 % de l'offre. En rouge comme en blanc, l'offre est disponible entre 8 et 15 euros. Ce déficit de notoriété et de valorisation s'explique aussi par le fait la région a longtemps produit principalement des vins doux. Le virage vers les vins secs est encore récent.

Déficit de notoriété, d'accord. Mais avec quatorze AOC et deux IGP dans le seul département des Pyrénées-Orientales, cette offre est-elle vraiment lisible ?
C'est l'autre problème de fond. Le vignoble n'a pas de vraie hiérarchie digne de ce nom, à la bourguignonne plus qu'à la bordelaise. Aujourd'hui, rien ne garantit au consommateur qu'un vin en côtes-du-roussillon villages Caramany ou Latour-de-France sera intrinsèquement meilleur qu'un côtes-du-roussillon villages générique. Cette multiplication théorique repose sur des différences de typicité, de nature de sol essentiellement, mais pas selon une organisation hiérarchique. Cela fonctionne un peu comme une sélection parcellaire. En Bourgogne, le consommateur est prêt à payer un grand cru cinq à six fois le prix d'un bourgogne générique parce que la hiérarchie est claire, quand bien même la qualité n'est pas toujours au rendez-vous.

Tout de même, quatorze appellations, c'est beaucoup. Comment s'y retrouver ?
Je milite pour une hiérarchisation à l'échelle du bassin Languedoc-Roussillon, avec des appellations génériques et villages, des premiers et des grands crus, comme en Bourgogne. La difficulté est d'arriver à mettre les gens autour d'une table et que certains acceptent de se retrouver dans la catégorie d'en dessous. Bien sûr, je peux le comprendre, tout le monde veut être dans la catégorie supérieure. Mais si 50 % de la production d'un domaine est en grand cru, cette hiérarchie n'a pas de sens. Or je crois qu'elle est essentielle pour l'avenir de la région. Oui, elle doit nous permettre de valoriser nos pépites, en mettant en lumière les crus comme Tautavel ou Maury, par exemple, et non tel ou tel vigneron star. Mais je crois qu'il faut dépasser le cadre du seul Roussillon.

L'une de vos premières actions en tant que président a été de baisser les cotisations volontaires obligatoires (CVO) acquittées par les producteurs et les metteurs en marché. Pourquoi ?
Je crois qu'aujourd'hui, on doit être modeste. Si l'on a moins d'argent, on en dépensera moins, c'est aussi simple que ça. Pour être concret, nous avons fait voter une baisse des CVO pour les vins doux naturels de dix à sept euros par hectolitre, ce n'est pas anodin.

Pourtant, elles participent au financement des actions du comité interprofessionnel.
L'interprofession seule ne sauvera pas le département. Elle est là pour accompagner avant tout les démarches des opérateurs, travailler sur la notoriété collective, faire connaître notre région, nos territoires, nos appellations, sans mettre en avant un domaine, une cave ou un négoce en particulier. Lorsqu'on organise un salon en Chine ou à Paris, on ne peut pas présenter 500 opérateurs. Lesquels choisir ? Selon quels critères ? Où débute le favoritisme ? Je pense qu'il faut éviter au maximum de mettre le doigt dans ce genre de mécanisme. Il faut communiquer. La communication, c'est une présence publicitaire, une activité sur les réseaux sociaux, peut-être participer à un grand salon comme Wine Paris ou ProWein. Mais ce n'est pas organiser, comme on a pu le faire beaucoup jusqu'à présent, et en particulier à l'export, des rencontres opérateurs-importateurs. Ce n'est pas notre mission.

Aux opérateurs de se prendre en main pour faire la promotion de leurs propres produits ?
C'est pour cela que je souhaite leur rendre de l'argent en baissant les cotisations. L'interprofession doit faire de la communication générale, que ce soit un événement, une soirée qui soit à portée collective, c'est la priorité fondamentale. On va dépenser moins, différemment. Prenons l'exemple des masterclass. Aujourd'hui, avec les webcams, on peut animer des dégustations à distance tout en limitant les frais de déplacement. Il faut qu'on passe ce cap-là. Ça ne vaut pas dire qu'on ne fera pas d'événements physiques, mais on en fera moins et mieux ciblés.

PRESSE

Les monts enneigés des Pyrénées et les étendues de vignes basses, taillées en gobelet.

LES BONNES FÉES

UN JOUR VIENDRA OÙ LE ROUSSILLON TIENDRA LE HAUT DE L'AFFICHE. CES DOMAINES SERONT TOUJOURS LÀ, ON CROIT EN EUX

Mas Amiel

À Maury, le mas Amiel compte 150 hectares de vignes en production, disséminées sur 132 parcelles, dominées par le château cathare de Quéribus. Olivier Decelle (également propriétaire du château Jean Faure à Saint-Émilion) a fait œuvre de mécène en le remettant peu à peu dans un parfait état de production, secondé en cela depuis 2007 par Nicolas Raffy, amoureux de ces terres. Avec la conversion vers la biodynamie, l'expression des vins va certainement encore évoluer dans les années à venir. Si les vins doux naturels n'ont pas été délaissés, loin s'en faut, l'accent a été porté sur la production de vins secs très modernes, avec une largeur de gamme qui couvre tous les styles. Une source incontournable !

- **Vers Le Nord, Maury Sec 2020** | Sec | 2022>2030 | 28 € | ☘ — 90
- **Natural grenache, Côtes catalanes 2021** | Sec | 2022>2025 | 14.5 € | ☘ — 86
- **Millésime 69, VDN, Maury 1969** | Doux | 2022>2039 | 138 € — 95

Domaine Cazes

Ce domaine historique de Rivesaltes, créé en 1895 par Michel Cazes, est entré en 2013 dans le giron du groupe AdVini, tout comme les clos de Paulilles. La famille Cazes reste très impliquée et tout est mis en œuvre pour mettre en valeur le terroir et le patrimoine. L'ensemble du domaine, regroupant aujourd'hui 220 hectares, est certifié bio et biodynamie, créant ainsi un véritable modèle pour la région en démontrant que cela est bien possible même pour des propriétés de cette taille. La gamme complète des cuvées offre des vins secs superbes, tout comme un impressionnant éventail de vins doux naturels, un style de vin dont le sucre résiduel joue l'harmonie parfaite de ce grand terroir.

Nicolas Raffy (Mas Amiel).

Domaine de Bila-Haut - Chapoutier

Michel Chapoutier, personnalité incontournable et prolifique du monde viticole de la vallée du Rhône, a beaucoup investi dans sa propriété de Latour de France (avec plus de 100 hectares de vignes, débordant sur d'autres villages comme Lesquerde, puis quelques parcelles sur la côte vermeille). Égal à lui-même en matière de perfectionnisme, il propose des vins abordables, offrant un bon rapport qualité-prix.

- **Côtes du Roussillon-Villages 2020** | Sec | 2022>2030 | 8.05 € — 90
- **Occultum Lapidem, Côtes du Roussillon-Villages Latour de France 2018** | Sec | 2022>2028 | 14.75 € | ☘ — 91
- **Côtes du Roussillon-Villages 2021** | Sec | 2022>2029 | 8.26 € — 90

Domaine du Clos des Fées

Hervé Bizeul, vigneron et plume rebelle, n'a plus grand chose à prouver car son domaine fait partie de l'élite du Roussillon. Cela ne l'empêche pas de se remettre continuellement en question, de défricher de nouvelles pistes, d'innover, de sortir des sentiers battus et de créer de nouvelles cuvées. En témoigne notamment son pinot noir sorti de nulle part, qui affronte vaillamment les rigueurs du soleil et de la tramontane de la vallée de l'Agly. Ici, chaque cuvée affiche une personnalité bien à elle, parfois intransigeante, à l'image de son vinificateur. Sur pas moins de 7 terroirs différents naît une interprétation sérieuse et diversifiée du Roussillon. Un modèle dans son genre.

Marjorie et Stéphane Gallet (domaine Le Roc des Anges).

MATHIEU GARÇON

Vignobles Dom Brial - Cave de Baixas

★☆☆☆☆

Cave coopérative imposante par ses dimensions (2100 hectares, 34 salariés) mais modèle par ses installations techniques, tout comme par sa politique (elle valorise les terroirs et le suivi cultural). Fondée en 1923, elle regroupe 250 vignerons, dont la plus grande partie travaille autour de Baixas. Également très engagée dans la vie locale, la cave soutient des activités diverses, culturelles et sportives, et élabore même une cuvée spéciale pour aider les pupilles des sapeurs-pompiers. Depuis 1991, le château Les Pins fait partie de Dom Brial et permet de vinifier des cuvées de haut vol.

- **Dom Brial Ambré, Rivesaltes** | Doux | 2022>2030 | 10.95 € — 93
- **Château les Pins, Côtes du Roussillon-Villages 2017** | Sec | 2022>2032 | 14.95 € — 89

Domaine Gardiés

★★★☆☆

Jean Gardiès a repris le domaine familial en 1990, mettant l'accent dès le départ sur les rouges qui sont vite devenus des références de la région. Depuis, il livre régulièrement une fine interprétation de son terroir de Vingrau, cultivant un vignoble de 35 hectares au parcellaire très éclaté qui se reflète dans la philosophie des cuvées. Depuis huit ans, l'accent est mis sur une vinification au plus près du fruit, avec moins d'extraction et plus de subtilité. Que ce soit en vins secs ou vins doux naturels, on trouvera ici aisément son bonheur, à condition de délier un peu sa bourse.

- **La Torre, Côtes du Roussillon-Villages 2019** | Sec | 2026>2034 | 40 € | ☘ — 91
- **Clos des Vignes, Côtes du Roussillon-Villages - Tautavel 2019** | Sec | 2025>2034 | 26 € | ☘ — 92

Domaine Gauby

★★★★☆

Gérard Gauby, secondé par son fils Lionel, a hissé sa production au firmament des vins du Roussillon, au point d'en faire un mythe. Sur la commune de Calce, qui possède à notre sens certains des meilleurs terroirs du Roussillon, ils élaborent des vins d'une grande pureté et délicatesse, concentrés, mais sans lourdeur. Ils se sont détournés du carcan des appellations (depuis 2014), complantent des cépages tardifs comme le tourbat (blanc) à plus faible densité et portent une attention particulière à la gestion de l'eau, ou plutôt à son absence, tout en réintégrant des plantations d'arbres et des haies autour de leur vignoble.

Domaine Lafage

★★★☆☆

Ce très grand domaine dispose de vignobles dans trois secteurs, l'Agly, les Aspres et la côte maritime de Perpignan. Jean-Marc Lafage et son épouse Éliane, tous deux œnologues, ont non seulement investi récemment dans une cave moderne, mais sont en train de se doter d'une nouvelle chaîne de mise en bouteille dernier cri. De plus, ils ont eu l'excellente idée de restructurer l'espace de vente et de réception, permettant un accueil exemplaire. Le domaine produit régulièrement des rapports prix-plaisir d'autant plus significatifs que les volumes sont loin d'être anecdotiques. Le niveau des vinifications est impressionnant et les vins recherchent plus de tendresse de texture qu'autrefois, mais pêchent parfois par leur teneur en alcool. Les vins mutés sont également excellents. À noter que le château Saint-Roch, à Maury, est également dans leur giron.

- **Léa, Côtes du Roussillon-Villages - Les Aspres 2020** | Sec | 2022>2028 | 21.6 € — 88
- **Nicolas – Vieilles Vignes de grenache, Côtes catalanes 2020** | Sec | 2022>2028 | 12.7 € — 86
- **Centenaire – Vieilles Vignes de grenache et roussanne, Côtes catalanes 2021** | Sec | 2022>2027 | 12.9 € — 89

Château Lauriga

★☆☆☆☆

Seule acquisition en Roussillon de l'entreprenant Jean-Claude Mas, le Château Lauriga est un vaste vignoble (68 hectares) situé entre Perpignan et Thuir. L'encépagement se partage entre traditionnels grenache blanc et noir, carignan et muscat et cépages internationaux (syrah, merlot, cabernet, etc.) comme dans la plupart des propriétés de Jean-Claude Mas. Toute la gamme, en côtes-du-roussillon comme en igp, est intéressante et en progrès continus.

Le Clos de Paulilles

★★★☆☆

Ce domaine admirablement situé en front de mer est entré en 2013 dans le giron du groupe AdVini, parfaitement conscient de l'importance de ce joyau. Tout est mis en œuvre, sous la conduite de Lionel Lavail et des mêmes équipes qu'au domaine Cazes, pour mettre en valeur le terroir. Les vins du domaine comptent parmi les expressions les plus réussies du Roussillon. Les visiteurs de passage pourront vérifier la qualité des produits au restaurant de la propriété. Une belle adresse !

Domaine Le Roc des Anges

★★★★☆

La sensibilité, la technicité et la ténacité de Marjorie et Stéphane Gallet sont récompensées par un succès amplement mérité. Ils ont créé un domaine phare du Roussillon, doté depuis 2014 d'une cave qui leur permet d'aller encore plus loin dans l'expression du terroir, tout comme la biodynamie dont ils sont imprégnés. Avec des vignes aujourd'hui essentiellement situées sur Montner, terroir somptueux pour les blancs précis et minéraux qu'ils affectionnent, ils continuent de planter

Romuald Péronne (Clos Saint-Sébastien).

et de restructurer les sols pour conquérir de nouvelles expressions sur les rouges. Revers de la médaille : ils réalisent de plus en plus de cuvées parcellaires, aussi passionnantes que trop rares. La gamme est très complète, notamment en IGP des Côtes Catalanes (blancs ou rouges). On n'a donc que l'embarras du choix et seuls les prix relativement élevés empêchent de tout acheter.

Mas Llossanes

★★☆☆☆

Dominique et Solenn Génot ont repris en 2016 ce vignoble d'environ 10 hectares, situé face au Canigou sur un secteur encore très sauvage, entre 600 et 700 mètres d'altitude. Actuellement en conversion bio avec une certification acquise dès le millésime 2019, ils travaillent leurs vignes avec attention et labourent notamment au cheval. En plus des cépages classiques de la région, une rareté s'épanouit ici : le cépage chasan. Produit en toute petite quantité, c'est une perle rare donnant un blanc lumineux qui surprend par sa fraîcheur et sa tension remarquable. Autre originalité, sur le domaine on trouve le plus grand dolmen néolithique de la région, trônant au milieu de la vigne tout en offrant un très beau panorama sur les paysages environnants.

- **Au Dolmen, Côtes catalanes 2018** | Sec | 2022>2033 | 15 € — 91
- **Dotrera, Côtes catalanes 2018** | Sec | 2022>2028 | 20 € — 91
- **Pur carignan, Côtes catalanes 2019** | Sec | 2022>2029 | 40 € | ☘ — 89

Domaine Modat

★★☆☆☆

Philippe Modat a compensé l'ingratitude de son métier de greffier au Tribunal de Commerce en redonnant vie à ses terres sauvages de gneiss à Caramany, avec l'aide de son infatigable régisseur Laurent Abet. Aujourd'hui, ses fils Quentin et Louis ont pris la relève, avec moult projets en tête. Viticulture irréprochable, vinifications respectueuses, construction de gamme, tout se met en place pour faire grandir et évoluer le domaine. Des vins prometteurs, des idées plein la cave, et un bienvenu vent de jeunesse qui souffle sur une appellation qui en a plus que besoin.

- **Les Lucioles, Côtes catalanes 2020** | Sec | 2022>2028 | 22 € — 90
- **Comme Avant, Côtes du Roussillon-Villages - Caramany 2017** | Sec | 2022>2027 | 17 € — 89
- **Le Plus Joli, Côtes du Roussillon-Villages - Caramany 2018** | Sec | 2026>2033 | 42 € — 93

Domaine Paetzold

★☆☆☆☆

Ce domaine familial de 15 hectares a été fondé en 2005 par Michael Paetzold, plus connu pour son expertise en filtration. C'est justement en prestation de service chez un vigneron voisin qu'il tombe amoureux de cette vigne, sur laquelle il produit aujourd'hui, avec l'aide de Vincent Chassignol, un blanc et quatre rouges. Chercheur dans l'âme, ne vous attendez pas aux élevages classiques en fût de chêne : il a développé son propre contenant afin d'être au plus proche de sa vision.

Domaine Olivier Pithon

★★★☆☆

Avec d'entrée de jeu 3 étoiles, le domaine Olivier Pithon faisait il y a quelques années une entrée fracassante dans notre guide. Depuis, les vins continuent de nous convaincre d'année en année. Les vignes, travaillées en biodynamie, fournissent une matière idéale pour vinifier des cuvées aériennes, régies par l'élégance et la concentration. La nouvelle cave, construite en 2015 sur les hauteurs de Calce, lui procure les moyens d'affiner davantage sa vision de ce grand terroir du Roussillon. Un seul bémol : parfois la précision pêche par un manque de protection du vin. Nous espérons que cela n'est que passager.

- **cuvée Laïs, Côtes du Roussillon 2020** | Sec | 2022>2035 | 21 € | ☘ — 92

Domaine de la Rectorie

★★☆☆☆

C'est un domaine historique de Banyuls, appartenant à une grande et prolifique famille de vignerons, la famille Parcé. Les 35 hectares en propre, répartis sur plus de 50 parcelles, sont menés avec bravoure et les vins témoignent d'une véritable compréhension et écoute du terroir. Aussi, pour certaines parcelles en complément, ils continuent à cultiver le système ancien et très particulier du métayage à Banyuls, à savoir qu'ils sont propriétaires des ceps mais pas du sol. Aujourd'hui, de la fratrie c'est Thierry qui mène le domaine avec bravoure. Les vins, tous excellents, laissent l'amateur souvent devant un dilemme cornélien, à savoir celui de devoir faire un choix. Depuis peu, un joli négoce est né, portant la patte de vinification des frères Parcé et trouvant une juste voie d'équilibre et de fraîcheur, notamment pour les cuvées élevées en cuve.

Clos Saint-Sébastien

★★★☆☆

Récemment repris, ce domaine couvre une vingtaine d'hectares et s'affirme très moderne, tant dans la construction des vins que dans son approche marketing, avec des habillages « inspirés » et surtout une boutique-bistrot sur le port de Banyuls qui permet de juger des produits en situation. Blottis au cœur de la vallée de Roume, le chai accueille les raisins issus de sept parcelles se répartissant sur différents terroirs de l'appellation, permettant de jouer les complémentarités à la vinification. Si leur marketing se montre très futé, à la vigne le savoir-cultiver ancestral est préservé avec la conduite des pieds de vigne majoritairement en gobelet ou en échalas.

- **Inspiration Céleste, Collioure 2019** | Sec | 2022>2034 | 30 € — 92
- **Inspiration Minérale, Collioure 2020** | Sec | 2022>2030 | 30 € — 93
- **Inspiration Marine, Collioure 2019** | Sec | 2022>2034 | 30 € — 93

Thunevin-Calvet

★☆☆☆☆

L'association entre Jean-Luc Thunevin, du château Valandraud à Saint-Émilion, et Jean-Roger Calvet, viticulteur de Maury, date de 2001. La propriété compte actuellement 50 hectares de vignes, réparties sur différents terroirs, entièrement vendangés à la main. Un nouveau chai, situé à l'entrée du village de Maury et achevé en 2008, leurs donne tous les outils nécessaires pour vinifier des cuvées au plus près de leurs terroir.

Domaine Vial Magnères

★☆☆☆☆

Après le décès trop précoce de Bernard Sapéras en 2013, ses enfants Olivier et Crystel continuent son œuvre en prenant petit à petit leurs marques. Ce producteur avait mis au point une expression parfaite de rancio de voile, et surtout conservait des ambrés fastueux en vieux millésimes. Le caractère iodé et salin du cru marque toutes les cuvées, et réussit bien à l'équilibre des vins doux naturels.

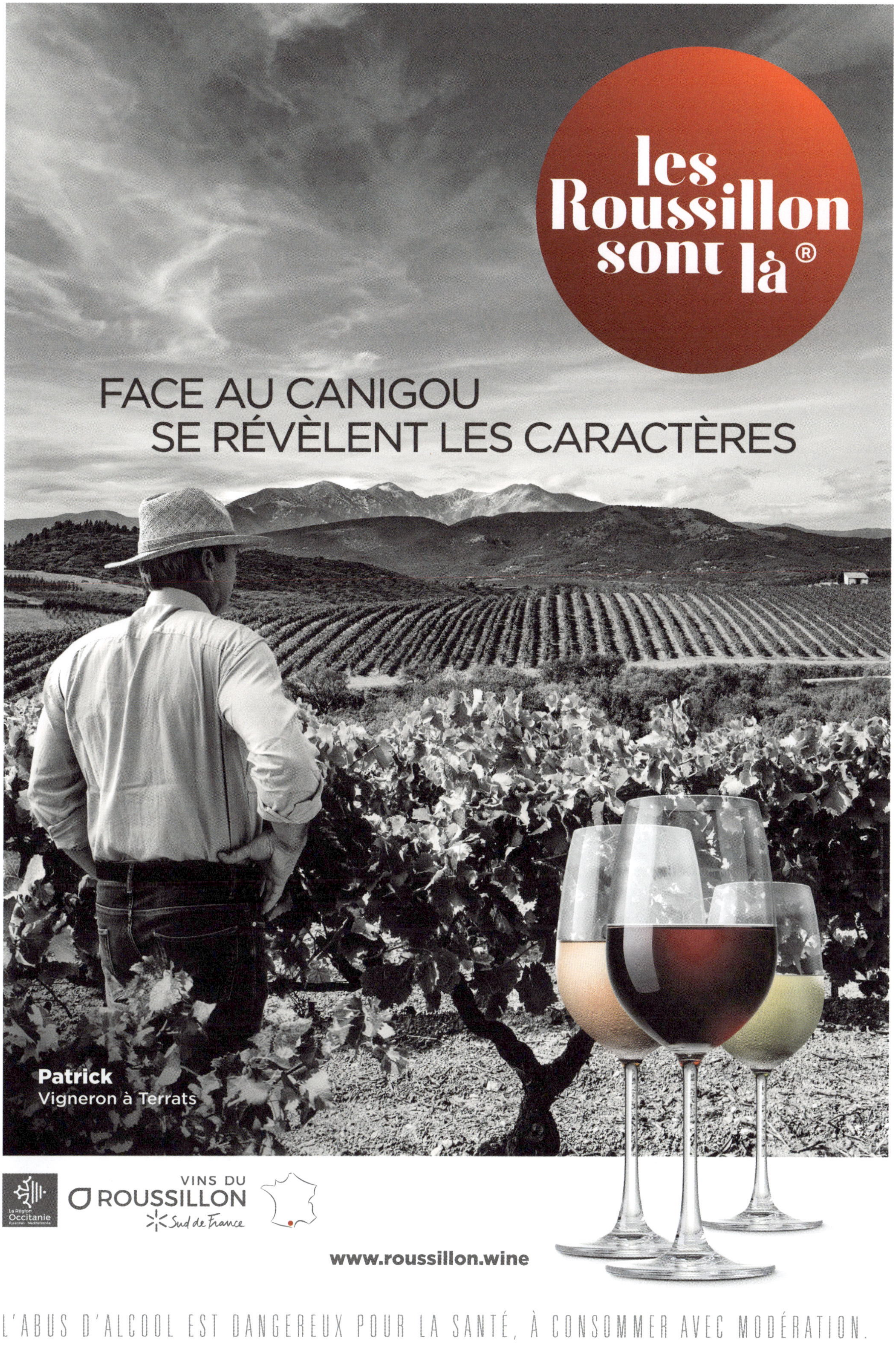
les Roussillon sont là®
FACE AU CANIGOU
SE RÉVÈLENT LES CARACTÈRES
Patrick
Vigneron à Terrats
La Région Occitanie Pyrénées · Méditerranée
VINS DU ROUSSILLON
Sud de France
www.roussillon.wine
L'ABUS D'ALCOOL EST DANGEREUX POUR LA SANTÉ, À CONSOMMER AVEC MODÉRATION.

Savo

Sur les pentes des Alpes, travailler un vignoble relève bien souvent de l'exploit.

LA SAVOIE TROUVE
SA PLACE DANS LE LIVRE
DE CAVE DES AMATEURS
COMME DES BRANCHÉS.
LÀ-BAS, C'EST
LA JEUNESSE
QUI DONNE LE TEMPO

L'ÉNERGIE DÉVALE LES PENTES

ILS SONT JEUNES, DIPLÔMÉS, PROMIS À DES CARRIÈRES BRILLANTES. ILS ONT CHOISI DE S'INSTALLER SUR LES PENTES RAIDES DES ALPES. POURQUOI ? PAR PASSION. RENCONTRES LUMINEUSES AVEC LES NOUVEAUX ENFANTS DU PAYS

PAR **GILLES DURAND-DAGUIN**

JÉRÉMY ET MAXIME DUPRAZ

Dupraz, c'est aujourd'hui deux des trois frères, Jérémy et Maxime. Jérémy, le frère du milieu, millésime 1986, est celui qui a le plus de bagou. Il a fait son retour à la terre. *« Je suis un peu geek. À douze ans, je trouvais injuste de travailler dans les vignes. »* Première carrière comme ingénieur informaticien. Dans la famille, on est dans la vigne depuis 1880, ça ne s'oublie pas comme ça. Le grand-père, Robert, avait créé une micro-coopérative en 1958. Le père, Marc, préférait être sur le terrain, dans les vignes. *« Il était le meilleur élève à Beaune dans les années 1970. Il est le premier de la région à avoir laissé ses vignes enherbées, même sous le rang, dans les années 1980. Il était aussi le vinificateur de la coopérative. Un vrai talent, qui a passé beaucoup de temps à travailler pour les autres. »* Jérémy a repris les onze hectares du domaine en 2011. Il monte la superficie à dix-huit hectares quand son oncle Jean part en retraite, en 2020. Avec son vignoble désormais officiellement certifié bio, il a des ambitions différentes de celles de son père, toujours présent : *« Ce qui m'intéresse, c'est de faire de la micro-cuverie. Mais en Savoie, on n'a pas le droit de mettre le nom du lieu-dit cadastré sur l'étiquette. »* Il râle. Avec 400 hectares, Apremont, mention géographique complémentaire de l'AOC savoie, est le cru le plus connu de la région. Il est essentiellement dévoué au cépage jacquère, très sensible au terroir. Insuffisant pour le jeune homme qui considère qu'on ne met pas ce dernier assez en avant. *« Depuis 2013, la carte des sols d'Apremont existe, mais elle n'a jamais été exploitée. »* La faute au village gaulois, où chacun voit midi à sa porte. Cinq metteurs en marché représentent 60 % de l'appellation. Ils se satisfont de faire un vin générique pas cher.

Jérémy croit en ses terroirs. Le lieu-dit où se trouve le domaine, Le Reposoir, possède ses propres spécificités, avec des sols différents. Pourquoi y faire le même vin qu'ailleurs ? Alors, il se bat. Contre les gros qui font du tout-venant, contre les petits qui cèdent à la mode de tout étiqueter en vin de France. Lui veut faire briller le cru d'Apremont. La gamme comprend neuf vins, surtout des blancs. Chacun y trouvera son compte avec aussi de la mondeuse et de l'altesse. Mais ce qui plaît le plus à Jérémy, ce sont ses jacquères de terroir. Comme il a de la malice, il s'amuse. Pour ça, le lieu-dit Montracul est parfait. Il a même poussé le jeu jusqu'à faire une cuvée intitulée Chat-bite, clin d'œil à une appellation de l'Yonne (Bourgogne) bien connue pour ses vins au caractère salin. L'étiquette y faisait visuellement référence. Il a préféré arrêter avant que la plaisanterie ne fasse grincer des dents. La gamme commence avec En Route pour l'apéro, un vin à moins de dix euros. Elle affiche ses ambitions avec Le Moulin ou Les Terres Blanches. Les deux grands vins de la cave sont les cuvées Phœnix, à l'étiquette blanche immaculée : une en rouge de mondeuse, une en blanc, de jacquère évidemment, avec un élevage poussé et réfléchi pendant 24 mois en œuf béton. *« Travailler pendant neuf mois pour faire du raisin, c'est facile. Ne pas vendre son travail pendant 24 mois, c'est plus compliqué. »* La cuvée est sous-titrée "La Renaissance", comme une déclaration d'intention. Si renaissance du cru Apremont il y a, c'est sans doute d'ici qu'elle viendra. Il y croit. Nous aussi.

Domaine Dupraz
Le Reposoir, 73190 Apremont
Tél. : 06 17 51 39 35
vin@domainedupraz.com

CHARLOTTE SONJON

Difficile de faire plus nouvelle, et plus confidentielle. Elle a commencé en 2020 avec 800 bouteilles. Ça va mieux en 2021. Elle est passée à deux hectares, soit 5 000 bouteilles. Originaire d'Annecy, Charlotte Sonjon est ingénieure agronome. Elle s'est spécialisée en vin au domaine Château La Martinette en Provence, puis a passé un an et demi chez Matthieu Goury au domaine de Chevillard, une bonne référence de la Savoie. Elle a repris les vignes du château de Saint-Innocent, au-dessus du lac du Bourget. Trop pentues, personne n'en voulait. Cinquante ares de vieilles vignes de jacquère sont venus compléter ce morceau de départ. Ses vins, un blanc, un rouge, s'appellent Haut les Cœurs. Un millésime 2020 prometteur. Un brut de cuve de pinot noir et gamay élevé en barriques annonce la couleur de ce qui arrive. On sait déjà qu'il faut garder un œil dessus.

Domaine Charlotte Sonjon
1, chemin de Corsuet
73100 Brison-Saint-Innocent
Tél. : 06 28 05 74 80

GILLES DURAND-DAGUIN

Charlotte Sonjon.

Jérémy Dupraz.

CLÉMENT BÄRTSCHI

Il est taillé comme un rugbyman. Ça tombe bien, il l'a été. Pilier droit. Le tréma dans son nom vient de Suisse, puisqu'il a des origines bernoises. Il a toujours voulu être vigneron et s'est donné les moyens de le devenir. Diplôme national d'œnologue à Bordeaux avec des stages chez Yves Cuilleron (Rhône nord) et au domaine de la Romanée-Conti. Il enchaîne avec un diplôme d'ingénieur agro en alternance chez Chapoutier, chez qui il démarre sa carrière. En 2019, il achète 2,5 hectares en appellation bugey, au pied de la falaise de craie qui constitue le confidentiel cru Manicle (dix hectares, trois vignerons). Pourquoi là ? Peut-être parce qu'on y cultive le chardonnay et le pinot noir, une rareté en Savoie. Ses premiers vins sont prometteurs, avec des chardonnays tout en tension et des pinots noirs de garde. Futur grand ? C'est parti pour.

Domaine Bärtschi
1, Chemin de Nivollet
01640 Boyeux-Saint-Jérôme
Tél. : 06 60 26 81 53

Clément Bärtschi.

LA MONDEUSE TIENT SA REVANCHE

CE CÉPAGE ROUGE PROPRE À LA SAVOIE A LONGTEMPS ÉTÉ HABITUÉ AUX DERNIÈRES PLACES. TOUTE UNE GÉNÉRATION A PRIS LE SUJET À BRAS LE CORPS. LES RÉSULTATS SONT LÀ, LE GRAND CHANGEMENT AUSSI

PAR ***GILLES DURAND-DAGUIN***

CÉPAGE ROUGE TYPIQUE et emblématique de la région savoyarde, la mondeuse n'a pas toujours eu bonne réputation. Elle était plus connue pour être rustique que gouleyante. La faute à une maturité tardive qui n'était pas toujours atteinte ? Ou à des rendements trop importants comme c'est un cépage productif ? Peut-être les deux. Tout cela est presque oublié. Une mondeuse bien maîtrisée fait d'excellents vins. C'est ce qu'ont compris la génération de vignerons arrivée à maturité et la génération qui monte en puissance. Avec ses arômes de fruits rouges ou noirs et son caractère légèrement tannique et épicé, le cépage peut avoir des faux airs de syrah. Son grand secret, c'est qu'il a des niveaux de sucre assez faibles, ce qui veut dire aussi des niveaux d'alcool assez faibles. Avec des étés qui multiplient les périodes de grosse chaleur, et souvent des vins qui montent vite en degrés, la mondeuse est idéale. Tous les vins sélectionnés pour cette dégustation ont des degrés d'alcool compris entre 11,5 et 13. La joie du vin rouge fruité qui n'endort personne au bout de deux verres. Vingt-deux domaines nous ont envoyé une cinquantaine de bouteilles des millésimes 2018, 2019 et 2020, ce qui compose un panorama assez réjouissant. Reste maintenant à échapper aux aléas climatiques. La région avait déjà été durement éprouvée en 2021 et la combe de Savoie a subi un énorme orage de grêle le 5 juin 2022. Aussi la question est-elle de savoir si l'on pourra trouver facilement ces vins. Voilà un aperçu de ceux qui nous ont particulièrement séduit. Ils sont en appellation savoie avec parfois une indication de cru.

La sélection

Domaine Jean-François Quénard, Élisa 2020

91

Domaine principalement situé à Chignin. Les raisins de cette cuvée proviennent de Saint-Jean-de-la-Porte. Une vigne de quarante ans donne un vin aux arômes fruités et ouverts, avec une touche d'épices. Bouche enrobée et caressante au tannin léger qui n'altère pas son élégance. Peu sulfités.

2022>29

18 euros

Domaine Jean-Pierre et Jean-François Quénard, L'Éphémère 2018
92
Deux demi-muids de mondeuse qui auraient dû aller dans la cuvée élisa ont eu droit à un an d'élevage supplémentaire. Bingo. 1 540 bouteilles d'un vin dont les arômes de mûre et de fruits rouges explosent au nez. Bouche soyeuse et qui en a sous le pied. Délicieux maintenant et encore une dizaine d'années.
2022>32
Environ 30 euros

Domaine Ludovic Archer, Totem 2020
89
Cet ancien ingénieur qui s'occupait de matériel d'alpinisme s'est reconverti dans le vin. 2019 est son premier millésime. Il demande chaque année à un illustrateur de faire ses étiquettes. Issue d'une jeune vigne conservatoire, cette cuvée sent le cuir et les épices. Densité en bouche, avec un bon tannin qui lui promet une jolie garde. Bio.
2024>34
26 euros

Domaine Louis Magnin, La Brova 2019, arbin
91
Domaine familial de huit hectares situés à Arbin. Certifié bio depuis 2012, avec des pratiques biodynamiques. Des mondeuses de 60 ans ont le droit à une cuvaison longue et un élevage moitié fûts moitié cuves ovoïdes. Notes de café au nez, tannin dense et serré en bouche mais élégant. Bon potentiel de vieillissement.
2024>36
32 euros

Domaine de l'Idylle, La Saxicole Prestige 2019
90
Longue histoire viticole pour la famille Tiollier désormais représentée par Sylvain, œnologue de formation. Le chai avait été rénové avant son arrivée. Il passe le domaine en bio. Les quatre vins goûtés étaient sérieux, du genre denses et tramés, avec des tannins bien présents. Ce saxicole apporte un supplément de finesse à des vins taillés pour la garde.
2027>34
15 euros

Domaine Pascal & Annick Quenard, La Sauvage 2020
91
Valeur sûre de Chignin. Pascal est le quatrième Quenard de sa lignée. Certifié Demeter, le domaine accueille la cinquième génération avec Noé. La-sauvage c'est des vignes de 50 ans, des raisins vinifiés en macération carbonique, un vin élevé en foudre. Nez saisissant, fruité, explosif. Bouche taillée pour la garde avec un supplément de fraîcheur. Prix sage.
2026>35
17 euros

Domaine Pascal & Annick Quenard, L'Étoile de Gaspard 2019
92
Un vin sans soufre ajouté, ni en vinification ni à la mise en bouteille. Élevage en jarres de terre cuite. C'est un vin dense, serré, encore corseté, taillé pour la garde à condition de bien le conserver.
2027>39
27 euros

Château de Mérande, La Noire 2018
92
La famille Genoux a repris le château de Mérande où elle a installé ses chais. Certifié Biodyvin. Douze hectares de vignes, dont sept de mondeuse. La Noire est la grande cuvée : micro-terroir de Mérande, rendements faibles (25 hecto/hectare), élevage en barriques de 500 litres. Nez serré de cerise noire épicée. Bouche tannique et dense. À garder.
2027>35
35 euros

Château de Mérande, La Belle Romaine 2020, arbin
89
La cuvée « de base » du château pose de bonnes bases. Élevage en cuve inox et en foudres. Le nez sent le fruit à noyau, avec un côté légèrement animal. La bouche est équilibrée, avec un tannin délicat et de l'acidité.
2024>31
18 euros

Domaine Céline Jacquet, Mes Aïeux 2018
88
Céline s'est installée en 2011 à Arbin sur un demi-hectare. Son domaine en fait désormais 4,6. Il est certifié Haute valeur environnementale. Cette cuvée mes-aïeux est une parcelle de vignes de 45 ans. Nez relaxant et épicé, bouche dense, tannique, avec un bel équilibre.
2024>31
14 euros

Domaine Fabien Trosset, Avalanche 2020, Arbin
88
Fabien et Chloé Trosset ont repris des vignes de famille. Celles du domaine Jean-Louis Trosset et du domaine Joseph Trosset, ce qui leur fait 16 hectares dont treize de mondeuse. Avalanche, leur cuvée la plus accessible, tire son épingle du jeu. Nez fumé et épicé, bouche directe, tannin fin. Plaisant et facile d'accès.
2022>27
13 euros

Domaine André et Michel Quenard, Terres Brunes 2020, arbin
89
Situé sur le côteau de Torméry, ces Quenard ont quatre générations derrière eux, même si ce domaine HVE a été créé en 1976. Terres-brunes est issu de leurs meilleurs terroirs de Chignin, sur des sols argilo-calcaire ferrugineux. Nez assez puissant de café et moka, bouche stricte, tannique avec une bonne acidité.
2024>29
13,50 euros

Denis & Didier Berthollier, Les Granges Tissot, 2019
90
Les frères Berthollier sont la troisième génération à Chignin. Ces Granges Tissot sont leur grande cuvée de mondeuse, produite à environ 2000 bouteilles. Dix-huit mois d'élevage en fûts et amphores. Nez très ouvert, fruité typique, poivré. Très intense en arômes, la bouche est plus large que longue. Très peu de sulfites et dernière année de conversion bio.
2022>29
23,50 euros

LES PISTES VERS LE SOMMET

UNE POIGNÉE DE VIGNERONS OBSTINÉS ONT FAIT DES PENTES RAIDES DES ALPES LEUR TERRAIN DE JEU FAVORI. IL SUFFIT DE GOÛTER LES VINS POUR COMPRENDRE L'ENTÊTEMENT

Domaine des Ardoisières

★★★☆☆

Brice Omont travaille en biodynamie 13 hectares sur deux coteaux. Les paysages préservés et encaissés, à l'entrée de la Tarentaise, valent le coup d'œil et le travail effectué y est dantesque. Ses IGP des Allobroges, sont pleins et mûrs, propulsés par des élevages dosés dont le bois discret s'intègre parfaitement au vieillissement.

- **Schiste, Allobrogie 2020** | Sec | 2022>2030 | 40 € | ☘ — 92
- **Améthyste, Allobrogie 2019** | Sec | 2025>2032 | 65 € | ☘ — 94
- **Argile, Allobrogie 2020** | Sec | 2023>2028 | 25 € | ☘ — 88

Château de Mérande

★★☆☆☆

Pierre Genoux est la sixième génération. Séraphin Genoux, son arrière-grand-père, avait acheté le château. Il a été vendu dans les années 1970, mais Daniel et Olivier, père et oncle de Pierre, l'ont racheté en 2000. Ils exploitent douze hectares, deux tiers sur Arbin et un tiers sur Montmélian. Le domaine est en bio et en biodynamie.

- **Son Altesse, Roussette de Savoie 2020** | Sec | > | 19 € | ☘ — 89
- **Mondeuse La Belle Romaine, Vin de Savoie - Arbin 2020** | Sec | 2022>2026 | 19 € — 90
- **Mondeuse N45, Vin de Savoie - Arbin 2019** | Sec | 2025>2030 | 29 € | ☘ — 90
- **L'integraal, Vin de Savoie - Arbin 2015** | Sec | 2025>2030 | 32 € | ☘ — 92

Maxime Dupraz (domaine Dupraz).

Domaine Dupasquier

★★☆☆☆

David et Véronique ont repris les rênes du domaine familial situé sur les contreforts pentus du mont de la Charvaz, sur la commune de Jongieux. C'est là, à quelque 300 mètres d'altitude, que se perche le cru Marestel. Les 14,5 hectares de vignes (Haute valeur environnementale), dont 60 % plantés en blanc (1 hectare en Marestel), sont vinifiés parcelle par parcelle et traditionnellement assemblés en une fois.

- **Marestel, Roussette de Savoie 2018** | Sec | 2022>2025 | 15 € — 89
- **Gourmandise, Vin de Savoie 2018** | Sec | 2022>2025 | 13 € — 89
- **Jacquère, Allobrogie 2018** | Sec | 2022>2023 | 9 € — 88

GILLES DURAND-DAGUIN, PRESSE

Brice Omont (domaine des Ardoisières).

Domaine Dupraz

★★☆☆☆

Sixième génération à mener ce domaine familial, certifié bio depuis 2020, les frères Jérémie et Maxime Dupraz exploitent dix-neuf hectares. Ils ne sont situés ni sur les éboulis du mont Granier, ni sur la montagne, mais sur des sols assez profonds et argileux. La cuvée Montracul 2018 (apremont) est née sur la parcelle du même nom, un lieu pas pentu venteux. Ces vignes centenaires en terrasses donnent un vin vif et élancé.

Domaine La Combe des Grand'Vignes

★★☆☆☆

Les frères Didier et Denis Berthollier ne ménagent pas leur peine à conquérir les coteaux abrupts et caillouteux de Chignin, privilégiant le bergeron et la jacquère. Le vignoble compte 11,5 hectares, dont de vertigineuses parcelles plantées plein sud face au massif de la Chartreuse, sur des pentes atteignant au sommet 55 % de déclivité.

- **Une Exception, Vin de Savoie - Chignin-Bergeron 2019** | Sec | 2022>2024 | 17.9 € — 88
- **Vieilles Vignes, Vin de Savoie - Chignin 2021** | Sec | 2022>2024 | 12.9 € | ☘ — 88
- **Et ma Goutte de... - mondeuse, Vin de Savoie 2020** | Sec | 2022>2025 | 15.6 € | ☘ — 89

Domaine Louis Magnin

★★★☆☆

Le couple Magnin fait partie des figures emblématiques du vignoble savoyard. Ces deux acharnés de la vigne, qui travaillent en bio certifié depuis 2012, ont décidé de réduire le domaine à trois hectares à partir de la récolte 2018. Gamme courte certes, mais en blanc comme en rouge, les vins sont de toute beauté.

- **Grand Orgue, Vin de Savoie - Chignin-Bergeron 2017** | Sec | 2025>2035 | 30 € | ☘ — 94
- **Mondeuse Tout un Monde, Vin de Savoie - Arbin 2016** | Sec | 2025>2035 | 50 € | ☘ — 93
- **La Fille d'Arbin, Vin de Savoie - Arbin 2018** | Sec | 2023>2018 | 20 € | ☘ — 89

Domaine Anne-Sophie et Jean-François Quénard

★★★☆☆

Jean-François Quénard gère ce domaine familial passé de cinq à dix-sept hectares. Avec Catherine, ils travaillent avec leur dernière fille, Anne-Sophie. Les blancs purs, effilés et minéraux profitent d'une maturité idéale et de beaucoup de finesse. Les rouges sont complets et généreux. Qualité exemplaire, c'est une valeur sûre.

- **Anne-Sophie, Roussette de Savoie 2019** | Sec | 2023>2026 | 17 € — 90
- **Comme avant, Vin de Savoie - Chignin-Bergeron 2019** | Sec | 2022>2026 | 25 € — 89
- **Vers les Alpes, Vin de Savoie - Chignin 2021** | Sec | > | 9 € — 88

Domaine André et Michel Quenard

★★☆☆☆

Les Quenard père et fils ont les pieds en pente, dans le coteau de Torméry, sur le piémont du massif des Bauges. Ce terroir, le plus au sud de Chignin, impressionne par sa déclivité, qui peut atteindre 60 %, et par ses calcaires grisâtres déboulant de la montagne. Ce domaine familial de 27 hectares, couvrant la majeure partie de Torméry, a largement privilégié la roussanne.

- **Le Grand Rebossan, Vin de Savoie - Chignin-Bergeron 2020** | Sec | 2024>2028 | 17 € — 91
- **Persan, Vin de Savoie - Chignin 2020** | Sec | 2022>2025 | 25 € — 89
- **Terres Brunes, Vin de Savoie - Arbin 2020** | Sec | 2023>2028 | 13.5 € — 89

Domaine Pascal et Annick Quenard

★★☆☆☆

Lancée en 1982, cette exploitation de six hectares a tout de suite été passée en bio, mais la certification n'est arrivée qu'en 2010. Celle en biodynamie date de 2021. Tout est fait à la main et au cheval. Le travail en cave est le même pour tous les vins, c'est le terroir qui fait la différence. Beaucoup d'énergie dans les vins. La gamme est aussi convaincante que complète, en progression d'année en année. Les pratiques de vinification vont dans le sens de la gourmandise.

- **S'ève, Vin de Savoie - Chignin-Bergeron 2020** | Sec | 2022>2028 | 29 € | ☘ — 91
- **1903, Vin de Savoie - Chignin 2020** | Sec | 2022>2030 | 16 € | ☘ — 92

Sud-

Exceptionnelle photographie du pays de Jurançon entre ombre et lumière.

PIERRECARTON

Ouest

CETTE GRANDE RÉGION EST CAPABLE DU MEILLEUR. PLUS OUVERT QUE PAR LE PASSÉ, LE SUD-OUEST EST ENTRÉ DE PLAIN-PIED DANS LA MODERNITÉ SANS RIEN RENIER DE SON HISTOIRE

ALAIN BRUMONT, CHRONIQUES DE LA TERRE ET DU RÊVE

L'HOMME DE MADIRAN APPARTIENT AU GROUPE TRÈS FERMÉ DES VIGNERONS D'ÉLITE DE NOTRE PLANÈTE. EN QUARANTE ANS, IL A HISSÉ SES PROPRIÉTÉS AU SOMMET ET MIS LE SUD-OUEST SUR LA CARTE DES GRANDS VINS. L'HISTOIRE EST UN ROMAN, ON LA RACONTE

PAR **LOUIS-VICTOR CHARVET**

« ON RÊVE DE CONQUÉRIR le monde et il arrive qu'on y réussisse. Alain Brumont a d'abord voulu montrer à son père qu'on pouvait, au fin fond du pays, dans une région qui ne l'avait jamais tenté, à partir de cépages qui passaient pour rustiques, produire des vins égalant les meilleurs de la planète. Une ambition démesurée, activée par une force de travail hors du commun, un sens de la communication et du commerce ravageurs, une adresse tactique qui l'a fait rebondir plusieurs fois d'un désastre annoncé aux sommets planétaires. »

Avec concision, Michel Bettane avait écrit un jour ces quelques justes mots sur celui qui est devenu l'un des plus grands vignerons de notre époque. Partout en France comme dans le monde, il est reconnu comme tel. Montus Prestige, Montus XL, La Tyre, Bouscassé, Bouscassé Vieilles Vignes, autant de vins devenus cultes. À la tête du seul domaine cinq étoiles du Sud-Ouest dans notre guide, l'homme est une référence absolue comme il y en a peu. Ou plutôt comme il n'y en a pas, dans son pays, à Madiran. C'est là, sur des terres vouées à la culture des céréales qu'il continue de forger, depuis quarante ans, sa légende et celle de son appellation.

Pendant près d'un demi-siècle, ce fils de paysan – de son vrai nom Marc Brumont – a construit à la sueur de son front la réputation mondiale d'un vin, emmenant dans ce sillage victorieux des terroirs fabuleux, un cépage singulier (le tannat) et tout un monde qui ne voulait pas de lui et de sa vision disruptive. Jalousies des voisins, railleries des instituts, moqueries, mises à l'écart et autres stigmatisations ont été nombreuses. La route du grand vin – son rêve absolu – a été longue, éprouvante, douloureuse. Pourtant, cette destinée digne d'un mythe a ses racines, profondément installées dans la personnalité de l'homme derrière Montus et Bouscassé, ses deux propriétés.

Dès son plus jeune âge, Brumont est passionné par la culture de la terre. Avec son père, il assiste du haut de ses 10 ans à toutes les réunions professionnelles où se décident l'agriculture et la viticulture de la région. L'école n'est pas son terrain de jeu. Il fait son lycée, mais la ferme familiale lui manque avec ses champs de céréales et de vignes. À 15 ans, son père lui annonce que l'ouvrier qui s'occupe du domaine est décédé. Il n'a pas les moyens de le remplacer. Alain doit rentrer à la maison, sans préavis, avec pour seule explication que *« le lycée, ça ne sert pas à grand-chose pour faire un paysan »*. L'occasion pour l'adolescent de faire ce qu'il aime. Rapidement, la volonté brûlante qui sommeille en lui vacille, éprouvée par le travail de titan qu'il faut abattre. Il découvre le quotidien de forçat des hommes de la terre, accomplissant par nécessité et par obligation le travail de trois hommes, sans rien obtenir en échange pour construire la vie à laquelle il aspire, celle des vignes. Jusqu'à ses 30 ans, c'est le bagne du maïs. Tout ce temps-là, il nourrit à force d'observation, sa propre réflexion sur la viticulture, développe sa vision du bon vin, capable de refléter avec authenticité les terroirs de Madiran. Ambition rarissime pour l'époque dans ce secteur de la France viticole où l'on a pris l'habitude de faire *« pisser la vigne »* pour qu'elle donne du volume. Partout, on produit des hectolitres de vrac et l'on vend des litres de mauvais vin à des coopératives bien moins regardantes sur la qualité qu'elles ne le deviendront par la suite. On gagne sa vie comme ça. *« Faire de la vigne »* est une activité moins lucrative que d'*« être dans le céréales »*. Sans économies, le jeune Brumont décide pourtant de passer à l'action. Pour finan-

MATHIEU GARÇON

ON LE SURNOMME « MONSIEUR DE LA ROMANÉE-CONTI » *PARCE QU'IL PARLE TOUT LE TEMPS DU GRAND CRU BOURGUIGNON. OU BIEN* « MONSIEUR DE LA TARIÈRE » *PARCE QU'ON LE CROISE AU DÉBUT DU PRINTEMPS QUAND LA TERRE EST DÉTREMPÉE, OUTIL DE FORAGE À LA MAIN, PRÊT À SONDER LES SOLS DE L'APPELLATION.*

cer ses projets, il vend à la fin des années 1970 un moulin qu'il restaure sur son rare temps libre. Le bâtiment a reçu le prix de la meilleure restauration de gîtes ruraux dans le grand Sud-Ouest. L'argent de la transaction lui permet d'emprunter le double à la banque, avec lequel il achète en 1980 le château Montus, situé dans la commune de Castelnau-Rivière-Basse, en plein pays gascon. À peu près à la même époque, il hérite de son père les 17 hectares de vignes du château Bouscassé, à Maumusson-Laguian. Ces deux terroirs deviennent le terrain de jeu de ses expériences et ses envies. À Bouscassé, il trouve des sols où la variété des types d'argile (blanche, brune, rouge, bigarrée) achève de le convaincre du potentiel des terroirs madiranais. À Montus, les sols de calcaire et de galets présents en nombre à la surface l'interpellent et ébranlent ses convictions en matière de profil de vin. Tout est désormais possible, il ne s'est pas trompé.

TOUS CONTRE UN

Est-il devenu vigneron pour autant ? Il en doute. Dans ce pays de fermiers, la fonction n'existe pas. Certes, on coupe du raisin, mais seules deux ou trois exploitations vivent de la vigne. Surtout, on ramasse du grain. Le pays s'est spécialisé dans les semences hybrides, notamment celles de maïs, dont le taux de germination frôle la perfection. Un fleuron local, vanté dans les années 1970 par Edgar Pisani, ministre de l'Agriculture sous de Gaulle et architecte du remembrement des campagnes françaises, auprès, par exemple, de l'ancien chef de l'URSS, Nikita Khrouchtchev, lors d'une visite officielle en 1960. Au cours du déplacement, on sert à la délégation soviétique les vins de la région. Séduit par ce qu'il boit, le politique français décide d'octroyer au territoire environ mille hectares de droits de plantation de vignes. Un cas unique à l'époque et une aubaine pour les paysans qui plantent massivement avec l'argent du maïs. Trop vite, le vignoble nouvellement agrandi se retrouve dans une situation de surproduction. Les vins ne se vendent pas ou à bas prix. Les stocks s'accumulent. Autre problème, lié à la question du goût. La plupart des vins sont durs, astringents, sans charme, voire imbuvables. Les viticulteurs de l'époque contournent le rendement décidé par le cahier des charges de l'appellation, limité à 60 hectolitres par hectare. Comme le vignoble est jeune, les plants sont productifs. On dépasse souvent les 120 hectolitres, le double de ce qui est autorisé. Pas question de se débarrasser du surplus. On l'utilise, on le vend. Les vins sont médiocres, indignes héritiers de ceux qui ont longtemps servi de vins médecins pour le vignoble de Bordeaux. Les guerres mondiales du XXe siècle ont meurtri la viticulture. Mille alambics armagnacais ont été réquisitionnés afin de produire de l'alcool pour les Alliés. Au lendemain de la Libération, la tendance était aux hybrides, miracle génétique productif et résistant aux maladies, dopé par l'utilisation conjointe de produits de synthèse (pesticides et engrais) redoutablement efficaces. Vingt après, échec total, obligation d'arracher. À Madiran, hormis quelques irréductibles, on enfouit profondément ses ambitions d'atteindre une viticulture qualitative et rentable. De toute manière, on gagne plus avec le maïs.

MOUTON ET MONTUS

Au début des années 1980 et dans ce contexte inamical, Brumont veut faire son grand vin. Il a rencontré Philippe de Rothschild au château Mouton-Rothschild, l'une des rares propriétés qui l'accueillent. Le baron le fascine, l'inspire. Rothschild le reçoit en poncho sous la pluie, confond madiran et minervois mais connaît bien l'Armagnac. Brumont repart avec quatre ou cinq barriques vides du grand cru pauillacais, pour ses élevages. Un déclic pour l'homme de Maumusson affublé de sobriquets moqueurs dans son propre village où la situation se tend. On le surnomme *« Monsieur de la Romanée-Conti »* parce qu'il parle tout le temps du grand cru bourguignon. Ou bien *« Monsieur de la Tarière »* parce qu'on le croise au début du printemps quand la terre est détrempée, outil de forage à la main, prêt à sonder les sols de l'appellation. Il agace. Les paysans deviennent hostiles à son égard. *« Il les emmerde avec ses histoires de grand vin »*. La situation leur va bien. Le vin se vend, même pas cher. On se débrouille, merci. Lui bouscule tout sur son passage, sans obliger personne à faire ce qu'il fait, mais tout de même en pointant du doigt ce qui ne va pas chez les autres. Pour ses vignobles, il adopte une densité de plantation inhabituelle, 8 000 pieds à l'hectare contre 3 000, pratique dominante dans l'aire d'appellation. ICI ? Autant d'agitation réveille l'Inao qui lui interdit de faire tomber des grappes pour permettre aux raisins de se concentrer naturellement. *« Vous allez faire crever la vigne ! »*, tranchent les techniciens agricoles. *« Et puis, il faut mettre une bonne quantité d'engrais quand vous plantez. »*

Brumont ne veut pas toucher à la composition de la terre, se contente de mettre un peu de compost qu'il fabrique lui-même. Les on-dit s'amplifient quant à ses pratiques jugées loufoques. Ces rumeurs ne le quitteront plus. 1982, premier millésime de Montus. On ne lui serre plus la main dans les réunions. On le jalouse parce que le vin est un succès qui intéresse une presse spécialisée friande de qualité, sevrée de nouveautés. Jamais aucun vigneron n'avait réussi l'exploit d'attirer la lumière sur Madiran. On le remercie en lui demandant de s'expliquer sur son attitude devant une assemblée de 300 personnes. Certains visitent ses parcelles, sectionnent les rameaux de ses vignes, vendangent ses raisins. Admettre que Brumont a raison et qu'il veut le meilleur pour Madiran, c'est reconnaître qu'on a tort, qu'on travaille mal aujourd'hui et, surtout, que les aînés faisaient mal hier. Pour un paysan français des années 1980, c'est du bavardage. Celui qui devient véritablement le premier vigneron de l'appellation doit se cacher, s'isoler. Quand le premier millésime du château Montus est présenté, on lui reproche de faire du bordeaux parce qu'il ne sait pas faire du madiran. On comprend mal la comparaison faite par la presse qui encense ce vin qui ne ressemble à aucun autre dans l'appellation. Très éloigné de l'astringence classique et de la forte réduction présente dans les madirans de l'époque, Montus doit sa singularité à son élevage en barriques. Une première. Le marché français réagit, celui de l'export s'emballe. Comme le vin est bon, les propriétaires étonnés des plus grands châteaux

MATHIEU GARÇON

Antoine Veiry
et Laurence Brumont.

de Bordeaux se déplacent. Brumont se fait un nom. L'intéressé explique que les raisons de ce succès sont assez simples. Dans les années 1970, des techniciens viticoles peu qualifiés avaient demandé aux vignerons du Sud-Ouest de planter leur vignoble de manière très espacée, afin qu'ils puissent utiliser entre les ceps le tracteur qui servait à la culture du maïs. Récolter entre vingt-cinq et trente grappes par pieds, c'est beaucoup trop pour produire de la qualité. Lui n'en laisse, au maximum, que sept ou huit. En 1985, sa seule vision vigneronne fait la différence, assurant à Montus et Bouscassé une place définitive dans l'univers des plus grands vins de la planète. Il réussit là où tout le monde échoue : dompter le tannat, le cépage local alors décrié pour sa rusticité. Lui adopte à la vigne des pratiques qui permettent à ses raisins d'atteindre leur maturité optimale, élève le vin pendant deux années dans 100 % de barriques neuves. Ses cuvées sont acclamées par la critique. Pas vraiment par ses confrères locaux qui ne reconnaissent toujours pas la supériorité du vin de Montus. Pour beaucoup d'entre eux, le tannat est juste bon à améliorer des assemblages où dominent cabernet-sauvignon et cabernet franc. Démenti triomphal, brutal. Brumont leur prouve que le cépage peut faire de grands vins. Attirés par son originalité, les chercheurs et les grands vignerons du pays viennent l'aider dans sa quête. On découvre que la résistance naturelle du tannat permet de limiter l'utilisation d'intrants. On travaille sur le sujet, on fouille dans les archives, on redécouvre que ce cépage a toujours été lié à l'histoire du madiran. La décennie des années 1990 voit Brumont continuer sa recherche inlassable de terroirs. En vendant un hectare de terres à maïs, il s'achète dix hectares de terroirs à l'abandon. C'est ce qui lui permet d'acquérir rapidement les meilleurs secteurs de l'appellation. Certains le lui reprocheront au début des années 2000. Le nouveau millénaire coïncide avec l'arrivée d'une nouvelle génération de vignerons. Certains fils de ses détracteurs rompent avec la vision paternelle et commencent à rechercher le conseil de celui qui fait désormais figure d'autorité, au sein de l'appellation, mais aussi sur la scène médiatique où il la représente et ne cesse de la défendre, quoi qu'il lui en coûte.

UN POUR TOUS

L'homme n'a pas perdu de son esprit pionnier. Récemment, il a trouvé avec Antoine Veiry, son beau-fils qu'il forme à prendre sa succession, quatre nouveaux terroirs de premier ordre. Il continue d'acheter pour éviter la spéculation foncière, permettant ainsi aux jeunes de pouvoir s'installer. En matière de vinification, son équipe technique continue ses essais sur les élevages longs, notamment en foudres. Des investissements importants qu'il a consentis dans sa quête du grand vin de lieu. En faisant grossir sa superficie d'action dans l'appellation (et dans d'autres), Brumont se structure comme une entreprise. Dans cette lutte quotidienne pour faire de son rêve une PME viable, il a pu compter sur Laurence Brumont. Ils se rencontrent pour la première fois à la fin des années 1980 lorsqu'Alain recherche des financement pour son projet pharaonique de construction de chai à barrique souterrain à Bouscassé, premier de ce type dans le Sud-Ouest. Il lui faut des subventions. Elle travaille au développement économique du territoire au sein de la chambre du commerce et de l'industrie du Gers. Conquise par son projet, Laurence l'accompagne dans ses démarches, porte son projet innovant. Et puis elle fait sa vie. Ils se retrouvent en 2003, finissent par ne plus se quitter. En 2009, elle intègre les vignobles Brumont où elle fait ce qu'elle sait faire en coordonnant le développement de l'entreprise. Elle lui donne un cadre, l'organise, aide chaque jour à la rendre performante. Fin 2017, elle endosse le costume de directrice générale. Brumont serait-il le vigneron qu'il est sans l'arrivée de Laurence dans sa vie ? En vingt ans de doutes, de passion et de succès, celle qui l'a connu à ses début s'est muée en une chef d'entreprise accomplie, infatigable ambassadrice des vins de son mari et de son fils Antoine, renforçant aussi bien la place des vignobles Brumont sur la scène internationale qu'au centre de leur territoire, en multipliant les liens avec le tissu associatif et économique local. Quelle énergie.

Aujourd'hui, cinquante personnes travaillent sur les domaines et mangent à la table des Brumont chaque midi, tous ensemble, dans un esprit de cohésion obligatoire. Depuis longtemps, les vins sont vendus en primeur, comme à Bordeaux, seule réponse possible pour satisfaire à la demande sans frustrer les acheteurs, tout en assurant une trésorerie bienvenue. Les prix n'augmentent pas vraiment, sont toujours bas. Ce qui est rare et difficilement tenable compte tenu de la concurrence impitoyable du marché des vins fins. La logique est d'être à la portée du plus grand nombre.

AUJOURD'HUI ET DEMAIN

À Madiran, la relève n'a pas encore réussi à s'imposer. Est-ce une question de moyens ? Il en doute. On peut sortir de très grands vins en étant un tout petit domaine, sans compter sur la force d'une structure adossée à des capitaux importants. Le talent, c'est tout ce qui compte. Tout au long de sa carrière, c'est-à-dire toute sa vie, Alain Brumont a cherché à faire partir du cercle fermé des grands créateurs de vin. De ceux qui ne font pas de compromis avec la vérité du raisin et du terroir. De ceux qui risquent, innovent et suivent leur intuitions. Quarante ans après s'être auto-persuadé que madiran pouvait faire partie des plus grands vignobles français, il voit d'un œil un peu dubitatif les évolutions récentes du profil du vin qu'il a inventé pour l'appellation, jugeant superflu tout ce qui viendrait travestir un travail authentique et l'empirisme vigneron. À Madiran, le tannat peut faire des vins très différents, tantôt fruités et souples dans leur jeunesse, tantôt riches et racés. Dans tous les cas, le cépage s'est éloigné de sa réputation de vin capiteux et solide qu'on ne peut boire que l'hiver. Les nouvelles modes du vin l'inquiètent, comme le manque d'ouverture sur le monde des jeunes diplômés d'aujourd'hui. Lui veut transmettre le contraire à la jeune génération. Il la souhaite avant-gardiste et innovante, même s'il a conscience que le combat vers la modernité réclame des sacrifices et une volonté sans cesse renouvelée. Un grand vigneron, c'est avant tout un créateur. Sa création existe par la différence. Elle a inspiré plusieurs générations qui ont souhaité vivre un rêve similaire, tous unis dans une même vérité, celle de la terre et du travail.

TOUT AU LONG DE SA CARRIÈRE, C'EST-À-DIRE TOUTE SA VIE, ALAIN BRUMONT A CHERCHÉ À FAIRE PARTIR DU CERCLE FERMÉ DES GRANDS CRÉATEURS DE VIN. DE CEUX QUI NE FONT PAS DE COMPROMIS AVEC LA VÉRITÉ DU RAISIN ET DU TERROIR. DE CEUX QUI RISQUENT, INNOVENT ET SUIVENT LEUR INTUITIONS.

BERGERAC APRÈS LA PLUIE

LONGTEMPS DANS L'OMBRE DE BORDEAUX, CE VIEUX VIGNOBLE DE DORDOGNE A BEAUCOUP SOUFFERT DE LA COMPARAISON. IL A TROUVÉ L'ÉCLAIRCIE QU'IL LUI FAUT POUR INVENTER SON CHEMIN. ON FAIT LE TOUR DES FORCES VIVES

PAR ***HÉLÈNE DURAND***

L'histoire des vins de Bergerac est très ancienne et remonte à l'an 281 après J.-C. Jusqu'au XIe siècle, le vignoble est en plein essor sous l'influence des monastères. Les vins, embarqués sur les célèbres gabarres du Périgord (larges barques à fond plat) circulent sur la Dordogne, ce qui contribue à leur large diffusion. Dès la moitié du XIIIe siècle, Bordeaux met des bâtons dans les roues des Bergeracois en leur imposant le *« privilège des bordeaux »*, soit l'interdiction de commercialiser leurs vins avant la fin de l'année suivant la récolte, un privilège aboli en 1776. Le vignoble prospère jusqu'aux années funestes de la fin du XIXe siècle (1865-1890), durant lesquelles le phylloxéra le ravage de façon quasi complète. Il en restera à peine 2 000 hectares sur plus de 100 000 auparavant. La reconstruction prendra une cinquantaine d'années jusqu'à la reconnaissance en 1936 de l'AOC bergerac, suivie en 1955 de celle de l'AOC côtes-de-bergerac, une délimitation qualitative haut de gamme au sein de l'aire d'appellation.

Mais tout d'abord Bergerac, c'est quoi ? Un vignoble en production d'environ 7 000 hectares, situé autour de la ville de Bergerac, au sud-ouest de la Dordogne, finalement assez proche du vignoble libournais dont c'est en quelque sorte l'extension. Le climat océanique y est le même, légèrement tempéré par des influences continentales. Les cépages sont les mêmes qu'à Bordeaux, merlot surtout, cabernet-sauvignon et cabernet franc pour les rouges, sauvignon, sémillon et muscadelle pour les blancs. Le terroir est très varié, véritable mosaïque de sols présentant calcaire, boulbènes, sables, argile et limons. Les terroirs argilo-calcaires conviennent particulièrement au merlot et les sols argilo-graveleux sont propices aux cabernets. Le vignoble s'étire de part et d'autre de la vallée de la Dordogne. La rive droite est constituée de terrasses aux sols graveleux, de sables et d'alluvions. La rive gauche, en coteaux, a une dominante de sols calcaires et argilo-calcaires. Bergerac est plus largement englobé dans la dénomination Bergerac-Duras, qui comprend pratiquement 12 000 hectares partagés entre 900 producteurs et 17 appellations plus ou moins confidentielles (côtes-de-duras, monbazillac, pécharmant, montravel, saussignac, rosette, etc.) productrices de vins rouges, rosés et blancs, secs ou liquoreux.

Le pays de Bergerac est composé d'exploitations et de paysages attachants, où se côtoient vignobles, prés, bois, vergers, avec de jolis petits châteaux typiquement périgourdins et de pittoresques villages médiévaux. Depuis quelques années, il faut reconnaître un véritable élan de renouveau dans cette appellation. Emmené soit par des néo-vignerons, soit par les jeunes générations, la plupart du temps diplômés en œnologie. Ceux-là privilégient, lorsqu'ils reprennent les rênes des exploitations familiales, la culture en bio ou en biodynamie (la mise en place de ces pratiques culturales est en forte hausse dans le Bergeracois), comme le label Haute valeur environnementale (HVE) qui favorise la biodiversité. Ce renouveau s'accompagne d'une production de vins souples et fruités, bien dans l'air du temps, même si ça ne les empêche pas de faire des cuvées spéciales, principalement en AOC côtes-de-bergerac (la différence avec les bergeracs est constituée par des conditions de récolte plus restrictives, donnant des vins plus concentrés au potentiel de garde en principe plus important). Une démarche est engagée visant à définir quatre ou cinq terroirs au sein de cette AOC dans l'objectif de créer différents crus au sein de l'appellation. Bref, le vignoble est dynamique et désormais engagé dans une démarche environnementale avec pour but de préserver la biodiversité. Les vignerons sont libres de produire des vins avec des styles différents, fruités et faciles à boire, ou plus complexes, mais toujours conviviaux. Bergerac semble s'être enfin affranchi de l'emprise bordelaise. Reste un caillou dans sa chaussure, la notoriété. Et, par conséquent, les prix de vente, encore largement en dessous de ceux de Bordeaux. Ceux qui s'en sortent le mieux sont ceux qui parient plus sur la notoriété de leur château que sur celle de l'appellation. Nous avons sélectionné des propriétés figurant de façon régulière parmi les leaders de l'appellation.

Domaine de l'Ancienne Cure

La propriété était familiale depuis quatre générations. Christian Roche en avait hérité en 1984. En novembre 2021, ce pionnier disparaît et fait promettre à son épouse Nathalie de continuer l'aventure. Ce qu'elle fait, épaulée par ses enfants et son gendre. Christian Roche s'était installé dans cet ancien presbytère du joli village de Colombier, perché sur son promontoire, et y avait aménagé son propre chai de vinification. En vigneron passionné et attaché au respect de la terre et de la vigne, il avait obtenu la cer-

Le vignoble de Bergerac s'oriente vers des pratiques plus respectueuses de l'environnement.

tification bio en 2012 pour l'ensemble de la propriété, soit 50 hectares (33 en blanc, 17 en rouge). Sa démarche visait à obtenir des vins reflétant au mieux l'endroit, en adaptant les cépages à ses différents terroirs : sur le plateau calcaire, il privilégie les rouges ; sur le coteau argilo-calcaire, les liquoreux ; sur les sols argileux et peu calcaire (en bas de pente) et les sols sableux-limoneux-argileux, les blancs secs. En jouant sur l'élevage, cela donne un large éventail de cuvées, en rouge comme en blanc. "Ça-sulfit !", pour les amateurs de vin sans soufre, Jour de Fruit sans élevage en barrique, qui porte bien son nom, ou encore L'Abbaye, une sélection parcellaire de vieilles vignes élevée en barriques, à dominante cabernets sauvignon et franc pour les rouges. Enfin, il y a la grande cuvée L'Extase, complexe et au bon potentiel de garde. Tout le monde y trouve son compte.

L'Abbaye 2019, bergerac blanc
92
Nez puissant, miel, agrumes, fleurs blanches, fumée. Bouche riche, bien tramée, avec de la tenue et de la fraîcheur. Très bien fait.
2022>27
14,80 euros

L'Extase 2019, côtes-de-bergerac
93
Fruits, épices et minéralité. Bouche élégante, avec une bonne attaque, tannins soyeux et longue finale fraîche. Equilibre et potentiel.
2022>30
25,50 euros

Château Tour des Gendres et domaine Albert de Conti

Une vraie saga familiale. Vincenzo de Conti, arrivé de Venise, s'installe à Bergerac en 1925. Le domaine des Gendres est situé à Ribagnac sur l'emplacement d'une ancienne villa gallo-romaine. Depuis le XIIe siècle, c'est la ferme viticole du château de Bridoire et elle doit son nom au fait que le propriétaire n'était autre que le gendre du marquis de Foucault, châtelain de Bridoire. En 1981, Luc de Conti rachète cette propriété à son grand-père Vincenzo, initialement pour monter un centre équestre. La passion de la vigne prend le dessus et les premières plantations ont lieu dès 1984. Luc est rejoint en 1990 par son cousin Francis qui apporte une vingtaine d'hectares situés à Saint-Julien-d'Eymet. Le domaine s'agrandit pour atteindre soixante hectares. Luc connaît à la perfection son terroir et n'a de cesse de faire progresser et de diversifier ses vins. En 2005, l'ensemble du vignoble est converti en bio. Dès 2008, des cuvées de merlot, cabernet-sauvignon, cabernet franc, issues de sélections parcellaires sont produites. À partir de 2011, on fait des essais de vinifications en foudre, en amphore, et des vins sans soufre. Bref, cette famille aime les expériences. Et les réussit. Chaque cépage est travaillé soit en cuvée monocépage, soit en assemblage. Au chai, les vins sont vinifiés et élevés en fonction du résultat souhaité : des vins frais, sur le fruit ou de garde. Avant-gardiste, le château Tour des Gendres est devenu une référence pour les vins de Bergerac. Depuis 2022, la fusion a fait place à la scission, les enfants de Luc n'ayant pas exactement la même vision des choses que ceux de Francis. À Margaux et Gilles, enfants de Luc, le château Tour des Gendres et ses cuvées parcellaires. Les projets ne manquent pas, notamment celui de mettre à l'honneur des cépages savoyards qu'ils affectionnent tout particulièrement. Associés avec l'œnologue Yann Lecoindre, Guillaume et Paul, fils de Francis, s'occupent des trente hectares de Saint-Julien-d'Eymet sous l'entité Albert de Conti (ancienne cuvée phare de Tour des Gendres). Un nouveau chai de vinification et d'élevage devrait sortir de terre à Saint-

Julien. L'occasion de redonner des couleurs viticoles au village. Le trio, sous la houlette du dynamique Guillaume, a bien l'intention d'innover, tant pour les étiquettes que pour le style des cuvées, en plantant en autres, comme les cousins, des cépages savoyards. À suivre.

Albert de Conti, Conti-ne Périgourdine 2021, bergerac blanc
94
Nez riche et subtil à la fois, fruits exotiques, lys, miel. Bouche charnue, aromatique et extrêmement tonique. Délicieux.
2022>27
16 euros

Albert de Conti, Chez Paul 2019, côtes-de-bergerac
95
Une cuvée 100 % cabernet-sauvignon élevée en foudres. Élégance, fruit mûr et frais à la fois, bouche raffinée, tannins soyeux et grande énergie. Pur, dense, long, naturel.
2022>30
22 euros

Château Tour des Gendres, Anthologia 2018, bergerac blanc
93
Une cuvée parcellaire de vieux sauvignons de plus de 60 ans. Magnifique nez fondu de fruits blancs mûrs, verveine, tilleul. Bouche riche, enveloppante, avec des notes miellées et minérales, de la longueur et de la vivacité.
2022>27
39 euros

Château Tour des Gendres, Les Anciens Francs 2018, côtes-de-bergerac
94
On adore cette cuvée 100 % cabernet franc réalisée uniquement lorsque le millésime s'y prête. Nez éclatant et raffiné, framboise fraîche, menthe douce, épices. La bouche est dentelle sans être creuse, très épicée et fruitée, avec une belle chair, de la fraîcheur et une allonge incroyable. Magnifique !
2022>30
20 euros

Château Vari

Pendant pratiquement trente ans, Yann Jestin a mené une double vie, partageant son temps entre son activité de courtier à Bordeaux et ce joli domaine sis à Monbazillac pour lequel, en 1994, lui et son épouse Sylvie avaient littéralement craqué. Premier chantier, restructurer le vignoble et privilégier l'utilisation minimum de produits chimiques avant d'entamer une conversion bio en 2009. Faune et flore ont désormais reconquis les terres. Les vingt-quatre hectares, cinq en rouge (merlot, cabernet-sauvignon et malbec), le reste en blanc (sémillon, sauvignon, chenin et un hectare et demi de muscadelle en sélection massale) sont implantés sur un beau terroir calcaire recouvert d'une fine couche d'argile. Les vendanges sont effectuées en cagettes, avec un tri sélectif. Vinification et élevage sont on ne peut plus traditionnels. Le bois neuf est proscrit afin de ne pas trop marquer les vins. Un nouveau chai est en projet et sera opérationnel pour la récolte 2024. Plusieurs cuvées sont élaborées, du classique en bergerac au réserve en côtes-de-bergerac, en rouge, blanc, rosé et liquoreux. La Maison Vari, bar à vins et épicerie fine, a vu le jour au centre du village de Monbazillac. Une belle manière de mettre en avant les vins de la propriété !

Yann Jestin (château Vari).

Château Vari, Réserve 2019, bergerac blanc sec
93
Joli nez de fruits du verger et de miel, nuances fumées. Bouche ample, ronde, aromatique, avec une bonne nervosité et une pointe d'amertume équilibrante due à la muscadelle.
2022>27
14 euros

Château Vari, Réserve 2016, côtes-de-bergerac rouge
92
Le nez est raffiné, de fruits rouges mûrs et d'épices douces, la bouche, bien construite, s'appuie sur des tannins élégants et sur une finale tendue.
2022>30
14 euros

Château Vari, Cuvée Gold 2010, monbazillac
95
Cuvée d'exception récoltée grain par grain, 100 % sémillon, produite lors des années exceptionnelles. Nez complexe (coing, abricot, miel, agrumes confits, minéral), grande liqueur en bouche sans lourdeur, aromatique, longue, précise et tenue par l'acidité.
2022>35
50 euros

Château Monestier La Tour

Cette maison forte bâtie au Moyen-Age a évolué au cours des siècles vers un style Renaissance tout en conservant sa haute tour médiévale. Très endommagé par un incendie en 1994, le château a été remis en état par son nouveau propriétaire néerlandais Philip de Haseth-Möller, qui réhabilite également le vignoble. Changement de mains en 2012 : le suisse Karl Friedrich Scheufele, coprésident de Chopard et passionné de vins, acquiert Monestier sur un coup de cœur, rénove la bâtisse et le vaste parc. Il souhaite produire des vins en bio et biodynamie et choisit pour l'accompagner le célèbre consultant bordelais Stéphane Derenoncourt. La certification bio est obtenue en 2017 et tous les principes de la biodynamie sont appliqués. Le château possède à cet effet un jardin et une tisanerie afin de produire, sécher et stocker toutes les plantes utiles aux différents traitements de la vigne. Le vignoble compte 31 hectares, 17,5 en rouge et 13,5 en blanc (secs et doux), en AOC bergerac principalement, mais aussi en côtes-de-bergerac. Les parcelles, en pente douce, sont naturellement drainées et

Nathalie Roche (domaine de L'Ancienne Cure).

protégées par des bois et des prairies. Tout est fait pour permettre l'expression la plus pure de ce terroir argilo-calcaire : étude des sols, affinement de l'encépagement, densification, récolte de nuit pour les raisins blancs. Même rigueur appliquée au cuvier et au chai, construits en 2014 dans les règles de l'art par des artisans locaux : tri manuel, pressoir pneumatique, extraction minimaliste, vinification parcellaire rendue possible grâce aux 25 cuves de petite contenance, élevage intelligent. Deux cuvées sont produites. Cadran, en appellation bergerac, un vin sur le fruit dont l'étiquette fait honneur au cadran solaire qui accueille les visiteurs à l'entrée du château. Et le grand vin, côtes-de-bergerac élevé en barrique, qui met en avant le cabernet franc.

Château Monestier La Tour 2018, bergerac blanc

94

Superbe nez complexe, beurre frais, brioche, noisette, grand fruit et notes mentholées. Bouche ample, avec une belle attaque, tension et longueur. Tenue, équilibre, pureté.

2022>27

16,90 euros

Château Monestier La Tour 2018, côtes-de-bergerac rouge

93

Le raffinement du cabernet franc au nez, pur et délicat, fruité, floral, épicé. Joli grain en bouche, tannins fondus, fraîcheur, allonge et équilibre. Très accompli.

2022>30

19,50 euros

Vignoble des Verdots

David Fourtout, originaire de Saint-Émilion, est l'une des figures incontournables de Bergerac. En trente ans, il a mené son domaine à un bon niveau de notoriété et à un niveau qualitatif incontestable. Le vignoble de 45 hectares (26 en cépages rouges et 19 en blancs) lui a servi de terrain de jeu pour mettre en œuvre sa vision du bergerac. Les installations performantes permettent de tirer le meilleur du beau terroir d'argile et de calcaire veiné de silex : cuves tronconiques sur mesure, chai conçu par gravité pour éviter toute manipulation inutile du raisin, élevage soigné dans la fabuleuse et surprenante cave souterraine de 600 m2, creusée dans la roche et traversée par la rivière des Verdots. Plusieurs cuvées sont produites : Clos des Verdots dans les trois couleurs, privilégiant fraîcheur et fruit, avec un élevage en cuve ; Château Les Tours des Verdots, côtes-de-bergerac rouge et bergerac blanc sec issus de sélections minutieuses et bénéficiant d'un élevage en fût ; Grand vin Les Verdots, en côtes-de-bergerac pour les rouges, bergerac sec pour les blancs et monbazillac pour le moelleux. Des grands vins de garde issus des meilleurs terroirs, fermentés et élevés en barriques neuves. En octobre 2021, David Fourtout a vendu sa propriété à Robert Wessman, un Islandais ayant réussi dans l'industrie pharmaceutique et très attaché à la région de Bergerac puisqu'il y possède déjà le château Saint-Cernin, dix hectares de vignes sur le beau plateau calcaire d'Issigeac, vinifiés dans des chais ne lui appartenant pas. Il va pouvoir désormais utiliser ses chais des Verdots. Les manettes ont été confiées à Lisa Sadirac, tout droit arrivée du Languedoc, qui sera accompagnée par l'équipe de Michel Rolland. Elle apportera sa patte, tout en conservant la gamme et le travail parcellaire : *« Je veux privilégier avant tout le fruit, l'élégance et l'équilibre sur la fraîcheur, notamment pour les blancs en diminuant les bâtonnages »*. Des investissements importants vont être faits dans le cuvier en tenant compte du bilan carbone. L'agroforesterie est au cœur de la réflexion dans les vignes.

Château Les Tours des Verdots, bergerac blanc 2020

91

Nez élégant et expressif, joliment fruité et vanillé. Bouche grasse, aromatique et dotée d'une bonne nervosité équilibrante.

2022>27

11 euros

Grand Vin Les Verdots 2020, côtes-de-bergerac

94

Superbe nez racé et fondu, fruité et floral. Bouche dense, avec des tannins présents et satinés, une belle palette aromatique et de la longueur. Corps, fraîcheur, équilibre.

2022>30

22 euros

Château Les Tours des Verdots, monbazillac 2019

92

Une sélection de grains nobles sur une petite parcelle. Nez magnifique de concentration, orange et abricot confits, agrumes, réglisse, miel. Bouche riche et onctueuse, avec de la persistance et une excellente acidité.

2022>30

NC

L'ESPOIR RETROUVÉ

C'EN EST FINI DES TEMPS MAUDITS POUR LE SUD-OUEST. LE VIGNOBLE EST EN PLEIN RENOUVEAU ET CES DOMAINES TIRENT TOUT LE MONDE VERS LE HAUT

Domaine de l'Ancienne Cure

★★★☆☆

Christian Roche a pris possession de l'ancien presbytère du petit village de Colombier et des 50 hectares de vignes du domaine étalés à ses pieds. Les entrées de gamme sont des vins savoureux, faciles, issus d'une viticulture exigeante et parfaitement vinifiée. Les grandes cuvées sont des modèles de précision et de complexité.

- L'Abbaye, Monbazillac 2017 | Liquoreux | 2022>2030 | 25 € | ☘ — 92
- L'Abbaye, Bergerac 2018 | Sec | 2022>2030 | 15.5 € | ☘ — 92
- Extase, Côtes de Bergerac 2019 | Sec | 2022>2030 | 25 € | ☘ — 93

Domaine Arretxea

★★★☆☆

Domaine exemplaire d'Irouléguy, les 8,5 hectares sont travaillés dans le respect de règles éthiques rigoureuses sur des coteaux escarpés. Thérèse et Michel Riouspeyrous, rejoint par leurs fils Iban et Teo, appliquent les principes de l'agriculture biodynamique, sans certification. Les vins prouvent le talent de cette famille.

Clos d'Audhuy

★★☆☆☆

Benoit Aymard a définitivement quitté ses fonctions de responsable technique des vignobles Vigouroux pour s'installer et exploiter les vignes familiales. Les promesses de l'an dernier se confirment, le style devient lisible, le clos d'audhuy réussit la synthèse entre la pureté du malbec moderne et un vin élevé avec ambition.

- Cahors 2020 | Sec | 2024>2029 | 20 € — 90
- Les Polissons, Cahors 2020 | Sec | 2022>2025 | 10.5 € — 87
- La-ô, Cahors 2020 | Sec | 2023>2027 | 15.5 € — 89

Domaine Barréjat

★★☆☆☆

Les très vieilles vignes non greffées du domaine sont une sorte de patrimoine historique de l'appellation et devraient l'être de la nation. Denis Capmartin exploite cet héritage familial depuis 1992. Les madirans issus de vieilles vignes sont classiques, charpentés, puissants, marqués par le passage en barrique durant leur jeunesse. Les pacherencs ont de la gourmandise et du caractère.

- Vieux Ceps, Madiran 2019 | Sec | 2022>2028 | 8.1 € — 88
- Cuvée de l'Extrême, Madiran 2019 | Sec | 2024>2032 | 13.7 € — 89

Domaine Belmont

★★★☆☆

Sur des calcaires semblables à ceux de Chablis, le chardonnay fait des petits miracles et l'alliance du cabernet franc et de la syrah produit des rouges aussi racés qu'on pouvait s'y attendre sur un terroir de cette qualité. Françoise Belmon, épaulée par Stéphane Derenoncourt et par l'équipe du domaine, continue courageusement son œuvre. Une adresse prisée, à connaître absolument.

- Montaigne, Côtes du Lot 2019 | Sec | 2022>2026 | 29 € — 91
- Syrah S, Côtes du Lot 2019 | Sec | 2022>2026 | 16.5 € — 89
- Belmont, Côtes du Lot 2018 | Sec | 2022>2028 | 24 € — 91

Domaine Berthoumieu

★★★☆☆

Acquis en 2016 par la famille Bortolussi, il est géré par les sœurs Claire et Marion tandis que la commercialisation passe par Lionel Osmin. La propriété mène une réflexion autour de la biodiversité dans la vigne (certification HVE3 acquise). La qualité des cuvées est constante et les vins associent plénitude de constitution et finesse.

- Aulet, Madiran 2019 | Sec | 2025>2035 | NC — 90

Domaine de Beyssac

★★☆☆☆

Sur le terrain familial, en Côtes du Marmandais, Véronique Broutet et son mari Frédéric ont créé le domaine de Beyssac en 2006. Tout est vendangé à la main et le couvert végétal spontané et naturel est encouragé. Les vins issus de ce beau terroir sont denses et suaves. Ils naissent sérieux et vigoureux, puis se fondent et se révèlent après trois ou quatre années de bouteilles.

- Initial, Côtes du Marmandais 2018 | Sec | 2024>2030 | 9 € — 88
- Initial, Côtes du Marmandais 2019 | Sec | 2024>2032 | 9 € — 89
- Essentiel, Côtes du Marmandais 2017 | Sec | 2025>2035 | 14 € — 91

Domaine Brana

★★☆☆☆

Les installations sont ultra modernes et une attention particulière est donnée au cabernet franc, dénommé ici axeria, élevé longuement en barrique. Les cuvées génériques d'irouléguy sont des modèles pour l'appellation et d'une constance étonnante dans un style classique.

- Irouleguy 2019 | Sec | 2024>2029 | 27.7 € — 90
- Harri Gori, Irouleguy 2018 | Sec | 2024>2027 | 18.8 € — 87
- Irouleguy 2021 | Sec | 2022>2025 | 23 € — 88

Domaine de Brin

★★☆☆☆

Damien Bonnet confirme qu'il est l'un des grands vignerons du Gaillacois. Il a converti en bio son exploitation d'un seul tenant, où il cumule vignes et céréales. Après des vendanges manuelles et des élevages longs, les vins sont à la hauteur et chaque cépage mis en valeur par des vinifications judicieuses.

- Amphore, Gaillac 2020 | Sec | 2023>2026 | 16 € | ☘ — 87

Maya Sallée et Nicolas Fernandez (domaine La Calmette).

Vignerons de Buzet

★★☆☆☆

Fondée en 1953, cette grande coopérative, couvrant 2000 hectares et regroupant près de 190 vignerons, représente environ 95% de la surface du vignoble de Buzet. Bénéficiant d'installations modernes, les équipes d'œnologues et de techniciens, sous l'impulsion de leur directeur Pierre Philippe, élaborent une gamme étendue dans les trois couleurs. Exemplaires dans l'approche et gérant avec intelligence, ils ont compris les enjeux de demain et travaillent sur la mise en place, à grande échelle, d'une viticulture et d'une gestion du chai selon le modèle du développement durable. C'est une belle gamme, avec des vins sans soufre parfaitement réalisés.

- **Baron d'Ardeuil - Cuvée d'Excellence, Buzet 2019** | Sec | 2024>2030 | 9 € — 90
- **Domaine de Michelet, Buzet 2021** | Sec | 2024>2028 | 9 € — 89
- **Chateau de Gueyze, Buzet 2018** | Brut | 2022>2026 | 12 € — 88
- **Sans Sulfites Ajoutés, Buzet 2020** | Brut | 2022>2023 | 7 € — 87

Domaine de Capelanel

★★☆☆☆

La bonne impression de l'an passé se confirme. Sébastien Dauliac a trouvé sa voie et produit maintenant des vins plus accessibles, moins extraits que par le passé, avec des élevages qui préservent mieux le fruit. La gamme présentée en dégustation est très homogène. Ce domaine est en progrès.

- **Rangée du Curé, Cahors 2019** | Sec | 2023>2030 | 13.5 € | ☘ — 89
- **Petittou, Cahors 2020** | Sec | 2022>2027 | 9.9 € — 88

Domaine Castera

★★★☆☆

Le jeune Franck Lihours est un brillant vinificateur. Avec sa vision du vin, il se donne les moyens de réaliser des cuvées ciselées, de grande régularité, aussi bien pour les secs que pour les liquoreux. L'ensemble de la gamme monte d'un cran ces derniers millésimes et le domaine est dans une dynamique de progression. Atout pour l'amateur, les prix sont raisonnables.

- **Caubeigt, Jurançon 2020** | Moelleux | 2024>2034 | 20.5 € — 92
- **Tauzy, Jurançon Sec 2020** | Sec | 2025>2035 | 17.5 € — 90
- **Mémorice, Vin de France 2020** | Demi-sec | 2022>2026 | 16.5 € — 89

Domaine Cauhapé

★★★★☆

C'est le domaine privé le plus important de Jurançon et la marque la plus diffusée dans la grande restauration et les cavistes de luxe. Henri Ramonteu a perfectionné la production réduite de vins liquoreux, au bouquet spectaculaire et à la longueur en bouche fascinante. Tous partagent le style maison : un fruité d'une grande pureté et une concentra¬tion équilibrée par la vivacité propre à la région. Au top.

- **La Canopée, Jurançon Sec 2019** | Sec | 2022>2028 | 22.9 € — 90
- **Quintessence de petit manseng, Jurançon 2017** | Liquoreux | 2023>2035 | 100 € — 94
- **Noblesse du Temps, Jurançon 2017** | Moelleux | 2023>2030 | 28.9 € — 90
- **Quatre temps, Jurançon Sec 2019** | Sec | 2022>2028 | 15.9 € — 89

Château du Cèdre

★★★★☆

Pascal et Jean-Marc Verhaegue conduisent cette propriété au sommet de Cahors, grâce à une viticulture exigeante et des vinifications précises. Les 27 hectares (dont 25 de rouges) se répartissent en trois îlots sur deux des meilleurs types de sols de l'appellation, notamment la fameuse troisième terrasse. L'un est argilo-calcaire et donne des vins tout en finesse. L'autre est un sol de galets mêlés de sables rougeâtres propice à des vins plus puissants.

- **Le Cèdre, Cahors 2019** | Sec | 2025>2035 | 35 € | ☘ — 92
- **GC, Cahors 2019** | Sec | 2027>2040 | 75 € | ☘ — 94
- **Cahors 2020** | Sec | 2024>2032 | 15 € | ☘ — 90
- **Extra-libre «Le Cèdre» sans sulfite ajouté, Cahors 2019** | Sec | 2025>2035 | 35 € | ☘ — 92

Château de Chambert

★★☆☆☆

L'énergique Philippe Lejeune met son talent d'entrepreneur au service de sa magnifique propriété et de l'appellation. Avec 65 hectares, il dirige le plus grand vignoble de Cahors en biodynamie. Un gros travail a été fait ces dernières années sur le style des vins. Le fruité naturel du malbec est plus immédiat et mieux conservé sans perdre de sa structure.

- **Cahors 2017** | Sec | 2024>2034 | 23 € | ☘ — 89
- **Chambert Grand Vin, Cahors 2017** | Sec | 2025>2040 | 34 € | ☘ — 94
- **Le Causse, Cahors 2018** | Sec | 2023>2028 | 13 € | ☘ — 90

Domaine du Cinquau

★★★☆☆

Au cœur de Jurançon, cette superbe propriété, entourée d'un vignoble de 9 hectares, continue de progresser et de nous régaler. Le site est remarquable et l'accueil des visiteurs montre la voie pour toute la région, avec un complexe œnotouristique qui mérite le détour. Depuis quelques millésimes, on s'est habitué à voir sortir les cuvées du domaine durant la dégustation à l'aveugle. Les hauts de gamme progressent cette année.

Château Combel la Serre

★★★☆☆

Les vins de Julien Ilbert sont en constante progression dans un esprit moderniste partagé par de nombreux autres jeunes vignerons du secteur, avec comme facteur déclenchant une conversion bio. Les étiquettes modernes dénotent et signent un fort parti pris que l'on retrouve dans le style des vins, précis et près du fruit. Le style s'affine et l'expression du terroir de plus en plus présente.

- **Les Peyres Levades, Cahors 2019** | Sec | 2025>2035 | 32 € | ☘ — 92
- **Au Cerisier, Cahors 2020** | Sec | 2024>2032 | 18.3 € | ☘ — 91
- **Le Lac aux Cochons, Cahors 2019** | Sec | 2025>2040 | 32 € | ☘ — 92

Domaine du Comte de Thun

★★☆☆☆

Nous avons été les premiers à vous parler de ce domaine acheté en 1988 par le comte de Thun, un Allemand passionné de grands vins. Au cœur du Gaillacois, il a fait le pari de produire en igp pour s'affranchir des contraintes liées à l'encépagement et l'assemblage. La maîtrise technique dans l'élevage et la vinification est remarquable. On trouve ici quelques-uns des plus beaux vins rouges du secteur, puissants, massifs, à attendre quelques années.

- **La Maze, Côtes du Tarn 2014** | Sec | 2025>2035 | 36.5 € — 91
- **La Parrazal, Côtes du Tarn 2014** | Sec | 2024>2032 | 16.5 € — 90
- **La Cabane, Côtes du Tarn 2014** | Sec | 2025>2035 | 36.5 € — 92

Albert de Conti

★★★☆☆

Guillaume et Paul, fils de Francis, associés avec l'œnologue Yann Lecoindre, s'occupent des 30 hectares de Saint Julien d'Eymet, sous l'entité Albert de Conti (ancienne cuvée phare de Tour des Gendres). Un nouveau chai de vinification et d'élevage devrait sortir de terre à Saint Julien. L'occasion de redonner des couleurs viticoles au village. Le trio, sous la houlette du dynamique Guillaume, a bien l'intention d'innover, tant pour les étiquettes que pour le style des cuvées, en plantant, comme les cousins, des cépages savoyards et d'autres également.

- **Conti-ne Périgourdine, Bergerac Sec 2020** | Sec | 2022>2027 | 16 € | ☘ — 94
- **La Vigne d'Albert, Bergerac 2021** | Sec | 2022>2024 | 11 € | ☘ — 93
- **Chez Paul, Côtes de Bergerac 2019** | Sec | 2022>2030 | 22 € | ☘ — 95

PRESSE

Domaine Cosse Maisonneuve

★★★★☆

Mathieu Cosse, brillant œnologue et ancien rugbyman, fou de grands vins et de gastronomie, et Catherine Maisonneuve, viticultrice parmi les plus idéalistes de ce pays, nous donne quelques-uns des vins les plus complets et sincères de Cahors. Certifié bio, le vignoble forge des vins de grande intensité, bien élevés et élégants. Ce style se lit dans toutes les cuvées sans exception et l'on sent une réelle maîtrise du sujet. Tout proche d'une cinquième étoile.

- **Les Laquets, Cahors 2019** | Sec | 2025>2035 | NC — 94
- **La Marguerite, Cahors 2019** | Sec | 2026>2040 | NC — 96
- **Sid, Cahors 2019** | Sec | 2024>2032 | NC — 93
- **Carmenet, Vin de Table 2020** | Sec | 2023>2028 | NC — 92

Cave de Crouseilles

★★☆☆☆

Les 900 hectares, répartis sur 130 vignerons, entament doucement un virage vers des pratiques plus respectueuses de l'environnement, avec notamment des vignes expérimentales pour tester grandeur nature les dernières trouvailles agronomiques et convaincre les coopérateurs que cela est tout à fait possible. Une cave en pleine évolution, offrant une large gamme de vins qui vaut le détour.

Elian Da Ros

★★★☆☆

C'est dans le paysage vallonné du Marmandais, à Cocumont, que se trouvent les 21,7 hectares de la propriété d'Elian Da Ros, assisté depuis 2008 par son épouse Sandrine. Dès 2000, il obtient la certification bio, puis en 2002 celle de la biodynamie. À force de travail et de sérieux, ses vins sont maintenant une référence dans le monde viticole. On se régale avec l'ensemble de la gamme.

- **Clos Baquey, Côtes du Marmandais 2016** | Sec | 2024>2034 | NC — 93
- **Chante Coucou, Côtes du Marmandais 2019** | Sec | 2022>2028 | NC — 92
- **Le Vin est une Fête, Côtes du Marmandais 2020** | Sec | 2022>2025 | NC — 90

Mas Del Perié

★★★☆☆

Chef de file des viticulteurs « nature » et « rebelles » de son appellation, Fabien Jouve n'a pas été épargné par la nature dans ces derniers millésimes, et nous comprenons parfaitement qu'en raison de toutes petites récoltes il présente à la vente des vins plus jeunes et plus souples. Le domaine innove et expérimente en permanence. Les vins possèdent un naturel salutaire et des expressions de terroir immédiates, dans une gamme aussi variée que passionnante.

Château Gaudou

★★☆☆☆

Ce château domine les superbes coteaux de Viré et jouxte Triguedina et Le Cèdre. Nous sommes ici sur les superbes troisièmes terrasses caillouteuses du Lot, les plus qualitatives. Issus d'un terroir géré avec sagesse et rigueur par la famille Durou, présente depuis « seulement » sept générations, les vins possèdent la vigueur et le tempérament des meilleurs rouges de l'appellation. De très vieilles vignes, pratiquement centenaires, donnent un remarquable vin de prestige.

- **Chemin de Gaudou, Cahors 2019** | Sec | 2023>2028 | 12.5 € — 90
- **Chemin d'Orgueil, Cahors 2019** | Sec | 2023>2028 | 15 € — 89
- **Caillau Fauve, Cahors 2019** | Sec | 2023>2027 | 15 € — 90

La Bastide Orliac

★★★☆☆

Cette propriété historique du Brulhois se situe sur de magnifiques coteaux, à l'exposition parfaite, qui dominent la commune de Clermont-Soubiran, avec vue sur la Garonne. Les deux sœurs Orliac prennent soin de leur sol avec un dévouement rare et de bonnes méthodes culturales. La réflexion sur l'encépagement doit permettre au cabernet franc et à l'abouriou de délivrer toute leur finesse, sur un support apporté par le merlot. Une adresse sûre.

La Calmette

★★☆☆☆

Maya Sallée et Nicolas Fernandez se sont installés sur l'appellation récemment (leur premier millésime est le 2016), bénéficiant d'une solide expérience avant de créer la Calmette. Une conversion vers l'agriculture biologique est d'ores et déjà entamée, ainsi que la pratique de la biodynamie. Les progrès réalisés par cette jeune propriété sont visibles. Le domaine est en route vers le haut niveau.

- **Butte Rouge, Cahors** | Sec | 2025>2040 | 40 € — 92
- **Vignes noires, Cahors** | Sec | 2025>2034 | 24 € — 89
- **L'espace bleu entre les nuages, Vin de France** | Sec | 2024>2032 | 24 € — 89

Matthieu Cosse (domaine Cosse-Maisonneuve).

MATHIEU GARÇON, PRESSE

Château La Robertie

★★★☆☆

Brigitte Soulier est une femme de conviction et ses vins sont à son image : entiers et énergiques. Ses 13 hectares sont en agriculture biologique. Aux commandes depuis 2009, elle chemine dans cette voie naturelle avec la foi des nouveaux convertis et le souci de bien faire. Un domaine modèle, régulier, et qui continue de progresser.

Domaine Labranche-Laffont

★★★☆☆

Christine Dupuy maintient à un haut niveau de qualité cette propriété (21 hectares). Elle produit, à partir d'une viticulture certifiée bio depuis 2014, des vins charnus et réguliers. Perle rare du domaine, une très vieille vigne centenaire donne un nectar à la texture très veloutée. Les madirans sont expressifs et puissants, sans concession. Le pacherenc doux est lui tout en délicatesse et équilibre. Les prix restent sages.

Château Lagrézette

★★★☆☆

Alain-Dominique Perrin a beaucoup travaillé pour faire du magnifique ensemble de Lagrézette un des phares du renouveau de Cahors. On mesure les progrès suite à la rénovation de la cave, les vins ont gagné en élégance, le fruit est mieux souligné par l'élevage. On

Germain et Simon Croisille avec Nicolas Bach (domaine Les Croisille).

apprécie particulièrement les cuvées château et clos-marguerite, remarquable cette année.

- Le Pigeonnier, Cahors 2018 | Sec | 2025>2035 | 170 € — 93
- Marguerite, Cahors 2019 | Sec | 2024>2034 | 38 € — 92
- Paragon, Cahors 2018 | Sec | 2025>2035 | 100 € — 93

Clos Lapeyre

★★★☆☆

Jean-Bernard Larrieu fait partie de l'élite des vignerons de Jurançon. Il pratique une viticulture très propre et vinifie habilement les secs et les liquoreux. À leur meilleur, le bouquet de ses vins développe puissamment les arômes de truffe blanche ou noire (selon les millésimes) propres aux terroirs de la Chapelle-des-Rousses, les plus originaux du secteur. Ses vins blancs secs se distinguent de la plupart par leur vigueur, et leur fort et remarquable goût de terroir. Mais ce ne sont pas des vins « primeurs ». Grands progrès réalisés vers plus de netteté et de pureté de fruit.

- La Magendia, Jurançon 2018 | Moelleux | 2025>2035 | 20.7 € | ☘ — 91
- Mantoulan, Jurançon Sec 2016 | Sec | 2023>2027 | 21.2 € | ☘ — 93
- Balaguera, Jurançon 2017 | Moelleux | 2025>2040 | 38.4 € | ☘ — 93

Camin Larredya

★★★★☆

Fer de lance de Jurançon, ce domaine conduit en agriculture biologique et en biodynamie est la figure incontournable de l'appellation, incarné par son propriétaire Jean-Marc Grussaute. Ses meilleures terrasses donnent même un vin exceptionnellement riche et subtil, à un prix encore accessible. L'ensemble de la gamme, aussi bien en sec qu'en moelleux, est d'un niveau admirable. La cinquième étoile n'est vraiment plus très loin.

- Au Capcéu, Jurançon 2020 | Moelleux | 2025>2040 | 30 € | ☘ — 93
- La Part Davant, Jurançon Sec 2020 | Sec | 2023>2028 | 18 € | ☘ — 91
- Costa blanca, Jurançon Sec 2019 | Sec | 2025>2032 | 62 € | ☘ — 94

Château Les Croisille

★★★☆☆

Bien entouré, Germain Croisille exprime le renouveau de Cahors, avec une approche moderne où l'usage du bois neuf a été abandonné. Les vins, certifiés en bio, ont progressé en finesse, accessibilité, en profondeur et en expression de terroir. Aujourd'hui, le niveau atteint est remarquable, dans un style frais et saillant. Superbe réussite cette année, tout est bon et d'une pureté sans équivalence.

- Divin, Cahors 2020 | Sec | 2025>2035 | 25 € | ☘ — 92
- Calcaire, Cahors 2020 | Sec | 2024>2030 | 15 € | ☘ — 90
- Silice, Cahors 2020 | Sec | 2023>2028 | 13 € | ☘ — 90
- Le Grain, Cahors 2019 | Sec | 2025>2040 | 55 € | ☘ — 93

Les Jardins de Babylone

★★★★☆

Constituant, l'une des sept merveilles dans le monde des moelleux, les Jardins de Babylone sont couvés par Louis-Benjamin Dagueneau, aidé de Pautrat, son fidèle maître de chai. Ils n'ont rien changé au bijou de vignoble créé par Didier Dagueneau, son père, et au perfectionnisme de l'élaboration de son vin.

Château Monestier la Tour

★☆☆☆☆

Acquis par Karl-Friedrich Scheufele, co-président de Chopard et fondateur des Caveaux de Bacchus en Suisse (où il est le distributeur exclusif du Domaine de la Romanée-Conti), Monestier La Tour remet les compteurs à zéro et fait table rase du passé depuis 2012. Sur un vignoble de près de 25 hectares, le domaine produit, sur les conseils de Stéphane Derenoncourt, des vins certifiés bios et biodynamiques. Trois appellations sont mentionnées sur les étiquettes : Bergerac déclinées en rouge, blanc et rosé avec la cuvée Cadran, Côtes de Bergerac en rouge sous l'étiquette Monestier Latour tout comme le liquoreux en appellation Saussignac. Deux personnages clés participent à la renaissance du cru. Le Jardinier Eric Fischer en charge du jardin des plantes et herbes employées pour la biodynamie et Mathieu Eymard le maître de chai en charge des vinifications et des élevages. L'outil dont ils disposent est flambant neuf. En effet, le cuvier de vinification ainsi que le chai ont été entièrement rénovés par des artisans locaux dans les règles de l'art et de l'architecture du château. Tout est ici très beau pour produire de grands vins.

- Cadran, Bergerac 2021 | Sec | 2022>2024 | 11 € — 91
- Cadran, Bergerac 2018 | Sec | 2022>2027 | 12 € | ☘ — 91
- Grand Vin, Côtes de Bergerac 2018 | Sec | 2022>2030 | 19.5 € | ☘ — 93

Château Montus - Château Bouscassé

★★★★★

Si les terroirs incomparables de Montus et la Tyre permettent la maturation optimale du tannat, encore faut-il savoir, par la vinification et l'élevage, porter ce potentiel au plus haut niveau. Alain Brumont, né à Bouscassé, connaît ce terroir par cœur, mais sa vision et son sens de la perfection l'ont poussé à non seulement remettre en question l'interprétation du terroir par ses pairs, mais aussi à repousser ses propres limites toujours plus loin. Est ainsi née une vision sans concession, perfectionniste, visionnaire, une interprétation et une exigence qui dérangent et ne lui ont pas attiré que des amis. Il porte une attention exemplaire à ses 250 hectares de vignes, lui permettant de créer des cuvées intemporelles, de grande garde. Les vins sont monumentaux, avec une puissance et une énergie évidentes mais complètement domptés et sous contrôle, ce qui est un véritable tour de force. L'ensemble de Montus et de Bouscassé constitue sans doute le sommet actuel de la viticulture du Sud-Ouest. La politique de commercialisation impose quelques années de garde, permettant d'acquérir des vins prêts à être consommés qui témoignent pleinement du potentiel qualitatif du domaine et de la région. Si Alain, ayant dépassé les 70 ans, ne songe nullement à la retraite, il n'a pas pour autant omis de former la jeune génération, dont Antoine Veiry, son beau-fils, qui fait preuve d'une détermination et d'une curiosité qui ressemblent beaucoup aux siennes.

- Château Bouscassé - Vieilles Vignes, Madiran 2011 | Sec | 2024>2032 | 26.9 € — 95
- La Tyre, Madiran 2019 | Sec | 2026>2040 | 90 € — 98
- Bouscassé, Madiran 2017 | Sec | 2022>2030 | 20 € — 94
- Montus Prestige, Madiran 2009 | Sec | 2022>2030 | 47.5 € — 97
- Montus XL, Madiran 1999 | Sec | 2022>2030 | NC — 97

Château Moulin Caresse

★★★☆☆

Sylvie et Jean-François Deffarge portent haut les couleurs de Montravel sur ce domaine de 52 hectares situés en coteaux et sur le plateau de Vélines. Il s'efforce de faire du mieux possible et la génération suivante, Quentin et Benjamin, est désormais impliquée dans la vie du domaine. La gamme importante permet de proposer des vins adaptés à toutes les circonstances.

- Cent pour 100, Montravel 2018 | Sec | 2025>2032 | 14.8 € — 88
- Magie d'Automne, Bergerac 2019 | Sec | 2024>2032 | 8.6 € — 89

Domaine Nigri

★★★☆☆

Ce domaine produit un style de jurançon moderne et épuré, porteur de la race des cépages locaux, dont le propriétaire Jean-Louis Lacoste est un ardent défenseur et conservateur. Les vins secs offrent beaucoup de dynamisme. Certaines sélections de liquoreux sont aussi remarquables. Le domaine continue sur sa lancée des dernières années.

- Confluences, Jurançon Sec 2021 | Sec | 2022>2026 | 10 € | ☘ — 89
- Toute une Histoire, Jurançon 2019 | Liquoreux | 2024>2032 | 16 € | ☘ — 91
- Pas de Deux, Jurançon 2018 | Liquoreux | 2022>2030 | 11.4 € | ☘ — 90

Domaine Lionel Osmin & Cie

★★☆☆☆

Dans une démarche engagée, éthique et responsable, Lionel Osmin a créé ce négoce éponyme haute couture avec l'idée de s'affranchir des appellations pour mieux mettre en avant le cépage et donner une lecture simple et gourmande de vins. Depuis Pau, la société vinifie une gamme variée d'une trentaine de cuvées, et signe aussi quelques armagnacs. Elle s'occupe de la commercialisation du Clos Joliette, un joyau de Jurançon, et des vins du Domaine Berthoumieu. La gamme ciselée par Damiens Sartori, l'homme clef des vinifications, offre de très belles réussites à tous les prix.

- Le Pouvoir des Fleurs, Fronton 2020 | Sec | 2022>2026 | 11 € | ☘ — 88
- Aulet, Madiran 2019 | Sec | > | 19.5 € — 89
- Le Lavoir, Jurançon Sec 2020 | Sec | 2022>2025 | 19.5 € — 89
- Sans soufre, Buzet 2020 | Sec | 2022>2024 | 11 € — 87

Domaine Plageoles

★★★☆☆

Les Plageoles (Robert et maintenant Bernard, son fils) ont été à l'origine du renouveau du vignoble gaillacois, en faisant connaître dans toute la France toutes les variétés possibles du cépage mauzac et en contribuant au renouveau de cépages locaux, oubliés. La troisième génération est maintenant aux commandes et maintient le cap. Tous les cépages sont vinifiés et mis en bouteille séparément, avec une grande régularité. Les grandes curiosités sont ici le pétillant mauzac nature, un modèle de vin frais et désaltérant, le vin d'autan, issu du passerillage de l'ondenc, et le fameux vin de voile, très gastronomique. La gamme est toujours aussi passionnante, le pet'nat' est un modèle de plaisir immédiat, le vin de convivialité par excellence.

Producteurs Plaimont

★★★☆☆

Plaimont Producteurs est la marque de la coopérative la plus dynamique du Sud-Ouest. Elle continue son travail pour ressusciter les terroirs du secteur de Saint-Mont, terres anciennement vouées aux céréales ou aux vignes d'Armagnac. Les cépages autochtones comme le tardif et l'arrufiac ont été remis en valeur, une vigne très ancienne a été inscrite au patrimoine en tant que monument historique, un conservatoire ampélographique a été créé. L'approche intelligente et qualitative a permis d'imposer largement les produits en France et à l'étranger. Active sur tout le secteur du sud-ouest, la cave regroupe 5 300 hectares de vignes. Le sens collectif des coopérateurs, bien orienté par Olivier Bourdet-Pees, le directeur, permet des sélections étonnantes. La dégustation de cette année confirme le potentiel impressionnant des terroirs de Saint-Mont et témoigne d'une progression d'ensemble évidente.

- Monastère, Saint-Mont 2018 | Sec | 2025>2035 | 17 € — 92
- Le Faîte, Saint-Mont 2017 | Sec | 2024>2034 | 40 € — 91
- La Madeleine de Saint-Mont, Saint-Mont 2018 | Sec | 2025>2040 | 32 € — 93
- Cirque Nord, Saint-Mont 2019 | Sec | 2022>2030 | 32 € — 92
- Le Manseng Noir, Côtes de Gascogne 2020 | Sec | 2022>2026 | 10 € — 89

Olivier Bourdet-Pees (Plaimont Producteurs).

Château Plaisance

★★★☆☆

Marc Penavayre a fait évoluer le style des vins du cru vers des produits plus fins, plus élégants, grâce à plus d'application à la vigne, certifiée bio depuis 2011, et à une réflexion sur les encépagements, en faisant la part belle à la négrette et en plantant quelques blancs. Vins accessibles dès le plus jeune âge, dans un style maîtrisé.

- Tot Çò Que Cal, Fronton 2019 | Sec | 2023>2028 | 19.4 € | ☘ — 89
- Alabets, Fronton 2019 | Sec | 2023>2029 | 13.4 € | ☘ — 89
- Le Pitchou, Fronton 2019 | Sec | 2023>2026 | 12.4 € | ☘ — 88

Domaine du Tariquet

★★☆☆☆

Marque mondiale et plus grand vignoble familial de France à ce jour, avec 1 125 hectares de vignes et neuf millions de bouteilles commercialisées chaque année. Armin et Rémi Grassa ont pris la suite de leur père Yves, à l'origine de l'épopée. Les installations ultra modernes et une hygiène de chai méticuleuse garantissent des vins d'une technicité irréprochable. Les-dernières-grives sont une valeur sûre et toute la gamme progresse. Le domaine signe également des armagnacs de qualité. En progrès.

- Domaine La Hitaire, Les Tours, Côtes de Gascogne 2021 | Demi-sec | 2022>2026 | 7 € — 90
- Amplitude, Côtes de Gascogne 2021 | Sec | 2022>2026 | 10 € — 90
- Domaine la Hitaire - Chardonnay, Côtes de Gascogne 2021 | Sec | 2022>2026 | 9 € — 89
- Domaine la Hitaire - Jardin d'Hiver, Côtes de Gascogne 2020 | Moelleux | 2022>2028 | 12 € — 90

Clos Thou

★★★★☆

Petit domaine situé sur les terres les plus réputées de l'appellation, Thou brille par la régularité et la typicité de sa production. Les cuvées suprême-de-thou et cerisaie sont sans conteste au sommet de l'appellation. Les vins ont en commun une personnalité affirmée et un style séducteur dont on ne se lasse pas. On félicite cette constance au plus haut niveau ces derniers millésimes.

- Suprême de Thou, Jurançon 2019 | Moelleux | 2025>2035 | 19 € | ☘ — 92
- Julie, Jurançon 2020 | Moelleux | 2024>2030 | 14 € | ☘ — 89
- Terroir de la Cerisaie, Jurançon Sec 2020 | Sec | 2023>2027 | 23 € | ☘ — 89

Château Tirecul La Gravière

Bruno Bilancini aurait pu être médecin, il est devenu vigneron à Monbazillac. Œnologue, il lui fallait trouver une passion à la hauteur de ses ambitions et un grand terroir. Le vignoble compte 9 hectares répartis entre sémillon et muscadelle, conduit en agriculture biologique, certifié depuis 2012. Les argiles lourdes de Monbazillac, quadrillées de calcaire sur le plateau, donnent ici des vins qui vieillissent à merveille. Depuis 2016, il a repris 6 hectares de vignes plantées en rouge lui permettant d'élargir sa gamme.

- **Les Pins, Monbazillac 2020** | Liquoreux | 2023>2028 | 12 € | 91
- **Ulma, Périgord 2020** | Sec | 2022>2026 | 9 € | 89
- **Sélection de grains nobles, Monbazillac 2019** | Liquoreux | 2024>2029 | 27 € | 94

Château Tour des Gendres

Cette propriété est le fief de la famille de Conti. Luc de Conti a acheté le domaine en 1981. Son cousin Francis et son fils Guillaume l'ont rejoint, tandis que sa fille Margaux a choisi un autre domaine (Barouillet) et son fils Gilles la voie de la bière. 50 hectares sont conduits en bio et une petite partie (12 hectares) en biodynamie.

- **Moulin des Dames, Bergerac Sec 2020** | Sec | 2022>2027 | 20 € | 92
- **La Gloire de mon Père, Côtes de Bergerac 2019** | Sec | 2022>2030 | 14 € | 92
- **Anthologia, Bergerac Sec 2018** | Sec | 2022>2027 | 39 € | 93
- **Les Anciens Francs, Côtes de Bergerac 2018** | Sec | 2022>2030 | 20 € | 94

Clos Triguedina

Jean-Luc Baldès continue la saga familiale de cette propriété historique de Cahors. Une grande partie des 65 hectares se situe sur les troisièmes terrasses de Vire, au bord du Lot. Le reste se situe sur le causse et ses terres plus blanches. Si la sélection parcellaire intelligente mise en place rend compte du patrimoine du domaine, la cuvée d'assemblage prince-probus donne une idée juste du cahors moderne, coloré et juteux. Une adresse essentielle.

- **Petites Cailles, Cahors 2017** | Sec | 2025>2040 | 29 € | 93
- **Au coin du bois, Cahors 2017** | Sec | 2025>2035 | 30.7 € | 91
- **Les Galets, Cahors 2017** | Sec | 2025>2035 | 30.7 € | 92

Clos Troteligotte

Cette propriété de 10 hectares, sur les hauteurs de Cahors, est passée à la biodynamie en 2015. Par ses élevages en jarres de terre cuite, Emmanuel Rybinski produit des vins complexes et purs, des bouches plus délicates qui ne manquent jamais de fond. Les vins élevés en foudre sont plus conventionnels mais partagent la même pureté de fruit et un caractère accessible dès leur jeunesse. Tout est ici d'un haut niveau.

- **K Lys, Cahors 2017** | Sec | 2025>2032 | 19 € | 90
- **K Or, Cahors 2020** | Sec | 2025>2032 | 15 € | 90
- **K-POT', Cahors 2020** | Sec | 2023>2026 | 12.5 € | 88

Château Vari

Le vignoble du château, situé sur la commune de Monbazillac, s'étend sur 20 hectares. C'est en 1994 que Sylvie et Yann Jestin ont posé leurs valises. Convaincus que l'avenir est dans le bio, ils convertissent l'ensemble, avec une certification acquise en 2009. Les résultats sont remarquables : faune et flore ont reconquis les terres et les vins n'en sont que meilleurs, atteignant ces derniers millésimes un excellent niveau.

- **Réserve, Bergerac 2016** | Sec | 2022>2030 | 14 € | 92
- **Tu charries Vari, Vin de France 2020** | Sec | 2022>2024 | 14 € | 91
- **Sauvignon, Monbazillac 2018** | Liquoreux | 2022>2030 | 15 € | 92
- **Gold - Sémillon, Monbazillac 2010** | Liquoreux | 2022>2035 | 50 € | 95

Vignoble des Verdots

David Fourtout est l'une des grandes figures de Bergerac. Il œuvre sur son vignoble de 45 hectares, avec une approche contemporaine autour d'élevages longs et de matières musclées qui s'affinent idéalement à la garde. Un travail sans relâche permet au domaine de donner le meilleur de son terroir. Cuves tronconiques sur mesure, chai moderne conçu pour triturer le moins possible le raisin, élevages soignés. Tout est réussi en blanc ou en rouge.

- **Grand Vin Les Verdots, Bergerac Sec 2020** | Sec | 2022>2027 | 22 € | 90
- **Grand Vin Les Verdots, Côtes de Bergerac 2020** | Sec | 2022>2030 | 22 € | 94
- **Les Tours des Verdots, Bergerac 2020** | Sec | 2022>2027 | 12 € | 91
- **Les Tours des Verdots, Bergerac Sec 2020** | Sec | 2022>2027 | 12 € | 91

Bertrand Vigouroux (maison Georges Vigouroux).

Domaine Vignau La Juscle

Le petit bijou de Vignau-La-Juscle est la perle cachée de Jurançon. Michel Valton, médecin urologue, s'occupe de ce vignoble comme un grand chirurgien et prend tous les risques pour ne produire qu'un seul vin, récolté au sommet du passerillage du raisin. Son coteau est un véritable modèle de viticulture de montagne, et sa petite production d'igp rouge est d'une personnalité rare. Le jurançon sec est une belle réussite. Bravo.

Maison Georges Vigouroux

La nouvelle impulsion donnée à cette maison, dirigée brillamment par Bertrand Vigouroux, donne des résultats probants. Bien aidé par une équipe compétente, ce vinificateur de talent livre une vision complète des différents terroirs de Cahors. Mercuès et Haute-Serre sont ici les fleurons de la gamme. L'ensemble des vins est recommandable. Tous partagent ce même caractère riche et bénéficient d'un élevage soigné et totalement maîtrisée. Ce que nous avons gouté cette année mérite une promotion dans notre guide. La suite s'annonce bien.

- **Crocus - La Roche Mère , Cahors 2018** | Sec | 2025>2040 | 115 € | 93
- **Château de Haute-Serre - Géron Dadine, Cahors 2018** | Sec | 2025>2045 | 46 € | 92
- **Crocus - Le Calcifère, Cahors 2018** | Sec | 2024>2032 | 40 € | 91
- **Château Pech de Jammes - Pure Malbec, Cahors 2018** | Sec | 2024>2032 | 38 € | 90

INDEX

ALSACE
Adam (Jean-Baptiste), 68
Agapé (Domaine), 68
André (Domaine Lorentz), 68
Arthur (Metz), 68
Barmès-Buecher (Domaine), 59, 68
Baur (Domaine Charles), 61
Bestheim, 68
Beyer (Domaine Émile), 68
Beyer (Léon), 68
Bott-Geyl (Domaine), 68
Boxler (Domaine Albert), 63, 68
Burn (Domaine Ernest), 69
Bursin (Domaine Agathe), 63, 69
Deiss (Domaine Marcel), 69
Dirler-Cadé (Domaine), 63, 69
Fuchs (Domaine Henry), 61, 69
Ginglinger (Domaine Paul), 69
Heitzmann (Domaine Léon), 70
Hugel (Famille), 70
Josmeyer, 70
Kientzler (Domaine André), 70
Kirrenbourg (Domaine), 70
Kreydenweiss (Domaine), 70
Kubler (Domaine Paul), 70
Loew (Domaine), 70
Lorentz (Gustave), 70
Mann (Domaine Albert), 70
Meyer-Fonné (Domaine), 71
Muré (Domaine du Clos Saint-Landelin), 63, 71
Neumeyer (Domaine Gérard), 71
Ostertag (Domaine), 71
Pfister (Domaine), 71
Ribeauvillé (Cave de), 71
Roth (Domaine Robert), 58
Schlumberger (Domaine), 72
Schmitt (Domaine François), 58, 72
Schoech et Fils (Domaine Maurice), 72
Schoenheitz (Domaine Henri), 59, 72
Schoffit (Domaine), 72
Sipp (Louis), 72
Tempé (Domaine Marc), 72
Trapet Alsace (Domaine), 60, 72
Trimbach (Domaine), 73
Wach (Domaine), 73
Weinbach - Domaine Faller (Domaine), 63, 73
Wolfberger, 73
Zind-Humbrecht (Domaine), 58, 64, 73
Zusslin (Domaine Valentin), 57, 63, 73

BEAUJOLAIS
Adamiak (Domaine Bruno et Chantal), 79
Anita (Domaine), 84
Berne (Frédéric), 79, 81, 84
Burgaud (Domaine Jean-Marc), 81, 84
Burnichon (Domaine), 81
Capréoles (Domaine Les), 82
Chaize (Château de la), 84
Chantreau (Domaine), 79
Charvet (Domaine Anthony), 79
Chermette (Domaine), 81, 85
Cheysson (Domaine Émile), 79
Chignard (Domaine), 85
Combe au Loup (Domaine de la), 79
Corcelles (Château de), 85
Desjourneys (Domaine Jules), 85
Desvignes (Domaine Louis-Claude), 85
Dubœuf (Georges), 79, 81, 85
Grand'Grange (Château), 81
Granit doré (Domaine du), 81
Hoppenot (Domaine Grégoire), 85
Jacques (Château des), 85
Janin (Domaine Paul et Éric), 85
Javernand (Château de), 79
Jeunes Pousses (Les), 39
Joncy (Domaine), 79
Lapierre (Domaine Marcel), 82, 85
Lathuilière (Domaine), 79
Lavernette (Château de), 82
Le Nid (Maison), 86
Liger-Belair (Domaine Thibault), 86
Longère (Domaine), 80, 82
Loron (Maison Jean), 86
Marrans (Domaine des), 79
Martray (Domaine Laurent), 86
Mee Godard (Domaine), 86
Mez (Clos de), 86
Mont Verrier (Domaine du), 82
Morin (Domaine), 79
Moulin-à-Vent (Château du), 86
Pierres Dorées (Vignerons des), 82
Pirolette (Domaine de la), 86
Piron (Domaine), 82, 86
Pizay (Château de), 86
Pravins (Château de), 82
Rivière (Domaine), 80
Roche (Domaine de la), 82
Roilette (Clos de la), 87
Rottiers (Domaine Richard), 82, 87
Terres Dorées (Domaine des), 82, 87
Thivin (Château), 76, 87
Thivolle (Domaine), 79
Tours (Château des), 87
Trénel (Maison), 87
Valfantine (Domaine), 79
Vaux (Château de), 82
Vergers (Château des), 82
Vincent (Domaine), 80

BORDEAUX
A (Domaine de l'), 129
Agassac (Château d'), 106
Aiguilhe (Château d'), 129
Alcée (Château), 129
Ampélia (Château), 129
Angélus (Château), 118
Annereaux (Château des), 118
Arche (Château d'), 100
Arcins (Château d'), 106
Armailhac (Château d'), 106
Arnauld (Château), 106
Arsac (Château d'), 106
Ausone (Château), 118
Bastor-Lamontagne (Château), 100
Batailley (Château), 106
Beauregard (Château), 118
Beauséjour Duffau-Lagarrosse (Château), 118
Beauséjour-Bécot (Château), 118
Beau-Site (Château), 106
Bélair-Monange (Château), 27,120
Belcier (Château de), 129
Belgrave (Château), 106
Bellefont-Belcier (Château), 120
Bellevue (Château), 120
Berliquet (Château), 120
Beychevelle (Château), 106
Bonnange (Château), 129
Borie Manoux, 130
Bouscaut (Château), 100
Boyd-Cantenac (Château), 106
Branaire-Ducru (Château), 107
Branas Grand Poujeaux (Château), 107
Brane-Cantenac (Château), 107
Brillette (Château), 107
Brown (Château), 100
Calon-Ségur (Château), 92, 107
Camensac (Château de), 107
Canon (Château), 120
Canon-la-Gaffelière (Château), 120
Canon-Pécresse (Château), 120
Cantemerle (Château), 107
Cantenac-Brown (Château), 107
Cantin (Château), 120
Capet-Guillier (Château), 120
Chantegrive (Château), 100
Charmail (Château), 107
Chasse-Spleen (Château), 107
Château Coutet (Château), 101
Chauvin (Château), 121
Cheval Blanc (Château), 121
Chevalier (Domaine), 100
Citran (Château), 108
Clarisse (Château), 121
Clarke (Château), 108
Clément-Pichon (Château), 108
Clerc Milon (Château), 108
Climens (Château de), 100
Clinet (Château), 121
Côme (Château de), 108
Corbin (Château), 121
Cos d'Estournel (Château), 108
Cos Labory (Château), 108
Couhins (Château), 101
Couhns-Lurton (Château), 101
Croix de Labrie (Château), 121
Croizet-Bages (Château), 108
Dalem (Château), 121
Dassault (Château), 121
Dauphine (Château de la), 121
Dauzac (Château), 108
Despagne (Vignobles), 130
Doisy-Daëne (Château), 101
Doisy-Védrines (Château), 101
Domaine de l'Église (Château du), 121
Dourthe (Vignobles), 130
Dubreuil (Clos), 122
Ducru-Beaucaillou (Château), 108
Duhart-Milon (Château), 110
Durfort-Vivens (Château), 110
Faugères (Château), 122
Fayat (Château), 122
Ferrand (Château de), 122
Ferrière (Château), 110
Fieuzal (Château de), 101
Figeac (Château), 122
Filhot (Château), 101
Fleur Cardinale (Château), 122

Floridène (Clos), 101
Fombrauge (Château), 122
Fonbadet (Château), 110
Fonplégade (Château), 122
Fonréaud (Château), 110
Fonroque (Château), 122
Fontenil (Château), 123
Fourcas-Dupré (Château), 110
Fourcas-Hosten (Château), 110
Fourtet (Clos), 123
France (Château de), 101
Franc-Mayne (Château), 123
Gilette (Château), 101
Giscours (Château), 110
Gloria (Château), 110
Grand Barrail Lamarzelle Figeac (Château), 123
Grand Corbin-Despagne (Château), 123
Grand Renouil (Château), 123
Grand-Mayne (Château), 123
Grand-Puy-Ducasse (Château), 110
Grand-Puy-Lacoste (Château), 110
Gruaud-Larose (Château), 110
Guiraud (Château), 102
Haut-Bages Libéral (Château), 111
Haut-Bages Monpelou (Château), 111
Haut-Bailly (Château), 102
Haut-Batailley (Château), 111
Haut-Bergey (Château), 102
Haut-Brion (Château), 102
Haut-Carles (Château), 123
Haut-Condissas (Château), 111
Haut-Marbuzet (Château), 111
Haut-Peyraguey (Clos), 102
Hostens-Picant (Château), 130
Issan (Château d'), 111
Jacobins (Clos des), 123
Jean-Faure (Château), 124
Kirwan (Château), 111
La Conseillante (Château), 124
La Couspaude (Château), 124
La Croix du Casse (Château), 124
La Dominique (Château), 124
La Fleur de Boüard (Château), 124
La Fleur-Petrus (Château), 124
La Gaffelières (Château), 124
La Garde (Château), 102
La Grâce Dieu des Prieurs (Château), 124
La Lagune (Château), 111
La Louvière (Château), 102
La Marzelle (Château), 124
La Mission Haut-Brion (Château), 104
La Mondotte, 124
La Patache (Château), 125
La Pointe (Château), 125
La Serre (Château), 125
La Tour Blanche (Château), 104
La Tour Carnet (Château), 111
La Tour de By (Château), 112
La Tour de Mons (Château), 112
La Violette (Château), 98,125
Labégorce (Château), 112
Lafaurie-Peyraguey (Château), 104
Lafite-Rothschild (Château), 112
Lafleur (Château), 125
Lafon-Rochet (Château), 112
Lagrange (Château), 112
Lamothe-Bergeron (Château), 112
Langoa-Barton (Château), 112
Larcis-Ducasse (Château), 125
Larmande (Château), 125
Laroque (Château), 125
Larose-Trintaudon (Château), 112
Larrivet Haut-Brion (Château), 104
Lascombes (Château), 112
Latour (Château), 112
Latour-Martillac (Château), 104
Laurets (Château des), 126
Le Boscq (Château), 112
Le Chemin (Château), 126
Le Crock (Château), 112
Le Gay (Château), 126
Le Pin, 126
Le Prieuré (Château), 126
L'Église-Clinet (Château), 124
Léoville Poyferré (Château), 114
Léoville-Barton (Château), 114
Léoville-Las Cases (Château), 114
Les Carmes Haut-Brion (Château), 104
Lespault-Martillac (Château), 104
Lestage (Château), 114
Lestage-Simon (Château), 114
L'Évangile (Château), 124
Lilian-Ladouys (Château), 114
Loudenne (Château), 114
Lunelles (Clos), 130
Lynch-Bages (Château), 114
Lynch-Moussas (Château), 114
Malartic-Lagravière (Château), 104
Malescasse (Château), 115
Malescot Saint-Exupéry (Château), 115
Malleret (Château de), 115
Mangot (Château), 126
Manou (Clos), 115
Margaux (Château), 115
Marquis d'Alesme (Château), 115
Marquis de Terme (Château), 115
Marsau (Château), 130
Mayne-Lalande (Château), 115
Mazeyres (Château), 126
Meyney (Château), 115
Monbousquet (Château), 126
Montlabert (Château), 126
Montlandrie (Château), 130
Montrose (Château), 115
Montviel (Château), 126
Mouton Cadet, 130
Mouton-Rothschild (Château), 116
Myrat (Château de), 105
Nénin (Château), 126
Olivier (Château), 105
Ormes de Pez (Château), 116
Palmer (Château), 116
Pape Clément (Château), 105
Patache d'Aux (Château), 116
Pavie (Château), 127
Pavie-Decesse (Château), 127
Pavie-Macquin (Château), 127
Péby Faugères (Château), 127
Pédesclaux (Château), 116
Penin (Château), 130
Petit-Bocq (Château), 116
Petit-Village (Château), 127
Petrus, 127
Peyrat-Fourthon (Château), 116
Phélan-Ségur (Château), 116
Pibran (Château), 116
Pichon Baron (Château), 116
Pichon-Longueville Comtesse de Lalande (Château), 116
Pierre Premier (Château), 127
Pontet-Canet (Château), 116
Potensac (Château), 117
Pressac (Château de), 127
Prieuré-Lichine (Château), 117
Puy Arnaud (Clos), 131
Puyguéraud (Château), 131
Quintus (Château), 127
Rahoul (Château), 105
Ramage La Bâtisse (Château), 117
Rauzan-Gassies (Château), 117
Rauzan-Ségla (Château), 117
Rayne Vigneau (Château de), 105
Reynon (Château), 131
Rieussec (Château), 105
Roc de Cambes, 131
Rollan de By (Château), 111
Roques Mauriac (Château), 131
Rouget (Château), 127
Rouillac (Château de), 105
Sainte-Marie (Château), 131
Saint-Pierre (Château), 117,128
Sansonnet (Château), 31,128
Sergant (Château), 128
Siaurac (Château), 128
Sigalas-Rabaud (Château), 105
Siran (Château), 117
Smith Haut-Lafitte (Château), 105
Sociando-Mallet (Château), 117
Soutard (Château), 128
Suduiraut (Château), 105
Talbot (Château), 118
Tertre (Château du), 118
Tertre-Roteboeuf (Château), 128
Teynac (Château), 40,118
Tour Saint-Christophe (Château), 128
Tronquoy-Lalande (Château), 118
Troplong-Mondot (Château), 128
Trotanoy (Château), 128
Trotte Vieille (Château), 32,129
Tutiac (Vignerons de), 131
Valandraud (Château), 129
Vieux Château Certan, 129
Villemaurine (Château), 31,129
Yquem (Château d'), 105

BOURGOGNE
Alisiers (Closerie des), 147
Amiot et Fils (Domaine), 142, 147
Amiot-Servelle (Domaine), 136, 142, 147
André (Domaine Françoise), 135, 159
Arlaud (Domaine), 142, 147
Arlot (Domaine de l'), 136, 147
Bailly Lapierre (Caves), 144
Bart (Domaine), 136, 148
Bavard (Jacques), 159
Beauregard (Château de), 139, 170
Bertagna (Domaine), 136, 142, 148
Berthaut-Gerbet (Domaine), 148
Bichot (Domaines Albert), 136, 142, 159
Billaud (Samuel), 144
Billaud-Simon (Domaine), 144
Boisset (Jean-Claude), 135, 142, 148
Bongran-Jean et Gautier Thévenet (Domaine de la), 170
Bonhomme (Domaine André), 139, 170
Bonneau du Martay (Domaine), 159
Bouchard Père et Fils, 26, 135, 159
Bouley (Domaine J.M), 159
Bouvier (Domaine René), 136, 142, 148
Bouzereau Fils (Philippe), 160
Brisset (Domaine Pierre), 160
Brocard (Jean-Marc), 144
Buisson (Domaine Henri et Gilles), 138, 160
Butterfield Wine, 136, 160
Carillon (Domaine Marguerite), 160
Castagnier (Domaine), 142, 148
Cellier aux Moines (Domaine du), 138, 168
Chamilly (Château de), 168
Chamirey (Château de), 138, 168
Champy, 138, 160
Chandon de Briailles (Domaine), 135, 160
Changarnier (Domaine), 138, 160
Chanson Père et Fils, 135, 161
Chapelle (Maison de la), 144
Charlopin-Parizot (Domaine), 136, 143, 149
Chartron (Domaine Jean), 138, 161
Chartron et Trébuchet, 161
Chevalier Père et Fils (Domaine), 138, 161
Chicotot (Domaine Georges), 136, 149
Chopin et fils (Domaine), 136, 149
Clair (Domaine Bruno), 136, 143, 149
Clair (Domaine Françoise et Denis), 138, 161
Clos Salomon (Domaine du), 169
Cognard (Domaine Laurent), 171
Colin (Domaine Bruno), 138, 161
Colin et Fils (Domaine Marc), 138, 161
Collotte (Domaine), 149
Comte Armand (Domaine du), 135, 163
Comtes Lafon (Domaine des), 138, 163
Confuron-Cotetidot (Domaine), 136, 149
Cordier (Domaine), 171
Cornin (Domaine Dominique), 139, 171
Courcel (Domaine de),135, 163
Croix (Domaine des), 135, 163
Dauvissat (Domaine Vincent), 144
Delaunay (Édouard), 138, 143, 149
Demougeot (Rodolphe), 135, 163
Deux Roches (Domaine des), 139, 171
Drouhin-Vaudon (Domaine), 144
Duband (Domaine David),136, 143, 150
Dubois (Domaine Régis), 150
Dubuet-Boillot (Domaine), 135, 159
Dufouleur (Domaine G.Y.),135, 150
Dureuil-Jathial (Domaine Vincent), 138, 169
Durup et Fils (Domaine Jean), 144
Écard (Michel et Joanna), 163
Faiveley (Domaine), 136, 150
Ferret (Domaine J.A), 139, 171
Féry (Domaine Jean), 163
Fèvre (Domaine Nathalie et Gilles), 145
Fleys (Domaine du Château de), 145
Follin-Arbelet (Domaine), 135, 164
Forest (Domaine Éric), 139, 171
Fournier (Domaine Jean), 139, 150
Fuissé (Château de), 171
Gallois (Domaine), 136, 150
Garenne (Domaine de la), 171
Garnier et Fils, 145

Gay et Fils (Domaine Michel), 135, 164
Gelin (Domaine Pierre), 136, 151
Girardin (Domaine Vincent), 138, 164
Giroud (Camille), 136, 143, 164
Goisot (Domaine Guilhem et Jean-Hugues), 145
Gouges (Domaine Henri), 136, 151
Gras (Domaine Alain), 164
Grivot (Domaine Jean), 136, 151
Groffier Père et Fils (Domaine Robert), 136, 151
Guffens-Heynen (Domaine), 139, 172
Guyon (Domaine Antonin),135, 164
Harmand-Geoffroy (Domaine), 137, 152
Heresztyn-Mazzini (Domaine), 143, 152
Huguenot (Domaine), 137, 152
Humbert Frères (Domaine), 137, 152
Jacqueson (Domaine P & M), 169
Jadot (Maison Louis), 138, 143, 165
Jobard (Domaine Claudie), 169
Joliet (Domaine), 153
Juillot (Domaine Michel), 138, 169
La Chablisienne, 145
La Soufrandière - Bret Brothers (Domaine), 139, 172
Labruyère Prieur Sélection, 165
Lambrays (Domaine des), 143, 153
Laroche (Domaine), 145
Latour (Louis), 138, 165
Launay-Horiot (Domaine), 165
Laurent (Maison Dominique), 153
Leflaive (Domaine), 139, 165
Legros (Domaine François), 143, 153
Lejeune (Domaine), 135, 165
Leroy (Domaine), 153
Les Champs de l'Abbaye, 169
Levert-Barault (Domaine), 169
Liger-Belair (Domaine Thibault), 137, 153
Livéra (Domaine Philippe), 137, 154
Long-Depaquit (Domaine), 145
Lorenzon (Domaine Bruno), 169
Machard de Gramont (Bertrand et Axelle), 137, 154
Magnien (Domaine Michel), 143, 154
Magnien (Frédéric), 137, 143, 154
Maillet (Domaine Nicolas), 139, 172
Marchand Tawse (Pascal), 154
Marsannay (Château de), 137, 154
Martenot (Maison François), 170
Méo-Camuzet (Domaine), 137
Meursault (Domaine du Château de), 135, 165
Michel et Fils (Domaine Louis), 145
Moreau Père et Fils (Domaine Christian), 146
Moreau-Naudet (Domaine), 146
Moret (David), 138, 166
Morin (Domaine Olivier), 146
Morot (Domaine Albert),135, 166
Mortet (Arnaud), 156
Mortet (Domaine Denis), 137, 156
Muzard et Fils (Domaine Lucien), 166
Nicolle (Domaine Charly), 146
Ninot (Domaine), 139, 170
Normand (Domaine), 139, 172
Nuiton-Beaunoy - Cave des Hautes-Côtes, 143, 166
Odoul-Cocquard (Domaine), 143
Olivier (Domaine Antoine), 138, 166
Olivier (Manuel), 136, 143, 156
Pacalet (Domaine Philipe), 136, 166
Perdrix (Domaine des), 137, 156
Perrot-Minot (Domaine Christophe), 137, 143, 156
Pied du Mont Chauve (Au), 166
Pinson (Domaine), 146
Pommard (Château de), 167
Pommier (Domaine Isabelle et Denis), 146
Ponsot (Domaine Jean-Baptiste), 138, 170
Pousse d'Or (Domaine de la), 167
Prieur (Domaine Jacques), 138, 167
Prosper Maufoux, 167
Rapet Père et Fils (Domaine), 139, 167
Raquillet (Domaine François), 138, 170
Raveneau (Domaine), 146
Rebourseau (Domaine Henri), 137, 156
Remoissenet Père et Fils, 167
Rémy (Domaine Chantal), 143, 157
Rijckaert (Domaine), 29, 139, 172
Rion (Domaine Patrice), 157
Romanée-Conti (Domaine de la), 137, 139, 157
Rontets (Château des), 139, 172
Rossignol-Trapet (Domaine), 157
Roulot (Domaine), 167
Rousseau (Domaine Armand), 137, 157
Roy (Domaine Marc), 137, 157
Santenay (Château de), 168
Saumaize (Domaine Jacques et Nathalie), 172
Saumaize-Michelin, 139, 173
Seguin Manuel, 139, 168
Senard (Domaine du Comte), 168
Servin (Domaine), 146
Sigaut (Domaine Anne et Hervé), 137, 143, 158
Simonnet-Febvre, 147
Suremain (Domaine de), 170
Terres Secrètes (Vignerons des), 173
Thibert Père et Fils (Domaine), 139
Trapet Père et Fils (Domaine Jean), 137, 158
Tremblay (Domaine Cécile), 158
Tribut (Domaine Laurent), 147
Verget, 139, 173
Vigot (Domaine Fabrice), 137, 158
Villamont (Henri de), 137, 168
Vincent (Domaine Anne-Marie et Jean-Marc), 139, 168
Vougeraie (Domaine de la), 137, 158
Vuillemez Père et Fils (Domaine), 173
William Fèvre (Domaine), 147

CHAMPAGNE

Abelé (Henri), 186
Agrapart & fils (Champagne), 186
Alexandre Bonnet, 186
Alfred Gratien, 186
Aspasie (Champagne), 186
Ayala (Champagne), 186
Barons de Rothschild, 198
Beaumont des Crayères, 186
Bedel (Champagne Françoise), 186
Bérêche et fils (Champagne), 187
Besserat de Bellefon, 187
Billecart-Salmon, 187
Blin (Champagne H.), 187
Boizel, 187
Bollinger (Champagne), 187
Bonnaire (Champagne), 187
Bonville (Champagne Franck), 188
Boulard (Champagne Francis), 188
Brimoncourt, 188
Brun (Édouard), 188
Bruno Paillard, 188
Canard-Duchêne, 188
Castelnau (Champagne), 188
Cattier, 188
Charles Heidsieck, 188
Chartogne-Taillet (Champagne), 188
Chassenay d'Arce, 188
Clicquot-Ponsardin (Veuve), 200
Collin (Champagne Ulysse), 189
Coulon (Champagne Roger), 41, 189
De Sousa (Champagne), 189
Delamotte, 189
Deutz, 189
Devaux (Champagne), 189
Dom Pérignon, 189
Doué (Champagne Didier), 190
Drappier (Champagne), 190
Duval-Leroy, 190
Egly-Ouriet (Champagne), 190
Falmet (Champagne Nathalie), 190
Fleury (Champagne), 190
Fourny (Veuve), 201
Gatinois (Champagne), 190
Geoffroy (Champagne René), 191
Gerbais (Pierre), 191
Gimonnet et fils (Champagne Pierre), 191
Goerg (Champagne Paul), 196
Gonet (Champagne Philippe), 191
Gonet Sulcova, 191
Gonet-Médeville (Champagne), 191
Gosset (Champagne), 191
Gosset (Christian), 191
Hébrart (Champagne Marc), 191
Henriot (Champagne), 191
Huré Frères, 191
Jacquart (Champagne André), 191
Jacquesson (Champagne), 192
Joseph Perrier, 192
Krug, 192
Labruyère (Champagne JM), 192
Lafalise-Froissart (Champagne), 39
Lahaye (Champagne Benoit), 192
Laherte Frères (Champagne), 192
Lallier (Champagne), 192
Lancelot-Pienne (Champagne), 194
Lanson, 194
Larmandier-Bernier (Champagne), 194
Laurent Perrier, 27, 182
Laurent-Perrier, 194
Le Brun de Neuville, 194
Leclerc-Briant (Champagne), 194
Leconte (Champagne Xavier), 194
Leflaive (Champagne Valentin), 194
Legras et Haas (Champagne), 194
Lenoble, 194
Lombard (Champagne), 195
Mailly Grand Cru, 195
Margaine (Champagne), 195
Marguet (Champagne), 195
Mercier (Champagne), 195
Moët & Chandon, 195
Moutard (Champagne), 195
Mumm (G.H.), 196
Nicolas-Feuillatte, 196
Palmer & Co, 196
Pannier, 196
Pascal (Champagne Franck), 196
Péhu Simonet, 196
Penet (Champagne Alexandre), 197
Penet-Chardonnet (Champagne), 197
Perrier-Jouët, 30, 197
Pertois-Lebrun (Champagne), 197
Péters (Champagne Pierre), 197
Philipponnat, 23, 197
Piper-Heidsieck, 197
Pol-Roger, 197
Pommery, 198
Prestige des Sacres (Champagne), 198
Rare Champagne, 198
Robert (Domaine André), 198
Rodez (Champagne Eric), 198
Roederer, 198
Ruinart, 199
Saint-Gall (De), 199
Salon, 199
Savart (Champagne), 199
Sélèque (JM.), 199
Selosse (Jacques), 199
Taittinger, 200
Tarlant (Champagne), 200
Telmont, 200
Thiénot, 200
Tsarine, 200
Venoge (De), 200
Vergnon (Champagne Jean-Louis), 200
Vignon Père et Fils (Champagne), 201
Vilmart & Cie (Champagne), 201
Vranken, 201
Waris Hubert (Champagne), 201

CORSE

Alba (Castello di), 208
Aleria (Cave Coopérative d'), 206, 208
Aleria (Cave d'),
Aligria (Domaine), 208
Alivu (Clos), 206, 208
Arena (Domaine Antoine), 208
Canarelli (Clos), 207, 208
Canereccia (Clos), 209
Comte Abbatucci (Domaine), 209
Comte Peraldi (Domaine du), 209
Culombu (Clos), 207
Culombu (Domaine), 209
Finidori (Clos), 42, 209
Fiumicicoli (Domaine), 207, 209
Giacometti (Domaine), 209
Giudicelli (Domaine), 209
Granajolo (Domaine), 209
Landry (Clos), 207, 209
Leccia (Yves), 207, 209
Mondange (Domaine), 210
Nicrosi (Clos), 207
Orenga de Gaffory (Domaine), 207, 210
Peretti della Rocca (Domaine de), 210
Pieretti (Domaine), 207, 210
Poggiale (Clos), 210
Renucci (Domaine Bernard), 210
Sant Armettu (Domaine), 207
Sant-Armettu, 210
Saparale (Domaine), 210
Spurr L'Enclos des Anges (Richard et Marjorie), 210
Tanella (Domaine de), 211
Tarra di L'Apa (Domaine), 207
Teddi (Clos), 211

Torraccia (Domaine de), 211
Vaccelli (Domaine), 204, 207, 211
Vecchio (Domaine), 211
Venturi (Clos), 207, 211
Vico (Domaine), 207
Zuria (Domaine), 211

JURA
Arlay (Château d'), 222
Badoz (Badoz), 222
Berthet-Bondet (Domaine), 214, 222
Borde (Domaine de la), 214
Chatillon (Domaine Philippe), 222
Dugois (Domaine Daniel), 222
Geneletti Père et Fils (Domaine), 222
Jacob (Domaine Nicolas), 216
Labet (Domaine), 216, 222
Lornet (Domaine Frédéric), 223
Montbourgeau (Domaine de), 41, 223
Overnoy (Domaine), 216
Pélican (Domaine du), 223
Pieds sur Terre (Domaine Les), 216
Pignier (Domaine), 223
Pinte (Domaine de la), 223
Rijckaert (Domaine), 223
Rolet Père et Fils (Domaine), 223
Savagny (Domainc dc), 223
Tissot (Domaine André et Mireille), 223
Voiteur (Fruitière Vinicole de), 223

LANGUEDOC
Abbotts et Delaunay, 238
Aigues Belles (Domaine d'), 233, 236, 238
Albo (Mas d'), 233, 238
Argentier (Château L'), 235
Artisans Partisans, 233
Aster (Domaine de l'), 233
Aubert & Mathieu, 238
Aupilhac (Domaine d'), 233, 238
Aussières (Domaine d'), 228, 238
Bagatelle (Clos), 238
Baronarques (Domaine de), 233, 238
Baume (Domaine de la), 239
Bertrand (Domaines Gérard), 239
Borie La Vitarèle, 233, 236, 239
Boulevard Napoléon, 234, 239
Bruguière (Mas), 239
Cal Demoura (Mas), 234, 239
Calage Resseguier (Domaine), 234
Calmel & Joseph, 234, 239
Cambis (Domaine de), 234
Caraguilhes (Château de), 234, 239
Carrel (Jeff), 239
Cascastel (Les Maîtres Vignerons de), 234
Cazelles-Verdier (Domaine), 234
Centeilles (Clos), 234
Centenaires (Clos des), 234
Cesseras (Château), 234
Chai d'Émilien (Le), 240
Champ des Murailles (Domaine Le), 234
Chante-Cocotte, 240
Charpentier (JP), 234
Chevalière (Mas La), 236, 246
Chimères (Mas des), 240
Chouette du Chai (Domaine la), 41, 234, 243
Combarèla (Mas), 234
Constantin (Clos), 240
Conte des Floris (Domaine Le), 234, 245
Croix de Saint-Jean (Domaine La), 243
Cros (Pierre), 236
Engarran (Château de l'), 234, 240
Ermitage du Pic-Saint-Loup (L'), 234
Estanilles (Château des), 236, 240
Faîteau (Château), 235
Fil (Domaine Pierre), 236
Foncalieu, 240
Gayda (Domaine), 240
Gérard Bertrand, 233
Grand Caumont (Château du), 240
Grandes Costes (Domaine Les), 235, 245
Granier (Mas), 235, 236, 240
Gros (Anne et Jean-Paul Tollot), 235
Guéry (Château), 235
Hecht & Bannier, 242
Hortus (Domaine de l'), 242
Jamelles (Les), 242
Jasse Castel (Domaine La), 235
Jeanjean (Vignobles), 242
Jouclary (Château), 235, 242
Jullien (Mas), 226, 235, 242
La Cendrillon (Domaine de), 243
La Dournie (Château), 235, 243
La Rivière (Clos), 243
Lancyre (Château), 235, 244
Lascaux (Château de), 235, 244
Lasta (Mas), 244
Lastours (Château de), 244
Laval (Mas), 244
Les Aurelles (Domaine), 245
Les Païssels (Domaine), 245
Les Vignes Oubliées, 246
Lorgeril (Château de Pennautier), 246
Lorgeril (Vignobles), 235
Maris (Château), 235
Mirabel (Domaine), 235, 246
Montcalmès (Domaine de), 246
Mortiès (Domaine), 235
Nouvelles (Château de), 247
Ollier-Taillefer (Domaine), 235
Ollieux-Romanis (Château), 235, 247
Ostal (Domaine de L'), 247
Pas de l'Escalette (Domaine du), 247
Paul Mas (Les domaines), 31, 235, 247
Pech-Redon (Château), 235, 247
Peyre Rose (Domaine), 235, 248
Peyrolle (Mas), 236
Plan de l'Homme, 236
Pomerols (Cave de), 236
Prieur (Clos du), 236
Roquebrun (Cave de), 236, 248
Rouge (Le Clos), 234
Rouquette-sur-Mer (Château), 236, 248
Saint-Daumary (Domaine), 236
Sainte-Eulalie (Château), 248
Saint-Martin de la Garrigue (Château), 236, 248
Sauta Roc (Domaine), 236
Salitis (Château), 249
Sérame (Château de), 249
Seranne (Mas de la), 236, 249
Serres (Le Clos du), 234, 245
Sieur d'Arques (Caves du), 249
Tête dans les Étoiles (La), 244
Uma (Domaine), 249
Vaïsse (Domaine), 236, 249
Ventenac (Maison), 236

LOIRE
Alliance Loire, 260
Alliet (Domaine Philippe), 258, 269
Amirault (Domaine Yannick), 269
Baudouin (Domaine), 260
Baudry (Domaine Bernard), 269
Baudry-Dutour (Domaines), 270
Béguineries (Domaine des), 270
Bel-Air (Domaine du), 270
Belargus (Domaine), 260
Bellevue (Domaine de), 264
Bellivière (Domaine de), 270
Bergerie (Domaine de la), 260
Bouchot (Domaine du), 266
Boudignon (Domaine Thibaud), 260
Bourgeois (Famille), 266
Bouvet (Domaine Jeanne Germain et Florent), 256
Bouvet-Ladubay (Domaine), 260
Brégeon (Domaine), 264
Butte (Domaine de la), 270
Carême (Domaine Vincent), 270
Carrou (Domaine du), 266
Chancelle (Domaine), 257
Chidaine (Domaine François), 271
Chotard (Domaine Daniel), 266
Cléray (Château du), 264
Clos Cristal, 256, 260
Closel (Domaine du), 260
Closiers (Domaine des), 257, 260
Collier (Domaine du), 260
Combe (Domaine de la), 264
Cordeliers (Clos des), 256
Coulaine (Château de), 271
Couly (Pierre et Bertrand), 271
Couly-Dutheil, 271
Crochet (Domaine François), 266
Crochet (Domaine Lucien), 266
Dagueneau (Domaine Didier), 267
Désormière (Domaine), 267
Duveau (Domaine Fabien), 256, 26
Écotard (Clos de l'), 261
Ermitage (Domaine de l'), 267
Fesles (Château de), 261
Filliatreau (Domaine), 257
FL (Domaine), 261
Fouassier (Domaine), 267
Fournier Père et Fils (Domaine), 267
Frissant (Domaine), 271
Frissant (Domaine Thomas), 271
Gadais Père et Fils (Domaine), 264
Gasnier (Domaine Fabrice), 272
Gilbert (Domaine), 268
Grosbois (Domaine), 272
Guiberteau (Domaine), 261
Guilloterie (Domaine de la), 257
Günther-Chéreau (Domaines Véronique), 264
Henry (Comte), 268
Huchet (Domaine Jérémie), 265
Huet (Domaine), 272
Hureau (Château du), 256, 261
Insolents (Domaine Les), 257
Joguet (Domaine Charles), 272
Juchepie (Domaine de), 262
La Folie (Domaine de), 256
La Haute Févrie (Domaine), 265
Lambert (Domaine Arnaud), 257, 262
Landron (Domaines), 265
Langlois-Chateau, 257, 262
Lavigne (Domaine), 257
Legrand (Domaine Clotilde), 256
Léon (Domaine Angélique), 272
Les Poëte (Domaine), 268
Lieubeau (Famille), 265
Luneau-Papin (Domaine), 265
Marionnet (Henry et Jean-Sébastien), 272
Maurice (Clos), 257
Mellot (Domaines Joseph), 268
Mellot (Domaine Alphonse), 268
Ménard-Gaborit (Domaine), 42
Minchin (Domaine), 268
Moines (Domaine aux), 262
Naudin (Domaine du Clos), 272
Nerleux (Domaine de), 257, 262
Noblaie (Domaine de la), 272
Ogereau (Domaine), 262
Orieux (Domaine Stéphane), 265
Paleine (Domaine de la), 257
Pallus (Domaine de), 273
Parnay (Château de), 257, 262
Pellé (Domaine Henry), 268
Pépière (Domaine de la), 265
Petit Saint-Vincent (Le), 256
Plaisance (Château de), 262
Planchon (Domaine Matthias), 268
Pothiers (Domaine des), 269
Quatre Piliers (Domaine Les), 273
Raffault (Domaine Olga), 273
Riffault (Domaine Claude), 269
Robert & Marcel, 256
Rocher des Violettes (Domaine Le), 273
Roches (Domaine des), 256
Roches Neuves (Domaine des), 256, 263
Rocheville (Domaine de), 257
Roger (Domaine Jean-Max), 269
Rougeard (Clos), 256, 263
Ruault (La Source du), 257
Sables (Domaine des), 256
Sables Verts (Domaine des), 256, 263
Saint-Nicolas (Domaine), 265
Sanzay (Domaine Antoine), 256, 263
Seigneurie (Domaine La), 257
Sérol (Domaine), 269
Serrant (Coulée de), 263
Soucherie (Château), 264
Taille aux Loups (Domaine de la), 273
Tessier (Domaine Philippe), 273
Tracy (Château de), 269
Vacheron (Domaine), 269
Vadé (Domaine Pierre-Adrien), 256
Villeneuve (Château de), 256, 264
Yvonne (Château), 257

RHÔNE
Amadieu (Pierre), 308
Amauve (Domaine de l'), 308
Aquéria (Château d'), 308
Arnoux et Fils, 309
Banneret (Domaine du), 309
Barroche (Domaine de la), 309
Beaubois (Château), 309
Beaucastel (Château de), 309
Beaurenard (Domaine de), 309
Bernardins (Domaine des), 309
Bonserine (Domaine de), 306
Bosquet des Papes (Domaine), 309
Bosquets (Domaine des), 310

Bott (Domaine), 306
Boysseyt (Domaine De), 302
Brotte, 310
Caillou (Clos du), 310
Chapoutier (M.), 297, 302, 306
Charbonnière (Domaine de la), 310
Charvin (Domaine), 310
Chave (Domaine Jean-Louis), 306, 310
Chêne Bleu (Le), 310
Citadelle (Domaine de la), 310
Clape (Domaine Auguste), 306
Colombo (Jean-Luc), 306
Combier (Domaine), 306
Combier (Domaine Laurent), 293
Courbis (Domaine), 302
Coursodon (Domaine Pierre et Jérôme), 306, 310
Dauvergne Ranvier, 310
Delas, 293, 302, 306
Duclaux (Domaine Benjamin et David), 306
Duvernay (Romain), 310
Équis, 292, 307
Farjon (Domaine), 303
Féraud et Fils (Domaine), 310
Ferraton Père et Fils, 302, 307
Fonsalette (Château de), 310
Font du Loup (Château de la), 311
Gabriel Meffre, 311
Gaillard (Domaine Pierre), 300, 307
Gaillard (Jeanne), 305
Gardette (Moulin de la), 311
Gardine (Château de la), 311
Giraud (Domaine), 311
Gonon (Domaine Pierre), 303, 307
Gourt de Mautens (Domaine), 311
Graillot (Domaine Alain), 292, 307
Grand Tinel (Domaine du), 311
Grandes Serres, 312
Gripa (Domaine Bernard), 303, 307
Guigal (E.), 303, 307
Jaboulet (Domaine Philippe et Vincent), 307
Jaboulet Aîné (Domaines Paul), 307
Jamet (Domaine Corinne et Jean-Paul), 307
Janasse (Domaine de la), 311
Jasmin (Domaine), 307
La Cavale (Domaine), 311
La Célestière (Domaine), 311
La Nerthe (Château), 311
La Réméjeanne (Domaine), 312
La Verrerie (Château), 312
Lavau (Maison), 312
Le Vieux Donjon, 312
Les Alexandrins (Maison & Domaine), 308
Les Cailloux (Domaine André Brunel), 312
Les Goubert (Domaine), 312
Les Halos de Jupiter, 312
Levet (Domaine), 308
Maby (Domaine), 313
Marcoux (Domaine de), 313
Marrenon Vignobles, 313
MasLauris (Domaine de), 313
Mille (Château de), 313
Montirius, 313
Mont-Olivet (Clos du), 313
Mont-Redon (Château), 313
Montvac (Domaine de), 314
Mordorée (Domaine de la), 314
Mourgues du Grès (Château), 314
Nages (Château de), 314
Nalys (Château de), 314
Odylée (Domaine de l'), 314
Ogier (Domaine Michel et Stéphane), 308
Ogier (Maison), 314
Or de Line (L'), 314
Papes (Clos des), 315
Paris (Domaine Vincent), 308
Pichon (Domaine), 308
Rayas (Château), 315
Rhonéa, 304, 315
Richaud (Domaine), 315
Saint Louis (Mas), 315
Saint-Cosme (Château de), 315
Saint-Désirat (Cave de), 303
Saint-Jean (Clos), 315
Saint-Patrice (Clos), 316
Saint-Préfert (Domaine), 316
Sannes (Château de), 316
Santa Duc (Domaine), 316
Sénéchaux (Domaine des), 316
Solitude (Domaine de la), 316
Sorrel (Domaine Marc), 294, 308
Soumade (Domaine de la), 316
Tain (Cave de), 303, 308
Tardieu-Laurent, 316
Tours (Château des), 316
Vaudieu (Château de), 317
Vernay (Domaine Georges), 296, 306, 308
Vidal-Fleury, 303, 308
Vieille Julienne (Domaine de la), 317
Vieux Télégraphe (Domaine du), 317
Vignon (Xavier), 304, 317
Villa (Pierre-Jean), 303, 308
Ville Rouge (Domaine de la), 303
Voge (Domaine Alain), 308

ROUSSILLON

Amiel (Mas), 322
Catalans (Les Vignerons), 320, 321
Cazes (Domaine), 322
Chapoutier (Domaine de Bila Haut), 322
Clos des Fées (Domaine du), 322
Dom Brial (Vignobles Cave de Baixas), 323
Gardiés (Domaine), 323
Gauby (Domaine), 323
Lafage (Domaine), 323
Lauriga (Château), 323
Le Clos de Paulilles, 323
Le Roc des Anges (Domaine), 323
Llossanes (Mas), 324
Mirmanda (Domaine), 30
Modat (Domaine), 324
Paetzold (Domaine), 324
Pithon (Domaine Olivier), 324
Rectorie (Domaine de la), 324
Saint-Sébastien (Clos), 324
Thunevin-Calvet, 324
Vial Magnères (Domaine), 324

PROVENCE

Abbaye de Lérins (Domaine de l'), 282
Bagnol (Domaine du), 282
Barbeyrolles (Château), 282
Bastide Blanche (Domaine de la), 282
Baulieu (Villa), 282
Bégude (Domaine de la), 282
Bergeries de Haute-Provence (Domaine des), 282
Bormettes (Château des), 282
Caille (Clos de), 282
Calissanne (Château), 283
Carpe Diem (Château), 283
Cibonne (Clos), 283
Coste (Château La), 277, 284
Courtade (Domaine de la), 283
Crémat (Château de), 283
Dame (Mas de la), 283
Esclans (Château d'), 283
Estoublon (Château d'), 283
Font des Pères (Domaine de la), 283
Frégate (Domaine de), 283
Galoupet (Château du), 283
Gasqui (Château), 283
Gassier (Château), 284
Gavoty (Domaine), 284
Gordonne (Château La), 284
Grande Bauquière (Domaine de la), 284
Gros'Noré (Domaine du), 284
Hauvette (Domaine), 284
Île (Domaine de l'), 284
La Suffrène (Domaine), 284
Léoube (Château), 285
Longue Tubi (Domaine), 285
Maïme (Château), 285
Malherbe (Château), 285
Marie Bérénice (Domaine), 285
Métifiot (Domaine de), 285
Minna Vineyard (Villa), 285
Minuty (Château), 285
Miraval (Château de), 285
Oddo Wines, 38
Ott (Domaines), 285
Ours (Clos de l'), 285
Peyrassol (Commanderie de), 286
Pibarnon (Château de), 286
Pradeaux (Château), 286
Revelette (Château), 286
Richeaume (Domaine), 286
Rimauresq (Domaine de), 286
Romanin (Château), 286
Roubine (Château), 286
Sainte-Roseline (Château), 287
Saint-Jean Lez Durance (Château), 286
Saint-Maur (Château), 286
Saint-Vincent (Clos), 287
Seuil (Château du), 287
Simone (Château), 287
Tempier (Domaine), 287
Terrebrune (Domaine de), 287
Tour de l'Évêque (Château La), 284
Trévallon (Domaine de), 287
Valentines (Château Les), 285
Vannières (Château), 287
Vignelaure (Château), 287
Vignerons de la Presqu'île de Saint-Tropez, 287

SAVOIE

Archer (Domaine Ludovic), 331
Ardoisières (Domaine des), 332
Bärtschi (Clément), 329
Berthollier (Denis & Didier), 331
Combe des Grand'Vignes (Domaine La), 333
Dupasquier (Domaine), 332
Dupraz (Domaine), 332
Dupraz (Jérémy et Maxime), 328
Idylle (Domaine de l'), 331
Jacquet (Domaine Céline), 331
Magnin (Domaine Louis), 333
Mérande (Château de), 331, 332
Quenard (Domaine André et Michel), 331,333
Quenard (Domaine Pascal & Annick), 331, 333
Quénard (Domaine Anne-Sophie et Jean-François), 333
Sonjon (Charlotte), 328
Trosset (Domaine Fabien), 331

SUD-OUEST

Albert de Conti (Domaine), 343
Ancienne Cure (Domaine de l'), 342, 346
Arretxea (Domaine), 346
Audhuy (Clos d'), 346
Barréjat (Domaine), 346
Belmont (Domaine), 346
Berthoumieu (Domaine), 346
Beyssac (Domaine de), 346
Brana (Domaine), 346
Brin (Domaine de), 346
Buzet (Vignerons de), 347
Capelanel (Domaine de), 347
Castera (Domaine), 347
Cauhapé (Domaine), 347
Cèdre (Château du), 347
Chambert (Château de), 347
Cinquau (Domaine du), 347
Combel la Serre (Château), 347
Comte de Thun (Domaine du), 347
Conti (Albert de), 347
Cosse Maisonneuve (Domaine), 348
Crouseilles (Cave de), 348
Da Ros (Elian), 348
Del Perié (Mas), 348
Gaudou (Château), 348
Jardins de Babylone (Les), 349
La Bastide Orliac, 348
La Calmette, 348
La Robertie (Château), 348
Labranche-Laffont (Domaine), 348
Lagrézette (Château), 349
Lapeyre (Clos), 349
Larredya (Camin), 349
Les Croisille (Château), 349
Monestier La Tour (Château), 344, 349
Montus et Bouscassé (Châteaux), 336, 349
Moulin Caresse (Château), 350
Nigri (Domaine), 350
Osmin & Cie (Domaine Lionel), 350
Plageoles (Domaine), 350
Plaimont (Producteurs), 350
Plaisance (Château), 350
Tariquet (Domaine du), 350
Thou (Clos), 351
Tirecul La Gravière (Château), 351
Tour des Gendres (Château), 343, 351
Triguedina (Clos), 351
Troteligotte (Clos), 351
Vari (Château), 344, 351
Verdots (Vignoble des), 345, 351
Vignau La Juscle (Domaine), 351
Vigouroux (Maison Georges), 351

Achevé d'imprimer en août 2022 par DZS Grafic